12108021 MAT COMPREENSAO E PRATICA 9 ED4

Acesse

www.moderna.com.br/ac/livro

e siga as instruções para ter acesso aos conteúdos exclusivos do

Livro Digital

CÓDIGO DE ACESSO:

A 00079 MATCOPR4E 9 08093

06976

Faça apenas um cadastro. Ele será válido para:

MODERNA Richmond SANTILLANA ESPAÑOL

ÊNIO SILVEIRA

Engenheiro mecânico pela Universidade Federal do Ceará – UFC
Engenheiro elétrico pela Universidade de Fortaleza – Unifor
Diretor pedagógico do Sistema ATS de Ensino
Professor de Matemática e Física em escolas particulares do estado do Ceará
Autor da obra *Matemática* (1º ao 5º ano do Ensino Fundamental),
publicada pela Editora Moderna

CLÁUDIO MARQUES

Supervisor pedagógico do Sistema ATS de Ensino
Professor e assessor de Matemática em escolas particulares
de Ensino Fundamental do estado do Ceará
Autor da obra *Matemática* (1º ao 5º ano do Ensino Fundamental),
publicada pela Editora Moderna

Matemática

Compreensão e prática

9

4ª edição

MODERNA

MODERNA

Coordenação editorial: Mara Regina Garcia Gay
Edição de texto: Everton José Luciano, Cármen Sílvia Rela Matricardi, Daniel Vitor Casartelli Santos, Jéssica Rocha Batista, Roberto Paulo de Jesus Silva
Preparação de texto: Denise Ceron
Gerência de *design* e produção gráfica: Sandra Botelho de Carvalho Homma
Coordenação de produção: Everson de Paula
Suporte administrativo editorial: Maria de Lourdes Rodrigues (coord.)
Coordenação de *design* e projetos visuais: Marta Cerqueira Leite
Projeto gráfico: Mariza de Souza Porto
Capa: Douglas Rodrigues José e Mariza de Souza Porto
Foto: Michael H/Stone/Getty Images
Coordenação de arte: Carolina de Oliveira Fagundes
Edição de arte: Adriana Santana
Editoração eletrônica: Estação das Teclas
Edição de infografia: Luiz Iria, Priscilla Boffo, Otávio Cohen
Ilustrações de vinhetas: Shutterstock
Coordenação de revisão: Elaine C. del Nero
Revisão: Cárita Negromonte, Flávia Schiavo, Yara Afonso Pinto
Coordenação de pesquisa iconográfica: Luciano Baneza Gabarron
Pesquisa iconográfica: Carol Böck, Maria Marques
Coordenação de *bureau*: Rubens M. Rodrigues
Tratamento de imagens: Denise Feitoza Maciel, Joel Aparecido, Luiz Carlos Costa, Marina M. Buzzinaro
Pré-impressão: Alexandre Petreca, Denise Feitoza Maciel, Everton L. de Oliveira, Marcio H. Kamoto, Vitória Sousa
Coordenação de produção industrial: Wendell Monteiro
Impressão e acabamento: Gráfica Elyon
Lote: 252589

Dados Internacionais de Catalogação na Publicação (CIP)
(Câmara Brasileira do Livro, SP, Brasil)

Silveira, Ênio
Matemática : compreensão e prática / Ênio Silveira, Cláudio Marques. – 4. ed. – São Paulo : Moderna, 2017.
Obra em 4 v. para alunos do 6º ao 9º ano.
Suplementado por manual do professor.
Bibliografia.

1. Matemática (Ensino fundamental) I. Marques, Cláudio. II. Título.

17-05793 CDD-372.7

Índices para catálogo sistemático:
1. Matemática : Ensino fundamental 372.7

ISBN 978-85-16-10802-1 (LA)
ISBN 978-85-16-10803-8 (LP)

EDITORA MODERNA LTDA.
Rua Padre Adelino, 758 – Belenzinho
São Paulo – SP – Brasil – CEP 03303-904
Vendas e Atendimento: Tel. (0_ _11) 2602-5510
Fax (0_ _11) 2790-1501
www.moderna.com.br
2018
Impresso no Brasil

1 3 5 7 9 10 8 6 4 2

Apresentação

Caro aluno,

Ideias, por mais brilhantes e elaboradas que sejam, só adquirem um sentido maior quando encontram aplicação no dia a dia.

A Matemática jamais deve ser vista como problema, mas sim como solução. Ela nos conduz por caminhos aparentemente tortuosos ou inacessíveis, abrindo atalhos, encurtando distâncias e superando obstáculos. Ela está para você, estudante, assim como a bússola está para o navegante.

Este livro pretende instigá-lo, caro leitor, a buscar novas respostas para antigas indagações, a simplificar o complexo, a trazer o pensamento abstrato para o universo real. Enfim, ele o convida a projetar o mundo futuro com base em experiências do passado.

Em cada página estudada, tarefa resolvida ou exercício solucionado, você perceberá que a Matemática é uma ferramenta poderosa que nos ajuda a desvendar os enigmas que a vida propõe.

Na educação, as informações são o meio, e a formação, o fim. Nosso objetivo ao escrever **Matemática: compreensão e prática** foi contribuir com o desenvolvimento das suas potencialidades, e não, simplesmente, inundar sua mente com fórmulas matemáticas. Desse modo, acreditamos que chegaremos juntos ao saber científico, que não se esgota em si mesmo, mas nos impulsiona para novas descobertas.

Os autores

Aos meus pais,
Isaías, Maria Amélia (in memoriam)
Ênio Silveira

A Letícia, Beatriz e Allan,
meus amores, fonte de toda inspiração,
minha gratidão e dedicação.
Cláudio Marques

Estrutura de capítulo

Cada volume está dividido em 12 capítulos, organizados de acordo com esta estrutura:

Páginas de abertura
O conteúdo do capítulo é explorado inicialmente em duas páginas de abertura, compostas de uma imagem e do boxe "É hora de observar e discutir".

É hora de observar e discutir
Boxe composto de atividades que incentivam a reflexão sobre o conteúdo que será trabalhado, considerando o conhecimento obtido em capítulos ou em anos anteriores.

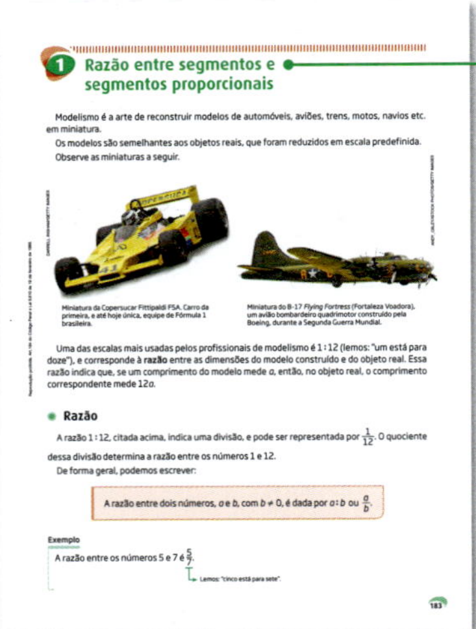

Apresentação dos conteúdos
Os conteúdos são apresentados de forma clara e direta.

Trocando ideias
Situação introdutória sobre o conteúdo abordado no capítulo.

Conteúdo digital
Ícone com indicação de conteúdo digital, como animações, vídeos, atividades, áudio e jogos.

Um pouco de história
Contextualização do conteúdo na história da Matemática.

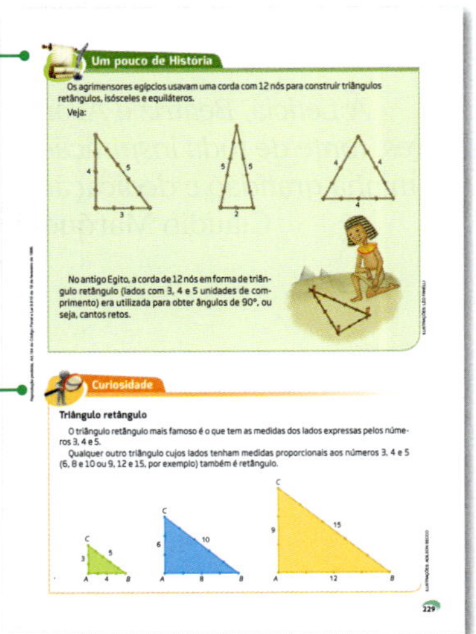

Curiosidade
Informações que ilustram o conteúdo abordado no capítulo.

Lendo e aprendendo
Texto que explica e enriquece o conteúdo principal.

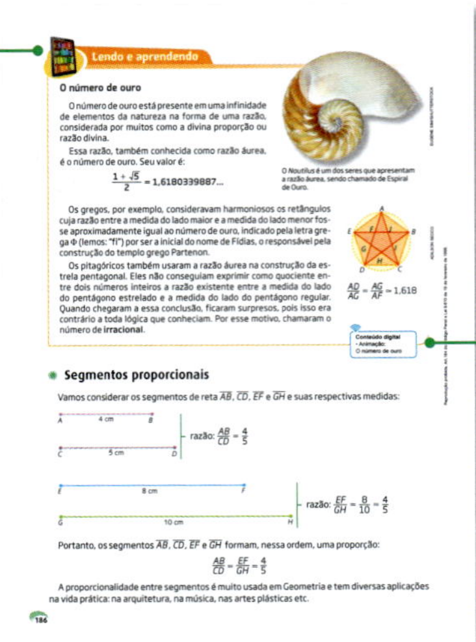

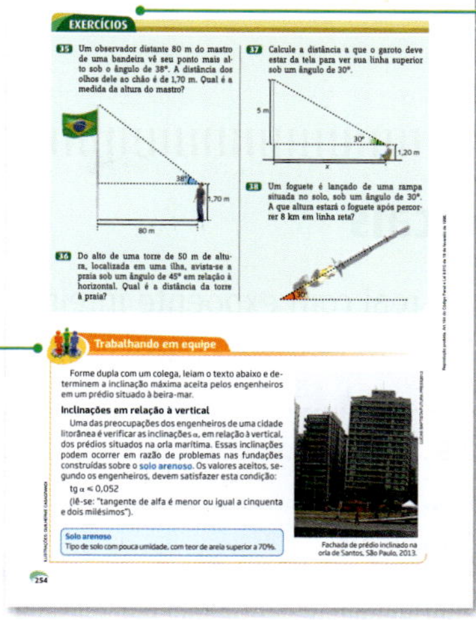

Exercícios

Após cada conteúdo estudado, são propostos exercícios com nível de dificuldade crescente. Alguns deles abordam o cálculo mental e o trabalho com a calculadora. Outros propõem a discussão e a resolução em duplas. Os ícones ajudarão a identificar esses exercícios.

Trabalhando em equipe

Em todos os capítulos, há uma proposta de atividade para incentivar a participação coletiva dos alunos na resolução de situações-problema.

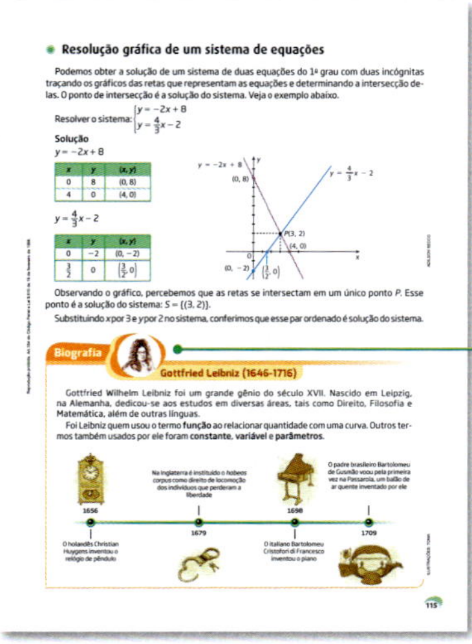

Trabalhando com a calculadora

Ensina a manusear e a trabalhar com a calculadora. Apresenta atividades simples, relacionadas ao conteúdo.

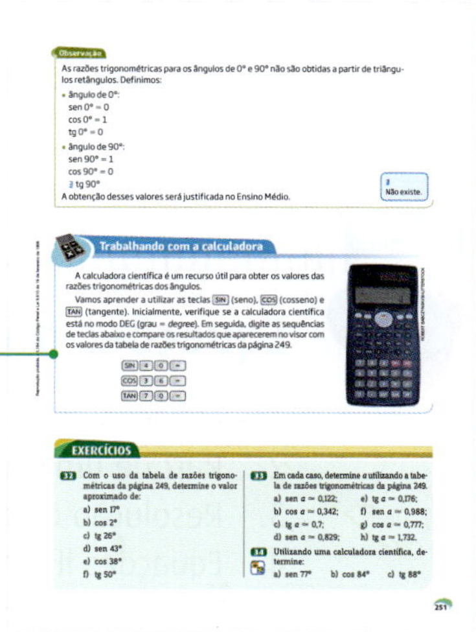

Biografia

Traz dados sobre a vida de um matemático importante e relaciona sua obra ao conteúdo do capítulo. Uma linha do tempo ajuda o aluno a localizar o momento histórico em que esse matemático viveu.

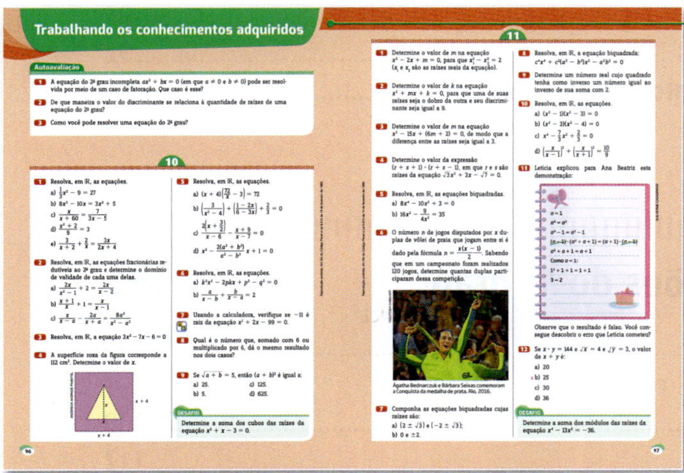

Trabalhando os conhecimentos adquiridos

Atividades que, no final de cada capítulo, abordam todo o conteúdo apresentado. A seção é dividida em duas partes:

- *Autoavaliação* — atividades que possibilitam que você avalie o que aprendeu nesse capítulo;
- *Tarefa* — explora o conteúdo por meio de atividades com diferentes níveis de dificuldade, incluindo atividades "Desafio" e algumas do Enem.

Ícones utilizados na obra

Dupla | Calculadora | Desafio | Cálculo mental | Educação financeira | Grupo

Sumário

CAPÍTULO 7

Relações métricas em um triângulo retângulo e razões trigonométricas 224

CAPÍTULO 8

Relações em um triângulo qualquer 266

CAPÍTULO 9

Circunferência, arcos e relações métricas 286

CAPÍTULO 10

Polígonos regulares 312

CAPÍTULO 11

Área de figuras planas 334

CAPÍTULO 12

Matemática Comercial e Financeira 362

Conteúdo digital

O livro apresenta diferentes objetos educacionais digitais.

- **Conteúdo digital**
  - Animações
  - Vídeos
  - Atividades
  - Áudio
  - Jogos

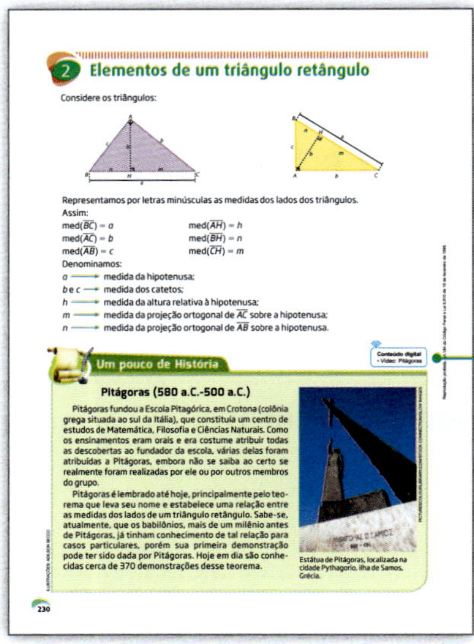

Conteúdo digital

Ícone com indicação de conteúdo digital – Vídeo.

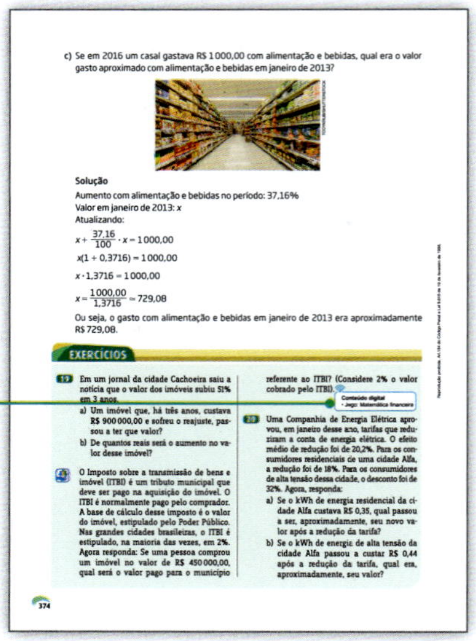

Conteúdo digital

Ícone com indicação de conteúdo digital – Jogo.

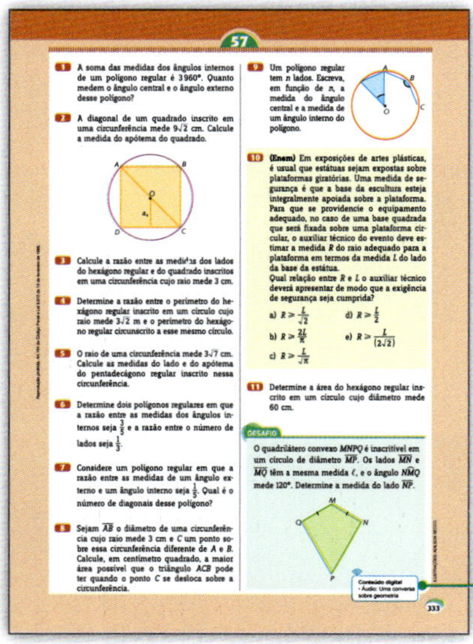

Conteúdo digital

Ícone com indicação de conteúdo digital – Áudio.

Sumário do conteúdo digital

CAPÍTULO

1 Potenciação e radicais

É hora de observar e discutir

Galáxias são sistemas constituídos por estrelas, gás e sólidos que se conservam unidos pela força gravitacional.

A galáxia em que vivemos é a Via Láctea. Ela tem a forma de um disco com braços espirais e é composta de centenas de bilhões de estrelas, sendo o Sol uma delas. O diâmetro da Via Láctea é da ordem de 100 000 anos-luz (AL), ou seja, cerca de 946 000 000 000 000 000 km. Enquanto o Sol dá uma volta completa na galáxia, a Terra dá 280 000 000 de voltas em torno do Sol.

Dados obtidos em: <http://www.iag.usp.br/siae97/astro/ast_esp1.htm>. Acesso em: 19 abr. 2017.

Agora, responda às questões.

- Quantos anos demora para o Sol dar uma volta completa em torno da Via Láctea?
- Qual é a escrita da potência de 10 cujo valor é um milhão? E um trilhão?
- Você conhece uma maneira mais simples de escrever números muito grandes como o que expressa o diâmetro da galáxia? Se souber, escreva esse número de outra forma.

ALLAN MORTON/DENNIS MILON/SCIENCE PHOTO LIBRARY/LATINSTOCK

Esta foto, de 1982, mostra um olhar em direção ao centro da Via Láctea, a cerca de 30 000 anos-luz do Sol.

Trocando ideias

Para servir a refeição quente em travessas e demais utensílios, Erivalda usa estes descansos de mesa.

Observe que o menor desses descansos de mesa tem quatro fileiras de quatro peças; portanto, 4^2 peças. Entre essas peças, o descanso apresenta três fileiras de três espaços vazios, ou 3^2 espaços vazios. Ao todo, nesse descanso, são 16 peças e 9 espaços vazios.

O descanso maior tem 5^2 peças de madeira e 4^2 espaços vazios. Ao todo são 25 peças e 16 espaços vazios.

Agora, responda às questões.

- Quantas peças e quantos espaços vazios tem um descanso, semelhante a esses, com lados de 6 peças? E com lados de 7 peças?
- Quantas peças e quantos espaços vazios tem o superdescanso da foto abaixo?

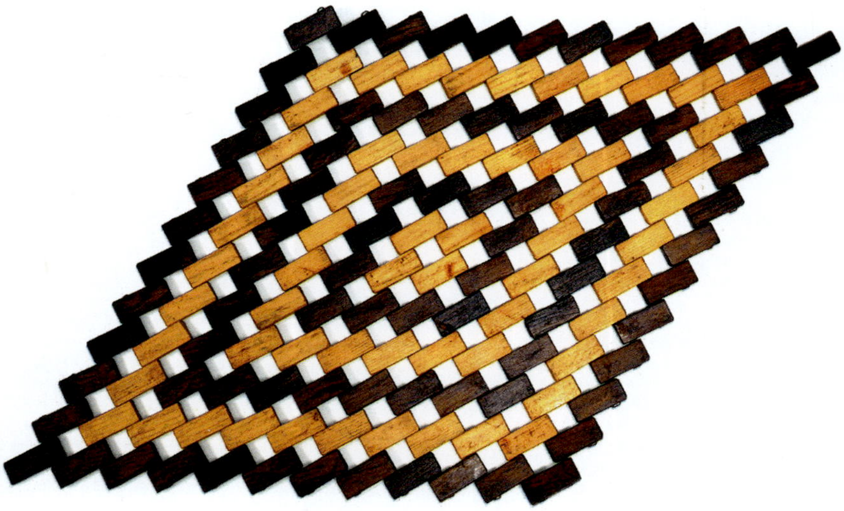

FOTOS: FERNANDO FAVORETTO/CRIAR IMAGEM

1 Potência de um número real com expoente inteiro

Considere a potência a^n, em que a é um número real e n é um número inteiro. Como determinar o valor dessa potência, caso o expoente n seja um número maior que 1, igual a 1, nulo ou negativo? Observe os casos a seguir.

O expoente é um número inteiro maior que 1

$$a^n = \underbrace{a \cdot a \cdot a \cdot \ldots \cdot a}_{n \text{ fatores}}, \text{ com } n > 1$$

Exemplos

- $2^4 = \underbrace{2 \cdot 2 \cdot 2 \cdot 2}_{4 \text{ fatores}} = 16$
- $\left(-\frac{1}{2}\right)^2 = \underbrace{\left(-\frac{1}{2}\right) \cdot \left(-\frac{1}{2}\right)}_{2 \text{ fatores}} = \frac{1}{4}$
- $3^5 = \underbrace{3 \cdot 3 \cdot 3 \cdot 3 \cdot 3}_{5 \text{ fatores}} = 243$
- $(-0{,}5)^3 = \underbrace{(-0{,}5) \cdot (-0{,}5) \cdot (-0{,}5)}_{3 \text{ fatores}} = -0{,}125$

O expoente é 1

$$a^1 = a$$

Exemplos

- $7^1 = 7$
- $\left(-\frac{3}{5}\right)^1 = -\frac{3}{5}$

O expoente é zero, com base não nula

$$a^0 = 1, \text{ com } a \neq 0$$

GEORGE TUTUMI

Exemplos

- $5^0 = 1$
- $\left(-\frac{8}{9}\right)^0 = 1$

O expoente é um número inteiro negativo, com base não nula

$$a^{-n} = \frac{1}{a^n} = \left(\frac{1}{a}\right)^n, \text{ com } a \neq 0$$

Exemplos

- $5^{-1} = \frac{1}{5}$
- $(-7)^{-2} = \left(-\frac{1}{7}\right)^2 = \frac{1}{49}$
- $\left(-\frac{3}{4}\right)^{-1} = -\frac{4}{3}$
- $\left(-\frac{2}{3}\right)^{-3} = \left(-\frac{3}{2}\right)^3 = -\frac{27}{8}$

Observações

1 Quando a base é negativa, o sinal da potência pode ser:

- positivo, se o expoente for par.

$(-0{,}1)^2 = (-0{,}1) \cdot (-0{,}1) = 0{,}01$

- negativo, se o expoente for ímpar.

$\left(-\frac{1}{2}\right)^3 = \left(-\frac{1}{2}\right) \cdot \left(-\frac{1}{2}\right) \cdot \left(-\frac{1}{2}\right) = -\frac{1}{8}$

2 Convenciona-se que -2^4 representa $-(2^4) = -(2 \cdot 2 \cdot 2 \cdot 2) = -16$, enquanto: $(-2)^4 = (-2) \cdot (-2) \cdot (-2) \cdot (-2) = 16$

(−2) — base

Logo: $-2^4 \neq (-2)^4$

EXERCÍCIOS

1 Calcule as potências a seguir.

a) 0^7
b) -5^2
c) $-(1{,}2)^2$
d) $-(-2)^5$
e) $(-5)^2$
f) $-(0{,}3)^0$
g) $\left(-\frac{2}{3}\right)^3$
h) $(-0{,}01)^4$
i) $-\left(\frac{2}{5}\right)^3$
j) $\left(1\frac{2}{3}\right)^2$

2 Calcule as potências abaixo.

a) 7^{-1}
b) $\left(\frac{1}{5}\right)^{-2}$
c) $(-0{,}5)^{-4}$
d) $\left(\frac{5}{9}\right)^{-1}$
e) $\left(-\frac{3}{8}\right)^{-1}$
f) $(-3)^{-3}$
g) $\left(-\frac{3}{2}\right)^{-2}$
h) $\left(\frac{7}{4}\right)^{-2}$

3 Calcule:

a) 10^{-2}
b) $\left(-\frac{3}{10}\right)^{-3}$
c) $\left(-\frac{2}{5}\right)^{-4}$
d) $(-1)^{-5}$
e) $\left(\frac{1}{100}\right)^{-1}$
f) $\left(\frac{8}{9}\right)^{-2}$
g) $(-4)^{-2}$
h) $-(-0{,}1)^4$

4 Escreva cada item na forma de potência com expoente inteiro negativo, lembrando que $\frac{1}{a^n} = a^{-n}$, com $a \neq 0$.

a) $\frac{1}{10^4}$
b) $\frac{1}{5^7}$
c) $\frac{1}{2^3}$
d) $\frac{1}{7^5}$

5 Calcule cada uma das potências abaixo.

a) 3^2
b) 3^1
c) 3^0
d) 3^{-1}
e) 3^{-2}
f) 3^{-3}

6 Escreva os números como potência de base 2.

a) 64
b) $\frac{1}{32}$
c) 256
d) $\frac{1}{64}$

7 Calcule o valor das expressões abaixo.

a) $(-3)^2 + (-3)^3$
b) $-(-2)^4 + (-2)^5 \cdot 4^{-3}$
c) $(4^0 : 4^{-1}) : (4^{-1} : 4^{-2})$
d) $\dfrac{(-1)^5}{(-2)^{-2} + (0{,}1)^{-2}}$
e) $\left(-\frac{1}{3}\right)^2 - \left(-\frac{1}{3}\right)^{-2}$
f) $\dfrac{-2^4 + 0^4 + 4^0}{(-2)^4 + \left(\frac{1}{2}\right)^{-2}}$

Conteúdo digital
• Atividade: Potências

Propriedades das potências com expoentes inteiros

Vamos prosseguir nosso estudo indicando simbolicamente as propriedades do cálculo com potências de expoente inteiro e base real não nula.

Produto de potências de mesma base

$$a^m \cdot a^n = a^{m+n}$$

Exemplos

- $3^4 \cdot 3^5 = 3^{4+5} = 3^9$
- $\left(\frac{1}{2}\right)^{-3} \cdot \left(\frac{1}{2}\right)^{-2} = \left(\frac{1}{2}\right)^{-3+(-2)} = \left(\frac{1}{2}\right)^{-5}$
- $7^2 \cdot 7^{-5} = 7^{2+(-5)} = 7^{-3}$
- $5^{m-1} \cdot 5^{2+m} = 5^{m-1+2+m} = 5^{2m+1}$

Quociente de potências de mesma base

$$a^m : a^n = a^{m-n}$$

Exemplos

- $10^2 : 10^5 = 10^{2-5} = 10^{-3}$
- $\frac{(0{,}3)^5}{(0{,}3)^2} = (0{,}3)^{5-2} = (0{,}3)^3$
- $5^{-2} : 5^{-4} = 5^{-2-(-4)} = 5^{-2+4} = 5^2$
- $3^{2m-1} : 3^{1-m} = 3^{2m-1-(1-m)} = 3^{2m-1-1+m} = 3^{3m-2}$

Potência de potência

$$(a^m)^n = a^{m \cdot n}$$

Exemplos

- $(10^5)^{-2} = 10^{5 \cdot (-2)} = 10^{-10}$
- $[(-3)^2]^{-4} = (-3)^{2 \cdot (-4)} = (-3)^{-8}$
- $[(-0{,}2)^{-3}]^{-1} = (-0{,}2)^{(-3) \cdot (-1)} = (-0{,}2)^3$
- $(2^x)^{x-1} = 2^{x \cdot (x-1)} = 2^{x^2-x}$

Potência de um produto ou de um quociente

$$(a \cdot b)^m = a^m \cdot b^m$$
$$(a : b)^m = a^m : b^m$$

Exemplos

- $(3 \cdot 5)^{-2} = 3^{-2} \cdot 5^{-2}$
- $(2 : 5)^3 = 2^3 : 5^3$
- $(10 \cdot 0{,}2)^3 = 10^3 \cdot 0{,}2^3$
- $\left(\frac{3}{5}\right)^{-2} = \frac{3^{-2}}{5^{-2}}$

Observações

Preste muita atenção às desigualdades abaixo, com bases reais não nulas e expoentes inteiros.

1 $a^m + a^n \neq a^{m+n}$

2 $a^m - a^n \neq a^{m-n}$

3 $(a^m)^n \neq a^{mn}$, com a, m e $n \neq 1$

4 $(a + b)^n \neq a^n + b^n$, com $a \neq -b$; a, b e $n \neq 1$

5 $(a - b)^n \neq a^n - b^n$, com $a \neq b$

EXERCÍCIOS

8 Aplique as propriedades e expresse os resultados na forma de uma só potência.

a) $3^5 \cdot 3^{-2}$

b) $m^5 \cdot m^{-6}$, com $m \neq 0$

c) $(0,1)^{-3} \cdot (0,1)^3$

d) $5^{-1} \cdot 5^{-3} \cdot 5^{-2}$

e) $5^x \cdot 5^{x+1} \cdot 5^{x-2}$

f) $a^{x-2} \cdot a^{x+3}$, com $a \neq 0$

9 Transforme em uma só potência.

a) $(5^2)^{-4}$

b) $(3^{-1})^{-6}$

c) $(n^{-5})^4$

d) $(0,1^3)^{-24}$

e) $(3^{-x})^{x+1}$

f) $(5^2)^n$

10 Transforme em uma só potência.

a) $5^3 : 5^{12}$

b) $\dfrac{x^3}{x^{-2}}$, com $x \neq 0$

c) $a^{-2} : a^{-3}$, com $a \neq 0$

d) $p^{-3} : p^{-8}$, com $p \neq 0$

e) $\left(\dfrac{1}{2}\right)^{-2} : \left(\dfrac{1}{2}\right)^{-5}$

f) $\dfrac{10^{-2}}{10^{-7}}$

11 Aplique as propriedades das potências de um produto ou de um quociente.

a) $(3 \cdot 7)^4$

b) $(2^4 \cdot a^{-3})^{-1}$, com $a \neq 0$

c) $(a^{-3} \cdot b^{-2})^5$, com $a \neq 0$ e $b \neq 0$

d) $\left(\dfrac{2}{5}\right)^{-3}$

e) $(x^{-1} \cdot y^{-3})^{-2}$, com $x \neq 0$ e $y \neq 0$

f) $(a^{3x} : b^x)^{-4}$, com $a \neq 0$ e $b \neq 0$

12 Reduza a uma potência de base 5.

a) 25^4

b) 125^{-3}

c) 625^{-1}

d) $\dfrac{1}{125^2}$

e) 25^{-2}

13 Determine o valor das potências 2^{3^2} e $(2^3)^2$.

14 Escreva, na forma fracionária, a expressão $(3^{-4})^5$.

15 Sendo $a = 10^{-4}$, $b = 10^{-5}$ e $c = 10^3$, determine:

a) $a \cdot b \cdot c$

b) $a : b^2$

c) $\dfrac{a^2 \cdot b^2}{c^2}$

d) $a : (b \cdot c)$

16 Escreva, da forma mais simples, a expressão: $2^{3x-2} \cdot 2^{5-x} \cdot 2^{1-2x}$

17 Simplifique cada expressão.

a) $\dfrac{\left(\dfrac{1}{2}\right)^3 \cdot \left(\dfrac{1}{2}\right)^{-2}}{\left(\dfrac{1}{2}\right)^{-6}}$

b) $\dfrac{16^2 \cdot 8^3}{2^9}$

c) $\dfrac{x^{10} \cdot (x^2)^4}{x^{-3} : x^2}$, com $x \neq 0$

d) $\dfrac{5^{3x-2} \cdot 5^{x-1}}{5^{x-5}}$

Lendo e aprendendo

Prefixos mais conhecidos

Você já deve ter ouvido afirmações como estas:

– A medida do comprimento do móvel era de 80 **centí**metros.

– Quero comprar 5 **quilo**gramas de carne.

– A usina termoelétrica produzia 17 **mega**watts de energia.

– O *pendrive* tem 32 **giga**bytes de memória.

As partes destacadas em negrito das palavras acima - **centi**, **quilo**, **mega** e **giga** - são denominadas prefixos. Cada prefixo corresponde a uma potência de base 10. A seguir, estão relacionados os prefixos mais conhecidos.

Nome do prefixo	Símbolo do prefixo	Potência de base 10 correspondente ao prefixo	Significado do prefixo na forma decimal
tera	T	10^{12}	1 000 000 000 000 (trilhão)
giga	G	10^{9}	1 000 000 000 (bilhão)
mega	M	10^{6}	1 000 000 (milhão)
quilo	k	10^{3}	1 000 (mil)
hecto	h	10^{2}	100 (cem)
deca	da	10^{1}	10 (dez)
deci	d	10^{-1}	0,1 (décimo)
centi	c	10^{-2}	0,01 (centésimo)
mili	m	10^{-3}	0,001 (milésimo)
micro	μ	10^{-6}	0,000001 (milionésimo)
nano	n	10^{-9}	0,000000001 (bilionésimo)
pico	p	10^{-12}	0,000000000001 (trilionésimo)

Notação científica

Os números muito grandes ou muito próximos de zero podem ser escritos por meio de um produto da forma $x \cdot 10^n$, em que:

- x é um número escrito na forma decimal cuja parte inteira tem um único algarismo diferente de zero;
- n é um número inteiro.

Chamamos essa representação de **notação científica**.

Exemplos

- $5760 = 5{,}76 \cdot 10^3$ (3 casas)
- $36480 = 3{,}648 \cdot 10^4$ (4 casas)
- $520000 = 5{,}2 \cdot 10^5$ (5 casas)
- $0{,}00075 = 7{,}5 \cdot 10^{-4}$ (4 casas)
- $0{,}000008 = 8 \cdot 10^{-6}$ (6 casas)
- $0{,}000000457 = 4{,}57 \cdot 10^{-7}$ (7 casas)

- Distância da Terra ao Sol $\simeq$ 150 000 000 km
  Notação científica: $1{,}5 \cdot 10^8$ km
- Velocidade da luz = 300 000 km/s
  Notação científica: $3 \cdot 10^5$ km/s
- Um ano-luz $\simeq$ 9 460 000 000 000 km
  Notação científica: $9{,}46 \cdot 10^{12}$ km
- Diâmetro da molécula da água = 280 pm = $= 280 \cdot 10^{-12}$ m = 0,000000000280 m
  Notação científica: $2{,}8 \cdot 10^{-10}$ m

MERYDOLLA/SHUTTERSTOCK

A distância aproximada da Terra ao Sol é $1{,}5 \cdot 10^8$ km.

- Diâmetro de um elétron = 0,000000000000000001 m
  Notação científica: 10^{-18} m
- Femtossegundo = 0,000000000000001 s
  Notação científica: 10^{-15} s

Lendo e aprendendo

Calculadora científica

A calculadora científica é ideal para muitos tipos de cálculo.

Ela permite introduzir cálculos na forma como são escritos, além de possibilitar a resolução de cálculos básicos, fracionários, de porcentagem, científicos e estatísticos. Nos *smartphones*, como o da foto, você pode usar uma calculadora científica; basta escolher um aplicativo que inclua essa funcionalidade.

OWE ANDERSSON/ALAMY/GLOW IMAGES

Vamos aprender como utilizar as teclas [y^x] e [x^2].

Observe as sequências e verifique os resultados que aparecem no visor de uma calculadora científica.

- 2^3 → [2] [y^x] [3] [=] → 8
- 2^{-3} → [2] [y^x] [3] [+/–] [=] → 0.125
- $(-2)^{-3}$ → [2] [+/–] [y^x] [3] [+/–] [=] → -0.125
- 9^2 → [9] [x^2] → 81
- $(-9)^2$ → [9] [+/–] [x^2] → 81

A calculadora científica também mostra números em notação científica. Observe alguns casos:

- $4 \cdot 10^7$ → $4^{\times 10^{7}}$
- $5{,}13 \cdot 10^{12}$ → $5.13^{\times 10^{12}}$
- $2{,}951753 \cdot 10^{-17}$ → $2.951753^{\times 10^{-17}}$

GUILHERME CASAGRANDI

EXERCÍCIOS

18 Escreva os números em notação científica.

a) 85 700

b) 945 000 000 000

c) 0,00079

d) 0,0000002

e) 13 000 000

f) 1 080 000 000

g) 0,00000000013

h) 0,000000005

19 Escreva, na forma de potência de 10, os números a seguir.

a) 100 000

b) 0,0000001

c) 10 000 000

d) 0,000000001

20 Segundo previsão da Organização das Nações Unidas (ONU), a população mundial no ano 2050 será de 10 bilhões de habitantes. Use a notação científica para escrever essa população.

21 Uma pessoa adulta tem cerca de 5 litros de sangue. Em uma pessoa saudável, 1 mm^3 de sangue possui, aproximadamente:

- 5 milhões de glóbulos vermelhos ou hemácias;
- 8 mil glóbulos brancos ou leucócitos.

Quantas hemácias e quantos leucócitos possui, aproximadamente, um adulto?

22 A Via Láctea é uma estrutura constituída por cerca de 200 bilhões de estrelas e tem massa de cerca de 1 trilhão e 750 bilhões de massas solares. A massa solar equivale a $2 \cdot 10^{30}$ kg. Escreva em notação científica a massa da Via Láctea, em quilograma.

Lendo e aprendendo

Acredita-se que os asteroides sejam restos do processo de formação do Sistema Solar há 4,6 bilhões de anos, aproximadamente. Eles são formados por rocha, carbono ou metal. Viajando a 28 000 km/h, um asteroide com 45 metros de diâmetro e 130 000 toneladas passou muito próximo à Terra no dia 15 de fevereiro de 2013. Escreva em notação científica a idade do Sistema Solar e a massa do asteroide que passou próximo à Terra, em quilograma.

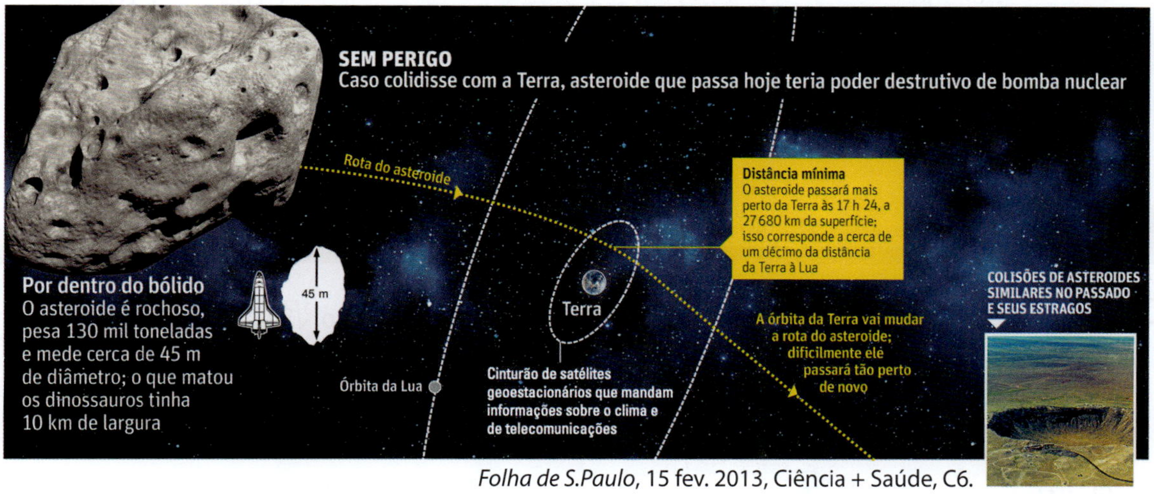

EDITORIA DE ARTE/FOLHAPRESS

Folha de S.Paulo, 15 fev. 2013, Ciência + Saúde, C6.

2 Raiz enésima de um número real

Já sabemos que:

- $\sqrt{16} = 4$, pois $4^2 = 16$
- $-\sqrt{1{,}21} = -1{,}1$
- $\sqrt{\dfrac{64}{9}} = \dfrac{8}{3}$

Agora, vamos estudar raízes de um número real cujos índices podem ser qualquer número natural maior ou igual a 2.

A raiz de um número real *a* que tenha como índice um número natural $n \geqslant 2$ pode ser representada assim:

$\sqrt[n]{a}$ — índice: n; radicando: a

Exemplos

- $\sqrt[2]{16} = 4$
  - 2 é o índice do radical.
  - 16 é o radicando.
  - $\sqrt[2]{16}$ é o radical.
  - 4 é a raiz.
  - Lemos: "raiz quadrada de dezesseis é igual a quatro".

- $\sqrt[5]{-243} = -3$
  - 5 é o índice do radical.
  - -243 é o radicando.
  - $\sqrt[5]{-243}$ é o radical.
  - -3 é a raiz.
  - Lemos: "raiz quinta de menos duzentos e quarenta e três é igual a menos três".

Conteúdo digital
- Jogo: Calculadora quebrada

Observações

1 Podemos omitir o índice 2 na indicação da raiz quadrada.

- $\sqrt[2]{16} = \sqrt{16}$
- $\sqrt[2]{25} = \sqrt{25}$
- $\sqrt[2]{\dfrac{49}{169}} = \sqrt{\dfrac{49}{169}}$

2 Sendo *n* um número natural, $n \geqslant 2$, temos: $\sqrt[n]{0} = 0$

3 O termo radical é também nome do símbolo $\sqrt{}$.

EXERCÍCIOS

23 Como se leem os radicais abaixo?

a) $\sqrt{7}$

b) $\sqrt[3]{13}$

c) $\sqrt[4]{17}$

d) $\sqrt[5]{32}$

e) $\sqrt[3]{1000}$

f) $\sqrt[6]{42}$

24 Na expressão $\sqrt[3]{343} = 7$, identifique:

a) a raiz;

b) o radicando;

c) o radical;

d) o índice do radical.

25 A queda de um corpo, no vácuo, de uma altura h é regida pelas equações $h = \frac{1}{2}g \cdot t^2$ e $v = gt$. Expressando o tempo (t) em função da velocidade (v) e da aceleração da gravidade (g), temos:

$$h = \frac{1}{2}g \cdot \frac{v^2}{g^2} \Leftrightarrow v^2 = 2gh \Leftrightarrow v = \sqrt{2gh}$$

Obtemos, assim, uma expressão correspondente à velocidade com que o corpo chega ao solo. Supondo que $g = 10\ m/s^2$, com que velocidade chega ao solo um corpo que cai, no vácuo, de uma altura de 20 m?

Determinação da raiz enésima de um número real

Na determinação da raiz enésima de um número real a, ou seja, $\sqrt[n]{a}$, podem ocorrer os casos a seguir.

- **1º caso:** $a \geqslant 0$ e o índice n é um **número natural**, maior ou igual a 2.

Exemplos

- $\sqrt{16} = 4 \Leftrightarrow 4^2 = 16$
- $\sqrt[4]{81} = 3 \Leftrightarrow 3^4 = 81$
- $\sqrt[3]{125} = 5 \Leftrightarrow 5^3 = 125$
- $\sqrt[5]{32} = 2 \Leftrightarrow 2^5 = 32$

Sendo a um número real, $a \geqslant 0$ e n um número natural maior ou igual a 2, dizemos que a expressão $\sqrt[n]{a}$ corresponde ao número real **não negativo** b tal que $b^n = a$.

$$\sqrt[n]{a} = b \Leftrightarrow b^n = a$$

Observação

Não é correto escrever $\sqrt{25} = \pm 5$, pois o resultado de uma operação deve ser único. O radical $\sqrt{25}$ corresponde ao número **não negativo** cujo quadrado é 25.

Assim:

$\sqrt{25} = 5$ e $-\sqrt{25} = -5$ — São sentenças verdadeiras.

$\sqrt{25} = \pm 5$ e $\sqrt{25} = -5$ — São sentenças falsas.

- **2º caso:** $a < 0$ e o índice n é um **número natural ímpar**, maior que 2.

Exemplos

- $\sqrt[3]{-1000} = -10$
- $\sqrt[5]{-1024} = -4$
- $\sqrt[3]{-27} = -3$

Sendo a um número real, $a < 0$ e n um número natural ímpar, maior que 2, dizemos que $\sqrt[n]{a}$ corresponde ao número real **negativo** b tal que $b^n = a$.

$$\sqrt[n]{a} = b \Leftrightarrow b^n = a$$

- **3º caso:** $a < 0$ e o índice n é um **número natural par** diferente de zero.

Exemplo

$\sqrt{-4}$ não é um número real, pois nenhum número real elevado ao quadrado é igual a -4.

Sendo a um número real, $a < 0$ e n um número natural par diferente de zero, a expressão $\sqrt[n]{a}$ não representa um número real.

Observações

1 No conjunto dos números reais existem raízes que não são exatas. Por exemplo, $\sqrt{10}$ é uma raiz não exata, pertencente ao conjunto $\mathbb{R}$, que está entre os números 3 e 4.

2 As raízes $\sqrt{-4}$, $\sqrt[4]{-64}$, $\sqrt{-1}$ pertencem ao conjunto dos números complexos, e $\sqrt{-1}$ foi representado por Leonard Euler, em 1777, pelo símbolo i.

EXERCÍCIOS

26 Diga se existe ou não, no conjunto $\mathbb{R}$, a raiz quadrada dos números abaixo.

a) 12 b) -16 c) 64 d) -36

27 Determine o valor de:

a) $\sqrt{100}$
b) $\sqrt[4]{256}$
c) $\pm\sqrt{25}$
d) $-\sqrt{144}$
e) $-\sqrt[4]{81}$
f) $\sqrt[3]{-8}$
g) $\sqrt[5]{-1}$
h) $3\sqrt{16}$
i) $\sqrt[9]{512}$
j) $\sqrt[3]{-125}$

28 Determine o valor das expressões abaixo.

a) $-\sqrt{81} - \sqrt[3]{-27}$
b) $\sqrt[3]{0} + \sqrt[3]{-1} + \sqrt{0{,}25}$
c) $\sqrt[4]{0{,}0001} + 1$

29 Em cada caso, determine o valor de a.

a) $\sqrt{a} = 100$
b) $\sqrt[3]{a} = -6$
c) $\sqrt[4]{a} = 5$

30 Determine o valor de cada expressão, se existente em $\mathbb{R}$.

a) $\sqrt{-16}$
b) $\sqrt{1{,}44}$
c) $-\sqrt{-9}$
d) $-\sqrt{49}$
e) $-\sqrt{-1}$
f) $\sqrt{169}$

31 Identifique os radicais que representam números reais.

a) $\sqrt{0}$
b) $\sqrt{-1}$
c) $\sqrt{1}$
d) $\sqrt[3]{-1}$
e) $\sqrt[6]{-1}$
f) $\sqrt[16]{-1}$

32 Em cada caso, determine o valor de x.

a) $\sqrt{2x} = 6$, para $x \geqslant 0$
b) $\sqrt[3]{x+1} = 2$, para $x \geqslant -1$
c) $\sqrt[4]{5x} = 1$, para $x \geqslant 0$
d) $\sqrt{x+2} = 5$, para $x \geqslant -2$

33 Sendo $a = 64$ e $b = 36$, determine:

a) $\sqrt{a} + \sqrt{b} - (\sqrt{a+b})$
b) $\dfrac{\sqrt{a \cdot b}}{\sqrt{a} \cdot \sqrt{b}}$

34 Determine o valor de x.

$x = \sqrt{21 + \sqrt{13 + \sqrt{7 + \sqrt{4}}}}$

35 Calcule o valor de cada expressão.

a) $\sqrt{25} - \sqrt{49}$
b) $-\sqrt{100} - \sqrt[3]{1000}$
c) $\sqrt{0{,}04} + \sqrt{0{,}36}$
d) $\sqrt[3]{8} + \sqrt[4]{81}$
e) $\sqrt{169} - \sqrt{144}$
f) $\sqrt[3]{-27} - \sqrt[3]{-1}$

Radicais

Chamamos de radical a raiz enésima de um número real *a* que tenha como índice um número natural *n* maior ou igual a 2.

Exemplos

- $\sqrt{5}$
- $\sqrt[3]{17}$
- $\sqrt[4]{\frac{1}{64}}$
- $\sqrt[5]{-0,00243}$

Propriedades dos radicais

Agora, vamos estudar as propriedades dos radicais que servem para simplificar os cálculos.

1ª propriedade

Observe as igualdades:

$\sqrt[3]{64} = 4$ (I) $\qquad 64 = 4^3$ (II)

Substituindo (II) em (I), obtemos: $\sqrt[3]{4^3} = 4$

De modo geral:

- se *n* é um número natural ímpar maior que 2, $\sqrt[n]{a^n} = a$, em que *a* é um número real;
- se *n* é um número natural par, não nulo, $\sqrt[n]{a^n} = |a|$, em que *a* é um número real.

Exemplos

- $\sqrt{13^2} = |13| = 13$
- $\sqrt{(-2)^2} = |-2| = 2$
- $\sqrt[5]{32} = \sqrt[5]{2^5} = 2$
- $\sqrt[3]{(-3)^3} = -3$

2ª propriedade

Observe as igualdades:

$\sqrt{4 \cdot 9} = \sqrt{36} = 6$ (I) $\qquad \sqrt{4} \cdot \sqrt{9} = 2 \cdot 3 = 6$ (II)

Igualando (I) a (II), temos: $\sqrt{4 \cdot 9} = \sqrt{4} \cdot \sqrt{9}$

De modo geral:

$\sqrt[n]{a \cdot b} = \sqrt[n]{a} \cdot \sqrt[n]{b}$, em que *a* e *b* são números reais não negativos e *n* é um número natural maior ou igual a 2.

Exemplos

- $\sqrt{3 \cdot 7} = \sqrt{3} \cdot \sqrt{7}$
- $\sqrt[4]{2 \cdot 3 \cdot 7} = \sqrt[4]{2} \cdot \sqrt[4]{3} \cdot \sqrt[4]{7}$
- $\sqrt[3]{5 \cdot 17} = \sqrt[3]{5} \cdot \sqrt[3]{17}$
- $\sqrt[5]{2^3 \cdot x \cdot y^3} = \sqrt[5]{2^3} \cdot \sqrt[5]{x} \cdot \sqrt[5]{y^3}$, com $x \geqslant 0$ e $y \geqslant 0$

3ª propriedade

Observe as igualdades:

$$\sqrt{\frac{4}{9}} = \frac{2}{3} \quad \text{(I)} \qquad \frac{\sqrt{4}}{\sqrt{9}} = \frac{2}{3} \quad \text{(II)}$$

Igualando (I) a (II), temos: $\sqrt{\frac{4}{9}} = \frac{\sqrt{4}}{\sqrt{9}}$

De modo geral:

> $\sqrt[n]{\frac{a}{b}} = \frac{\sqrt[n]{a}}{\sqrt[n]{b}}$, em que a e b são números reais não negativos, com $b \neq 0$, e n é um número natural maior ou igual a 2.

Exemplos

- $\sqrt{\frac{3}{7}} = \frac{\sqrt{3}}{\sqrt{7}}$
- $\sqrt[3]{\frac{a^5}{b^3}} = \frac{\sqrt[3]{a^5}}{\sqrt[3]{b^3}} = \frac{\sqrt[3]{a^5}}{b}$, com $a \geqslant 0$ e $b > 0$
- $\sqrt[3]{\frac{5}{17}} = \frac{\sqrt[3]{5}}{\sqrt[3]{17}}$
- $\sqrt[5]{\frac{a^3}{7b}} = \frac{\sqrt[5]{a^3}}{\sqrt[5]{7b}}$, com $a \geqslant 0$ e $b > 0$

4ª propriedade

Observe a igualdade:

$$\sqrt[3]{5^3} = 5 \quad \text{(I)}$$

Multiplicando o índice do radical e o expoente do radicando por 2, obtemos:

$$\sqrt[3 \cdot 2]{5^{3 \cdot 2}} = \sqrt[6]{5^6} = 5 \quad \text{(II)}$$

Igualando (I) a (II), temos:

$\sqrt[3]{5^3} = \sqrt[3 \cdot 2]{5^{3 \cdot 2}}$

De modo inverso, podemos observar que:

$\sqrt[6]{5^6} = \sqrt[6 : 2]{5^{6 : 2}} = \sqrt[3]{5^3} = 5$

De modo geral:

> $\sqrt[n]{a^m} = \sqrt[n \cdot p]{a^{m \cdot p}}$, em que a é um número real não negativo, n é um número natural maior ou igual a 2, e m e p são números naturais diferentes de zero.

> $\sqrt[n]{a^m} = \sqrt[n : p]{a^{m : p}}$, em que a é um número real não negativo, n é um número natural maior ou igual a 2, m e p são números naturais diferentes de zero, e p é divisor comum a m e n.

Exemplos

- $\sqrt[5]{2^3} = \sqrt[5 \cdot 2]{2^{3 \cdot 2}} = \sqrt[10]{2^6}$
- $\sqrt{3^{25}} = \sqrt[2 \cdot 2]{3^{25 \cdot 2}} = \sqrt[4]{3^{50}}$
- $\sqrt[8]{x^6} = \sqrt[8 : 2]{x^{6 : 2}} = \sqrt[4]{x^3}$, com $x \geqslant 0$
- $\sqrt[10]{b^{15}} = \sqrt[10 : 5]{b^{15 : 5}} = \sqrt{b^3}$, com $b \geqslant 0$

5ª propriedade

Observe as igualdades:

$\sqrt[3]{\sqrt{64}} = \sqrt[3]{8} = 2$ (I) $\sqrt[6]{64} = \sqrt[6]{2^6} = 2$ (II)

Igualando (I) a (II), temos:

$$\sqrt[3]{\sqrt{64}} = \sqrt[6]{64}$$

De modo geral:

> $\sqrt[m]{\sqrt[n]{a}} = \sqrt[m \cdot n]{a}$, em que a é um número real não negativo e m e n são números naturais com m e n maiores ou iguais a 2.

Exemplos

- $\sqrt{\sqrt[3]{3}} = \sqrt[2 \cdot 3]{3} = \sqrt[6]{3}$
- $\sqrt[3]{\sqrt[5]{7}} = \sqrt[3 \cdot 5]{7} = \sqrt[15]{7}$
- $\sqrt[5]{\sqrt[3]{2}} = \sqrt[15]{2}$
- $\sqrt[4]{\sqrt{\sqrt[3]{5}}} = \sqrt[4]{\sqrt[6]{5}} = \sqrt[24]{5}$

EXERCÍCIOS

36 Determine o valor dos radicais.

a) $\sqrt{7^2}$
b) $\sqrt[3]{11^3}$
c) $\sqrt{(x)^2}$
d) $\sqrt[5]{6^5}$
e) $\sqrt[3]{(a + b)^3}$
f) $\sqrt[3]{a^3 \cdot b^3}$

37 Decomponha o radicando em fatores primos e aplique a primeira propriedade.

a) $\sqrt{25}$
b) $\sqrt[4]{81}$
c) $\sqrt[8]{256}$
d) $\sqrt{121}$
e) $\sqrt[3]{343}$
f) $\sqrt[4]{625}$

38 Transforme em um produto de dois ou mais radicais.

a) $\sqrt{5 \cdot 17}$
b) $\sqrt[4]{5 \cdot 7 \cdot 11}$
c) $\sqrt[5]{2 \cdot x^4}$
d) $\sqrt[3]{10 \cdot 20}$
e) $\sqrt[3]{3 \cdot 7}$
f) $\sqrt[3]{7 \cdot a^2 \cdot b}$
g) $\sqrt[5]{a^3 \cdot b^4}$
h) $\sqrt{3 \cdot 11 \cdot 13}$
i) $\sqrt[6]{m^2 \cdot n^8}$

39 Transforme em um quociente de radicais.

a) $\sqrt{\frac{5}{7}}$

b) $\sqrt[3]{\frac{7}{11}}$

c) $\sqrt[4]{\frac{10}{17}}$

d) $\sqrt[3]{\frac{a}{b}}$, com $b \neq 0$

e) $\sqrt[5]{\frac{2x}{5y^3}}$, com $y \neq 0$

f) $\sqrt[3]{\frac{8}{27}}$

40 Simplifique os radicais, dividindo o índice do radical e o expoente do radicando por um mesmo número.

a) $\sqrt[4]{3^2}$

b) $\sqrt[5]{7^{10}}$

c) $\sqrt[8]{7^6}$

d) $\sqrt[12]{2^3 \cdot a^6}$, com $a \geqslant 0$

e) $\sqrt[15]{5^{10}}$

f) $\sqrt[6]{a^2b^2}$, com $a \geqslant 0$ e $b \geqslant 0$

41 Decomponha os radicandos em fatores primos e, em seguida, simplifique os radicais.

a) $\sqrt[8]{64}$

b) $\sqrt[10]{625}$

c) $\sqrt[20]{243}$

d) $\sqrt[14]{128}$

42 Transforme em uma única raiz.

a) $\sqrt{\sqrt{5}}$

b) $\sqrt[5]{\sqrt[2]{13}}$

c) $\sqrt[3]{\sqrt{7}}$

d) $\sqrt[5]{\sqrt[6]{11}}$

e) $\sqrt[3]{\sqrt{\sqrt[5]{4}}}$

f) $\sqrt{\sqrt{\sqrt{\sqrt{x}}}}$, com $x \geqslant 0$

43 Determine o valor do número natural x maior ou igual a 2 nas expressões abaixo.

a) $\sqrt[15]{2^{10}} = \sqrt[x]{2^2}$

b) $\sqrt[6]{13^9} = \sqrt{13^x}$

c) $\sqrt[x]{\sqrt[3]{7}} = \sqrt[15]{7}$

d) $\sqrt[9]{6^4} = \sqrt[3]{6^x}$

44 Transforme em um único radical, escrevendo o radicando na forma mais simples possível.

a) $\dfrac{\sqrt{20}}{\sqrt{24}}$

b) $\dfrac{\sqrt[3]{10}}{\sqrt[3]{18}}$

c) $\dfrac{\sqrt[4]{30}}{\sqrt[4]{24}}$

d) $\dfrac{\sqrt[5]{16}}{\sqrt[5]{20}}$

45 Transforme em um único radical.

a) $\sqrt{3} \cdot \sqrt{5}$

b) $\sqrt[3]{7} \cdot \sqrt[3]{11}$

c) $\sqrt{2} \cdot \sqrt{5} \cdot \sqrt{7}$

d) $\sqrt[12]{5} \cdot \sqrt[12]{10}$

46 Transforme em uma única raiz.

a) $\dfrac{\sqrt{12} \cdot \sqrt{15}}{\sqrt{8}}$

b) $\dfrac{\sqrt[3]{9} \cdot \sqrt[3]{10}}{\sqrt[3]{12} \cdot \sqrt[3]{15}}$

c) $\dfrac{\sqrt[6]{4} \cdot \sqrt{\sqrt[3]{10}}}{\sqrt[6]{120}}$

d) $\dfrac{\sqrt[8]{14} \cdot \sqrt[4]{\sqrt{10}}}{\sqrt{\sqrt{\sqrt{2}}}}$

47 Identifique as sentenças verdadeiras.

a) $\sqrt{\frac{a^2}{b^2}} = \frac{a}{b}$, com $a > 0$ e $b > 0$

b) $\sqrt{a} + \sqrt{b} = \sqrt{a+b}$

c) $\sqrt{a^2 + b^2} = a + b$

d) $\sqrt{a} \cdot \sqrt{a} = a$, com $a > 0$

e) $\sqrt{a^2 \cdot b^2} = a \cdot b$, com $a > 0$ e $b > 0$

f) $\sqrt{x^2 - y^2} = \sqrt{x^2} - \sqrt{y^2} = x - y$

Conteúdo digital
• Jogo: *Calculus*

3 Simplificação de radicais

Simplificar um radical significa obter uma expressão mais simples, equivalente ao radical dado. Para isso, vamos utilizar as propriedades estudadas. Observe os casos a seguir.

- **1º caso:** O índice do radical e os expoentes do radicando têm fator comum.

  Podemos dividir o índice do radical e os expoentes de **todos** os fatores do radicando por um mesmo número, diferente de zero.

Exemplos

- $\sqrt[8]{5^6} = \sqrt[8:2]{5^{6:2}} = \sqrt[4]{5^3}$
- $\sqrt[6]{7^{10}} = \sqrt[6:2]{7^{10:2}} = \sqrt[3]{7^5}$

- **2º caso:** Um ou mais fatores do radicando têm expoentes iguais ao índice do radical.

  Podemos **extrair** um ou mais fatores do radicando que tenham expoentes iguais ao índice do radical e escrevê-los como fatores externos sem o expoente.

Exemplos

- $\sqrt[3]{2^3 \cdot 3} = \sqrt[3]{2^3} \cdot \sqrt[3]{3} = 2\sqrt[3]{3}$

  Aplicando a 2ª propriedade. Aplicando a 1ª propriedade.

- $\sqrt[4]{5^4 \cdot 7^3} = \sqrt[4]{5^4} \cdot \sqrt[4]{7^3} = 5\sqrt[4]{7^3}$

  Aplicando a 2ª propriedade. Aplicando a 1ª propriedade.

Em alguns casos, podemos decompor o radicando em fatores primos antes da extração.

Observe:

- $\sqrt[4]{16} = \sqrt[4]{2^4} = 2$ (2^4 = 16)

16	2
8	2
4	2
2	2
1	

- $\sqrt{180} = \sqrt{2^2 \cdot 3^2 \cdot 5} = 2 \cdot 3 \cdot \sqrt{5} = 6\sqrt{5}$ ($2^2 \cdot 3^2 \cdot 5$ = 180)

180	2
90	2
45	3
15	3
5	5
1	

Em outros casos, precisamos transformar, convenientemente, o radicando em um produto (utilizando produto de potências de mesma base) para poder extrair fatores desse mesmo radicando. Veja:

- $\sqrt{5^3} = \sqrt{5^2 \cdot 5} = 5\sqrt{5}$ ($5^2 \cdot 5 = 5^3$)
- $\sqrt[3]{250} = \sqrt[3]{2 \cdot 5^3} = 5\sqrt[3]{2}$ ($2 \cdot 5^3$ = 250)

Observação

Podemos também introduzir fatores externos no radicando. Veja:

- $7\sqrt[3]{5} = \sqrt[3]{7^3} \cdot \sqrt[3]{5} = \sqrt[3]{1715}$
- $2^2 \cdot \sqrt[4]{3} = \sqrt[4]{(2^2)^4} \cdot \sqrt[4]{3} = \sqrt[4]{256 \cdot 3} = \sqrt[4]{768}$

Cuidado!

Observe atentamente estas desigualdades:

$\sqrt{a^2 + b^2} \neq a + b$

$\sqrt{a^2 - b^2} \neq a - b$

$a^2 + b^2$ e $a^2 - b^2$ não são quadrados, respectivamente, de $a + b$ e $a - b$.

EXERCÍCIOS

48 Simplifique os radicais.

a) $\sqrt[10]{5^6}$ b) $\sqrt[4]{11^2}$ c) $\sqrt[5]{7^{10}}$ d) $\sqrt{10^8}$

49 Simplifique os radicais.

a) $\sqrt[18]{512a^6}$

b) $\sqrt[5]{32 \cdot a^{10}}$

c) $\sqrt[4]{\dfrac{9a^6}{16}}$, com $a \geqslant 0$

d) $\sqrt[8]{\dfrac{(m+1)^4}{64}}$

50 Retire fatores do radicando e simplifique.

a) $\sqrt{2^4 \cdot 5}$

b) $3\sqrt{72}$

c) $\sqrt[3]{200}$

d) $\sqrt{16x^3}$, com $x \geqslant 0$

51 Simplifique, fatorando o radicando.

a) $\sqrt[3]{10^5}$

b) $\sqrt[4]{7^8}$

c) $\sqrt[3]{1000}$

d) $\sqrt[3]{729x^3y^2}$

e) $\sqrt{\dfrac{16x^6y^4}{xy}}$, com $x > 0$ e $y > 0$ ou $x < 0$ e $y < 0$

52 Simplifique:

a) $\sqrt{288}$

b) $\sqrt[3]{40}$

c) $\sqrt[3]{a^4b^3c^7}$, com $a \geqslant 0$ e $c \geqslant 0$

d) $\sqrt[5]{1024}$

e) $\sqrt[3]{a^8}$

f) $x\sqrt{x^3y^7}$, com $x \geqslant 0$ e $y \geqslant 0$

g) $\sqrt[4]{(m+n)^5}$, com $m + n > 0$

h) $2\sqrt[3]{\dfrac{a^4b^3}{16x^4}}$, com $x > 0$ e $a \geqslant 0$

53 Introduza os fatores no radicando.

a) $2\sqrt[3]{7}$ b) $4\sqrt[3]{5}$ c) $0{,}2\sqrt{3}$ d) $5\sqrt{10}$

54 Utilizando seus conhecimentos sobre fatoração e as propriedades dos radicais, simplifique as expressões abaixo.

a) $\sqrt{x^2 - 2x + 1}$

b) $\sqrt{x^2 + 2xy + y^2}$

c) $\sqrt{\dfrac{x^2 - 4x + 4}{x^2 - 4}}$, com $x \geqslant 2$

d) $\dfrac{2a^2y}{3} \cdot \sqrt[3]{\dfrac{54}{a^4y^4}}$, com $a > 0$ e $y > 0$

55 Simplifique os radicais.

a) $\sqrt[6]{64a^3b^{12}}$, com $a > 0$

b) $x\sqrt{x^5y^9}$ com $x \geqslant 0$ e $y \geqslant 0$

c) $\sqrt[3]{9a^6b^4}$, com $b \geqslant 0$

d) $\sqrt[4]{32a^4b^6}$

56 Simplifique os radicais.

a) $\dfrac{1}{2}\sqrt{16(a^2 - b^2)^2}$, com $a^2 - b^2 > 0$

b) $\sqrt{\dfrac{50x^3}{(m+n)^3}}$, com $x \geqslant 0$ e $m + n > 0$

c) $\dfrac{1}{xy}\sqrt{12x^3y^5}$, com $x > 0$ e $y > 0$

57 Em cada caso, determine o valor de x.

a) $\sqrt{3} = \sqrt[6]{x}$

b) $\sqrt{\dfrac{1}{2}} = \sqrt[8]{x}$

c) $\sqrt[4]{3b^3} = \sqrt[16]{x}$

d) $\sqrt{(a+b)^3} = \sqrt[6]{x}$

58 Simplifique:

a) $\sqrt{a^3 + 2a^2b + ab^2}$

b) $\sqrt{a^3 - ab^2 + a^2b - b^3}$

4 Comparação de radicais

Comparar radicais significa estabelecer uma relação de igualdade ou desigualdade entre eles.

Antes de aprender os casos de comparação de radicais, vamos estudar alguns procedimentos que vão nos ajudar nesse trabalho, bem como nas operações com radicais.

Introdução de um fator no radicando

Observe as igualdades:

- $\sqrt{5^2 \cdot 7} = 5\sqrt{7}$
- $\sqrt[3]{3 \cdot 7^3} = 7\sqrt[3]{3}$
- $\sqrt[5]{2a^5} = a\sqrt[5]{2}$
- $\sqrt{5x^6} = x^3\sqrt{5}$

Podemos escrever:

- $5\sqrt{7} = \sqrt{5^2 \cdot 7}$
- $7\sqrt[3]{3} = \sqrt[3]{3 \cdot 7^3}$
- $a\sqrt[5]{2} = \sqrt[5]{2a^5}$
- $x^3\sqrt{5} = \sqrt{5x^6}$

Daí, concluímos que, para introduzir um fator externo no radicando, devemos escrevê-lo com um expoente igual ao produto do índice do radical pelo seu expoente.

Exemplos

- $2\sqrt{7} = \sqrt{2^2 \cdot 7} = \sqrt{28}$
- $0{,}1x^2\sqrt[3]{y^2} = \sqrt[3]{(0{,}1)^3 \cdot x^6 \cdot y^2}$
- $3\sqrt[5]{11} = \sqrt[5]{3^5 \cdot 11}$
- $a^2b^3\sqrt[3]{c^2} = \sqrt[3]{a^6b^9c^2}$

Cuidado!

Na expressão $\sqrt[m]{a\sqrt[n]{b}}$, em que a e b são números reais maiores ou iguais a zero e m e n são números naturais maiores ou iguais a 2, devemos inicialmente introduzir o fator externo a no radical $\sqrt[n]{b}$, para depois aplicar a 5ª propriedade.

Exemplos

- $\sqrt[m]{a\sqrt[n]{b}} = \sqrt[m]{\sqrt[n]{a^n \cdot b}} = \sqrt[m \cdot n]{a^n \cdot b}$
- $\sqrt[5]{2\sqrt[3]{6}} = \sqrt[5]{\sqrt[3]{2^3 \cdot 6}} = \sqrt[5 \cdot 3]{8 \cdot 6} = \sqrt[15]{48}$

EXERCÍCIOS

59 Introduza os fatores no radicando.

a) $2\sqrt[3]{7}$

b) $4\sqrt[3]{5}$

c) $x^3\sqrt[5]{x^2}$, com $x \geq 0$

d) $5\sqrt{10}$

60 Introduza o fator externo no radicando.

a) $0{,}2\sqrt{3}$

b) $\frac{a}{2}\sqrt[4]{2^3}$

c) $(a + b)\sqrt{\frac{1}{a^2 - b^2}}$, com $a > b$

d) $\frac{2}{5}\sqrt{\frac{a}{c}}$, com $a \geq 0$ e $c > 0$

61 Introduza o fator externo no radicando.

a) $5a^2b\sqrt[3]{ab}$, com $a \geq 0$ e $b \geq 0$

b) $\frac{3a}{2b}\sqrt{\frac{b}{a}}$, com $a \geq 0$ e $b \geq 0$

c) $\frac{x}{4}\sqrt[3]{\frac{x}{2}}$, com $x \geq 0$

d) $\frac{1}{3}\sqrt[4]{x}$, com $x \geq 0$

62 Transforme as expressões em um só radical.

a) $\sqrt[5]{x\sqrt[5]{x^2}}$, com $x \geq 0$

b) $\sqrt[4]{x\sqrt[3]{x^4y}}$, com $x \geq 0$ e $y \geq 0$

c) $\sqrt[3]{\frac{y}{x}\sqrt{\frac{x}{y}}}$, com $x > 0$ e $y > 0$

Conteúdo digital
• Atividade: Passo a passo

Redução de radicais ao mesmo índice

Considere os radicais $\sqrt[3]{2^5}$ e $\sqrt[4]{3^2}$.

Observe que eles possuem índices diferentes.

Para reduzir radicais a um mesmo índice, podemos utilizar este procedimento prático:

1º) Calculamos o mínimo múltiplo comum (mmc) dos índices dos radicais, que será o índice comum.

2º) Dividimos esse mmc pelos índices de cada um dos radicais e multiplicamos os resultados obtidos pelos expoentes dos respectivos radicandos.

Exemplos

- Vamos reduzir ao mesmo índice os radicais $\sqrt[3]{2^5}$ e $\sqrt[4]{3^2}$.

Solução

Inicialmente, determinamos o índice comum, que corresponde ao mmc $(3, 4) = 12$.

Em seguida, multiplicamos os expoentes dos radicandos, respectivamente, por 4 e 3. Observe:

×4 ×4
$$\sqrt[3]{2^5} = \sqrt[12]{2^{20}}$$

×3 ×3
$$\sqrt[4]{3^2} = \sqrt[12]{3^6}$$

Logo, os radicais equivalentes com o mesmo índice são $\sqrt[12]{2^{20}}$ e $\sqrt[12]{3^6}$.

- Vamos reduzir ao mesmo índice os radicais $\sqrt{a}$, $\sqrt[3]{a^2b^3}$ e $\sqrt[5]{bc^2}$.

Solução

O mmc dos índices dos radicais é 30. Então:

×15 ×15
$$\sqrt[2]{a^1} = \sqrt[30]{a^{15}}$$

×10 ×10 ×10
$$\sqrt[3]{a^2b^3} = \sqrt[30]{a^{20}b^{30}}$$

×6 ×6 ×6
$$\sqrt[5]{b^1c^2} = \sqrt[30]{b^6c^{12}}$$

Logo, os radicais equivalentes com o mesmo índice são $\sqrt[30]{a^{15}}$, $\sqrt[30]{a^{20}b^{30}}$ e $\sqrt[30]{b^6c^{12}}$.

EXERCÍCIOS

63 Reduza os radicais ao mesmo índice.

a) $\sqrt{3}, \sqrt[3]{2}, \sqrt[5]{3}$

b) $\sqrt[m]{5}, \sqrt[n]{2}$

c) $\sqrt{3x}, \sqrt[3]{4y^2}$

d) $\sqrt{m}, \sqrt[3]{b}, \sqrt[4]{2n}$

64 Reduza cada um dos radicais abaixo ao mesmo índice.

a) $\sqrt[4]{7}, \sqrt[6]{3}, \sqrt[3]{2}$

b) $\sqrt{3ab}, \sqrt[3]{2a^2b}$

c) $\sqrt{a^2 \cdot (x^2 + y^2)}, \sqrt[5]{3b^2xy}$

65 Reduza cada um dos radicais abaixo ao mesmo índice.

a) $\sqrt{\frac{m}{n^3}}, \sqrt[3]{\frac{n}{m^2}}$

b) $\sqrt[5]{a^3}, \sqrt[4]{a}$

c) $\sqrt{a + b}, \sqrt[3]{a + b}$

d) $\sqrt{\frac{ab}{n^3}}, \sqrt[5]{\frac{an^4}{b^2}}$

Agora, podemos considerar dois casos para a comparação de radicais.

Comparação de radicais com o mesmo índice

O maior radical é o que tem o maior radicando.

Exemplos

- $\sqrt{50} > \sqrt{36}$, pois: $50 > 36$
- $\sqrt[3]{7} < \sqrt[3]{11}$, pois: $7 < 11$

Comparação de radicais com índices diferentes

Reduzimos os radicais ao mesmo índice e procedemos como no caso anterior.

Exemplo

Sejam os radicais $\sqrt[3]{4}$ e $\sqrt{3}$.
O mmc dos índices dos radicais é 6. Então:

$$\sqrt[3]{4^1} = \sqrt[6]{4^2} \quad (\times 2) \qquad\qquad \sqrt[2]{3^1} = \sqrt[6]{3^3} \quad (\times 3)$$

Reduzimos, então, os radicais ao mesmo índice.
Assim, os radicais equivalentes com o mesmo índice são: $\sqrt[6]{4^2}$ e $\sqrt[6]{3^3}$

$\sqrt[6]{4^2} \rightarrow \sqrt[6]{16}$ e $\sqrt[6]{3^3} \rightarrow \sqrt[6]{27}$

Logo, $\sqrt[3]{4} < \sqrt{3}$, pois: $\sqrt[6]{16} < \sqrt[6]{27}$

EXERCÍCIOS

66 Observe os pares de radicais e identifique o maior.

a) $\sqrt{2}$ e $\sqrt[3]{5}$

b) $\sqrt[3]{20}$ e $\sqrt[8]{12}$

c) $\sqrt[6]{16}$ e $\sqrt[9]{36}$

d) $\sqrt[6]{10}$ e $\sqrt{5}$

67 Coloque os radicais em ordem crescente.

a) $\sqrt[6]{11}$, $\sqrt[4]{7}$, $\sqrt[12]{17}$

b) $\sqrt{2}$, $\sqrt[3]{4}$, $\sqrt[4]{5}$

c) $\sqrt[3]{4}$, $\sqrt{5}$, $\sqrt{7}$

68 Identifique a alternativa correta. Se $A = \sqrt{3}$, $B = \sqrt[4]{5}$ e $C = \sqrt[3]{4}$, é verdadeiro afirmar:

a) $C < B < A$

b) $A < B < C$

c) $C < A < B$

d) $A > C > B$

e) $B < A < C$

69 Coloque em ordem decrescente.

a) $\sqrt[3]{3}$, $\sqrt[3]{2}$, $\sqrt{5}$

b) $\sqrt[4]{8}$, $\sqrt[3]{2}$, $\sqrt[6]{3}$

c) $\sqrt[9]{1}$, $\sqrt[3]{8}$, $\sqrt{49}$

5 Radicais semelhantes

Duas ou mais expressões que têm como fatores radicais com o mesmo índice e com o mesmo radicando são chamadas de **radicais semelhantes**.

Exemplos

- $2\sqrt{7}$, $-\sqrt{7}$ e $\dfrac{\sqrt{7}}{3}$ são radicais semelhantes.
- $\sqrt[3]{7}$ e $\sqrt[3]{10}$ não são radicais semelhantes, pois possuem radicandos diferentes.
- $\sqrt[4]{3}$ e $\sqrt[3]{3}$ não são radicais semelhantes, pois possuem índices diferentes.

Alguns radicais parecem ser não semelhantes por apresentarem índices ou radicandos diferentes, mas, após aplicarmos algumas propriedades e simplificações, podemos reescrevê-los como radicais claramente semelhantes.

Exemplos

- Verificar se $\sqrt[3]{135}$ e $\sqrt[3]{320}$ são radicais semelhantes.

  $\sqrt[3]{135} = \sqrt[3]{3^3 \cdot 5} = 3\sqrt[3]{5}$

  $135 = 27 \cdot 5$

  $\sqrt[3]{320} = \sqrt[3]{2^6 \cdot 5} = \sqrt[3]{2^3 \cdot 2^3 \cdot 5} = \sqrt[3]{2^3} \cdot \sqrt[3]{2^3} \cdot \sqrt[3]{5} = 2 \cdot 2 \cdot \sqrt[3]{5} = 2^2 \cdot \sqrt[3]{5} = 4\sqrt[3]{5}$

  $320 = 64 \cdot 5$

  $3\sqrt[3]{5}$ e $4\sqrt[3]{5}$ são radicais semelhantes, ou seja, $\sqrt[3]{135}$ e $\sqrt[3]{320}$ são radicais semelhantes.

- Verificar se $\sqrt{2^5}$ e $\sqrt{2^3 \cdot 3^2}$ são radicais semelhantes.

  $\sqrt{2^5} = \sqrt{2^4 \cdot 2} = 2^2 \cdot \sqrt{2} = 4\sqrt{2}$

  $\sqrt{2^3 \cdot 3^2} = \sqrt{2^2 \cdot 2 \cdot 3^2} = \sqrt{2^2} \cdot \sqrt{3^2} \cdot \sqrt{2} = 2 \cdot 3 \cdot \sqrt{2} = 6\sqrt{2}$

  $4\sqrt{2}$ e $6\sqrt{2}$ são radicais semelhantes, ou seja, $\sqrt{2^5}$ e $\sqrt{2^3 \cdot 3^2}$ são radicais semelhantes.

EXERCÍCIOS

70 Reescreva as expressões, quando possível, para mostrar que são radicais semelhantes.

a) $\sqrt{45}$, $\sqrt{80}$, $\sqrt{180}$

b) $\sqrt[3]{54}$, $\sqrt[3]{128}$, $\sqrt[3]{250}$

c) $\sqrt{90}$, $\sqrt{250}$, $\sqrt{1210}$

d) $\sqrt[4]{48}$, $\sqrt[4]{405}$

e) $\sqrt{a}$, $\sqrt{49a}$, $\sqrt{4ab^2}$, com $a \geq 0$

f) $\sqrt{100x}$, $\sqrt{16x}$, $\sqrt{4x}$, com $x \geq 0$

71 Identifique os pares de radicais semelhantes.

a) $-\sqrt{7}$ e $13\sqrt{7}$

b) $\sqrt[3]{5}$ e $\sqrt[3]{15}$

c) $\dfrac{\sqrt{11}}{2}$ e $\sqrt{\dfrac{11}{2}}$

d) $\sqrt[5]{2}$ e $-13\sqrt[5]{2}$

6 Adição e subtração de radicais

Na adição e subtração com radicais, três casos podem ser considerados.

1º caso: Todos os radicais são claramente semelhantes.

Efetuamos as adições e subtrações dos fatores externos e mantemos o mesmo radical.

Exemplos

- $2\sqrt{5} + 7\sqrt{5} - 3\sqrt{5} = (2 + 7 - 3)\sqrt{5} = 6\sqrt{5}$
- $3\sqrt{3} - \sqrt{3} - 5\sqrt{3} + \frac{\sqrt{3}}{2} = \left(3 - 1 - 5 + \frac{1}{2}\right)\sqrt{3} = -\frac{5}{2}\sqrt{3}$

2º caso: Todos os radicais podem ser reescritos como radicais claramente semelhantes.

Exemplos

- $\sqrt{6} + \sqrt{24} + \sqrt{54} = \sqrt{6} + \sqrt{2^3 \cdot 3} + \sqrt{2 \cdot 3^3} = \sqrt{6} + \sqrt{2 \cdot 2^2 \cdot 3} + \sqrt{2 \cdot 3 \cdot 3^2} =$
  $= \sqrt{6} + 2\sqrt{6} + 3\sqrt{6} = (1 + 2 + 3)\sqrt{6} = 6\sqrt{6}$
- $\sqrt{180} + \sqrt{500} = \sqrt{2^2 \cdot 3^2 \cdot 5} + \sqrt{2^2 \cdot 5^3} = \sqrt{2^2 \cdot 3^2 \cdot 5} + \sqrt{2^2 \cdot 5^2 \cdot 5} =$
  $= 2 \cdot 3 \cdot \sqrt{5} + 2 \cdot 5 \cdot \sqrt{5} = 6\sqrt{5} + 10\sqrt{5} = 16\sqrt{5}$

3º caso: Apenas alguns radicais são semelhantes.

Efetuamos as adições e subtrações dos radicais semelhantes e repetimos os radicais não semelhantes.

Exemplo

$\sqrt{5} - 3\sqrt{5} + \sqrt{10} + 3\sqrt{2} - 4\sqrt{5} = \left(\sqrt{5} - 3\sqrt{5} - 4\sqrt{5}\right) + \sqrt{10} + 3\sqrt{2} =$
$= -6\sqrt{5} + \sqrt{10} + 3\sqrt{2}$

Observação

Quando não queremos deixar apenas indicada uma adição ou subtração de radicais não semelhantes, podemos extrair suas raízes (exatas ou aproximadas) e, em seguida, efetuar a operação.

Exemplos

- $\sqrt{3} + \sqrt{2} \simeq 1{,}73 + 1{,}41 \simeq 3{,}14$
- $\sqrt{36} + \sqrt{50} \simeq 6 + 7{,}07 \simeq 13{,}07$

Cuidado!

Preste muita atenção às desigualdades abaixo.

- $\sqrt{3} + \sqrt{2} \neq \sqrt{5}$
- $2 + \sqrt{5} \neq 2\sqrt{5}$
- $\sqrt{25 + 24} \neq 5\sqrt{24}$

Nesse caso, devemos primeiro efetuar o radicando para depois extrair a raiz, assim:
$\sqrt{25 + 24} = \sqrt{49} = 7$

EXERCÍCIOS

72 Efetue as operações.

a) $\sqrt{7} - 5\sqrt{7} + 2\sqrt{7}$

b) $2\sqrt[5]{2} + \sqrt[5]{64}$

c) $\sqrt[3]{m} + \sqrt[3]{m} + \sqrt[3]{m}$, com $m \geqslant 0$

d) $2\sqrt{16} + 3\sqrt[3]{16} + 4\sqrt[4]{16} + \sqrt[6]{16}$

e) $(3\sqrt{2} + 7\sqrt{3}) + (6\sqrt{2} - 2\sqrt{3})$

f) $\sqrt{32} - 2\sqrt{12} - \sqrt{75} + 3\sqrt{72}$

73 Simplifique as expressões.

a) $3\sqrt[3]{2} - 7\sqrt[3]{2} - 6\sqrt[3]{2}$

b) $\sqrt{12} - \sqrt[4]{9} - \sqrt[6]{27} - \sqrt[8]{81}$

c) $3\sqrt{8a} - 5\sqrt{2a} + 2\sqrt{32a} - \sqrt{128a}$, com $a \geqslant 0$

d) $2\sqrt{a+b} + \sqrt{36a+36b} - 3\sqrt{25a + 25b}$, com $a + b \geqslant 0$

e) $2\sqrt{150} - 4\sqrt{54} + 6\sqrt{24}$

f) $7\sqrt{32} - 5\sqrt{2} + \sqrt{8}$

74 Determine o perímetro das figuras.

a) 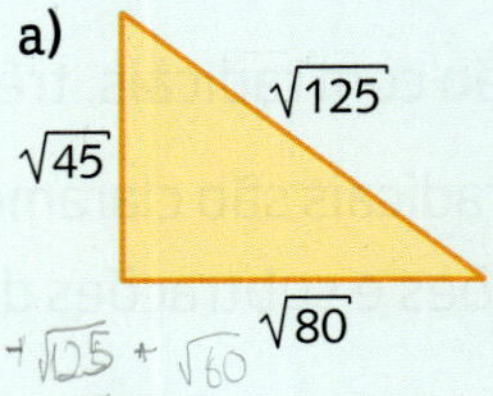

b) 

75 Calcule o valor das expressões.

a) $3\sqrt[3]{a^4b^4} + 5a\sqrt[3]{a^4b} + b\sqrt[3]{a^4b}$, com $a \geqslant 0$ e $b \geqslant 0$

b) $5\sqrt{x^5} + 4\sqrt{x^3} - x\sqrt{4x^3} - \sqrt{x}$, com $x \geqslant 0$

76 Considere, com aproximação de centésimos, $\sqrt{2} = 1{,}41$ e $\sqrt{3} = 1{,}73$. Determine o valor do número real y na forma decimal, sendo:
$y = \sqrt{200} + \sqrt{300} + \sqrt{800} + \sqrt{1200}$

7 Multiplicação de radicais

No estudo da 2ª propriedade dos radicais, aprendemos que:

$\sqrt{4 \cdot 9} = \sqrt{4} \cdot \sqrt{9}$

Logo, podemos escrever:

$\sqrt{4} \cdot \sqrt{9} = \sqrt{4 \cdot 9}$

De forma semelhante, temos:

- $\sqrt[3]{2} \cdot \sqrt[3]{7} = \sqrt[3]{14}$
- $\sqrt[5]{6} \cdot \sqrt[5]{11} = \sqrt[5]{66}$

De modo geral, em um produto de dois ou mais radicais de mesmo índice, mantemos o índice e multiplicamos os radicandos.

Exemplos

- $\sqrt{5} \cdot \sqrt{6} = \sqrt{5 \cdot 6} = \sqrt{30}$
- $\sqrt[3]{10} \cdot \sqrt[3]{12} = \sqrt[3]{10 \cdot 12} = \sqrt[3]{120}$
- $2\sqrt{5} \cdot \sqrt{7} \cdot 3\sqrt{10} = (2 \cdot 3)\sqrt{5 \cdot 7 \cdot 10} = 6\sqrt{350}$
- $\sqrt{x-1} \cdot \sqrt{x+2} = \sqrt{(x-1)(x+2)} = \sqrt{x^2 + x - 2}$, com $x \geqslant 1$

Se os radicais tiverem índices diferentes, devemos **reduzi-los ao mesmo índice** e depois efetuar a operação.

Exemplos

- $\sqrt{2} \cdot \sqrt[3]{5} = \sqrt[6]{2^3} \cdot \sqrt[6]{5^2} = \sqrt[6]{2^3 \cdot 5^2} = \sqrt[6]{200}$
- $\sqrt{ab} \cdot \sqrt[3]{bc^2} \cdot \sqrt[5]{abc} = \sqrt[30]{a^{15}b^{15}} \cdot \sqrt[30]{b^{10}c^{20}} \cdot \sqrt[30]{a^6b^6c^6} =$
  $= \sqrt[30]{a^{15} \cdot b^{15} \cdot b^{10} \cdot c^{20} \cdot a^6 \cdot b^6 \cdot c^6} = \sqrt[30]{a^{21} \cdot b^{31} \cdot c^{26}}$, com $a \geqslant 0$, $b \geqslant 0$ e $c \geqslant 0$

Em alguns casos, podemos simplificar uma expressão que envolva radicais utilizando a **propriedade distributiva**.

Exemplos

- $\sqrt{3} \cdot (\sqrt{2} + 5) = \sqrt{3} \cdot \sqrt{2} + \sqrt{3} \cdot 5 = \sqrt{3 \cdot 2} + \sqrt{3} \cdot 5 = \sqrt{6} + 5\sqrt{3}$
- $\sqrt{5} \cdot (\sqrt{7} - \sqrt{5}) = \sqrt{5} \cdot \sqrt{7} - \sqrt{5} \cdot \sqrt{5} = \sqrt{5 \cdot 7} - \sqrt{5 \cdot 5} = \sqrt{35} - \sqrt{25} = \sqrt{35} - 5$
- $(2 + \sqrt{5}) \cdot (3 - \sqrt{5}) = 2 \cdot 3 - 2\sqrt{5} + 3\sqrt{5} - (\sqrt{5})^2 = 6 - 2\sqrt{5} + 3\sqrt{5} - 5 = \sqrt{5} + 1$

EXERCÍCIOS

77 Calcule mentalmente os produtos.

a) $\sqrt{15} \cdot \sqrt{6}$

b) $3\sqrt[5]{6} \cdot 4\sqrt[5]{5}$

c) $\sqrt{2} \cdot \sqrt{\frac{1}{2}}$

d) $\sqrt[3]{7} \cdot \sqrt[3]{11}$

e) $3\sqrt[3]{2} \cdot 2\sqrt[3]{3}$

78 Efetue as multiplicações.

a) $\sqrt[5]{2} \cdot \sqrt[5]{3} \cdot \sqrt[5]{50}$ b) $3\sqrt[3]{8} \cdot \frac{\sqrt[3]{3}}{8}$

79 Multiplique e simplifique o resultado das expressões abaixo.

a) $6\sqrt[3]{ab} \cdot 2\sqrt[3]{a^2b^2} \cdot 5\sqrt[3]{a^5b^7}$

b) $\sqrt[5]{\frac{x^4}{y^3}} \cdot \sqrt[5]{\frac{2x}{y^2}}$, com $x \geqslant 0$ e $y > 0$

80 Determine os produtos.

a) $\sqrt[3]{3} \cdot \sqrt{2}$

b) $\sqrt[4]{x^3} \cdot \sqrt[4]{x^2} \cdot \sqrt{x}$, com $x \geqslant 0$

c) $\sqrt{10} \cdot \sqrt[5]{12} \cdot \sqrt[3]{30}$

d) $\sqrt[4]{2} \cdot \sqrt{8}$

e) $\sqrt[8]{5} \cdot \sqrt[6]{5}$

f) $\sqrt[4]{x} \cdot \sqrt{\frac{1}{2x}} \cdot \sqrt[3]{2}$, com $x > 0$

81 Determine o valor de $\frac{a \cdot b}{2}$, sendo $a = \sqrt{3 + \sqrt{2}}$ e $b = \sqrt{3 - \sqrt{2}}$

82 Aplicando a propriedade distributiva, determine os produtos abaixo.

a) $\sqrt{7} \cdot (\sqrt{7} - 1)$

b) $(\sqrt{5} - 1) \cdot (\sqrt{5} + 3)$

c) $\sqrt{5} \cdot (\sqrt{2} + \sqrt{3})$

d) $(2\sqrt{2} + 2) \cdot (2 - \sqrt{2})$

83 Calcule, na forma decimal, a área aproximada do triângulo da figura, sabendo que $\sqrt{2} \simeq 1{,}41$ (aproximação de centésimos).

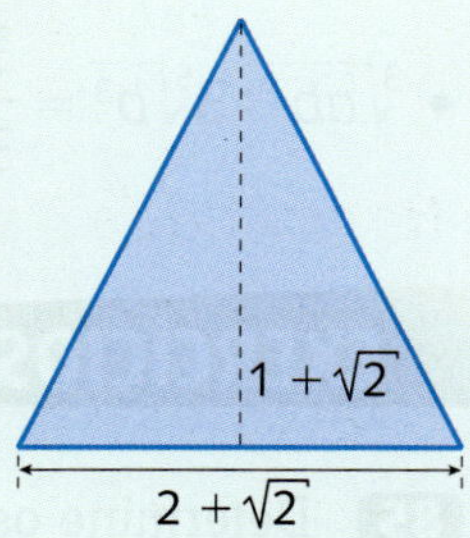

84 Determine o perímetro e a área de cada figura.

a)

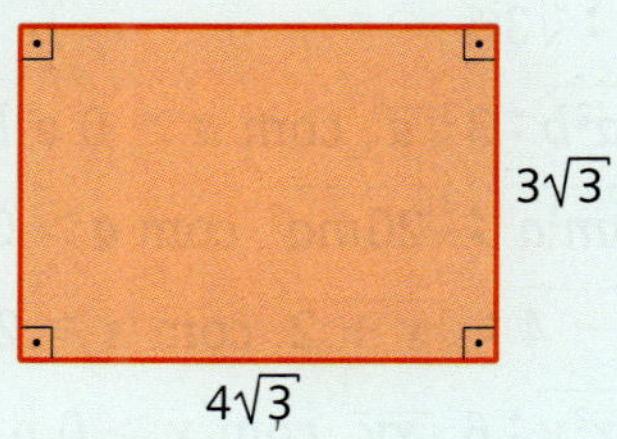

b)

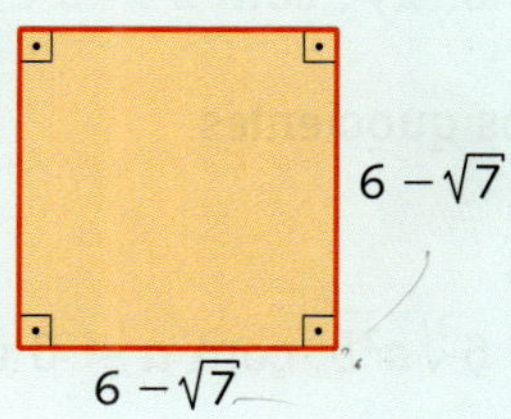

ILUSTRAÇÕES: GUILHERME CASAGRANDI

8 Divisão de radicais

No estudo da 3ª propriedade dos radicais, aprendemos que: $\sqrt{\frac{4}{9}} = \frac{\sqrt{4}}{\sqrt{9}}$

Logo, podemos escrever: $\frac{\sqrt{4}}{\sqrt{9}} = \sqrt{\frac{4}{9}}$

De forma semelhante, temos:

- $\frac{\sqrt[3]{17}}{\sqrt[3]{4}} = \sqrt[3]{\frac{17}{4}}$
- $\frac{\sqrt[5]{3}}{\sqrt[5]{8}} = \sqrt[5]{\frac{3}{8}}$

De modo geral, na divisão de radicais de mesmo índice, mantemos o índice e dividimos os radicandos.

Exemplos

- $\sqrt{8} : \sqrt{2} = \frac{\sqrt{8}}{\sqrt{2}} = \sqrt{\frac{8}{2}} = \sqrt{4} = 2$
- $\sqrt[3]{30} : \sqrt[3]{18} = \frac{\sqrt[3]{30}}{\sqrt[3]{18}} = \sqrt[3]{\frac{30}{18}} = \sqrt[3]{\frac{5}{3}}$
- $\sqrt[5]{a^4b^3} : \sqrt[5]{ab^2} = \frac{\sqrt[5]{a^4b^3}}{\sqrt[5]{ab^2}} = \sqrt[5]{\frac{a^4b^3}{ab^2}} = \sqrt[5]{a^3b}$

Se os radicais tiverem índices diferentes, devemos **reduzi-los ao mesmo índice** e depois efetuar a operação.

Exemplos

- $\sqrt{5} : \sqrt[3]{4} = \frac{\sqrt{5}}{\sqrt[3]{4}} = \frac{\sqrt[6]{5^3}}{\sqrt[6]{4^2}} = \sqrt[6]{\frac{5^3}{4^2}} = \sqrt[6]{\frac{125}{16}}$
- $\sqrt[3]{ab^2} : 3\sqrt[5]{b^3} = \frac{\sqrt[3]{ab^2}}{3\sqrt[5]{b^3}} = \frac{\sqrt[15]{a^5b^{10}}}{3\sqrt[15]{b^9}} = \frac{1}{3}\sqrt[15]{\frac{a^5b^{10}}{b^9}} = \frac{1}{3}\sqrt[15]{a^5b}$, com $a \geq 0$ e $b > 0$

EXERCÍCIOS

85 Determine os quocientes.

a) $\sqrt[3]{128} : \sqrt[3]{2}$

b) $\sqrt[5]{3^{5a}} : \sqrt[5]{3^{2a}}$

c) $18\sqrt[3]{a^2b} : 3\sqrt[3]{a}$, com $a > 0$ e $b > 0$

d) $\sqrt[3]{180m^2a^5} : \sqrt[3]{20ma^3}$, com $a > 0$ e $m > 0$

e) $\sqrt{x^2 - 4} : \sqrt{x + 2}$, com $x \geq 2$

f) $48\sqrt{x^2y} : 6\sqrt{xy}$, com $x > 0$ e $y > 0$

86 Determine os quocientes.

a) $\sqrt{\frac{10}{3}} : \sqrt{\frac{5}{6}}$

b) $18\sqrt[3]{a^2b} : 6\sqrt[3]{a^2b}$, com $a < 0$ e $b > 0$

c) $\sqrt{1000} : \sqrt{20}$

d) $8\sqrt{75x^7} : 4\sqrt{3x^3}$, com $x > 0$

e) $\sqrt{180ab} : \sqrt{2b^2}$, com $a > 0$ e $b > 0$

f) $\sqrt[3]{a^{4x}} : \sqrt{a^{2x}}$, com $a > 0$

87 Determine os quocientes.

a) $\sqrt[3]{8} : \sqrt{2}$

b) $\sqrt[8]{16} : \sqrt[12]{64}$

c) $\sqrt[4]{6} : \sqrt{2}$

d) $\sqrt[3]{10} : \sqrt{2}$

e) $\sqrt[5]{a} : \sqrt[6]{a}$, com $a > 0$

f) $\sqrt[4]{8x} : \sqrt[8]{8x}$, com $x > 0$

Racionalização de denominadores

Considere a expressão fracionária $\frac{5}{\sqrt{3}}$ cujo denominador é o **número irracional** $\sqrt{3}$.

Vamos multiplicar o numerador e o denominador dessa fração por $\sqrt{3}$, obtendo uma fração equivalente:

$$\frac{5 \cdot \sqrt{3}}{\sqrt{3} \cdot \sqrt{3}} = \frac{5\sqrt{3}}{3}$$

Observe que a fração equivalente $\frac{5\sqrt{3}}{3}$ possui um denominador racional.

A essa transformação damos o nome de **racionalização**.

Para racionalizar o denominador de uma expressão fracionária, devemos multiplicar o numerador e o denominador por uma expressão com radical chamada **fator racionalizante**, a fim de obter uma nova fração equivalente com denominador sem radical, ou seja, com denominador racional.

A seguir, vamos estudar os principais casos de racionalização.

GEORGE TUTUMI

▸ **1º caso:** O denominador é um radical de índice 2.

Exemplos

- $\frac{5}{\sqrt{2}}$

  Vamos multiplicar o numerador e o denominador dessa expressão fracionária por $\sqrt{2}$, obtendo uma expressão equivalente:

  $$\frac{5 \cdot \sqrt{2}}{\sqrt{2} \cdot \sqrt{2}} = \frac{5\sqrt{2}}{\sqrt{2^2}} = \frac{5\sqrt{2}}{2}$$

- $\sqrt{\frac{4}{17}} = \frac{\sqrt{4}}{\sqrt{17}} = \frac{2}{\sqrt{17}}$

  Vamos multiplicar o numerador e o denominador dessa expressão fracionária por $\sqrt{17}$, obtendo uma expressão equivalente:

  $$\frac{2 \cdot \sqrt{17}}{\sqrt{17} \cdot \sqrt{17}} = \frac{2\sqrt{17}}{\sqrt{17^2}} = \frac{2\sqrt{17}}{17}$$

- $\frac{3}{5\sqrt{7}}$

  Vamos multiplicar o numerador e o denominador dessa expressão fracionária por $\sqrt{7}$, obtendo uma expressão equivalente:

  $$\frac{3 \cdot \sqrt{7}}{5\sqrt{7} \cdot \sqrt{7}} = \frac{3\sqrt{7}}{5\sqrt{7^2}} = \frac{3\sqrt{7}}{5 \cdot 7} = \frac{3\sqrt{7}}{35}$$

- $\sqrt{\frac{5}{11}} = \frac{\sqrt{5}}{\sqrt{11}}$

  Vamos multiplicar o numerador e o denominador dessa expressão fracionária por $\sqrt{11}$, obtendo uma expressão equivalente:

  $$\frac{\sqrt{5} \cdot \sqrt{11}}{\sqrt{11} \cdot \sqrt{11}} = \frac{\sqrt{5} \cdot \sqrt{11}}{\sqrt{11^2}} = \frac{\sqrt{55}}{11}$$

Nos exemplos da página anterior, $\sqrt{2}$, $\sqrt{17}$, $\sqrt{7}$ e $\sqrt{11}$ são os **fatores racionalizantes**. Em geral:

> $\sqrt{a}$ é o fator racionalizante de $\sqrt{a}$, pois $\sqrt{a} \cdot \sqrt{a} = \sqrt{a^2} = a$

▶ **2º caso:** O denominador é um radical de índice diferente de 2.

Exemplos

- $\dfrac{3}{\sqrt[3]{7}}$

  Multiplicamos o numerador e o denominador dessa expressão fracionária por $\sqrt[3]{7^2}$:

  $$\frac{3 \cdot \sqrt[3]{7^2}}{\sqrt[3]{7} \cdot \sqrt[3]{7^2}} = \frac{3\sqrt[3]{7^2}}{\sqrt[3]{7^3}} = \frac{3\sqrt[3]{7^2}}{7}$$

- $$\frac{2}{\sqrt[5]{2^3}} = \frac{2 \cdot \sqrt[5]{2^2}}{\sqrt[5]{2^3} \cdot \sqrt[5]{2^2}} = \frac{2\sqrt[5]{2^2}}{\sqrt[5]{2^5}} = \frac{2\sqrt[5]{2^2}}{2} = \sqrt[5]{2^2}$$

- $$\frac{12}{\sqrt[7]{3^4}} = \frac{12 \cdot \sqrt[7]{3^3}}{\sqrt[7]{3^4} \cdot \sqrt[7]{3^3}} = \frac{12\sqrt[7]{3^3}}{\sqrt[7]{3^7}} = \frac{12\sqrt[7]{3^3}}{3} = 4\sqrt[7]{3^3}$$

Nos exemplos acima, $\sqrt[3]{7^2}$, $\sqrt[5]{2^2}$ e $\sqrt[7]{3^3}$ são os **fatores racionalizantes**.

Em geral:

> $\sqrt[n]{a^{n-m}}$ é o fator racionalizante de $\sqrt[n]{a^m}$.

▶ **3º caso:** O denominador é uma adição ou subtração de dois termos, em que pelo menos um deles é radical.

Exemplos

- $\dfrac{5}{\sqrt{2} + \sqrt{3}}$

  Como nesse denominador há uma adição de dois números irracionais $(\sqrt{2} + \sqrt{3})$, multiplicamos o numerador e o denominador dessa expressão fracionária por $(\sqrt{2} - \sqrt{3})$:
  Utilizamos o produto da soma pela diferença para racionalizar o denominador.

  $$(\sqrt{2} - \sqrt{3}) = \frac{5 \cdot (\sqrt{2} - \sqrt{3})}{(\sqrt{2} + \sqrt{3}) \cdot (\sqrt{2} - \sqrt{3})} = \frac{5(\sqrt{2} - \sqrt{3})}{(\sqrt{2})^2 - (\sqrt{3})^2} = 5 \cdot \frac{(\sqrt{2} - \sqrt{3})}{-1} = -5(\sqrt{2} - \sqrt{3})$$

- $$\frac{\sqrt{2}}{\sqrt{7} - \sqrt{5}} = \frac{\sqrt{2} \cdot (\sqrt{7} + \sqrt{5})}{(\sqrt{7} - \sqrt{5}) \cdot (\sqrt{7} + \sqrt{5})} = \frac{\sqrt{2 \cdot 7} + \sqrt{2 \cdot 5}}{(\sqrt{7})^2 - (\sqrt{5})^2} = \frac{\sqrt{14} + \sqrt{10}}{7 - 5} = \frac{\sqrt{14} + \sqrt{10}}{2}$$

- $$\frac{1}{\sqrt{11} - 3} = \frac{1 \cdot (\sqrt{11} + 3)}{(\sqrt{11} - 3) \cdot (\sqrt{11} + 3)} = \frac{\sqrt{11} + 3}{(\sqrt{11})^2 - 3^2} = \frac{\sqrt{11} + 3}{11 - 9} = \frac{\sqrt{11} + 3}{2}$$

De modo geral:

> $\sqrt{a} - \sqrt{b}$ é o fator racionalizante de $\sqrt{a} + \sqrt{b}$.
> $\sqrt{a} + \sqrt{b}$ é o fator racionalizante de $\sqrt{a} - \sqrt{b}$.
> $\sqrt{a} + b$ é o fator racionalizante de $\sqrt{a} - b$.
> $\sqrt{a} - b$ é o fator racionalizante de $\sqrt{a} + b$.

Curiosidade

Fatores racionalizantes

Quando o denominador contém soma ou diferença de duas raízes cúbicas, devemos utilizar estes fatores racionalizantes:

Denominador		Fator racionalizante
$\sqrt[3]{a} + \sqrt[3]{b}$	⟶	$\sqrt[3]{a^2} - \sqrt[3]{ab} + \sqrt[3]{b^2}$
$\sqrt[3]{a} - \sqrt[3]{b}$	⟶	$\sqrt[3]{a^2} + \sqrt[3]{ab} + \sqrt[3]{b^2}$

Exemplo

Racionalizando $\dfrac{2}{\sqrt[3]{2} + \sqrt[3]{5}}$, obtemos:

$$\frac{2\cdot\left(\sqrt[3]{2^2} - \sqrt[3]{2\cdot 5} + \sqrt[3]{5^2}\right)}{\left(\sqrt[3]{2} + \sqrt[3]{5}\right)\cdot\left(\sqrt[3]{2^2} - \sqrt[3]{2\cdot 5} + \sqrt[3]{5^2}\right)} = \frac{2\left(\sqrt[3]{4} - \sqrt[3]{10} + \sqrt[3]{25}\right)}{\sqrt[3]{2^3} + \sqrt[3]{5^3}} = \frac{2\left(\sqrt[3]{4} - \sqrt[3]{10} + \sqrt[3]{25}\right)}{7}$$

EXERCÍCIOS

88 Racionalize o denominador dos seguintes números.

a) $\dfrac{7}{\sqrt{2}}$

b) $\dfrac{6}{\sqrt{2}}$

c) $\dfrac{5}{8\sqrt{3}}$

d) $\dfrac{5}{7\sqrt{5}}$

e) $\dfrac{1}{\sqrt{7}}$

f) $\dfrac{\sqrt{2}}{3\sqrt{5}}$

g) $\dfrac{2\sqrt{2}}{\sqrt{6}}$

h) $\dfrac{4}{\sqrt{6}}$

89 Racionalize o denominador das expressões abaixo.

a) $\dfrac{5}{\sqrt[3]{2}}$

b) $\dfrac{a}{\sqrt[12]{a^7}}$

c) $\dfrac{1}{7\sqrt[5]{8}}$

d) $\dfrac{1}{\sqrt[3]{7}}$

e) $\dfrac{1}{3\sqrt[4]{8}}$

f) $\dfrac{15}{\sqrt[3]{5}}$

90 Identifique a alternativa que corresponde ao valor da expressão: $\dfrac{1}{\sqrt{2}} + \dfrac{1}{\sqrt{18}} - \dfrac{1}{\sqrt{8}}$

a) $\dfrac{\sqrt{3}}{6}$

b) $\sqrt{12}$

c) $\dfrac{-10}{\sqrt{288}}$

d) $\dfrac{-5\sqrt{2}}{12}$

e) $\dfrac{5\sqrt{2}}{12}$

91 Racionalize os denominadores dos seguintes números.

a) $\dfrac{1}{\sqrt{3} + 1}$

b) $\dfrac{3}{5 - \sqrt{7}}$

c) $\dfrac{3}{\sqrt{7} + 2}$

d) $\dfrac{a\sqrt{7}}{\sqrt{7} + \sqrt{3}}$

e) $\dfrac{4\sqrt{3}}{\sqrt{2} + \sqrt{3}}$

f) $\dfrac{\sqrt{2} - 1}{2 - \sqrt{2}}$

g) $\dfrac{\sqrt{7} - \sqrt{2}}{\sqrt{21} - \sqrt{6}}$

h) $\dfrac{\sqrt{a} + \sqrt{b}}{\sqrt{a} - \sqrt{b}}$, com $a > 0$ e $b > 0$

92 Racionalize o denominador das expressões abaixo.

a) $\dfrac{4}{\sqrt{7} - \sqrt{3}} + \sqrt{3} - \sqrt{7}$

b) $\dfrac{3\sqrt{5} + \sqrt{2}}{\sqrt{5} - \sqrt{2}} - 2\sqrt{10}$

9 Potenciação e radiciação de radicais

Observe as potências:

- $(\sqrt{2})^3 = \sqrt{2} \cdot \sqrt{2} \cdot \sqrt{2} = \sqrt{2 \cdot 2 \cdot 2} = \sqrt{2^3}$; então: $(\sqrt{2})^3 = \sqrt{2^3}$
- $(\sqrt[3]{5})^4 = \sqrt[3]{5} \cdot \sqrt[3]{5} \cdot \sqrt[3]{5} \cdot \sqrt[3]{5} = \sqrt[3]{5 \cdot 5 \cdot 5 \cdot 5} = \sqrt[3]{5^4}$; então: $(\sqrt[3]{5})^4 = \sqrt[3]{5^4}$
- $(\sqrt[4]{7})^5 = \sqrt[4]{7} \cdot \sqrt[4]{7} \cdot \sqrt[4]{7} \cdot \sqrt[4]{7} \cdot \sqrt[4]{7} = \sqrt[4]{7 \cdot 7 \cdot 7 \cdot 7 \cdot 7} = \sqrt[4]{7^5}$; então: $(\sqrt[4]{7})^5 = \sqrt[4]{7^5}$

Para efetuar a potenciação com um radical em que o radicando é um número real positivo, elevamos o radicando ao expoente dado.

De modo geral:

> $(\sqrt[m]{a})^n = \sqrt[m]{a^n}$, em que a é um número real positivo, m é um número natural maior ou igual a 2 e n é um número inteiro.

Exemplos

- $(\sqrt{5})^3 = \sqrt{5^3} = \sqrt{5 \cdot 5^2} = 5\sqrt{5}$
- $(\sqrt{7})^5 = \sqrt{7^5} = \sqrt{7^2 \cdot 7^2 \cdot 7} = 7 \cdot 7\sqrt{7} = 49\sqrt{7}$
- $(\sqrt[3]{ab^2})^4 = \sqrt[3]{(a \cdot b^2)^4} = \sqrt[3]{a^4 \cdot b^8} = \sqrt[3]{a \cdot a^3 \cdot b^2 \cdot b^3 \cdot b^3} = a \cdot b \cdot b \cdot \sqrt[3]{ab^2} =$
  $= ab^2 \cdot \sqrt[3]{ab^2}$, com a e b números reais positivos.
- $(\sqrt[4]{7})^8 = \sqrt[4]{7^8} = \sqrt[4]{7^4} \cdot \sqrt[4]{7^4} = 7 \cdot 7 = 7^2 = 49$

Vamos agora entender o procedimento da radiciação com radicais.

Observe as igualdades:

$\sqrt[2]{\sqrt[3]{64}} = \sqrt[2]{4} = 2$

$\sqrt[6]{64} = 2$

Como as duas expressões são iguais a 2, então:

$\sqrt[2]{\sqrt[3]{64}} = \sqrt[6]{64} = 2$

De modo geral:

> $\sqrt[m]{\sqrt[n]{a}} = \sqrt[m \cdot n]{a}$, em que a é um número real maior ou igual a zero e m e n são números naturais maiores ou iguais a 2.

Exemplos

- $\sqrt[5]{\sqrt{7}} = \sqrt[5 \cdot 2]{7} = \sqrt[10]{7}$
- $\sqrt[3]{\sqrt{\dfrac{125}{64}}} = \sqrt[3 \cdot 2]{\dfrac{5^3}{2^6}} = \dfrac{\sqrt[6]{5^3}}{\sqrt[6]{2^6}} = \dfrac{\sqrt{5}}{2}$

EXERCÍCIOS

93 Efetue as potenciações dos radicais abaixo.

a) $\left(2\sqrt{3}\right)^3$

b) $\left(2\sqrt{2}\right)^7$

c) $\left(\sqrt[3]{ab}\right)^4$, em que $a > 0$ e $b > 0$.

d) $\left(2\sqrt[7]{a^5b^2}\right)^3$, em que $a > 0$ e $b > 0$.

e) $\left(\dfrac{x}{y} \cdot \sqrt{\dfrac{y}{x}}\right)^2$, em que $x > 0$ e $y > 0$.

f) $\left(\sqrt[5]{y^3}\right)^2$, em que $y > 0$.

94 Escreva como uma única raiz.

a) $\sqrt{4\sqrt{5}}$

b) $2\sqrt{2\sqrt{3}}$

c) $\sqrt[7]{\sqrt[4]{7}}$

d) $\sqrt{\sqrt[4]{256}}$

95 Calcule o valor de cada uma das expressões abaixo.

a) $\left(\sqrt{2}\right)^6 + \left(2\sqrt{3}\right)^4 + \left(-3\sqrt{7}\right)^2 + \left(\sqrt{\dfrac{1}{2}}\right)^{-2}$

b) $\left(\sqrt[3]{\sqrt{64}}\right)^2$

96 Identifique a única alternativa correta.

A expressão $\dfrac{\sqrt{2} \cdot \left(\sqrt[5]{2}\right)^2}{\left(\sqrt[10]{2}\right)^4}$ é igual a:

a) $\sqrt[10]{2^3}$

b) $\sqrt[5]{2}$

c) $\sqrt{2}$

d) $\sqrt[10]{2^4}$

e) $\sqrt[5]{2^3}$

Produtos notáveis em expressões que envolvem radicais

Observe estes **produtos notáveis** já estudados:

$(x + y)^2 = x^2 + 2xy + y^2$ ⟶ quadrado da soma

$(x - y)^2 = x^2 - 2xy + y^2$ ⟶ quadrado da diferença

$(x + y)(x - y) = x^2 - y^2$ ⟶ produto da soma pela diferença

Podemos aplicar as regras dos produtos notáveis em expressões que envolvem radicais. Verifique:

- $(\sqrt{3} + \sqrt{2})^2 = (\sqrt{3})^2 + 2 \cdot \sqrt{3} \cdot \sqrt{2} + (\sqrt{2})^2 = 3 + 2\sqrt{6} + 2 = 5 + 2\sqrt{6}$
- $(\sqrt{7} - 2)^2 = (\sqrt{7})^2 - 2 \cdot \sqrt{7} \cdot 2 + (2)^2 = 7 - 4\sqrt{7} + 4 = 11 - 4\sqrt{7}$
- $(\sqrt{3} + \sqrt{2}) \cdot (\sqrt{3} - \sqrt{2}) = (\sqrt{3})^2 - (\sqrt{2})^2 = 3 - 2 = 1$

EXERCÍCIOS

97 Determine o valor das expressões.

a) $(3 - \sqrt{3}) \cdot (3 + \sqrt{3})$

b) $(7\sqrt{2} - 3\sqrt{5}) \cdot (7\sqrt{2} + 3\sqrt{5})$

c) $(1 - \sqrt{2})^2$

98 Mostre que o número $(1 - \sqrt{3}) \cdot (1 + \sqrt{3})$ é inteiro.

99 Justifique a igualdade:
$\sqrt{3} + \sqrt{5} = \sqrt{8 + 2\sqrt{15}}$

100 Utilizando as regras dos produtos notáveis, efetue:

a) $(\sqrt{2} + \sqrt{5})^2$

b) $(8 - \sqrt{3})(8 + \sqrt{3})$

c) $(1 - \sqrt{3})^2$

d) $(1 + \sqrt{2})^2$

e) $(\sqrt{7} + \sqrt{17})(\sqrt{7} - \sqrt{17})$

f) $(\sqrt{5} - 3)^2$

Potência com expoente racional

Observe estas igualdades:

- $\sqrt{5^6} = 5^3$ ou $\sqrt{5^6} = 5^{\frac{6}{2}}$ (6 → expoente do radicando; 2 → índice da raiz)

- $\sqrt[3]{7^{12}} = 7^4$ ou $\sqrt[3]{7^{12}} = 7^{\frac{12}{3}}$ (12 → expoente do radicando; 3 → índice da raiz)

Definimos:

$$\sqrt[n]{a^m} = a^{\frac{m}{n}}, \text{ com } a \in \mathbb{R},\ m, n \in \mathbb{N}^*,\ a > 0,\ n \neq 1,\ m > 0$$

Assim:

- Podemos transformar uma potência com expoente fracionário em um radical.
  - $7^{\frac{1}{2}} = \sqrt{7}$
  - $5^{\frac{3}{4}} = \sqrt[4]{5^3}$
  - $11^{\frac{2}{7}} = \sqrt[7]{11^2}$
  - $13^{\frac{3}{8}} = \sqrt[8]{13^3}$
- Podemos transformar um radical em uma potência com expoente fracionário.
  - $\sqrt{19} = 19^{\frac{1}{2}}$
  - $\sqrt[4]{7^3} = 7^{\frac{3}{4}}$
  - $\sqrt[7]{2^5} = 2^{\frac{5}{7}}$
  - $\sqrt[5]{a^2} = a^{\frac{2}{5}}$

Propriedades das potências com expoentes racionais

As propriedades das potências com expoentes racionais são as mesmas das potências com expoentes inteiros.

Sendo *a* e *b* números reais positivos e os expoentes números racionais, temos:

- $a^{\frac{m}{n}} \cdot a^{\frac{p}{q}} = a^{\frac{m}{n} + \frac{p}{q}}$
- $\dfrac{a^{\frac{m}{n}}}{a^{\frac{p}{q}}} = a^{\frac{m}{n} - \frac{p}{q}}$
- $\left(a^{\frac{m}{n}}\right)^{\frac{p}{q}} = a^{\frac{m}{n} \cdot \frac{p}{q}}$
- $(a \cdot b)^{\frac{m}{n}} = a^{\frac{m}{n}} \cdot b^{\frac{m}{n}}$
- $\left(\dfrac{a}{b}\right)^{\frac{m}{n}} = \dfrac{a^{\frac{m}{n}}}{b^{\frac{m}{n}}}$

AVELINO GUEDES

Exemplos

- $7^{\frac{1}{3}} \cdot 7^{\frac{2}{3}} = 7^{\frac{1}{3} + \frac{2}{3}} = 7^1 = 7$
- $\left(3^{\frac{2}{7}}\right)^{\frac{7}{5}} = 3^{\frac{2}{7} \cdot \frac{7}{5}} = 3^{\frac{2}{5}}$
- $\left(\dfrac{9}{11}\right)^{\frac{2}{7}} = \dfrac{9^{\frac{2}{7}}}{11^{\frac{2}{7}}}$
- $\dfrac{5^{\frac{2}{5}}}{5^{\frac{1}{3}}} = 5^{\frac{2}{5} - \frac{1}{3}} = 5^{\frac{1}{15}}$
- $(4 \cdot 7)^{\frac{2}{3}} = 4^{\frac{2}{3}} \cdot 7^{\frac{2}{3}}$

Curiosidade

Radical duplo

Radical duplo é a expressão que contém radical sob raiz. O estudo das transformações dos radicais duplos tem como principal objetivo transformar esse radical duplo em uma soma ou diferença de dois radicais simples. As fórmulas para essas transformações são:

- $\sqrt{A+\sqrt{B}} = \sqrt{\frac{A+C}{2}} + \sqrt{\frac{A-C}{2}}$, em que $C = \sqrt{A^2 - B}$
- $\sqrt{A-\sqrt{B}} = \sqrt{\frac{A+C}{2}} - \sqrt{\frac{A-C}{2}}$, em que $C = \sqrt{A^2 - B}$

Exemplos

- Vamos transformar o radical duplo $\sqrt{2+\sqrt{3}}$ em uma adição de radicais.

  Temos:

  $C = \sqrt{A^2 - B}$

  $C = \sqrt{2^2 - 3}$

  $C = \sqrt{1}$

  $C = 1$

  Logo: $\sqrt{A+\sqrt{B}} = \sqrt{\frac{A+C}{2}} + \sqrt{\frac{A-C}{2}}$

  $\sqrt{2+\sqrt{3}} = \sqrt{\frac{2+1}{2}} + \sqrt{\frac{2-1}{2}}$

  $\sqrt{2+\sqrt{3}} = \sqrt{\frac{3}{2}} + \sqrt{\frac{1}{2}}$

- Vamos transformar o radical duplo $\sqrt{3-\sqrt{5}}$ em uma diferença de radicais.

  Temos:

  $C = \sqrt{A^2 - B}$

  $C = \sqrt{3^2 - 5}$

  $C = \sqrt{9 - 5}$

  $C = \sqrt{4}$

  $C = 2$

  Logo:

  $\sqrt{A-\sqrt{B}} = \sqrt{\frac{A+C}{2}} - \sqrt{\frac{A-C}{2}}$

  $\sqrt{3-\sqrt{5}} = \sqrt{\frac{3+2}{2}} - \sqrt{\frac{3-2}{2}}$

  $\sqrt{3-\sqrt{5}} = \sqrt{\frac{5}{2}} - \sqrt{\frac{1}{2}}$

AVELINO GUEDES

EXERCÍCIOS

101 Escreva, em forma de potência com expoente fracionário, cada um dos radicais abaixo.

a) $\sqrt{7}$ d) $\sqrt[3]{2^4}$
b) $\sqrt[3]{5}$ e) $\sqrt[5]{2^3}$
c) $\sqrt{7^5}$ f) $\sqrt[4]{a^3}$

102 Escreva, em forma de radical, as potências com expoentes fracionários.

a) $3^{\frac{1}{2}}$ d) $25^{0,2}$
b) $4^{\frac{2}{3}}$ e) $1\,024^{0,1}$
c) $7^{\frac{3}{5}}$ f) $6^{\frac{2}{3}}$

103 Observe o exemplo:

$16^{\frac{3}{4}} = \sqrt[4]{16^3} = \sqrt[4]{(2^4)^3} = \sqrt[4]{2^{12}} = 2^3 = 8$

Agora, escreva em forma de raiz e, em seguida, efetue:

a) $64^{\frac{1}{2}}$ c) $81^{\frac{3}{2}}$ e) $25^{-\frac{3}{2}}$
b) $512^{\frac{1}{3}}$ d) $16^{-\frac{1}{2}}$ f) $4^{-\frac{5}{2}}$

104 Efetue:

a) $81^{1,25}$ d) 81^2
b) $81^{1,5}$ e) $81^2 - 81^{1,75}$
c) $81^{1,75}$ f) $81^{1,75} - 81^{1,5} - 81^{1,25}$

105 Determine, na base 10, o valor de:

a) $1\,000\,000^{\frac{1}{2}}$ d) $1\,000\,000^{-\frac{1}{2}}$
b) $1\,000\,000^{\frac{1}{3}}$ e) $1\,000\,000^{-\frac{1}{3}}$
c) $1\,000\,000^{\frac{1}{6}}$ f) $1\,000\,000^{-\frac{1}{6}}$

106 Calcule:

a) $\left(\frac{1}{2}\right)^{-4} - 16^{-\frac{1}{4}}$
b) $\left(1\,024^{\frac{1}{5}}\right)^{-6}$
c) $(\sqrt{2})^{-2} - (\sqrt{5})^{-2}$

107 Escreva com uma só potência de base 5.

a) $5^{\frac{2}{3}} \cdot 5^{\frac{1}{2}}$ c) $\left(5^{\frac{2}{7}}\right)^{-\frac{3}{2}}$
b) $\dfrac{5^{\frac{3}{4}}}{5^{-\frac{2}{3}}}$ d) $\dfrac{5^{-\frac{3}{4}}}{5}$

108 Escreva com uma só potência de base 10.

a) $10^{\frac{3}{5}} \cdot 10^{-\frac{1}{6}}$ c) $\dfrac{10^{1,2} \cdot 10^{-1,4}}{10^3}$
b) $\dfrac{10^{1,4}}{10^{-2}}$ d) $(10^{2,4})^{-5}$

109 Calcule:

a) $4^{\frac{1}{2}} \cdot 4^{\frac{3}{4}}$ c) $\dfrac{2^{\frac{1}{2}} \cdot 3^{\frac{3}{4}}}{6^{-\frac{5}{6}}}$
b) $3^{\frac{1}{3}} \cdot 9^{-\frac{1}{10}} \cdot 27^{\frac{1}{5}}$ d) $\dfrac{4^{\frac{1}{4}} \cdot 12^{\frac{1}{2}}}{3^{\frac{3}{4}} \cdot 4^{\frac{1}{3}}}$

110 Transforme os radicais duplos na soma ou diferença de dois radicais simples.

a) $\sqrt{7 + \sqrt{40}}$ c) $\sqrt{\sqrt{7} + 4\sqrt{3}}$
b) $\sqrt{13 + 2\sqrt{30}}$ d) $\sqrt{6 - 2\sqrt{5}}$

111 Prove que:

$(\sqrt[3]{a} - \sqrt[3]{b}) \cdot [\sqrt[3]{a^2} + \sqrt[3]{ab} + \sqrt[3]{b^2}] = a - b$

Trabalhando em equipe

Forme dupla com um colega e sigam as instruções.

Leia atentamente o boxe *Lendo e aprendendo* da página 19 e responda às perguntas abaixo.

a) Quantas vezes o prefixo **mega** é superior ao prefixo **quilo**?
b) Quantas vezes o prefixo **nano** é inferior ao prefixo **mili**?

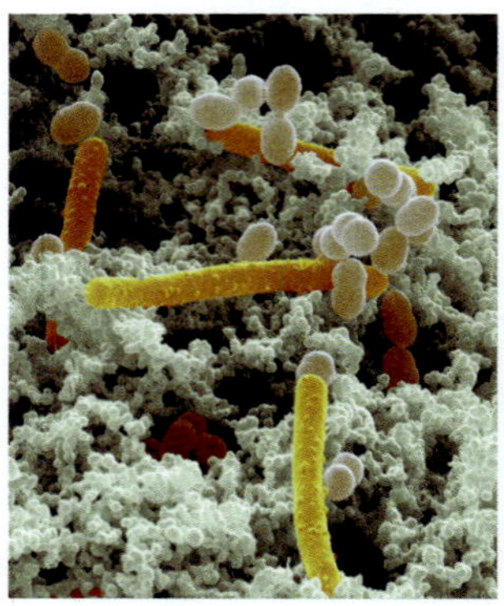

POWER AND SYRED/SCIENCE PHOTO LIBRARY/LATINSTOCK

Bactérias do iogurte, em micrografia eletrônica de varredura, colorizadas artificialmente. O *Streptococcus* spp. (em branco) mede cerca de 800 nm, e o *Lactobacillus* spp. (em amarelo), cerca de 4 000 nm.

Trabalhando os conhecimentos adquiridos

Autoavaliação

1 A definição de potenciação foi revisada no início do capítulo. Escreva um exemplo de cada um dos itens a seguir.

a) Uma potência na qual o expoente é um número inteiro maior que 1.

b) Uma potência na qual o expoente é igual a 1.

c) Uma potência na qual o expoente é igual a 0, e a base é diferente de zero.

d) Uma potência na qual o expoente é um número inteiro negativo, e a base é diferente de zero.

Agora, explique:

- Por que nos itens **c** e **d**, acima, a base não pode ser 0.

2 Qual é a vantagem em se escrever números em notação científica?

3 Um aluno escreveu o número 1 140 000 em notação científica como $11{,}4 \times 10^5$. Essa escrita está em notação científica? Explique sua resposta.

4 Sabemos que $\sqrt{-16}$ não é um número real. Por que essa raiz quadrada não é real?

5 Qual é a relação entre racionalização de denominadores e produtos notáveis?

1

1 Calcule o valor das potências.

a) $(-2)^0$

b) -2^{-2}

c) $(-2)^{-3}$

d) $-\left(\frac{1}{5}\right)^{-2}$

e) $\left(-\frac{2}{4}\right)^{-3}$

f) $\left(\frac{1}{3}\right)^{-2}$

g) $(-3)^4$

h) $\left(\frac{2}{3}\right)^2$

i) $\left(-\frac{3}{4}\right)^{-1}$

2 Calcule o valor da expressão $\frac{-x^2 + xy}{y}$, para $x = -0{,}1$ e $y = 0{,}001$.

3 Calcule, utilizando as propriedades das potências.

a) $x^{-4} \cdot x^2 \cdot x^{-3}$

b) $\frac{b^{2m}}{b}$, com $b \neq 0$

c) $(2^3)^4$

d) $(2^{-1})^{-2}$

e) $\frac{a^{20}}{a^{-4}}$, com $a \neq 0$

f) $\frac{x^{n-2}}{x^n}$, com $x \neq 0$

g) 2^{2^3}

h) $(2a^m)^{2m}$

4 Mostre que $2^n + 2^{n+1} = 3 \cdot 2^n$, em que n é um número natural.

DESAFIO

Simplifique a expressão: $\frac{2^{n+4} - 2 \cdot 2^{2n}}{2 \cdot 2^{n+3}}$

1 Escreva, em notação científica, os números a seguir.

a) 12 500
b) 248 000
c) 0,00036
d) 5 000 000
e) 0,000064
f) 0,0000125

2 Simplifique as expressões abaixo.

a) $\dfrac{0{,}001 \cdot (0{,}01)^3}{1000 \cdot 0{,}00001}$

b) $\dfrac{16 \cdot 10^{-4} \cdot 8 \cdot 10^{5} \cdot 10^{-3}}{64 \cdot 10^{5} \cdot 10^{-6}}$

3 Escreva, em notação científica, os números a seguir.

a) 184 000
b) 35 420 000
c) 0,0000064
d) $2\,500 \cdot 10^6$
e) $45\,000 \cdot 10^8$
f) $0{,}004 \cdot 10^{-4}$
g) $1\,992 \cdot 10^{-6}$

4 Determine mentalmente entre quais inteiros consecutivos estão situados:

a) $\sqrt{5}$; b) $\sqrt{37}$.

5 Com uma área total de 20 000 metros quadrados, o Oceanário de Lisboa (Portugal) tem cerca de 7 500 000 litros de água divididos por mais de 30 aquários e 8 000 organismos (entre animais e plantas) de 500 espécies diferentes. Escreva em notação científica a medida do volume de água.

TRAVEL PICTURES/ALAMY/GLOW IMAGES

6 Calcule o valor das expressões numéricas.

a) $1^3 + (-2)^4 - (-2)^3 + 4^0 + 2 \cdot 2^{-3} + 1^4$
b) $(-2) + (-3) \cdot (-2)^{-1} : (-3)$

7 Calcule o valor das expressões:

a) $(3^{-3})^3$
b) $5^{x+3} \cdot 5^{x-3}$
c) $3^{2m} : 3^{1-m}$
d) $(7^a \cdot 7^{a+1}) : 7^{a+2}$

8 Calcule o resultado de: $2^{-1} \cdot \dfrac{1}{2^5} \cdot 2^{-4}$

9 Um corpo cai em queda livre de uma altura de 300 m no vácuo. Com auxílio de uma calculadora, determine quanto tempo, aproximadamente, esse corpo leva para chegar ao solo.

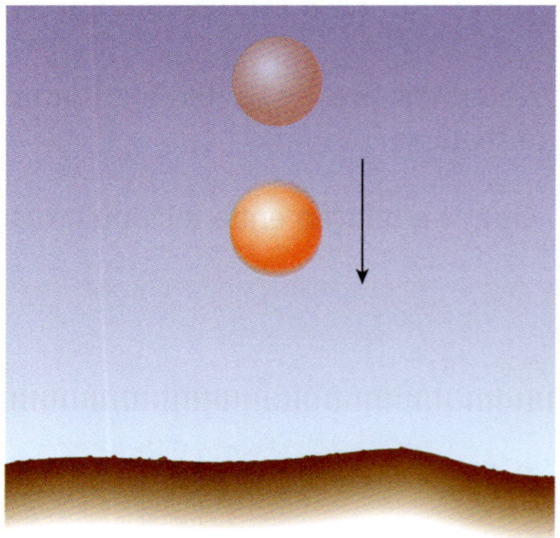

GUILHERME CASAGRANDI

Considere:
$g = 10 \text{ m/s}^2$
$h = \dfrac{1}{2}gt^2 \Leftrightarrow t^2 = \dfrac{2h}{g} \Leftrightarrow t = \sqrt{\dfrac{2h}{g}},\ t \geq 0$

10 Determine, com o auxílio de uma calculadora, os valores (aproximação de milésimos) de:

a) $5 - 3\sqrt{2}$;
b) $\dfrac{1}{3 + \sqrt{5}}$.

DESAFIO

Resolva a expressão: $\dfrac{0{,}33... + \dfrac{2}{3} + \dfrac{5^0}{4}}{\dfrac{1}{2} + 2^3 + 2^{-1}}$

1 Calcule o valor das expressões numéricas.

a) $(-2)^3 - 3^{-1}$

b) $5^0 + 5^{-1} + 5^{-2}$

c) $\dfrac{2^0 + 2^{-1}}{3^0 - 3^{-1}}$

d) $\left(\dfrac{1}{2}\right)^{-1} + \left(\dfrac{1}{2}\right)^{-2}$

2 Sendo $x = (2^2)^3$, $y = 2^{2^3}$ e $z = 2^{3^2}$, determine o valor de: $\dfrac{x \cdot y}{z}$

3 Calcule:

a) $\sqrt{25} - \sqrt{9}$

b) $\sqrt{25 - 9}$

c) $\sqrt{8^2 + 6^2}$

d) $8 + 6$

4 Calcule o quociente de $-5^0 + 3^0 - (-4)^0$ pelo simétrico da diferença entre -9 e o cubo de -2.

5 Determine, em potência de 10, o valor da expressão: $\dfrac{0{,}00001 \cdot (0{,}01)^2 \cdot 1000}{0{,}001}$

6 **(Enem)** Cerca de 20 milhões de brasileiros vivem na região coberta pela caatinga, em quase 800 mil km² de área. Quando não chove, o homem do sertão e sua família precisam caminhar quilômetros em busca da água dos açudes. A irregularidade climática é um dos fatores que mais interferem na vida do sertanejo.

Disponível em: <http://www.wwf.org.br>. Acesso em: 23 abr. 2010.

Segundo esse levantamento, a densidade demográfica da região coberta pela caatinga, em habitantes por km², é de:

a) 250.

b) 25.

c) 2,5.

d) 0,25.

e) 0,025.

7 Calcule mentalmente o valor de:

$$\sqrt{43 + \sqrt{31 + \sqrt{21 + \sqrt{13 + \sqrt{7 + \sqrt{3 + \sqrt{1}}}}}}}$$

8 A União Europeia financia um projeto para reconstruir em computador uma simulação do cérebro humano. O Projeto Cérebro Humano (Human Brain Project) conta com cerca de 80 países e 200 participantes. O estudo começa pelo funcionamento dos neurônios, as células nervosas mais importantes do cérebro, conectados por meio das sinapses (região de comunicação entre os neurônios). O cérebro humano tem cerca de 100 bilhões de neurônios com 100 trilhões de sinapses divididas em áreas especializadas.

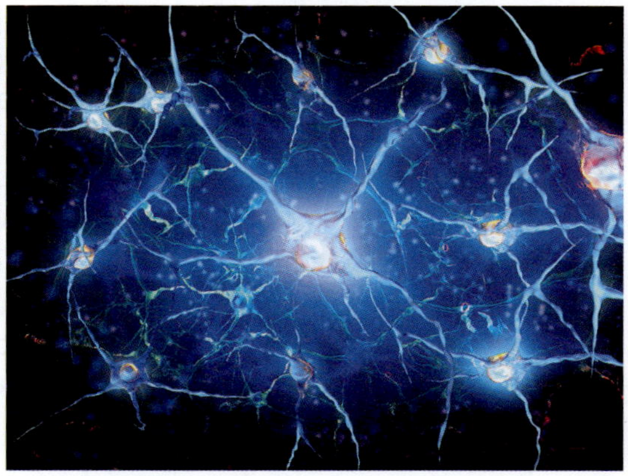

ANDREJ VODOLAZHSKYI/SHUTTERSTOCK

Ilustração de uma célula nervosa.

Expresse em notação científica o número de neurônios do cérebro humano e o número de sinapses divididas em áreas especializadas.

9 Prove que: $\dfrac{3}{2}\sqrt{44 + \dfrac{4}{13}} = \sqrt{99 + \dfrac{9}{13}}$

10 Efetue a operação $(10^{-2})^3 : 10^6$. Qual é o expoente de potência de base 10 resultante?

11 Utilizando a calculadora, determine o valor de 5^{10}. Lembre-se de que:

[5] [×] [=] [25] ou [5^2]

[5] [×] [=] [=] [125] ou [5^3]

[5] [×] [=] [=] [=] [625] ou [5^4]

DESAFIO

Na expressão, a e b são números inteiros e positivos. Determine o valor de $a + b$.

$$\frac{(0{,}125)^{b-a}}{8^{a-b}} + 21 \cdot \left(\frac{b}{a}\right)^0 + a^b = 191$$

1 Calcule as expressões abaixo.

a) $(-3)^2 \cdot (-2)^3 - (-5)^3 \cdot 2$

b) $(-2)^3 \cdot (-1)^4 - (-2)^3 \cdot 5 + (-1)^3 \cdot (-1) \cdot (-5)^3$

c) $2^{-1} + \left(\frac{1}{2}\right)^{-2} + 120^0 - (-2)^3$

2 Calcule:

$\left(-\frac{3}{4}\right)^2 - \left[2{,}5 + \left(-3 - \frac{1}{4}\right) : \frac{5}{2} - 2^{-3}\right]$

3 Calcule a expressão: $\left(\frac{2}{5}\right)^0 \cdot (0{,}01)^2 \cdot \left(\frac{1}{2}\right)^{-2}$

4 **(Enem)** Dentre outros objetos de pesquisa, a Alometria estuda a relação entre medidas de diferentes partes do corpo humano. Por exemplo, segundo a Alometria, a área A da superfície corporal de uma pessoa relaciona-se com a sua massa m pela fórmula $A = k \cdot m^{\frac{2}{3}}$, em que k é uma constante positiva. Se no período que vai da infância até a maioridade de um indivíduo sua massa é multiplicada por 8, por quanto será multiplicada a área da superfície corporal?

a) $\sqrt[3]{16}$

b) 4

c) $\sqrt{24}$

d) 8

e) 64

5 Indique a alternativa correta. A expressão $(10\%)^2 - (5\%)^2$ é equivalente a:

a) 75%

b) 7,5%

c) 0,75%

d) 25%

e) 2,5%

f) 0,075%

6 Calcule: $\left(-\frac{2}{3}\right)^{-2} + \left(-\frac{2}{3}\right)^{-3} \cdot (-3)^{-3}$

7 Uma molécula é a menor parte de uma substância pura. O físico italiano Avogadro (1776-1856) mostrou que 18 g de água encerram cerca de $6{,}02 \times 10^{23}$ moléculas. Calcule o valor aproximado do número de moléculas contidas em 1 miligrama de água.

8 **(Enem)** Um dos grandes problemas da poluição dos mananciais (rios, córregos e outros) ocorre pelo hábito de jogar óleo utilizado em frituras nos encanamentos que estão interligados com o sistema de esgoto. Se isso ocorrer, cada 10 litros de óleo poderão contaminar 10 milhões (10^7) de litros de água potável.

Manual de etiqueta. Parte integrante das revistas *Veja* (ed. 2055), *Cláudia* (ed. 555), *National Geographic* (ed. 93) e *Nova Escola* (ed. 208) (adaptado).

Suponha que todas as famílias de uma cidade descartem os óleos de frituras através dos encanamentos e consumam 1 000 litros de óleo em frituras por semana.

Qual seria, em litros, a quantidade de água potável contaminada por semana nessa cidade?

a) 10^{-2}

b) 10^3

c) 10^4

d) 10^6

e) 10^9

9 O monumento da foto abaixo, construído para a Feira Mundial de Bruxelas de 1958, representa um cristal de ferro ampliado 200 bilhões de vezes. Sua estrutura, de aço revestido de alumínio, é composta de nove esferas de 10 m de diâmetro, que representam átomos de ferro, interligadas por tubos de 29 m de comprimento e 3 m de diâmetro. Determine, em metro, o tamanho real do diâmetro dos átomos do cristal de ferro.

ATLANTIDE PHOTOTRAVEL/CORBIS DOCUMENTARY/GETTY IMAGES

O *Atomium* em Bruxelas, Bélgica.

DESAFIO

Calcule a diferença $y - x$, de forma que o número $2^x \cdot 3^4 \cdot 26^y$ possa ser expresso como uma potência de base 39.

1 Quanto devo subtrair de $\left(\frac{2}{3}\right)^{-1}$ para obter $\left(\frac{1}{7}\right)^{0}$?

2 Calcule o inverso da expressão:

$$3 \cdot \left(-\frac{2}{3}\right) : \frac{5}{2} + \frac{1}{5} - 5 : \frac{25}{3}$$

3 Calcule o valor da expressão, para $m \neq 0$:

$$\frac{(m^2)^{x-1} \cdot (m^3)^{x+1}}{m^{5x}}$$

4 Simplifique a expressão, para $a \neq 0$ e $c \neq 0$:

$$\left(\frac{ab^2}{c}\right)^3 \cdot \left(\frac{c}{a^3}\right)^2 \cdot \left(\frac{b}{a}\right)^{-2}$$

5 Indique a alternativa correta. A expressão $\frac{a^{-4} - b^{-4}}{a^{-2} - b^{-2}}$, com $a \neq 0$, $b \neq 0$ e $a \neq \pm b$, é idêntica a:

a) $a^2 - b^2$.

b) $a^2 + b^2$.

c) $a^{-6} - b^{-6}$.

d) $\frac{a^2 + b^2}{a^2}$.

e) $\frac{a^2 + b^2}{a^2 b^2}$.

f) $\frac{a + b}{a - b}$.

6 Observe a figura abaixo e calcule *OB*, *OC*, *OD*, *OE* e *OF*. Em seguida, trace um segmento de medida igual a $\sqrt{7}$ cm.

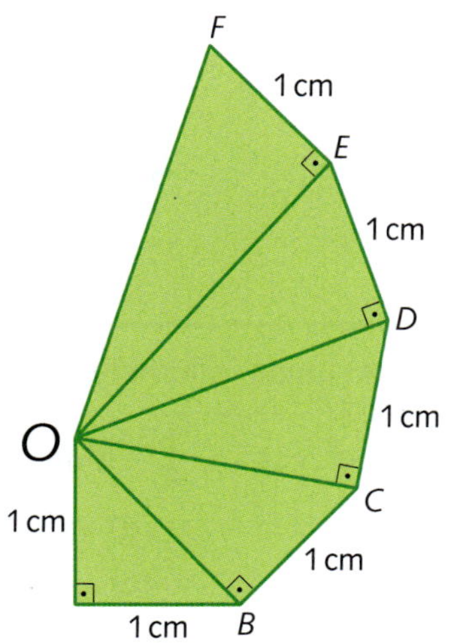

Espiral de Arquimedes.

7 **(Enem)** Dados divulgados pelo Instituto Nacional de Pesquisas Espaciais mostraram o processo de devastação sofrido pela Região Amazônica entre agosto de 1999 e agosto de 2000. Analisando fotos de satélites, os especialistas concluíram que, nesse período, sumiu do mapa um total de 20 000 quilômetros quadrados de floresta. Um órgão de imprensa noticiou o fato com o seguinte texto: *O assustador ritmo de destruição é de um campo de futebol a cada oito segundos.* Considerando que um ano tem aproximadamente 32×10^6 s (trinta e dois milhões de segundos) e que a medida da área oficial de um campo de futebol é aproximadamente 10^{-2} km² (um centésimo de quilômetro quadrado), as informações apresentadas nessa notícia permitem concluir que tal ritmo de desmatamento, em um ano, implica a destruição de uma área de:

a) 10 000 km², e a comparação dá a ideia de que a devastação não é tão grave quanto o dado numérico nos indica.

b) 10 000 km², e a comparação dá a ideia de que a devastação é mais grave do que o dado numérico nos indica.

c) 20 000 km², e a comparação retrata exatamente o ritmo da destruição.

d) 40 000 km², e o autor da notícia exagerou na comparação, dando a falsa impressão de gravidade a um fenômeno natural.

e) 40 000 km², e, ao chamar a atenção para um fato realmente grave, o autor da notícia exagerou na comparação.

8 Faça o desenho deste triângulo em seu caderno, sendo $m = 1$ cm e $n = 4$ cm. Meça $\overline{HA}$ e verifique que $HA = \sqrt{m \cdot n}$.

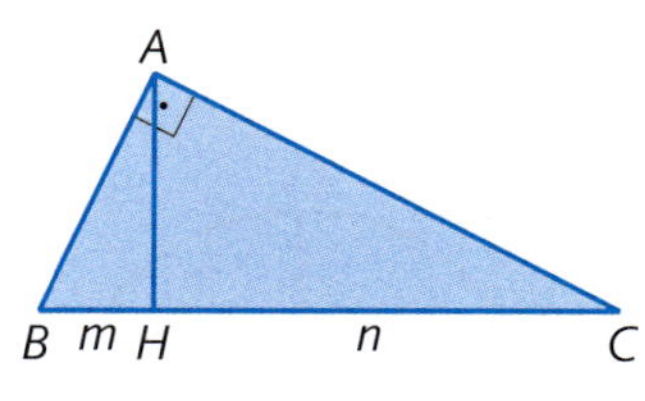

DESAFIO

Calcule o valor da expressão $\frac{x^2y^2 - x^3y}{y^2 - x^2}$, para $x = 0{,}5$ e $y = 1{,}5$.

1 Escreva como um produto de radicais e simplifique, se possível.

a) $\sqrt{6 \cdot 9}$

b) $\sqrt[3]{8 \cdot 9}$

c) $\sqrt[6]{64 \cdot a^8 \cdot b^6}$, com $a \geqslant 0$ e $b \geqslant 0$

d) $\sqrt[m]{3^m \cdot a^n}$, com $a \geqslant 0$

2 Escreva como um quociente de radicais e simplifique, se possível.

a) $\sqrt{\dfrac{3}{7}}$

b) $\sqrt[3]{\dfrac{5}{8}}$

c) $\sqrt[4]{\dfrac{16a^4}{b^4}}$, com $b \neq 0$

d) $\sqrt[n]{\dfrac{y}{x}}$, com $x > 0$ e $y \geqslant 0$

3 Divida o índice do radical e o expoente do radicando pelo mdc deles.

a) $\sqrt[5]{2^{10}}$

b) $\sqrt[16]{5^4}$

c) $\sqrt[6m]{2^{3m}}$

d) $\sqrt{5^4}$

4 Transforme em uma única raiz.

a) $\sqrt{\sqrt{20}}$

b) $\sqrt[3]{\sqrt{x}}$, com $x \geqslant 0$

c) $\sqrt{\sqrt[3]{\sqrt{a^2}}}$, com $a \geqslant 0$

d) $\sqrt[10]{\sqrt{3}}$

5 No tratado de Euclides, encontramos a sequência da construção gráfica do **número de ouro**. Esse número corresponde à medida do segmento $\overline{BD}$, dada por $\Phi = \dfrac{1 + \sqrt{5}}{2}$. Determine a medida desse segmento, considerando $\sqrt{5} = 2{,}236$.

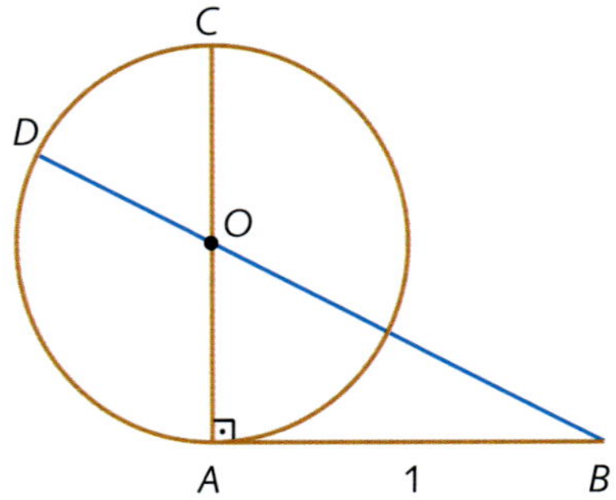

6 Calcule as raízes.

a) $-\sqrt[4]{625}$

b) $\sqrt[3]{-216}$

c) $\sqrt[5]{0{,}00032}$

d) $\sqrt[7]{-\dfrac{1}{128}}$

7 Calcule o valor da expressão:

$3\sqrt{36} + 5 \cdot \sqrt{0{,}04} - 2\sqrt[3]{-8}$

8 Sendo $\sqrt{2} \simeq 1{,}41$ e $\sqrt{3} \simeq 1{,}73$, determine, na forma decimal, o valor aproximado de:

a) $\sqrt{8}$;

b) $\sqrt{12}$;

c) $\sqrt{50}$;

d) $\sqrt{6}$;

e) $\sqrt{200}$;

f) $\dfrac{\sqrt{2}}{\sqrt{3}}$.

9 Usando a simplificação de radicais, calcule:

a) a raiz quadrada exata de 2 916;

b) a raiz cúbica exata de 1 728;

c) a raiz quarta exata de 6 561.

10 Simplifique as expressões abaixo.

a) $\sqrt[5]{\sqrt{32}}$

b) $\sqrt{\sqrt{\sqrt{1280}}}$

c) $\dfrac{\sqrt{(m+n)^3}}{\sqrt{m^2 n + m^3}}$, com $m \neq 0$ e $n > m$

d) $\sqrt{\dfrac{9}{x^2} + \dfrac{9x^2}{y^4} + \dfrac{18}{y^2}}$, com $x \geqslant 0$ e $y \geqslant 0$

DESAFIO

Identifique a única alternativa correta. Simplificando $\sqrt[8]{\left(a^4 - a^2 + \dfrac{1}{4}\right)^4}$, obteremos:

a) $a - 0{,}5$.

b) $a + 0{,}5$.

c) $a^2 - 0{,}5$.

d) $a^2 + 0{,}5$.

e) a^2.

f) $-a^2$.

1 Simplifique os radicais.

a) $\sqrt[6]{8a^3b^{12}c^6}$, com $a \geqslant 0$, $b \geqslant 0$ e $c \geqslant 0$

b) $\sqrt{9a^6b^8}$, com $a \geqslant 0$ e $b \geqslant 0$

c) $\sqrt[12]{27x^6 \cdot (a - b)^3}$, com $a \geqslant b$

d) $\sqrt{x^3y - 2x^2y^2 + xy^3}$, $x \geqslant 0$ e $y \geqslant 0$

2 Introduza o fator externo no radicando.

a) $5\sqrt{7}$

b) $2\sqrt[3]{5a}$, com $a \geqslant 0$

c) $3a^2\sqrt[4]{5}$

d) $\frac{a}{b}\sqrt{b}$, com $b > 0$

e) $x\sqrt[5]{x^3}$, com $x \geqslant 0$

3 Transforme em um único radical e simplifique.

a) $\sqrt[5]{x\sqrt[6]{x^2}}$, com $x \geqslant 0$

b) $\sqrt[3]{\frac{a}{b}\sqrt{\frac{b}{a}}}$

c) $\frac{\sqrt[4]{12}}{\sqrt[4]{18}}$

d) $\sqrt[3]{\sqrt{\sqrt{512}}}$

4 Efetue as adições algébricas abaixo.

a) $(5\sqrt{2} - 4\sqrt{3}) - (2\sqrt{2} + 6\sqrt{3})$

b) $2\sqrt{27} + 5\sqrt{12} - 2\sqrt{3} + \sqrt{48}$

c) $x\sqrt{xy^3} + y\sqrt{9x^3y} - \sqrt{16x^3y^3} + 5xy\sqrt{xy}$, com $x \geqslant 0$ e $y \geqslant 0$

5 Observe o retângulo abaixo. Determine o seu perímetro e a sua área.

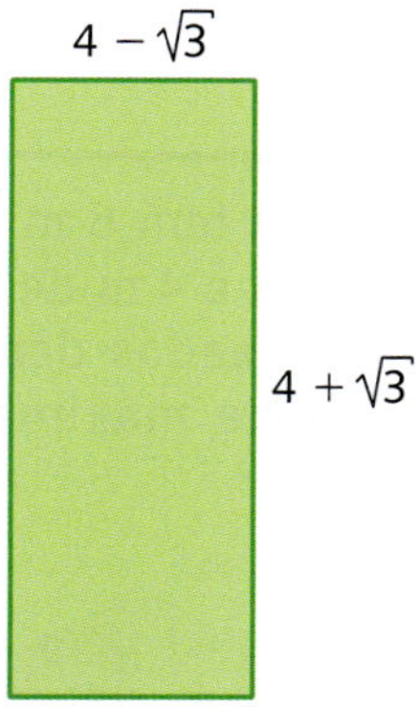

6 Efetue as multiplicações abaixo.

a) $\sqrt[5]{3a} \cdot \sqrt[5]{2b}$, com $a \geqslant 0$ e $b \geqslant 0$

b) $\sqrt{2} \cdot \sqrt[3]{5}$

c) $\sqrt[6]{3a^5b} \cdot \sqrt[3]{2a^2b}$, com $a \geqslant 0$ e $b \geqslant 0$

d) $\frac{\sqrt{32}}{2} \cdot \frac{\sqrt[3]{2}}{4}$

7 Efetue de acordo com as regras dos produtos notáveis.

a) $(3 - \sqrt{2})^2$

b) $(\sqrt{2} - \sqrt{5})^2$

c) $(\sqrt{7} - \sqrt{2}) \cdot (\sqrt{7} + \sqrt{2})$

8 Efetue as divisões a seguir.

a) $2\sqrt{6} : 8\sqrt{3}$

b) $\sqrt[3]{81x^2} : \sqrt[3]{6x}$, com $x \geqslant 0$

c) $\sqrt[4]{5^3} : \sqrt[3]{5^2}$

d) $\sqrt{12a} : \sqrt[3]{6b}$, com $a \geqslant 0$ e $b > 0$

9 Efetue e simplifique os resultados.

a) $(\sqrt{3})^5$

b) $(\sqrt[3]{2})^{10}$

c) $\left(\frac{2}{3}\sqrt[6]{2x^3y^4}\right)^2$, com $x \geqslant 0$ e $y \geqslant 0$

10 Escreva na forma de um único radical e simplifique.

a) $\sqrt{\sqrt{\sqrt{7}}}$

b) $\sqrt[5]{\sqrt{11}}$

c) $\sqrt[3]{\sqrt{2\sqrt{3}}}$

11 Sendo $HE = \sqrt{77}$, $EF = \sqrt{51}$ e $AH = \sqrt{21}$, demonstre que o perímetro do triângulo EAC é igual a $21\sqrt{2}$.

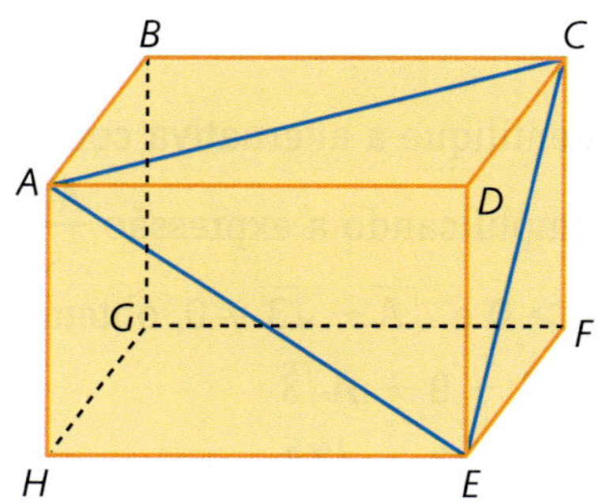

DESAFIO

Prove que: $\sqrt{\frac{3x}{20}} + \sqrt{\frac{x}{15}} - \sqrt{\frac{5x}{12}} = 0$, com $x \geqslant 0$

ILUSTRAÇÕES: ADILSON SECCO

1 Retirando fatores do radicando, simplifique os radicais abaixo.

a) $\dfrac{ab^2}{c}\sqrt{\dfrac{16c^2}{b^5}}$, com $b > 0$ e $c > 0$

b) $\dfrac{1}{4m}\sqrt{88m^2}$, com $m > 0$

c) $\dfrac{2a}{3b}\sqrt{\dfrac{b}{a^2}}$, com $a > 0$ e $b > 0$

2 Introduza, no radicando, o fator externo.

a) $6\sqrt{3}$

b) $2\sqrt[5]{3}$

c) $a^2\sqrt[3]{ab^2}$, com $a > 0$ e $b > 0$

d) $(a + b)\sqrt[3]{\dfrac{1}{(a + b)^2}}$, com $a \neq -b$

3 Calcule o valor da expressão:

$\sqrt{1{,}44} + \sqrt{0{,}01} - \sqrt[3]{0{,}008}$

4 Efetue as radiciações.

a) $\sqrt{\sqrt{7}}$

b) $\sqrt[4]{\sqrt[3]{5}}$

c) $\sqrt{\sqrt{\sqrt{256}}}$

d) $\sqrt{4\sqrt[3]{15}}$

e) $\sqrt{\sqrt{\sqrt{a^8}}}$, com $a \geqslant 0$

f) $\sqrt[3]{2\sqrt{5}}$

5 Calcule:

a) $\dfrac{2\sqrt[6]{27}}{\sqrt[4]{9}}$

b) $\dfrac{\sqrt[3]{2} \cdot \sqrt[5]{4}}{\sqrt[10]{16}}$

c) $\dfrac{\sqrt{363} + \sqrt{27} + \sqrt{12}}{\sqrt{192}}$

6 Identifique a alternativa correta.

Simplificando a expressão $\dfrac{A\sqrt{A} - 3\sqrt{3}}{\sqrt{A} - \sqrt{3}}$, $A > 0$ e $\sqrt{A} - \sqrt{3} \neq 0$, obtemos:

a) $A - 9 + A\sqrt{3}$

b) $A + 3 + \sqrt{3A}$

c) $A - 3 + \sqrt{A}$

d) $3 - A + \sqrt{3}$

7 Calcule o valor da expressão:

$\dfrac{3 - \sqrt{3}}{3 + \sqrt{3}} : \dfrac{2 - \sqrt{3}}{2 + \sqrt{3}}$

8 Com uma calculadora, determine as áreas aproximadas das figuras, sendo $R = 2$ cm.

a)

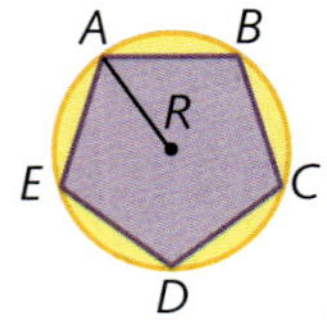

$A = \dfrac{5R^2\sqrt{10 + 2\sqrt{5}}}{8}$

b)

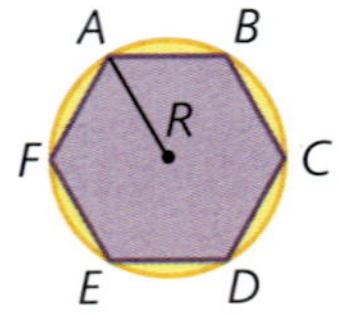

$A = \dfrac{3R^2\sqrt{3}}{2}$

9 Observe o quadrado $AEHI$ da figura, em que $AB = \sqrt{a}$ e $BE = \sqrt{b}$, $a > 0$ e $b > 0$, e responda às questões.

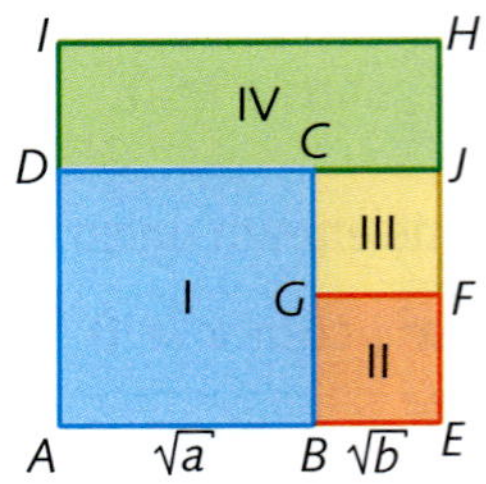

a) Qual é a área do quadrado $ABCD$?

b) Qual é a área do quadrado $BEFG$?

c) Qual é a área do retângulo $GFJC$?

d) Qual é a área do retângulo $DJHI$?

e) Determine a área total do quadrado $AEHI$:
- elevando a medida do seu lado ao quadrado;
- somando as áreas das regiões I, II, III e IV.

DESAFIO

Uma sala de aula tem 6 m de comprimento, 7 m de largura e 4 m de altura. Existem dois parafusos fixados dentro dessa sala. Qual é a distância máxima que pode haver entre eles?

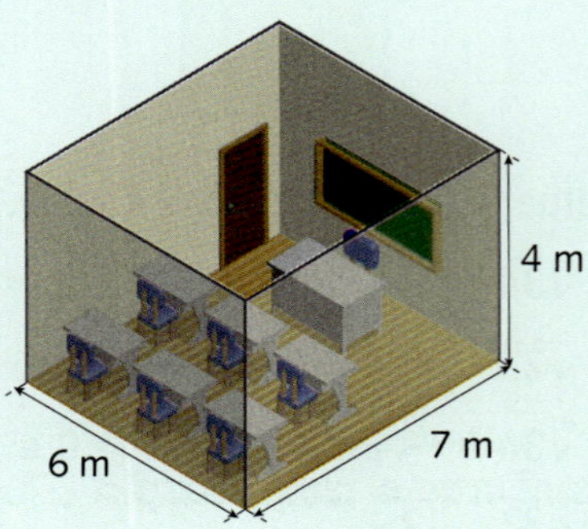

ILUSTRAÇÕES: ADILSON SECCO

1 Racionalize:

a) $\dfrac{3 + \sqrt{6}}{\sqrt{3} + \sqrt{2}}$

b) $\dfrac{a - b}{\sqrt{a} - \sqrt{b}}$, com $a > 0$, $b > 0$ e $a \neq b$

c) $\dfrac{4}{2 - \sqrt{3}}$

2 Transforme em uma potência de x a expressão: $\sqrt{x\sqrt{x\sqrt{x}}}$, com $x \geqslant 0$.

3 Calcule a medida da diagonal $\overline{FD}$ do cubo, determinando, inicialmente, a medida da diagonal $\overline{BD}$ de sua base, sabendo que a aresta do cubo mede 12 cm.

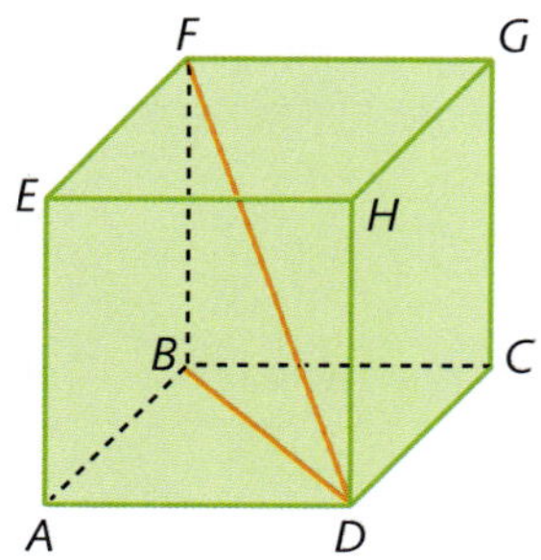

4 Determine o valor da expressão:
$4 \cdot 0,5 + \sqrt{0,25^4} + 2^{-2}$

5 Determine o valor de k, sabendo que:
$$\frac{\sqrt{5} + \sqrt{2}}{\sqrt{5}} = k(5 + \sqrt{10})$$

6 Racionalize:

a) $\dfrac{x}{\sqrt[5]{x^2}}$, com $x > 0$

b) $\sqrt[3]{\dfrac{9}{5}}$

c) $\dfrac{12}{\sqrt{2} + \sqrt{3} + \sqrt{5}}$

7 Racionalize:

a) $\dfrac{y - \sqrt{y}}{y + \sqrt{y}}$, com $y > 0$

b) $\dfrac{y + \sqrt{y}}{3\sqrt{y}}$, com $y > 0$

c) $\dfrac{x^2}{\sqrt{2x^2} + \sqrt{6x^2}}$, com $x > 0$

8 Transforme o radical duplo $\sqrt{7 - \sqrt{40}}$ em uma expressão de radicais simples.

9 Racionalize:

a) $\dfrac{1}{\sqrt[3]{5} + \sqrt[3]{2}}$

b) $\dfrac{18}{\sqrt{3} + \sqrt{5} - \sqrt{6}}$

10 O número de ouro Φ é igual a $\dfrac{1 + \sqrt{5}}{2}$. Demonstre, sem usar a calculadora, que $\Phi^2 = \Phi + 1$.

11 Calcule:

a) $\dfrac{\sqrt{50}}{\sqrt{18}}$

b) $\dfrac{\sqrt{5}}{\sqrt{0,05}}$

c) $\dfrac{\sqrt{0,64 \cdot 10^{10}}}{\sqrt{10^{-8}}}$

d) $\dfrac{\sqrt{2,56 \cdot 10^8}}{\sqrt{4 \cdot 10^4}}$

12 Demonstre que $\sqrt{2} + 1$ é o inverso de $\sqrt{2} - 1$.

13 Determine o valor de x, sabendo que a área da região violeta corresponde a $1600(\sqrt{2} + 1)$ m².

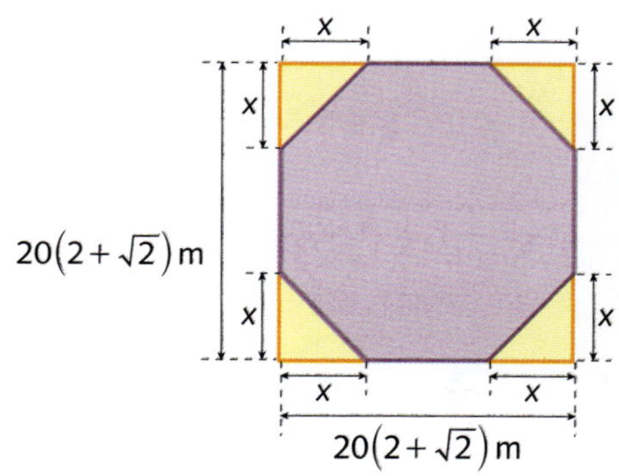

DESAFIO

Os retângulos I e II são **retângulos de ouro**. No retângulo I, $\dfrac{a}{b} = \dfrac{\sqrt{5} + 1}{2} = \Phi$. Prove, vendo o retângulo II, que $\dfrac{a + b}{a} = \Phi$.

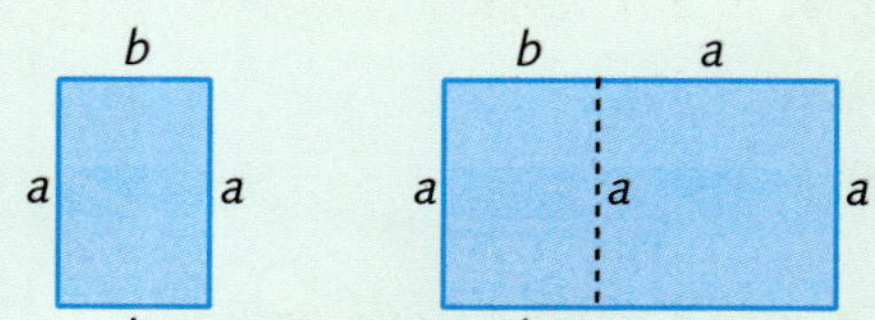

Retângulo I

Retângulo II

ILUSTRAÇÕES: ADILSON SECCO

CAPÍTULO

2 Equações do 2º grau

É hora de observar e discutir

O telhado ecológico consiste da aplicação de uma camada vegetal sobre uma laje impermeabilizada ou mesmo um telhado convencional. Além de bonito, o telhado ecológico contribui para diminuir a poluição ambiental, melhorar a drenagem de água nas grandes cidades, além de regular a umidade do ar e a temperatura interna das casas.

- Observe a ilustração que representa o telhado verde de uma casa.

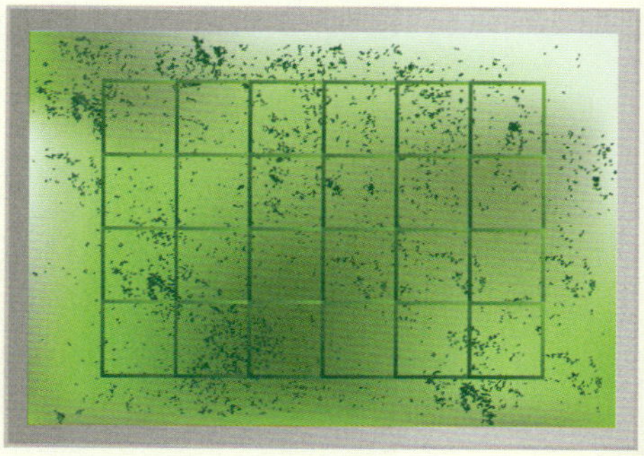

LUIZ RUBIO

Para cobrir esse telhado foram usadas placas de camada vegetal de formato quadrado, todas com as mesmas dimensões. Sabendo que a área do telhado ecológico é 96 m^2, como podemos calcular a medida do lado de cada quadrado de camada vegetal? (Considere que o lado de cada quadrado mede x.)

EDUARDO NADDAR/O GLOBO

Casa com telhado verde em Petrópolis (RJ), em janeiro de 2014.

Trocando ideias

Segundo dados da Confederação Brasileira de Handebol (CBHb), a quadra para esse esporte deve ter o formato de um retângulo com área igual a 800 m² e perímetro de 120 m. De que forma podemos encontrar as dimensões dessa quadra?

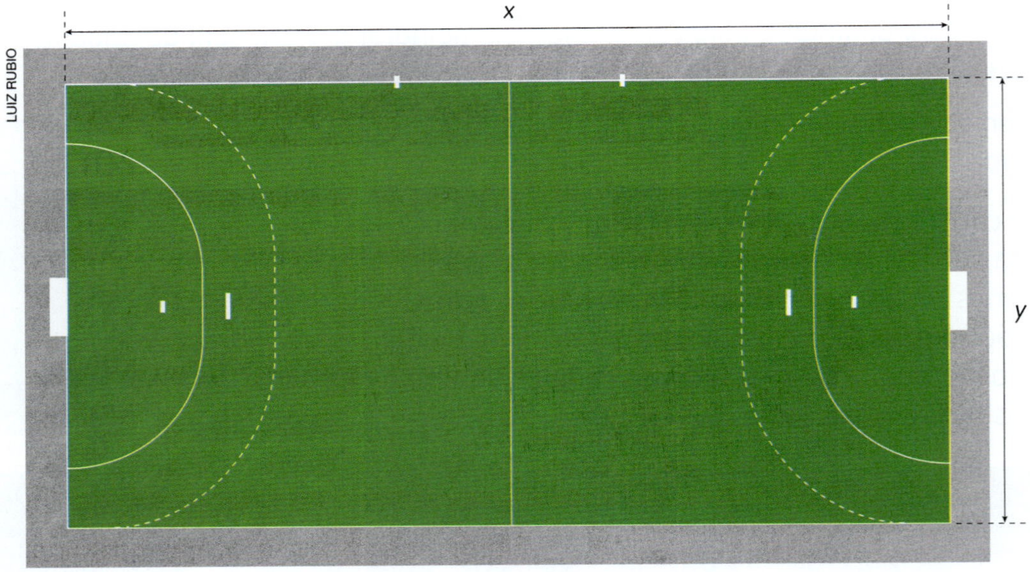

Veja como Paulo começou a resolver esse problema:

Área: 800 m^2

Perímetro: 120 m

Sabendo que x é a medida do comprimento da quadra e y é a medida da largura, temos:

$xy = 800$ (I)

$2(x + y) = 120$ (II)

Isolando x em (I): $x = \dfrac{800}{y}$

Substituindo x por $\dfrac{800}{y}$ em (II): $2\left(\dfrac{800}{y} + y\right) = 120$

- Determine uma equação equivalente à última encontrada por Paulo, de modo que a incógnita não apareça no denominador.
- Quantas incógnitas tem essa equação?
- Qual é o maior expoente da incógnita dessa equação?
- O que Paulo precisa fazer para encontrar as dimensões da quadra?
- Você acha que há outras maneiras de resolver esse problema sem substituir x pela expressão $\dfrac{800}{y}$?

Neste capítulo, você vai aprender a resolver **equações do 2º grau**.

1 Equação do 2º grau com uma incógnita

Considere a situação ao lado.

Um curral tem formato retangular e área igual a 288 m^2. Uma das dimensões tem o dobro da outra. Quanto mede cada uma das dimensões desse curral?

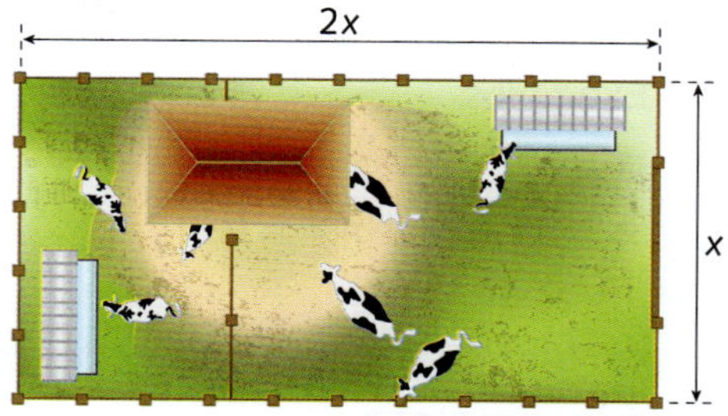

LUIZ RUBIO

Considerando x a medida da menor dimensão, a maior corresponderá a $2x$ e a área poderá ser representada por $x \cdot 2x$. Assim:

$x \cdot 2x = 288$

$2x^2 = 288$

$2x^2 - 288 = 0$

Conteúdo digital
• Vídeo: Equações do 2º grau

Uma maneira de calcular a medida de cada uma das dimensões desse curral é resolver essa equação.

A equação $2x^2 - 288 = 0$ é um exemplo de equação do 2º grau com uma incógnita (a letra x).

> Denominamos **equação do 2º grau** na incógnita x aquela que pode ser reduzida a uma equação do tipo $ax^2 + bx + c = 0$, sendo a, b e c números reais, com $a \neq 0$.

Exemplos

- $x^2 - 5x + 6 = 0$ é uma equação do 2º grau, com $a = 1$, $b = -5$ e $c = 6$;
- $7x^2 - x = 0$ é uma equação do 2º grau, com $a = 7$, $b = -1$ e $c = 0$;
- $x^2 - 49 = 0$ é uma equação do 2º grau, com $a = 1$, $b = 0$ e $c = -49$.

Nas equações escritas na forma $ax^2 + bx + c = 0$ (equação do 2º grau na incógnita x), chamamos a, b e c de **coeficientes**.

Cuidado!

Não são equações do 2º grau com uma incógnita:

- $x^2 + 2y^2 = 8$ (possui duas incógnitas: x e y)
- $(3x^2 - 2)^2 = 0$ (o maior expoente da incógnita é 4)
- $x^3 + 4x^2 - x = -7$ (o maior expoente da incógnita é 3)

Observações

1 Quando os coeficientes da incógnita são números, chamamos as equações de **numéricas**.

2 Quando um ou mais coeficientes da incógnita são letras, chamamos as equações de **literais**. Esses coeficientes também podem ser chamados de **parâmetros**.

3 Sempre que uma equação do 2º grau apresentar o coeficiente ***a*** negativo, poderemos multiplicá-la por (**−1**) para facilitar a resolução.

Exemplo

$-x^2 + 5x - 6 = 0$

$-x^2 \cdot (\mathbf{-1}) + 5x \cdot (\mathbf{-1}) - 6 \cdot (\mathbf{-1}) = 0 \cdot (\mathbf{-1})$

$x^2 - 5x + 6 = 0$ ← Em resumo, trocamos os sinais de todos os termos.

Equações completas e incompletas

Uma equação do 2º grau $ax^2 + bx + c = 0$, com incógnita x, é **completa** quando todos os seus coeficientes (a, b, c) são diferentes de zero.

Exemplos

- $x^2 - 9x + 20 = 0$ — $a = 1$; $b = -9$; $c = 20$
- $-x^2 + 10x - 16 = 0$ — $a = -1$; $b = 10$; $c = -16$

Quando b ou c ou esses dois coeficientes são iguais a zero, dizemos que a equação do 2º grau é **incompleta**.

Exemplos

- $x^2 - 36 = 0$ — $a = 1$; $b = 0$; $c = -36$
- $x^2 - 10x = 0$ — $a = 1$; $b = -10$; $c = 0$
- $4x^2 = 0$ — $a = 4$; $b = 0$; $c = 0$

EXERCÍCIOS

1 Uma quadra de basquete tem área igual a 240 m². Escreva a equação do 2º grau que pode ser utilizada para determinar a medida do comprimento e da largura da quadra, de acordo com a figura.

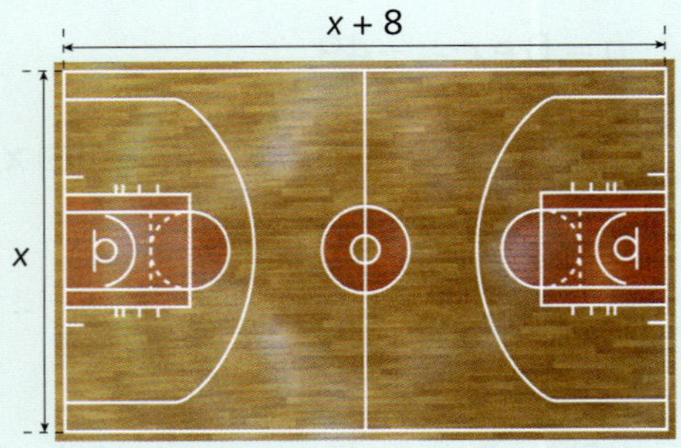

GUILHERME CASAGRANDI

2 Identifique as equações do 2º grau.

a) $6x + 5 = 0$

b) $x^2 - 6x + 9 = 0$

c) $y^2 - 4y = 0$

d) $0x^2 + 5x + 6 = 0$

e) $9 - y^2 = 0$

f) $(2z - 3)^2 = 0$

3 Considerando $ax^2 + bx + c = 0$, $a \neq 0$, determine os coeficientes das equações.

a) $x^2 + 13x + 36 = 0$

b) $-3x^2 + 6x = 0$

c) $3x^2 - 12 = 0$

d) $25 - 10x + x^2 = 0$

e) $x^2 + 4x = 0$

f) $(k + 1)x^2 - 2kx = 0$, $k + 1 \neq 0$

4 Escreva a equação $ax^2 + bx + c = 0$, em que:

a) $a = 5$, $b = -1$ e $c = 0$;

b) $a = 4$, $b = 0$ e $c = -9$;

c) $a = \frac{1}{2}$, $b = -3$ e $c = 2$;

d) $a = 0{,}2$, $b = 1$ e $c = 0{,}5$.

5 Um quadrado com lado de medida x tem área igual a 625 m². Escreva uma equação do 2º grau para determinar o valor de x.

6 Classifique as equações do 2º grau em completa ou incompleta.

a) $3x^2 + 5x = 0$

b) $-3x^2 + 9 = 0$

c) $x^2 - x = 0$

d) $x^2 + 7x + 12 = 0$

e) $6x^2 = 0$

f) $x^2 - 3\sqrt{2}\,x + 4 = 0$

7 Determine os valores possíveis de m na equação $(3m - 2)x^2 + (2m + 1)x - 4 = 0$, de modo que ela seja do 2º grau.

8 Reescreva a equação

$$5 - \frac{(x - 3)}{4} = 2x - (x - 2)^2$$

na forma $ax^2 + bx + c = 0$, $a \neq 0$.

2 Raiz de uma equação do 2º grau

Resolver uma equação do 2º grau significa determinar suas **raízes**.

> Raiz de uma equação é o número do conjunto universo que, ao substituir a incógnita da equação, transforma-a em uma sentença verdadeira.

Denomina-se **conjunto verdade** ou **conjunto solução** o conjunto formado pelas raízes de uma equação.

Exemplos

- Dados os números −1, 0, 1 e 2, quais deles são raízes da equação $x^2 - x - 2 = 0$?

Solução

Substituindo a incógnita x da equação pelos elementos do conjunto, verificamos quais são as sentenças verdadeiras.

Para $x = -1$:	Para $x = 1$:
$x^2 - x - 2 = 0$	$x^2 - x - 2 = 0$
$(-1)^2 - (-1) - 2 = 0$	$1^2 - 1 - 2 = 0$
$1 + 1 - 2 = 0$	$1 - 1 - 2 = 0$
$0 = 0$ ⟵ sentença verdadeira	$-2 = 0$ ⟵ sentença falsa
Para $x = 0$:	**Para $x = 2$:**
$x^2 - x - 2 = 0$	$x^2 - x - 2 = 0$
$0^2 - 0 - 2 = 0$	$2^2 - 2 - 2 = 0$
$0 - 0 - 2 = 0$	$4 - 2 - 2 = 0$
$-2 = 0$ ⟵ sentença falsa	$0 = 0$ ⟵ sentença verdadeira

Portanto, −1 e 2 são raízes da equação.

- Determine p na equação $(2p - 1)x^2 - 2px - 2 = 0$, sabendo que 2 é raiz.

Solução

Substituindo a incógnita x por 2, já que 2 é raiz da equação, determinamos o valor de p.

$(2p - 1) \cdot 2^2 - 2p \cdot 2 - 2 = 0$

$(2p - 1) \cdot 4 - 4p - 2 = 0$

$8p - 4 - 4p - 2 = 0$

$4p - 6 = 0$

$4p = 6$

$p = \dfrac{6}{4}$

$p = \dfrac{3}{2}$

Portanto, para $x = 2$, o valor de p é $\dfrac{3}{2}$.

EXERCÍCIOS

9 Verifique se -3 é raiz da equação $x^2 - 6x + 9 = 0$.

10 Verifique se $-\frac{1}{5}$ é raiz da equação $15x^2 - 7x - 2 = 0$.

11 Dados os números -6, -5, 0, 1, 5 e 6, quais deles são raízes da equação $x^2 - x - 30 = 0$?

12 Determine o valor de p na equação $(p + 2) \cdot x^2 + (2p + 5) \cdot x + 2 = 0$, de modo que -1 seja uma das raízes da equação.

13 Em $\left(\frac{3k}{2}\right)x^2 + (k - 3)x - \frac{5}{2} = 0, k \neq 0,$ qual é o valor de k para que $-\frac{1}{2}$ seja raiz?

3 Resolução de equação do 2º grau

Vimos que resolver uma equação do 2º grau é descobrir suas raízes. Essas raízes devem pertencer a um dado conjunto universo U (conjunto formado por todos os valores que a incógnita pode assumir). As raízes também são chamadas de soluções da equação em um conjunto universo.

Resolução de uma equação do 2º grau incompleta

Vamos utilizar, na resolução de uma equação incompleta, as técnicas da fatoração e duas importantes propriedades dos números reais.

1ª propriedade

Se $x \in \mathbb{R}$, $y \in \mathbb{R}$ e $x \cdot y = 0$, então $x = 0$ ou $y = 0$.

2ª propriedade

Se $x \in \mathbb{R}$, $y \in \mathbb{R}_+$ e $x^2 = y$, então $x = \sqrt{y}$ ou $x = -\sqrt{y}$.

A seguir, vamos estudar as formas de resolução para os casos de equações incompletas.

1º caso: Equação do tipo $ax^2 + bx = 0$

Exemplo

- Determinar as raízes reais ou soluções da equação $x^2 - 8x = 0$, sendo $U = \mathbb{R}$.

Solução

Inicialmente, colocamos o fator comum x em evidência:

$x \cdot (x - 8) = 0$

De acordo com a 1ª propriedade, para o produto ser igual a zero, basta que um dos fatores também o seja.

Então:

$x = 0$ ou $x - 8 = 0$

$x = 8$

Assim, obtemos duas raízes que formam o conjunto verdade: $V = \{0, 8\}$.

A equação do tipo $ax^2 + bx = 0$ tem como soluções $x = 0$ e $x = -\frac{b}{a}$.

$2^{\underline{o}}$ caso: Equação do tipo $ax^2 + c = 0$

Exemplos

- Determinar as raízes reais ou soluções da equação $2x^2 - 72 = 0$, sendo $U = \mathbb{R}$.

  Solução

  $2x^2 - 72 + 72 = 0 + 72$ ⟶ Adicionamos 72 a ambos os membros da equação.

  $2x^2 = 72$

  $\dfrac{2x^2}{2} = \dfrac{72}{2}$ ⟶ Dividimos os dois membros por 2.

  $x^2 = 36$

  $x = \sqrt{36}$ ou $x = -\sqrt{36}$

  $x = \pm\sqrt{36}$

  $x = \pm 6$ ⟶ A equação tem duas raízes simétricas.

  Logo, $V = \{-6, 6\}$.

- Determinar as raízes reais ou soluções da equação $x^2 - 12 = 0$, sendo $U = \mathbb{R}$.

  Solução

  $x^2 = 12$

  $x = \pm\sqrt{12}$

  $x = \pm\sqrt{4 \cdot 3}$

  $x = \pm\left(\sqrt{4} \cdot \sqrt{3}\right)$

  $x = \pm 2\sqrt{3}$ ⟶ A equação tem duas raízes simétricas.

  Logo, $V = \{-2\sqrt{3}, 2\sqrt{3}\}$.

- Determinar as raízes reais ou soluções da equação $3x^2 + 6 = 0$, sendo $U = \mathbb{R}$.

  Solução

  $3x^2 + 6 - 6 = 0 - 6$ ⟶ Subtraímos 6 a ambos os membros da equação.

  $3x^2 = -6$

  $\dfrac{3x^2}{3} = \dfrac{-6}{3}$ ⟶ Dividimos os dois membros por 3.

  $x^2 = -2$

Como não existe um número real que elevado ao quadrado seja igual a -2, dizemos que a equação não tem raízes reais ou não tem solução em $\mathbb{R}$. Logo, $V = \varnothing$.

A equação do tipo $ax^2 + c = 0$ possuirá duas raízes reais se $-\frac{c}{a}$ for um número positivo, e não terá raiz real se $-\frac{c}{a}$ for um número negativo.

Observações

1 A equação incompleta do tipo $ax^2 = 0$ (com $b = c = 0$) admite uma única solução: 0 (zero). Portanto, $V = \{0\}$.

2 Caso existam raízes reais na equação da forma $ax^2 + c = 0$, estas serão **simétricas**.

- Fator comum em evidência:
  $am + an = a \cdot (m + n)$
- Agrupamento:
  $ax + ay + bx + by = a(x + y) + b(x + y) = (a + b)(x + y)$
- Diferença de dois quadrados:
  $a^2 - b^2 = (a + b)(a - b)$
- Trinômio quadrado perfeito:
  $a^2 + 2ab + b^2 = (a + b)^2$
  $a^2 - 2ab + b^2 = (a - b)^2$

EXERCÍCIOS

14 Determine m na equação $5x^2 + 3x + 2m - 2 = 0$, de modo que uma de suas raízes seja nula.

15 Resolva as equações em que $U = \mathbb{R}$.

a) $x^2 - 5x = 0$
b) $(x + 2)^2 = 4$
c) $2x^2 + 8x = 0$
d) $3x^2 - 11x = 0$
e) $-2x^2 - 10x = 0$
f) $\frac{2x^2}{5} = \frac{x}{10}$
g) $6x^2 = 5x$
h) $3x^2 + 3x = 0$
i) $\frac{3x^2}{4} - 5x = 0$
j) $(x + 3)^2 = 9$

16 Resolva as equações em que $U = \mathbb{R}$.

a) $x^2 - 64 = 0$
b) $2 = x^2$
c) $x^2 - 7 = 0$
d) $3x^2 + 7 = 0$
e) $9x^2 - 16 = 0$
f) $(x - 5)^2 = 2x \cdot (x - 5)$

17 Resolva as equações em que $U = \mathbb{R}$.

a) $3x^2 = 0$
b) $(x - 2)^2 + 4x = 4$
c) $\frac{x^2}{4} + \frac{2x}{3} = 0$
d) $x \cdot (x + 2) = 4x$
e) $x^2 - \frac{9}{25} = 0$
f) $3 \cdot (x - 2)^2 = 12$

18 Calcule, em $\mathbb{R}$, o valor de x que satisfaz a equação: $\frac{10}{x^2 - 9} + \frac{x + 4}{x + 3} = \frac{x + 2}{x - 3}$

19 Resolva as equações em que $U = \mathbb{R}$.

a) $2x^2 - \frac{3}{4} = x^2 + \frac{1}{4}$
b) $\frac{1}{x - 3} - \frac{1}{x + 3} = 1$
c) $\frac{x - 3}{2} + \frac{2x - 3}{4} = x^2 + x - \frac{17}{2}$

20 O retângulo e o quadrado abaixo têm a mesma área. Observe atentamente as figuras e responda às questões.

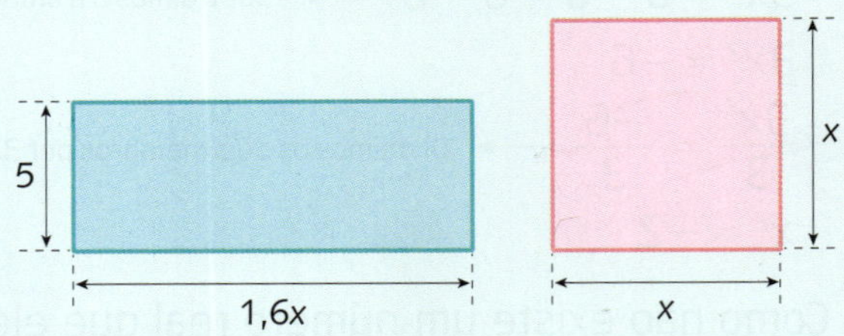

a) Qual é a medida do lado do quadrado?
b) Qual é o perímetro do quadrado?
c) Qual é a medida do comprimento do retângulo?
d) Qual é o perímetro do retângulo?

21 Resolva as equações em que $U = \mathbb{R}$.

a) $\left(\frac{x}{5} - 5\right) \cdot \left(\frac{x}{5} + 5\right) = 0$
b) $3m^2 + 2 = 4m^2 + 2$
c) $\frac{1}{10x^2} - \frac{1}{5x^2} = 1$

Resolução das equações completas

Mohammed ibn Musa al-Khowarizmi, matemático árabe do século IX, em seu livro *Al-jabr Wa'l muqabalah*, apresentou regras para encontrar as raízes positivas de equações do 2º grau. Em suas soluções, ele usava apenas palavras, sem empregar símbolos. Uma das equações apresentadas e resolvidas por Al-Khowarizmi foi:

$$x^2 + 10x = 39$$

Como podemos encontrar as raízes dessa equação? A seguir, vamos estudar a resolução de equações do 2º grau completas, como a estudada por Al-Khowarizmi.

GUIZIOU FRANCK/EASYPIX

Estátua de Al-Khowarizmi em Khiva, Uzbesquistão.

Resolução por fatoração

Vamos resolver algumas equações do 2º grau completas, usando fatoração e produtos notáveis.

Exemplos

- Determinar as raízes reais da equação $x^2 - 10x + 25 = 0$.

$x^2 - 10x + 25 = 0$ → Trinômio quadrado perfeito.

$x^2 - 2 \cdot x \cdot 5 + 5^2 = 0$

$(x - 5)^2 = 0$ → Forma fatorada do trinômio.

$(x - 5) \cdot (x - 5) = 0$

Como os dois fatores são iguais, a equação tem duas raízes reais iguais:

$x - 5 = 0$

$x = 5$

Portanto, $V = \{5\}$.

- Resolver a equação $16x^2 + 24x = -9$, em $\mathbb{R}$.

$16x^2 + 24x + 9 = -9 + 9$ → Adicionamos 9 a ambos os membros da equação.

$16x^2 + 24x + 9 = 0$ → Trinômio quadrado perfeito.

$(4x)^2 + 2 \cdot 4x \cdot 3 + 3^2 = 0$

$(4x + 3)^2 = 0$ → Forma fatorada do trinômio.

$(4x + 3) \cdot (4x + 3) = 0$

Como os dois fatores são iguais, a equação tem duas raízes reais iguais:

$4x + 3 = 0$

$x = -\dfrac{3}{4}$

Portanto, $V = \left\{-\dfrac{3}{4}\right\}$.

ILUSTRAÇÕES: GEORGE TUTUMI

- Determinar as raízes reais da equação $x^2 + 10x = 39$, apresentada por Al-Khowarizmi.

Veja que o primeiro membro da equação $x^2 + 10x - 39 = 0$ não é um trinômio quadrado perfeito. Para resolvê-la, devemos encontrar uma equação equivalente a ela, cujo primeiro membro é um trinômio quadrado perfeito. Observe a explicação de Dênis de como ele encontrou essa equação.

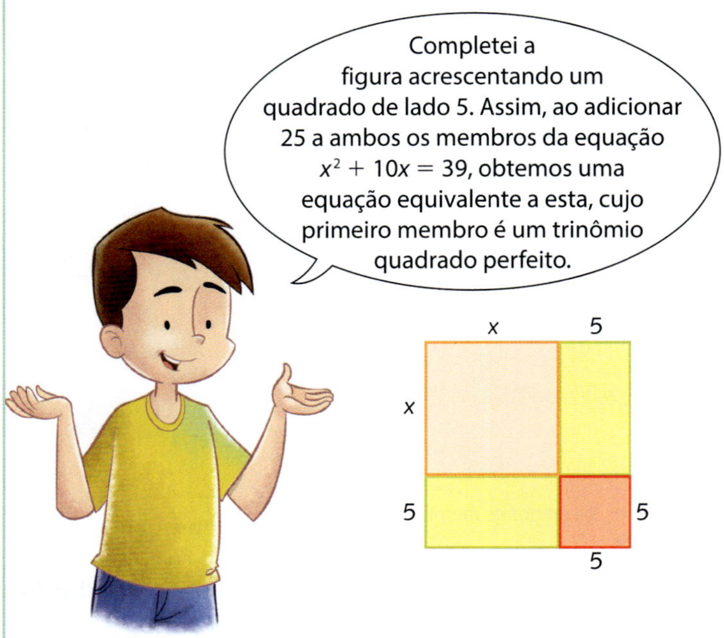

Agora, podemos resolver a equação inicial mais facilmente.

$x^2 + 10x + 25 = 39 + 25$

$x^2 + 2 \cdot x \cdot 5 + 5^2 = 64$

$(x + 5)^2 = 64$

$x + 5 = \sqrt{64} = 8$ ou $x + 5 = -\sqrt{64} = -8$

$x = 3$ ou $x = -13$

Portanto, $V = \{3, -13\}$.

Fórmula de resolução de uma equação do 2º grau

Considerando a equação do 2º grau $ax^2 + bx + c = 0$, em que a, b e c são coeficientes reais com $a \neq 0$, vamos obter, através da generalização do método de completar quadrados, uma fórmula para calcular suas raízes.

- Multiplicamos ambos os membros por $4a$.

$$4a \cdot (ax^2 + bx + c) = 0 \cdot 4a$$
$$4a^2x^2 + 4abx + 4ac = 0$$

- Subtraímos $4ac$ de ambos os membros da equação.

$$4a^2x^2 + 4abx + 4ac - 4ac = 0 - 4ac$$
$$4a^2x^2 + 4abx = -4ac$$

- Adicionamos b^2 a ambos os membros da equação.

$$\underbrace{4a^2x^2 + 4abx + b^2}_{\text{trinômio quadrado perfeito}} = -4ac + b^2$$

- Fatoramos o primeiro membro.

$$(2ax + b)^2 = b^2 - 4ac$$

GEORGE TUTUMI

- Considerando $b^2 - 4ac \geqslant 0$, extraímos a raiz quadrada dos dois membros.

$$2ax + b = +\sqrt{b^2 - 4ac}$$
ou
$$2ax + b = -\sqrt{b^2 - 4ac}$$
$$2ax + b = \pm\sqrt{b^2 - 4ac}$$

- Isolamos x.

$$2ax = -b \pm \sqrt{b^2 - 4ac}$$
$$\frac{\cancel{2a}x}{\cancel{2a}} = \frac{-b \pm \sqrt{b^2 - 4ac}}{2a}$$

Assim, encontramos a fórmula resolutiva de equações do 2º grau $ax^2 + bx + c = 0$, em que a, b e c são números reais com $a \neq 0$.

$$x = \frac{-b \pm \sqrt{b^2 - 4ac}}{2a}$$

Essa **fórmula resolutiva** de equações do 2º grau, conhecida como **fórmula de Bhaskara**, permite calcular as raízes conhecidos os coeficientes.

Assim, concluímos que as raízes da equação do 2º grau $ax^2 + bx + c = 0$ são:

$$x_1 = \frac{-b + \sqrt{b^2 - 4ac}}{2a} \quad \text{e} \quad x_2 = \frac{-b - \sqrt{b^2 - 4ac}}{2a}$$

Exemplos

- Calcular as raízes da equação $7x^2 + 13x - 2 = 0$.

Aplicando a fórmula resolutiva para $a = 7$, $b = 13$ e $c = -2$, temos:

$$x = \frac{-13 \pm \sqrt{13^2 - 4 \cdot 7 \cdot (-2)}}{2 \cdot 7}$$

$$x = \frac{-13 \pm \sqrt{169 + 56}}{14}$$

$$x = \frac{-13 \pm \sqrt{225}}{14}$$

$$x = \frac{-13 \pm 15}{14} \quad \begin{cases} x_1 = \dfrac{-13 + 15}{14} = \dfrac{2}{14} = \dfrac{1}{7} \\ x_2 = \dfrac{-13 - 15}{14} = -\dfrac{28}{14} = -2 \end{cases}$$

Portanto, $V = \left\{-2, \frac{1}{7}\right\}$.

- Determinar as raízes da equação fracionária $\frac{4x}{x-1} + \frac{x-10}{x} = 4$.

Como o denominador de uma fração não pode ser zero, as condições de existência dessa equação são $x \neq 0$ e $x \neq 1$.

Inicialmente, vamos reduzir a equação fracionária a uma equação do 2º grau.

$$\frac{4x}{x-1} + \frac{x-10}{x} = 4$$ → mmc $(x - 1, x) = x(x - 1)$

$$\frac{4x \cdot x}{x(x-1)} + \frac{(x-10)(x-1)}{x(x-1)} = \frac{4x(x-1)}{x(x-1)}$$ → Reduzimos todos os termos a um mesmo denominador.

$$\cancel{x \cdot (x-1)} \cdot \frac{4x \cdot x}{\cancel{x(x-1)}} + \cancel{x \cdot (x-1)} \cdot \frac{(x-10)(x-1)}{\cancel{x(x-1)}} = \cancel{x \cdot (x-1)} \cdot \frac{4x(x-1)}{\cancel{x(x-1)}}$$ → Aplicamos o princípio multiplicativo das igualdades.

$$4x^2 + (x - 10)(x - 1) = 4x(x - 1)$$

$$4x^2 + x^2 - x - 10x + 10 = 4x^2 - 4x$$ → Aplicamos a propriedade distributiva.

$$5x^2 - 11x + 10 = 4x^2 - 4x$$

$$5x^2 - 11x + 10 - 4x^2 + 4x = 4x^2 - 4x - 4x^2 + 4x$$ → Aplicamos o princípio aditivo das igualdades.

$$x^2 - 7x + 10 = 0$$

Agora, vamos resolver a equação do 2º grau aplicando a fórmula resolutiva em que: $a = 1$, $b = -7$ e $c = 10$

$$x = \frac{-(-7) \pm \sqrt{(-7)^2 - 4 \cdot 1 \cdot 10}}{2 \cdot 1}$$

$$x = \frac{7 \pm \sqrt{9}}{2}$$

$$x = \frac{7 \pm 3}{2} \quad \begin{cases} x_1 = \dfrac{7 + 3}{2} = 5 \\ x_2 = \dfrac{7 - 3}{2} = 2 \end{cases}$$

Portanto, $V = \{2, 5\}$.

▶ Determine as raízes da equação fracionária $\frac{1}{x} - \frac{3}{x^2 - 9} = \frac{1}{2(3 - x)}$, em que $U = \mathbb{R} - \{0, 3, -3\}$.

Solução

Inicialmente, vamos reduzir a equação fracionária a uma equação do 2º grau.

$$\frac{1}{x} - \frac{3}{x^2 - 9} = \frac{1 \cdot (-1)}{2(3 - x) \cdot (-1)}$$ ⟶ Multiplicamos, no 2º membro, numerador e denominador por −1.

$$\frac{1}{x} - \frac{3}{(x + 3)(x - 3)} = \frac{-1}{2(x - 3)}$$ ⟶ $\text{mmc}(x, (x + 3)(x - 3), 2(x - 3)) = 2x(x + 3)(x - 3)$

$$\frac{2(x + 3)(x - 3)}{2x(x + 3)(x - 3)} - \frac{2x \cdot 3}{2x(x + 3)(x - 3)} = \frac{-x(x + 3)}{22x(x + 3)(x - 3)}$$ ⟶ Reduzimos todos os termos a um mesmo denominador.

$$\cancel{2x(x + 3)(x - 3)} \cdot \frac{2(x + 3)(x - 3)}{\cancel{2x(x + 3)(x - 3)}} - \cancel{2x(x + 3)(x - 3)} \cdot \frac{2x \cdot 3}{\cancel{2x(x + 3)(x - 3)}} = \cancel{2x(x + 3)(x - 3)} \cdot \frac{-x(x + 3)}{\cancel{2x(x + 3)(x - 3)}}$$

⟶ Aplicamos o princípio multiplicativo das igualdades.

$$2(x + 3)(x - 3) - 6x = -x(x + 3)$$

$$2(x^2 - 9) - 6x = -x^2 - 3x$$ ⟶ Aplicamos a propriedade distributiva.

$$2x^2 - 18 - 6x + x^2 + 3x = -x^2 - 3x + x^2 + 3x$$ ⟶ Aplicamos o princípio aditivo das igualdades.

$$\frac{3x^2}{3} - \frac{3x}{3} - \frac{18}{3} = \frac{0}{3}$$ ⟶ Dividimos os dois membros por 3.

$$x^2 - x - 6 = 0$$

Agora, vamos resolver a equação do 2º grau aplicando a fórmula resolutiva em que:

$a = 1$, $b = -1$ e $c = -6$

$$x = \frac{-(-1) \pm \sqrt{(-1)^2 - 4 \cdot 1 \cdot (-6)}}{2 \cdot 1}$$

$$x = \frac{1 \pm \sqrt{25}}{2}$$

$$x = \frac{1 \pm 5}{2} \begin{cases} x_1 = \frac{1 + 5}{2} = 3 \quad (3 \notin U = \mathbb{R} - \{0, 3, -3\}) \\ x_2 = \frac{1 - 5}{2} = -2 \end{cases}$$

Portanto, $V = \{-2\}$.

↑ Excluímos o valor 3 da solução, pois não pertence ao conjunto universo da equação.

EXERCÍCIOS

22 Resolva, em $\mathbb{R}$, as equações.

a) $x^2 + 5x + 6 = 0$

b) $x^2 - 8x + 7 = 0$

c) $x^2 - 6x + 8 = 0$

d) $x^2 - x - 20 = 0$

e) $2x^2 - 5x + 3 = 0$

f) $6x^2 - x - 2 = 0$

23 Resolva, em $\mathbb{R}$, as equações.

a) $x^2 - 8x + 16 = 0$

b) $x^2 - 6x + 10 = 0$

c) $25x^2 - 30x + 9 = 0$

d) $x^2 - 2\sqrt{5}x + 4 = 0$

e) $x^2 - 14x + 49 = 0$

f) $x^2 - 4x + 12 = 0$

24 Resolva, em $\mathbb{R}$, as equações.

a) $x^2 - 3x + 1 = 0$

b) $(x + 6)(3 - x) = 20$

c) $-4x^2 + 4x + 3 = 0$

d) $x^2 - 4 - (x - 1)^2 = x^2 - 8$

e) $(x + 3)^2 = 2x(x + 7)$

f) $\left(x + \frac{3}{2}\right) \cdot (x + 1) = 2x^2 - 11$

25 Resolva, em $\mathbb{R}$, as equações.

a) $\frac{x}{x+1} - \frac{x}{1-x} = \frac{8}{3}$

b) $\frac{1}{3-x} + \frac{6}{x^2-9} = \frac{2}{x}$

c) $\frac{2}{x^2-1} - \frac{x}{x-1} = 2$

26 Resolva, em $\mathbb{R}$, as equações.

a) $\frac{2x^2+2}{x^2-1} - \frac{2}{x-1} = \frac{x-2}{x+1}$

b) $\frac{2x-4}{x^2-1} + \frac{x}{x-1} = \frac{1}{x+1}$

c) $\frac{7}{x-1} = \frac{6x+1}{x+1} - \frac{3(1+2x^2)}{x^2-1}$

27 Resolva, em $\mathbb{R}$, as equações.

a) $\frac{2}{x^2-1} + \frac{1}{x+1} = -1$

b) $\frac{x-1}{x-3} - \frac{1}{x+3} = \frac{1-x^2}{x^2-9}$

c) $\frac{x-3}{2} + \frac{1}{x} = -3$

d) $\frac{2x}{x-1} - \frac{3}{3-x} = \frac{x+3}{x^2-4x+3}$

Um pouco de história

A fórmula da equação do 2º grau

As primeiras referências à resolução de problemas envolvendo equações do 2º grau apareceram em escritos da Babilônia, onde há mais de 4 mil anos já havia grande interesse pela Matemática. Cabia aos escribas ensinar essa disciplina aos aprendizes, que adoravam resolver quebra-cabeças e participar de competições públicas.

No século VI, a invenção de um símbolo para o zero, na Índia, trouxe um enorme avanço para a Matemática.

Já no século IX, o matemático árabe Al-Khowarizmi, conhecendo os avanços alcançados na Índia, estabeleceu um processo para resolver problemas do 2º grau. Entre os escritos de Al-Khowarizmi, destacam-se um livro sobre a arte hindu de calcular – em que é citado o uso dos dez símbolos, que hoje chamamos de algarismos – e seu livro mais importante, *Al-Jabr* – que deu origem ao nome álgebra –, o qual contém solução de equações do 2º grau apenas com palavras, sem o uso de símbolos.

O matemático hindu Bhaskara Akaria, nascido em 1114, escreveu duas obras: *Lilavati* (nome de sua filha) e *Vija-Ganita*, em que desenvolveu um trabalho sobre equações do 1º e 2º graus, radicais e triângulos retângulos. No entanto, Bhaskara não deixou uma fórmula para a resolução da equação do 2º grau.

Tábua com textos matemáticos e escrita cuneiforme dos babilônicos.

GALERIA DE ARTE DA UNIVERSIDADE YALE, NEW HAVEN, ESTADOS UNIDOS

Foi François Viète (1540-1603) – considerado o pai da Álgebra – quem criou uma Álgebra puramente simbólica, transformando as ideias de Bhaskara em equações.

Assim, constatamos que não foi apenas um homem ou povo o responsável pela fórmula da resolução da equação do 2º grau. Na verdade, foi um árduo trabalho de homens e povos do Velho Mundo que possibilitou a descoberta da fórmula de resolução da equação do 2º grau.

COLEÇÃO PARTICULAR, FRANÇA

Gravura do século XIX representando François Viète.

FOTOS: ASSOCIAÇÃO MATEMÁTICA DA AMÉRICA, WASHINGTON D.C., ESTADOS UNIDOS

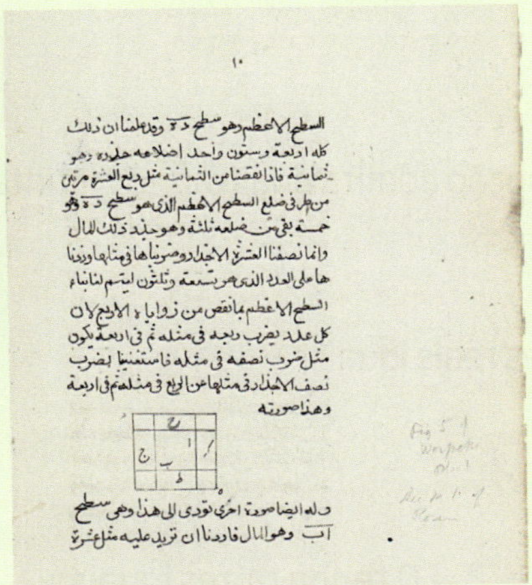

Primeira página do livro *Al-Jabr*, de Al-Khowarizmi.

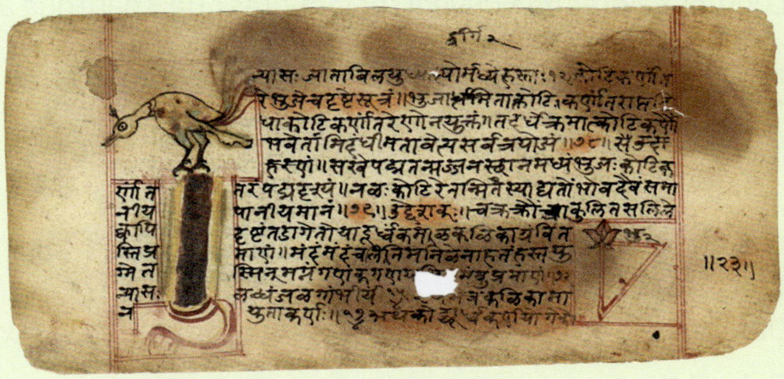

Página do livro *Vija-Ganita*, de Bhaskara.

Discriminante

A expressão $b^2 - 4ac$ é chamada de **discriminante** da equação do 2º grau $ax^2 + bx + c = 0$ e é representada pela letra grega Δ (delta).

$$\Delta = b^2 - 4ac$$

Então, a fórmula resolutiva do 2º grau pode ser escrita assim:

$$x = \frac{-b \pm \sqrt{\Delta}}{2a}$$

Podemos verificar se uma equação tem ou não raízes reais analisando o discriminante. Temos três casos a considerar.

1º caso: O discriminante é positivo ($\Delta > 0$)

Quando $\Delta > 0$, o valor de $\sqrt{\Delta}$ é real e a equação tem duas raízes reais diferentes:

$$x_1 = \frac{-b + \sqrt{\Delta}}{2a} \qquad x_2 = \frac{-b - \sqrt{\Delta}}{2a}$$

Exemplo

Determine os valores de k, para que a equação $x^2 - 2x + k - 2 = 0$ admita raízes reais diferentes.

Solução

Para que a equação admita raízes reais distintas, Δ deve ser maior que 0.

$b^2 - 4ac > 0$

$(-2)^2 - 4 \cdot 1 \cdot (k - 2) > 0$

$4 - 4k + 8 > 0$

$-4k + 12 > 0$

$4k - 12 < 0$

Multiplicamos ambos os membros por -1. Invertemos o sentido da desigualdade.

$4k < 12$

$k < 3$

Logo, os valores de k devem ser menores que 3 para que a equação admita duas raízes distintas.

2º caso: O discriminante é nulo ($\Delta = 0$)

Quando $\Delta = 0$, o valor de $\sqrt{\Delta}$ é nulo e a equação tem duas raízes reais iguais:

$$x_1 = x_2 = -\frac{b}{2a}$$

Exemplo

Determine o valor de p, para que a equação $x^2 - (p - 1)x + p - 2 = 0$ tenha raízes iguais.

Solução

Para que a equação admita raízes iguais, é necessário que Δ seja igual a 0.

$b^2 - 4ac = 0$

$[-(p - 1)]^2 - 4 \cdot 1 \cdot (p - 2) = 0$

$p^2 - 2p + 1 - 4p + 8 = 0$

$p^2 - 6p + 9 = 0$

$(p - 3)^2 = 0$

$p = 3$

Logo, o valor de p é 3 para que a equação admita raízes iguais.

3º caso: O discriminante é negativo ($\Delta < 0$)

Quando $\Delta < 0$, o valor de $\sqrt{\Delta}$ não é um número real e a equação não tem raízes reais.

Exemplo

Determine os valores de m, para que a equação $3x^2 + 6x + m = 0$ não admita nenhuma raiz real.

Solução

Para que a equação não tenha raiz real, Δ deve ser menor que 0.

$b^2 - 4ac < 0$

$6^2 - 4 \cdot 3 \cdot m < 0$

$36 - 12m < 0$

$-12m < -36$

$12m > 36$

Multiplicamos ambos os membros por -1. Invertemos o sentido da desigualdade.

$m > 3$

Logo, os valores de m devem ser maiores que 3 para que a equação não admita raízes reais.

Dada a equação $ax^2 + bx + c = 0$, temos:

$$\Delta = b^2 - 4ac$$

- Quando $\Delta > 0$, a equação tem duas raízes reais diferentes.
- Quando $\Delta = 0$, a equação tem duas raízes reais iguais.
- Quando $\Delta < 0$, a equação não tem raízes reais.

AVELINO GUEDES

EXERCÍCIOS

28 Calcule o discriminante e indique se a equação tem raízes reais.

a) $x^2 - 10x + 21 = 0$

b) $3x^2 - 10x - 8 = 0$

c) $x^2 - 2x + 1 = 0$

d) $4x^2 - 4x + 1 = 0$

e) $3x^2 + 5x + 4 = 0$

f) $3x^2 + 6x + 4 = 0$

29 Determine o valor de m na equação

$$3x^2 + 4x + m = 0,$$

de modo que suas raízes:

a) sejam reais;

b) sejam reais e iguais;

c) não sejam reais;

d) sejam reais e diferentes.

30 Determine o valor de p na equação

$$x^2 - 6x + p - 5 = 0,$$

de modo que suas raízes:

a) sejam reais e iguais;

b) sejam reais e diferentes;

c) não sejam reais.

31 Determine o valor de n para que a equação

$$x^2 - 5x + n = 0$$

não tenha raízes reais.

32 Determine os valores de a em cada uma das equações a seguir, de modo que:

a) a equação $x^2 - 7x + a = 0$ tenha duas raízes reais diferentes;

b) a equação $x^2 - ax + 9 = 0$ tenha duas raízes reais iguais;

c) a equação $x^2 - 3x + a = 0$ não tenha raízes reais.

33 Para que valores de m, com $m \neq 0$, a equação $mx^2 - 2mx + 5 = 0$ tem duas raízes reais diferentes?

LÉO FANELLI

34 Determine o valor de k para que a equação

$$3x^2 - 5x + 2k = 0$$

não tenha raízes reais.

35 Determine o valor de k para que a equação $x^2 - 5x + 2k + 3 = 0$ tenha conjunto verdade unitário.

4 Equações literais

As equações do 2º grau que possuem alguns coeficientes ou termos independentes, indicados por outras letras, que não a da incógnita, são denominadas **equações literais**.

As letras que aparecem em uma equação literal, excluindo a incógnita, são denominadas **parâmetros**.

Exemplos

- $ax^2 + bx + c = 0$ — incógnita: x; parâmetros: a, b, c
- $y^2 - ky = 0$ — incógnita: y; parâmetro: k
- $ax^2 - (2a + 1)x + 5 = 0$ — incógnita: x; parâmetro: a

Equações literais incompletas

Para resolva equações literais incompletas seguimos o mesmo procedimento que empregamos na resolução de equações numéricas.

Exemplos

- Resolva a equação literal incompleta $3x^2 - 12m^2 = 0$, sendo x a incógnita.

Solução

$3x^2 - 12m^2 + 12m^2 = 0 + 12m^2$ → Adicionamos $12m^2$ a ambos os membros da equação.

$3x^2 = 12m^2$

$\frac{3x^2}{3} = \frac{12m^2}{3}$ → Dividimos os dois membros por 3.

$x^2 = 4m^2$

$x = +\sqrt{4m^2}$ ou $x = -\sqrt{4m^2}$ → Dividimos os dois membros por 3.

$x = \pm\sqrt{4m^2}$

$x = \pm 2m$

Logo, $V = \{-2m, +2m\}$.

- Resolva a equação literal incompleta $my^2 - 2aby = 0$, com $m \neq 0$, sendo y a incógnita.

Solução

Inicialmente, colocamos o fator comum y em evidência:

$y \cdot (my - 2ab) = 0$

Portanto temos duas soluções:

$y = 0$ ou $my - 2ab = 0$

$my - 2ab + 2ab = 0 + 2ab$ → Adicionamos $2ab$ a ambos os membros da equação.

$\frac{my}{m} = \frac{2ab}{m}$ → Dividimos os dois membros por m.

$y = \frac{2ab}{m}$

Logo, $V = \left\{0, \frac{2ab}{m}\right\}$.

AVELINO GUEDES

Cuidado!

No último exemplo, teríamos cometido um **erro grave** se tivéssemos resolvido a equação assim:

$my^2 - 2aby = 0$

$my^2 = 2aby$ (cancelando y)

$my = 2ab \Rightarrow y = \dfrac{2ab}{m}$

Dessa maneira, obteríamos apenas a solução $y = \dfrac{2ab}{m}$.

Teríamos "perdido" o zero da outra solução ao dividir ambos os termos por y.

Essa é uma boa razão para termos muito cuidado com os cancelamentos, evitando, assim, a divisão por zero, que é um absurdo.

Equações literais completas

As equações literais completas podem ser resolvidas pela fórmula resolutiva.

Exemplo

Resolva a equação $x^2 - 2abx - 3a^2b^2 = 0$, sendo x a incógnita.

Solução

Aplicando a fórmula resolutiva e sabendo que $a = 1$, $b = -2ab$ e $c = -3a^2b^2$, temos:

$$x = \frac{-(-2ab) \pm \sqrt{(-2ab)^2 - 4 \cdot 1 \cdot (-3a^2b^2)}}{2 \cdot 1}$$

$$x = \frac{2ab \pm \sqrt{4a^2b^2 + 12a^2b^2}}{2}$$

$$x = \frac{2ab \pm \sqrt{16a^2b^2}}{2} \Rightarrow x = \frac{2ab \pm 4ab}{2}$$

Portanto:

$$x_1 = \frac{2ab + 4ab}{2} = \frac{6ab}{2} = 3ab \quad \text{e} \quad x_2 = \frac{2ab - 4ab}{2} = \frac{-2ab}{2} = -ab$$

Logo, $V = \{-ab, 3ab\}$.

EXERCÍCIOS

36 Resolva as equações literais de incógnita x.

a) $4x^2 - 2kx = 0$

b) $5x^2 - 125b^2 = 0$

c) $6x^2 + px = 0$

d) $(mx + n) \cdot (mx - n) = 3n^2$, com $m \neq 0$

e) $x^2 + 9a^2 = 0$

37 Resolva as equações literais de incógnita x.

a) $6x^2 - 5px + p^2 = 0$

b) $(x - a)^2 + (x + a)^2 = 18a^2$

c) $\dfrac{x^2 + a^2}{a} = 10a$

38 Resolva as equações literais de incógnita x.

a) $10(x^2 + m^2) = 50m^2$

b) $(mx + 1)(x + m) = (mx + 1)(2x + m)$, com $m \neq 0$.

c) $x^2 - 2ax + a^2 - b^2 = 0$

d) $x^2 + 12ax + 36a^2 = 0$

39 Resolva a equação literal de incógnita x: $(a^2 + b^2)x = ab(x^2 + 1)$, com $a \neq 0$ e $b \neq 0$.

40 Resolva a equação literal de incógnita x: $\dfrac{x - a - b}{c} + \dfrac{x - b - c}{a} + \dfrac{x - c - a}{b} = 3$, com $a \neq 0$, $b \neq 0$ e $c \neq 0$.

5 Relações entre as raízes e os coeficientes de uma equação do 2º grau

Considere $x_1 = \dfrac{-b + \sqrt{\Delta}}{2a}$ e $x_2 = \dfrac{-b - \sqrt{\Delta}}{2a}$ as raízes da equação $ax^2 + bx + c = 0$, com $a \neq 0$.

Veja como podemos relacionar essas raízes e os coeficientes a, b e c da equação:

- **Soma das raízes (S)**

$$x_1 + x_2 = \frac{-b + \sqrt{\Delta}}{2a} + \frac{-b - \sqrt{\Delta}}{2a} = \frac{-b + \cancel{\sqrt{\Delta}} - b - \cancel{\sqrt{\Delta}}}{2a} = -\frac{\cancel{2}b}{\cancel{2}a} = -\frac{b}{a}$$

$$S = x_1 + x_2 = -\frac{b}{a}$$

- **Produto das raízes (P)**

$$x_1 \cdot x_2 = \frac{-b + \sqrt{\Delta}}{2a} \cdot \frac{-b - \sqrt{\Delta}}{2a} = \frac{(-b + \sqrt{\Delta}) \cdot (-b - \sqrt{\Delta})}{4a^2} = \frac{(-b)^2 - (\sqrt{\Delta})^2}{4a^2} = \frac{b^2 - \Delta}{4a^2}$$

Como $\Delta = b^2 - 4ac$, temos:

$$x_1 \cdot x_2 = \frac{b^2 - (b^2 - 4ac)}{4a^2} = \frac{\cancel{b^2} - \cancel{b^2} + 4ac}{4a^2} = \frac{4ac}{4a^2} = \frac{\cancel{4a}c}{\cancel{4a} \cdot a} = \frac{c}{a}$$

$$P = x_1 \cdot x_2 = \frac{c}{a}$$

Essas relações são denominadas **relações de Girard**.

Observe os exemplos a seguir.

- Determine a soma e o produto das raízes da equação $10x^2 + x - 2 = 0$.

Solução

Temos: $a = 10$, $b = 1$ e $c = -2$

A soma das raízes é igual a $-\frac{b}{a}$.

Assim, $S = -\frac{1}{10}$.

O produto das raízes é igual a $\frac{c}{a}$.

Assim, $P = -\frac{2}{10} = -\frac{1}{5}$.

- Determine o valor de k na equação $x^2 + (2k - 3)x + 2 = 0$, de modo que a soma de suas raízes seja igual a 7.

Solução

Temos: $a = 1$, $b = 2k - 3$ e $c = 2$

Considere x_1 e x_2 as raízes da equação.

A soma das raízes corresponde a $x_1 + x_2 = S$, ou seja, $x_1 + x_2 = 7$.

Assim:

$S = x_1 + x_2 = 7 \quad \text{e} \quad S = -\frac{b}{a} = -\frac{(2k - 3)}{1} = -2k + 3$

Então:

$-2k + 3 = 7$

$-2k = 7 - 3$

$-2k = 4$

$k = -\frac{4}{2}$

$k = -2$

Logo, o valor de k é -2.

▸ Determine o valor de m na equação $4x^2 - 7x + 3m = 0$, para que o produto das raízes seja igual a -2.

Solução

Temos: $a = 4$, $b = -7$ e $c = 3m$

Considere x_1 e x_2 as raízes da equação.

O produto das raízes corresponde a $x_1 \cdot x_2 = P$, ou seja, $x_1 \cdot x_2 = -2$.

Assim:

$P = x_1 \cdot x_2 = -2 \quad \text{e} \quad P = \frac{c}{a} = \frac{3m}{4}$

Então:

$\frac{3m}{4} = -2$

$3m = 4 \cdot (-2)$

$3m = -8$

$m = -\frac{8}{3}$

Logo, o valor de m é $-\frac{8}{3}$.

▸ Determine o valor de k na equação $15x^2 + kx + 1 = 0$, para que a soma dos inversos de suas raízes seja igual a 8.

Solução

Temos: $a = 15$, $b = k$ e $c = 1$

Considere x_1 e x_2 as raízes da equação.

A soma dos inversos das raízes corresponde a $\frac{1}{x_1} + \frac{1}{x_2}$.

Assim:

$$\frac{1}{x_1} + \frac{1}{x_2} = 8 \Rightarrow \frac{\overbrace{x_2 + x_1}^{\text{soma das raízes}}}{\underbrace{x_1 x_2}_{\text{produto das raízes}}} = 8$$

$$\frac{-\frac{b}{\cancel{a}}}{\frac{c}{\cancel{a}}} = 8 \Rightarrow -\frac{b}{c} = 8$$

$$-\frac{k}{1} = 8 \Rightarrow k = -8$$

Logo, o valor de k é -8.

- Determine os valores de m para os quais a equação $(2m - 1)x^2 + (3m - 2)x + m + 2 = 0$, com $m \neq \frac{1}{2}$, admita:

a) raízes simétricas;

b) raízes inversas e diferentes de zero.

Solução

a) Se as raízes são simétricas, então $x_1 = -x_2$. Logo, $S = -\frac{b}{a} = \frac{-(3m-2)}{2m-1} = 0$.

Assim:

$-3m + 2 = 0$

$-3m = -2$

$m = \frac{2}{3}$

Então, para $m = \frac{2}{3}$, a equação tem duas raízes simétricas.

b) Se as raízes são inversas, então $x_1 = \frac{1}{x_2}$. Logo, $P = \frac{c}{a} = \frac{m+2}{2m-1} = 1$.

Assim:

$m + 2 = 2m - 1$

$m - 2m = -1 - 2$

$-m = -3$

$m = 3$

Então, para $m = 3$, a equação tem duas raízes inversas e diferentes de zero.

Um pouco de História

Albert Girard (1595-1632)

Nascido na França, Albert Girard passou a maior parte de sua vida na Holanda, onde estudou Matemática na Universidade de Leiden. Trabalhou com Aritmética, Álgebra e Trigonometria. Foi Girard quem estabeleceu as relações entre os coeficientes e as raízes de uma equação do 2º grau.

Em 1629, escreveu o livro *Invention nouvelle en algèbre*, no qual estabeleceu relações entre os coeficientes e as raízes para equações de grau superior a 2.

Girard dedicou-se especialmente à engenharia militar, projetando fortificações e mapas cartográficos. Veja alguns exemplos:

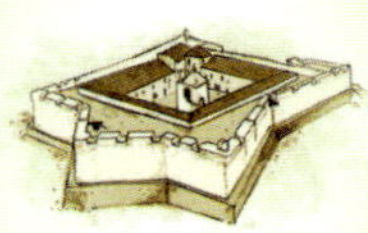

1597 – Fundação do Forte dos Reis Magos, que em 1599 passou a se chamar Natal

1605 – Miguel de Cervantes publica *Dom Quixote*

1613 – Fundação do Forte de São Sebastião, que deu origem à cidade de Fortaleza

1616 – Fundação do Forte do Presépio, que deu origem à cidade de Belém

ILUSTRAÇÕES: TOMA

Curiosidade

Relações importantes

Dada a equação do 2º grau $ax^2 + bx + c = 0$, observe como podemos representar algumas relações entre as raízes dessa equação.

- A soma dos inversos das raízes:

$$\frac{1}{x_1} + \frac{1}{x_2} = \frac{x_2 + x_1}{x_1 \cdot x_2} = \frac{-\frac{b}{\cancel{a}}}{\frac{c}{\cancel{a}}} = -\frac{b}{c}$$

- A soma dos quadrados das raízes:

$$x_1^2 + x_2^2 = (x_1 + x_2)^2 - 2x_1x_2 =$$

$$= \left(-\frac{b}{a}\right)^2 - 2 \cdot \frac{c}{a} = \frac{b^2 - 2ac}{a^2}$$

- A soma dos quadrados dos inversos das raízes:

$$\frac{1}{x_1^2} + \frac{1}{x_2^2} = \frac{x_1^2 + x_2^2}{(x_1 \cdot x_2)^2} = \frac{\frac{b^2 - 2ac}{\cancel{a^2}}}{\frac{c^2}{\cancel{a^2}}} =$$

$$= \frac{b^2 - 2ac}{c^2}$$

- A média aritmética das raízes:

$$\frac{x_1 + x_2}{2} = \frac{-\frac{b}{a}}{2} = -\frac{b}{2a}$$

- A média geométrica das raízes:

$$\sqrt{x_1 \cdot x_2} = \sqrt{\frac{c}{a}} = \frac{\sqrt{c} \cdot \sqrt{a}}{\sqrt{a} \cdot \sqrt{a}} = \frac{\sqrt{ac}}{a}$$

- A média harmônica das raízes:

$$\frac{2(x_1 \cdot x_2)}{x_1 + x_2} = \frac{2 \cdot \frac{c}{\cancel{a}}}{-\frac{b}{\cancel{a}}} = -\frac{2c}{b}$$

- A soma dos cubos das raízes:

$$x_1^3 + x_2^3 = (x_1 + x_2)^3 - 3x_1x_2(x_1 + x_2) =$$

$$= \left(-\frac{b}{a}\right)^3 - 3 \cdot \frac{c}{a} \cdot \left(-\frac{b}{a}\right) =$$

$$= -\frac{b^3}{a^3} + \frac{3bc}{a^2} = \frac{-b^3 + 3abc}{a^3}$$

EXERCÍCIOS

41 Calcule, mentalmente, a soma e o produto das raízes sem resolver as equações.

a) $x^2 - 5x + 6 = 0$

b) $ax^2 - 2ax + 1 = 0$

c) $5x^2 - 8x + 4 = 0$

d) $x^2 - \frac{x}{10} - \frac{1}{5} = 0$

e) $x^2 - 6x + 9 = 0$

f) $x^2 - 12x + 32 = 0$

42 Determine o valor de p na equação $px^2 - 3x - 2 = 0$, com $p \neq 0$, de modo que a soma de suas raízes seja igual a 12.

43 Determine o valor de m na equação $x^2 - 6x - m + 1 = 0$, de modo que o produto de suas raízes seja igual a -2.

44 Sem resolver a equação $x^2 - 11x + 28 = 0$, calcule o valor das expressões abaixo, sabendo que x_1 e x_2 são suas raízes.

a) $\frac{1}{x_1} + \frac{1}{x_2}$

b) $x_1^2 + x_2^2$

c) $\frac{1}{x_1^2} + \frac{1}{x_2^2}$

d) $x_1^3 + x_2^3$

45 Dada a equação $x^2 - 8x + 9 = 0$, determine:

a) a média aritmética das raízes;

b) a média geométrica das raízes;

c) a média harmônica das raízes.

46 Sendo m_1 e m_2 as raízes da equação $3x^2 - 20x + 25 = 0$, determine:

a) $5 \cdot (m_1 + m_2) - m_1m_2$

b) $\frac{m_1}{m_2} + \frac{m_2}{m_1} + 1$

47 Determine o valor de k na equação $2x^2 - 2kx + k - 10 = 0$, de modo que:

a) uma das raízes seja -1;

b) as raízes sejam simétricas;

c) a soma das raízes seja 8;

d) as raízes sejam inversas;

e) o produto das raízes seja 6.

48 Calcule o valor de m na equação $x^2 - 6x + 2m = 0$, de modo que uma das raízes seja o dobro da outra.

Composição de uma equação do 2º grau, conhecidas as raízes

Considere a equação do 2º grau $ax^2 + bx + c = 0$.

Como $a \neq 0$, podemos dividir ambos os membros da equação por a:

$$x^2 + \frac{b}{a}x + \frac{c}{a} = 0$$

Como já vimos, a soma das raízes (S) é $-\frac{b}{a}$, e o produto das raízes (P) é $\frac{c}{a}$. Assim, podemos escrever a equação da seguinte maneira:

$$x^2 - Sx + P = 0$$

Veja, nos exemplos a seguir, algumas aplicações dessa equação.

- Componha a equação do 2º grau cujas raízes são -2 e 7.

Solução

A soma das raízes corresponde a: $S = x_1 + x_2 = -2 + 7 = 5$

O produto das raízes corresponde a: $P = x_1 \cdot x_2 = (-2) \cdot 7 = -14$

A equação do 2º grau é dada por $x^2 - Sx + P = 0$, em que $S = 5$ e $P = -14$.

Logo, $x^2 - 5x - 14 = 0$ é a equação procurada.

- Forme a equação do 2º grau, de coeficientes reais, sabendo que uma das raízes é $1 + \sqrt{3}$.

Solução

Se uma equação do 2º grau, de coeficientes racionais, tem uma raiz $1 + \sqrt{3}$, a outra raiz será $1 - \sqrt{3}$.

Lembre-se que: $x_1 = \dfrac{-b + \sqrt{\Delta}}{2a}$ e $x_2 = \dfrac{-b - \sqrt{\Delta}}{2a}$

Assim:

$x_1 = 1 + \sqrt{3}$ e $x_2 = 1 - \sqrt{3}$

$S = (1 + \sqrt{3}) + (1 - \sqrt{3}) = 2$

$P = (1 + \sqrt{3}) \cdot (1 - \sqrt{3}) = 1 - 3 = -2$

Logo, $x^2 - 2x - 2 = 0$ é a equação procurada.

EXERCÍCIOS

49 Componha a equação do 2º grau cujas raízes sejam:

a) 6 e 8;
b) $-\frac{3}{5}$ e $\frac{3}{5}$;
c) $-\frac{3}{2}$ e $-\frac{1}{4}$;
d) -1 e -2;
e) 0 e 8;
f) $\frac{2a}{5}$ e $-\frac{3a}{2}$;
g) -10 e -11;
h) 0,2 e 0,3.

50 Determine dois números cuja soma seja -2 e cujo produto seja -15.

51 Construa uma equação do 2º grau cujas raízes sejam:

a) $(a^2 - b^2)$ e $(a^2 + b^2)$
b) $-a$ e b
c) $1 + \sqrt{2}$ e $1 - \sqrt{2}$
d) 5 e 9

52 Forme a equação do 2º grau cujas raízes sejam $a \pm \sqrt{b}$.

53 Determine as dimensões de um retângulo que tem 2,8 m de perímetro e 0,48 m² de área.

54 Determine a equação do 2º grau cujas raízes sejam $x_1 = 3$ e $x_2 = \frac{1}{x_1}$.

Forma fatorada de uma equação do 2º grau

Considere a equação $ax^2 + bx + c = 0$, com $a \neq 0$ e x_1 e x_2 suas raízes.

Colocando a em evidência, obtemos:

$$a\left(x^2 + \frac{bx}{a} + \frac{c}{a}\right) = 0$$

Sabemos que: $x_1 + x_2 = -\frac{b}{a}$ e $x_1 \cdot x_2 = \frac{c}{a}$

Então, podemos escrever:

$$a\,[x^2 - (x_1 + x_2) \cdot x + (x_1 \cdot x_2)] = 0$$

$$a\,[\underbrace{x^2 - x_1 \cdot x}_{x \text{ é fator comum}} - \underbrace{x_2 \cdot x + x_1 \cdot x_2}_{x_2 \text{ é fator comum}}] = 0$$

$$a\,[x \cdot (x - x_1) - x_2 \cdot (x - x_1)] = 0$$

fator comum

$$a \cdot (x - x_1) \cdot (x - x_2) = 0$$

Portanto, a forma fatorada da equação do 2º grau $ax^2 + bx + c = 0$, cujas raízes são x_1 e x_2, é:

$$a \cdot (x - x_1) \cdot (x - x_2) = 0$$

Observe os exemplos.

- Escreva, na forma fatorada, a equação $x^2 - 5x + 6 = 0$.

Solução

Calculando as raízes da equação $x^2 - 5x + 6 = 0$, temos:

$$x = \frac{-(-5) \pm \sqrt{(-5)^2 - 4 \cdot 1 \cdot 6}}{2 \cdot 1}$$

$$x = \frac{5 \pm \sqrt{25 - 24}}{2}$$

$$x = \frac{5 \pm 1}{2}$$

Assim:

$x_1 = 3$ e $x_2 = 2$

Sendo $a = 1$, $x_1 = 3$ e $x_2 = 2$, a forma fatorada de $x^2 - 5x + 6 = 0$ pode ser assim escrita:

$(x - 3) \cdot (x - 2) = 0$

▸ Escreva na forma fatorada, a equação $2x^2 - 20x + 50 = 0$.

Solução

Calculando as raízes da equação $2x^2 - 20x + 50 = 0$, obtemos duas raízes reais iguais a 5.

Sendo $a = 2$, $x_1 = x_2 = 5$, a forma fatorada de $2x^2 - 20x + 50 = 0$ pode ser escrita assim:

$2 \cdot (x - 5) \cdot (x - 5) = 0$ ou $2 \cdot (x - 5)^2 = 0$

▸ Escreva, na forma fatorada, a equação $x^2 + 2x + 2 = 0$.

Solução

Calculando as raízes da equação $x^2 + 2x + 2 = 0$, temos:

$$x = \frac{-2 \pm \sqrt{2^2 - 4 \cdot 1 \cdot 2}}{2 \cdot 1}$$

$$x = \frac{-2 \pm \sqrt{-4}}{2} \longleftarrow \Delta < 0$$

Como $\Delta < 0$, a equação não possui raízes reais.

Logo, a equação não possui forma fatorada em $\mathbb{R}$.

Observações

1 O trinômio do 2º grau $ax^2 + bx + c$ pode ser escrito na forma fatorada $a \cdot (x - x_1) \cdot (x - x_2)$.

Exemplo

$x^2 - 8x + 15 = 1 \cdot (x - 3) \cdot (x - 5)$

2 Caso a equação $ax^2 + bx + c = 0$, com $a \neq 0$, não possua raízes reais, o trinômio $ax^2 + bx + c$ não poderá ser escrito na forma fatorada.

EXERCÍCIOS

55 Obtenha a forma fatorada das equações:

a) $x^2 - 5x + 6 = 0$

b) $2x^2 - 7x + 3 = 0$

c) $4x^2 - 12x + 9 = 0$

d) $x^2 + 6x - 7 = 0$

e) $x^2 + 2mx - 3m^2 = 0$

f) $x^2 - 64 = 0$

56 Fatore os trinômios.

a) $2x^2 - 4x + 2$

b) $8x^2 - 6x + 1$

c) $6x^2 + x - 1$

d) $x^2 + 5x - 24$

57 Fatore os trinômios.

a) $-x^2 + 5x - 6$

b) $25x^2 - 20x + 4$

58 Simplifique as frações algébricas abaixo.

a) $\dfrac{x^2 - 1}{x^2 + 2x + 1}$, em que $x \neq -1$.

b) $\dfrac{x^2 - 4x + 4}{x^2 - 4}$, em que $x \neq 2$ e $x \neq -2$.

c) $\dfrac{x^2 - 8x + 15}{2x^2 - 4x - 6}$, em $x \neq -1$ e $x \neq 3$.

d) $\dfrac{x^2 + 3x - 10}{x^2 + x - 6}$, em $x \neq -3$ e $x \neq 2$.

e) $\dfrac{x^2 - 5x}{3x^2 - 18x + 15}$, em $x \neq 1$ e $x \neq 5$.

f) $\dfrac{-x^2 + 7x - 12}{x^2 - 8x + 16}$, em $x \neq 4$.

6 Equações biquadradas

Observe as equações:

$x^4 - 13x^2 + 36 = 0$ | $9x^4 - 13x^2 + 4 = 0$ | $x^4 - 5x^2 + 6 = 0$

Note que os primeiros membros são polinômios do 4º grau na incógnita x, possuindo um termo em x^4, um termo em x^2 e um termo constante. Os segundos membros são nulos.

Essas equações são denominadas **equações biquadradas**.

De modo geral, uma equação com incógnita x é chamada de biquadrada quando pode ser escrita na forma:

$$ax^4 + bx^2 + c = 0, \text{ com } a, b \text{ e } c \in \mathbb{R} \text{ e } a \neq 0$$

Exemplos

- $x^4 - 5x^2 + 4 = 0$
- $x^4 - 8x^2 = 0$
- $3x^4 - 27 = 0$

Cuidado!

As equações $x^4 - 2x^3 + x^2 + 1 = 0$, $6x^4 + 2x^3 - 2x = 0$ e $x^4 - 3x = 0$ **não são** biquadradas, pois nas equações biquadradas a incógnita x só possui expoentes pares: 4, 2 e 0.

Resolução de uma equação biquadrada

Para resolver uma equação biquadrada em $\mathbb{R}$ devemos substituir sua incógnita, transformando-a em uma equação do 2º grau.

Observe a sequência que deve ser utilizada na resolução de uma equação biquadrada:

1º) Considerando $x^2 = y$, substituir x^4 por y^2 e x^2 por y.

2º) Resolver a equação $ay^2 + by + c = 0$.

3º) Determinar a raiz quadrada de cada uma das raízes (y_1 e y_2) da equação $ay^2 + by + c = 0$.

$$x = \pm\sqrt{y_1} \quad \text{e} \quad x = \pm\sqrt{y_2}$$

Essas duas relações indicam que cada **raiz positiva** da equação $ay^2 + by + c = 0$ dá origem a duas raízes simétricas para a biquadrada. Agora, se y_1 ou y_2 (ou ambos) forem números negativos, ou seja, se a equação $ay^2 + by + c = 0$ tiver alguma **raiz negativa**, esta não dará origem a nenhuma raiz real para a biquadrada.

Observe os exemplos.

- Determine as raízes da equação biquadrada $x^4 - 13x^2 + 36 = 0$.

Solução

Substituímos x^4 por y^2 e x^2 por y:

$y^2 - 13y + 36 = 0$

Resolvemos a equação, obtendo:

$y_1 = 4$ e $y_2 = 9$

Como $x^2 = y$, temos: $x^2 = 4$ e $x^2 = 9$

$x = \pm\sqrt{4} = \pm 2$ $\quad x = \pm\sqrt{9} = \pm 3$

Portanto, o conjunto verdade é $V = \{-3, -2, 2, 3\}$.

- Determine as raízes da equação biquadrada $x^4 + 4x^2 - 60 = 0$.

Solução

Substituímos x^4 por y^2 e x^2 por y:

$y^2 + 4y - 60 = 0$

Resolvemos a equação, obtendo:

$y_1 = 6$ e $y_2 = -10$

Como $x^2 = y$, temos:

$x^2 = 6$ e $x^2 = -10$

$x = \pm\sqrt{6}$ $\quad x \notin \mathbb{R}$

Portanto, o conjunto verdade é $V = \{-\sqrt{6}, \sqrt{6}\}$.

- Determine a soma das raízes da equação $\sqrt{2x - 4} - 3 \cdot \sqrt[4]{2x - 4} = -2$.

Solução

Utilizando um artifício, fazemos: $y = \sqrt[4]{2x - 4}$.

Então: $y^2 = \sqrt{2x - 4}$

Substituímos na equação $\sqrt{2x - 4} - 3 \cdot \sqrt[4]{2x - 4} = -2$, $\sqrt{2x - 4}$ por y^2 e $\sqrt[4]{2x - 4}$ por y, obtendo a nova equação:

$y^2 - 3y = -2 \Rightarrow y^2 - 3y + 2 = 0$

Resolvendo a equação, obtemos: $y_1 = 1$ e $y_2 = 2$.

Para encontrar os valores de x, usamos a equação $y = \sqrt[4]{2x - 4}$ e substituímos cada valor de y encontrado.

Para $y_1 = 1$, temos:

$1 = \sqrt[4]{2x_1 - 4}$

$1^4 = \left(\sqrt[4]{2x_1 - 4}\right)^4$ (Elevamos ambos os membros à 4ª potência.)

$1 = 2x_1 - 4$

$2x_1 = 1 + 4$

$2x_1 = 5$

$x_1 = \frac{5}{2}$

Para $y_2 = 2$, temos:

$2 = \sqrt[4]{2x_2 - 4}$

$2^4 = \left(\sqrt[4]{2x_2 - 4}\right)^4$ — Elevamos ambos os membros à 4ª potência.

$16 = 2x_2 - 4$

$2x_2 = 16 + 4$

$2x_2 = 20$

$x_2 = 10$

Portanto, a soma das raízes é dada por: $x_1 + x_2 = \frac{5}{2} + 10 = 12{,}5$.

Composição da equação biquadrada

Toda equação biquadrada de raízes reais x_1, x_2, x_3 e x_4 pode ser composta pela fórmula:

$$(x - x_1) \cdot (x - x_2) \cdot (x - x_3) \cdot (x - x_4) = 0$$

Exemplo

Componha a equação biquadrada cujas raízes são:

a) 0 e ± 7

Solução

$(x - 0) \cdot (x - 0) \cdot (x + 7) \cdot (x - 7) = 0$

$x^2 \cdot (x^2 - 49) = 0$

$x^4 - 49x^2 = 0$

b) $\pm a$ e $\pm b$

Solução

$(x + a) \cdot (x - a) \cdot (x + b) \cdot (x - b) = 0$

$(x^2 - a^2) \cdot (x^2 - b^2) = 0$

$x^4 - (a^2 + b^2)x^2 + a^2b^2 = 0$

Resolução de equações na forma: $ax^{2n} + bx^n + c = 0$

Este tipo de equação pode ser resolvido da mesma forma que a biquadrada.

Para isso, substituímos x^n por y, obtendo $ay^2 + by + c = 0$, que é uma equação do 2º grau.

Exemplo

Resolva a equação $x^6 + 117x^3 - 1000 = 0$.

Solução

$x^6 + 117x^3 - 1000 = 0$

$(x^3)^2 + 117x^3 - 1000 = 0$

Fazendo $x^3 = y$:

$y^2 + 117y - 1000 = 0$

Resolvendo a equação, obtemos: $y_1 = 8$ e $y_2 = -125$.

Então:

$x_1 = \sqrt[3]{8}$ e $x_2 = \sqrt[3]{-125}$

$x_1 = 2$ $\quad x_2 = -5$

Portanto, $V = \{-5, 2\}$.

EXERCÍCIOS

59 Identifique as equações biquadradas.

a) $x^2 - 5x + 6 = 0$
b) $x^4 + 5x^2 + x = 0$
c) $x^4 + 5x^3 - 4x^2 = 0$
d) $5x^4 - 20x^2 = 0$
e) $2x^4 - 3x^2 + 7 = 0$
f) $8x^4 = 0$
g) $x^4 - 8 = 0$
h) $6x^4 + 8x^2 - 3x = 0$

60 Resolva, em $\mathbb{R}$, as equações biquadradas.

a) $x^4 - 5x^2 + 4 = 0$
b) $x^4 - 4x^2 = 0$
c) $4x^4 - 9x^2 + 2 = 0$
d) $5x^{-4} - 2x^{-2} - 3 = 0$
e) $3x^2 \cdot (x^2 - 5) = 5 - x^2$

61 Resolva as equações biquadradas, em $\mathbb{R}$.

a) $x^4 - 81 = 0$
b) $x^4 - 8x^2 - 9 = 0$
c) $x^4 - 2x^2 = 0$
d) $x^4 - 2x^2 + 1 = 0$
e) $x^4 - 26x^2 + 25 = 0$
f) $9x^4 + 5x^2 - 4 = 0$
g) $x^2 + \dfrac{1}{x^2} = 2$

62 Resolva, em $\mathbb{R}$, a equação biquadrada $x^4 + 4abx^2 - (a^2 - b^2)^2 = 0$.

63 Resolva, em $\mathbb{R}$, as equações biquadradas.

a) $\dfrac{3x^2}{(x^2 - 2)^2} = 3$

b) $\dfrac{x^2}{x^2 - 4} + \dfrac{x^2}{x^2 - 9} = 1$

c) $\left(x^2 - \dfrac{2}{3}\right) \cdot \left(x^2 - \dfrac{3}{4}\right) = \dfrac{5}{24}$

64 Componha as equações biquadradas cujas raízes sejam:

a) -1, $+1$, -2 e $+2$
b) $-\sqrt{2}$, $+\sqrt{2}$, -3 e $+3$
c) 0, -5 e $+5$
d) $-\sqrt{5}$, $\sqrt{5}$, 0

65 Uma das raízes da equação $x^4 - bx^2 + 36 = 0$ é 3. Determine as outras raízes, sendo b constante.

66 Duas das raízes de uma equação biquadrada são -1 e 2. Determine as outras duas raízes.

Propriedades das raízes da equação biquadrada

Considere a equação $ax^4 + bx^2 + c = 0$, com raízes x_1, x_2, x_3 e x_4, e a equação do 2º grau $ay^2 + by + c = 0$, com raízes y_1 e y_2. De cada raiz da equação do 2º grau, obtemos duas raízes simétricas para a biquadrada.

Assim:

$x_1 = +\sqrt{y_1}$ e $x_2 = -\sqrt{y_1}$

$x_3 = +\sqrt{y_2}$ e $x_4 = -\sqrt{y_2}$

Do exposto, podemos estabelecer as seguintes propriedades:

- **1ª propriedade:** A soma das raízes reais da equação biquadrada é nula.

$$x_1 + x_2 + x_3 + x_4 = +\sqrt{y_1} - \sqrt{y_1} + \sqrt{y_2} - \sqrt{y_2} = 0$$

$$x_1 + x_2 + x_3 + x_4 = 0$$

- **2ª propriedade:** A soma dos quadrados das raízes reais da equação biquadrada é $-\frac{2b}{a}$.

$$x_1^2 + x_2^2 + x_3^2 + x_4^2 = (+\sqrt{y_1})^2 + (-\sqrt{y_1})^2 + (+\sqrt{y_2})^2 + (-\sqrt{y_2})^2 =$$
$$= y_1 + y_1 + y_2 + y_2 = 2(y_1 + y_2) = 2 \cdot \left(-\frac{b}{a}\right) = -\frac{2b}{a}$$

$$x_1^2 + x_2^2 + x_3^2 + x_4^2 = -\frac{2b}{a}$$

- **3ª propriedade:** O produto das raízes reais e não nulas da equação biquadrada é $\frac{c}{a}$.

$$x_1 \cdot x_2 \cdot x_3 \cdot x_4 = (+\sqrt{y_1}) \cdot (-\sqrt{y_1}) \cdot (+\sqrt{y_2}) \cdot (-\sqrt{y_2}) = (-y_1) \cdot (-y_2) = y_1 \cdot y_2 = \frac{c}{a}$$

$$x_1 \cdot x_2 \cdot x_3 \cdot x_4 = \frac{c}{a}$$

EXERCÍCIOS

67 Determine a média aritmética das raízes da equação $x^4 - 34x^2 + 225 = 0$.

68 A equação $4x^4 - 37x^2 + 9 = 0$ possui quatro raízes reais. Determine a soma dos quadrados dessas raízes.

7 Equações irracionais

Considere estas equações:

$\sqrt{x+2} = 3$ $\sqrt[3]{x-1} = 2$ $\sqrt{x} = 2 + x$ $\sqrt[3]{\sqrt{x-3}} = 0$

Observe que todas as equações apresentam a incógnita no radicando. Elas são chamadas de **equações irracionais**.

Equação irracional é toda aquela que tem a incógnita no radicando.

Resolução de uma equação irracional

Na resolução de uma equação irracional, devemos inicialmente transformá-la em uma equação racional, o que é obtido elevando ambos os membros da equação a um expoente conveniente.

Em seguida, resolvemos a equação racional encontrada e, finalmente, verificamos se as raízes obtidas da equação racional podem ou não ser aceitas como raízes da equação irracional dada (**verificar a igualdade**).

Cuidado!

Esta verificação é necessária, pois, ao elevar os dois membros de uma equação a uma potência, podem aparecer na equação obtida raízes que não tornam verdadeira a equação dada.

Observe alguns exemplos de resolução de equações irracionais no conjunto dos números reais.

- $\sqrt{x+6} = 8$

Solução

$(\sqrt{x+6})^2 = 8^2$ ← Elevamos ambos os membros ao quadrado.

$x + 6 = 64$

$x = 58$

Portanto, $V = \{58\}$.

Verificação

$\sqrt{58+6} = 8$

$\sqrt{64} = 8$

$8 = 8$ ← Verdadeiro

- $\sqrt{6-x} + x = 0$

Solução

$\sqrt{6-x} = -x$

$(\sqrt{6-x})^2 = (-x)^2$ ← Elevamos ambos os membros ao quadrado.

$6 - x = x^2$

$x^2 + x - 6 = 0$

Resolvendo a equação, obtemos:

$x_1 = 2$ e $x_2 = -3$

Na verificação ao lado, vemos que 2 torna falsa a equação $\sqrt{6-x} + x = 0$.

Portanto, $V = \{-3\}$.

Verificação

$\sqrt{6-2} + (+2) = 0$

$\sqrt{4} + 2 = 0$

$2 + 2 = 0$

$4 = 0$ ← Falso

$\sqrt{6-(-3)} + (-3) = 0$

$\sqrt{9} - 3 = 0$

$3 - 3 = 0$

$0 = 0$ ← Verdadeiro

- $\sqrt{x+2} = \sqrt{3x-5} - 1$

Solução

$\sqrt{x+2} - \sqrt{3x-5} = -1$

$(\sqrt{x+2} - \sqrt{3x-5})^2 = (-1)^2$ ← Elevamos ambos os membros ao quadrado.

$x + 2 - 2 \cdot \sqrt{x+2} \cdot \sqrt{3x-5} + 3x - 5 = 1$

$-2 \cdot \sqrt{(x+2)\cdot(3x-5)} = -4x + 4$

$-\sqrt{3x^2 + x - 10} = -2x + 2$ ← Dividimos ambos os membros por 2.

$(-\sqrt{3x^2 + x - 10})^2 = (-2x+2)^2$ ← Elevamos ambos os membros ao quadrado.

$3x^2 + x - 10 = 4x^2 - 8x + 4$

$x^2 - 9x + 14 = 0$

Verificação

$\sqrt{2+2} = \sqrt{3 \cdot 2 - 5} - 1$

$\sqrt{4} = \sqrt{1} - 1$

$2 = 1 - 1$

$2 = 0$ ← Falso

$\sqrt{7+2} = \sqrt{3 \cdot 7 - 5} - 1$

$\sqrt{9} = \sqrt{16} - 1$

$3 = 4 - 1$

$3 = 3$ ← Verdadeiro

Resolvendo a equação, obtemos: $x_1 = 2$ e $x_2 = 7$

Na verificação, vemos que 2 é uma raiz que torna a equação irracional falsa.

Portanto, $V = \{7\}$.

- $\sqrt{\frac{2x}{3} - \sqrt{x}} = \sqrt{3}$

Solução

$$\left(\sqrt{\frac{2x}{3} - \sqrt{x}}\right)^2 = (\sqrt{3})^2$$ ← Elevamos ambos os membros ao quadrado.

$$\frac{2x}{3} - \sqrt{x} = 3$$

$$-\sqrt{x} = 3 - \frac{2x}{3}$$

$$(-\sqrt{x})^2 = \left(\frac{9 - 2x}{3}\right)^2$$ ← Elevamos ambos os membros ao quadrado.

$$x = \frac{81 - 36x + 4x^2}{9}$$

$$9x = 81 - 36x + 4x^2$$

$$4x^2 - 45x + 81 = 0$$

Verificação

$$\sqrt{\frac{2 \cdot 9}{3} - \sqrt{9}} = \sqrt{3}$$

$$\sqrt{6 - 3} = \sqrt{3}$$

$$\sqrt{3} = \sqrt{3}$$ ← Verdadeiro

$$\sqrt{\frac{2 \cdot \frac{9}{4}}{3} - \sqrt{\frac{9}{4}}} = \sqrt{3}$$

$$\sqrt{\frac{3}{2} - \frac{3}{2}} = \sqrt{3}$$

$$0 = \sqrt{3}$$ ← Falso

Resolvendo a equação, obtemos: $x_1 = 9$ e $x_2 = \frac{9}{4}$

Na verificação, vemos que $\frac{9}{4}$ é uma raiz que torna a equação irracional falsa.
Portanto, $V = \{9\}$.

EXERCÍCIOS

69 Identifique as equações irracionais.

a) $\sqrt{x} = 4$

b) $\sqrt[3]{x + \frac{1}{2}} = x$

c) $x^2 - \sqrt{2}x + 2 = 0$

d) $2 = \sqrt{\sqrt{x}}$

70 Resolva, em $\mathbb{R}$, as equações irracionais.

a) $\sqrt{3x} = 9$

b) $\sqrt{x + 2} + 6 = 9$

c) $\sqrt{x + 5} = 1$

d) $\sqrt{2x + 7} = 4$

e) $\sqrt[3]{x^2 - 2x} = 2$

f) $\sqrt{\sqrt{5x + 1}} = 3$

71 Resolva, em $\mathbb{R}$, as equações irracionais.

a) $\sqrt{8 - \sqrt{x}} = 2$

b) $\sqrt{x - \sqrt{x + 1}} = 1$

c) $\sqrt[4]{2 - \sqrt[3]{3x - 2}} = 1$

d) $\sqrt{x - 2} = \sqrt{x + 1} - 1$

72 Resolva, em $\mathbb{R}$, as equações irracionais.

a) $x + \sqrt{x} = 2$

b) $\sqrt{3x + 7} = \sqrt{2x + 10}$

c) $\sqrt{x + 7} + \sqrt{x - 5} = \sqrt{2x + 18}$

d) $\sqrt{1 + \sqrt{x}} = 0$

73 Resolva, em $\mathbb{R}$, as equações irracionais.

a) $\sqrt{2x^2 - x - 1} = 1 - x$

b) $x^{\frac{1}{2}} - x^{-\frac{1}{2}} = \frac{3}{2}$

c) $\sqrt[3]{x} + 2 = 5$

d) $\frac{4 - x}{\sqrt{x^2 - 8x + 32}} = \frac{3}{5}$

74 Determine o conjunto verdade das equações irracionais.

a) $\sqrt[4]{5x + 7} = 3$

b) $\sqrt{5 + \sqrt{x + 1}} = \sqrt{x}$

75 Um número real é tal que a raiz quadrada do seu triplo é $\frac{3}{5}$. Qual é o número?

8 Sistemas de equações

Já estudamos algumas situações que envolvem sistemas de equações do 1º grau com duas incógnitas. Estudaremos agora sistemas de equações do 2º grau e sistemas de equações que recaem em uma equação do 2º grau. Observe as situações.

Situação 1

Pedro utilizou um rolo de 180 metros de tela para cercar uma horta retangular de 1 800 m². Quais são as dimensões da horta?

Vamos considerar que os lados da horta meçam x e y.

De acordo com os dados, podemos escrever duas equações com as incógnitas x e y:

- perímetro: $2x + 2y = 180$
- área: $x \cdot y = 1800$

Para encontrar as dimensões da horta, devemos resolver o sistema formado pelas duas equações:

$$\begin{cases} 2x + 2y = 180 & \text{(I)} \\ x \cdot y = 1800 & \text{(II)} \end{cases}$$

ILUSTRAÇÕES: GEORGE TUTUMI

Primeiro, isolamos y na equação (I)

$2x + 2y = 180$

$x + y = 90$

$y = 90 - x$

Substituímos y por $90 - x$ na equação (II)

$x \cdot (90 - x) = 1800$

$90x - x^2 = 1800$

$x^2 - 90x + 1800 = 0$

Resolvendo a equação, obtemos: $x_1 = 30$ e $x_2 = 60$.

Determinando y para cada um dos valores de x, obtemos:

- para $x_1 = 30$, temos $y_1 = 90 - 30$, ou seja: $y_1 = 60$;
- para $x_2 = 60$, temos $y_2 = 90 - 60$, ou seja: $y_2 = 30$.

Logo, o conjunto verdade do sistema é dado pelos pares ordenados: $V = \{(30, 60), (60, 30)\}$.

Portanto, as dimensões da horta são 30 m e 60 m.

Situação 2

Uma quadra de tênis de medidas não oficiais tem perímetro igual a 80 m e área igual a 384 m². Quais são as medidas x e y indicadas na figura?

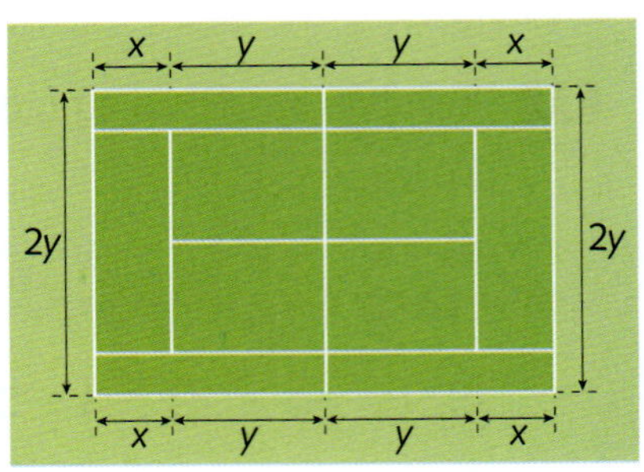

LUIZ RUBIO

De acordo com os dados, podemos escrever duas equações com as incógnitas x e y.

$$\begin{cases} 8y + 4x = 80 & \text{(I)} \\ 2y \cdot (2y + 2x) = 384 \Rightarrow 4y^2 + 4xy = 384 & \text{(II)} \end{cases}$$

Dividindo por 4 ambos os membros das equações (I) e (II), obtemos:

$$\begin{cases} 2y + x = 20 & \text{(I)} \\ y^2 + xy = 96 & \text{(II)} \end{cases}$$

Isolamos x em (I):

$2y + x = 20$

$x = 20 - 2y$

Substituindo x por $20 - 2y$ na equação (II), temos:

$y^2 + (20 - 2y) \cdot y = 96$

$y^2 + 20y - 2y^2 = 96$

$-y^2 + 20y - 96 = 0$

$y^2 - 20y + 96 = 0$ Multiplicamos ambos os membros por -1.

Resolvendo a equação, obtemos: $y_1 = 12$ e $y_2 = 8$.

Determinando x para cada um dos valores de y, obtemos:

- para $y_1 = 12$, temos: $x_1 = 20 - 2 \cdot 12 = -4$;
- para $y_2 = 8$, temos: $x_2 = 20 - 2 \cdot 8 = 4$.

Logo, o conjunto verdade do sistema é dado por: $V = \{(4, 8)\}$.

Como x e y expressam medidas, são números positivos. Então, o par ordenado $(-4, 12)$ não convém. Portanto: $x = 4$ m e $y = 8$ m.

EXERCÍCIOS

76 Resolva os sistemas de equações.

a) $\begin{cases} x^2 + y^2 = 34 \\ x + y = 8 \end{cases}$

b) $\begin{cases} \dfrac{1}{x} + \dfrac{1}{y} = \dfrac{5}{6} \\ x - y = 1 \end{cases}$

c) $\begin{cases} x + y = 2a \\ x^2 + y^2 = 2a^2 + 2b^2 \end{cases}$

d) $\begin{cases} x + y = 15 \\ 2x + 3y = 21 \end{cases}$

e) $\begin{cases} x^2 - 2y^2 = 14 \\ x + y = 5 \end{cases}$

f) $\begin{cases} xy - 6 = 0 \\ 2x + 3y = 12 \end{cases}$

77 Determine dois números cuja soma seja 8 e cujo produto seja 15.

78 Obtenha dois números inteiros e consecutivos tais que a soma dos quadrados dos seus dobros seja 2 452.

79 Resolva os sistemas de equações.

a) $\begin{cases} x + y = 5 \\ x - y = -25 \end{cases}$

b) $\begin{cases} x = 2 + y \\ x^2 + xy - y^2 = 31 \end{cases}$

c) $\begin{cases} x^2 + y^2 = 25 \\ \dfrac{x - y}{x + y} = \dfrac{1}{7} \end{cases}$

d) $\begin{cases} x^2 + y^2 = \dfrac{17}{4} \\ xy = 1 \end{cases}$

e) $\begin{cases} x + y = 3 \\ (x + y)^2 - 2xy = 5 \end{cases}$

f) $\begin{cases} x - y = 0 \\ xy = \dfrac{1}{16} \end{cases}$

80 Resolva os sistemas de equações.

a) $\begin{cases} x^2 + y^2 = 25 \\ 2x + y = 10 \end{cases}$

b) $\begin{cases} x + y = 2\sqrt{3} \\ xy = 2 \end{cases}$

c) $\begin{cases} 2x - y = 1 \\ \dfrac{1}{x} + \dfrac{1}{y} = 2 \end{cases}$

d) $\begin{cases} y = 4x \\ yx = 49 \end{cases}$

9 Resolução de problemas

Na resolução de problemas com equações do 2º grau, podemos seguir as etapas:

1ª) estabelecer a equação que traduz o problema;

2ª) resolver a equação;

3ª) interpretar as raízes encontradas, verificando se são compatíveis com os dados do problema.

Observe a resolução de alguns problemas que podem ser resolvidos por meio de uma equação do 2º grau.

Problema 1

Sebastião tem um terreno que mede 26 m de comprimento e 16 m de largura. Ele deseja aumentar a área desse terreno para 816 m², acrescentando faixas de mesma largura a um dos lados e ao fundo. Qual deve ser a medida da largura dessas faixas?

LUIZ RUBIO

Solução

Sabendo que a nova área do terreno será 816 m², escrevemos a seguinte equação que representa sua área.

$$(x + 16)(x + 26) = 816$$

Resolvemos a equação para obter o valor de x:

$(x + 16)(x + 26) = 816$

$x^2 + 26x + 16x + 416 = 816$

$x^2 + 42x - 400 = 0$

Resolvendo a equação, obtemos: $x_1 = -50$ e $x_2 = 8$.

Como x corresponde à medida do lado, temos que $x = 8$.

Logo, a medida da largura das faixas é 8 m.

Problema 2

Um número de dois algarismos é tal que, trocando-se a ordem dos seus algarismos, obtém-se um número que o excede em 27 unidades. Vamos determinar esse número, sabendo que o produto dos valores absolutos dos algarismos é 18.

Solução

Representamos um número por $10x + y$ e o número com a ordem dos algarismos trocada por $10y + x$. Observe:

Número: $\boxed{x}\,\boxed{y} \longrightarrow 10x + y$

Número com a ordem dos algarismos trocada: $\boxed{y}\,\boxed{x} \longrightarrow 10y + x$

Temos, então, o sistema de equações:

$$\begin{cases} 10y + x = 10x + y + 27 \\ xy = 18 \end{cases}$$

Resolvendo o sistema, temos:

$$\begin{cases} -9x + 9y = 27 \\ xy = 18 \end{cases}$$

Dividimos ambos os membros por 9.

$$\begin{cases} -x + y = 3 \quad (1) \\ xy = 18 \quad (2) \end{cases}$$

Isolamos y em (1):

$-x + y = 3 \Rightarrow y = x + 3$

Substituímos y em (2):

$xy = 18$

$x(x + 3) = 18$

$x^2 + 3x = 18$

$x^2 + 3x - 18 = 0$

Resolvendo a equação, obtemos: $x_1 = 3$ e $x_2 = -6$.

Determinando y para cada um dos valores de x, obtemos:

$$\begin{cases} y_1 = 3 + 3 = 6 \\ y_2 = -6 + 3 = -3 \end{cases}$$

Logo, o conjunto verdade do sistema é dado por: $V = \{(3, 6), (-6, -3)\}$.

Desprezando o par ordenado de coordenadas negativas, temos como solução do problema o número 36 ($x = 3$ e $y = 6$).

Então, o número procurado é 36.

Problema 3

Duas torneiras enchem um tanque em seis horas. Sozinha, uma delas gasta cinco horas a mais que a outra. Vamos determinar o tempo que uma delas leva para encher esse tanque isoladamente.

Solução

Consideremos x o tempo gasto para a primeira torneira encher o tanque e $x + 5$ o tempo gasto para a 2ª torneira encher o tanque.

Em uma hora, cada torneira enche a seguinte fração do tanque:

1ª torneira: $\frac{1}{x}$ 2ª torneira: $\frac{1}{x+5}$

Em uma hora, as duas torneiras juntas enchem $\frac{1}{6}$ do tanque. Observe a equação correspondente:

$$\frac{1}{x} + \frac{1}{x+5} = \frac{1}{6}$$

mmc $(x, x + 5, 6) = 6x(x + 5)$

$$\frac{6(x+5)}{\cancel{6x(x+5)}} + \frac{6x}{\cancel{6x(x+5)}} = \frac{x(x+5)}{\cancel{6x(x+5)}}$$

$6(x + 5) + 6x = x(x + 5)$

$6x + 30 + 6x = x^2 + 5x$

$x^2 - 7x - 30 = 0$

Resolvendo a equação, obtemos: $x_1 = -3$ e $x_2 = 10$.

Como a raiz negativa não corresponde a possíveis medidas de tempo, teremos como solução $x = 10$.

A primeira torneira enche o tanque em 10 horas, e a segunda torneira, em 15 horas.

Problema 4

Em um jantar de confraternização, seria distribuído, em partes iguais, um prêmio de R$ 24 000,00 entre os convidados. Como faltaram cinco pessoas, cada um dos presentes recebeu um acréscimo de R$ 400,00 no seu prêmio. Quantos foram os presentes nesse jantar?

Solução

Podemos representar por:

$\frac{24\,000}{x}$ ← O valor que cada um dos presentes receberia se não houvesse faltas.

$\frac{24\,000}{x-5}$ ← O valor recebido por cada um dos presentes.

Temos, então, a equação: $\frac{24\,000}{x-5} = \frac{24\,000}{x} + 400$

Resolvendo-a:

$$\frac{24\,000}{x-5} = \frac{24\,000}{x} + 400$$

Dividimos ambos os membros por 400.

$$\frac{60}{x-5} = \frac{60}{x} + 1$$

$\text{mmc}(x-5, x) = x(x-5)$

$$\frac{60x}{\cancel{x(x-5)}} = \frac{60(x-5)}{\cancel{x(x-5)}} + \frac{x(x-5)}{\cancel{x(x-5)}}$$

$60x = 60(x-5) + x(x-5)$

$60x = 60x - 300 + x^2 - 5x$

$x^2 - 5x - 300 = 0$

$x_1 = 20$ e $x_2 = -15$ (raiz não utilizada)

Então, nesse jantar estavam presentes 15 pessoas (20 pessoas no total menos as 5 pessoas que faltaram).

EXERCÍCIOS

81 A soma de dois números é 100, e a soma de seus inversos é $\frac{1}{24}$. Qual é o maior desses dois números?

82 O perímetro de um quadro de forma retangular é 56 cm, e a área, 192 cm². Quais são as dimensões desse quadro?

83 Decomponha o número 28 em dois fatores tais que a sua soma seja igual a 11.

84 A metade do quadrado de um número inteiro positivo é igual ao dobro desse número mais 6. Calcule-o.

85 Uma mulher tem 54 anos, e sua filha, 12. Há quanto tempo a idade da mãe foi igual ao quadrado da idade da filha?

86 Observe o triciclo a vela. Determine a medida da base e a medida da altura da vela, em forma de triângulo retângulo, com 5 m² de área, sabendo que a soma dessas medidas corresponde a 7 m.

ROGÉRIO LOURENÇO

87 O quadrado de um número natural é igual a seu dobro somado com 24. Determine esse número.

88 O produto de dois números é 20, e sua soma, 9. Calcule-os.

89 Um trem percorreu 200 km em certo tempo. Se tivesse aumentado sua velocidade em 10 km/h, teria percorrido essa distância em uma hora a menos. Determine a velocidade do trem, em quilômetro por hora.

90 O produto de um número positivo por sua quarta parte é igual a 100. Calcule esse número.

91 A metade da idade de Camila subtraída do quadrado dessa idade é igual a 14 anos. Calcule a idade de Camila.

92 Um grupo de turistas alugou um ônibus por R$ 1500,00. Dois deles não puderam viajar e, em consequência, a despesa de cada um dos outros aumentou em R$ 25,00.

LÉO FANELLI

a) Quantos turistas viajaram?

b) Qual foi a despesa de cada um?

93 O dobro do quadrado de um número é igual ao produto desse número por 7, menos 3. Qual é o número?

94 A soma dos quadrados de dois números positivos e consecutivos é 25. Calcule-os.

95 Determine a medida do lado do quadrado em que o número que representa a área excede o número que representa o perímetro em 5.

96 Determine três números inteiros, positivos e consecutivos, tais que o quadrado do menor seja igual à diferença dos outros dois.

97 A razão de dois números positivos é $\frac{3}{4}$, e a diferença entre seus quadrados é 1 183. Determine o menor deles.

98 Uma banda com vários instrumentistas dividiu a despesa com a compra de um amplificador que custou R$ 400,00. Se essa banda tivesse 5 integrantes a menos, cada um pagaria R$ 4,00 a mais. Quantos integrantes há nessa banda?

99 Calcule dois números inteiros e consecutivos, de modo que a soma dos seus inversos seja igual a $\frac{7}{12}$.

100 Um terreno deve ser dividido em lotes iguais por certo número de herdeiros. Se houvesse três herdeiros a mais, cada lote diminuiria 20 m². Se houvesse quatro herdeiros a menos, cada lote aumentaria 50 m². Qual é a área do terreno todo, em metro quadrado?

Trabalhando em equipe

Junte-se a um colega, acompanhem as passagens e descubram onde está o erro.

$a = b$, com $a \neq 0$ e $b \neq 0$

$a^2 = a \cdot b$ ← Multiplicando ambos os termos por a.

$a^2 - b^2 = ab - b^2$ ← Subtraindo b^2 de ambos os termos.

$(a + b)\cancel{(a - b)} = b\cancel{(a - b)}$ ← Fatorando e cancelando $(a - b)$.

$b + b = b$ ← Como $a = b$, substituindo a por b.

$2\cancel{b} = \cancel{b}$ ← Cancelando b.

$2 = 1$?

Trabalhando os conhecimentos adquiridos

Autoavaliação

1 A equação do 2º grau incompleta $ax^2 + bx = 0$ (em que $a \neq 0$ e $b \neq 0$) pode ser resolvida por meio de um caso de fatoração. Que caso é esse?

2 De que maneira o valor do discriminante se relaciona à quantidade de raízes de uma equação do 2º grau?

3 Como você pode resolver uma equação do 2º grau?

10

1 Resolva, em $\mathbb{R}$, as equações.

a) $\frac{1}{3}x^2 - 9 = 27$

b) $8x^2 - 10x = 3x^2 + 5$

c) $\frac{x}{x + 60} = \frac{7}{3x - 5}$

d) $\frac{x^2 + 2}{9} = 3$

e) $\frac{3}{x + 2} + \frac{2}{x} = \frac{3x}{2x + 4}$

2 Resolva, em $\mathbb{R}$, as equações fracionárias redutíveis ao 2º grau e determine o domínio de validade de cada uma delas.

a) $\frac{2x}{x^2 - 1} + 2 = \frac{2x}{x - 2}$

b) $\frac{x + 1}{x} + 1 = \frac{x}{x - 1}$

c) $\frac{x}{x - a} - \frac{2a}{x + a} = \frac{8a^2}{x^2 - a^2}$

3 Resolva, em $\mathbb{R}$, a equação $3x^2 - 7x - 6 = 0$

4 A superfície roxa da figura corresponde a 112 cm². Determine o valor de x.

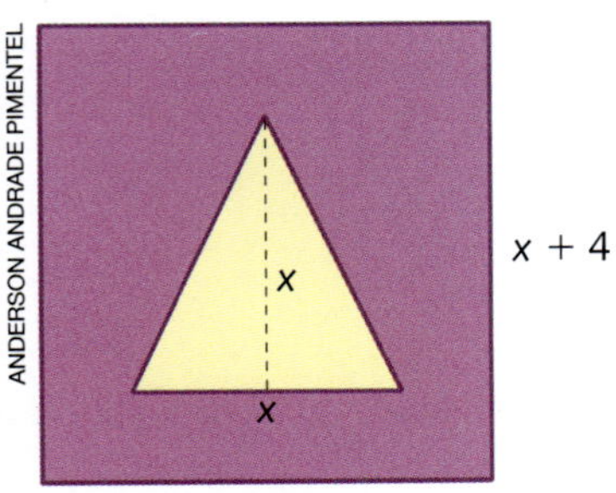

5 Resolva, em $\mathbb{R}$, as equações.

a) $(x + 4)\left(\frac{72}{x} - 3\right) = 72$

b) $\left(\frac{3}{x^2 - 4}\right) + \left(\frac{1 - 2x}{6 - 3x}\right) + \frac{2}{3} = 0$

c) $\frac{2\left(x + \frac{3}{2}\right)}{x - 6} - \frac{x + 9}{x - 7} = 0$

d) $x^2 - \frac{2(a^2 + b^2)}{a^2 - b^2}x + 1 = 0$

6 Resolva, em $\mathbb{R}$, as equações.

a) $k^2x^2 - 2pkx + p^2 - q^2 = 0$

b) $\frac{a}{x - b} + \frac{b}{x - a} = 2$

7 Usando a calculadora, verifique se -11 é raiz da equação $x^2 + 2x - 99 = 0$.

8 Qual é o número que, somado com 6 ou multiplicado por 6, dá o mesmo resultado nos dois casos?

9 Se $\sqrt{a + b} = 5$, então $(a + b)^2$ é igual a:

a) 25.

b) 5.

c) 125.

d) 625.

DESAFIO

Determine a soma dos cubos das raízes da equação $x^2 + x - 3 = 0$.

1 Determine o valor de m na equação $x^2 - 2x + m = 0$, para que $x_1^2 - x_2^2 = 2$ (x_1 e x_2 são as raízes reais da equação).

2 Determine o valor de k na equação $x^2 + mx + k = 0$, para que uma de suas raízes seja o dobro da outra e seu discriminante seja igual a 9.

3 Determine o valor de m na equação $x^2 - 15x + (6m + 2) = 0$, de modo que a diferença entre as raízes seja igual a 3.

4 Determine o valor da expressão $(r + s + 1) \cdot (r + s - 1)$, em que r e s são raízes da equação $\sqrt{3}x^2 + 3x - \sqrt{7} = 0$.

5 Resolva, em $\mathbb{R}$, as equações biquadradas.

a) $8x^4 - 10x^2 + 3 = 0$

b) $16x^2 - \dfrac{9}{4x^2} = 35$

6 O número n de jogos disputados por x duplas de vôlei de praia que jogam entre si é dado pela fórmula $n = \dfrac{x(x-1)}{2}$. Sabendo que em um campeonato foram realizados 120 jogos, determine quantas duplas participaram dessa competição.

YASUYOSHI CHIBA/AFP

Ágatha Bednarczuk e Bárbara Seixas comemoram a Conquista da medalha de prata. Rio, 2016.

7 Componha as equações biquadradas cujas raízes são:

a) $(2 \pm \sqrt{3})$ e $(-2 \pm \sqrt{3})$;

b) 0 e ± 2.

8 Resolva, em $\mathbb{R}$, a equação biquadrada:
$c^4x^4 + c^2(a^2 - b^2)x^2 - a^2b^2 = 0$

9 Determine um número real cujo quadrado tenha como inverso um número igual ao inverso de sua soma com 2.

10 Resolva, em $\mathbb{R}$, as equações.

a) $(x^2 - 1)(x^2 - 3) = 0$

b) $(x^2 - 3)(x^2 - 4) = 0$

c) $x^4 - \dfrac{7}{3}x^2 + \dfrac{2}{3} = 0$

d) $\left(\dfrac{x}{x-1}\right)^2 + \left(\dfrac{x}{x+1}\right)^2 = \dfrac{10}{9}$

11 Letícia explicou para Ana Beatriz esta demonstração:

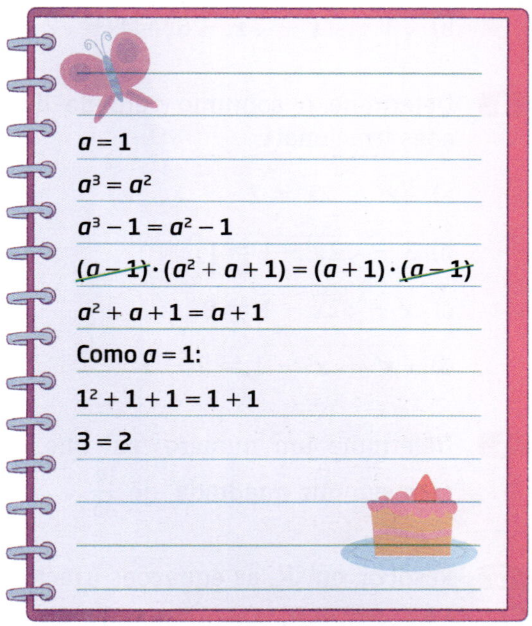

GUILHERME CASAGRANDI

Observe que o resultado é falso. Você consegue descobrir o erro que Letícia cometeu?

12 Se $x \cdot y = 144$ e $\sqrt{x} = 4$ e $\sqrt{y} = 3$, o valor de $x + y$ é:

a) 20

b) 25

c) 30

d) 36

DESAFIO

Determine a soma dos módulos das raízes da equação $x^4 - 13x^2 = -36$.

1 Resolva, em $\mathbb{R}$, as equações irracionais.

a) $x + \sqrt{x + 2} = 0$

b) $\sqrt[3]{x + 1} = 4\sqrt[6]{x + 1} - 4$

c) $x^{\frac{1}{2}} + x = 6$

d) $\sqrt{x} + \sqrt{x - \sqrt{1 - x}} = 1$

e) $\sqrt{x + 2} - \sqrt{x - 6} - \sqrt{x - 3} = 0$

f) $\sqrt{x^2 + 2x + \sqrt[3]{x^2 + x - 29}} = x + 1$

2 Determine o valor de x na igualdade $S = \sqrt{abx}$.

3 Resolva, em $\mathbb{R}$, as equações irracionais.

a) $\sqrt{x + 1} + \sqrt{x - 1} = \sqrt{2x + 1}$

b) $\sqrt{3 + \sqrt{x + \sqrt{x - 6}}} = 1 + \sqrt{2}$

4 Determine o conjunto verdade das equações irracionais.

a) $\sqrt[3]{x^2 - 2x} = 2$

b) $3 - \sqrt{2x + 1} = 1$

c) $x - \sqrt{2x - 1} = 0$

d) $\sqrt{x^4 + x^2 - 1} = 2 - x$

5 Determine um número real que, somado com sua raiz quadrada, dê $\frac{14}{25}$.

6 Resolva, em $\mathbb{R}$, as equações irracionais.

a) $\sqrt{2\sqrt{x - 5}} = \sqrt{13 - x}$

b) $\sqrt{x + \sqrt{x - 1}} = \sqrt{7}$

c) $\sqrt{1 - \sqrt{x^4 - x^2}} = x$

d) $\sqrt{3x^2 - 20x + 16} = x$

7 As raízes da equação do 2º grau $ax^2 + bx + c = 0$, com $a \neq 0$, são r e s. Determine a equação do 2º grau cujas raízes sejam $ar + b$ e $as + b$.

8 Calcule o menor valor positivo de k para que a raiz real da equação $\sqrt{4 - \sqrt[3]{x^3 - k}} = 1$ seja um número racional inteiro.

9 No retângulo abaixo, que é um retângulo áureo ou de ouro, podemos observar esta relação:

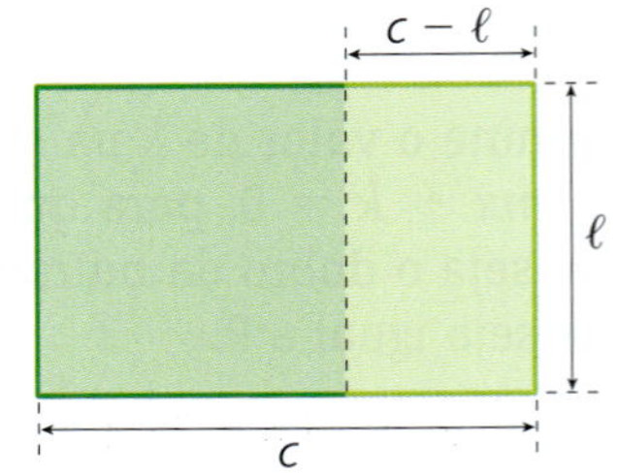

$$\frac{c}{\ell} = \frac{\ell}{c - \ell}$$ ← proporção áurea

Considerando $c = 1$, temos:

$\frac{1}{\ell} = \frac{\ell}{1 - \ell}$, ou, ainda, $\ell^2 + \ell - 1 = 0$

Resolva essa equação e determine o **número de ouro** $\left(\frac{1}{\ell}\right)$.

$\left(\text{Sugestão: } \frac{1}{\ell}\right.$ é o inverso da raiz positiva dessa equação.$\left.\right)$

10 **(OBM)** Ao calcular as raízes da equação do segundo grau $x^2 - mx + m + 5 = 0$, Samuca percebeu que elas eram os catetos de um triângulo retângulo com hipotenusa de comprimento 5. A soma dos possíveis valores de m é:

a) 2. b) 12. c) 7. d) 10. e) 8.

DESAFIO

Certa vez, há muitos anos, um estudante perguntou a seu professor de Matemática em que ano ele havia nascido. E o jovem escutou esta resposta: "Nasci no século XVIII e tinha x anos no ano x^2". Em que ano nasceu o professor?

AVELINO GUEDES

ANDERSON ANDRADE PIMENTEL

Conteúdo digital
• Atividade: Equações do 2º grau

1 Determine dois números que tenham como soma $-\frac{7}{4}$ e como produto $-\frac{15}{4}$.

2 Determine o valor de c na equação $x^2 - 5x + c = 0$, para que uma das raízes seja 2.

3 Determine o valor de a na equação $3x^2 - 7ax + 2a^2 = 0$, de modo que a soma das raízes seja 10.

4 A equação $ax^2 + bx + c = 0$, em que $a = 8$, tem conjunto verdade $V = \left\{-\frac{1}{4}, \frac{7}{2}\right\}$. Determine o valor $b + c$.

5 Determine k na equação $x^2 + kx + 36 = 0$, de modo que entre as raízes x_1 e x_2 exista a relação $\frac{1}{x_1} + \frac{1}{x_2} = \frac{5}{12}$.

6 A diferença entre dois números é $\frac{1}{5}$, e a soma de seus quadrados é 1. Determine esses números.

7 Na equação $(a + 1)x^2 - 7x + (2a - 1) = 0$, determine o valor de a para que as raízes sejam inversas.

8 Resolva:

a) $x^2 - 3\sqrt{2}x + 4 = 0$

b) $x^2 - 20x - 8\,000 = 0$

9 Aumentando o lado de um quadrado em 5 m, obtemos um novo quadrado cuja área é 4 vezes maior que a área do quadrado original. Qual é a medida do lado do quadrado original?

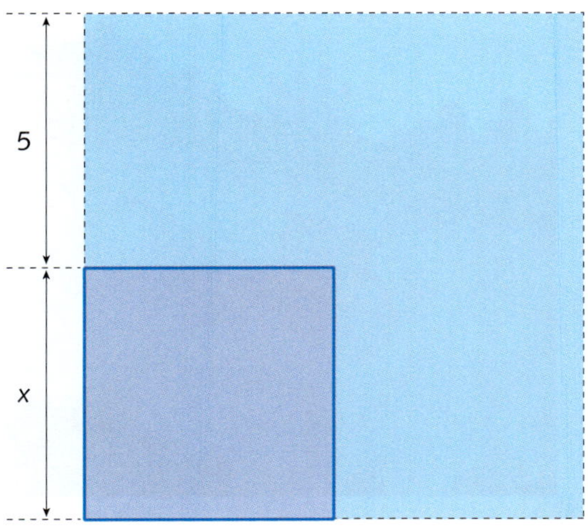

ANDERSON ANDRADE PIMENTEL

10 Determine o valor de m na equação $(m - 5)x^2 - (2m - 6)x + 2m - 15 = 0$, com $m \neq 5$, de modo que suas raízes sejam inversas.

11 A divisão de 4,9 por x tem o mesmo resultado da subtração de 4,9 por x. Quais são os valores de x que tornam verdadeira a afirmação?

12 Determine o valor de k para que a soma das raízes da equação $(m + 3)x^2 - 4kx + 5 = 0$, com $m \neq -3$, seja igual ao seu produto.

13 Um retângulo tem 24 m de perímetro e 32 m² de área. Quais são as dimensões desse retângulo?

14 Um goleiro repõe a bola em jogo chutando-a a uma velocidade inicial de 30 m/s.

LÉO FANELLI

A partir do momento do chute, após quantos segundos a bola atingirá novamente o solo? Conhecida a velocidade inicial do objeto lançado, podemos determinar a altura que atingirá utilizando a fórmula:

$h = \frac{v \cdot t - g \cdot t^2}{2}$, em que h é a medida da altura, v é a velocidade inicial, g é a aceleração da gravidade $\simeq 10$ m/s² e t é o tempo.

DESAFIO

Considere a equação $x^2 - mx + 1 = 0$, cujas raízes a e b são reais e desiguais. Componha a equação do 2º grau que admita as raízes $a + 1$ e $b + 1$.

1 À raiz quadrada de um número x adiciona-se 1. À raiz quadrada da soma obtida adiciona-se 2 e extrai-se a raiz quadrada do resultado, obtendo o número 4. Calcule o número x.

2 Determine dois números ímpares consecutivos cujo produto seja 143.

3 A Agência Nacional de Telecomunicações (Anatel) autorizou a implantação de quarta geração da telefonia móvel, o serviço 4G. No 1º lote, de 800 unidades, foram instaladas x antenas em Curitiba (PR) e y antenas em Cuiabá (MT). Determine o número de antenas autorizadas para cada uma dessas cidades, sabendo que $x > y$ e que xy corresponde a 120 000.

BAZ SPEZIALANTENNEN/CC BY 3.0/WIKIMEDIA FOUNDATION, INC.

4 Duas torneiras podem, juntas, encher um recipiente em 18 horas. Qual é o tempo que cada uma, sozinha, leva para encher esse recipiente, se uma emprega nessa operação 27 horas a mais que a outra?

SUPRUN VITALY/SHUTTERSTOCK

5 A soma de um número com seu inverso é $\frac{10}{3}$. Qual é esse número?

6 A idade de uma criança daqui a seis anos será o quadrado da idade que tinha há seis anos. Qual é a idade atual da criança?

7 O produto de dois números consecutivos é 240. Determine-os.

8 Resolva mentalmente as equações, determinando suas raízes.

a) $x^2 + 2x - 3 = 0$

b) $x^2 - 15x + 26 = 0$

c) $x^2 - 15x + 36 = 0$

d) $x^2 + 16x - 36 = 0$

9 Dada a equação $2x^2 + 8x + k = 0$, ache o valor de k, sabendo que a soma dos quadrados das raízes dessa equação é 7.

10 O produto de dois números é 10, e a soma dos seus inversos é $\frac{7}{10}$. Quais são esses números?

DESAFIO

Um barco subindo um rio em sentido contrário à correnteza, percorre 40 km em determinado tempo. Depois, descendo o rio, no mesmo sentido da correnteza, faz o mesmo percurso com quatro horas a menos. Qual é a velocidade do barco, se a velocidade da correnteza é 16 km/h?

LÉO FANELLI

1 Em uma fração, o denominador supera em duas unidades o numerador. Adicionando 2 ao numerador e 1 ao denominador, a fração aumenta $\frac{7}{30}$. Determine-a.

2 Ache dois números tais que sua soma exceda em 4 a diferença entre o maior e o menor, e que seu produto exceda sua soma em 3.

3 Determine o valor positivo de x que torna verdadeira a sentença: "36 está para $4 + x$ assim como $5 + x$ está para 2".

4 A diferença entre dois números é 1. A diferença entre os quadrados desses números é 49. Determine a soma dos números.

5 **(Enem)** Nos processos industriais, como na indústria de cerâmica, é necessário o uso de fornos capazes de produzir elevadas temperaturas e, em muitas situações, o tempo de elevação dessa temperatura deve ser controlado, para garantir a qualidade do produto final e a economia no processo.
Em uma indústria de cerâmica, o forno é programado para elevar a temperatura ao longo do tempo de acordo com a função

$$T(t) = \begin{cases} \frac{7}{5}t + 20, \text{ para } 0 \leqslant t < 100 \\ \frac{2}{125}t^2 - \frac{16}{5}t + 320, \text{ para } t \geqslant 100 \end{cases}$$

em que T é o valor da temperatura atingida pelo forno, em graus Celsius, e t é o tempo, em minutos, decorrido desde o instante em que o forno é ligado.
Uma peça deve ser colocada nesse forno quando a temperatura for 48 °C e retirada quando a temperatura for 200 °C.
O tempo de permanência dessa peça no forno é, em minutos, igual a:

a) 100.
b) 108.
c) 128.
d) 130.
e) 150.

6 Em uma festa, todos os participantes cumprimentaram-se. Houve 66 apertos de mão. Quantas pessoas havia na festa?

7 Verifique que a diferença entre os quadrados de dois números ímpares é sempre divisível por 8.

8 A soma de dois números é 12, e a soma de seus quadrados é $\frac{5}{2}$ do produto desses números. Determine-os.

9 São dados o conjunto $A = \{1, 2, 3, 4\}$ e as equações de forma $x^2 + ax + b = 0$. Se $(a, b) \in A \times A$, quantas equações admitirão raízes reais?

10 Sejam x_1 e x_2 raízes da equação $2x^2 - 3x + k = 0$. Determine k, de modo que $x_1^3 + x_2^3 = -\frac{243}{8}$.

11 Calcule o valor de $\sqrt{6 + \sqrt{6 + \sqrt{6 + \ldots}}}$.
$\left(\text{Sugestão: faça } x = \sqrt{6 + \sqrt{6 + \sqrt{6 + \ldots}}}\right)$

12 Um número é composto de dois algarismos cujo produto é 24. Trocando a posição dos algarismos, o número resultante excederá em 18 unidades o número primitivo. Determine o número primitivo.

13 A soma de dois números é $\frac{17}{12}$, e seu produto, $\frac{1}{2}$. Determine a diferença entre eles.

14 A soma dos quadrados de três números consecutivos é 110. Determine esses números.

15 Determine um valor de k para o qual uma das raízes da equação $x^2 - 3kx + 5k = 0$ seja o dobro da outra.

16 Quais são os valores de a, para que as raízes da equação $8x^2 - (a - 1)x + a - 7 = 0$ sejam iguais?

17 Sejam a e b as raízes da equação $x^2 - 3kx + k^2 = 0$, sendo $a^2 + b^2 = 1{,}75$. Qual é o valor de k^2?

DESAFIO

Determine a condição necessária para que os números naturais a e b atendam à seguinte situação: $\sqrt{a}$ e $\sqrt{b}$ são números irracionais, enquanto $\sqrt{(\sqrt{a} + \sqrt{b})^2 + (\sqrt{a} - \sqrt{b})^2}$ é racional.

Funções e inequações do 1º grau

Conteúdo digital
• Animação: Noção de função

É hora de observar e discutir

A Feira dos Caxixis é uma das feiras de artesanato mais antigas do país e acontece uma vez ao ano na cidade de Nazaré das Farinhas no estado da Bahia. O evento atrai baianos e turistas que admiram os caxixis – miniaturas de objetos em cerâmica produzidos na região. Além dos caxixis, fazem parte da exposição jarras, moringas, potes, cofres e peças em couro e madeira.

Um dos expositores dessa feira vende cada um de seus caxixis a R$ 10,00.

- Quanto uma pessoa gastará se comprar 3 peças? E se comprar 10 peças?
- Escreva uma sentença que relacione a quantidade de caxixis comprados (n) com o valor a pagar (V) em real.

MARCOS FREIRE

Bonecas na Feira de Caxixis, em Nazaré das Farinhas (BA), 2015.

Trocando ideias

Observe a situação:

Alberto, Bruna e Sandra desejam comprar três terrenos vizinhos com 100 m², 120 m² e 150 m², respectivamente.

TIAGO SILVA

Para saber quanto cada um pagará pelo terreno, podemos montar esta tabela:

Proprietário	Área do terreno	Preço do metro quadrado	Preço do terreno
Alberto	100 m²	R$ 400,00	R$ 40 000,00
Bruna	120 m²	R$ 400,00	R$ 48 000,00
Sandra	150 m²	R$ 400,00	R$ 60 000,00

Levando em consideração todos os dados das situações acima, responda às questões.

- Quanto uma pessoa pagaria se desejasse comprar um terreno de 200 m²?
- O preço do terreno varia de acordo com o quê?
- Escreva uma sentença que relacione a área e o preço do terreno.
- Qual é a área do terreno comprado por uma pessoa se ela pagou R$ 90 000,00? (Utilize a sentença obtida no item anterior.)

Neste capítulo, vamos estudar a ideia de função e funções afim.

1 Relações e funções

Considere a tabela apresentada na seção Trocando ideias:

Proprietário	Área do terreno	Preço do metro quadrado	Preço do terreno
Alberto	100 m²	R$ 400,00	R$ 40 000,00
Bruna	120 m²	R$ 400,00	R$ 48 000,00
Sandra	150 m²	R$ 400,00	R$ 60 000,00

Observe a representação de alguns dados dessa tabela por meio de dois diagramas:

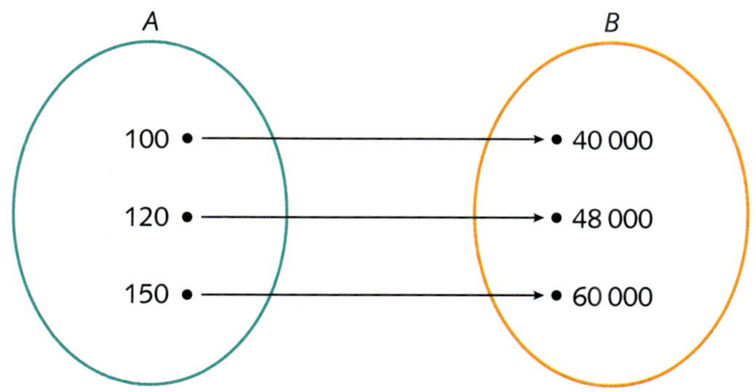

GUILHERME CASAGRANDI

O diagrama *A* representa a área de cada terreno.

O diagrama *B* representa o preço de cada terreno.

Dizemos que há uma **relação** entre os conjuntos *A* e *B*, formada pelos pares ordenados (100, 40 000), (120, 48 000) e (150, 60 000).

Relação

Considere os conjuntos: $A = \{0, 1, 2\}$ e $B = \{1, 3, 4\}$

Temos:

$$A \times B = \{(0, 1), (0, 3), (0, 4), (1, 1), (1, 3), (1, 4), (2, 1), (2, 3), (2, 4)\}$$

O conjunto $A \times B$ representa todos os pares ordenados possíveis dos elementos do conjunto *A* com os elementos do conjunto *B*.

> Denominamos **relação** de *A* em *B* qualquer subconjunto de $A \times B$ não vazio.

Considerando essa definição, observe algumas relações, indicadas pela letra *R*, de *A* em *B*.

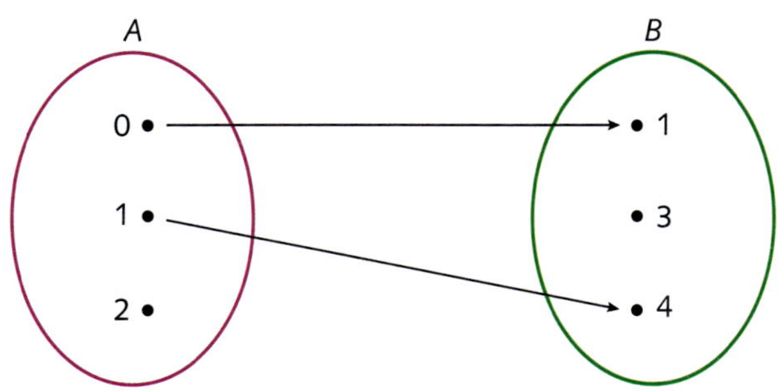

$R_1 = \{(0, 1), (1, 4)\}$

ADILSON SECCO

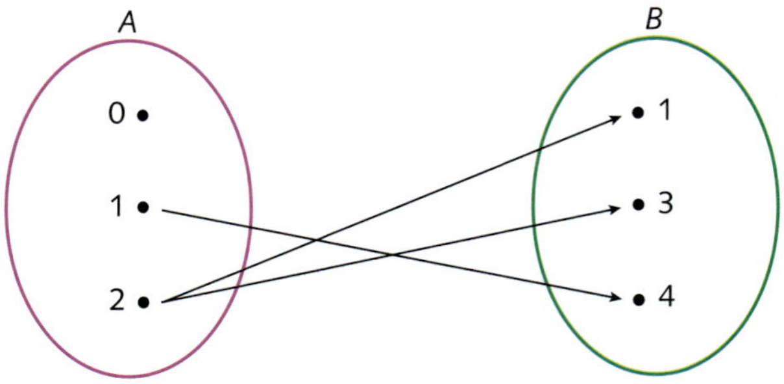

$R_2 = \{(1, 4), (2, 1), (2, 3)\}$

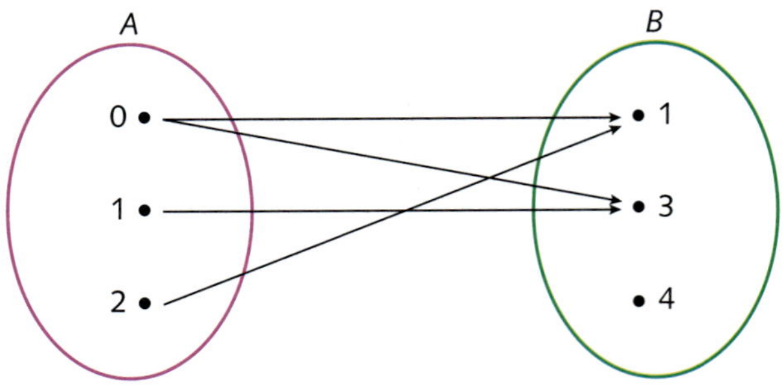

$R_3 = \{(0, 1), (0, 3), (1, 3), (2, 1)\}$

Lei de associação

Em alguns casos, podemos determinar uma relação por meio de uma lei que associe os elementos do conjunto *A* aos elementos do conjunto *B*.

Exemplo

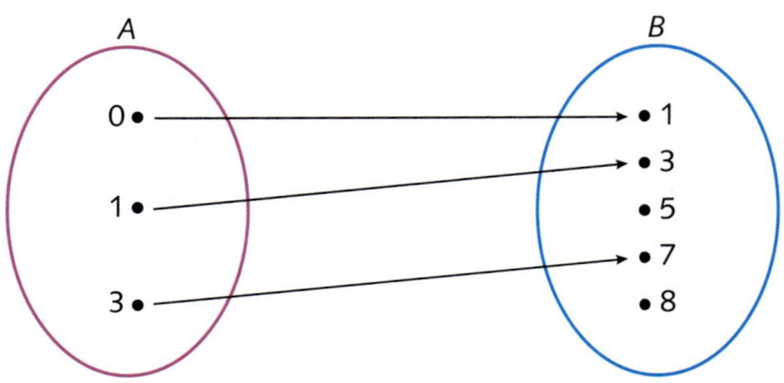

$R = \{(0, 1), (1, 3), (3, 7)\}$

A lei de associação utilizada foi $y = 2x + 1$, e a relação pode ser assim representada:

$$R = \{(x, y) \in A \times B \mid y = 2x + 1\}$$

Conferindo:

- Para $x = 0$: $y = 2 \cdot 0 + 1 \Rightarrow y = 1$
  Então, $(0, 1) \in R$.
- Para $x = 1$: $y = 2 \cdot 1 + 1 \Rightarrow y = 3$
  Então, $(1, 3) \in R$.
- Para $x = 3$: $y = 2 \cdot 3 + 1 \Rightarrow y = 7$
  Então, $(3, 7) \in R$.

ILUSTRAÇÕES: ADILSON SECCO

Relação inversa

Relação inversa (R^{-1}) de uma relação R de A em B é a relação cujos pares ordenados são os da relação R invertidos.

Exemplo

$R = \{(1, 2), (2, 3), (3, 5)\}$

$R^{-1} = \{(2, 1), (3, 2), (5, 3)\}$

Função

Uma função é um caso particular de relação, conforme a definição a seguir.

> Dados dois conjuntos, A e B, chama-se **função** de A em B qualquer relação com estas características:
> - todos os elementos de A estão associados aos elementos de B;
> - a cada elemento de A associa-se um único elemento de B.

Desse modo, são funções:

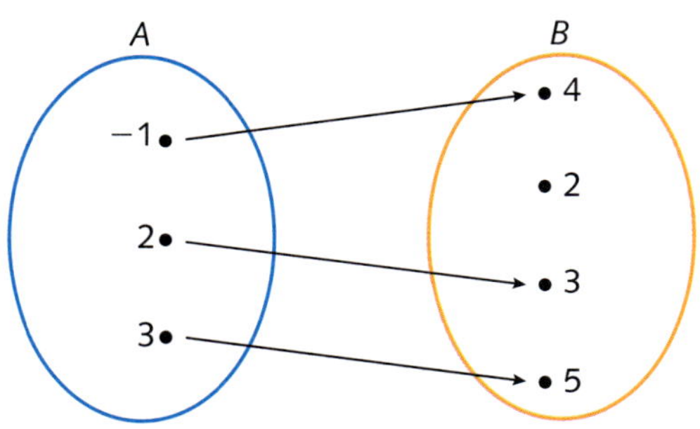

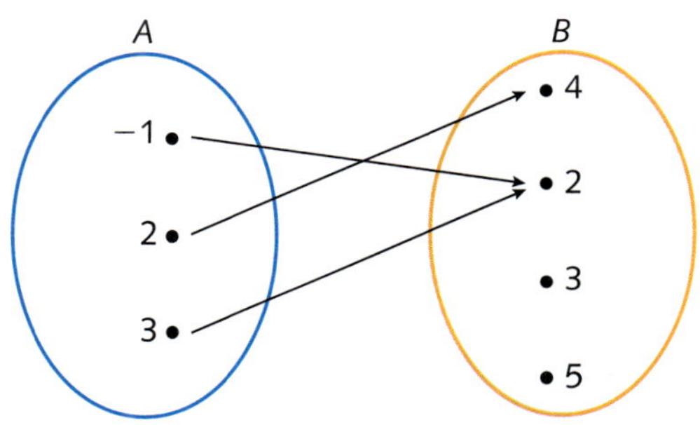

Observe que as relações a seguir não são funções:

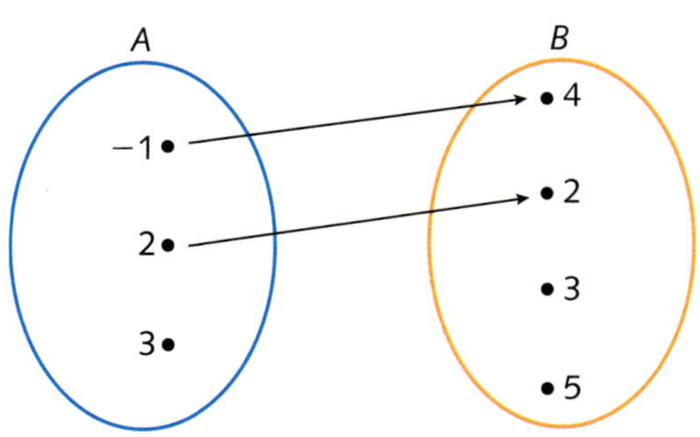

O elemento 3 do conjunto A não está associado a nenhum elemento do conjunto B.

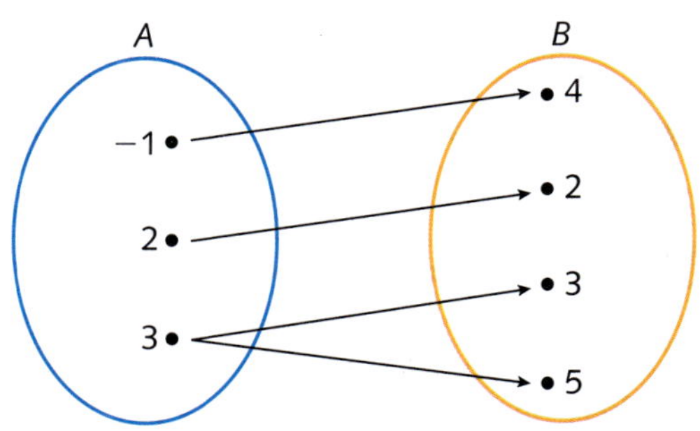

O elemento 3 do conjunto A está associado a mais de um elemento do conjunto B.

ILUSTRAÇÕES: ADILSON SECCO

Cuidado!

Toda função é uma relação, mas nem toda relação é uma função.

EXERCÍCIOS

1 A área (A) de um quadrado é dada em função da medida (ℓ) do seu lado. Qual é a fórmula matemática dessa função?

2 Um vendedor recebe um salário mensal fixo de R$ 1500,00 e mais 3% do total das vendas (V) efetuadas no mês. Escreva uma fórmula matemática que represente o valor recebido (VR) mensalmente pelo vendedor.

3 Luís depositou x reais em uma caderneta de poupança e, no final de 1 ano e 4 meses, retirou o valor depositado com um acréscimo de 8%. Escreva a fórmula matemática que represente o valor retirado por Luís (y) em função da quantia x depositada.

AVELINO GUEDES

4 Dados os conjuntos $A = \{3, 4, 5\}$ e $B = \{0, 8, 9\}$, determine o conjunto $A \times B$.

5 Dada a relação $R = \{(3, 4), (4, 6), (7, 8)\}$, determine sua relação inversa R^{-1}.

6 Dados os conjuntos $A = \{2, 3, 4\}$ e $B = \{1, 2, 3, 4, 5\}$, e a relação R de A em B definida por $R = \{(x, y) \in A \times B \mid y = 2x - 3\}$, liste os elementos de R.

7 Sendo $A = \{-2, -1, 0, 1\}$, $B = \{-1, 0, 1, 2, 3, 4, 5, 6\}$ e R uma relação de A em B tal que $(x, y) \in R$, descubra uma lei de associação que faça com que R seja função de A em B.

8 Identifique as relações de A em B que são funções.

a)

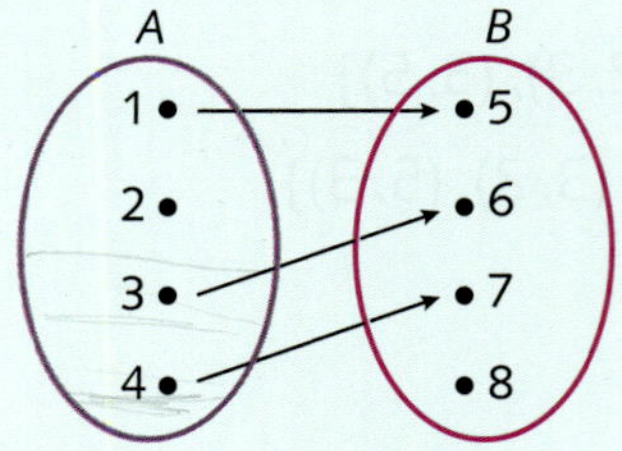

b)

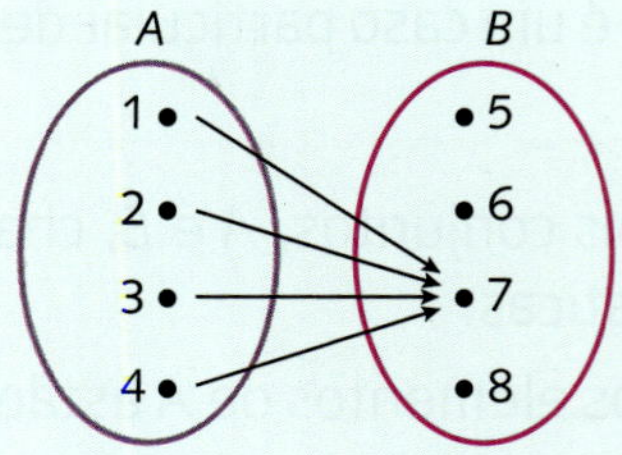

c)

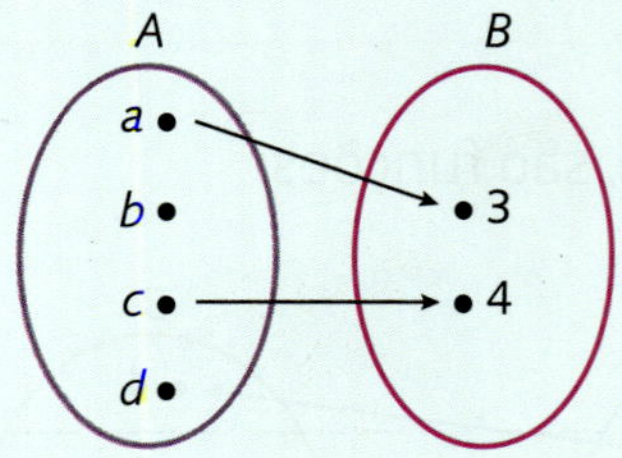

d)

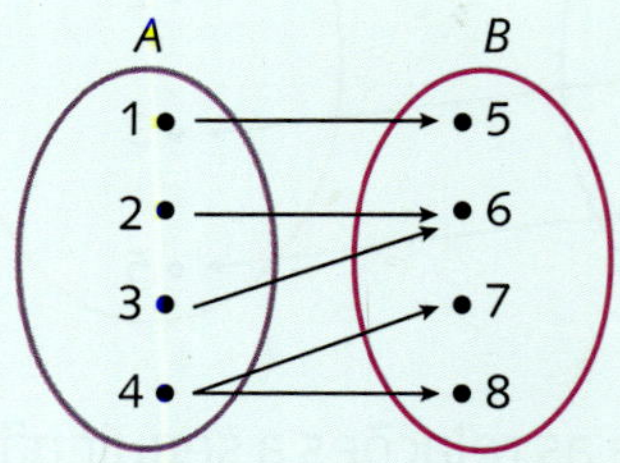

e)

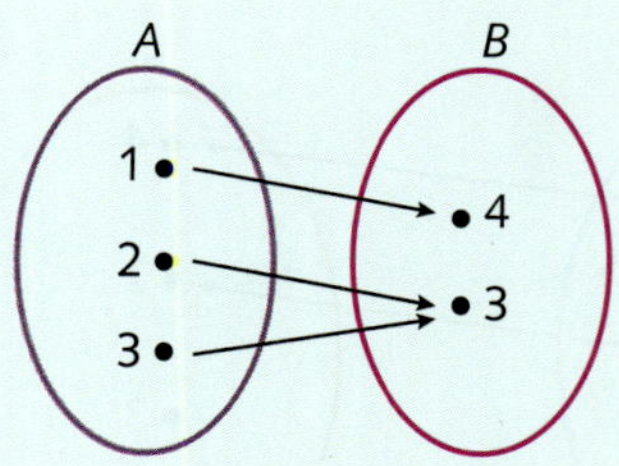

ILUSTRAÇÕES: ADILSON SECCO

9 Identifique as relações de $A = \{1, 2\}$ em $B = \{5, 6, 7\}$ que são funções.

a) $R_1 = \{(1, 5), (2, 6)\}$

b) $R_2 = \{(1, 5)\}$

c) $R_3 = \{(1, 5), (1, 7), (2, 6)\}$

d) $R_4 = \{(1, 5), (2, 5)\}$

2 Domínio, contradomínio, conjunto imagem e valor de uma função

Sejam os conjuntos $A = \{0, 1, 3\}$ e $B = \{1, 3, 5, 7, 8\}$ e a função f que associa a cada elemento do conjunto A o seu dobro mais uma unidade em B.

Ou seja:

$$f(x) = 2x + 1$$

Lemos: "função de x é igual a dois x mais um.

Também representada por:

$$y = 2x + 1$$

O símbolo $y = f(x)$ foi utilizado pela primeira vez pelo matemático suíço Leonhard Euler.

SHEILA TERRY/SCIENCE PHOTO LIBRARY/LATINSTOCK

Leonhard Euler (1707-1783), matemático e físico suíço, usou a representação em diagramas e fez importantes descobertas em campos variados do cálculo.

Observe agora essa função representada em diagrama:

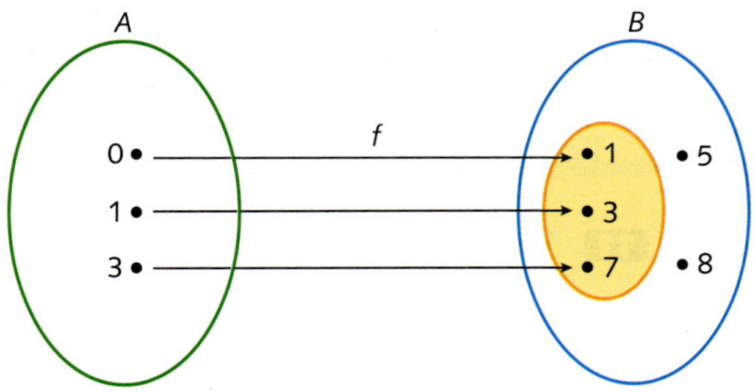

ADILSON SECCO

Para $x = 0$: $y = 2 \cdot 0 + 1 = 1$

Para $x = 1$: $y = 2 \cdot 1 + 1 = 3$

Para $x = 3$: $y = 2 \cdot 3 + 1 = 7$

Assim: $f = \{(0, 1), (1, 3), (3, 7)\}$

Definimos:

Domínio é o conjunto A, indicado por $D(f)$.

Contradomínio é o conjunto B, indicado por $CD(f)$.

Conjunto imagem é um subconjunto do contradomínio e corresponde ao conjunto constituído de elementos de B associados a elementos de A, indicado por $Im(f)$.

No exemplo acima, temos:

$D(f) = A$ ou $D(f) = \{0, 1, 3\}$

$CD(f) = B$ ou $CD(f) = \{1, 3, 5, 7, 8\}$

$Im(f) = \{1, 3, 7\}$

Observações

1 A função de domínio A e contradomínio B pode ser indicada por:

$f: A \to B$ (Lemos: "função de A em B".)

2 A indicação $f: \mathbb{R} \to \mathbb{R}$ significa que a função f tem o domínio e o contradomínio formados por números reais.

Valor de uma função

Para encontrar a imagem de determinado valor do domínio, basta substituir x por esse valor na lei da função.

Exemplos

Dada a função $f: \mathbb{R} \to \mathbb{R}$, definida por $f(x) = x^2 + 2x + 1$, determinar:

a) $f(-3)$;

Solução

a) $f(-3) = (-3)^2 + 2 \cdot (-3) + 1$

$f(-3) = 4$

b) $f(0)$;

Solução

b) $f(0) = 0^2 + 2 \cdot 0 + 1$

$f(0) = 1$

c) $f\left(\frac{1}{2}\right)$.

Solução

c) $f\left(\frac{1}{2}\right) = \left(\frac{1}{2}\right)^2 + 2 \cdot \left(\frac{1}{2}\right) + 1$

$f\left(\frac{1}{2}\right) = \frac{9}{4}$

EXERCÍCIOS

10 Os diagramas representam funções de A em B. Determine, em cada caso, o domínio, o contradomínio e o conjunto imagem.

a)

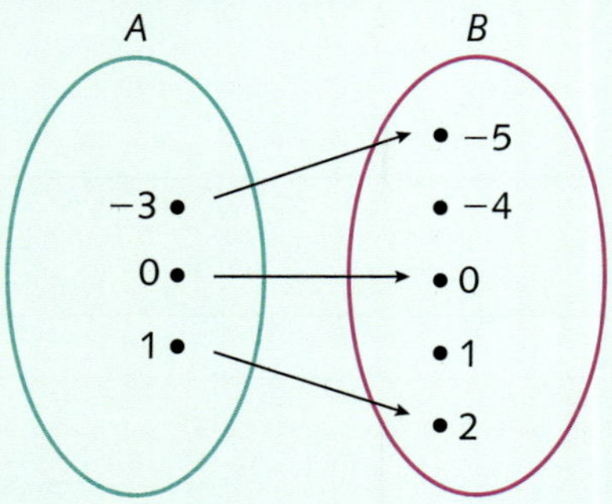

b)

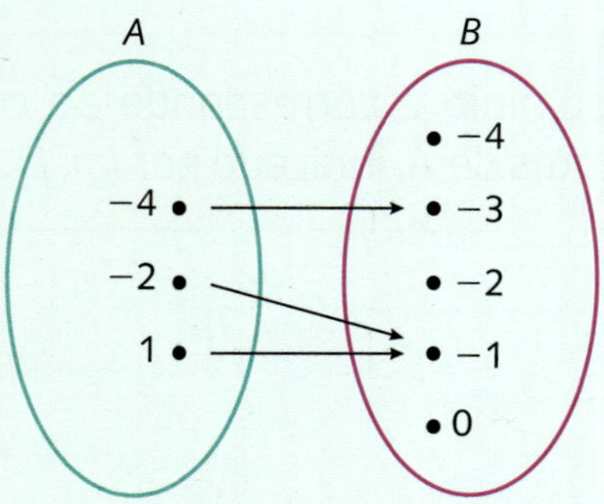

11 Verifique se os diagramas a seguir representam funções de A em B. Em caso afirmativo, determine o conjunto imagem dessas funções.

a)

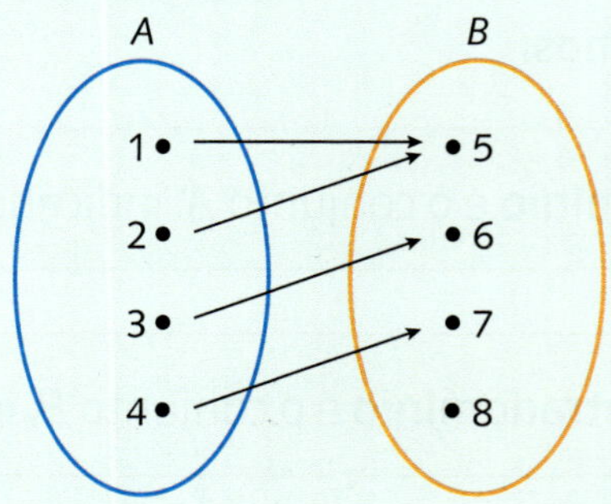

b)

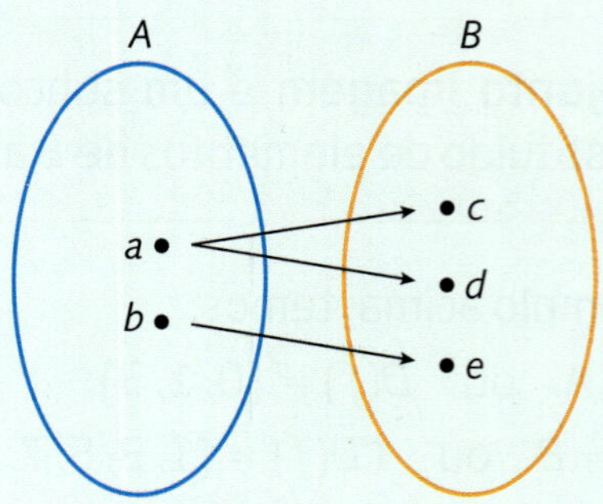

ILUSTRAÇÕES: ADILSON SECCO

12 Sendo $L = \{1, 2, 3\}$ e $M = \{1, 3, 5, 6, 7, 9\}$, determine o conjunto imagem da função $f: L \to M$, definida por $f(x) = 2x + 1$.

13 Dados os conjuntos $A = \{0, 1, 2\}$ e $B = \{-2, -1, 0, 1, 2, 3, 4\}$, determine o conjunto imagem das funções de A em B, definidas por:

a) $f(x) = x - 2$;

b) $f(x) = 2x$;

c) $f(x) = 3x - 2$;

d) $f(x) = x$.

14 Dada a função $f: \mathbb{R} \to \mathbb{R}$, definida por $f(x) = 5x + 2$, calcule:

a) $f(-2)$;

b) $f(0)$;

c) $f(-1)$;

d) $f\left(\frac{3}{4}\right)$.

15 Dada a função $f: \mathbb{R} \to \mathbb{R}$, definida por $f(x) = x^2 - 7x + 12$, calcule:

a) $f(-5)$;

b) $f(3)$;

c) $f(-4)$;

d) $f\left(-\frac{1}{2}\right)$.

16 Dada a função $f: \mathbb{R} \to \mathbb{R}$, definida por $f(x) = 5x - 2$, determine o valor de x de modo que:

a) $f(x) = 0$;

b) $f(x) = 3$;

c) $f(x) = -10$;

d) $f(x) = 13$.

17 Sendo $f: \mathbb{R}^* \to \mathbb{R}$ a função definida por $f(x) = \frac{2x - 3}{5x}$, responda:

a) Qual é o elemento do domínio que tem $-\frac{2}{5}$ como imagem?

b) Qual é a imagem do elemento $x = 0$?

18 Dada a função $f(x) = \frac{1}{2}x - \frac{3}{4}$, calcule:

a) $\frac{f(0) - f(1)}{f(2)}$;

b) $\frac{f(2) - f(1)}{f(0)}$.

19 Considere as funções f e g, ambas com domínio $\mathbb{Z}$, dadas por $f(x) = x^2 - 2x$ e $g(x) = 2^x - \frac{13}{4}$. Calcule:

a) $f(-2)$;

b) $g(-2)$;

c) $f(-2) - g(-2)$;

d) $\frac{f(-2)}{g(-2)}$.

20 Dada a função $f: \mathbb{R} \to \mathbb{R}$, definida por $f(x) = x^2 - 7x + 6$, determine o valor de x de modo que:

a) $f(x) = 0$;
c) $f(x) = -6$;

b) $f(x) = -4$;
d) $f(x) = x$.

21 Considere as funções g e h, ambas com domínio $\mathbb{R}^*$, definidas por $g(x) = \frac{x^2 - 4x + 21}{x}$ e $h(x) = x - 1$. A imagem de certo valor de x pela função g é igual à imagem de x pela função h. Qual é o valor de x?

22 Seja $f: \mathbb{R}^* \to \mathbb{R}$ definida por $f(x) = 3x - 7$, calcule a e b de modo que:

a) $f(a) = b$ e $f(b) = 2a$;

b) $f\left(\frac{a}{3}\right) = \frac{b}{3}$ e $f(b) = 5a - b$.

23 Observe, na figura abaixo, um quadrado com 4 cm de lado.

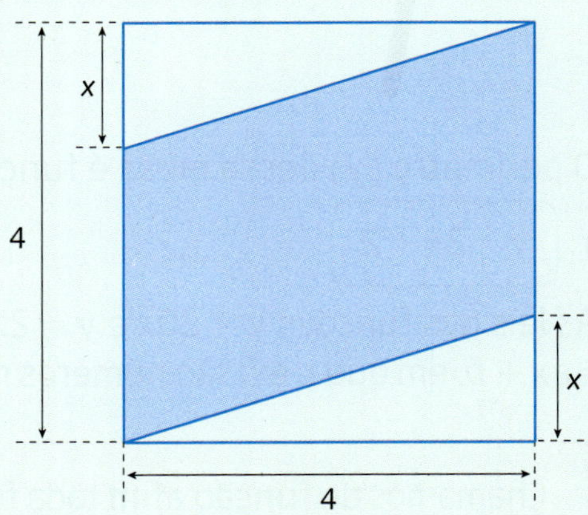

ADILSON SECCO

Sabendo que as medidas da figura estão em centímetro, determine:

a) a área da região azul (em centímetro quadrado) em função de x;

b) o domínio da função.

3 Função afim

Em várias situações, podemos nos valer de uma **função** para representar a relação entre grandezas envolvidas em um problema. Acompanhe as situações a seguir.

Situação 1

Uma bomba retira água de uma cisterna e lança em uma caixa-d'água com vazão de 20 ℓ de água por minuto. A tabela mostra a relação do número de litros de água despejado na caixa-d'água em função do tempo.

Tempo (min)	Número de litros (ℓ)
1	20
2	40
3	60
4	80
5	100
6	120

A lei da função que relaciona o número (y) de litros de água despejado com o tempo (x), em minuto, de funcionamento da bomba pode ser representado por: $y = 20 \cdot x$

Situação 2

Uma marcenaria fabrica mesas com largura fixa de 1 m e comprimento de medidas variadas. A tabela mostra a relação entre as medidas de comprimento e os perímetros das mesas fabricadas.

GUILHERME CASAGRANDI

Medida do comprimento (x)	Perímetro (y)
1	4
2	6
3	8
4	10
5	12

O perímetro (y) dessa mesa é função da medida (x) do comprimento e pode ser expresso por: $y = 2x + 2$

As leis das funções $y = 20x$ e $y = 2x + 2$, que correspondem às situações 1 e 2, são do tipo $y = ax + b$, em que a e b são números reais. Essas leis lembram uma **função afim**.

> Chamamos de **função afim** toda função, de $\mathbb{R}$ em $\mathbb{R}$, que pode ser indicada por $y = ax + b$, com a e b reais.

Exemplos

- $y = 2x + 5$, com $a = 2$ e $b = 5$
- $f(x) = -7x$, com $a = -7$ e $b = 0$

Podemos classificar as funções afins em: função do 1º grau e função constante.

Função do 1º grau

Toda função de $\mathbb{R}$ em $\mathbb{R}$ que pode ser escrita na forma $y = ax + b$, com $a \in \mathbb{R}$, $b \in \mathbb{R}$ e $a \neq 0$, é uma **função do 1º grau**.

Exemplos

- $y = \frac{x}{3} - \frac{1}{2}$
- $f(x) = 4x - 7$

Temos um caso particular de função do 1º grau: a função linear, em que $b = 0$.

Função linear é toda função de $\mathbb{R}$ em $\mathbb{R}$ que pode ser escrita na forma $y = ax$, com $a \in \mathbb{R}^*$.

Exemplos

- $y = 50x$, com $a = 50$
- $f(x) = \frac{x}{8}$, com $a = \frac{1}{8}$

Função constante

Função constante é toda função de $\mathbb{R}$ em $\mathbb{R}$ que pode ser escrita na forma $y = b$, com $b \in \mathbb{R}$.

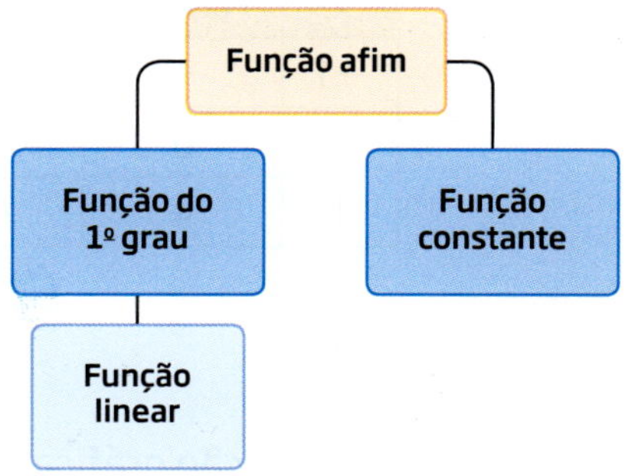

Ou seja, a função constante é um caso particular de função afim, com $a = 0$.

Exemplos

- $y = 7$
- $f(x) = \frac{7}{3}$

Gráfico da função afim

Conteúdo digital
• Animação: Função afim

Veja a sequência para representar graficamente uma função:

1º) Atribuir valores aleatórios à variável x.

2º) Determinar os valores de y correspondentes aos valores de x utilizados.

3º) Indicar no plano cartesiano os pontos encontrados.

4º) Traçar a reta que passa por esses pontos.

Observe os exemplos a seguir.

▶ Representar, no plano cartesiano, a função do 1º grau definida por $f(x) = 3x + 2$.

Solução

Inicialmente, vamos construir uma tabela de valores para obter alguns pares ordenados.

Para $x = -2$, $f(-2) = 3 \cdot (-2) + 2 = -4$

Para $x = -1$, $f(-1) = 3 \cdot (-1) + 2 = -1$

Para $x = 0$, $f(0) = 3 \cdot 0 + 2 = 2$

Para $x = 1$, $f(1) = 3 \cdot 1 + 2 = 5$

x	$f(x) = y$	(x, y)
-2	-4	$(-2, -4)$
-1	-1	$(-1, -1)$
0	2	$(0, 2)$
1	5	$(1, 5)$

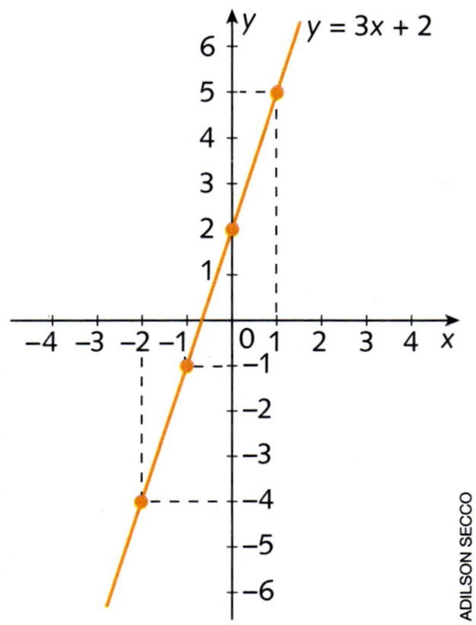

ADILSON SECCO

Observações

1 A representação gráfica da função afim é uma **reta**.

2 Como uma reta pode ser determinada por dois pontos distintos, apenas dois pares ordenados são suficientes para representá-la.

▸ Representar, no plano cartesiano, a função linear definida por $f(x) = 4x$.

Solução

Para $x = -1$, $f(-1) = 4 \cdot (-1) = -4$
Para $x = 0$, $f(0) = 4 \cdot 0 = 0$
Para $x = 1$, $f(1) = 4 \cdot 1 = 4$

x	$f(x) = y$	(x, y)
-1	-4	$(-1, -4)$
0	0	$(0, 0)$
1	4	$(1, 4)$

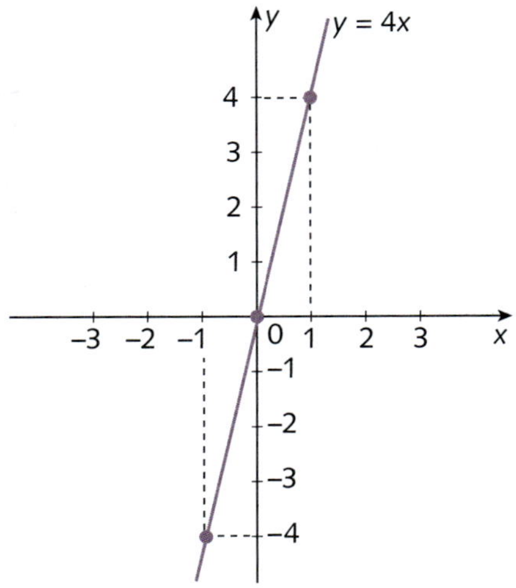

Observação

A representação gráfica da função linear é sempre uma **reta** que passa pelo ponto (0, 0), ou seja, pela **origem** do plano cartesiano.

▸ Representar, no plano cartesiano, a função constante definida por $y = -3$.

Solução

x	y	(x, y)
-1	-3	$(-1, -3)$
0	-3	$(0, -3)$
2	-3	$(2, -3)$

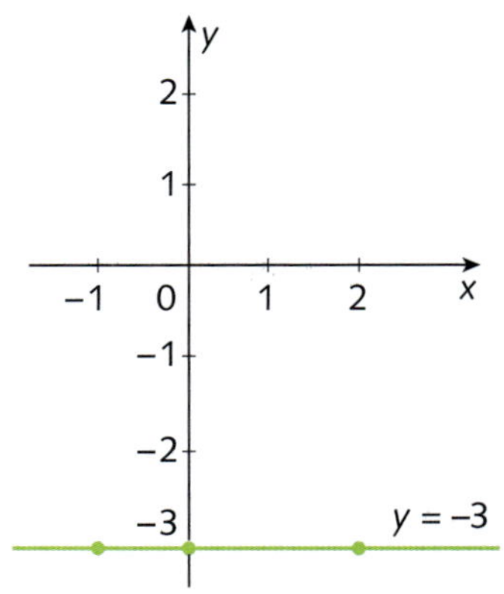

Como a função é constante, o valor de y sempre será -3, independentemente do valor atribuído a x.

Observe a representação gráfica de uma função do 1º grau, de uma função linear e de uma função constante na ilustração ao lado. Essas funções são exemplos de **função afim**.

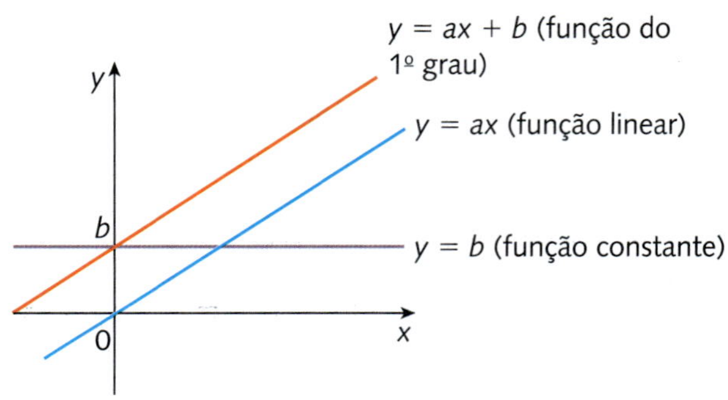

ILUSTRAÇÕES: ADILSON SECCO

Resolução gráfica de um sistema de equações

Podemos obter a solução de um sistema de duas equações do 1º grau com duas incógnitas traçando os gráficos das retas que representam as equações e determinando a intersecção delas. O ponto de intersecção é a solução do sistema. Veja o exemplo abaixo.

Resolver o sistema: $\begin{cases} y = -2x + 8 \\ y = \frac{4}{3}x - 2 \end{cases}$

Solução

$y = -2x + 8$

x	y	(x, y)
0	8	(0, 8)
4	0	(4, 0)

$y = \frac{4}{3}x - 2$

x	y	(x, y)
0	−2	(0, −2)
$\frac{3}{2}$	0	$\left(\frac{3}{2}, 0\right)$

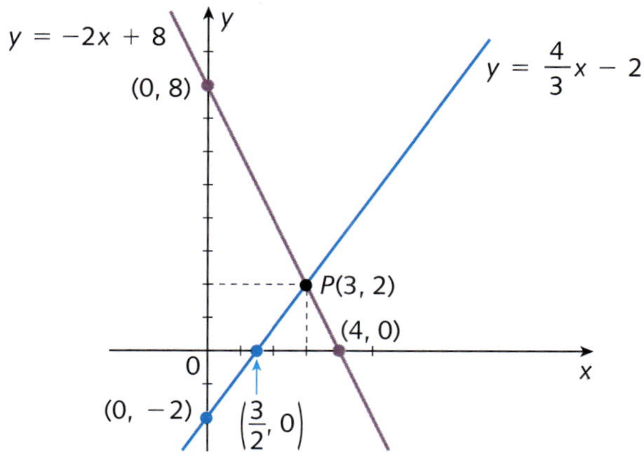

ADILSON SECCO

Observando o gráfico, percebemos que as retas se intersectam em um único ponto P. Esse ponto é a solução do sistema: $S = \{(3, 2)\}$.

Substituindo x por 3 e y por 2 no sistema, conferimos que esse par ordenado é solução do sistema.

Biografia

Gottfried Leibniz (1646-1716)

Gottfried Wilhelm Leibniz foi um grande gênio do século XVII. Nascido em Leipzig, na Alemanha, dedicou-se aos estudos em diversas áreas, tais como Direito, Filosofia e Matemática, além de outras línguas.

Foi Leibniz quem usou o termo **função** ao relacionar quantidade com uma curva. Outros termos também usados por ele foram **constante**, **variável** e **parâmetros**.

1656 O holandês Christian Huygens inventou o relógio de pêndulo

1679 Na Inglaterra é instituído o *habeas corpus* como direito de locomoção dos indivíduos que perderam a liberdade

1698 O italiano Bartolomeu Cristofori di Francesco inventou o piano

1709 O padre brasileiro Bartolomeu de Gusmão voou pela primeira vez na Passarola, um balão de ar quente inventado por ele

ILUSTRAÇÕES: TOMA

EXERCÍCIOS

24 Márcia tem um terreno cujo comprimento mede 60 m. Vamos representar por y o perímetro e por x a medida da largura do terreno, ambos em metro.

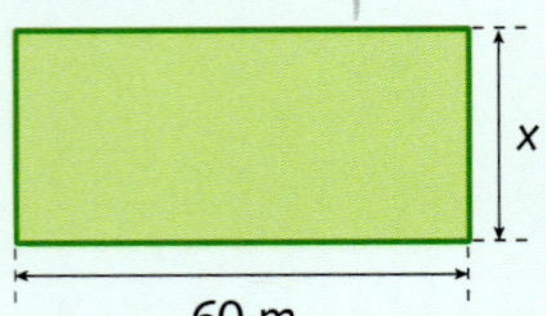

Nessas condições, responda:

a) Qual é a lei da função que relaciona o perímetro e a medida da largura do terreno?

b) Qual será o perímetro do terreno, se a medida da largura for 30 m?

c) Qual será o perímetro do terreno, se a medida da largura for 0,035 km?

d) Qual será a medida da largura do terreno, se o perímetro for 210 m?

25 A tabela ao lado relaciona o tempo (t), em minuto, que uma válvula de saída de água fica aberta e o volume (V), em litro, de água despejada em uma piscina.

t (min)	V (ℓ)
1	60
2	120
3	180
4	240

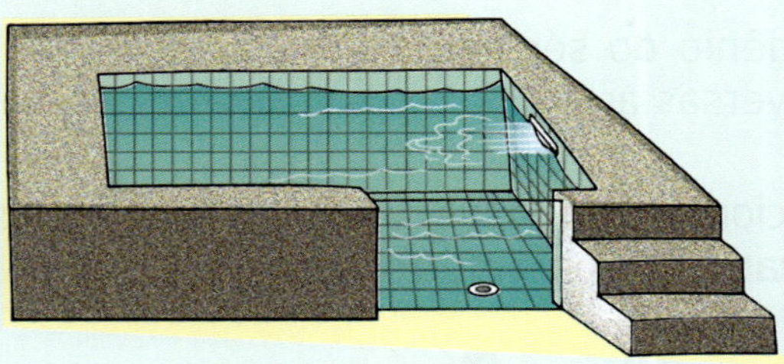

De acordo com a tabela, responda às questões.

a) Qual é a lei da função que relaciona o volume (V), em litro, de água despejada na piscina e o tempo (t), em minuto, que a válvula fica aberta?

b) Qual é a quantidade de água contida no interior da piscina no tempo de 10 minutos?

c) Qual é o tempo necessário para que a piscina fique com exatamente 900 ℓ?

26 Identifique as funções afins.

a) $y = x - 5$

b) $y = 4 - 2x$

c) $y = 1$

d) $y = x^2 - 5x + 6$

e) $y = 3x - 18$

f) $y = -4 - x$

g) $y = x^2$

27 Determine os valores de a e b para cada função dada por $f(x) = ax + b$.

a) $f(x) = -7x$

b) $f(x) = \frac{4}{3}x - \frac{1}{3}$

c) $f(x) = 6 - 2x$

d) $f(x) = -\frac{x}{8}$

e) $f(x) = -3 - 8x$

f) $f(x) = 7x - 2$

g) $f(x) = -\frac{1}{2}x$

h) $f(x) = 5x + 4$

28 Determine o tipo e construa o gráfico das funções definidas pelas leis abaixo.

a) $y = x + 3$

b) $y = -\frac{2}{3}x$

c) $f(x) = 3x$

d) $f(x) = 3 + 6x$

e) $y = 9x - 8$

f) $y = \frac{1}{3}x - 2$

29 Construa, em um mesmo plano cartesiano, os gráficos das funções e determine as coordenadas cartesianas do ponto de encontro.

a) $y = -x + 3$ e $y = 2x - 3$

b) $y = x$ e $y = -x$

c) $y = 4x + 3$ e $y = -7x + 7$

30 Represente, no plano cartesiano, a função constante definida por $y = 2$.

Zero da função afim

> Em toda função f, cada valor de x em que $f(x) = 0$ é chamado **zero da função**.

O zero de uma função afim $y = ax + b$, com $a \neq 0$, será o único número x tal que $ax + b = 0$.

Resolvendo essa equação, obtemos $x = -\dfrac{b}{a}$.

Exemplos

Determinar o zero da função definida por:

a) $y = 2x - 2$;

Solução

Fazendo $y = 0$:

$2x - 2 = 0$

$2x = 2$

$x = \dfrac{2}{2}$

$x = 1$

Portanto, 1 é o zero dessa função.

b) $y = 3x + 4$.

Solução

Fazendo $y = 0$:

$3x + 4 = 0$

$3x = -4$

$x = -\dfrac{4}{3}$

Portanto, $-\dfrac{4}{3}$ é o zero dessa função.

O zero da função afim no plano cartesiano

No plano cartesiano, o zero da função do 1º grau é a abscissa do ponto de intersecção da reta com o eixo x, ou seja, é o ponto do gráfico que tem $y = 0$.

Para visualizar o zero da função definida por $y = 2x - 2$ no plano cartesiano, inicialmente traçamos o gráfico da função.

x	y	(x, y)
0	−2	(0, −2)
1	0	(1, 0)

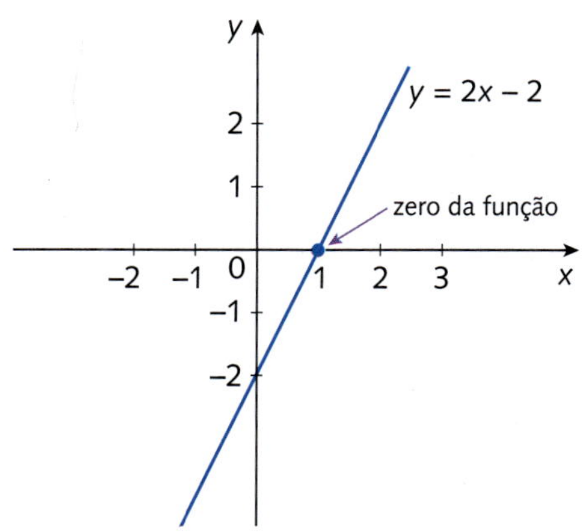

ADILSON SECCO

A abscissa do ponto de intersecção da reta com o eixo x é 1. Logo, o zero da função é 1.

Variação da função afim

Quando analisamos a variação de uma função, podemos classificá-la em: função crescente, função decrescente ou função constante.

Se, em uma função, aumentando o valor de x o valor de y aumenta, temos então uma **função crescente**. Mas, se aumentando o valor de x o valor de y diminui, temos uma **função decrescente**.

Para classificar uma função do tipo $y = ax + b$, de acordo com sua variação, temos:

- quando $\boldsymbol{a > 0}$, a função é **crescente**;
- quando $\boldsymbol{a < 0}$, a função é **decrescente**;
- quando $\boldsymbol{a = 0}$, a função é **constante**.

Exemplos

- A função dada por $f(x) = 2x + 1$ é crescente, pois $a > 0$.
- A função dada por $y = -3x + 2$ é decrescente, pois $a < 0$.
- A função dada por $h(x) = \sqrt{3}$ é constante, pois $a = 0$.

Estudo do sinal da função afim

Em uma função afim, podemos verificar para quais valores de x a função é positiva, para quais valores é negativa e para qual valor é nula.

Observe os exemplos a seguir.

- Considere a função definida por $y = 2x + 5$.

  A função é **crescente**, pois $a = 2$ $(2 > 0)$.

  O zero da função é $-\frac{5}{2}$.

  Veja, ao lado, o gráfico dessa função.

  Observe que:

  - para $x = -\frac{5}{2}$, a função é **nula**, pois $\boldsymbol{y = 0}$;
  - para $x > -\frac{5}{2}$, a função é **positiva**, pois $\boldsymbol{y > 0}$;
  - para $x < -\frac{5}{2}$, a função é **negativa**, pois $\boldsymbol{y < 0}$.

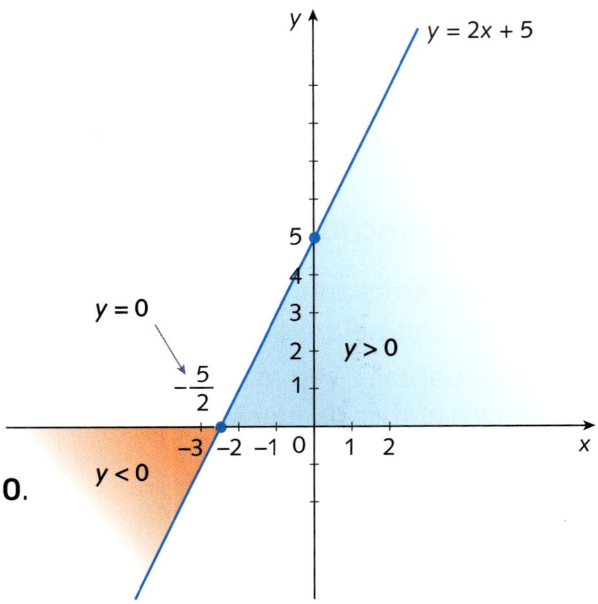

Determinamos, então, os valores reais de x que tornam a função positiva, negativa ou nula.

Montando um esquema para o estudo do sinal da função dada por $y = 2x + 5$, temos:

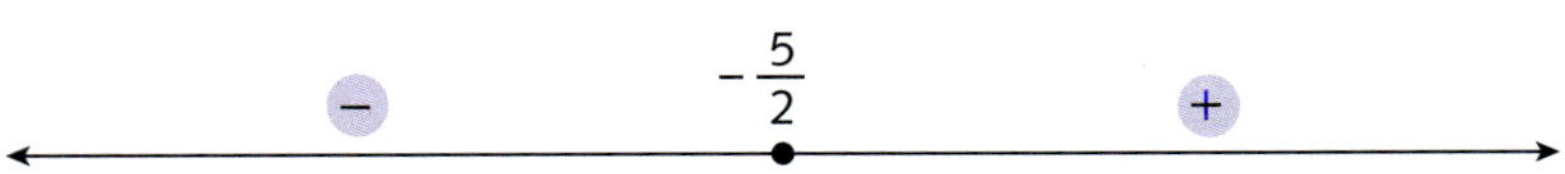

Esquema prático para determinação do sinal da função crescente $(a > 0)$:

ILUSTRAÇÕES: ADILSON SECCO

- Considere a função definida por $y = -x + 4$.

  A função é **decrescente**, pois $a = -1$ $(-1 < 0)$

  O zero da função é 4.

  Veja, ao lado, o gráfico dessa função.

  Observe que:

  - para $x = 4$, a função é **nula**, pois $\mathbf{y = 0}$;
  - para $x > 4$, a função é **negativa**, pois $\mathbf{y < 0}$;
  - para $x < 4$, a função é **positiva**, pois $\mathbf{y > 0}$.

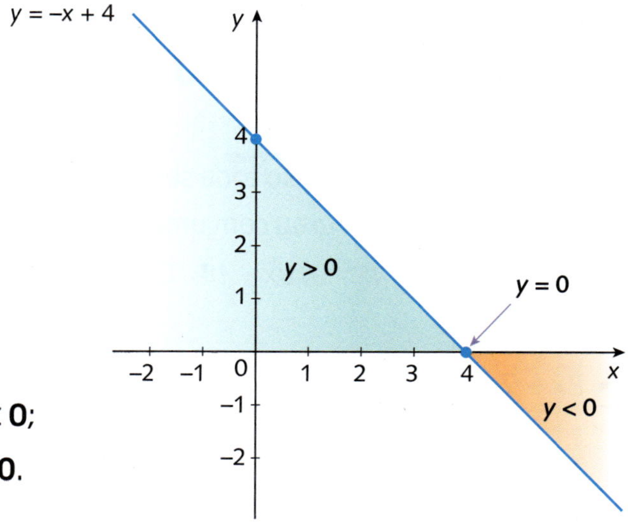

Determinamos, assim, os valores reais de x que tornam a função positiva, negativa ou nula. Montando um esquema para o estudo do sinal da função dada por $y = -x + 4$, temos:

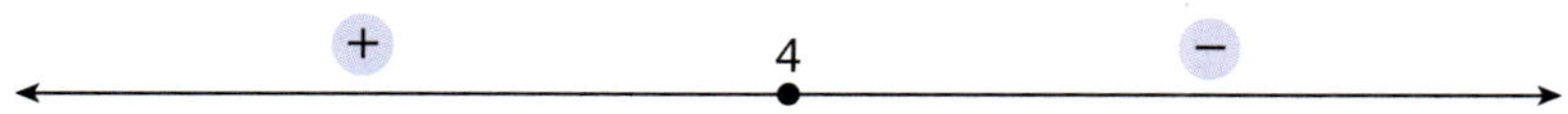

Esquema prático para determinação do sinal da função decrescente ($a < 0$):

EXERCÍCIOS

31 Determine o zero das funções do 1º grau.

a) $y = -4x + 8$
b) $y = -3x - 21$
c) $y = 2 - 8x$
d) $y = 7 - x$
e) $y = -4x - 64$
f) $y = -6x + 18$
g) $y = 3x - 9$
h) $y = 4x - 20$

32 Construa o gráfico, localize o zero de cada uma das funções e classifique-as em crescente, decrescente ou constante.

a) $f(x) = 4x - 20$
b) $f(x) = 7x - 21$
c) $f(x) = -4x + 1$
d) $f(x) = x - 3$

33 Determine os valores reais de x que tornam a função positiva, negativa ou nula.

a) $y = 2x - 6$
b) $y = -8 + x$
c) $y = -x + 11$
d) $y = -2x - 4$

34 Analise os gráficos a seguir e determine os valores de x para os quais a função afim é positiva, negativa ou nula.

a)

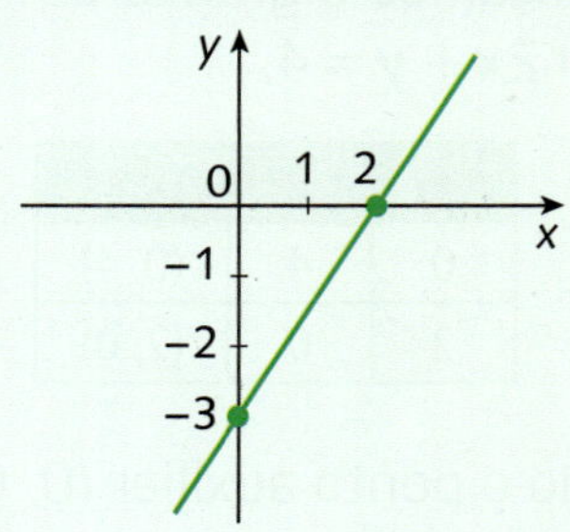

b)

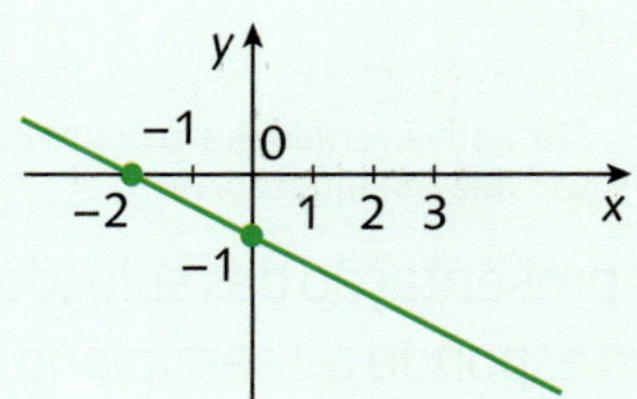

Conteúdo digital
• Atividade: Funções do 1º grau

ILUSTRAÇÕES: ADILSON SECCO

4 Inequação do 1º grau

Denominamos **inequação** toda sentença matemática aberta expressa por uma desigualdade.

As inequações do 1º grau com uma incógnita podem ser escritas em uma destas formas:

$$ax + b > 0,\ ax + b < 0,\ ax + b \geqslant 0,\ ax + b \leqslant 0, \text{ com } a \text{ e } b \text{ reais } (a \neq 0).$$

Exemplos

- $2x - 7 \geqslant 0$
- $\frac{3x}{5} + \frac{7}{2} < 0$
- $2x - \frac{1}{2} \leqslant 0$

Representação gráfica das soluções de uma inequação do 1º grau com duas incógnitas

Já aprendemos a representar graficamente a função definida por uma equação do 1º grau com duas incógnitas por meio de uma reta.

E como proceder com uma inequação?

Observe uma sequência prática:

1º) Substituir a desigualdade por uma igualdade.

2º) Traçar o gráfico da função definida pela igualdade no plano cartesiano.

3º) Escolher um **ponto auxiliar**, de preferência o ponto (0, 0), e verificar se ele satisfaz a desigualdade inicial.

Em caso positivo, a representação gráfica das soluções da inequação corresponde ao semiplano ao qual pertence o ponto auxiliar.

Em caso negativo, a representação gráfica das soluções da inequação corresponde ao semiplano oposto àquele ao qual pertence o ponto auxiliar.

Observe os exemplos a seguir.

▸ Representar graficamente as soluções da inequação $2x + y \leqslant 4$.

Solução

Primeiro, traçamos o gráfico da função definida por $2x + y = 4$.

x	y	(x, y)
0	4	(0, 4)
2	0	(2, 0)

Substituindo o ponto auxiliar (0, 0) na inequação $2x + y \leqslant 4$, verificamos:

$2 \cdot 0 + 0 \leqslant 4$

$0 \leqslant 4$ ⟶ Afirmativa verdadeira: o ponto auxiliar satisfaz a inequação.

Assim, a representação das soluções gráficas da inequação corresponde ao semiplano ao qual pertence o ponto auxiliar (0, 0). Observe o gráfico ao lado.

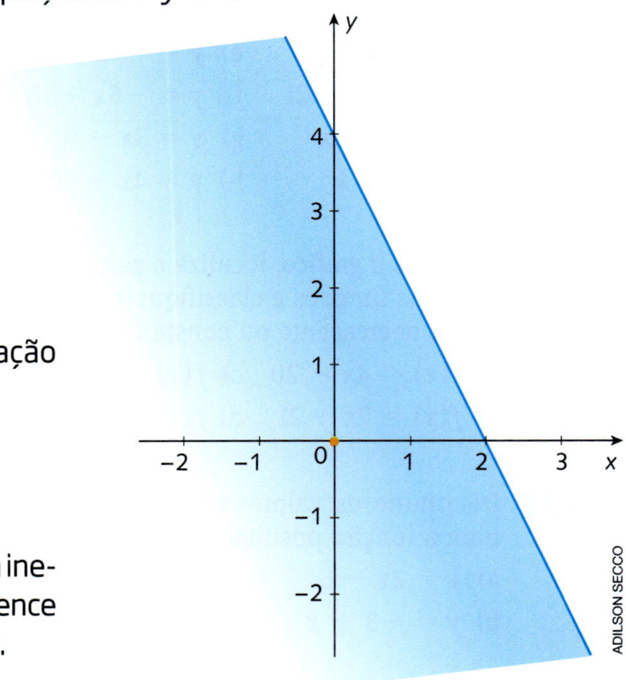

ADILSON SECCO

- Representar graficamente as soluções da inequação $-x + 3y > 6$.

Solução

Traçamos o gráfico da função definida por $-x + 3y = 6$.

x	*y*	(*x*, *y*)
−6	0	(−6, 0)
0	2	(0, 2)

Substituindo o ponto auxiliar (0, 0) na inequação $-x + 3y > 6$, verificamos:

$-0 + 3 \cdot 0 > 6$

$0 > 6$ → Afirmativa falsa: o ponto auxiliar não satisfaz a inequação.

A representação gráfica da inequação corresponde ao semiplano oposto àquele a que pertence o ponto auxiliar (0, 0).

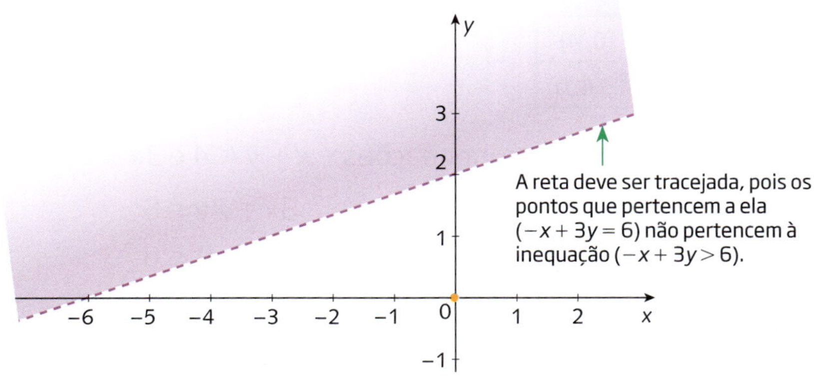

- Representar graficamente as soluções da inequação $x - 3y \geqslant 0$.

Solução

Traçamos o gráfico da função definida por $x - 3y = 0$.

x	*y*	(*x*, *y*)
−3	−1	(−3, −1)
3	1	(3, 1)

Como o ponto (0, 0) pertence à reta $x - 3y = 0$, escolhemos outro ponto qualquer como ponto auxiliar, por exemplo, (1, 2).

Substituindo o ponto auxiliar (1, 2) na inequação $x - 3y \geqslant 0$, verificamos:

$1 - 3 \cdot 2 \geqslant 0$

$-5 \geqslant 0$ → Afirmativa falsa: o ponto auxiliar não satisfaz a inequação.

A representação gráfica das soluções da inequação corresponde ao semiplano oposto àquele ao qual pertence o ponto auxiliar (1, 2).

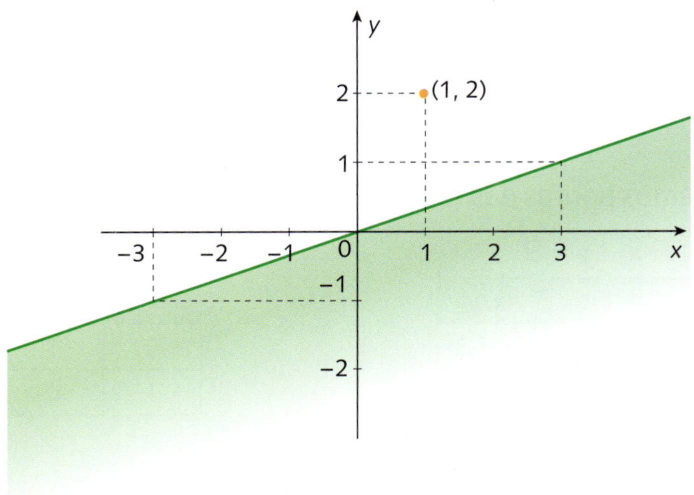

ILUSTRAÇÕES: ADILSON SECCO

Resolução gráfica de um sistema de inequações do 1º grau

Para resolver um sistema de inequações do 1º grau graficamente, devemos traçar, em um mesmo plano, o gráfico de cada inequação e, em seguida, determinar a região correspondente à intersecção dos dois semiplanos. Acompanhe os exemplos a seguir.

- Apresentar a resolução gráfica do sistema: $\begin{cases} -x + y \leqslant 4 \\ 3x + 2y \leqslant 6 \end{cases}$

Solução

Primeiro, obtemos pontos das retas de equações $-x + y = 4$ e $3x + 2y = 6$.

$-x + y = 4$

x	y	(x, y)
0	4	(0, 4)
−4	0	(−4, 0)

$3x + 2y = 6$

x	y	(x, y)
0	3	(0, 3)
2	0	(2, 0)

Substituindo o ponto auxiliar (0, 0) nas inequações $-x + y \leqslant 4$ e $3x + 2y \leqslant 6$, verificamos:

$$-x + y \leqslant 4$$
$$-0 + 0 \leqslant 4$$
$$0 \leqslant 4 \longrightarrow \text{Satisfaz.}$$

$$3x + 2y \leqslant 6$$
$$3 \cdot 0 + 2 \cdot 0 \leqslant 6$$
$$0 \leqslant 6 \longrightarrow \text{Satisfaz.}$$

Agora, representamos no mesmo plano as duas inequações.

A representação gráfica da solução do sistema é a região de intersecção dos semiplanos que representam cada uma das inequações.

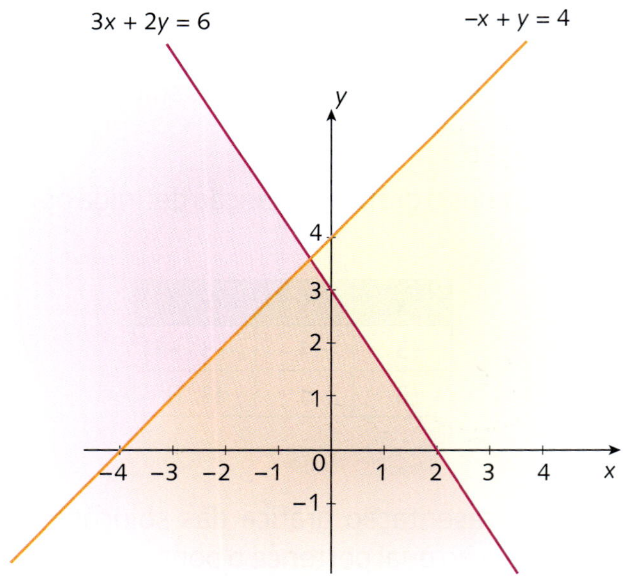

ADILSON SECCO

- Apresentar a resolução gráfica do sistema: $\begin{cases} x - y \geqslant 3 \\ x - y \leqslant 1 \end{cases}$

Solução

Inicialmente, obtemos pontos das retas de equações $x - y = 3$ e $x - y = 1$.

$x - y = 3$

x	y	(x, y)
0	−3	(0, −3)
3	0	(3, 0)

$x - y = 1$

x	y	(x, y)
0	−1	(0, −1)
1	0	(1, 0)

Substituindo o ponto auxiliar (0, 0) nas inequações $x - y \geqslant 3$ e $x - y \leqslant 1$, verificamos:

$x - y \geqslant 3$	$x - y \leqslant 1$
$0 - 0 \geqslant 3$	$0 - 0 \leqslant 1$
$0 \geqslant 3$ ⟶ Não satisfaz.	$0 \leqslant 1$ ⟶ Satisfaz.

Assim, os gráficos das inequações são:

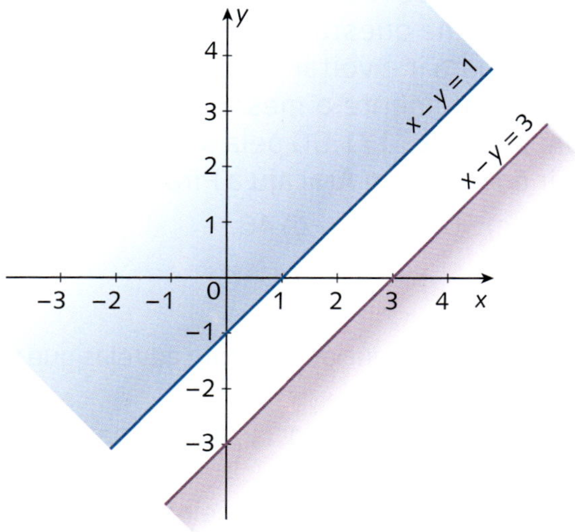

Como não há intersecção das regiões, o sistema não tem solução.

Trabalhando em equipe

Junte-se a um colega e resolvam este problema:

Ana e Paula são amigas. Elas abriram suas cadernetas de poupança no último mês e cada uma depositou R$ 2000,00 e R$ 3000,00, respectivamente.

Agora, responda à pergunta de Ana.

AVELINO GUEDES

EXERCÍCIOS

35 Construa os gráficos das inequações abaixo.

a) $x + y < 3$

b) $x + y \geqslant 2$

c) $y - 2x > 4$

d) $2x - y \leqslant 1$

36 Resolva graficamente os sistemas abaixo.

a) $\begin{cases} x + y \leqslant 6 \\ x - y \geqslant 2 \end{cases}$

b) $\begin{cases} x + y < 5 \\ 2x - y > 6 \end{cases}$

c) $\begin{cases} x + y \leqslant 4 \\ x + y \geqslant 6 \end{cases}$

ILUSTRAÇÕES: ADILSON SECCO

Trabalhando em equipe

(Etec) Um grupo de amigos, em visita a Aracaju, alugou um carro por dois dias.

A locação foi feita nas seguintes condições: R$ 40,00 por dia e R$ 0,45 por quilômetro rodado.

No primeiro dia, saíram de Aracaju e rodaram 68 km para chegar à Praia do Saco, no sul de Sergipe.

No segundo dia, também partiram de Aracaju e foram até Pirambu, no norte do estado, para conhecer o Projeto Tamar. Por uma questão de controle de gastos, o grupo de amigos restringiu o uso do carro apenas para ir e voltar desses lugares ao hotel onde estavam hospedados em Aracaju, fazendo exatamente o mesmo percurso de ida e volta. Nas condições dadas, sabendo que foram pagos R$ 171,80 pela locação do carro, então o número de quilômetros percorrido para ir do hotel em Aracaju a Pirambu foi:

a) 68. b) 61. c) 50. d) 46. e) 34.

Interpretação e identificação dos dados

- Analise as informações do enunciado e anote aquelas que você julgar relevantes para a resolução do problema.
- Escreva a função que relaciona o valor (V) a pagar em função da distância (x) percorrida, em quilômetro.
- Qual foi a distância total percorrida no primeiro dia?
- Calcule o valor gasto no primeiro dia.

Plano de resolução

- Qual foi o valor gasto no segundo dia?
- O valor calculado no item anterior corresponde a quantos quilômetros percorridos?
- Qual é a distância entre Aracaju e Pirambu?

Resolução

- Forme uma dupla com outro colega.
- Mostre a ele seu plano de resolução e verifique se há ideias comuns entre vocês.
- A dupla deverá discutir quais são as diferenças e as semelhanças de cada plano e escolher um dos planos para a execução do processo de resolução.

  Observação

  Resolvam o problema de forma coletiva, mas façam o registro individual.

Verificação

- A dupla deve reler o problema e verificar se todas as condições do enunciado foram satisfeitas.

Apresentação

- A dupla deverá pesquisar informações relativas ao município de Pirambu (SE), como: origem do nome, histórico, área do município, população estimada em 2017, densidade demográfica, etc. Estas informações podem ser obtidas no *site* do Instituto Brasileiro de Geografia e Estatística (IBGE): <www.cidades.ibge.gov.br>.

Trabalhando os conhecimentos adquiridos

Autoavaliação

1 Considere que o preço de uma entrada de cinema é R$ 15,00. A função que relaciona o número (x) de ingressos e o preço (y) a pagar, em real, é $y = 15x$.

a) Quais são as variáveis envolvidas na questão?

b) Qual delas é a variável dependente e qual é a variável independente?

2 Construa um plano cartesiano identificando o eixo das abscissas e o eixo das ordenadas. Em seguida, localize os pares ordenados: $A(3, 1)$; $B(0, 4)$; $C(-2, 0)$; $D(-1, -5)$.

3 O que você compreende a respeito do zero da função?

4 Observando a lei de formação de uma função afim, como podemos identificar se ela é crescente ou decrescente?

16

1 Dados $A = \{1, 2, 3\}$, $B = \{-1, 0, 1, 2, 4, 9\}$ e a relação $R = \{(x, y) \in A \times B \mid y = x^2\}$, determine a relação inversa de R.

2 O grau Celsius (°C) é a unidade de temperatura utilizada no Brasil. O grau Fahrenheit (°F) é a unidade de temperatura utilizada nos Estados Unidos.

Existe uma relação entre as escalas Celsius e Fahrenheit definida pela igualdade: $C = \frac{5}{9}(F - 32)$, em que C é a temperatura em grau Celsius e F é a temperatura em grau Fahrenheit.

a) Determine, em grau Fahrenheit, a temperatura correspondente a 40 °C;

b) Determine, em grau Celsius, a temperatura correspondente a 68 °F.

3 A função $f: A \to B$, definida por $f(x) = \frac{3x - 2}{x + 1}$, tem imagem $Im(f) = \{-2, 0, 2, 4, 8\}$. Determine o domínio da função.

4 Dada a função definida por $f(x) = 3x + 1$, calcule: $\frac{f(235) - f(129)}{106}$

5 Sabendo que $f(x) = x^0 + 0^x + \sqrt{x} + \sqrt{0}$, calcule $f(1)$.

6 Observe a figura abaixo e faça o que se pede.

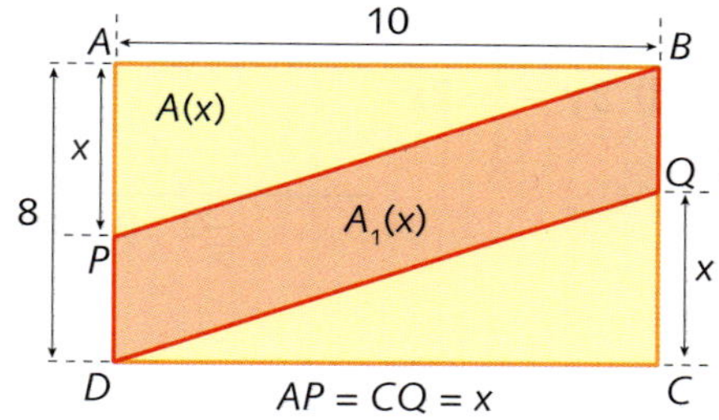

ADILSON SECCO

a) Expresse em função de x a área $A(x)$ do triângulo APB.

b) Demonstre que a área $A_1(x)$ do quadrilátero $PBQD$ é: $A_1(x) = 80 - 10x$.

7 A função f satisfaz a relação $f(x + 1) = xf(x)$, com $x > 0$. Calcule $f\left(\frac{3}{2}\right)$, sabendo que $f\left(\frac{1}{2}\right) = \sqrt{\pi}$.

8 As funções f e g, de $\mathbb{R}$ em $\mathbb{R}$, são definidas por $f(x) = x^2 - 2x - 3$ e $g(x) = \frac{3}{2}x + m$. Se $f(0) + g(0) = -5$, qual é o valor de $f(m) - 2 \cdot g(m)$?

DESAFIO

Seja f a função tal que $f(1) = a$, $f(\pi) = b$ e $f(x + y) = f(x) \cdot f(y)$, $x \in \mathbb{R}$ e $y \in \mathbb{R}$. Calcule $f(2 + \pi)$.

1 Sem construir o gráfico, determine as coordenadas do ponto em que as funções abaixo interceptam o eixo y.

a) $y = 3x - 1$

b) $y = -5x + 2$

c) $y = \frac{x}{5}$

d) $y = \frac{3x}{4} - \frac{3}{2}$

2 Construa o gráfico cartesiano das funções definidas pelas equações abaixo.

a) $y = x$

b) $y = -x$

c) $y = x + 1$

d) $y = -x + 1$

e) $y = 22x - 1$

f) $y = -2x + 1$

g) $y = \frac{1}{3}x - 2$

h) $y = -\frac{1}{3}x - 2$

3 Identifique a lei da função correspondente ao gráfico.

a) $y = 2x - 3$

b) $y = -2x + 3$

c) $y = 1{,}5x + 3$

d) $3y = -2x$

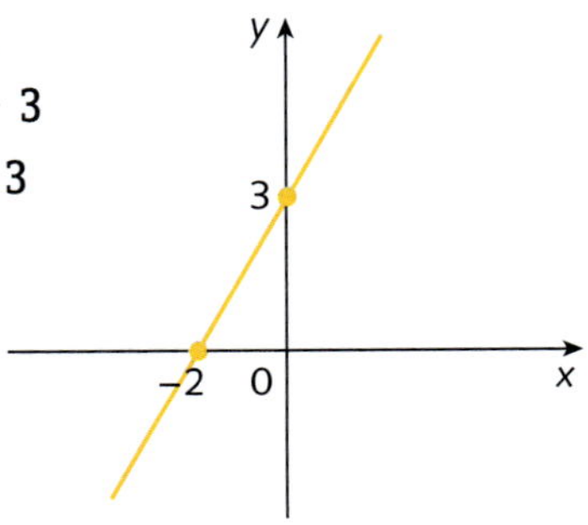

4 Dada a função f de $\mathbb{R}$ em $\mathbb{R}$, definida por $f(x) = 5x - 2$, calcule mentalmente as imagens de:

a) $x = 0$;

b) $x = 2$;

c) $x = -1$;

d) $x = 1$.

5 Observe o gráfico e responda às questões.

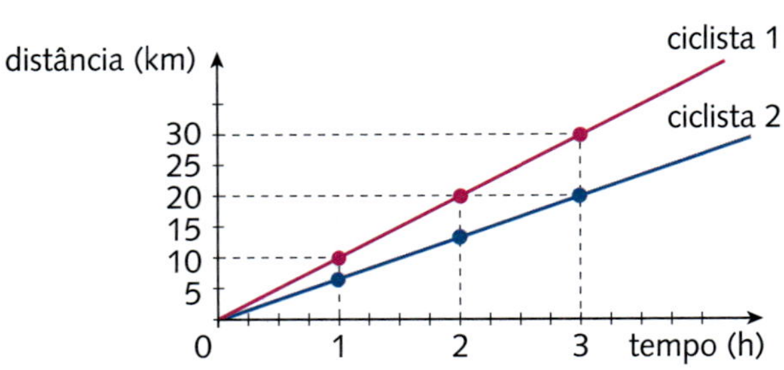

a) Qual é a distância percorrida pelo ciclista 1 em duas horas?

b) Qual é a distância entre os ciclistas após três horas da partida?

6 O perímetro do retângulo $AEFG$ é 60 cm, e a diferença entre as áreas dos retângulos $ABCD$ e $AEFG$ é 73 cm². Calcule x e y.

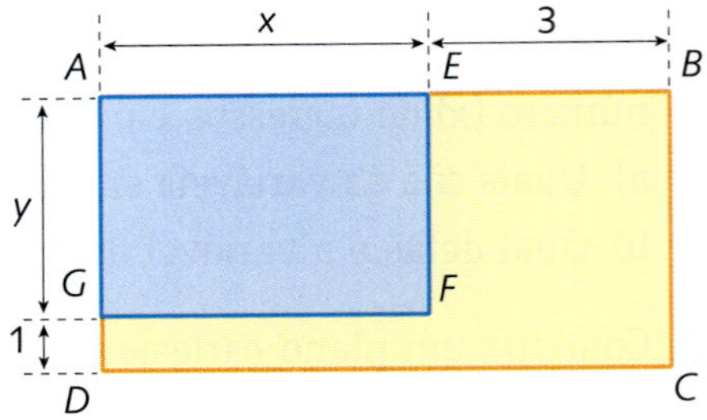

7 **(Enem)** Uma indústria fabrica um único tipo de produto e sempre vende tudo o que produz. O custo total para fabricar uma quantidade q de produtos é dado por uma função, simbolizada por CT, enquanto o faturamento que a empresa obtém com a venda da quantidade q também é uma função, simbolizada por FT. O lucro total (LT) obtido pela venda da quantidade q de produtos é dado pela expressão $LT(q) = FT(q) - CT(q)$.

Considerando-se as funções $FT(q) = 5q$ e $CT(q) = 2q + 12$ como faturamento e custo, qual a quantidade mínima de produtos que a indústria terá de fabricar para não ter prejuízo?

a) 0

b) 1

c) 3

d) 4

e) 5

DESAFIO

Identifique a única alternativa correta. Na função afim $f\colon x \longrightarrow ax + b$, se m, n, p e q forem quatro números reais ($m \neq n$; $p \neq q$), a relação $\frac{f(m) - f(n)}{m - n} = \frac{f(p) - f(q)}{p - q}$ será:

a) sempre falsa;

b) verdadeira, quando $m > n$ e $p > q$;

c) verdadeira, quando $n > m$ e $p > q$;

d) verdadeira, quando $f(m) > f(n) > f(q)$;

e) sempre verdadeira.

ILUSTRAÇÕES: ADILSON SECCO

1 Construa os gráficos das inequações abaixo.

a) $x + y > 4$

b) $x + y \geqslant 6$

c) $x + 4y > 8$

d) $y - \frac{x}{2} \geqslant 0$

e) $3x - 2y \leqslant 6$

f) $y - 2x \geqslant 0$

g) $y + x \leqslant \frac{1}{2}$

h) $-\frac{x}{2} + \frac{y}{3} \geqslant 0$

i) $x - 3y < 2$

j) $y - 5x < 5$

k) $2x + 5y < 10$

l) $y - 4x > 10$

2 Represente graficamente a solução dos sistemas de inequações abaixo.

a) $\begin{cases} x + y > 5 \\ x - 2y > -4 \end{cases}$

b) $\begin{cases} x - y < 2 \\ 3x + 4y < 12 \end{cases}$

c) $\begin{cases} 2y - x < -1 \\ y - x > -3 \end{cases}$

d) $\begin{cases} x + y \leqslant 5 \\ x + y \geqslant -2 \end{cases}$

3 **(Enem)** O prefeito de uma cidade deseja construir uma rodovia para dar acesso a outro município. Para isso, foi aberta uma licitação na qual concorreram duas empresas. A primeira cobrou R$ 100 000,00 por km construído (n), acrescidos de um valor fixo de R$ 350 000,00, enquanto a segunda cobrou R$ 120 000,00 por km construído (n), acrescidos de um valor fixo de R$ 150 000,00. As duas empresas apresentam o mesmo padrão de qualidade dos serviços prestados, mas apenas uma delas poderá ser contratada.

Do ponto de vista econômico, qual equação possibilitaria encontrar a extensão da rodovia que tornaria indiferente para a prefeitura escolher qualquer uma das propostas apresentadas?

a) $100n + 350 = 120n + 150$

b) $100n + 150 = 120n + 350$

c) $100(n + 350) = 120(n + 150)$

d) $100(n + 350\,000) = 120(n + 150\,000)$

e) $350(n + 100\,000) = 150(n + 120\,000)$

4 Desenhe as retas de equações $-2x + y = -7$ e $5x + 2y = 4$ no caderno. Em seguida, determine o ponto de intersecção dessas retas.

5 Represente graficamente, no caderno, o volume (V) do líquido contido no cilindro abaixo, em cm^3, em função da medida da altura (h) do líquido, em cm.

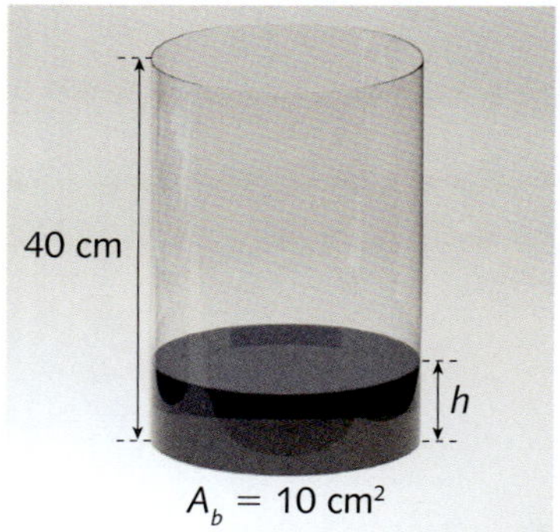

Qual é a função que relaciona V e h?

6 Uma função é dada por $y = 2x - 5$. Que igualdade expressa x em função de y?

7 Uma revista especializada em veículos automotivos afirma que determinado modelo de automóvel sofre uma depreciação (desvalorização, redução de preço) de 20% ao ano. Após cinco anos da compra desse modelo por R$ 50 000,00, qual é o valor do automóvel?

DESAFIO

Identifique a inequação deste gráfico:

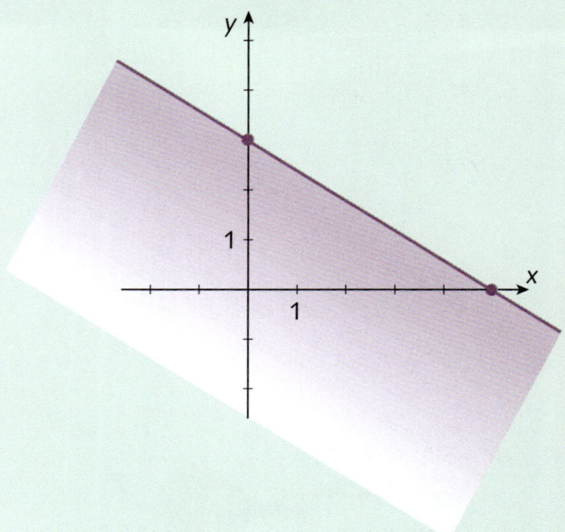

ILUSTRAÇÕES: ADILSON SECCO

CAPÍTULO 4

Funções quadráticas

Conteúdo digital
- Animação: Função quadrática

É hora de observar e discutir

A Ponte Juscelino Kubitschek, em Brasília, cruza o lago Paranoá, tem uma extensão de 1 200 metros, altura máxima de 62 metros e largura de 24 metros com duas pistas, cada uma com três faixas de rolamento. Observe a fotografia e responda:

- Como se chamam as curvas descritas pelos arcos dessa ponte?
- Como chamamos os pontos em que o gráfico de uma função corta os eixos das abscissas no plano cartesiano?

CRO MAGNON/ALAMY/GLOW IMAGES

Ponte Juscelino Kubitschek, Brasília, 2013.

Trocando ideias

Observe a situação.

A figura à esquerda representa a vista de cima de um galpão onde funciona uma cooperativa de materiais recicláveis. Para poder receber uma quantidade maior de material, o galpão será ampliado em uma mesma medida, tanto no comprimento quanto na largura, conforme o esquema à direita:

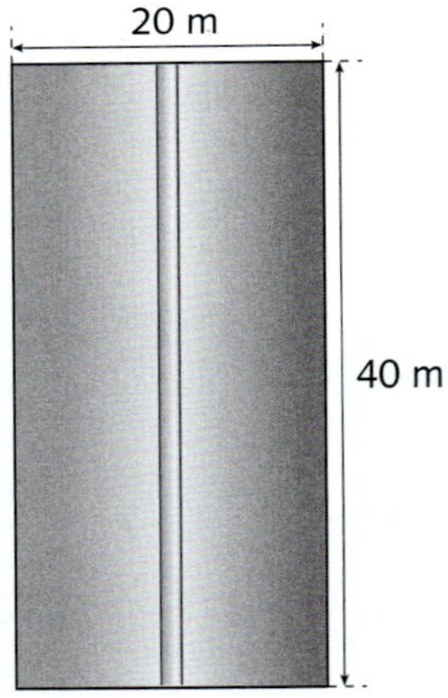

Galpão.

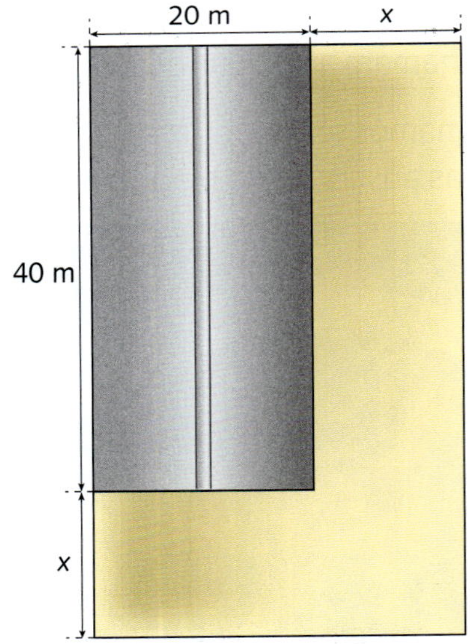

Esquema para a ampliação.

- Qual será a área do novo galpão se tanto o comprimento quanto a largura forem ampliados em 1 m?
- Escreva a lei da função que expressa a área g do galpão, em metro quadrado, após sua ampliação, em função da medida x, em metro.
- A lei da função do item anterior é lei de uma função afim? Por quê?
- Complete a tabela com os valores correspondentes.

x (em metro)	Nova área do galpão (em m^2)
2	924
2,5	
3	
5	
9	
11	

- Qual deve ser a medida de x para que o novo galpão passe a ter área igual a 1 500 m^2?

Neste capítulo, vamos estudar o conceito de função quadrática, bem como construir e analisar gráficos desse tipo de função.

1 Função quadrática

Observe as situações a seguir.

Situação 1

- Na pizzaria de Manuel, há um forno cuja temperatura y (em grau Celsius) pode ser regulada para variar em função do tempo t (em minuto), de acordo com a lei:

$$y = -\frac{t^2}{125} + 4t, \text{ em que } 0 \leqslant t \leqslant 500$$

GEORGE TUTUMI

Situação 2

- Os gafanhotos são insetos que se alimentam principalmente de folhas. Eles têm pernas posteriores muito fortes, com as quais são capazes de dar grandes saltos.

  Um biólogo observou imagens dos movimentos de um gafanhoto e concluiu que, quando esse inseto dava um pulo, sua altura h, em metro, variava em função do tempo t, em segundo, pela lei:

$$h(t) = -t^2 + 2t, \text{ em que } 0 \leqslant t \leqslant 2$$

ERIC ISSELEE/SHUTTERSTOCK

Em geral, os gafanhotos são grandes saltadores, com asas anteriores longas e estreitas e nocivos às lavouras.

As leis das funções $y = -\frac{t^2}{125} + 4t$ e $h(t) = -t^2 + 2t$, que descrevem as situações 1 e 2, lembram as de uma **função quadrática**.

Função quadrática é toda função f cuja lei pode ser escrita na forma $f(x) = ax^2 + bx + c$, em que a, b e c são números reais, com $a \neq 0$, e x pode ser qualquer número real.

Exemplos

- $f(x) = 2x^2 + 16x + 30$, em que $a = 2$, $b = 16$ e $c = 30$.
- $f(x) = x^2 - 16$, em que $a = 1$, $b = 0$ e $c = -16$.
- $f(x) = 6x^2$, em que $a = 6$, $b = 0$ e $c = 0$.

EXERCÍCIOS

1 Considerando $f(x) = ax^2 + bx + c$, em que $a \neq 0$, determine os valores dos coeficientes a, b e c nas funções quadráticas dadas por:

a) $f(x) = x^2 - 25$;

b) $f(x) = -3x^2 - 6x + 9$;

c) $f(x) = x^2 - 18$;

d) $f(x) = -5x^2 + 13x$;

e) $f(x) = x^2 - 10x + 25$.

2 Sendo a função quadrática definida por $f(x) = 2x^2 - 6$, determine:

a) $f(5)$;

b) $f(0)$;

c) $f(-2)$;

d) $f(\sqrt{11})$.

3 Dada a função quadrática definida por $f(x) = x^2 - 5x + 6$, para que valores de x $f(x) = 0$?

4 Observe a figura abaixo.

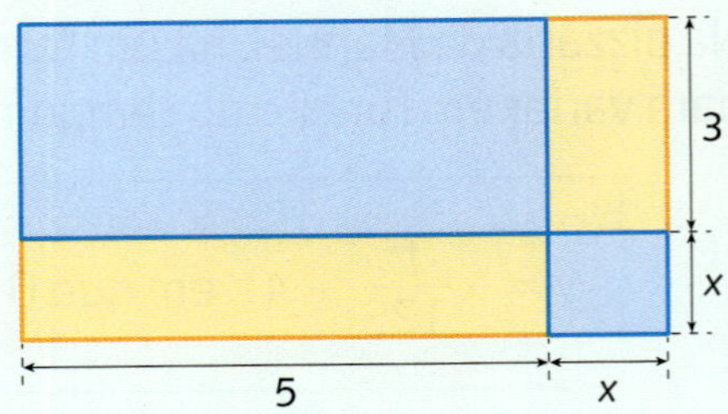

GUILHERME CASAGRANDI

A área y da figura é dada em função do comprimento x indicado. Qual é a lei de formação dessa função?

2 Gráfico de uma função quadrática

O gráfico de toda função quadrática é uma curva chamada **parábola**. Para construir o gráfico, procedemos de maneira similar à construção dos gráficos de funções afins.

1º) Atribuímos valores aleatórios à incógnita x.

2º) Determinamos os valores de y correspondentes aos valores de x utilizados.

3º) Indicamos no plano cartesiano os pontos encontrados.

4º) Unimos os pontos traçando uma curva chamada de **parábola**.

Observe os exemplos a seguir.

- Construir no plano cartesiano o gráfico da função f de $\mathbb{R}$ em $\mathbb{R}$, definida por $f(x) = x^2 + 2x - 3$.

Solução

Primeiro, montamos uma tabela de valores para a determinação dos pares ordenados.

x	$f(x) = y$	(x, y)
-3	0	$(-3, 0)$
-2	-3	$(-2, -3)$
-1	-4	$(-1, -4)$
0	-3	$(0, -3)$
1	0	$(1, 0)$

Para $x = -3$: $f(-3) = (-3)^2 + 2 \cdot (-3) - 3 = 0$

Para $x = -2$: $f(-2) = (-2)^2 + 2 \cdot (-2) - 3 = -3$

Para $x = -1$: $f(-1) = (-1)^2 + 2 \cdot (-1) - 3 = -4$

Para $x = 0$: $f(0) = (0)^2 + 2 \cdot (0) - 3 = -3$

Para $x = 1$: $f(1) = (1)^2 + 2 \cdot (1) - 3 = 0$

A curva determinada por uma função polinomial do 2º grau é chamada de **parábola**.

O gráfico dessa função é uma parábola com **concavidade** voltada **para cima**.

O ponto V (indicado na figura ao lado) é denominado **vértice** da parábola.

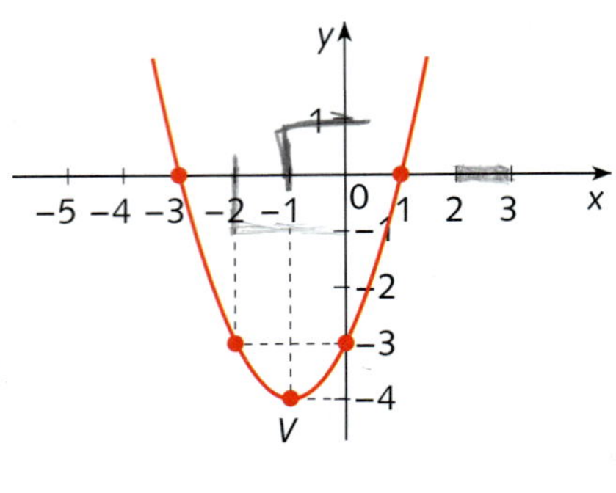

ADILSON SECCO

▸ Construir no plano cartesiano o gráfico da função f de $\mathbb{R}$ em $\mathbb{R}$, definida por $f(x) = -x^2 + 4x$.

Solução

Para $x = -1$: $f(-1) = -(-1)^2 + 4 \cdot (-1) = -5$

Para $x = 0$: $f(0) = -(0)^2 + 4 \cdot (0) = 0$

Para $x = 1$: $f(1) = -(1)^2 + 4 \cdot (1) = 3$

Para $x = 2$: $f(2) = -(2)^2 + 4 \cdot (2) = 4$

Para $x = 3$: $f(3) = -(3)^2 + 4 \cdot (3) = 3$

Para $x = 4$: $f(4) = -(4)^2 + 4 \cdot (4) = 0$

Para $x = 5$: $f(5) = -(5)^2 + 4 \cdot (5) = -5$

x	$f(x) = y$	(x, y)
−1	−5	(−1, −5)
0	0	(0, 0)
1	3	(1, 3)
2	4	(2, 4)
3	3	(3, 3)
4	0	(4, 0)
5	−5	(5, −5)

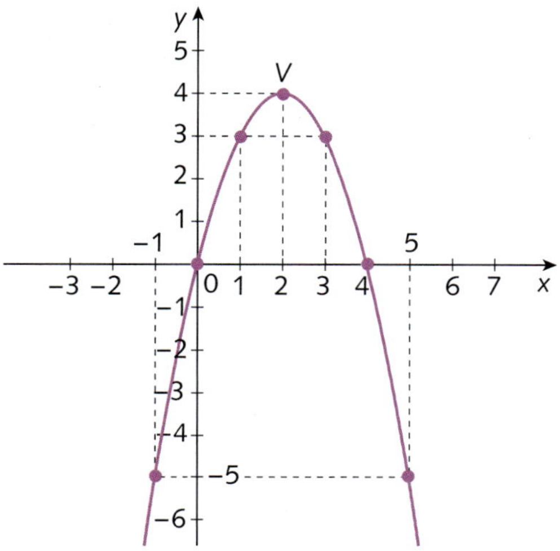

ADILSON SECCO

PETER HERBERT/ALAMY/GLOW IMAGES

O estádio da Luz localiza-se em Lisboa (Portugal) e tem capacidade para 65 mil pessoas. Recebe esse nome por ter o telhado em policarbonato, suportado por arcos em forma de parábola com 43 metros de altura, permitindo a penetração dos raios solares e iluminando o estádio, ao mesmo tempo que transmite a ideia de flutuar sobre as bancadas onde se assentam.

O gráfico dessa função é uma parábola com **concavidade** voltada **para baixo**.

O ponto V é o **vértice** da parábola.

Lendo e aprendendo

A parábola

Parábola é uma curva geométrica que pode ser visualizada parcialmente quando um plano secciona a superfície de um cone, como mostra a figura ao lado.

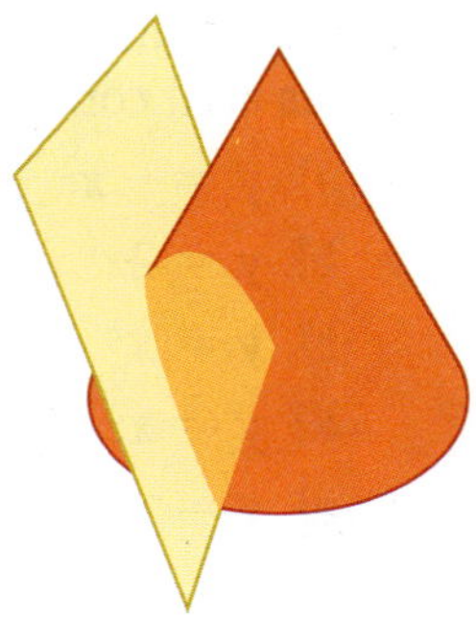

GUILHERME CASAGRANDI

Etimologicamente, a palavra *parábola* provém do grego e significa "lançar ao longe". Seu significado foi sempre associado à trajetória de um objeto lançado para cima, porém não na vertical.

MARCELCLEMENS/SHUTTERSTOCK

Concavidade da parábola

A parábola que representa o gráfico de uma função quadrática pode ter concavidade voltada para cima ou para baixo.

Dada uma função quadrática de lei $f(x) = ax^2 + bx + c$, com $a \neq 0$, podemos tomar como regra:

Se $a > 0$, a parábola tem concavidade voltada para cima.

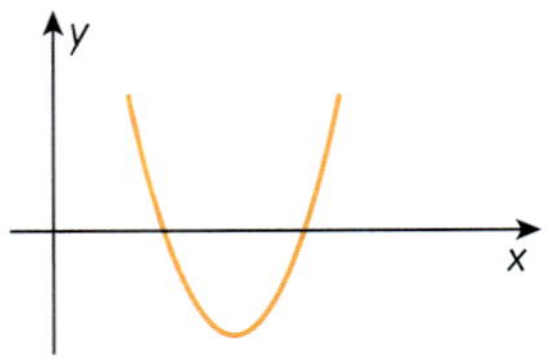

Se $a < 0$, a parábola tem concavidade voltada para baixo.

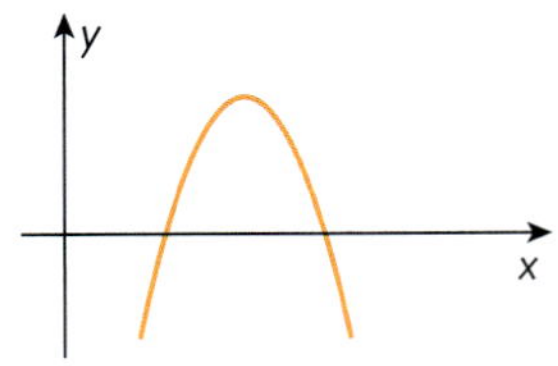

ILUSTRAÇÕES: ADILSON SECCO

Exemplos

- $f(x) = x^2 + 2x - 3$ ($a = 1$)

  A parábola tem concavidade voltada para cima, pois $a > 0$.

- $f(x) = -x^2 + 4x$ ($a = -1$)

  A parábola tem concavidade voltada para baixo, pois $a < 0$.

EXERCÍCIOS

5 Construa o gráfico das funções definidas pelas leis abaixo.

a) $y = x^2 + 2$
b) $y = x^2 - 4$
c) $y = -x^2 + 6x$
d) $y = x^2 - 4x + 3$
e) $y = -x^2 + 2x - 1$
f) $y = -2x^2 - 4x + 6$

6 Quais das leis abaixo representam parábolas com concavidade voltada para cima?

a) $y = -x^2 + x + 2$
b) $y = 2x^2$
c) $y = x^2 + 4x$
d) $y = x^2 + 2x + 5$
e) $y = -3x^2 + 6$
f) $y = -2x^2 + x + 3$
g) $y = -\dfrac{x^2}{2} - x$
h) $y = \left(\dfrac{x}{7} + 6\right)(-x + 2)$
i) $y = \left(\dfrac{5}{9}x + 3\right)^2$

7 Determine os valores de m para que o gráfico da função dada por $f(x) = (m - 7)x^2 - 3x - 2$ tenha a concavidade voltada para baixo.

8 Um projétil é lançado, e verifica-se que sua altura alcançada (y), em metro, é função do espaço percorrido (x), em metro, de acordo com a lei e o gráfico a seguir:

$$y = -\frac{x^2}{900} + \frac{2x}{3},\ x \geq 0$$

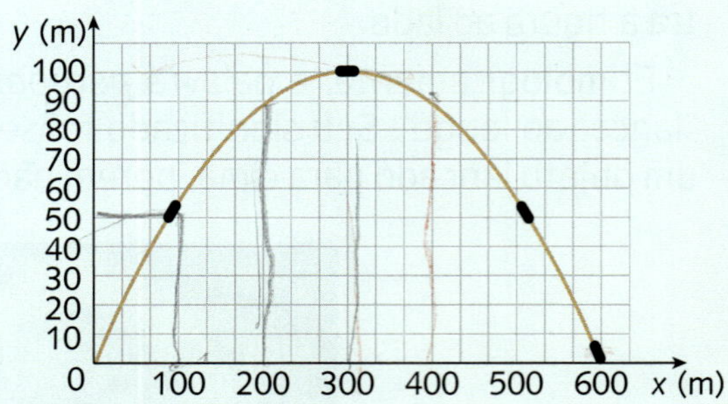

GUILHERME CASAGRANDI

a) Complete a tabela com os valores correspondentes.

Distância (metro)	Altura (metro)
100	
	100
200	
400	
600	0

b) Qual é a altura máxima atingida pelo projétil?

c) Depois de quantos metros percorridos o projétil atinge a altura máxima?

d) Qual é a distância total percorrida pelo projétil após ser disparado?

Zeros de uma função quadrática

Denominamos **zeros da função quadrática** os valores de x tais que $f(x) = 0$.

Assim, na função dada pela lei $f(x) = x^2 + 2x - 3$:

- o número -3 é zero da função, pois, para $x = -3$, temos $f(-3) = 0$;
- o número 1 é zero da função, pois, para $x = 1$, temos $f(1) = 0$;
- o número 0 não é zero da função, pois, para $x = 0$, temos $f(0) = -3$.

Determinação dos zeros da função

Para determinar os zeros da função definida por $f(x) = ax^2 + bx + c$, com $a \neq 0$, basta resolver a equação do 2º grau $ax^2 + bx + c = 0$.

Graficamente, os zeros da função quadrática (quando existem) correspondem às abscissas dos pontos de intersecção da parábola com o eixo x.

Observe os exemplos a seguir.

Exemplos

- Determinar os zeros da função dada por $f(x) = x^2 - 5x + 6$.

Solução

$x^2 - 5x + 6 = 0$

$\Delta = b^2 - 4ac$

$\Delta = (-5)^2 - 4 \cdot 1 \cdot 6$

$\Delta = 1$

$$x = \frac{-b \pm \sqrt{\Delta}}{2a}$$

$$x = \frac{-(-5) \pm \sqrt{1}}{2 \cdot 1} = \frac{5 \pm 1}{2} \quad \begin{cases} x_1 = \dfrac{6}{2} = 3 \\ x_2 = \dfrac{4}{2} = 2 \end{cases}$$

A equação $x^2 - 5x + 6 = 0$ tem duas raízes reais diferentes: $x_1 = 3$ e $x_2 = 2$.

Assim, os zeros da função dada por $f(x) = x^2 - 5x + 6$ são 2 e 3. Isso significa que o gráfico da função f intercepta o eixo x em dois pontos: (2, 0) e (3, 0). Observe o esboço do gráfico.

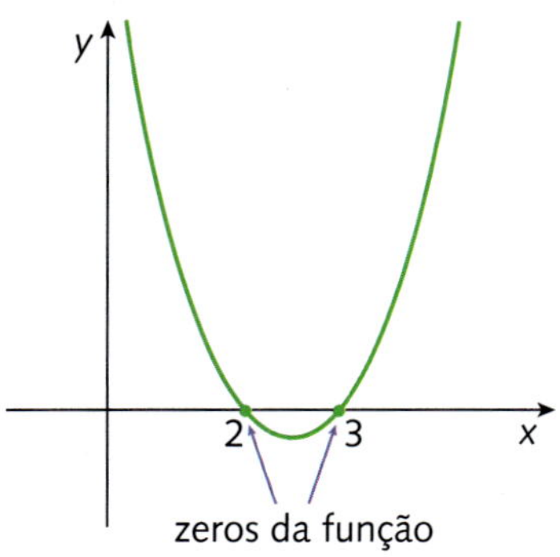

GUILHERME CASAGRANDI

GEORGE TUTUMI

- Determinar os zeros da função definida por $f(x) = -\frac{x^2}{2} + 2x$.

Solução

$-\frac{x^2}{2} + 2x = 0$

$\Delta = (2)^2 - 4 \cdot \left(-\frac{1}{2}\right) \cdot 0$

$\Delta = 4$

$$x = \frac{-b \pm \sqrt{\Delta}}{2a}$$

$$x = \frac{-2 \pm \sqrt{4}}{2 \cdot \left(-\frac{1}{2}\right)} \quad \begin{cases} x_1 = \frac{-2+2}{-1} = 0 \\ x_2 = \frac{-2-2}{-1} = 4 \end{cases}$$

A equação $-\frac{x^2}{2} + 2x = 0$ tem duas raízes reais diferentes: $x_1 = 0$ e $x_2 = 4$.

Assim, os zeros da função dada por $f(x) = -\frac{x^2}{2} + 2x$ são 0 e 4. Isso significa que o gráfico da função f intercepta o eixo x em dois pontos: (0, 0) e (4, 0). Observe o esboço do gráfico:

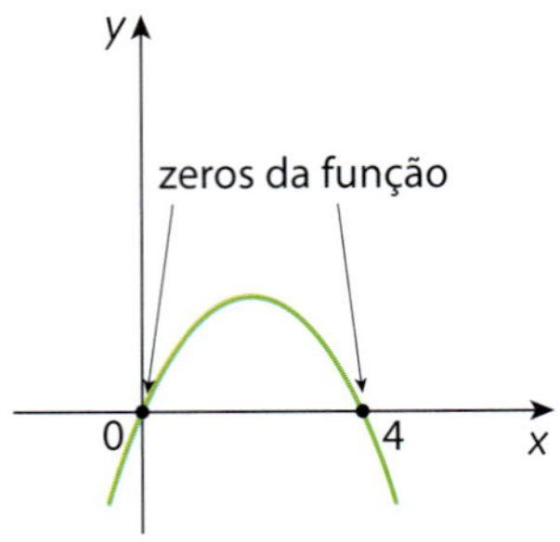

ERICSON GUILHERME LUCIANO

AVELINO GUEDES

- Determinar os zeros da função dada por $g(x) = -x^2 + 2x - 1$.

$-x^2 + 2x - 1 = 0$

$\Delta = b^2 - 4ac$

$\Delta = 2^2 - 4 \cdot (-1) \cdot (-1)$

$\Delta = 4 - 4$

$\Delta = 0$

$$x = \frac{-b \pm \sqrt{\Delta}}{2a}$$

$$x = \frac{-2 \pm \sqrt{0}}{2 \cdot (-1)} = \frac{-2 \pm 0}{-2} \quad \begin{cases} x_1 = \frac{-2}{-2} = 1 \\ x_2 = \frac{-2}{-2} = 1 \end{cases}$$

A equação $-x^2 + 2x - 1 = 0$ tem duas raízes reais iguais: $x_1 = x_2 = 1$.

Assim, a função dada por $g(x) = -x^2 + 2x - 1$ tem um único zero igual a 1. Isso significa que o gráfico da função g intercepta o eixo x em um único ponto: (1, 0). Observe o esboço do gráfico.

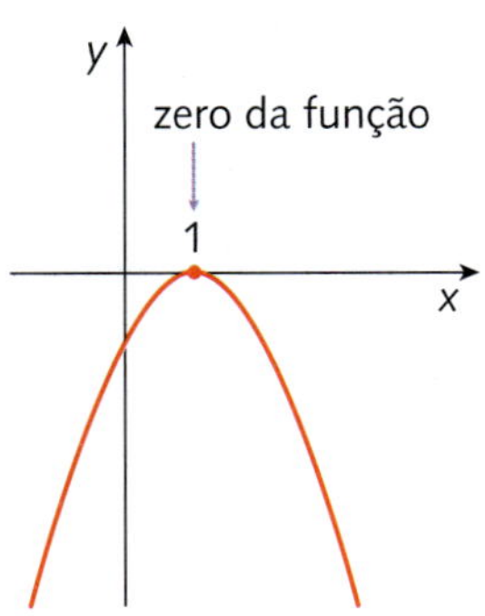

GUILHERME CASAGRANDI

GEORGE TUTUMI

- Determinar os zeros da função dada por $h(x) = x^2 + 2x + 3$.

$x^2 + 2x + 3 = 0$

$\Delta = 2^2 - 4 \cdot 1 \cdot 3$

$\Delta = -8$

Como $\Delta < 0$, a equação $x^2 + 2x + 3 = 0$ não tem raízes reais.
Assim, a função dada por $h(x) = x^2 + 2x + 3$ não tem zeros reais.
Isso significa que o gráfico da função h não intercepta o eixo x. Observe o esboço do gráfico.

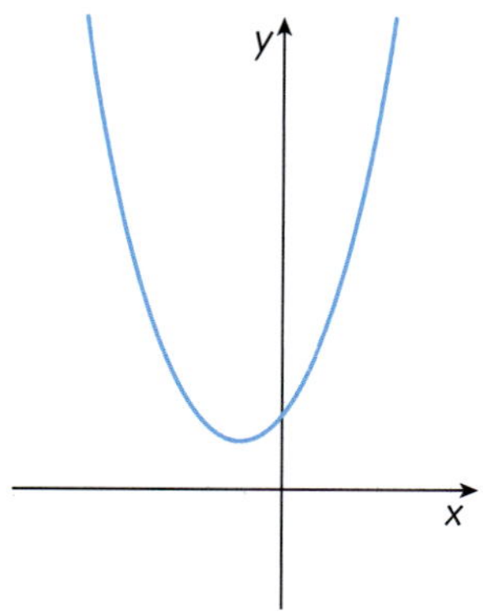

GUILHERME CASAGRANDI

GEORGE TUTUMI

Nos exemplos, é possível perceber que o valor do discriminante Δ está relacionado à quantidade de zeros que uma função quadrática possui. De modo geral:

- Se $\Delta > 0$, a parábola intercepta o eixo das abscissas em dois pontos distintos.
- Se $\Delta = 0$, a parábola intercepta o eixo das abscissas em um só ponto.
- Se $\Delta < 0$, a parábola não intercepta o eixo das abscissas.

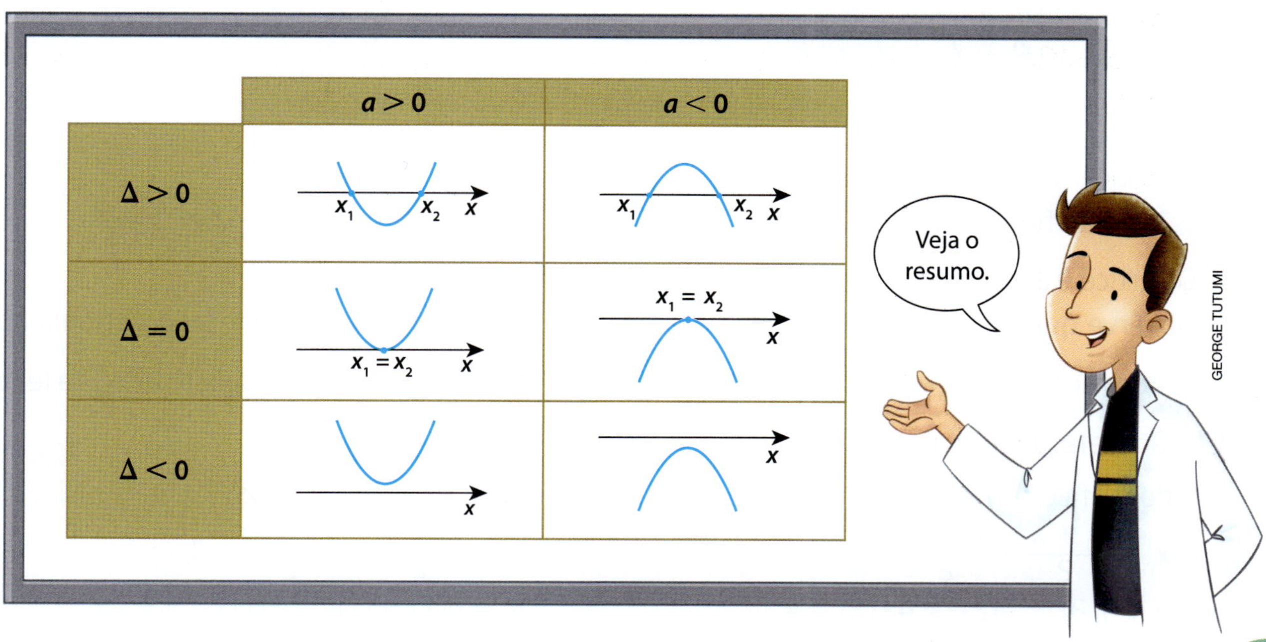

GUILHERME CASAGRANDI

GEORGE TUTUMI

EXERCÍCIOS

9 Determine, se houver, os zeros das funções quadráticas definidas pelas leis a seguir.

a) $f(x) = -x^2 + 1$

b) $f(x) = 5x^2 + 10x$

c) $f(x) = -9x^2 - 6x - 1$

d) $f(x) = x^2 - 4$

e) $f(x) = -x^2 + 2x - 5$

f) $f(x) = 3x^2 - 5x + 2$

g) $f(x) = 6x^2$

h) $f(x) = x^2 + 5x + 8$

i) $f(x) = -3x^2 + 2x - 1$

10 Determine as coordenadas dos pontos em que a parábola corresponde a cada lei de função quadrática a seguir corta o eixo x.

a) $y = -3x^2 + 12x$

b) $y = x^2 - 4$

c) $y = x^2 - 8x + 15$

11 São dados os gráficos de três funções quadráticas, com $f(x) = ax^2 + bx + c$ e $\Delta = b^2 - 4ac$. Em cada caso, escreva se a é positivo ou negativo e se Δ é positivo, negativo ou nulo.

a)

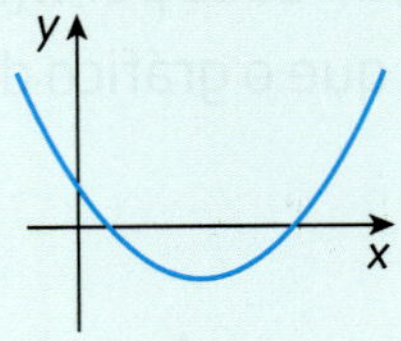

b)

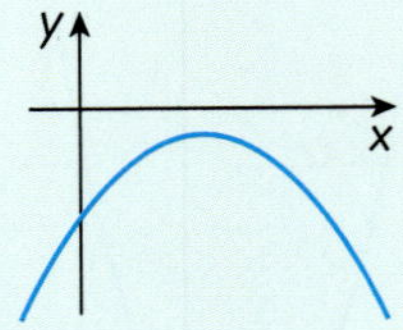

c)

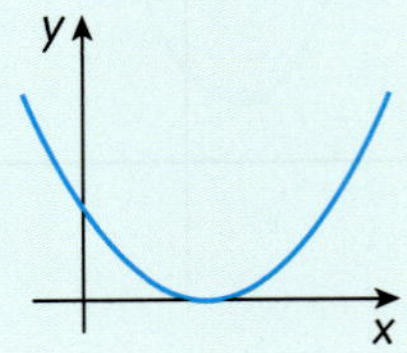

Coordenadas do vértice

Observe nos exemplos abaixo que toda parábola tem um eixo de simetria e um vértice (V).

- $f(x) = -x^2 + 4x$

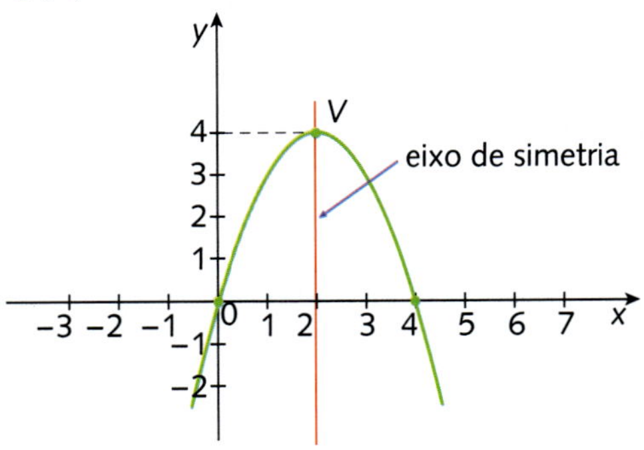

Vértice: $V(2, 4)$

Zeros da função: $x_1 = 0$ e $x_2 = 4$

- $g(x) = x^2 - 2x - 3$

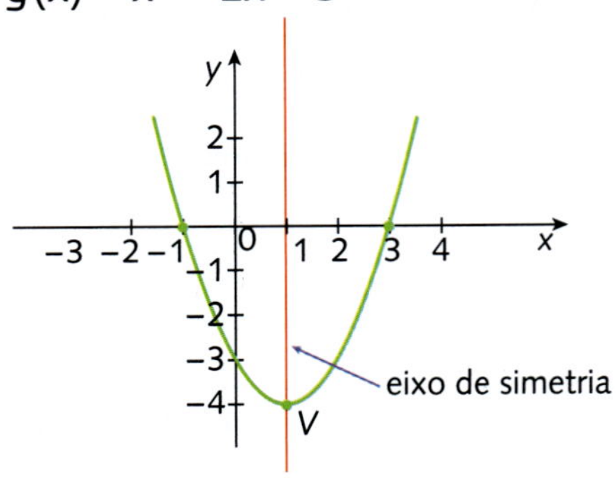

Vértice: $V(1, -4)$

Zeros da função: $x_1 = -1$ e $x_2 = 3$

O vértice é a intersecção da parábola com o eixo de simetria.

Observe que, nos dois casos, a abscissa do vértice (x_v) corresponde à metade da soma dos zeros da função $\left(\dfrac{x_1 + x_2}{2}\right)$. E, para obter a ordenada do vértice (y_v), basta substituir x_v na lei da função e efetuar os cálculos. Assim:

- do gráfico de f, temos:

$$x_v = \frac{x_1 + x_2}{2} = \frac{0 + 4}{2} = 2$$

$$y_v = f(2) = -(2)^2 + 4 \cdot (2) = 4$$

- do gráfico de g, temos:

$$x_v = \frac{x_1 + x_2}{2} = \frac{-1 + 3}{2} = 1$$

$$y_v = g(1) = (1)^2 - 2 \cdot (1) - 3 = -4$$

Também podemos obter as coordenadas do vértice pela fórmula geral, deduzida a seguir.

Sabemos que a soma das raízes (x_1 e x_2) de uma equação do 2º grau é determinada por: $x_1 + x_2 = -\frac{b}{a}$

Logo, podemos definir a abscissa do vértice da parábola por: $x_v = \frac{x_1 + x_2}{2} = -\frac{b}{2a}$

A dedução de x_v foi feita com base em exemplos com $\Delta > 0$; porém, ela também é válida nos casos de $\Delta = 0$ ou $\Delta < 0$.

Para determinar y_v, vamos substituir a incógnita x por $x_v = -\frac{b}{2a}$ na lei $f(x) = ax^2 + bx + c$. Assim:

$$y_v = f(x_v) = a(x_v)^2 + b(x_v) + c$$

$$f\left(-\frac{b}{2a}\right) = a\left(-\frac{b}{2a}\right)^2 + b\left(-\frac{b}{2a}\right) + c$$

$$f\left(-\frac{b}{2a}\right) = \frac{b^2 - 2b^2 + 4ac}{4a}$$

$$f\left(-\frac{b}{2a}\right) = \frac{-(b^2 - 4ac)}{4a} = -\frac{\Delta}{4a}$$

Logo, o vértice V da parábola tem estas coordenadas:

$$V\left(-\frac{b}{2a}, -\frac{\Delta}{4a}\right)$$

Observe nos exemplos a seguir o cálculo das coordenadas do vértice e o esboço dos gráficos.

- $f(x) = x^2 - 3x + 2$

Solução

$$x_v = -\frac{b}{2a} = -\frac{(-3)}{2 \cdot (1)} = \frac{3}{2}$$

$$y_v = f(x_v) = (x_v)^2 - 3 \cdot (x_v) + 2$$

$$f\left(\frac{3}{2}\right) = \left(\frac{3}{2}\right)^2 - 3 \cdot \left(\frac{3}{2}\right) + 2$$

$$f\left(\frac{3}{2}\right) = \frac{9}{4} - \frac{9}{2} + 2 = -\frac{1}{4}$$

Logo, $V\left(\frac{3}{2}, -\frac{1}{4}\right)$.

Encontrando os zeros da função:

$$\Delta = (-3)^2 - 4 \cdot 1 \cdot 2 = 1$$

$$x = \frac{-b \pm \sqrt{\Delta}}{2a}$$

$$x = \frac{-(-3) \pm \sqrt{1}}{2} \quad \begin{cases} x_1 = \frac{+3+1}{2} = 2 \\ x_2 = \frac{+3-1}{2} = 1 \end{cases}$$

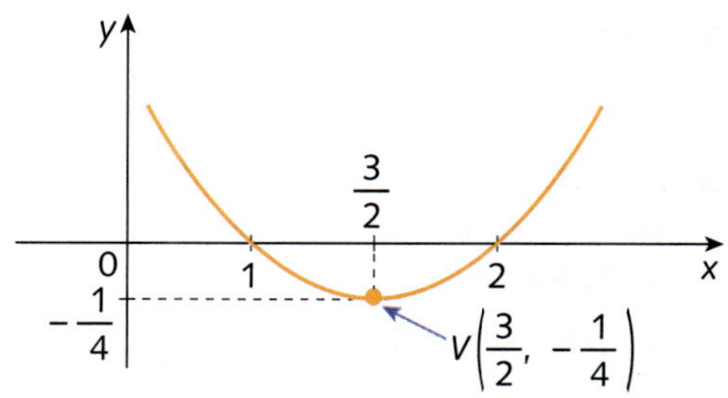

$a > 0$ → Concavidade voltada para cima.

$\Delta > 0$ → Corta o eixo x em dois pontos.

ADILSON SECCO

- $f(x) = -x^2 + 2x - 1$

Solução

$$x_v = -\frac{b}{2a} = -\frac{(2)}{2 \cdot (-1)} = 1$$

$$y_v = f(x_v) = -(x_v)^2 + 2 \cdot (x_v) - 1$$

$$f(1) = -(1)^2 + 2 \cdot (1) - 1$$

$$f(1) = -1 + 2 - 1 = 0$$

Logo, $V(1, 0)$.

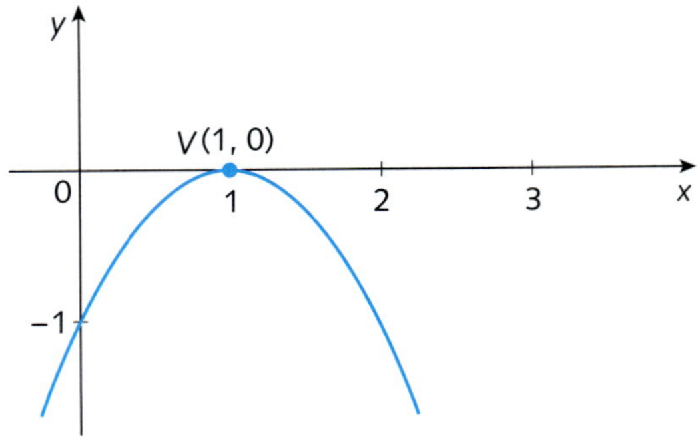

$a < 0$ ⟶ Concavidade voltada para baixo.

$\Delta = 0$ ⟶ Corta o eixo x em um só ponto, o próprio vértice.

Encontrando os zeros da função:

$$\Delta = (2)^2 - 4 \cdot (-1) \cdot (-1) = 0$$

$$x = \frac{-b \pm \sqrt{\Delta}}{2a}$$

$$x = \frac{-(2) \pm \sqrt{0}}{2 \cdot (-1)} = \frac{-2}{-2} = 1$$

- $f(x) = x^2 - 2x + 2$

Solução

$$x_v = -\frac{b}{2a} = -\frac{(-2)}{2 \cdot (1)} = \frac{2}{2} = 1$$

$$y_v = f(x_v) = (x_v)^2 - 2 \cdot (x_v) + 2$$

$$f(1) = (1)^2 - 2 \cdot (1) + 2$$

$$f(1) = 1 - 2 + 2 = 1$$

Logo, $V(1, 1)$.

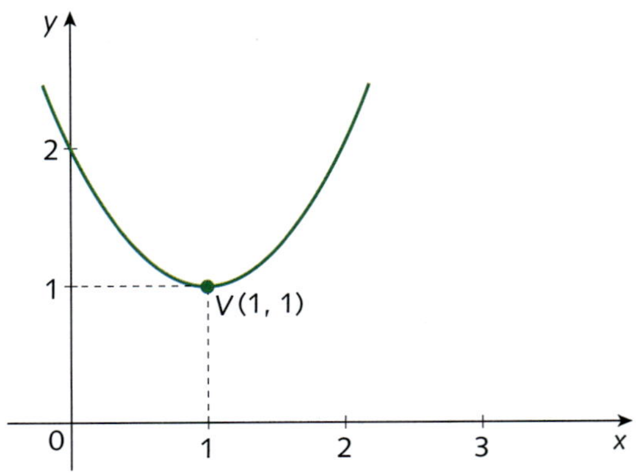

$a > 0$ ⟶ Concavidade voltada para cima.

$\Delta < 0$ ⟶ Não corta o eixo x.

Encontrando os zeros da função:

$$\Delta = (-2)^2 - 4 \cdot 1 \cdot 2 = -4$$

Como $\Delta < 0$, a equação não tem raiz.

EXERCÍCIOS

12 Determine a e b para que o gráfico da função definida por $f(x) = ax^2 + bx + 5$, $a \neq 0$, tenha vértice no ponto $(3, -4)$.

13 Determine o valor de k para que o vértice da parábola de equação $f(x) = x^2 - 8x + k$ pertença ao eixo x.

14 Determine as coordenadas do vértice da parábola que representa cada função quadrática.

a) $f(x) = x^2 - 4x + 3$

b) $f(x) = -x^2 + 6x - 9$

c) $f(x) = -x^2 + 2x$

d) $f(x) = x^2 + 2x + 3$

e) $f(x) = x^2 - x - 2$

f) $f(x) = 3x^2 - 4x$

15 A lei da função quadrática correspondente ao gráfico abaixo é $f(x) = ax^2 + bx + 2$. Determine a e b.

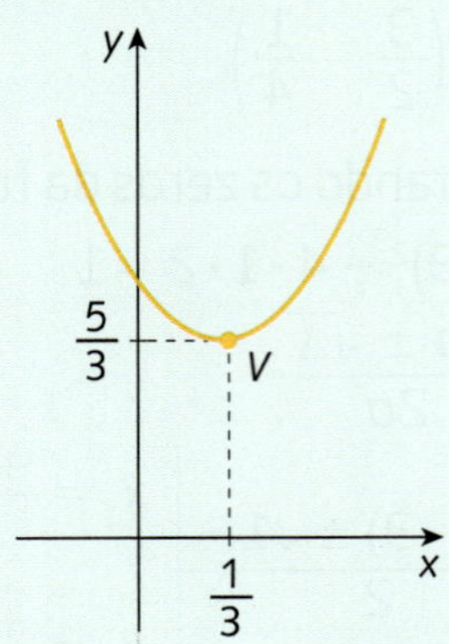

Construção do gráfico de uma função quadrática com base nas coordenadas do vértice

Podemos construir o gráfico de uma função quadrática utilizando esta sequência:

1º) Determine as coordenadas do vértice.

2º) Determine alguns pares ordenados (x, y) utilizando alguns valores de x maiores e outros menores que x_v (organize uma tabela).

3º) Localize esses pares ordenados no plano, efetuando sua marcação.

4º) Una os pontos, traçando a parábola.

Observe nos exemplos a seguir a construção dos gráficos das funções quadráticas com base nas coordenadas do vértice.

- Construir o gráfico da função quadrática dada por $f(x) = x^2 - 4x + 5$.

Solução

$x_v = -\dfrac{b}{2a} = -\dfrac{(-4)}{2} = 2$

$y_v = f(2) = (2)^2 - 4 \cdot (2) + 5 = 1$

Logo, $V(2, 1)$.

Vamos determinar y para valores de x maiores e menores que $x_v = 2$.

Para $x = 0$: $f(0) = 0^2 - 4 \cdot 0 + 5 = 5$

Para $x = 1$: $f(1) = 1^2 - 4 \cdot 1 + 5 = 2$

Para $x = 3$: $f(3) = 3^2 - 4 \cdot 3 + 5 = 2$

Para $x = 4$: $f(4) = 4^2 - 4 \cdot 4 + 5 = 5$

x	y	(x, y)
0	5	(0, 5)
1	2	(1, 2)
2	**1**	**(2, 1)** ← vértice
3	2	(3, 2)
4	5	(4, 5)

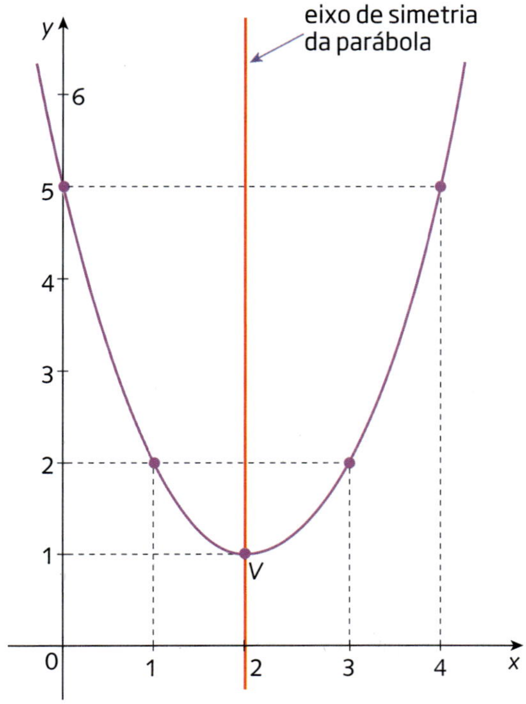

ADILSON SECCO

CHURCH OF EMACS/CC BY-SA 4.0/ WIKIMEDIA FOUNDATION, INC

Escorregador parabólico no Instituto Técnico da Universidade de Munique, Alemanha.

▸ Construir o gráfico da função quadrática dada por $f(x) = -2x^2 + 4x - 1$.

Solução

$$x_y = -\frac{b}{2a} = -\frac{4}{2 \cdot (-2)} = 1$$

$$y_v = f(1) = -2 \cdot (1)^2 + 4 \cdot 1 - 1 = 1$$

Logo, $V(1, 1)$.

Vamos determinar y para valores de x maiores e menores que $x_v = 1$.

Para $x = -1$: $f(-1) = -2 \cdot (-1)^2 + 4 \cdot (-1) - 1 = -7$

Para $x = 0$: $f(0) = -2 \cdot (0)^2 + 4 \cdot (0) - 1 = -1$

Para $x = 2$: $f(2) = -2 \cdot (2)^2 + 4 \cdot (2) - 1 = -1$

Para $x = 3$: $f(3) = -2 \cdot (3)^2 + 4 \cdot (3) - 1 = -7$

x	y	(x, y)	
−1	−7	(−1, −7)	
0	−1	(0, −1)	
1	**1**	**(1, 1)**	← vértice
2	−1	(2, −1)	
3	−7	(3, −7)	

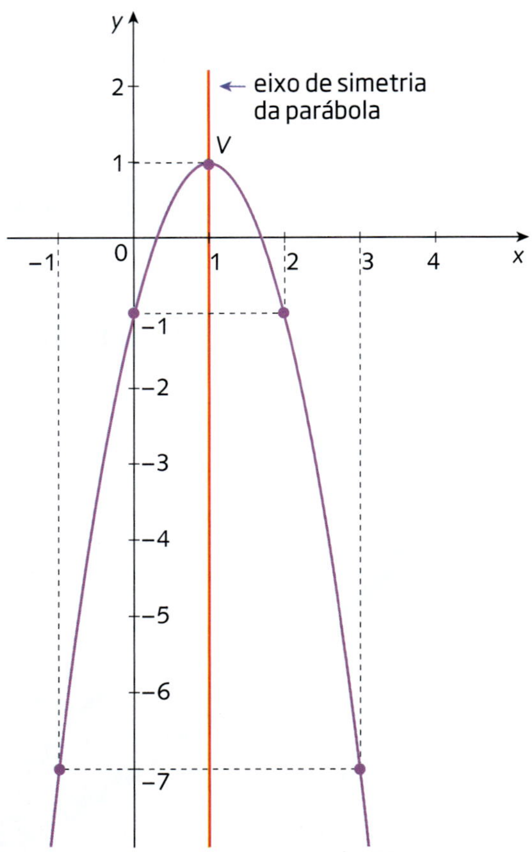

ADILSON SECCO

JOE DANIEL PRICE/GETTY IMAGES

O Gateway Arch, também conhecido como Portal para o Oeste ou Portal em Arco, está situado na cidade de Saint Louis, Missouri, Estados Unidos, e é o maior arco do mundo feito pelo homem. O arco em forma de parábola tem 192 metros de altura.

Observações

1 A parábola é uma figura que apresenta **simetria axial**.

2 O eixo de simetria da parábola é sempre perpendicular ao eixo x, no gráfico da função quadrática.

3 O encontro da parábola com seu eixo de simetria determina seu vértice.

Simetria axial
Simetria em relação a um eixo.

EXERCÍCIOS

16 Construa, no caderno, os gráficos das funções quadráticas definidas por:

a) $f(x) = -x^2 + x + 1$;

b) $f(x) = -x^2 + 4x - 5$;

c) $f(x) = x^2 - 6x + 10$.

17 Determine a equação da parábola que corresponde à trajetória descrita pela bola, de acordo com o gráfico cartesiano.

EDITORIA DE ARTE/FOLHAPRESS

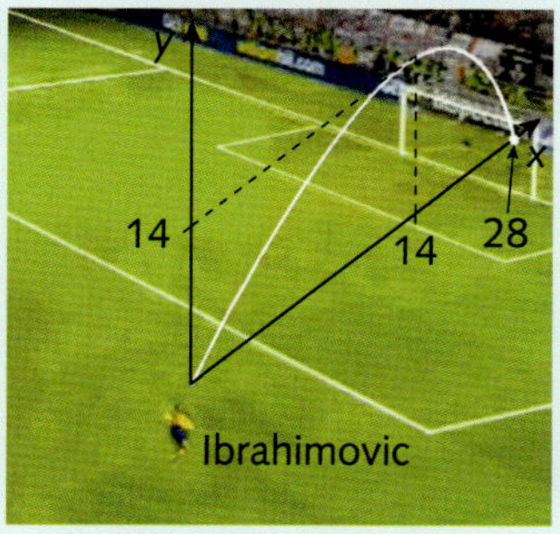

Gol "de bicicleta" feito pelo sueco Ibrahimovic, em 2012, considerado um dos mais belos de todos os tempos.

18 Construa, no caderno, o gráfico de cada função quadrática.

a) $f(x) = -x^2$

b) $g(x) = x^2 - 4x$

c) $h(x) = x^2 - 3x + 2$

d) $s(x) = x^2 - 2x - 8$

e) $t(x) = x^2 - 9$

f) $u(x) = 4 - x^2$

19 Uma bola é lançada e percorre uma parábola de equação $f(x) = -\frac{x^2}{20} + x$.

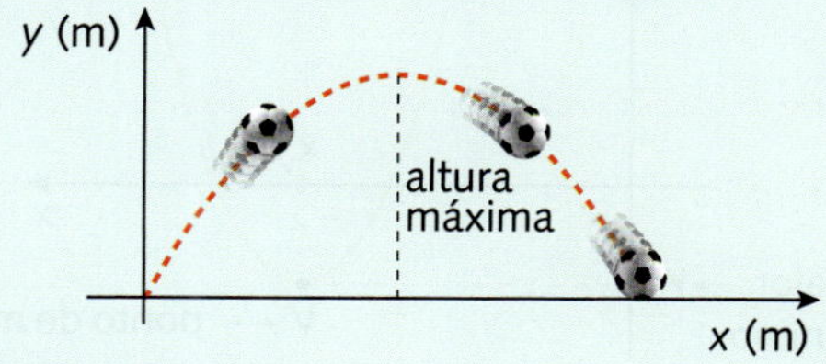

Determine:

a) o alcance máximo do lançamento;

b) a altura máxima atingida nesse lançamento.

Curiosidade

Gráficos das funções definidas por $f(x) = x^2$ e $f(x) = -x^2$

Observe atentamente os gráficos abaixo.

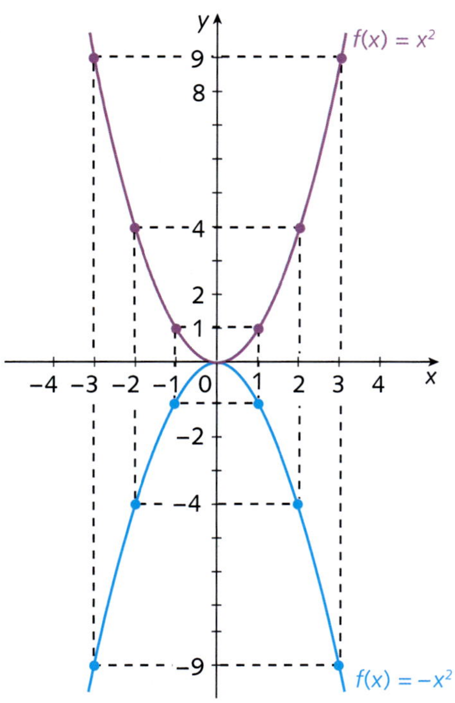

x	$f(x) = y = x^2$	$f(x) = y = -x^2$
−3	9	−9
−2	4	−4
−1	1	−1
0	0	0
1	1	−1
2	4	−4
3	9	−9

Os gráficos das funções definidas por $f(x) = -x^2$ e $f(x) = x^2$ são simétricos entre si em relação ao eixo das abscissas.

ILUSTRAÇÕES: ADILSON SECCO

3 Ponto de mínimo e ponto de máximo de uma função quadrática

Os gráficos abaixo representam duas funções quadráticas quaisquer.

ILUSTRAÇÕES: ERICSON GUILHERME LUCIANO

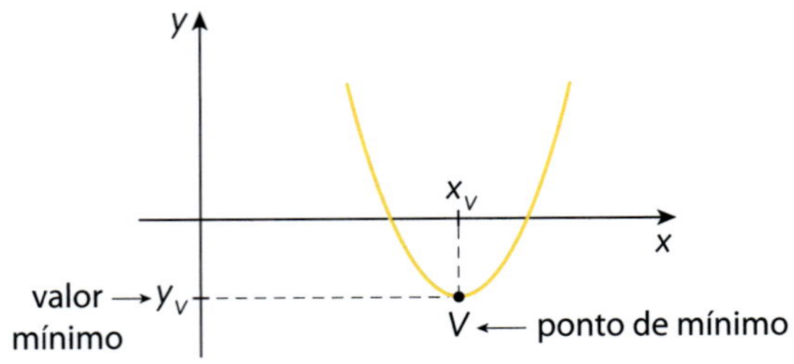

$a > 0$

concavidade voltada para cima

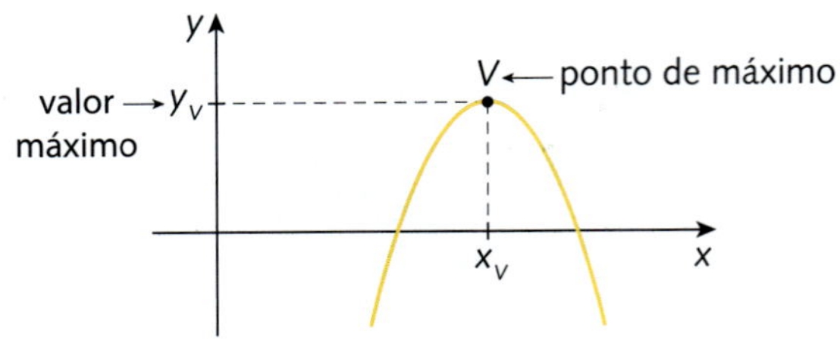

$a < 0$

concavidade voltada para baixo

De modo geral, para uma função quadrática $f(x) = ax^2 + bx + c$, temos:

Se $a > 0$, dizemos que a função tem **valor mínimo**, e o vértice é chamado de **ponto de mínimo**.

Se $a < 0$, dizemos que a função tem **valor máximo**, e o vértice é chamado de **ponto de máximo**.

Observe os exemplos a seguir.

- Determinar o valor máximo da função definida por $f(x) = -x^2 + x + 20$.

Solução

Como a concavidade da parábola é voltada para baixo, o valor máximo dessa função é dado pela ordenada y_v do vértice da parábola.

Assim:

$$x_v = -\frac{b}{2a} = \frac{-1}{2 \cdot (-1)} = \frac{-1}{-2} = \frac{1}{2}$$

$$y_v = f(x_v) = -(x_v)^2 + x_v + 20$$

$$f\left(\frac{1}{2}\right) = -\left(\frac{1}{2}\right)^2 + \frac{1}{2} + 20$$

$$f\left(\frac{1}{2}\right) = -\frac{1}{4} + \frac{1}{2} + 20 = \frac{81}{4}$$

Logo, o valor máximo dessa função é $\frac{81}{4}$.

▸ Qual é o valor de x para o qual a função definida por $f(x) = 3x^2 - 6x + 2$ admite valor mínimo? Qual é esse valor mínimo?

Solução

Como a concavidade da parábola é voltada para cima, o valor de x correspondente ao ponto mínimo é o x_v. Assim:

$$x_v = -\frac{b}{2a} = -\frac{(-6)}{2 \cdot 3} = 1$$

Logo, a função tem seu valor mínimo quando x é igual a 1.

Para determinar esse valor mínimo, devemos substituir x por 1 e determinar o y_v correspondente.

Assim:

$$y_v = f(x_v) = 3x_v^2 - 6x_v + 2$$

$$f(1) = 3 \cdot (1)^2 - 6 \cdot (1) + 2$$

$$f(1) = 3 - 6 + 2 = -1$$

Logo, o valor mínimo dessa função é -1.

EXERCÍCIOS

20 Determine o valor máximo ou mínimo das funções dadas abaixo:

a) $f(x) = x^2 - 64$

b) $f(x) = -4x^2 + 4x - 1$

c) $f(x) = -x^2 + \frac{1}{2}x + \frac{3}{2}$

d) $f(x) = -x^2 + 3x$

e) $f(x) = x^2 - x - 6$

f) $f(x) = -x^2 + 5x - 7$

g) $f(x) = x^2 - 8x + 15$

h) $f(x) = 2x^2 + 5x$

i) $f(x) = -3x^2 + 2x$

21 Determine o valor de k para que a função definida por $f(x) = -4x^2 + (k + 1)x + 2$ admita valor máximo para $x = 2$.

22 Determine o valor de p na função dada por $f(x) = 3x^2 - 2x + p$ para que o valor mínimo seja $\frac{5}{3}$.

23 Em cada item, calcule o valor de x para que a função tenha um valor máximo.

a) $f(x) = -2x^2 + 5x - 2$

b) $f(x) = -x^2 + 11x - 8$

24 Calcule o valor mínimo da função dada por $f(x) = 2x^2 - 3x - 2$.

25 Na figura, o quadrado externo tem lados de medida 12 cm, e os segmentos indicados medem x cm. Determine:

a) o valor de x para que a área laranja do quadrado seja mínima;

b) o valor dessa área mínima.

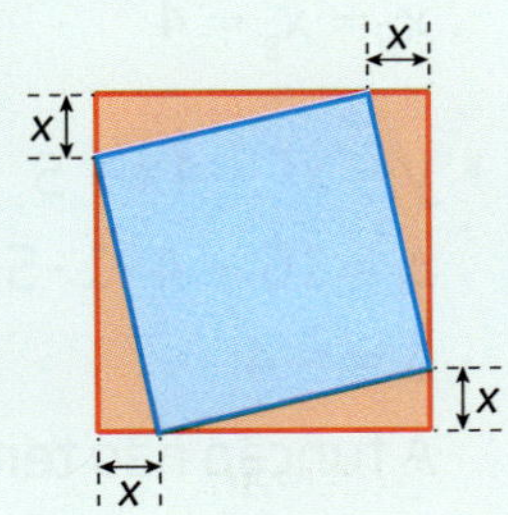

ADILSON SECCO

26 O barbante da ilustração, excetuando a parte utilizada no laço, tem 100 cm de comprimento. Qual é o retângulo de maior área que se pode formar com esse barbante?

TIAGO SILVA

4 Estudo do sinal da função quadrática

Estudar o sinal de uma função quadrática significa determinar os valores de x para os quais a função é nula, positiva ou negativa.

Observe, por exemplo, o estudo dos sinais das funções.

- $y = x^2 - 7x + 10$

$\Delta = 49 - 4 \cdot 1 \cdot 10 = 9$

$$x = \frac{-b \pm \sqrt{\Delta}}{2a}$$

$$x = \frac{7 \pm \sqrt{9}}{2 \cdot 1} \quad \begin{cases} x_1 = \dfrac{7 + 3}{2} = 5 \\ x_2 = \dfrac{7 - 3}{2} = 2 \end{cases}$$

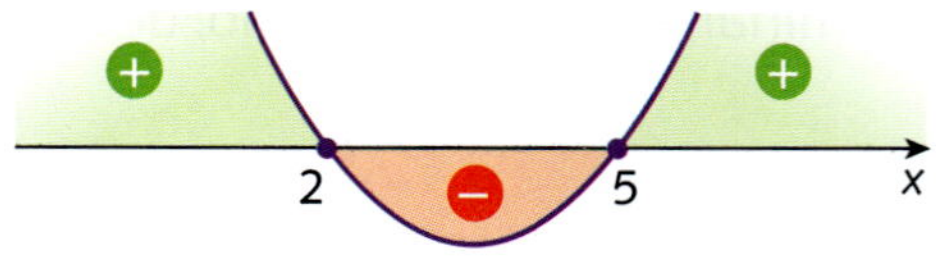

Estudo do sinal:

Para $x = 2$ ou $x = 5$, temos: $y = 0$

Para $x < 2$ ou $x > 5$, temos: $y > 0$

Para $2 < x < 5$, temos: $y < 0$

- $y = x^2 - 8x + 16$

$\Delta = 64 - 4 \cdot 1 \cdot 16$

$\Delta = 0$

$$x = \frac{-b \pm \sqrt{\Delta}}{2a}$$

$$x = \frac{-(-8) \pm \sqrt{0}}{2 \cdot 1}$$

$x_1 = x_2 = 4$

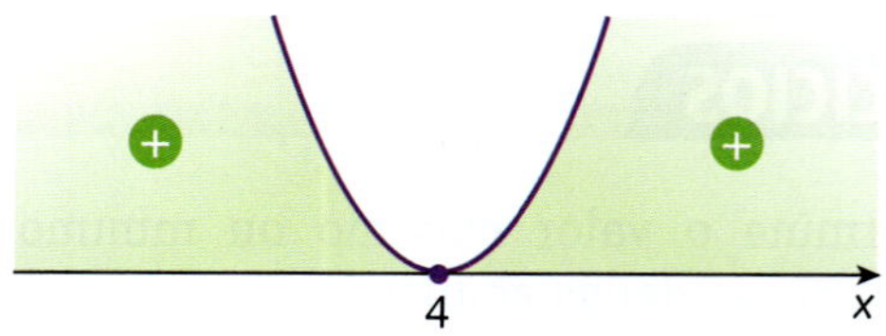

Estudo do sinal:

Para $x = 4$, temos: $y = 0$

Para $x \neq 4$, temos: $y > 0$

- $y = x^2 - 4x + 5$

$\Delta = 16 - 4 \cdot 1 \cdot 5$

$\Delta = -4$

A função não tem raízes reais.

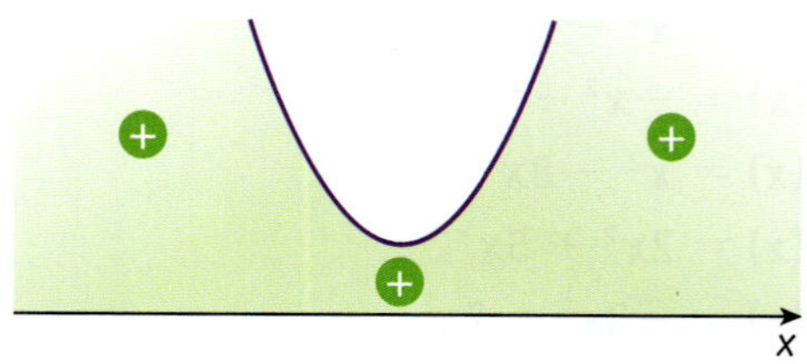

Estudo do sinal:

y é positivo para qualquer valor real de x.

- $y = -x^2 + x + 6$

$\Delta = (1)^2 - 4 \cdot (-1) \cdot 6$

$\Delta = 1 + 24 = 25$

$$x = \frac{-b \pm \sqrt{\Delta}}{2a}$$

$$x = \frac{-1 \pm \sqrt{25}}{2 \cdot (-1)} \quad \begin{cases} x_1 = \dfrac{-1 + 5}{-2} = -2 \\ x_2 = \dfrac{-1 - 5}{-2} = 3 \end{cases}$$

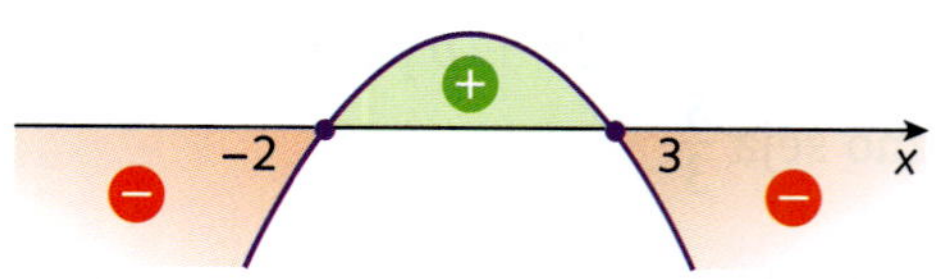

Estudo do sinal:

Para $x = -2$ ou $x = 3$, temos: $y = 0$

Para $-2 < x < 3$, temos: $y > 0$

Para $x < -2$ ou $x > 3$, temos: $y < 0$

- $y = -x^2 + 12x - 36$

$\Delta = 144 - 4 \cdot (-1) \cdot (-36)$

$\Delta = 144 - 144 = 0$

$x = \dfrac{-b \pm \sqrt{\Delta}}{2a}$

$x = \dfrac{-12 \pm \sqrt{0}}{2 \cdot (-1)}$

$x_1 = x_2 = 6$

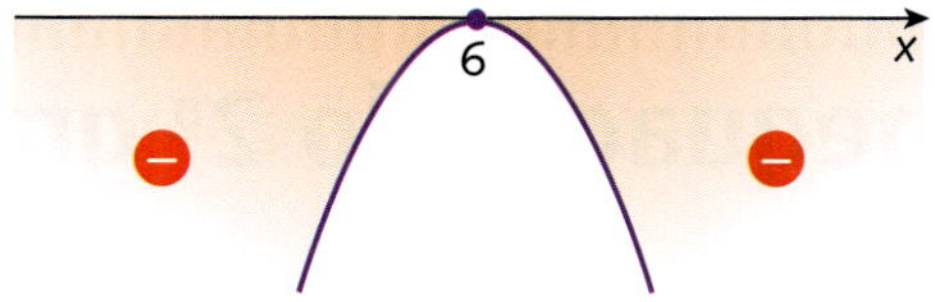

Estudo do sinal:
Para $x = 6$, temos: $y = 0$
Para $x \neq 6$, temos: $y < 0$

- $y = -x^2 - 3x - 5$

$\Delta = 9 - 4 \cdot (-1) \cdot (-5)$

$\Delta = 9 - 20 = -11$

A função não tem raízes reais.

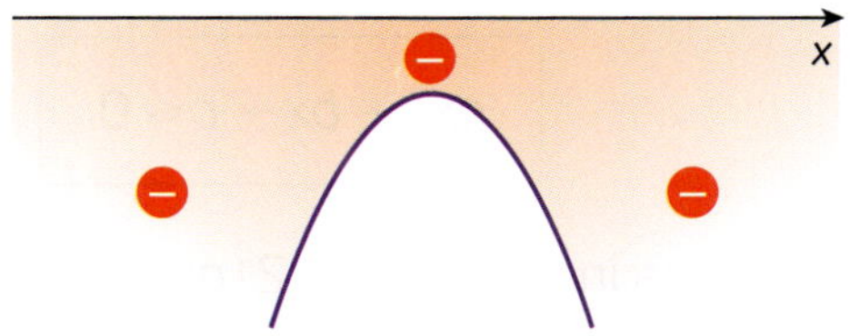

Estudo do sinal:
y é negativo para qualquer valor real de x.

EXERCÍCIOS

27 Estude o sinal das funções dadas abaixo:
a) $y = -16x^2 + 8x - 1$
b) $y = -x^2 - x + 2$
c) $y = -4x^2 + 3x + 1$
d) $y = x^2 - 16$
e) $y = x^2 - 6x + 9$
f) $y = x^2 + 5x + 6$
g) $y = x^2 + 5x + 8$
h) $y = x^2 + 2x + 4$
i) $y = -5x^2 + 2x - 1$

28 Sendo a função dada por $y = x^2 - 8x - 20$, determine os valores de x para que:
a) $y = 0$; b) $y < 0$; c) $y > 0$.

29 Sendo a função dada por $y = -x^2 + 64$, determine os valores de x para os quais:
a) $y = 0$; b) $y > 0$; c) $y < 0$.

30 Determine para que valores de x na função dada por $y = x^2 - 2x + 2$, temos $y < 0$.

31 Determine os valores reais de x para os quais:
a) a função dada por $f(x) = x^2 - x + 10$ seja positiva;
b) a função dada por $f(x) = -x^2 + 2x$ seja negativa;
c) a função dada por $f(x) = x^2 - 14x + 49$ seja nula.

32 A área deste retângulo é maior que 48 unidades. Quais são os valores reais de x que atendem a essa afirmativa?

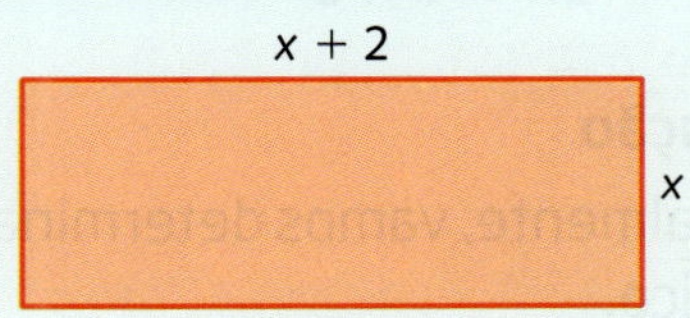

33 Determine os valores reais de x para os quais a medida do volume deste paralelepípedo seja superior a 80.

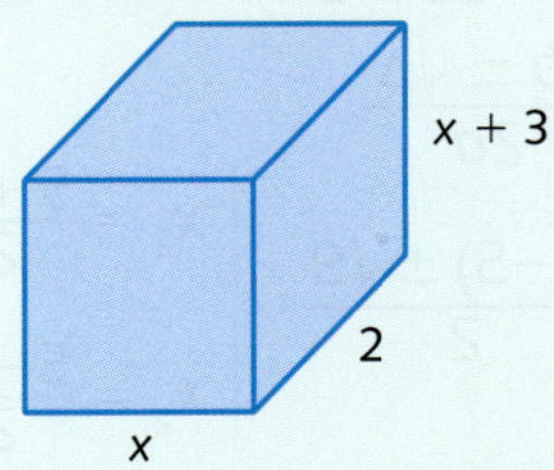

34 Dentro do quadrado de lado x existe outro, menor, de lado igual a $\frac{1}{2}$. Para que valores reais de x a área laranja é superior a 2?

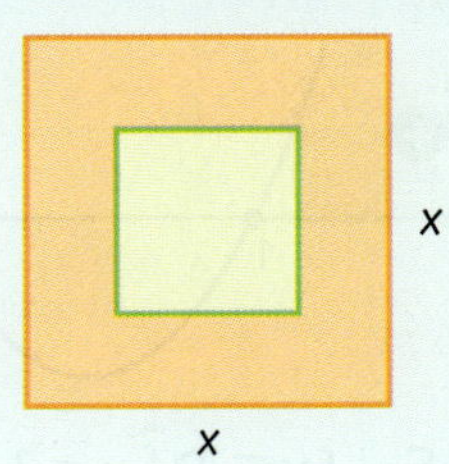

ILUSTRAÇÕES: ADILSON SECCO

5 Inequação do 2º grau

As inequações do 2º grau na incógnita x podem ser escritas em uma das formas a seguir, com a, b e c reais e $a \neq 0$.

$ax^2 + bx + c \geqslant 0$	$ax^2 + bx + c > 0$
$ax^2 + bx + c \leqslant 0$	$ax^2 + bx + c < 0$

Para resolver uma inequação do 2º grau, devemos proceder deste modo:

1º) Realizar um estudo do sinal da função dada por $f(x) = ax^2 + bx + c$.

2º) Determinar os valores de x que atendam à desigualdade da inequação.

Observe os exemplos a seguir.

▸ Resolver as inequações:

a) $x^2 - 5x + 4 \geqslant 0$

b) $x^2 - 5x + 4 \leqslant 0$

c) $x^2 - 5x + 4 > 0$

d) $x^2 - 5x + 4 < 0$

Solução

Inicialmente, vamos determinar as raízes da equação para, em seguida, traçar um esboço do gráfico.

$x^2 - 5x + 4 = 0$

$\Delta = (-5)^2 - 4 \cdot 1 \cdot 4$

$\Delta = 25 - 16 = 9$

$$x = \frac{-b \pm \sqrt{\Delta}}{2a}$$

$$x = \frac{-(-5) \pm \sqrt{9}}{2} \quad \begin{cases} x_1 = \dfrac{5+3}{2} = 4 \\ x_2 = \dfrac{5-3}{2} = 1 \end{cases}$$

Esboço do gráfico

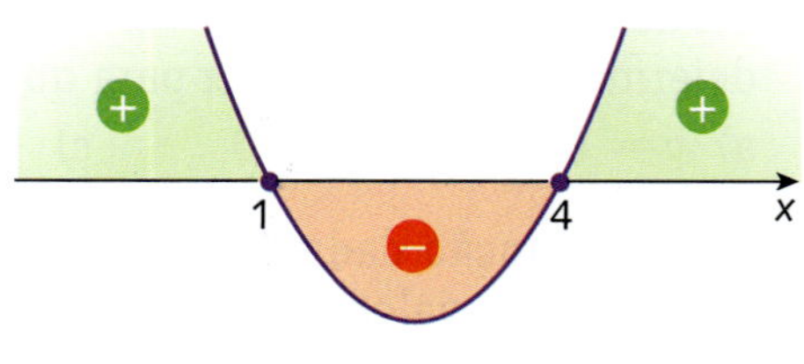

Agora, podemos determinar a solução de cada uma das inequações.

a) $x^2 - 5x + 4 \geqslant 0$

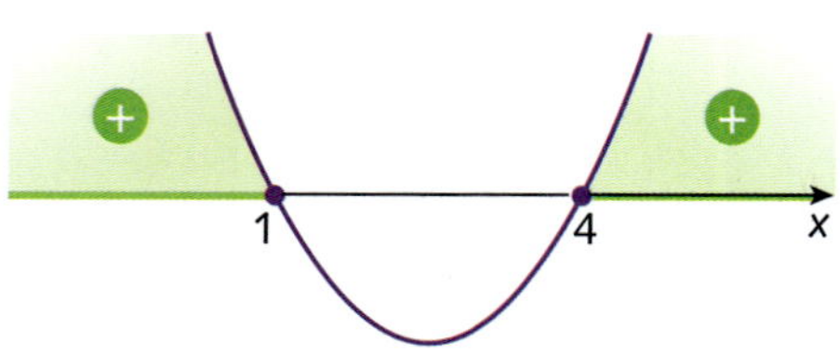

$S = \{x \in \mathbb{R} \mid x \leqslant 1 \text{ ou } x \geqslant 4\}$

b) $x^2 - 5x + 4 \leqslant 0$

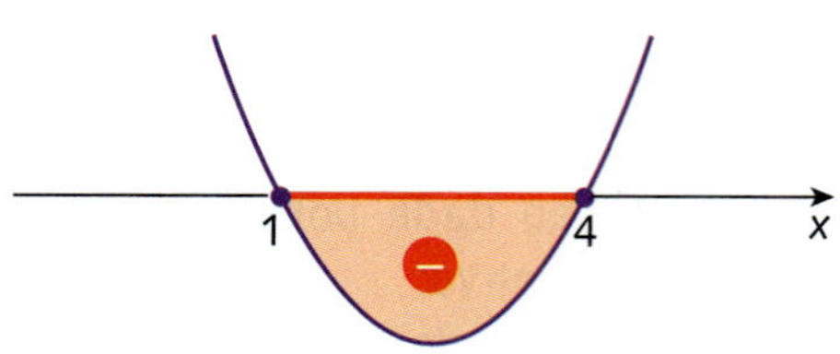

$S = \{x \in \mathbb{R} \mid 1 \leqslant x \leqslant 4\}$

ILUSTRAÇÕES: ADILSON SECCO

c) $x^2 - 5x + 4 > 0$

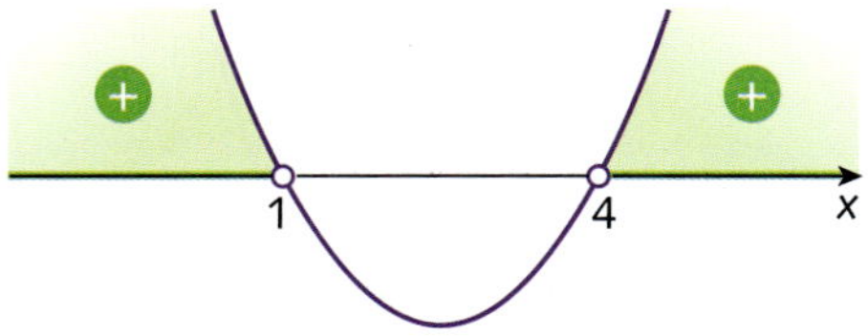

$S = \{x \in \mathbb{R} \mid x < 1 \text{ ou } x > 4\}$

d) $x^2 - 5x + 4 < 0$

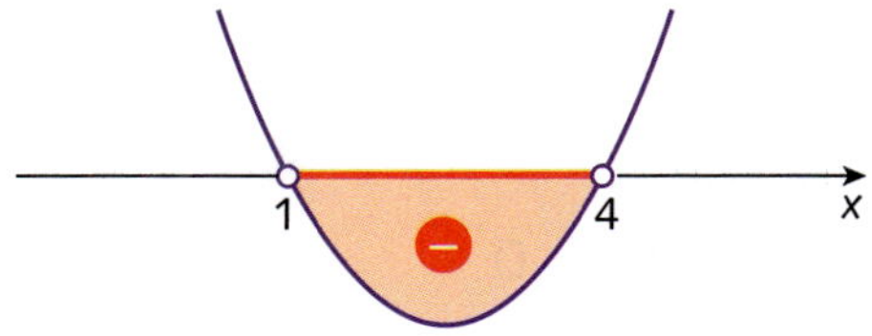

$S = \{x \in \mathbb{R} \mid 1 < x < 4\}$

- Resolver as inequações:

a) $-25x^2 + 10x - 1 \geqslant 0$

b) $-25x^2 + 10x - 1 \leqslant 0$

c) $-25x^2 + 10x - 1 > 0$

d) $-25x^2 + 10x - 1 < 0$

Solução

$$-25x^2 + 10x - 1 = 0$$

$$\Delta = (10)^2 - 4 \cdot (-25) \cdot (-1)$$

$$\Delta = 100 - 100 = 0$$

$$x = \frac{-b \pm \sqrt{\Delta}}{2a}$$

$$x = \frac{-10 \pm \sqrt{0}}{2 \cdot (-25)} = \frac{-10}{-50} = \frac{1}{5}$$

Esboço do gráfico

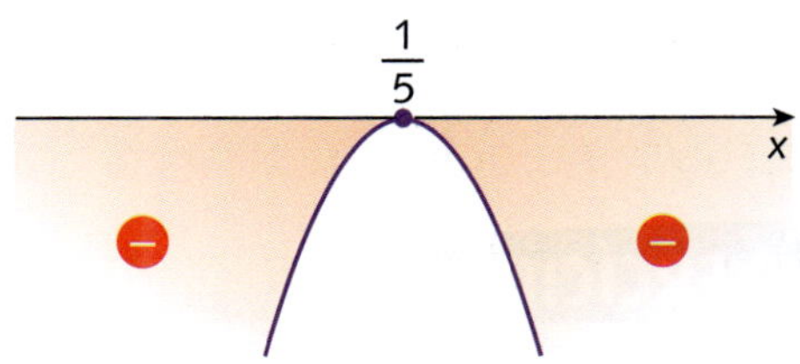

Observe a solução de cada uma das inequações:

a) $-25x^2 + 10x - 1 \geqslant 0$

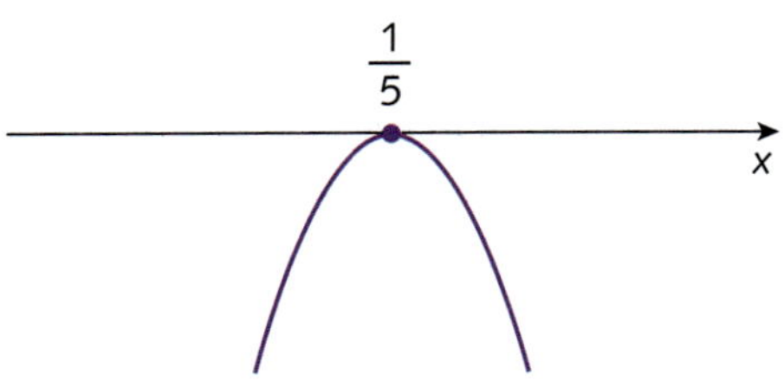

$S = \left\{\frac{1}{5}\right\}$

c) $-25x^2 + 10x - 1 > 0$

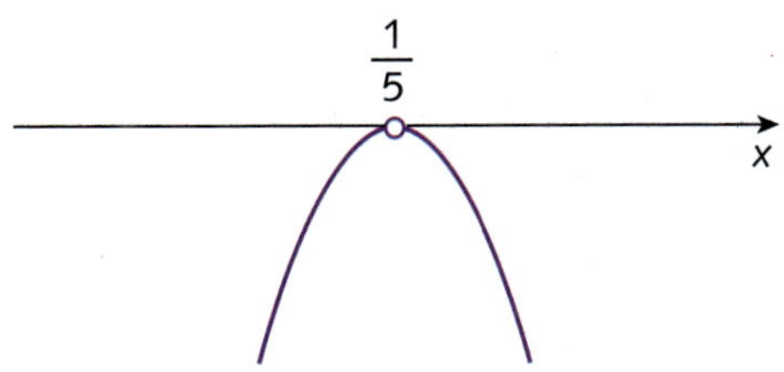

$S = \varnothing$

b) $-25x^2 + 10x - 1 \leqslant 0$

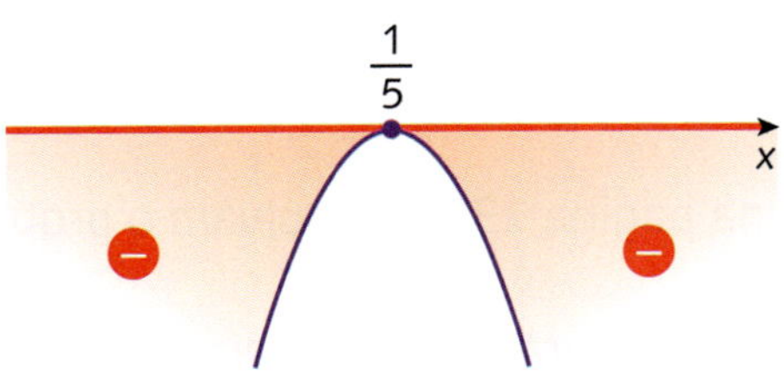

$S = \mathbb{R}$

d) $-25x^2 + 10x - 1 < 0$

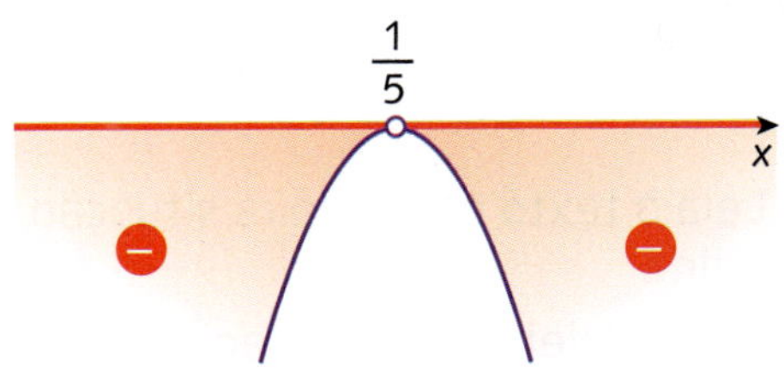

$S = \left\{x \in \mathbb{R} \mid x \neq \frac{1}{5}\right\}$

- Resolver as inequações:

a) $x^2 + 5x + 8 > 0$

b) $x^2 + 5x + 8 < 0$

Solução

$x^2 + 5x + 8 = 0$

$\Delta = 25 - 4 \cdot 1 \cdot 8 = -7$

A equação não possui raízes reais.

Esboço do gráfico

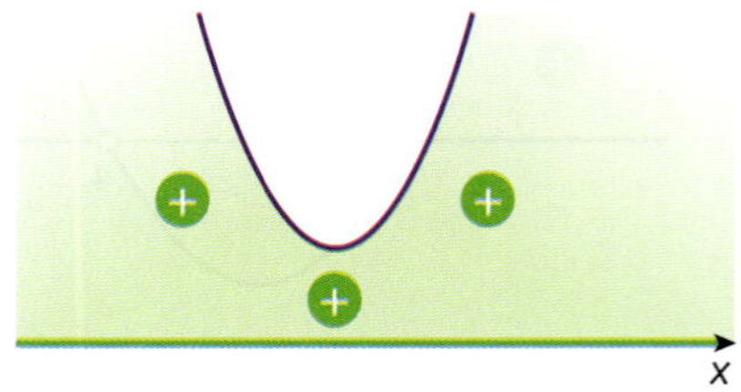

Observe a solução das inequações:

a) $x^2 + 5x + 8 > 0$

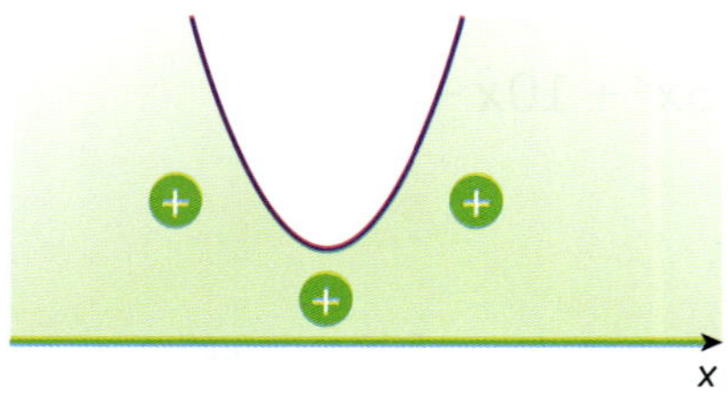

$S = \mathbb{R}$

b) $x^2 + 5x + 8 < 0$

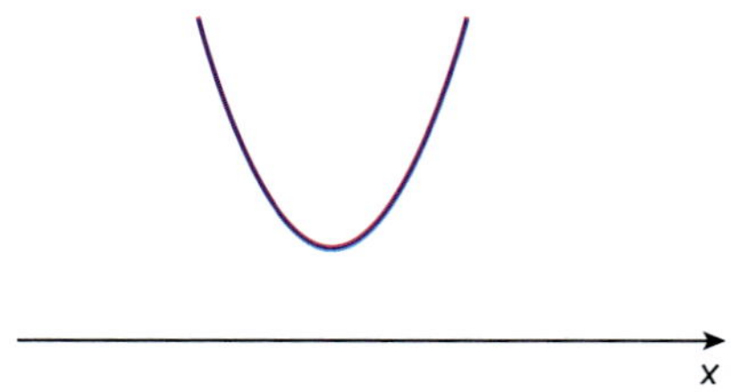

$S = \varnothing$

EXERCÍCIOS

35 Resolva as inequações abaixo.

a) $x^2 + 4x - 5 > 0$

b) $-x^2 + x + 2 > 0$

c) $x^2 + 2x + 9 \leqslant 0$

d) $-x^2 + 4 \leqslant 0$

e) $-x^2 - 1 \geqslant 0$

f) $x^2 + 6x + 9 < 0$

g) $x^2 > 16$

h) $-x^2 - 4x - 4 < 0$

i) $-x^2 - 4 \leqslant 0$

36 Sendo a função dada por $y = x^2 + 2x - 3$, determine os valores de x para que $y > 0$.

37 Determine o conjunto solução das inequações abaixo.

a) $2x^2 - x + 3 < 0$

b) $-6x^2 + 5x - 1 \leqslant 0$

c) $x^2 - 4x + 4 \leqslant 0$

d) $-2x^2 + 5x + 3 > 0$

e) $x^2 + 2x + 10 > 0$

f) $6x - 2x^2 \leqslant 0$

g) $-2x^2 + 4x \geqslant 0$

h) $x^2 - 5x + 6 \leqslant 0$

i) $-2x^2 + 7x - 3 < 0$

38 Determine os valores de x para os quais $y \leqslant 0$ na função dada por $y = -2x^2 - x - 2$.

Trabalhando em equipe

Leia o texto da primeira situação, apresentado na página 131, e resolvam o problema a seguir.

Manuel deixou o forno aquecendo durante 40 minutos para fazer uma *pizza*, que ficou no forno por 10 minutos. Qual é a temperatura do forno, depois de a *pizza* ter ficado pronta?

ILUSTRAÇÕES: ADILSON SECCO

Trabalhando os conhecimentos adquiridos

Autoavaliação

1 O que diferencia uma função afim de uma função quadrática?

2 Para encontrar os zeros de uma função quadrática, devemos igualar $f(x)$ a zero. Quais estratégias podem ser utilizadas para resolver a equação obtida?

3 De que maneira a concavidade de uma parábola está relacionada aos pontos de máximo e de mínimo da função quadrática?

4 Quais das sentenças a seguir são verdadeiras?

a) A função $f(x) = x^2 + 18x + 81$ possui apenas um zero, que é -9.

b) A função $f(x) = -x^2 + 7x$ possui dois zeros reais opostos.

c) Em uma função quadrática, se $c = 0$, os zeros serão sempre zero e $-\dfrac{b}{a}$.

d) Uma função quadrática pode ter dois vértices.

19

1 Determine os zeros da função $f(x) = x^2 - \dfrac{5}{3}x - \dfrac{2}{3}$

2 Determine as coordenadas do vértice da parábola de equação $f(x) = 2x^2 - 5x + 3$.

3 Determine o valor máximo ou o valor mínimo da função dada por $f(x) = -3x^2 + 2x$.

4 Ao diminuir 5 cm da medida do lado de um quadrado, obtém-se um retângulo com 750 cm² de área. Qual é a medida do lado do quadrado inicial?

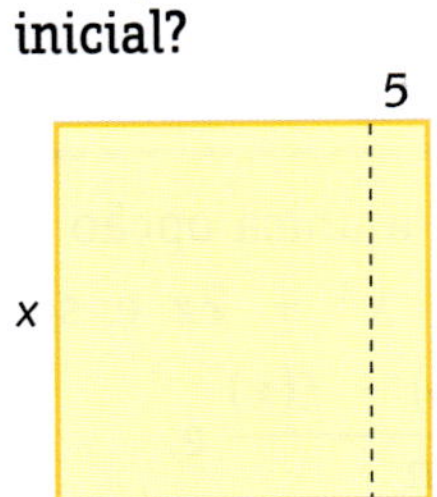

ADILSON SECCO

5 Estude o sinal da função dada por $y = x^2 - x - 6$.

6 Resolva as inequações abaixo.

a) $x \cdot (x - 2) \leqslant 2x - 4$

b) $(x + 1)(x - 1) \leqslant 3$

c) $x^2 + x + 4 > 0$

7 Um fazendeiro dispõe de 1000 m de tela metálica para construir uma cerca retangular, aproveitando um muro já existente. Quais devem ser as dimensões da cerca para que a área encontrada seja máxima?

8 Construa o gráfico da função quadrática definida por $f(x) = -x^2 + x - 2$.

DESAFIO

A bala lançada pelo canhão ilustrado abaixo descreve uma parábola de equação $y = 100x - 2x^2$, $0 \leqslant x \leqslant 50$. Determine, em metro:

a) o alcance do lançamento (AB);

b) a altura máxima atingida (CD).

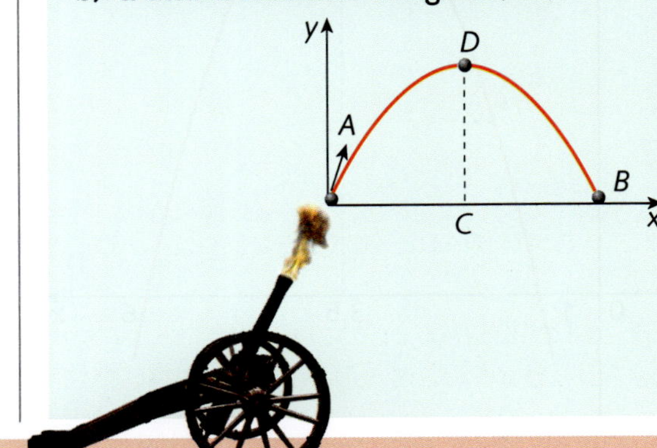

GUILHERME CASAGRANDI

1 Observe o gráfico da função dada por $f(x) = ax^2 - 7x + c$, $a \neq 0$. Depois, determine a e c.

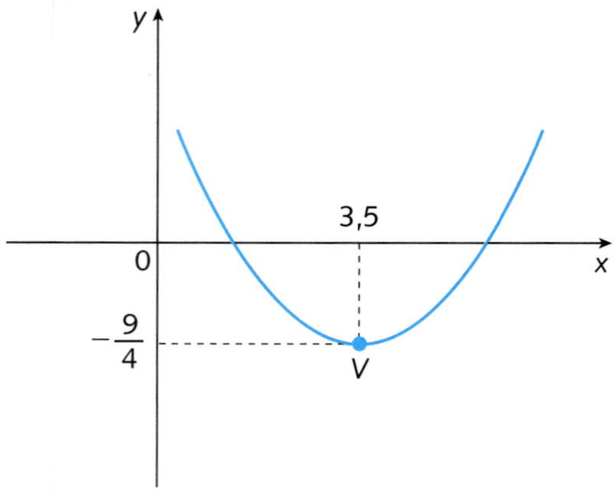

GUILHERME CASAGRANDI

2 Determine as coordenadas dos pontos de intersecção do gráfico da função dada por $f(x) = 6x^2 + x - 1$ com o eixo das abscissas.

3 Para que valor de x a função definida por $f(x) = -2x^2 + 4x - 7$ admite um valor máximo?

4 Determine o valor de p para que a função $f(x) = (3 - 2p)x^2 + 6x - 4$ admita um mínimo.

5 Determine o valor de k para que a função cuja lei é $f(x) = x^2 + kx + 1$ admita dois zeros reais e iguais.

6 Sabendo que o gráfico abaixo representa a função dada por $f(x) = ax^2 + bx + c$, $a \neq 0$, determine a, b e c.

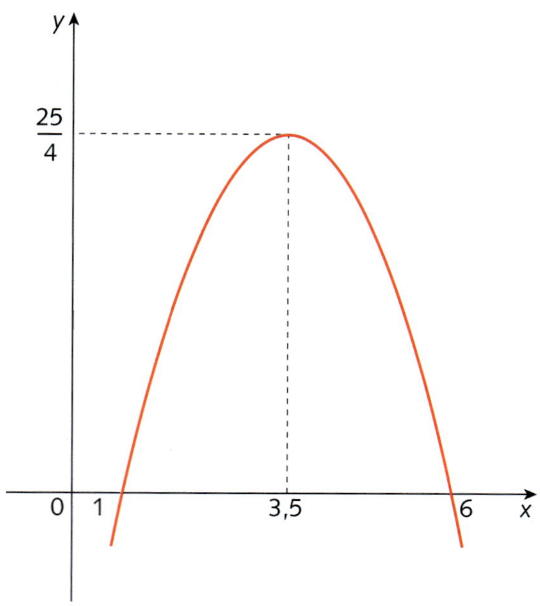

ADILSON SECCO

7 Sabendo que o número de diagonais de um polígono convexo com n lados é $\frac{n(n-3)}{2}$, determine o polígono convexo que tem 27 diagonais.

8 A soma dos quadrados de três números naturais consecutivos é 194. Quais são esses números?

9 O produto de dois números naturais consecutivos é 342. Quais são esses números?

10 Um poste de iluminação pública de 9 m quebrou a determinada altura do solo e caiu, conforme a figura abaixo. A que altura do chão o poste quebrou?

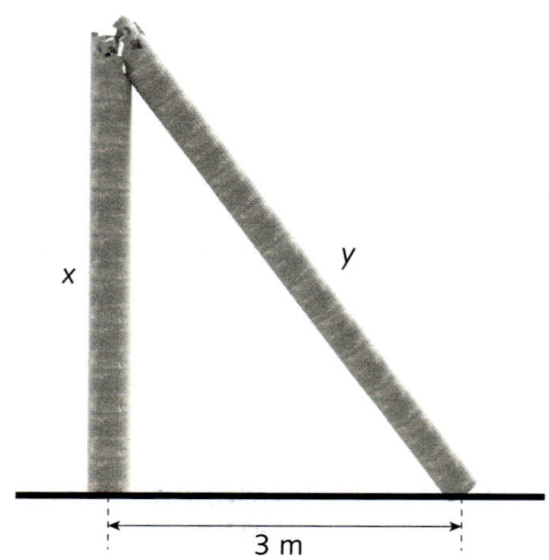

GUILHERME CASAGRANDI

11 Determine as coordenadas do ponto de intersecção do gráfico da função definida por $f(x) = -3x^2 + 2x - 4$ com o eixo das ordenadas.

DESAFIO

Identifique a única opção correta.

Se $f(x) = x^2 + 2x$ e se $h \in \mathbb{R}$, o valor de $\frac{f(x+h) - f(x)}{h}$ é:

a) $2x + 2 + h$.
b) $2x - 2 + h$.
c) $2x - 2 - h$.
d) $2x + 2h^2 - h$.
e) $2x - 2h^2 + h$.
f) $2x + 2 - h$.

Conteúdo digital
- Atividade: Funções quadráticas

1 Seja a função $f: \mathbb{R} \rightarrow \mathbb{R}$ definida por $f(x) = 3x^2 + 2x - m - 3$. Determine m para que $f(2) = 5$.

2 Sabendo que o gráfico da função dada por $f(x) = -3x^2 + 5x + 2m - 8$ passa pela origem, determine o valor de m.

3 Determine o valor de k para que a função definida por $f(x) = (5 + k)x^2 + 2x - 7$ admita um máximo.

4 Determine o valor mínimo da função f dada por $f(x) = 3x^2 + 5x - 4$.

5 **(Enem)** Existem no mercado chuveiros elétricos de diferentes potências, que representam consumos e custos diversos. A potência (P) de um chuveiro elétrico é dada pelo produto entre sua resistência elétrica (R) e o quadrado da corrente elétrica (i) que por ele circula. O consumo de energia elétrica (E), por sua vez, é diretamente proporcional à potência do aparelho.
Considerando as características apresentadas, qual dos gráficos a seguir representa a relação entre energia consumida (E) por um chuveiro elétrico e a corrente elétrica (i) que circula por ele?

a) 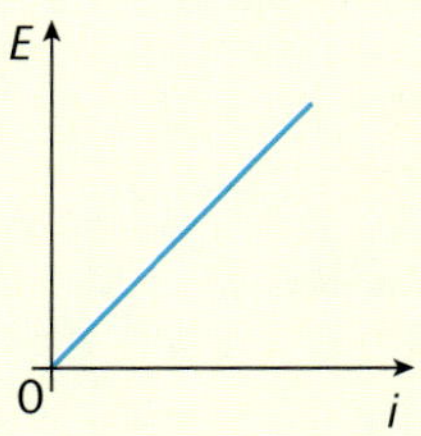

b) 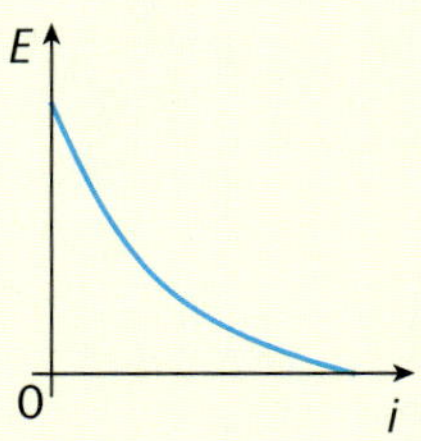

c) 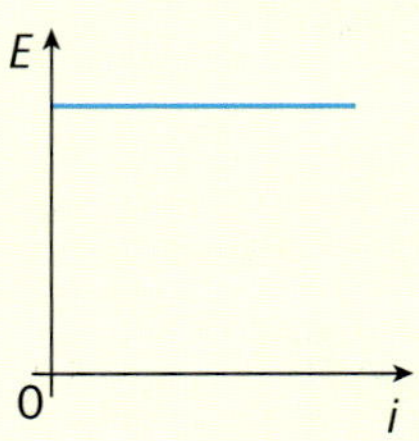

d) 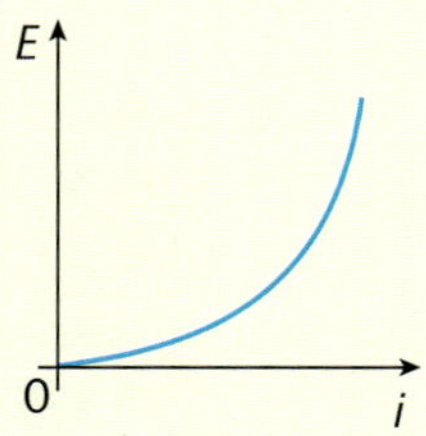

e) 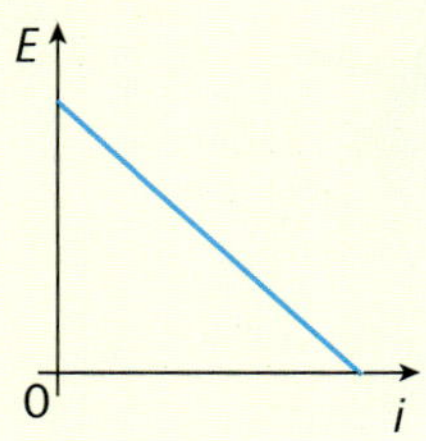

6 Com uma chapa retangular de 50 cm por 60 cm, deseja-se fazer um recipiente retangular, cortando em cada canto da chapa um quadrado de x cm de lado e virando as bordas. Escreva a expressão que representa a medida do volume desse recipiente em função de x.

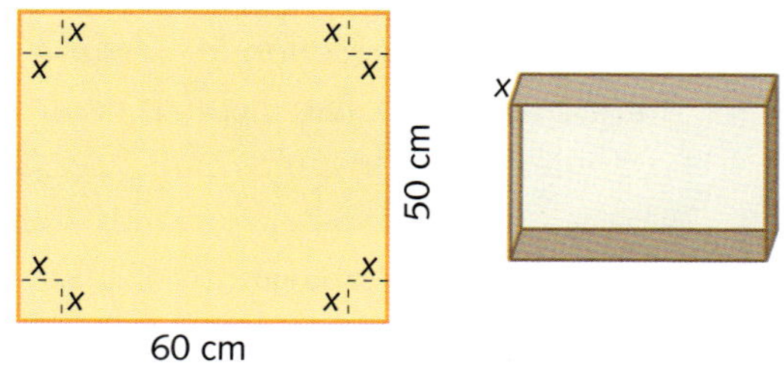

7 Um golfinho realiza um salto cuja trajetória lembra uma parábola. A função que representa essa parábola é $f(x) = -x^2 + 4x$. Quais são as coordenadas do ponto no qual o golfinho atinge a altura máxima?

NEJRON PHOTO/SHUTTERSTOCK

DESAFIO

A parábola da figura é dada por $f(x) = x^2 + x - 12$. Determine a área do triângulo OAB.

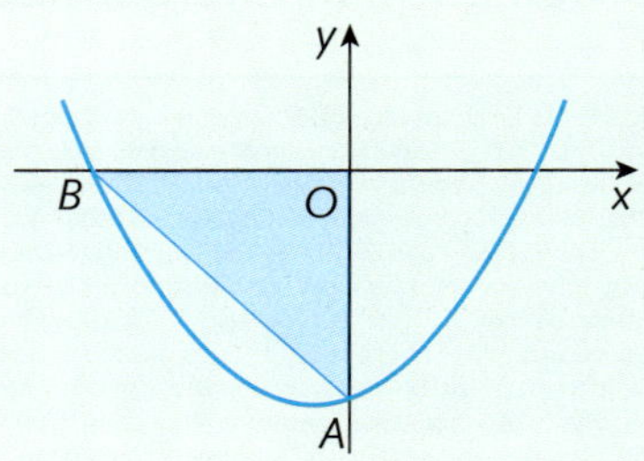

ILUSTRAÇÕES: ADILSON SECCO

CAPÍTULO

5 Estatística e Probabilidade

Matriz energética

A oferta interna de energia (OIE) de um país corresponde a toda a energia necessária para movimentar sua economia – desde a eletricidade das nossas casas até o combustível da indústria pesada. Isso inclui as perdas na distribuição que acontecem no caminho desde as fontes até o consumo final. O conjunto dessas fontes é chamado de matriz energética.

Usina hidrelétrica de Itaipu, em Foz do Iguaçu (PR), 2015.

ERNESTO REGHRAN/PULSAR IMAGENS

DE ONDE VEM A ENERGIA BRASILEIRA

Quase metade da energia ofertada internamente é proveniente de recursos renováveis, como água, vento, luz do Sol e biomassa.

Oferta interna de energia, em março de 2017 (em %)

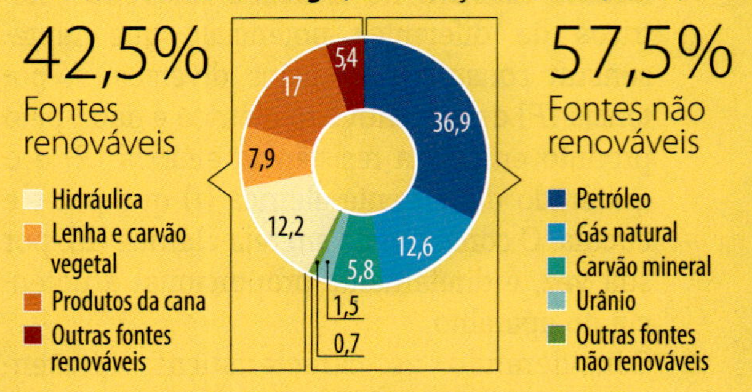

Fonte: Boletim Mensal de Energia (março de 2017), Ministério de Minas e Energia.

É hora de observar e discutir

Faça a leitura do infográfico e responda às perguntas a seguir.

- Dê dois exemplos de energia limpa no Brasil.
- Quais são as fontes renováveis de energia? E as fontes não renováveis?
- Quais são os dois setores brasileiros que consomem mais energia elétrica?

Fontes: Balanço Energético Nacional (ano base 2015). Disponível em: <https://ben.epe.gov.br/downloads/Relatorio_Final_BEN_2016.pdf>; Boletim Mensal de Energia (abril de 2017). Disponível em: <http://www.mme.gov.br/documents/10584/3580498/01+-+Boletim+Mensal+de+Energia+%28Mar%C3%A7o+2017%29+%28PDF%29/a98c5d83-e902-4d35-9de7-47e29e694a0c;jsessionid=6F7E3F3EA56D0C504AE80A48B336C25F.srv154>; Empresa de Pesquisa Energética. Disponível em: <http://epe.gov.br>; Ministério de Minas e Energia; Plano Decenal de Expansão de Energia - 2026. Disponível em: <http://www.mme.gov.br/web/guest/consultas-publicas?p_auth=HVf3aBc9&p_p_id=consultapublicaexterna_WAR_consultapublicaportlet&p_p_lifecycle=1&p_p_state=normal&p_p_mode=view&p_p_col_id=column-1&p_p_col_count=1&_consultapublicaexterna_WAR_consultapublicaportlet_consultaIdNormal=34&_consultapublicaexterna_WAR_consultapublicaportlet_javax.portlet.action=downloadArquivo>; Resenha Energética Brasileira (exercício de 2015). Disponível em: <http://www.aben.com.br/Arquivos/456/456.pdf>. Acessos em: 14 jul. 2017.

O FUTURO DA ENERGIA

Em 2017, o Ministério de Minas e Energia previu um aumento da participação de recursos renováveis na oferta interna de energia brasileira na década seguinte. O país aposta no crescimento maior das fontes renováveis não hidráulicas, como a energia solar e a eólica, até 2026.

Previsão da geração de energia a partir de fontes renováveis no Brasil de 2006 a 2026 (em % do total)

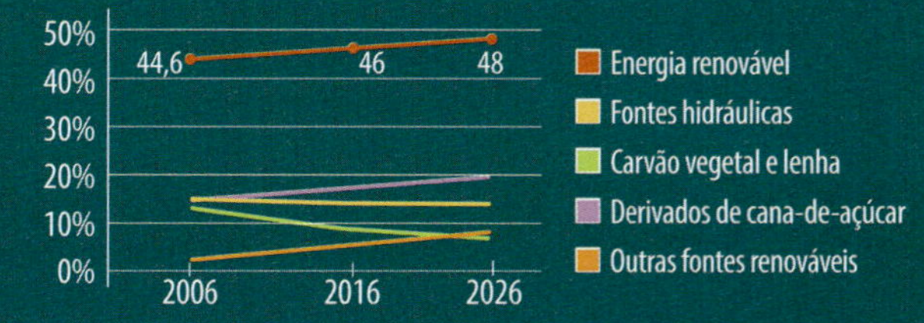

Fontes: Boletim Mensal de Energia (março de 2017), Ministério de Minas e Energia; Resenha Energética Brasileira (exercício de 2015), Ministério de Minas e Energia; Plano Decenal de Expansão de Energia – 2026.

Museu do Amanhã, no Rio de Janeiro (RJ), 2016.

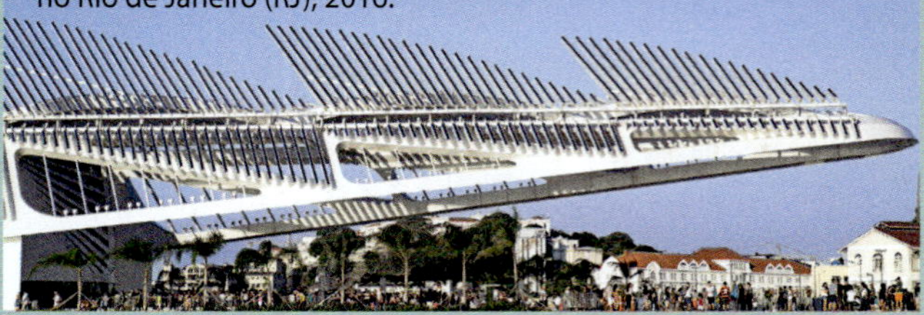

ROGÉRIO REIS/PULSAR IMAGENS

HISTÓRICO DA ENERGIA NO MUNDO

Nas últimas quatro décadas, o Brasil acompanhou a tendência mundial de diminuição do uso do petróleo para a geração de energia. Em compensação, a energia gerada por meio de fonte renovável hidráulica cresceu mais no país do que no resto do mundo.

Os gráficos a seguir apresentam dados em porcentagem

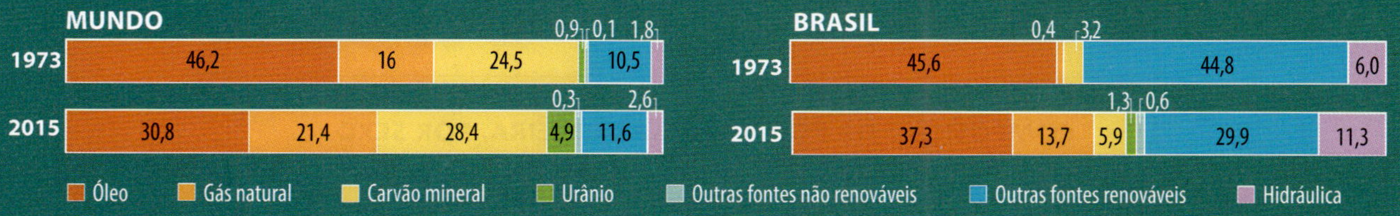

Fonte: Balanço Energético Nacional 2016 (ano base 2015), Ministério de Minas e Energia.

ILUSTRAÇÕES: PRISCILLA BOFFO

Usina nuclear de Angra dos Reis (RJ), 2015.

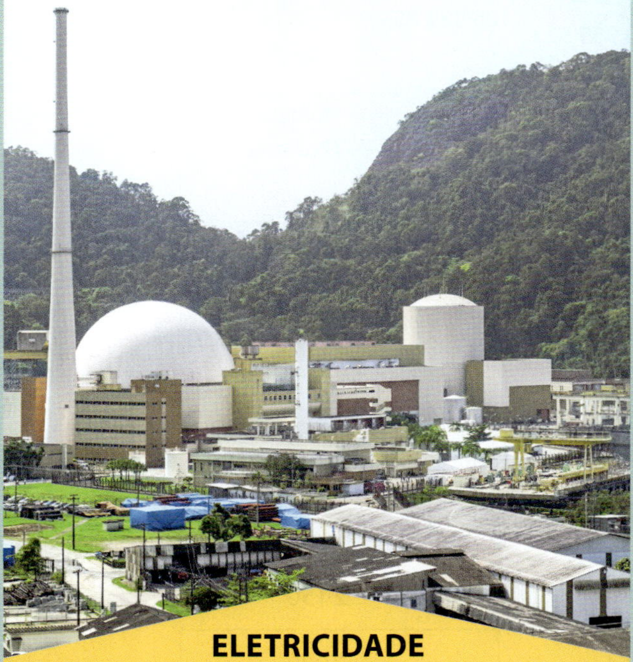

MAURICIO SIMONETTI/PULSAR IMAGENS

ELETRICIDADE

A eletricidade que abastece o setor residencial corresponde a cerca de 11% de todo o consumo de energia do país. A indústria e o setor de transportes consomem muito mais eletricidade do que gastamos em casa. Há ainda o consumo não energético de fontes de energia, que engloba, por exemplo, a quantidade de petróleo transformada em outros produtos (graxas, lubrificantes, etc.).

Consumo final de energia por setor (em %)

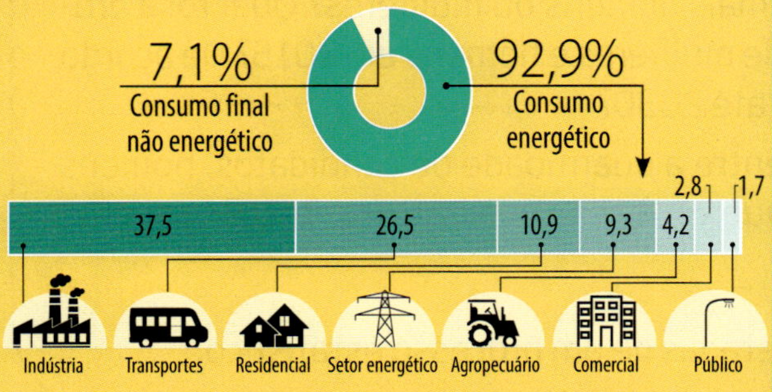

Fonte: Balanço Energético Nacional 2016 (ano base 2015), Ministério de Minas e Energia.

ENERGIA LIMPA NO BRASIL

No Brasil, a geração de energia elétrica é baseada em fontes predominantemente renováveis, com uma participação expressiva de usinas hidrelétricas. Estamos bem acima da média mundial no que diz respeito a energia limpa. Investimentos em outras fontes renováveis de menor impacto ambiental, como a eólica e a solar, também aparecem nas projeções do Brasil.

Oferta interna de energia elétrica no mundo e proporção de fontes renováveis (em 2015)

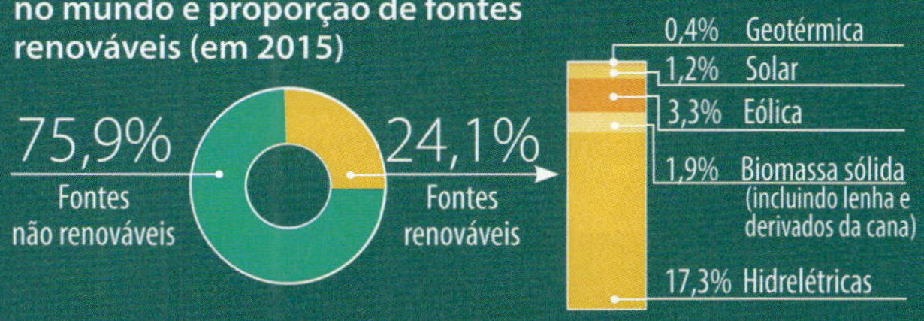

Oferta interna de energia elétrica no Brasil e proporção de fontes renováveis (em 2015)

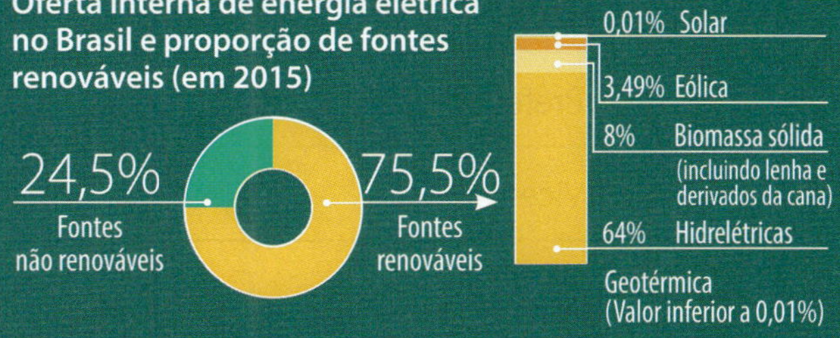

Fonte: Resenha Energética Brasileira (exercício de 2015), Ministério de Minas e Energia.

Usina eólica em dunas na Praia de Mundaú, em Trairi (CE), 2015.

ANDRE DIB/PULSAR IMAGENS

Trocando ideias

Geralmente, os meios de comunicação, como jornais, revistas, internet, entre outros, empregam tabelas e gráficos para representar informações estatísticas.

As tabelas e os gráficos transmitem, de forma objetiva, informações sobre determinados assuntos. Veja os exemplos.

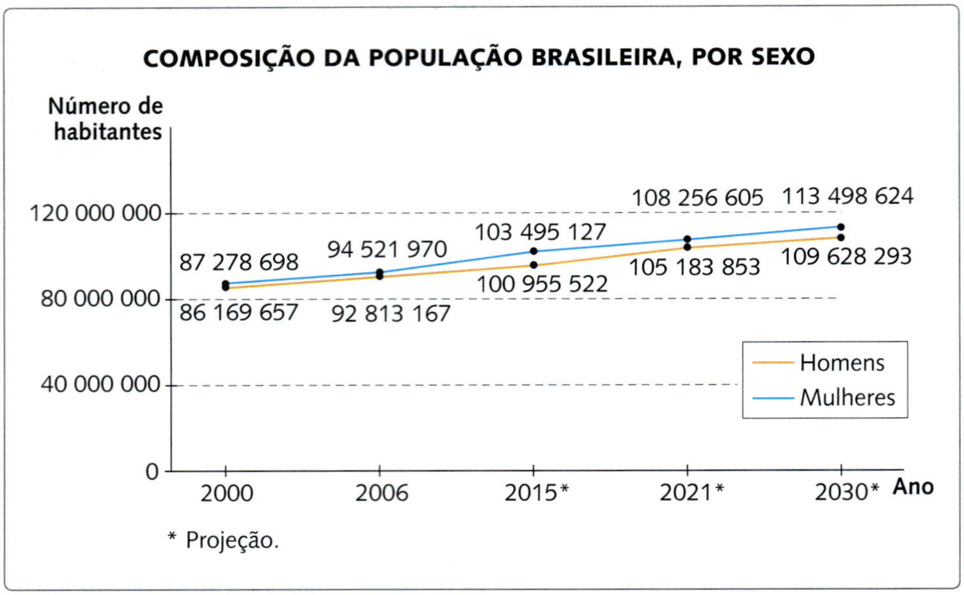

Disponível em: <http://www.ibge.gov.br>. Acesso em: 12 maio 2017.

Quantidade de candidatos por sexo/cargo nas eleições de 2016		
Cargo	**Masculino**	**Feminino**
Prefeito	14418	2150
Vice-prefeito	13964	2988
Vereador	310060	153315

Disponível em: <http://www.tse.jus.br>. Acesso em: 12 maio 2017.

Com base no gráfico e na tabela, responda às questões:

- Na composição da população brasileira há mais homens ou mulheres? Qual foi a projeção para a diferença entre a quantidade de mulheres e homens em 2015? De acordo com a projeção, essa diferença se manterá até 2030?
- Observe a tabela e verifique se a relação entre a quantidade de candidatos, homens e mulheres, é a mesma da população. Por que você acha que isso acontece? Converse com o professor e os colegas.

Neste capítulo, vamos estudar algumas das etapas de um processo estatístico.

1 Processo estatístico

Segundo o Instituto Brasileiro de Geografia e Estatística (IBGE), as famílias ficaram menos numerosas com o passar do tempo.

Em 1950, a média de filhos por mulher era 6,21. Nos anos posteriores, observou-se uma queda acentuada nesse índice, chegando, em 2010, a uma média de 1,90 filho por mulher.

As dificuldades financeiras, as condições de vida das sociedades modernas e os métodos anticoncepcionais justificam essa acentuada redução no número de filhos por família.

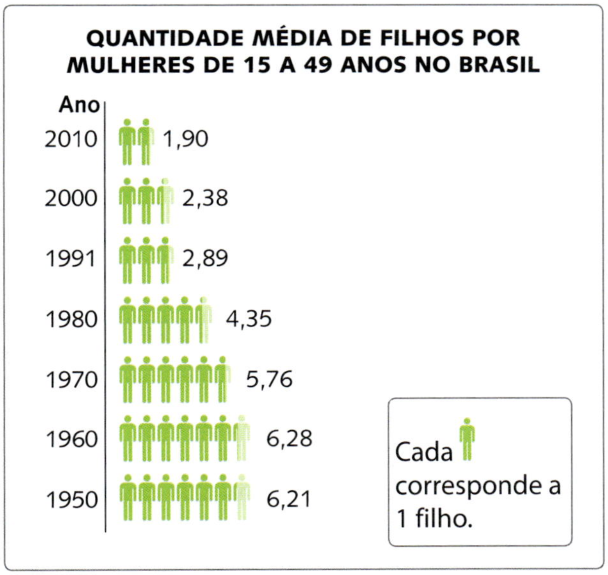

LUIZ RUBIO

Dados obtidos em: <http://7a12.ibge.gov.br/vamos-conhecer-o-brasil/nosso-povo/nupcialidade-e-fecundidade>. Acesso em: 28 abr. 2017.

GRZEGORZ PLACZEK/SHUTTERSTOCK

Como foi possível obter essas informações?

Elas são resultantes de um processo estatístico, que se baseia em um método de pesquisa.

A seguir, vamos estudar algumas etapas desse processo: o objetivo da pesquisa, a seleção das variáveis que serão analisadas, a coleta de dados e a sua organização e agrupamento.

1ª etapa: objetivo da pesquisa

Ao iniciar uma pesquisa, é preciso definir claramente o que se quer estudar.

Exemplos

- O número médio de filhos das famílias do município Alfa.
- A medida da altura mais frequente de um aluno do 9º ano do colégio Beta.
- O número de medalhas conquistadas pelo Brasil nos Jogos Pan-Americanos realizados até 2015.
- O saldo da balança comercial do Brasil no terceiro trimestre de 2016.

2ª etapa: seleção das variáveis que serão analisadas

Já vimos que, em uma pesquisa, cada característica estudada é denominada **variável**. Desse modo, ao montar a pesquisa, deve ficar claro qual será a variável estudada e quais serão seus possíveis valores.

Para cada objetivo da pesquisa, determinamos variáveis.

Exemplos

Considerando os exemplos dados na 1ª etapa, temos as seguintes variáveis:

- O número de filhos das famílias do município Alfa.
- A medida da altura dos alunos do 9º ano do colégio Beta.
- O número de medalhas de ouro, prata e bronze conquistadas pelo Brasil nos Jogos Pan--Americanos realizados até 2015.
- Os valores correspondentes à exportação e à importação do Brasil nos meses de julho, agosto e setembro de 2016.

3ª etapa: coleta de dados

A estatística se baseia na observação de grupos aos quais damos o nome de **população** ou **universo estatístico**. Coletamos dados para cada variável da pesquisa.

Exemplos

Considerando os dois últimos exemplos dados na 1ª etapa, temos os seguintes universos estatísticos:

- Total de medalhas conquistadas: para saber o número de medalhas conquistadas pelo Brasil nos Jogos Pan-Americanos realizados até 2015, analisamos os dados obtidos no *site* do Comitê Olímpico Brasileiro.

Número de medalhas conquistadas pelo Brasil nos Jogos Pan-Americanos

Cidade-sede	Ano	Ouro	Prata	Bronze
Buenos Aires	1951	5	15	12
Cidade do México	1955	2	3	13
Chicago	1959	8	8	6
São Paulo	1963	14	20	18
Winnipeg	1967	11	10	5
Cáli	1971	9	7	14
Cidade do México	1975	8	13	23
San Juan	1979	9	13	17
Caracas	1983	14	20	23
Indianápolis	1987	14	14	33
Havana	1991	21	21	37
Mar del Plata	1995	18	27	37
Winnipeg	1999	25	32	44
Santo Domingo	2003	29	40	54
Rio de Janeiro	2007	52	40	65
Guadalajara	2011	48	35	58
Toronto	2015	41	40	60

Dados obtidos em: <https://www.cob.org.br/time-brasil/>. Acesso em: 28 abr. 2017.

- Total obtido com exportação e importação nos meses de julho, agosto e setembro de 2016: para saber o saldo da balança comercial do Brasil no terceiro trimestre de 2016, analisamos os dados obtidos no Ministério do Desenvolvimento, Indústria e Comércio Exterior.

Balança comercial do Brasil no terceiro trimestre de 2016 (em dólar)			
	Julho	Agosto	Setembro
Exportação	16 328 206 520	16 986 462 166	15 800 119 615
Importação	11 752 696 206	12 848 449 517	11 987 439 087

Dados obtidos em: <http://www.mdic.gov.br>. Acesso em: 28 abr. 2017.

Quando o universo estatístico estudado é muito grande ou não é possível coletar dados de todos os seus elementos, recorremos a uma parte do universo estatístico denominada **amostra**.

A amostra deve ter as mesmas características da população da qual foi retirada.

Exemplos

Considerando os dois primeiros exemplos dados na 1ª etapa, temos as seguintes amostras:

- para o estudo sobre o número médio de filhos das famílias do município Alfa, tomamos como amostra 80 famílias que moram em diversos bairros desse município, obtendo estas quantidades:

0	2	1	3	4	1	2	3	0	4	1	2	3	1	4	0
2	3	0	5	3	2	1	5	1	2	3	2	0	4	2	3
2	4	3	1	2	1	4	3	2	0	2	6	2	1	0	1
2	0	2	3	2	0	1	2	3	2	1	2	3	2	2	2
1	2	0	2	1	5	2	0	3	2	1	4	0	2	2	1

- para saber a medida mais frequente da altura dos alunos do 9º ano, tomamos como amostra 35 alunos das diversas turmas do 9º ano do colégio Beta, obtendo as medidas indicadas abaixo, em centímetro:

171	159	185	170	169	174	175	180	158
160	150	168	167	174	163	158	165	168
176	176	165	142	175	172	161	169	165
154	164	156	162	179	160	149	188	

ILUSTRAÇÕES: LÉO FANELI

4ª etapa: organização e agrupamento dos dados

A organização dos dados coletados permite uma leitura mais rápida e fácil.

Existem algumas formas de fazer essa organização. Uma delas é montar uma tabela.

Exemplos

Considerando os exemplos da 1ª etapa, organizamos os dados nas seguintes tabelas:

- Na tabela ao lado, o número de filhos foi dividido em sete **categorias** distintas: nenhum filho, um filho, dois, três, quatro, cinco e seis filhos. A quantidade de elementos que pertencem a determinada categoria é chamada de **frequência** da categoria.

Quantidade de famílias do município Alfa de acordo com o número de filhos

Número de filhos	Número de famílias (frequência)
0	12
1	16
2	28
3	13
4	7
5	3
6	1

Dados fictícios.

- Na tabela abaixo, os dados foram agrupados em classes (ou intervalos) de valores. A diferença entre o maior e o menor extremo de uma classe, nessa ordem, é chamada de **amplitude** da classe. No exemplo, a amplitude da classe [140; 150[é 10, pois 150 − 140 = 10.

Quantidade de alunos do 9º ano do colégio Beta de acordo com a medida da altura

Medida da altura, em centímetro (classe)	Número de alunos (frequência)
[140; 150[	2
[150; 160[	6
[160; 170[	14
[170; 180[	10
[180; 190]	3

Dados obtidos pela professora.

LÉO FANELLI

Observe que, nas quatro primeiras classes consideradas nesse exemplo, os intervalos não incluem os números situados no extremo à direita de cada classe. Por isso, dizemos que os intervalos são fechados à esquerda ([ ) e abertos à direita ([ ), exceto a última classe, que é fechada à direita (]).

- Na tabela ao lado, os tipos de medalhas foram divididos em três categorias: ouro, prata e bronze.

Número de medalhas conquistadas pelo Brasil nos Jogos Pan-Americanos até 2015

Tipo de medalha	Número de medalhas (frequência)
Ouro	287
Prata	318
Bronze	459
Total	**1 064**

Dados obtidos em: <https://www.cob.org.br/time-brasil/>. Acesso em: 28 abr. 2017.

- O saldo da balança comercial de cada mês é dado pela diferença entre o valor de exportação e o de importação.

Saldo da balança comercial do Brasil no terceiro trimestre de 2016 (em dólar)			
Mês	**Julho**	**Agosto**	**Setembro**
Saldo	4575510314	4138012649	3812680528

Dados obtidos em: <http://www.mdic.gov.br>.
Acesso em: 28 abr. 2017.

O saldo da balança comercial do terceiro trimestre de 2016 será dado pela soma dos saldos correspondentes aos meses de julho, agosto e setembro:

$$4575510314 + 4138012649 + 3812680528 = 12526203491$$

Assim, o saldo da balança comercial do terceiro trimestre de 2016 é 12526203491 dólares.

EXERCÍCIOS

1 Uma indústria produz 30000 parafusos diariamente. Para efetuar um processo de controle de qualidade sobre a produção, de cada 100 parafusos, um vai para análise, que determina se o parafuso é perfeito ou defeituoso.

Considerando a população os 30000 parafusos produzidos diariamente nessa indústria, qual é o tamanho da amostra que foi utilizada para a análise?

IB PHOTOGRAPHY/SHUTTERSTOCK

2 Um professor de Matemática registrou as 35 notas dos seus alunos no quadro abaixo. Organize, no caderno, uma tabela com esses dados, especificando as notas e as frequências.

8	7	6	7	3	5	4	8	3
6	6	10	7	7	5	6	9	4
4	5	4	9	8	9	10	9	7
9	3	8	10	6	8	7	5	

3 Foi feito um levantamento de dados sobre a idade (em anos completos) dos funcionários de uma fábrica. Observe:

De 18 a 20 anos	De 21 a 23 anos
284 funcionários	316 funcionários

De 24 a 26 anos	De 27 a 29 anos
420 funcionários	304 funcionários

De 30 a 32 anos
160 funcionários

LÉO FANELLI

Organize, no caderno, uma tabela com esses dados, especificando as classes e as frequências.

Um pouco de história

A Ciência Estatística, ou simplesmente Estatística, tem origem muito antiga. Os primeiros relatos datam de 2000 a.C. e tratam do recenseamento de populações agrícolas chinesas.

Posteriormente, na época do imperador Augusto, foram feitas pesquisas para mensurar as riquezas do Império Romano: número de soldados, de armas, de navios, de cavalos etc.

A palavra **estatística** – em referência a obtenção, estudo e interpretação de dados – foi utilizada pela primeira vez por volta do século XVIII, na Alemanha.

Seu nome está ligado ao interesse que os assuntos do Estado despertavam.

LÉO FANELLI

2 Construção de gráficos

Como vimos, as tabelas permitem que a informação, já classificada e organizada, seja facilmente visualizada. Essa comunicação também é favorecida quando os dados são apresentados por meio de **gráficos**. O gráfico de barras (horizontais ou verticais), por exemplo, transmite de forma clara e direta a evolução de um fenômeno.

Gráfico de barras verticais e gráfico de barras horizontais

O gráfico de barras verticais é representado em um plano com retângulos, todos de mesma base. A base dos retângulos situa-se no eixo horizontal e as alturas são proporcionais aos valores da variável representada no eixo vertical.

Gráfico de barras verticais

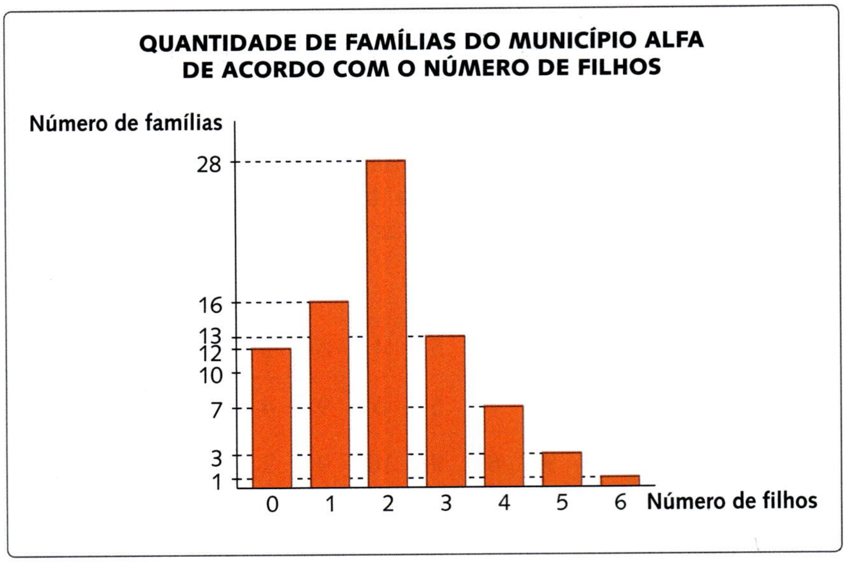

LUIZ RUBIO

Dados fictícios.

O gráfico de barras horizontais é representado em um plano também com retângulos, todos de mesma base. A base dos retângulos situa-se no eixo vertical e os comprimentos são proporcionais aos valores da variável representada no eixo horizontal.

Gráfico de barras horizontais

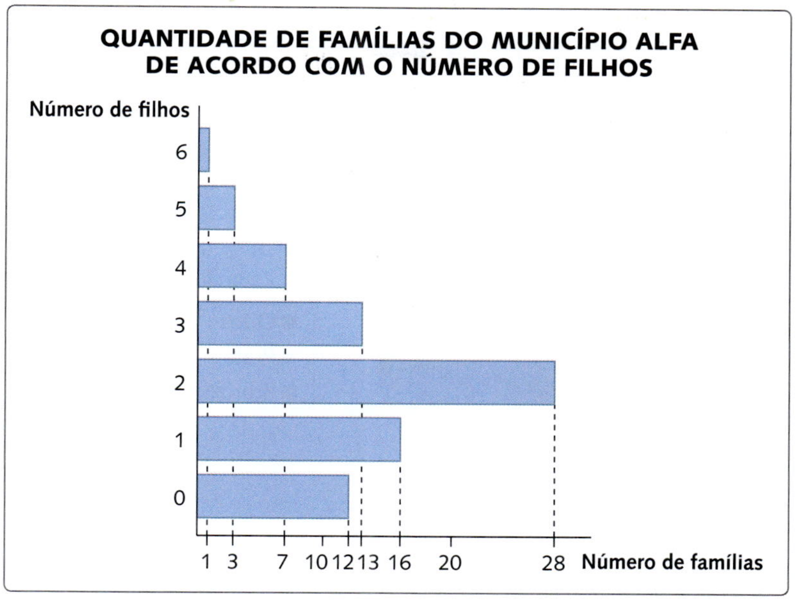

Dados fictícios.

Histograma de frequência e polígono de frequências

O **histograma** é um gráfico utilizado para representar uma distribuição de frequências em que as classes são representadas por intervalos de mesma amplitude. Na elaboração de um histograma, constroem-se retângulos cujas bases coincidem com as classes, e a medida da altura de cada retângulo representa a frequência da classe correspondente.

Com base em um histograma, é possível construir um **polígono de frequências**.

Histograma de frequência

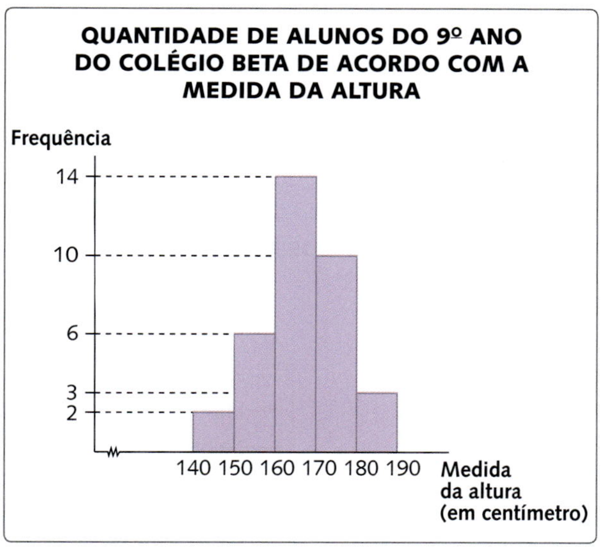

Dados obtidos pela professora.

Polígono de frequências

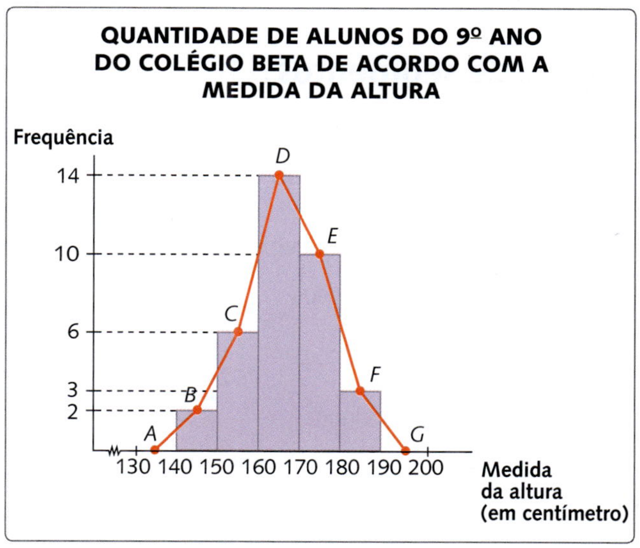

Dados obtidos pela professora.

Observe que o polígono de frequências é determinado unindo-se os pontos médios da parte superior de cada retângulo e prolongando-se a linha até os pontos *A* e *G*, no eixo horizontal. Para obter os pontos *A* e *G*, vértices da base do polígono, devemos considerar que existem mais duas classes com a mesma amplitude das restantes cujo total de aluno é zero.

Gráfico de setores

Na construção de um gráfico de setores, dividimos um círculo em setores, com ângulos de medidas proporcionais às frequências das classes.

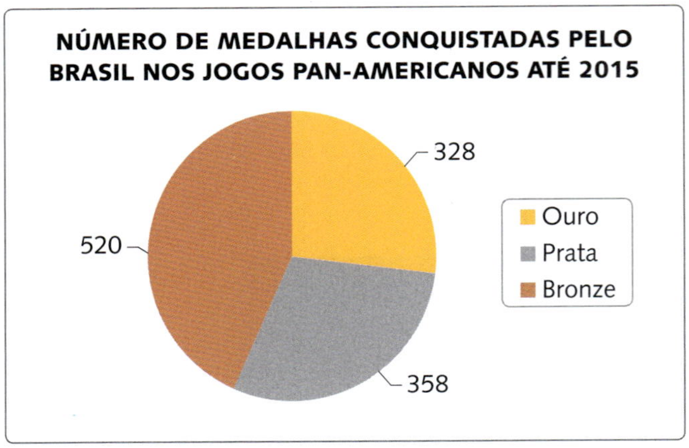

Dados obtidos em: <https://www.cob.org.br/time-brasil/>. Acesso em: 28 abr. 2017.

WILLIAM VOLCOW/BRAZIL PHOTO PRESS/ LATINCONTENT/GETTY IMAGES

O Brasil conquistou a medalha de ouro no handebol feminino em Toronto (Canadá), nos Jogos Pan-Americanos de 2015.

Neste exemplo, dividimos 360° em partes proporcionais às frequências 328, 358, e 520, que correspondem ao número de cada tipo de medalha.

Assim, o ângulo correspondente a cada frequência é:

- medalhas de ouro ⟶ $\frac{328}{1206} \cdot 360° \simeq 97,9°$
- medalhas de prata ⟶ $\frac{358}{1206} \cdot 360° \simeq 106,9°$
- medalhas de bronze ⟶ $\frac{520}{1206} \cdot 360° \simeq 155,2°$

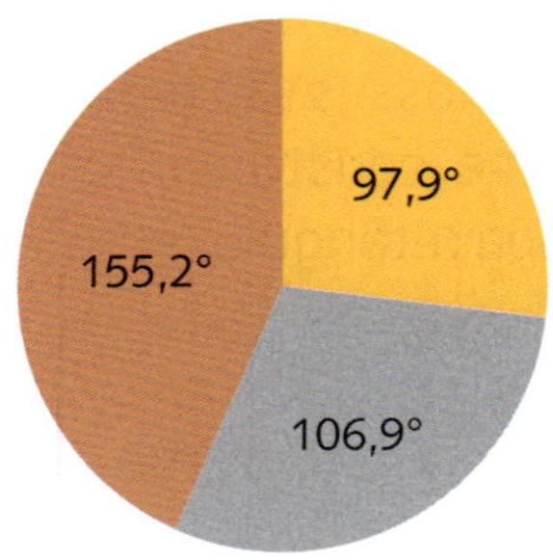

Gráfico de segmentos

O gráfico de segmentos é utilizado principalmente para mostrar crescimento, decrescimento ou estabilidade ao longo do tempo.

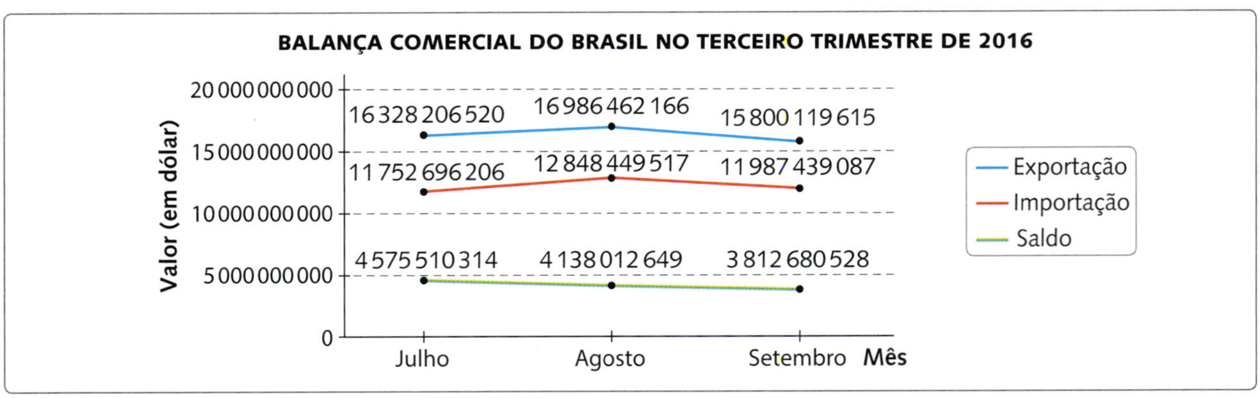

Dados obtidos em: <http://www.mdic.gov.br>. Acesso em: 28 abr. 2017.

No gráfico acima, marcamos, a cada mês, os pontos correspondentes aos valores de exportação, importação e saldo. Em seguida, esses pontos são ligados por segmentos, determinando a linha correspondente a cada variável.

ILUSTRAÇÕES: ERICSON GUILHERME LUCIANO

Cartograma

Cartograma é o mapa ou o quadro em que, por meio de pontos, figuras e linhas, previamente convencionados, se representam a área de ocorrência, a importância, a movimentação e a evolução de um fenômeno.

DISTRIBUIÇÃO DE ÁGUA DOCE NO MUNDO EM 2012

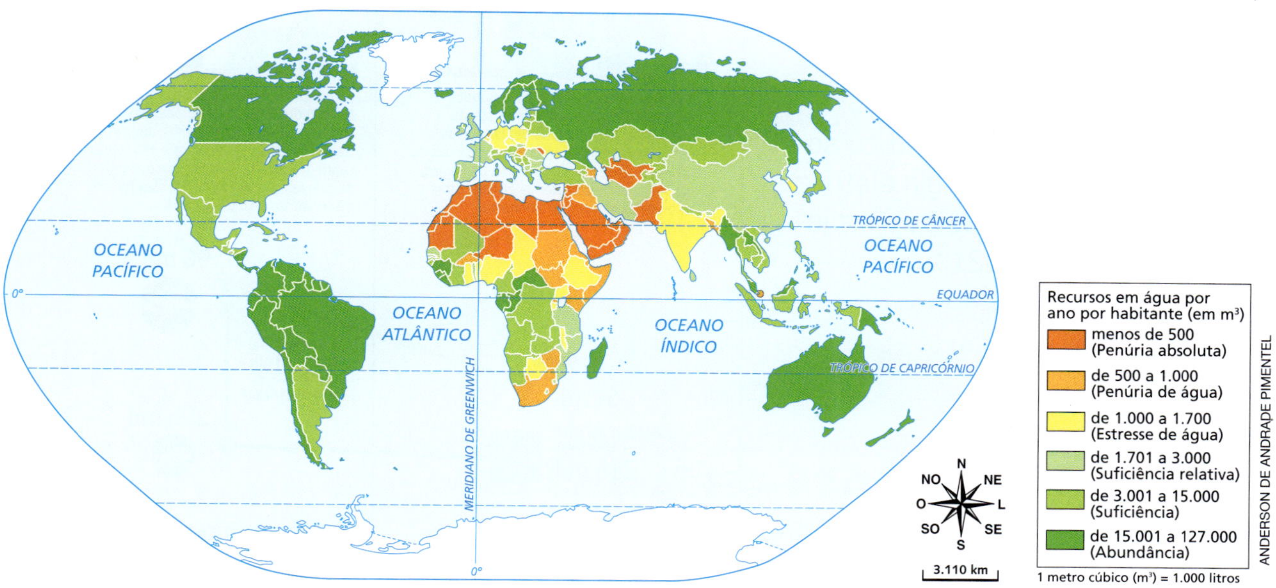

Elaborado a partir de: Graça Maria Lemos Ferreira. *Atlas Geográfico*: espaço mundial. São Paulo: Moderna, 2013. p. 27.

Pictograma

Pictograma é uma forma de representação gráfica em que se utilizam figuras relacionadas ao assunto em estudo para representar quantidades.

NÚMERO DE LINHAS DE TELEFONIA CELULAR PARA USO PESSOAL EM 2013, POR REGIÕES BRASILEIRAS

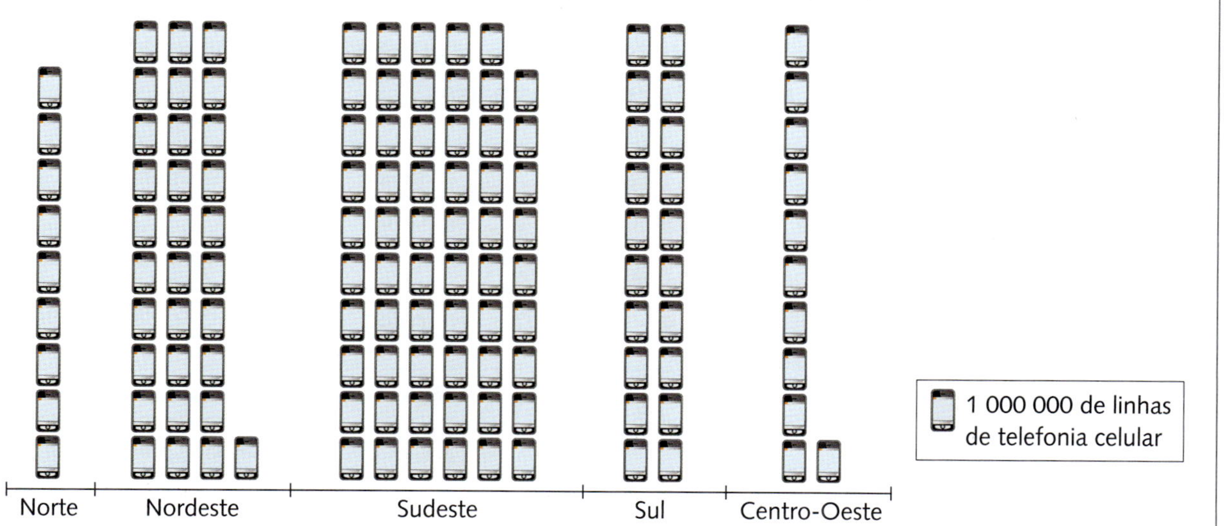

Dados obtidos em: <http://www.ibge.gov.br>. Acesso em: 12 maio 2017.

Infográfico

Os infográficos são usados para apresentar informações de forma mais dinâmica, utilizando gráficos, textos, ilustrações, fotos, mapas etc. São encontrados com frequência em jornais, revistas, internet e em manuais técnicos, educativos ou científicos.

Veja ao lado um infográfico sobre a produção de energia elétrica no Brasil no ano de 2012 e a projeção para o ano de 2021.

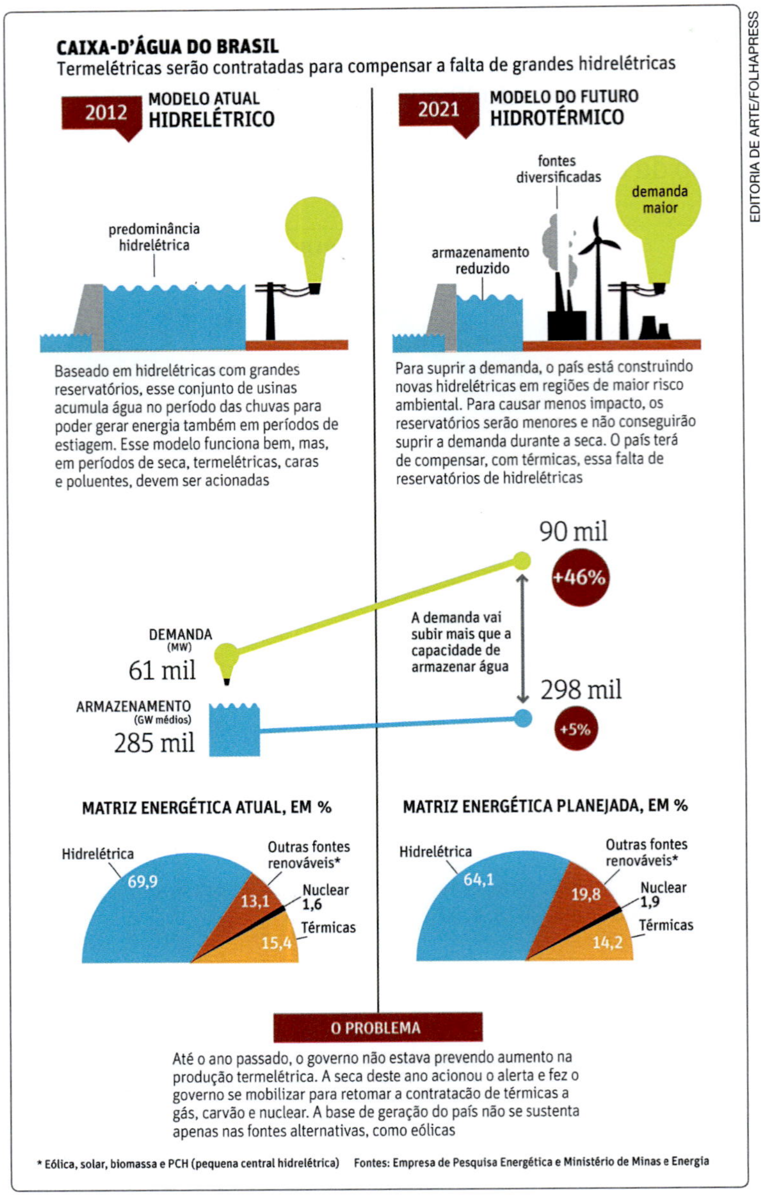

Fonte: *Folha de S.Paulo*, 12 fev. 2013, Primeiro Caderno A8.

Veja mais um exemplo. O infográfico abaixo traz informações sobre o Índice de Desenvolvimento Humano (IDH), em 2012, no Brasil e em outros países.

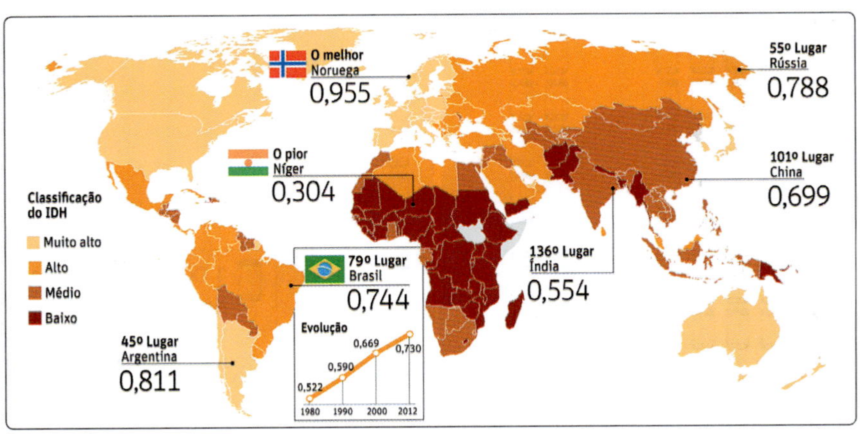

Fonte: *Folha de S.Paulo*, 15 mar. 2013, Primeiro Caderno A8.

O que é Índice de Desenvolvimento Humano (IDH)?
É um índice calculado pelo Pnud (um programa ligado à ONU) que tenta medir o nível de desenvolvimento humano em vários países.

Como é calculado?
Considerando três quesitos (saúde, educação e renda), o índice dá notas de 0 a 1 aos países. Quanto mais perto do 1, maior é o nível de desenvolvimento do local.

EXERCÍCIOS

4 O quadro abaixo relaciona alguns países segundo o número de turistas estrangeiros que os visitaram em 2012 e aponta a receita decorrente dessas viagens.

Turismo internacional

País		
França	83,0	53,6
Estados Unidos	66,7	126,2
China	57,7	50,0
Espanha	57,5	56,3
Itália	46,4	41,2

 Número de turistas estrangeiros (em milhões de pessoas)

 Receita gerada (em bilhões de dólares)

Dados obtidos em: <http://www.dadosefatos.turismo.gov.br>. Acesso em: 11 maio 2017.

a) Construa um gráfico de barras verticais, relacionando os países e o número de turistas estrangeiros que os visitaram no ano de 2012.

b) Construa um gráfico de barras horizontais, relacionando os países e a receita gerada com o turismo estrangeiro no ano de 2012.

5 Em uma amostra de pacotes de feijão foram constatadas estas massas, em grama: 964, 1 008, 945, 990, 998, 964, 978, 1 036, 994, 958, 1 010, 960, 975, 982, 996, 1 020, 955, 976, 998, 1 016. Construa uma tabela de distribuição de frequências dessa amostra, com cinco classes. Em seguida, construa um histograma e um polígono de frequências.

NIGEL CATTLIN/ALAMY/GLOW IMAGES

6 O gráfico abaixo mostra a safra de grãos, em milhões de toneladas, no período de 2007 a 2015, em determinada região.

EVOLUÇÃO DA SAFRA DE GRÃOS
(em milhões de toneladas)

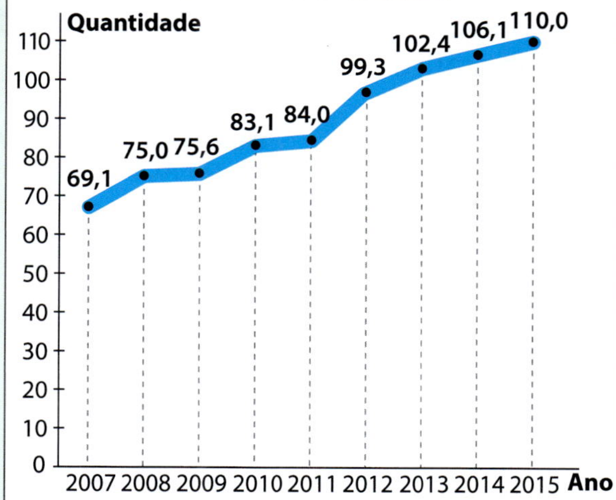

Dados obtidos pelos agricultores.

Responda às questões.

a) Que tipo de gráfico é esse?

b) Quantos milhões de toneladas de grãos foram produzidos em 2011?

c) A safra de 2015 foi quanto por cento superior à safra de 2008?

7 Foi feita uma pesquisa com 800 alunos de uma escola sobre a atividade esportiva de sua preferência. Observe o resultado obtido:

Atividades esportivas preferidas pelos alunos da escola	
Atividade esportiva	**Número de alunos**
Futebol	400
Vôlei	120
Basquete	80
Tênis	40
Natação	160

Dados obtidos pelos professores.

Construa um gráfico de setores que represente os dados organizados na tabela acima.

ILUSTRAÇÕES: LUIZ RUBIO

3 Determinação de parâmetros

Os parâmetros estatísticos **média**, **mediana** e **moda**, que você vai estudar a seguir, servem para sintetizar a informação dada por uma tabela ou um gráfico e indicar a tendência de uma pesquisa estatística.

No exemplo da pesquisa sobre o número de filhos das famílias do município Alfa, construímos o seguinte gráfico:

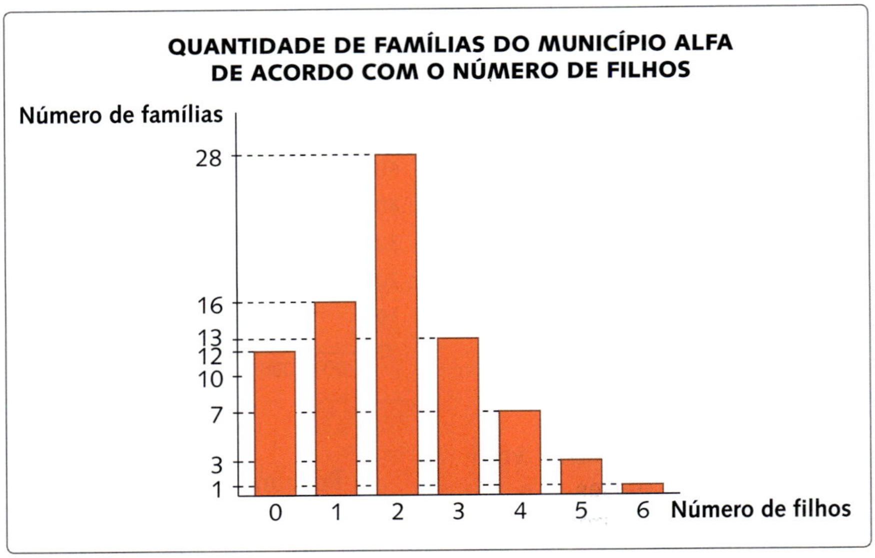

Dados fictícios.

LUIZ RUBIO

Agora, vamos determinar um parâmetro que represente o número de filhos de uma família do município Alfa.

Média aritmética

JUNIAL ENTERPRISES/SHUTTERSTOCK

A **média aritmética simples** dos números x_1, x_2, x_3, ... x_n, que se indica por $\overline{x}$, é dada por:

$$\overline{x} = \frac{x_1 + x_2 + x_3 + ... + x_n}{n}$$

No exemplo acima, temos:

$$\overline{x} = \frac{\overbrace{0 + 0 + ... + 0}^{\text{12 vezes}} + \overbrace{1 + 1 + ... + 1}^{\text{16 vezes}} + \overbrace{2 + 2 + ... + 2}^{\text{28 vezes}} + \overbrace{3 + 3 + ... + 3}^{\text{13 vezes}} + \overbrace{4 + 4 + ... + 4}^{\text{7 vezes}} + \overbrace{5 + 5 + 5}^{\text{3 vezes}} + \overbrace{6}^{\text{1 vez}}}{\underbrace{80}_{12 + 16 + 28 + 13 + 7 + 3 + 1}}$$

$$\overline{x} = \frac{160}{80} = 2$$

Portanto, a média de filhos dessas famílias é de 2 filhos; desse modo, dizemos que as famílias do município Alfa possuem, em média, 2 filhos.

Observando o gráfico da página anterior, verificamos que o zero (0) aparece 12 vezes, o um (1) aparece 16 vezes, o dois (2) aparece 28 vezes, o três (3) aparece 13 vezes, o quatro (4) aparece sete vezes, o cinco (5) aparece três vezes e o seis (6) aparece apenas uma vez.

Como os números se repetem, podemos utilizar a **média aritmética ponderada**.

A média aritmética ponderada facilita o cálculo de médias quando há valores que se repetem.

Para obtê-la:

- multiplicamos os valores pela frequência (peso) em que eles ocorrem;
- dividimos a soma desses produtos pela soma das frequências (pesos).

Observe o cálculo da média aritmética ponderada dos números x_1, x_2, x_3, ..., x_n, em que x_1 repete p_1 vezes, x_2 repete p_2 vezes, x_3 repete p_3 vezes etc.

$$\overline{x} = \frac{x_1p_1 + x_2p_2 + ... + x_np_n}{p_1 + p_2 + ... + p_n}$$

Retomando o exemplo, temos:

frequência do 0, frequência do 1, frequência do 2, frequência do 3, frequência do 4, frequência do 5, frequência do 6

$$\overline{x} = \frac{0 \cdot 12 + 1 \cdot 16 + 2 \cdot 28 + 3 \cdot 13 + 4 \cdot 7 + 5 \cdot 3 + 6 \cdot 1}{12 + 16 + 28 + 13 + 7 + 3 + 1} = \frac{160}{80} = 2$$

soma das frequências

Assim, a média aritmética ponderada do número de filhos que as famílias pesquisadas possuem é 2.

Portanto, **2** é um parâmetro estatístico que pode representar essa distribuição.

Conhecer apenas a média aritmética nem sempre é suficiente para entender o comportamento de uma pesquisa. Por isso, a seguir vamos estudar outros dois parâmetros estatísticos importantes: a mediana e a moda.

Mediana

Mediana é o valor que ocupa a posição central de um conjunto de valores, colocados em ordem crescente ou decrescente de grandeza.

Se a distribuição tiver número ímpar de dados, haverá um valor central, e este será a mediana.

Se a distribuição tiver número par de dados, não haverá um, mas dois valores centrais. Nesse caso, tomaremos como mediana a média aritmética simples desses dois valores centrais.

No exemplo da pesquisa sobre número de filhos de famílias do município Alfa, temos esta sequência de números:

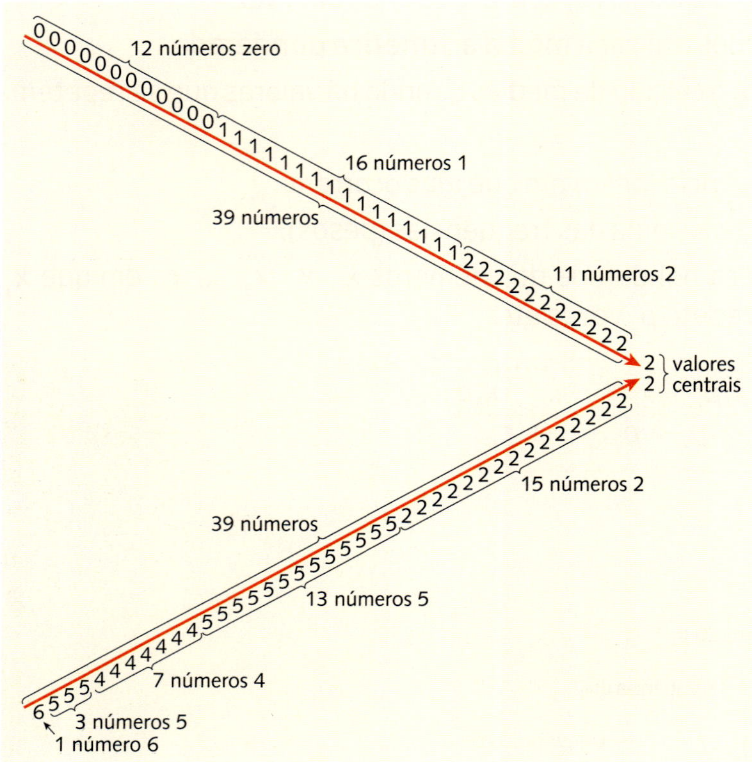

Como a distribuição tem um número par de dados (80), determinamos a média aritmética dos dois valores centrais. Assim:

$$Md = \frac{2 + 2}{2} = 2$$

Portanto, a mediana dessa distribuição é 2; com isso, podemos dizer que 50% dessas famílias têm 2 filhos ou menos e que 50% dessas famílias têm 2 filhos ou mais.

Moda

Moda é o elemento que aparece um maior número de vezes em um conjunto de dados, ou seja, a moda é o elemento de maior frequência absoluta.

No exemplo acima, temos:

- a frequência do número 0 é 12;
- a frequência do número 1 é 16;
- a frequência do número 2 é 28;
- a frequência do número 3 é 13;
- a frequência do número 4 é 7;
- a frequência do número 5 é 3;
- a frequência do número 6 é 1.

Nesse caso, a moda é 2, pois esse número aparece com maior frequência na pesquisa (28 vezes). Com essa informação, podemos dizer que as famílias que têm dois filhos ocorrem com maior frequência.

Observações

1 Nessa pesquisa, do exemplo, coincidentemente, a média aritmética, a mediana e a moda apresentam o mesmo valor: 2. Mas nem sempre isso ocorre.

2 Ao contrário da média ou da mediana, a moda não é necessariamente única. Podemos ter uma sequência de dados com duas modas, esse chamamos de bimodal.

Vamos agora considerar o exemplo da pesquisa sobre a medida da altura, em centímetro, dos alunos de caratê da escola Sigma.

171	159	185	170	169	174	175	180	158
160	150	168	167	174	163	158	165	168
176	176	165	142	175	172	161	169	165
154	164	156	162	179	160	149	188	185

Média aritmética

A média aritmética corresponde ao quociente entre a soma de todas as medidas das alturas e o número de alunos pesquisados.

LIANE CARY/AGE FOTOSTOCK/GETTY IMAGES

Assim:

$$\overline{x} = \frac{6\,012}{36} = 167$$

Portanto a medida 167 cm corresponde à altura média dos alunos pesquisados. Observe que nos extremos temos um aluno medindo 142 cm e outro medindo 188 cm; com isso, podemos concluir que um dos alunos está 25 cm abaixo da média e outro está 21 cm acima da média.

Mediana

Inicialmente colocamos as medidas das alturas em ordem crescente. Observe:

142	149	150	154	156	158	158	159	160	160
161	162	163	164	165	165	165	167	168	168
169	169	170	171	172	174	174	175	175	176
176	179	180	185	185	188				

Como a distribuição tem um número par de dados (36), a mediana corresponde à média aritmética dos termos centrais, ou seja, à média aritmética dos números 167 e 168.

$$\frac{167 + 168}{2} = \frac{335}{2} = 167{,}5$$

Logo, a medida 167,5 cm é a mediana da distribuição e, assim, podemos concluir que metade dos alunos da turma tem 167,5 cm ou menos de altura e a outra metade tem 167,5 cm ou mais de altura.

Moda

A medida da altura que aparece o maior número de vezes (três vezes) é 165 cm.

Assim, a moda da distribuição é 165 cm.

Portanto, para essa distribuição, a média aritmética é 167 cm, a mediana é 167,5 cm e a moda é 165 cm.

ILUSTRAÇÕES: GUILHERME CASAGRANDI

EXERCÍCIOS

8 Veja a seguir o número de visitantes, em um parque, nos 31 dias do mês de julho.

AVELINO GUEDES

a) Calcule a média aritmética, a mediana e a moda dessa distribuição.

b) Na sua opinião, qual dessas medidas é mais significativa para o parque avaliar o número de visitantes no mês de julho? Justifique.

c) Em quantos dias o público presente no parque foi acima da média?

9 Uma instituição que atende crianças carentes cadastrou 50 crianças para receberem roupas como doação. Veja na tabela a seguir os tamanhos das roupas e a quantidade de crianças.

Quantidade de crianças por tamanho de roupa	
Tamanho da roupa	Quantidade de crianças
8	9
10	14
12	12
14	7
16	8

Dados obtidos pela instituição de caridade.

a) Calcule a moda e a mediana desses dados.

b) O que cada uma dessas medidas representa nessa situação? Converse com o professor e os colegas.

10 A distribuição dos salários de uma empresa está representada na tabela a seguir.

Distribuição dos salários da empresa	
Salário	Número de funcionários
R$ 800,00	22
R$ 900,00	9
R$ 1 000,00	8
R$ 1 050,00	8
R$ 1 100,00	7
R$ 1 300,00	6
R$ 2 300,00	4
R$ 5 220,00	1

Dados obtidos pelo departamento pessoal da empresa.

Qual é o salário médio dos funcionários dessa empresa? E qual é a moda dos salários dessa empresa?

11 O gráfico de barras abaixo mostra o número de vitórias dos brasileiros que venceram Grandes Prêmios na Fórmula 1 até abril de 2017.

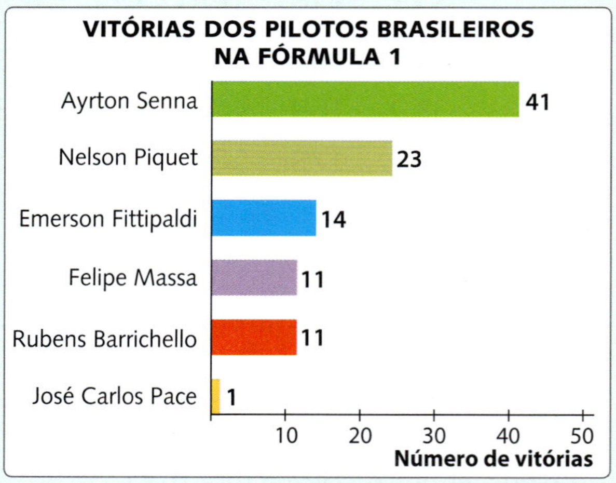

GUILHERME CASAGRANDI

Dados obtidos em: <https://www.formula1.com/>. Acesso em: 12 maio 2017.

a) Qual é o brasileiro com maior número de vitórias na Fórmula 1?

b) Podemos afirmar que Ayrton Senna obteve mais de 40% das vitórias dos seis grandes pilotos brasileiros?

4 Probabilidade

Antes de retomar o conceito de probabilidade, vamos revisar: experimento aleatório, espaço amostral e evento de um experimento aleatório.

Experimento aleatório

Todo experimento cujo resultado depende exclusivamente do acaso é chamado de **experimento aleatório**.

Exemplos

- Lançamento de uma ou mais moedas.
- Lançamento de um ou mais dados.
- Sorteio de um brinde promocional de uma empresa.

Espaço amostral

O conjunto de todos os resultados possíveis de um experimento aleatório é chamado de **espaço amostral** (S) desse experimento.

Exemplo

Em dois lançamentos sucessivos de uma moeda, temos como espaço amostral:
$S = \{(\text{cara, cara}), (\text{cara, coroa}), (\text{coroa, cara}), (\text{coroa, coroa})\}$

Evento de um experimento aleatório

Qualquer conjunto de resultados possíveis do espaço amostral de um experimento aleatório é chamado de **evento**.

Exemplo

No caso do lançamento de uma moeda duas vezes sucessivamente, o espaço amostral é $S = \{(\text{cara, cara}), (\text{cara, coroa}), (\text{coroa, cara}), (\text{coroa, coroa})\}$.
Um exemplo de evento desse espaço amostral é $E = \{(\text{cara, cara}), (\text{coroa, coroa})\}$.

Probabilidade

Na retirada de uma bola de uma urna giratória com 100 unidades numeradas de 1 a 100, temos um experimento aleatório com espaço amostral $S = \{1, 2, 3, ..., 100\}$. Cada bola tem a mesma chance de ser retirada, ou seja, cada elemento do espaço amostral S tem a mesma chance de ocorrer. Logo, chamamos o espaço amostral desse evento de **espaço amostral equiprovável**.

Seja E o evento de um experimento aleatório com espaço amostral equiprovável S. Para determinar a medida da chance da ocorrência desse evento, calculamos a sua **probabilidade**.

MASTERCHIEF_PRODUCTIONS/ SHUTTERSTOCK

A probabilidade de um evento *E* ocorrer, sendo *S* um espaço amostral equiprovável, é uma razão dada por:

número de elementos de *E*

probabilidade do evento *E*

$$P(E) = \frac{n(E)}{n(S)}$$

número de elementos de *S*

A probabilidade é a medida da chance de ocorrência de um evento.

Essa medida pode assumir um valor de 0 a 1:

$$0 \leqslant P(E) \leqslant 1$$

- Se *E* é um evento impossível, então: $P(E) = 0$.
- Se *E* é um evento certo, então: $P(E) = 1$.

Exemplos

- Um globo giratório contém 100 bolas numeradas de 1 a 100. Retirando, aleatoriamente, uma bola desse globo, qual é a probabilidade de obter um número par?

  O espaço amostral *S* é: $S = \{1, 2, 3, ..., 100\}$

  O evento *E* desejado é: $E = \{2, 4, 6, 8, ..., 100\}$

  Logo:

  $$P(E) = \frac{n(E)}{n(S)} = \frac{50}{100} = \frac{1}{2} = 0{,}5 \text{ ou } P(E) = 50\%$$

- Um globo giratório contém 80 bolas numeradas de 1 a 80. Retirando, aleatoriamente, uma bola desse globo, qual é a probabilidade de obter um número maior que 50?

  O espaço amostral *S* é: $S = \{1, 2, 3, ..., 80\}$

  O evento *E* desejado é: $E = \{51, 52, 53, ..., 80\}$

  Logo:

  $$P(E) = \frac{n(E)}{n(S)} = \frac{30}{80} = \frac{3}{8} = 0{,}375 \text{ ou } P(E) = 37{,}5\%$$

EXERCÍCIOS

12 No lançamento de uma moeda, qual é a probabilidade de obter a face coroa?

13 No lançamento de um dado, qual é a probabilidade de obter, na face voltada para cima, um número de pontos menor que 5?

14 Na rifa de um *tablet* foram vendidas 200 cartelas numeradas de 1 a 200. Ana comprou as cartelas de números 78, 79, 80, 81, 82 e 83. Sabendo que todos os números têm a mesma probabilidade de serem sorteados, qual é a probabilidade de Ana ser sorteada?

15 Dois dados de cores diferentes são lançados simultaneamente. Qual é a probabilidade de obter nas faces voltadas para cima a soma dos pontos:

a) igual a 7?

b) maior que 10?

c) maior que 15?

d) menor ou igual a 12?

Trabalhando os conhecimentos adquiridos

Autoavaliação

1 Neste capítulo estudamos algumas etapas de uma pesquisa estatística. Quais foram elas?

2 Que formas de apresentação de dados você conhece? Na sua opinião, qual é a mais eficiente?

3 Existem diversos tipos de gráficos, porém cada modelo é indicado para um certo conjunto de dados. Que tipo de gráfico você utilizaria para representar dados referentes às partes de um todo? Justifique sua resposta.

4 A média aritmética é um parâmetro estatístico muito utilizado. Porém, nem sempre é a melhor medida para uma série de dados. Imagine uma empresa que possui 10 funcionários: 1 gerente e 9 auxiliares administrativos. O salário do gerente é de R$ 10 000,00 e o salário de cada auxiliar é de R$ 1200,00. A média desses salários é a medida que melhor representa esse conjunto de dados?

5 O lançamento de um dado é um evento com espaço amostral equiprovável? Explique.

Conteúdo digital
• Atividade: Estatística

22

1 Os alunos do 9º ano de um colégio obtiveram estas marcas em uma competição de salto em distância:

2,30	2,06	2,16	2,38
2,00	2,30	2,24	2,16

Determine a média, a mediana e a moda dessa distribuição.

2 Os dados abaixo representam a massa, em quilograma, dos atletas de uma equipe juvenil de basquete.

LÉO FANELLI

56 47 50 46 48 54 53 52 49 48 51 40

a) Determine a média aritmética, a mediana e a moda dessa distribuição.

b) Quantos alunos estão abaixo da média?

3 **(UBAU)** O número de passageiros de uma linha de ônibus, em um determinado horário, foi de 27 passageiros na 2ª feira, 49 na 3ª feira, 53 na 4ª feira, 22 na 5ª feira e 59 passageiros na 6ª feira. O número de passageiros da 6ª feira, a mais do que a média aritmética diária de passageiros nesses cinco dias, foi:

a) 17.
b) 22.
c) 38.
d) 42.
e) 59.

DESAFIO

Observe, abaixo, o registro da área, em metro quadrado, de 20 lotes que compõem um condomínio residencial.

540	790	650	620	760
500	780	688	590	740
745	800	545	650	720
528	570	648	636	690

Construa, no caderno, uma tabela de distribuição de frequências desses dados com seis classes de mesma amplitude. Construa também o histograma e o polígono de frequências correspondentes.

1 Observe o gráfico do consumo de água por habitante, no Brasil, nos anos de 2008 a 2013 e responda.

LUIZ RUBIO

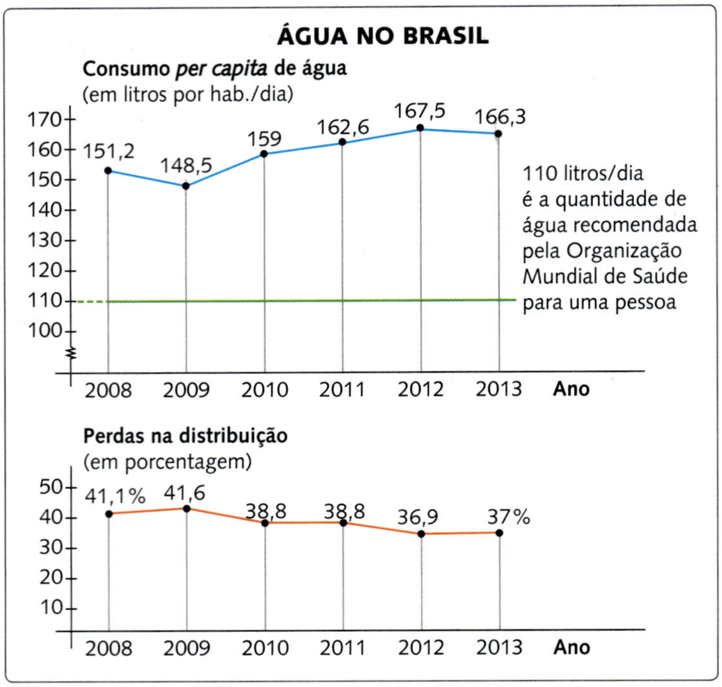

a) Qual é o acréscimo, em litro por habitante/dia, do consumo de água de 2012 em relação a 2008? O que isso significa?

b) Podemos afirmar que o consumo de água, em litro por habitante/dia, de 2013 foi reduzido em que percentual em relação ao ano anterior?

Dados obtidos em: *Folha de S. Paulo*, 21 jan. 2015, Cotidiano C1.

2 **(Enem)** Em um jogo disputado em uma mesa de sinuca, há 16 bolas: 1 branca e 15 coloridas, as quais, de acordo com a coloração, valem de 1 a 15 pontos (um valor para cada bola colorida).

O jogador acerta o taco na bola branca de forma que ela acerte as outras, com o objetivo de acertar duas das quinze bolas em quaisquer caçapas. Os valores dessas duas bolas são somados e devem resultar em um valor escolhido pelo jogador antes do início da jogada.

Arthur, Bernardo e Caio escolhem os números 12, 17 e 22 como sendo resultados de suas respectivas somas.

Com essa escolha, quem tem a maior probabilidade de ganhar o jogo é:

a) Arthur, pois a soma que escolheu é a menor.

b) Bernardo, pois há 7 possibilidades de compor a soma escolhida por ele, contra 4 possibilidades para a escolha de Arthur e 4 possibilidades para a escolha de Caio.

c) Bernardo, pois há 7 possibilidades de compor a soma escolhida por ele, contra 5 possibilidades para a escolha de Arthur e 4 possibilidades para a escolha de Caio.

d) Caio, pois há 10 possibilidades de compor a soma escolhida por ele, contra 5 possibilidades para a escolha de Arthur e 8 possibilidades para a escolha de Bernardo.

e) Caio, pois a soma que escolheu é a maior.

DESAFIO

Uma concessionária vendeu no mês de janeiro as seguintes quantidades de veículos:

Modelo A: 80 unidades — Modelo C: 40 unidades

Modelo B: 60 unidades — Modelo D: 20 unidades

a) Construa um gráfico de setores identificando os quatro modelos de veículo vendidos por essa concessionária.

b) Se uma pessoa fosse chutar o veículo que mais foi vendido, qual a chance de ela acertar?

GEORGE TUTUMI

1 **(Enem)**

A figura a seguir apresenta dois gráficos com informações sobre as reclamações diárias recebidas e resolvidas pelo Setor de Atendimento ao Cliente (SAC) de uma empresa, em uma dada semana. O gráfico de linha tracejada informa o número de reclamações recebidas no dia, e o de linha contínua é o número de reclamações resolvidas no dia. As reclamações podem ser resolvidas no mesmo dia ou demorarem mais de um dia para serem resolvidas.

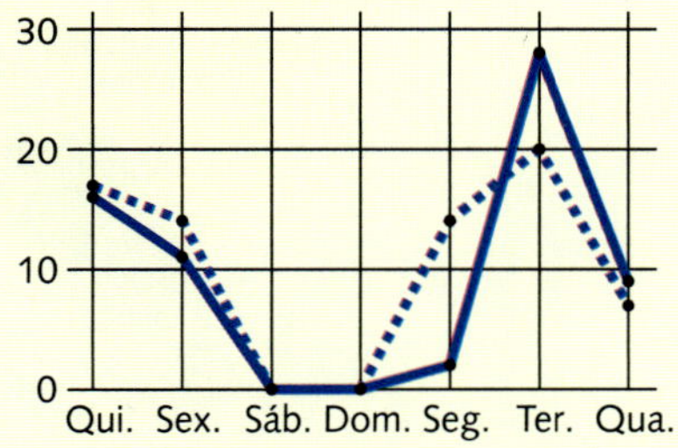

O gerente de atendimento deseja identificar os dias da semana em que o nível de eficiência pode ser considerado muito bom, ou seja, os dias em que o número de reclamações resolvidas excede o número de reclamações recebidas.

Disponível em: <http://educacao.globo.com>. Acesso em: 11 maio 2017 (adaptado).

O gerente de atendimento pôde concluir, baseado no conceito de eficiência utilizado na empresa e nas informações do gráfico, que o nível de eficiência foi muito bom na:

a) segunda e na terça-feira.
b) terça e na quarta-feira.
c) terça e na quinta-feira.
d) quinta-feira, no sábado e no domingo.
e) segunda, na quinta e na sexta-feira.

2 Um gerente de uma grande empresa que vende uvas montou o gráfico da exportação de uva dos últimos 5 anos para apresentar ao seu gestor. Observe o gráfico abaixo.

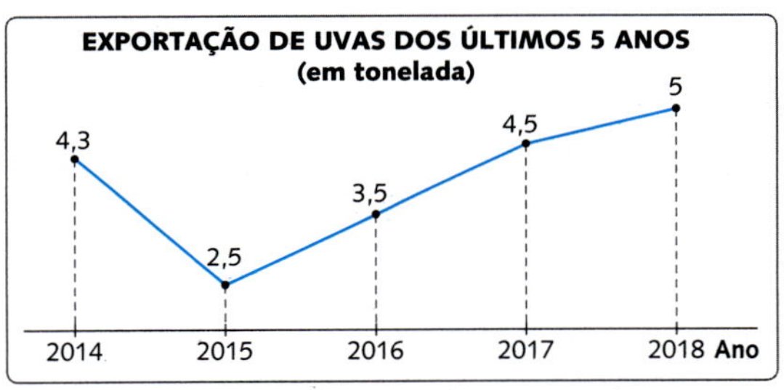

Dados obtidos pelo gerente da empresa.

Agora, responda as questões.

a) Qual é o acréscimo, em tonelada, da exportação de uva de 2016 em relação a 2015?
b) A exportação de uva aumentou em quantos por cento de 2015 para 2018?

3 O Produto Interno Bruto (PIB) é um dos principais indicadores de uma economia. Ele revela o valor de toda a riqueza gerada no país. Observe o gráfico.

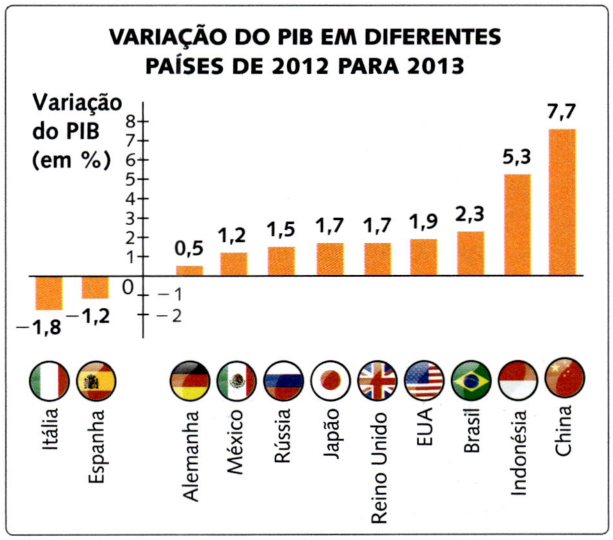

Dados obtidos em: <http://www.brasil.gov.br/economia-e-emprego/2014/02/brasil-e-um-dos-paises-que-mais-cresceram-no-mundo-em-2013-superando-eua-e-japao>. Acesso em: 29 maio 2015.

Agora, responda às questões.

a) Analisando o gráfico, explique por que alguns países tiveram a variação do PIB representada por um percentual positivo, e outros, por um percentual negativo.
b) Quais países apresentaram o PIB inferior ao do ano anterior?

DESAFIO

Em um curso de língua estrangeira, as idades dos alunos são, em anos: 16, 20, 22, 18, 17, 15, 18, 19 e 21

Agora, responda:

a) Qual é a mediana dessas idades?
b) Se nesse curso forem matriculados mais três alunos, com idades de 15 anos, 20 anos e 21 anos, qual será a nova mediana?
c) Em algum dos casos acima a mediana é igual a média aritmética?

1 **(Enem)** José, Paulo e Antônio estão jogando dados não viciados, nos quais, em cada uma das seis faces, há um número de 1 a 6. Cada um deles jogará dois dados simultaneamente. José acredita que, após jogar seus dados, os números das faces voltadas para cima lhe darão uma soma igual a 7. Já Paulo acredita que sua soma será igual a 4 e Antônio acredita que sua soma será igual a 8.

Com essa escolha, quem tem a maior probabilidade de acertar sua respectiva soma é:

a) Antônio, já que sua soma é a maior de todas as escolhidas.

b) José e Antônio, já que há 6 possibilidades tanto para a escolha de José quanto para a escolha de Antônio, e há apenas 4 possibilidades para a escolha de Paulo.

c) José e Antônio, já que há 3 possibilidades tanto para a escolha de José quanto para a escolha de Antônio, e há apenas 2 possibilidades para a escolha de Paulo.

d) José, já que há 6 possibilidades para formar sua soma, 5 possibilidades para formar a soma de Antônio e apenas 3 possibilidades para formar a soma de Paulo.

e) Paulo, já que sua soma é a menor de todas.

2 As idades dos jogadores de um time de vôlei são: 18 anos, 21 anos, 19 anos, 23 anos, 25 anos e 20 anos. Qual é a média de idade desses jogadores?

3 Pesquise qual é o time de futebol preferido pelos alunos de sua classe e, então, faça um gráfico estatístico com os dados coletados.

4 **(PUC-MG)** Em uma pesquisa eleitoral para verificar a posição de três candidatos a prefeito de uma cidade, 1 500 pessoas foram consultadas. Se o resultado da pesquisa deve ser mostrado em três setores circulares de um mesmo disco e certo candidato recebeu 350 intenções de voto, qual é o ângulo central correspondente a esse candidato?

a) 42°
b) 168°
c) 90°
d) 242°
e) 84°

5 Veja a população aproximada das cinco regiões brasileiras em 2016.

ESTIMATIVA DA POPULAÇÃO BRASILEIRA – POR REGIÃO – 2016

Fonte: IBGE. Disponível em: <http://www.ibge.gov.br>. Acesso em: 11 maio 2017.

ANDERSON DE ANDRADE PIMENTEL

Construa um gráfico de setores que represente a população aproximada de cada região.

DESAFIO

Lucas e Felipe estavam brincando de tiro ao alvo. A cada jogada, marcavam seus pontos em um quadro. Depois de cada um atirar 20 vezes, o quadro de resultados ficou assim:

Atirador	Resultado				
	50	30	20	10	0
Lucas	4	6	5	4	1
Felipe	6	3	5	3	3

LÉO FANELLI

Qual é a média de pontos por tiro de cada um dos atiradores?

1 **(Enem)** O Ministério da Saúde e as unidades federadas promovem frequentemente campanhas nacionais e locais de incentivo à doação voluntária de sangue, em regiões com menor número de doadores por habitante, com o intuito de manter a regularidade de estoques nos serviços hemoterápicos. Em 2010, foram recolhidos dados sobre o número de doadores e o número de habitantes de cada região conforme o quadro seguinte.

Taxa de doação de sangue, por região, em 2010			
Região	**Doadores**	**Número de habitantes**	**Doadores/habitantes**
Nordeste	820 959	53 081 950	1,5%
Norte	232 079	15 864 454	1,5%
Sudeste	1 521 766	80 364 410	1,9%
Centro-Oeste	362 334	14 058 094	2,6%
Sul	690 391	27 386 891	2,5%
Total	3 627 529	190 755 799	1,9%

Os resultados obtidos permitiram que estados, municípios e o governo federal estabelecessem as regiões prioritárias do país para a intensificação das campanhas de doação de sangue.

A campanha deveria ser intensificada nas regiões em que o percentual de doadores por habitantes fosse menor ou igual ao do país.

Disponível em: <http://educacao.globo.com>. Acesso em: 11 maio 2017 (adaptado).

As regiões brasileiras onde foram intensificadas as campanhas na época são:

a) Norte, Centro-Oeste e Sul.

b) Norte, Nordeste e Sudeste.

c) Nordeste, Norte e Sul.

d) Nordeste, Sudeste e Sul.

e) Centro-Oeste, Sul e Sudeste.

2 Considere todos os alunos de sua classe. Supondo que a professora vai sortear, ao acaso, um aluno para fazer uma apresentação, responda:

a) Qual é a probabilidade de você ser o aluno sorteado?

b) Qual é a probabilidade de o aluno sorteado ser do sexo feminino?

3 Uma loja de sapatos femininos fez uma pesquisa para saber a quantidade de sapatos de cada tamanho que era vendida. A pessoa que organizou os dados dessa pesquisa determinou a moda e a mediana dos dados, encontrando a moda igual a 36 e a mediana igual a 37. Reúna-se com um colega e escrevam um texto explicando o significado desses dois dados. Depois, apresentem-no para os demais colegas da classe.

DESAFIO

Em uma urna há 15 bolinhas vermelhas, 9 amarelas e 6 verdes. Ao sortear, ao acaso, uma dessas bolinhas, determine a probabilidade de a bolinha sorteada ser:

a) uma bolinha verde.

b) uma bolinha vermelha.

c) uma bolinha amarela após ter retirado uma verde e duas vermelhas.

CAPÍTULO 6

Segmentos proporcionais e semelhança

PICSFIVE/SHUTTERSTOCK

A onça-pintada, também conhecida por jaguarapinima e jaguaretê, é uma espécie de mamífero carnívoro da família *Felidae*, encontrada nas Américas. Maior felino brasileiro, a onça-pintada está ameaçada de extinção.

É hora de observar e discutir

Observe as fotos da página seguinte e responda às questões abaixo.

- Que características comuns têm as fotos A, B e C?
- Qual é a razão entre as dimensões das fotos A e B, nessa ordem? E a razão entre as dimensões das fotos C e A, nessa ordem?

FOTOS: LUIZ CLAUDIO MARIGO/OPÇÃO BRASIL IMAGENS

Trocando ideias

A palavra **semelhante** vem do latim *similare*, que significa "parecer-se com", "ter a mesma aparência que".

Em duas figuras semelhantes, as medidas dos comprimentos correspondentes são proporcionais e todos os ângulos correspondentes têm medidas iguais.

É possível obter duas figuras semelhantes fazendo a ampliação ou a redução de uma figura original em uma malha quadriculada.

GUILHERME CASAGRANDI

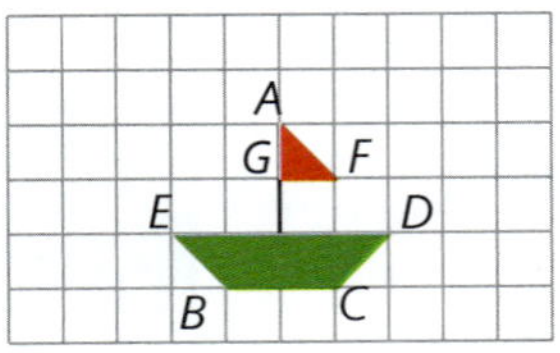

Figura original.

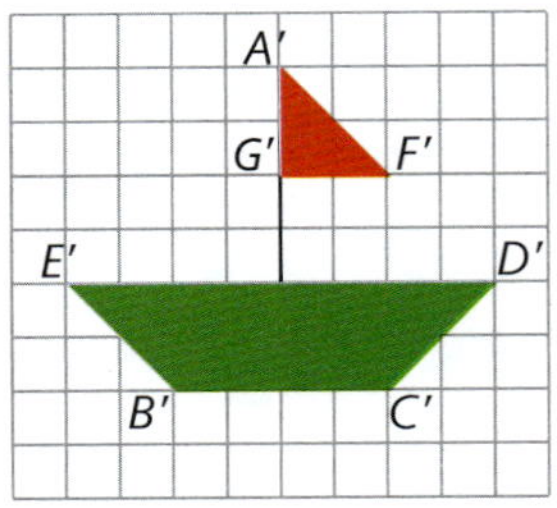

Ampliação da figura em 100%. Neste caso, cada segmento teve sua dimensão multiplicada por 2. Por exemplo: $A'G' = 2 \cdot AG$

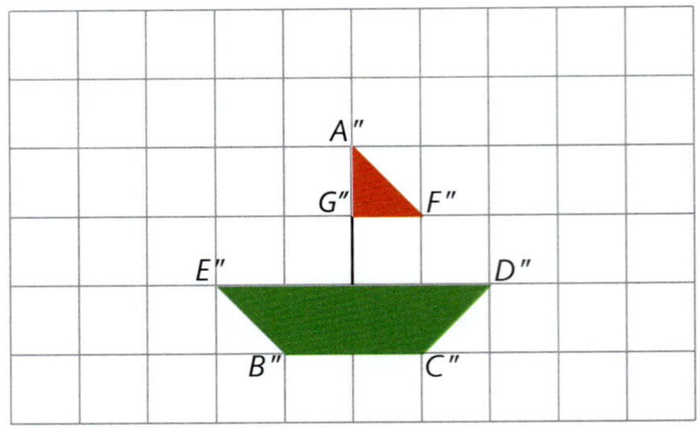

Nova ampliação da figura em 100%. Neste caso, cada lado da malha quadriculada teve sua medida duplicada. Observe que, assim como na figura anterior, $A''G'' = 2 \cdot AG$.

As duas imagens abaixo, de tamanhos diferentes de um mesmo trem, são semelhantes.

FOTOS: ERIC FAHRNER/SHUTTERSTOCK

- Agora, complete a frase.

  A imagem do trem menor corresponde a uma redução de ______% da imagem do trem maior. Nesse caso, todas as medidas de comprimento foram reduzidas à

  ____________________.

Neste capítulo, vamos estudar os conceitos de razão, proporção, semelhança e suas aplicações na Geometria.

1 Razão entre segmentos e segmentos proporcionais

Modelismo é a arte de reconstruir modelos de automóveis, aviões, trens, motos, navios etc. em miniatura.

Os modelos são semelhantes aos objetos reais, que foram reduzidos em escala predefinida.

Observe as miniaturas a seguir.

DARRELL INGHAM/GETTY IMAGES

Miniatura da Copersucar Fittipaldi F5A. Carro da primeira, e até hoje única, equipe de Fórmula 1 brasileira.

ANDY_OXLEY/ISTOCK PHOTOS/GETTY IMAGES

MIniatura do B-17 *Flying Fortress* (Fortaleza Voadora), um avião bombardeiro quadrimotor construído pela Boeing, durante a Segunda Guerra Mundial.

Uma das escalas mais usadas pelos profissionais de modelismo é 1 : 12 (lemos: "um está para doze"), e corresponde à **razão** entre as dimensões do modelo construído e do objeto real. Essa razão indica que, se um comprimento do modelo mede a, então, no objeto real, o comprimento correspondente mede $12a$.

Razão

A razão 1 : 12, citada acima, indica uma divisão, e pode ser representada por $\frac{1}{12}$. O quociente dessa divisão determina a razão entre os números 1 e 12.

De forma geral, podemos escrever:

> A razão entre dois números, a e b, com $b \neq 0$, é dada por $a : b$ ou $\frac{a}{b}$.

Exemplo

A razão entre os números 5 e 7 é $\frac{5}{7}$.

Lemos: "cinco está para sete".

Proporção

Proporção é uma igualdade de duas razões.

Exemplo

Observe as igualdades.

$$\frac{18}{10} = \frac{9}{5} \quad (18 : 2 = 9;\ 10 : 2 = 5)$$

$$\frac{27}{15} = \frac{9}{5} \quad (27 : 3 = 9;\ 15 : 3 = 5)$$

$$\frac{18}{10} = \frac{27}{15}$$

Logo, as razões $\frac{18}{10}$ e $\frac{27}{15}$ formam uma proporção.

A proporção do exemplo acima também pode ser escrita assim:

$18 : 10 = 27 : 15$ ⟶ Lemos: "dezoito está para dez assim como vinte e sete está para quinze".

Nessa proporção, os números 18 e 15 são denominados **extremos** e os números 10 e 27 são denominados **meios**.

Observe que: $\underbrace{18 \cdot 15}_{\text{extremos}} = \underbrace{10 \cdot 27}_{\text{meios}} = 270$

Em toda proporção, podemos verificar a propriedade fundamental das proporções:

> O produto dos extremos é igual ao produto dos meios.

Exemplo

Verificar que na proporção $\frac{4}{6} = \frac{10}{15}$ o produto dos extremos é igual ao produto dos meios.

Em $\frac{4}{6} = \frac{10}{15}$, temos:
- produto dos extremos: $4 \cdot 15 = 60$
- produto dos meios: $6 \cdot 10 = 60$

EXERCÍCIOS

1 Determine a razão entre os números abaixo na ordem em que aparecem.

a) 8 e 10

b) -2 e 3

c) $\frac{1}{2}$ e $\frac{3}{4}$

d) 10 e 2

2 Aplicando a propriedade fundamental das proporções, verifique quais dos pares de razões abaixo formam uma proporção.

a) $\frac{5}{6}$ e $\frac{6}{5}$

b) $-\frac{10}{3}$ e $\frac{20}{6}$

c) $\frac{12}{15}$ e $\frac{4}{5}$

d) $\frac{\frac{1}{2}}{5}$ e $\frac{3}{30}$

Razão entre segmentos de reta

Seja r a reta que passa pelos pontos distintos A e B.

Os pontos A e B, e todos os demais entre eles, formam um **segmento de reta** que é indicado por $\overline{AB}$. A medida de um segmento $\overline{AB}$ é indicada por AB ou med$(\overline{AB})$.

A razão entre dois segmentos corresponde à razão de suas medidas, considerando a mesma unidade de medida de comprimento.

Exemplo

Considere os segmentos de reta $\overline{AB}$ e $\overline{CD}$ e suas medidas:

A razão entre os segmentos $\overline{AB}$ e $\overline{CD}$ pode ser assim obtida:

$AB = 30$ mm

$CD = 5$ cm $= 50$ mm

$$\frac{AB}{CD} = \frac{30}{50} \overset{:10}{=} \frac{3}{5}$$

Logo, a razão entre esses segmentos é $\frac{3}{5}$.

Observação

Segmentos comensuráveis e segmentos incomensuráveis

Denominamos segmentos **comensuráveis** aqueles cuja razão entre suas medidas é um número racional. Os segmentos cuja razão é um número irracional, são denominados **incomensuráveis**.

Exemplo

Considere as medidas indicadas no triângulo PAZ.

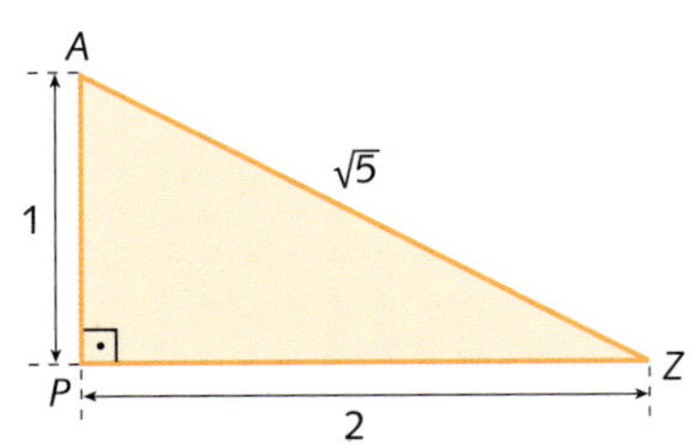

$$\frac{PA}{PZ} = \frac{1}{2}$$

$$\frac{PZ}{AZ} = \frac{2}{\sqrt{5}} = \frac{2\sqrt{5}}{\sqrt{5} \cdot \sqrt{5}} = \frac{2\sqrt{5}}{5}$$

Portanto, $\overline{PA}$ e $\overline{PZ}$ são segmentos comensuráveis, enquanto $\overline{PZ}$ e $\overline{AZ}$ são segmentos incomensuráveis.

ILUSTRAÇÕES: GUILHERME CASAGRANDI

LUIZ RUBIO

Lendo e aprendendo

O número de ouro

O número de ouro está presente em uma infinidade de elementos da natureza na forma de uma razão, considerada por muitos como a divina proporção ou razão divina.

Essa razão, também conhecida como razão áurea, é o número de ouro. Seu valor é:

$$\frac{1+\sqrt{5}}{2} = 1{,}6180339887...$$

EUGENE SIM/SHUTTERSTOCK

O *Nautilus* é um dos seres que apresentam a razão áurea, sendo chamado de Espiral de Ouro.

Os gregos, por exemplo, consideravam harmoniosos os retângulos cuja razão entre a medida do lado maior e a medida do lado menor fosse aproximadamente igual ao número de ouro, indicado pela letra grega Φ (lemos: "fi") por ser a inicial do nome de Fídias, o responsável pela construção do templo grego Partenon.

Os pitagóricos também usaram a razão áurea na construção da estrela pentagonal. Eles não conseguiam exprimir como quociente entre dois números inteiros a razão existente entre a medida do lado do pentágono estrelado e a medida do lado do pentágono regular. Quando chegaram a essa conclusão, ficaram surpresos, pois isso era contrário a toda lógica que conheciam. Por esse motivo, chamaram o número de **irracional**.

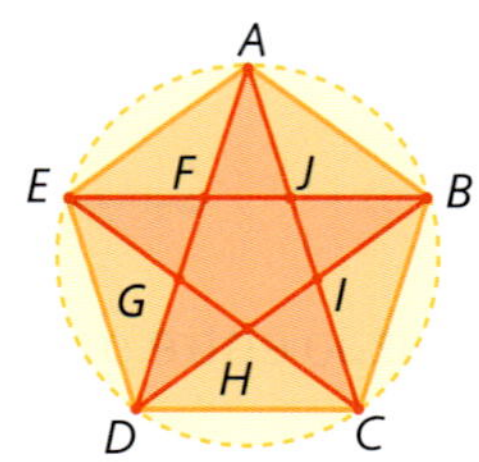

ADILSON SECCO

$$\frac{AD}{AG} = \frac{AG}{AF} \simeq 1{,}618$$

Conteúdo digital
- Animação: O número de ouro

Segmentos proporcionais

Vamos considerar os segmentos de reta $\overline{AB}$, $\overline{CD}$, $\overline{EF}$ e $\overline{GH}$ e suas respectivas medidas:

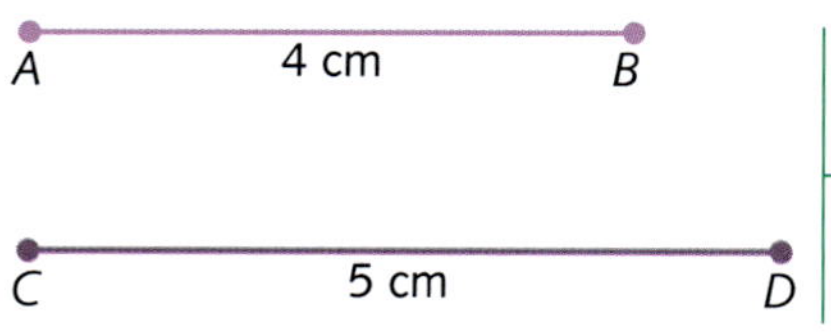

razão: $\frac{AB}{CD} = \frac{4}{5}$

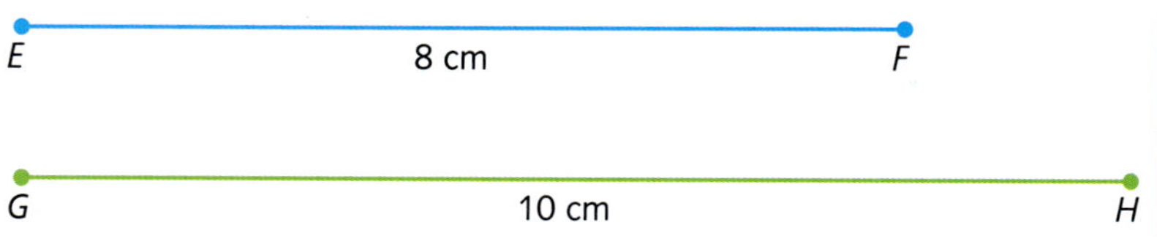

razão: $\frac{EF}{GH} = \frac{8}{10} = \frac{4}{5}$

Portanto, os segmentos $\overline{AB}$, $\overline{CD}$, $\overline{EF}$ e $\overline{GH}$ formam, nessa ordem, uma proporção:

$$\frac{AB}{CD} = \frac{EF}{GH} = \frac{4}{5}$$

A proporcionalidade entre segmentos é muito usada em Geometria e tem diversas aplicações na vida prática: na arquitetura, na música, nas artes plásticas etc.

EXERCÍCIOS

3 Determine a medida x do segmento $\overline{AB}$, sabendo que $\frac{AB}{BC} = \frac{2}{5}$ e $BC = 20$ cm.

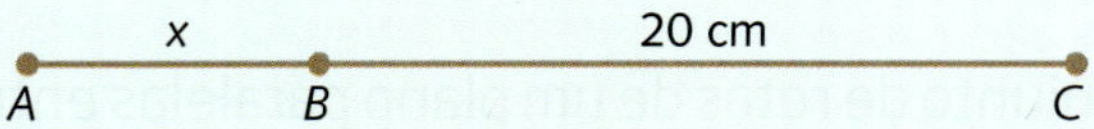

4 Qual é a razão entre os segmentos $\overline{AB}$ e $\overline{BC}$?

5 De acordo com a figura, determine os valores de x e y, sabendo que $\frac{AB}{AC} = \frac{3}{7}$ e $BC = 16$ cm.

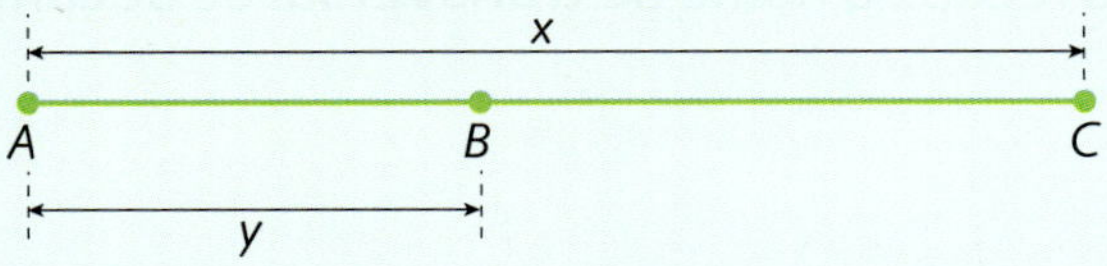

6 Os segmentos $\overline{AB}$, $\overline{CD}$, $\overline{EF}$ e $\overline{GH}$ formam, nessa ordem, uma proporção. Considerando que $EF = 3$ cm, $GH = 5$ cm e $AB + CD = 40$ cm, determine AB e CD.

ILUSTRAÇÕES: GUILHERME CASAGRANDI

7 Classifique os segmentos $\overline{MN}$ e $\overline{RS}$ em comensuráveis ou incomensuráveis.

a) $\frac{MN}{RS} = 4$

b) $\frac{MN}{RS} = \sqrt{2}$

c) $\frac{MN}{RS} = \frac{1}{7}$

d) $\frac{MN}{RS} = \frac{\sqrt{3}}{2}$

8 A fotografia abaixo tem dimensões 20 mm × 30 mm. Queremos, com base nessa fotografia, fazer duas outras: uma com ampliação de 100% e outra com redução de 50%. Quais serão as dimensões das novas fotografias?

ROSALIE KREULEN/SHUTTERSTOCK

Os beija-flores são aves de pequeno porte, que medem em média de 6 cm a 12 cm de comprimento e pesam entre 2 g e 6 g.

Um pouco de História

Geometria é o ramo da Matemática que estuda as propriedades do espaço e dos traçados matemáticos (linhas, curvas, superfícies etc.) que ocupam o espaço.

O termo *geometria*, de origem grega (*geo* significa "terra", e *metria*, "medida"), remete ao seu uso mais antigo: a medição de terras e de materiais.

LÉO FANELLI

Grande parte das civilizações antigas (egípcia, babilônica, assíria, hindu, chinesa) tinha conhecimento **empírico** das figuras geométricas elementares e uma boa noção de ângulo. Estudiosos procuravam utilizar esses conhecimentos no cálculo de áreas e na astronomia.

Empírico
Baseado na experiência e na observação.

Os filósofos gregos transformaram essa arte prática em uma disciplina, por meio da qual pretendiam desvendar os segredos da natureza. Por volta de 300 a.C., Euclides reuniu e organizou os conhecimentos de geometria da época em uma obra de 13 volumes, com o título *Os elementos*. Por isso, até hoje, utilizamos a denominação **Geometria Euclidiana**.

2 Teorema de Tales

Antes de enunciar o teorema de Tales, vamos relembrar alguns conceitos, como feixes de retas paralelas e reta transversal.

- Denomina-se **feixe de retas paralelas** um conjunto de retas de um plano paralelas entre si.

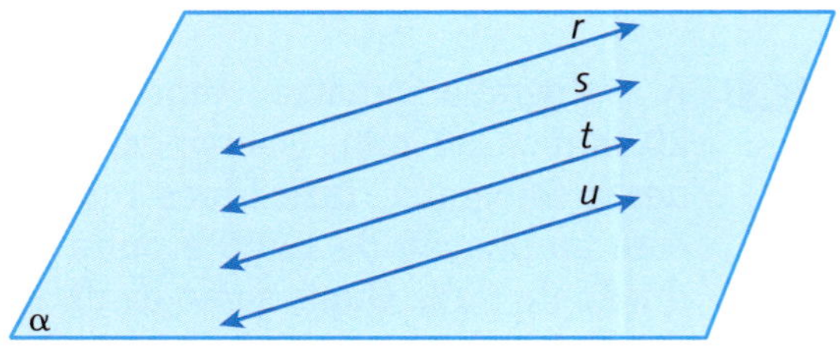

Notação: $r \,//\, s \,//\, t \,//\, u$

- Uma reta que intercepta um feixe de paralelas recebe o nome de **transversal** ou **secante**.

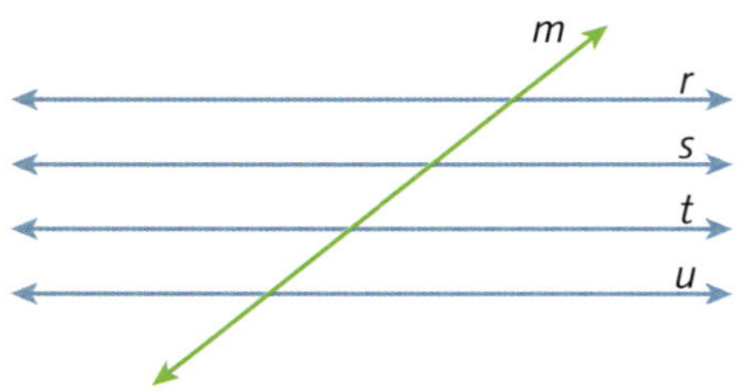

A reta m é transversal ao feixe de paralelas.

- Se um feixe de paralelas determinar segmentos congruentes sobre uma transversal, esse feixe determinará segmentos congruentes sobre qualquer outra transversal.

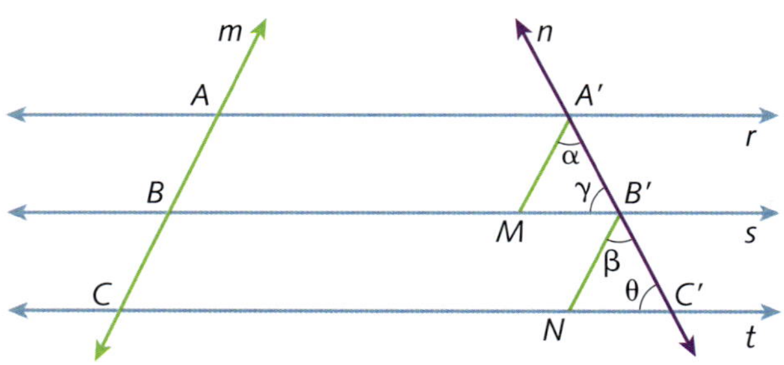

Hipótese (H): $\begin{cases} r \,//\, s \,//\, t \\ m \text{ e } n \text{ são transversais.} \\ \overline{AB} \cong \overline{BC} \end{cases}$

Tese (T): $\overline{A'B'} \cong \overline{B'C'}$

Demonstração

Por A' e B' traçamos paralelas à reta transversal m, determinando os segmentos $\overline{A'M}$ e $\overline{B'N}$.

Como $\overline{A'M} \,//\, \overline{AB}$ e $\overline{AA'} \,//\, \overline{BB'}$, $AA'MB$ é um paralelogramo, $\overline{B'N} \,//\, \overline{BC}$ e $\overline{BB'} \,//\, \overline{CC'}$, $BB'NC$ também é um paralelogramo.

Os lados opostos de um paralelogramo têm a mesma medida; então: $\overline{AB} \cong \overline{A'M}$ e $\overline{BC} \cong \overline{B'N}$

Agora, precisamos demonstrar que $\overline{A'B'} \cong \overline{B'C'}$.

Observe que: $\overline{AB} \cong \overline{BC}$ ⟶ por hipótese

$\overline{AB} \cong \overline{A'M}$ ⟶ lados opostos de um paralelogramo

$\overline{BC} \cong \overline{B'N}$ ⟶ lados opostos de um paralelogramo

Então, pela propriedade transitiva, temos: $\overline{A'M} \cong \overline{B'N}$.

Os triângulos $A'B'M$ e $B'C'N$ são congruentes, pois:

$\overline{A'M} \cong \overline{B'N}$

$\alpha = \beta$ ⟶ ângulos correspondentes

$\gamma = \theta$ ⟶ ângulos correspondentes

Logo, $\triangle A'B'M \cong \triangle B'C'N$ pelo caso L.A.A$_o$.

Então, $\overline{A'B'} \cong \overline{B'C'}$, pois são lados correspondentes em triângulos congruentes.

Teorema de Tales

Se um feixe de retas paralelas é cortado por duas retas transversais, os segmentos determinados sobre a primeira transversal são proporcionais a seus correspondentes determinados sobre a segunda transversal.

Considere a figura abaixo, em que $r // s // t$ e as retas m e n são transversais.

Logo, temos: $\dfrac{AB}{BC} = \dfrac{A'B'}{B'C'}$.

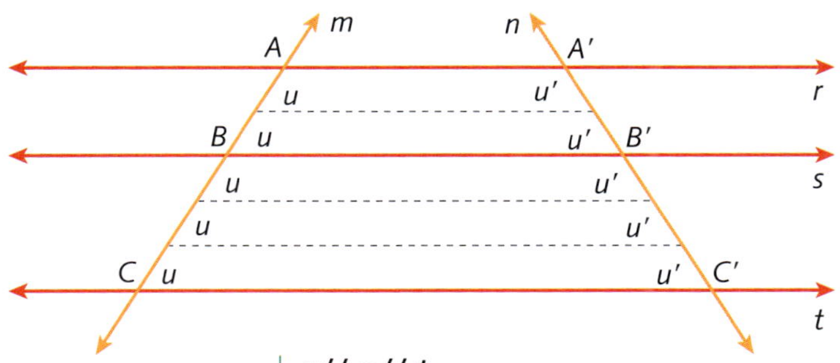

ADILSON SECCO

H: $r // s // t$; m e n são transversais.

T: $\dfrac{AB}{BC} = \dfrac{A'B'}{B'C'}$

Demonstração

Vamos supor que $\overline{AB}$ e $\overline{BC}$ sejam segmentos comensuráveis e u seja uma unidade de medida.

Estabelecendo a razão $\dfrac{AB}{BC}$, temos: $\dfrac{AB}{BC} = \dfrac{2u}{3u} = \dfrac{2}{3}$ (1)

Estabelecendo a razão $\dfrac{A'B'}{B'C'}$, temos: $\dfrac{A'B'}{B'C'} = \dfrac{2u'}{3u'} = \dfrac{2}{3}$ (2)

Comparando (1) e (2), temos: $\dfrac{AB}{BC} = \dfrac{A'B'}{B'C'}$.

Logo, $\overline{AB}$, $\overline{BC}$, $\overline{A'B'}$, $\overline{B'C'}$ são proporcionais.

Observação

Se $\overline{AB}$ e $\overline{BC}$ forem incomensuráveis, o teorema também será verdadeiro.

Exemplos

- Um feixe de três paralelas determina sobre uma transversal os pontos A, B e C e sobre outra os pontos A', B' e C'. Sabendo que $AB = 4$ cm, $BC = 6$ cm e $A'B' = 16$ cm, vamos calcular $B'C'$.

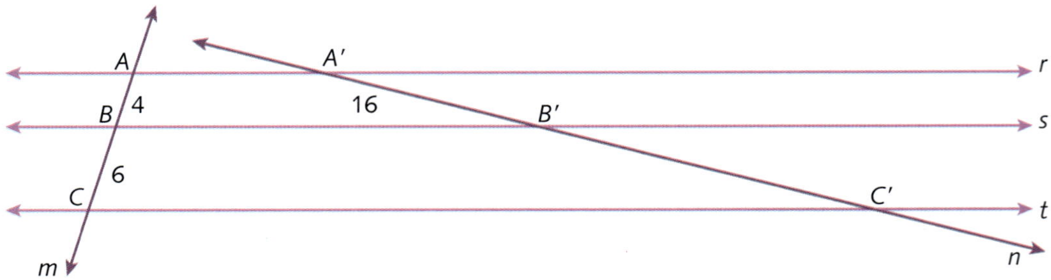

Solução

$$\frac{AB}{BC} = \frac{A'B'}{B'C'} \Rightarrow \frac{4}{6} = \frac{16}{B'C'} \Rightarrow B'C' = \frac{16 \cdot 6}{4} \Rightarrow B'C' = 24$$

Logo, $B'C' = 24$ cm.

- Um feixe de quatro paralelas determina sobre uma transversal os pontos A, B, C e D e sobre outra os pontos A', B', C' e D'. Sabendo que $AB = 4$ cm, $BC = 5$ cm, $CD = 9$ cm e $A'D' = 72$ cm, vamos calcular $A'B'$, $B'C'$ e $C'D'$.

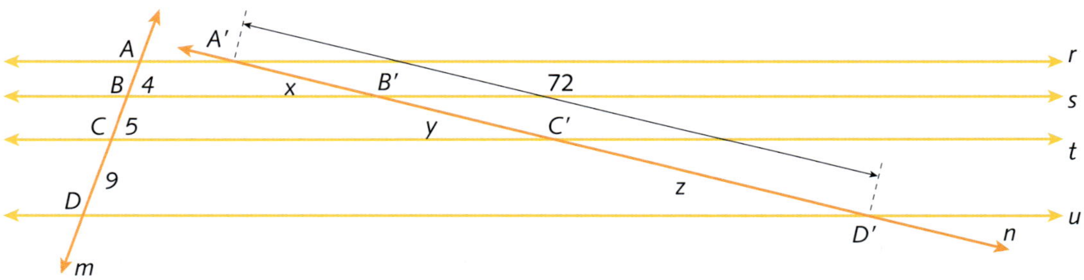

Solução

$$\frac{4}{x} = \frac{5}{y} = \frac{9}{z}$$

$$\frac{4+5+9}{x+y+z} = \frac{4}{x} = \frac{5}{y} = \frac{9}{z}$$

Assim:

$$\frac{18}{72} = \frac{4}{x} \Rightarrow x = \frac{72 \cdot 4}{18} \Rightarrow x = 16$$

$$\frac{18}{72} = \frac{5}{y} \Rightarrow y = \frac{72 \cdot 5}{18} \Rightarrow y = 20$$

$$\frac{18}{72} = \frac{9}{z} \Rightarrow z = \frac{72 \cdot 9}{18} \Rightarrow z = 36$$

Portanto, $A'B' = 16$ cm, $B'C' = 20$ cm e $C'D' = 36$ cm.

Vale a pena conferir o teorema de Tales nas ilustrações abaixo.

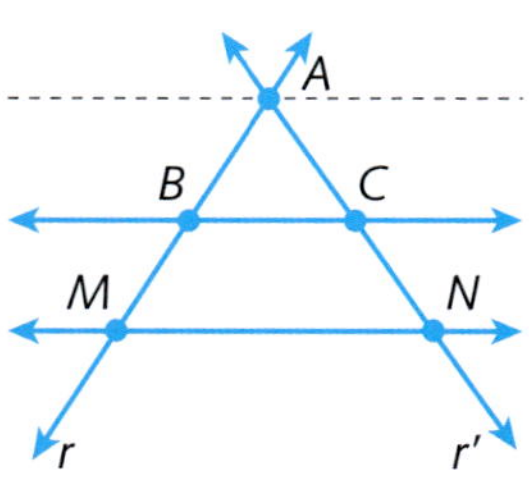

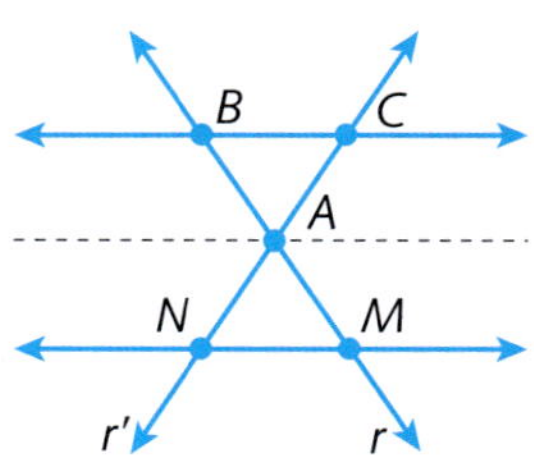

ILUSTRAÇÕES: ADILSON SECCO

Considere:

- r e r' duas retas secantes em A;
- B e M dois pontos distintos de r;
- C e N dois pontos distintos de r';
- $\overleftrightarrow{BC}$ e $\overleftrightarrow{MN}$ duas retas paralelas.

Pelo teorema de Tales:

$$\frac{AM}{AB} = \frac{AN}{AC} = \frac{MN}{BC}$$

Conteúdo digital
- Atividade: Segmentos proporcionais

Construção geométrica da divisão de um segmento

Uma das aplicações do teorema de Tales é a divisão de um segmento em partes proporcionais. Observe o exemplo a seguir.

Dado o segmento $\overline{AB}$, vamos determinar nesse segmento um ponto N, tal que: $\frac{AN}{AB} = \frac{2}{3}$

1º) Traçamos uma semirreta $\overrightarrow{AM}$ qualquer de acordo com a figura.

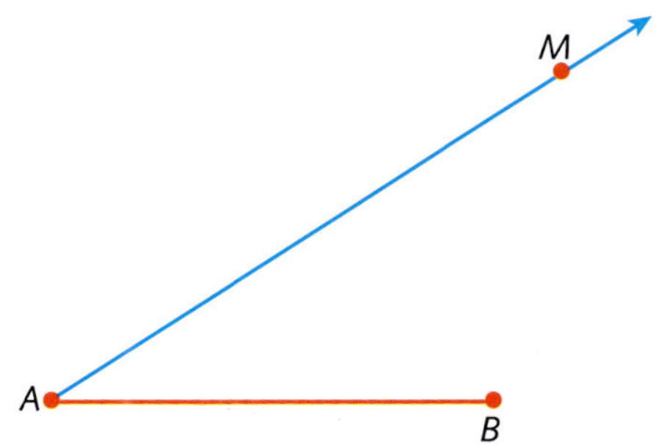

2º) Sobre a semirreta $\overrightarrow{AM}$, marcamos três pontos, C, D e E, de modo que $AC = CD = DE$.

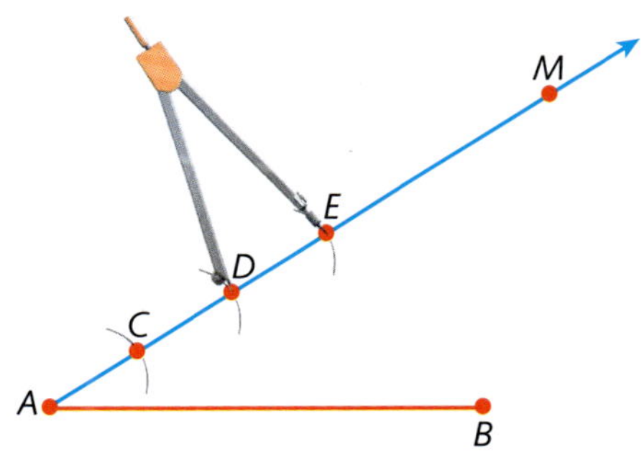

3º) Traçamos o segmento de reta $\overline{EB}$. A seguir, construímos uma paralela a $\overline{EB}$, passando por D, que corta $\overline{AB}$ em N.

Veja que: $\frac{AD}{AE} = \frac{2}{3}$ e $\overline{ND} \parallel \overline{BE}$

Assim, pelo teorema de Tales:

$$\frac{AD}{AE} = \frac{AN}{AB} = \frac{2}{3}$$

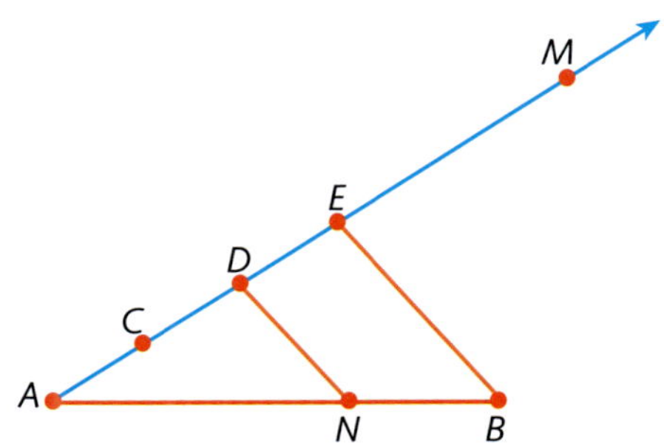

ILUSTRAÇÕES: GUILHERME CASAGRANDI

EXERCÍCIOS

9 Sendo $r \parallel s \parallel t$, determine o valor de x.

a)

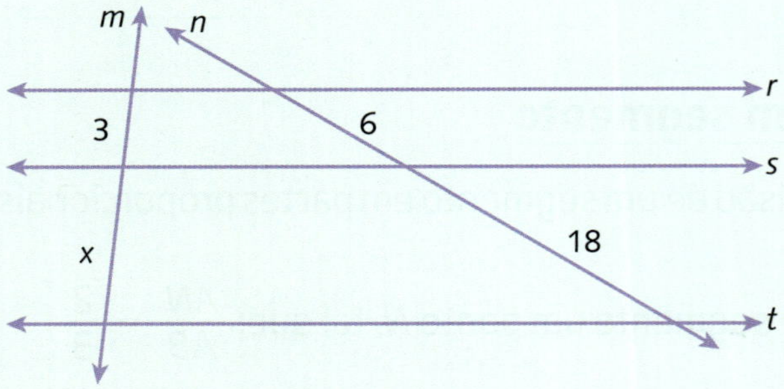

b)

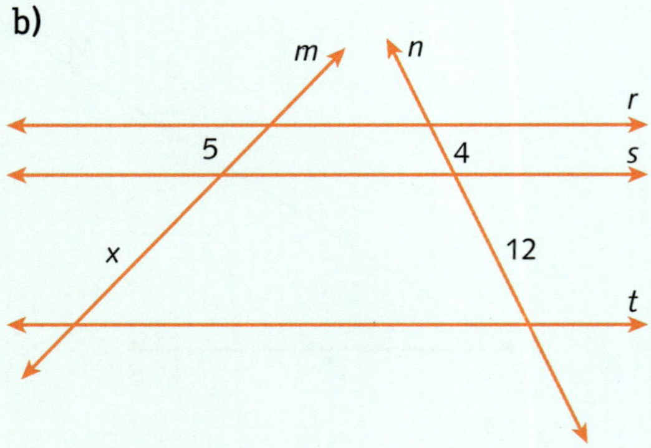

c)

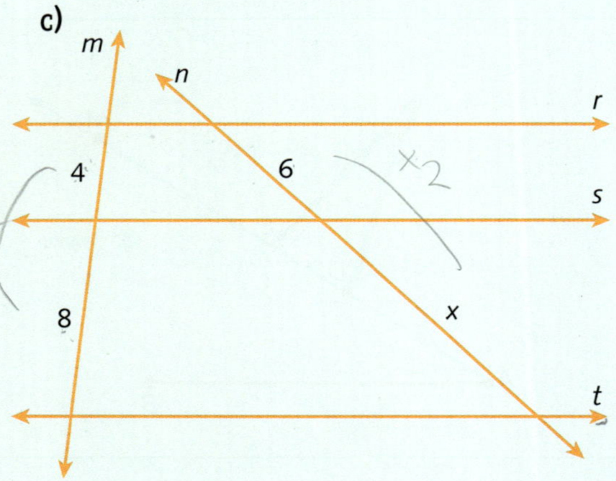

d)

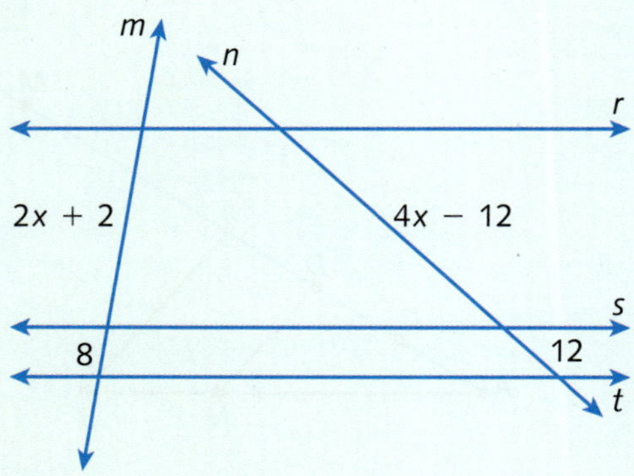

10 Sendo $a \parallel b \parallel c$, determine x.

a)

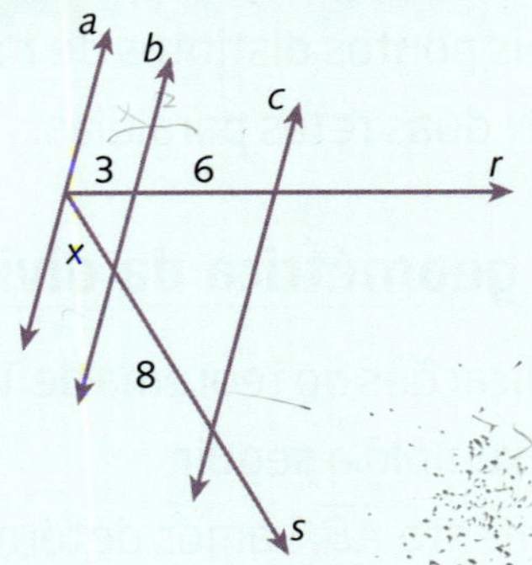

b)

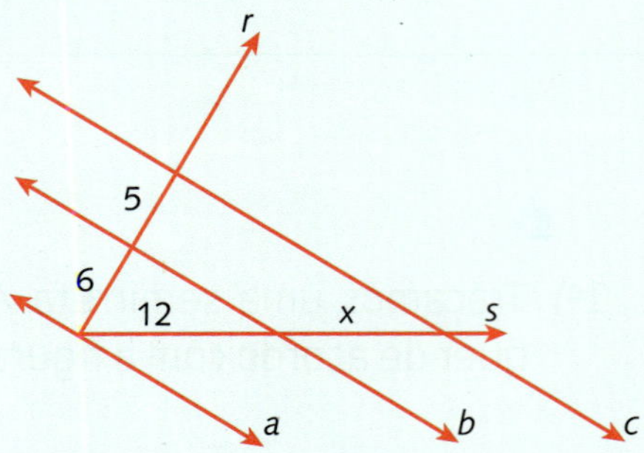

11 Sendo $a \parallel b \parallel c \parallel d$, determine x, y e z.

a)

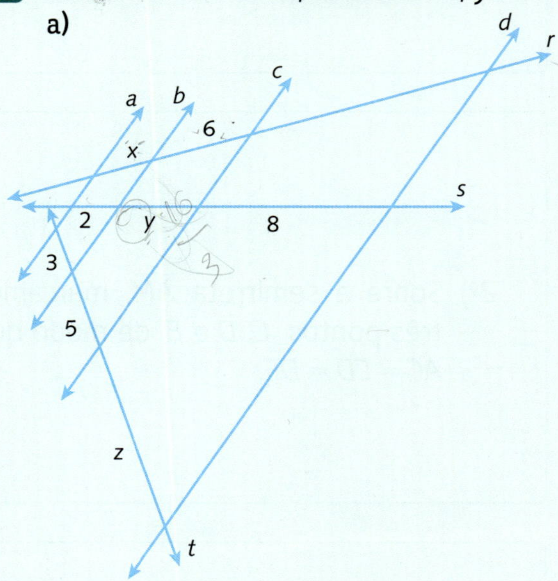

b)

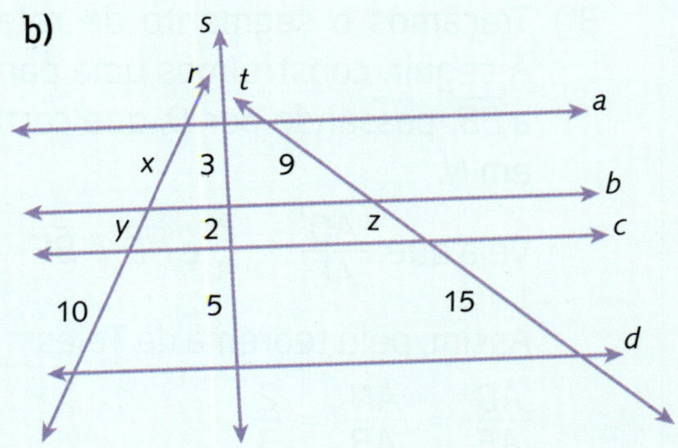

12 Calcule x e y usando o teorema de Tales. Considere $r \parallel s \parallel t \parallel u$.

a)

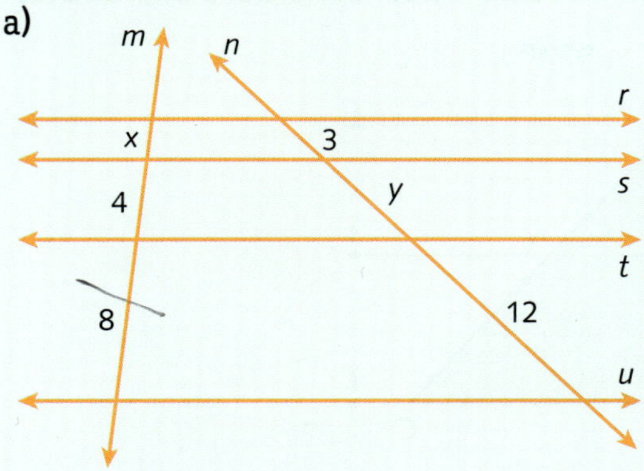

b)

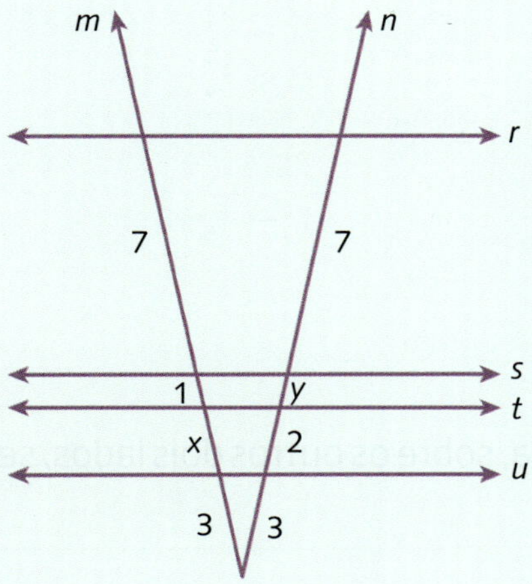

13 Determine o valor de x sabendo que $r \parallel s \parallel t$.

a)

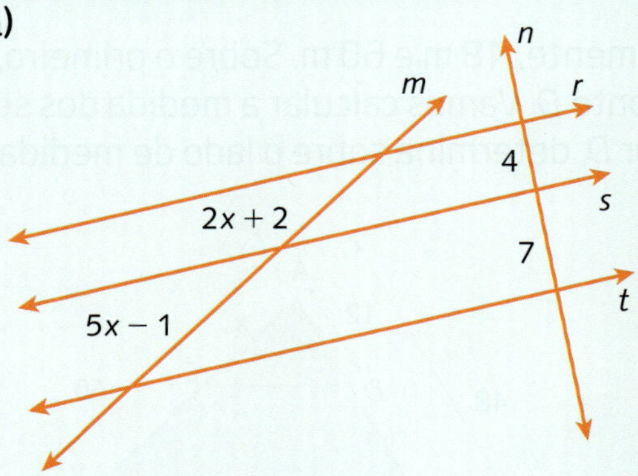

b)

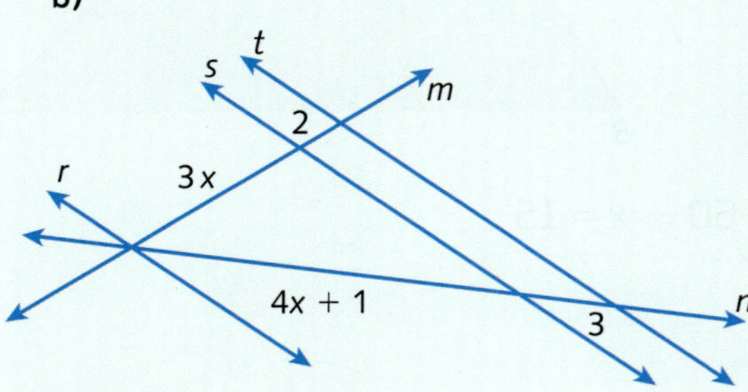

14 Sendo $a \parallel b \parallel c$, determine x e y.

a)

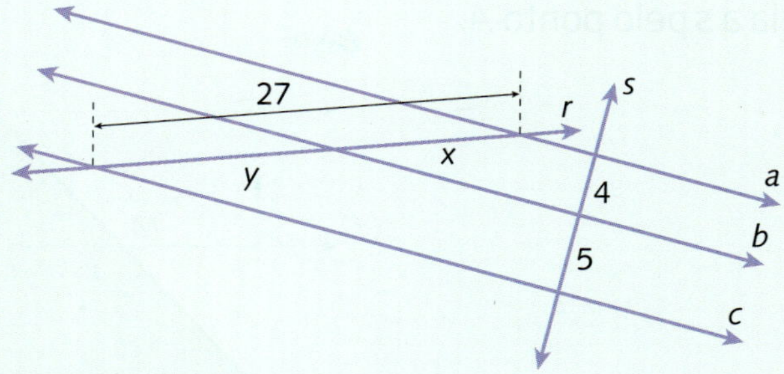

b)

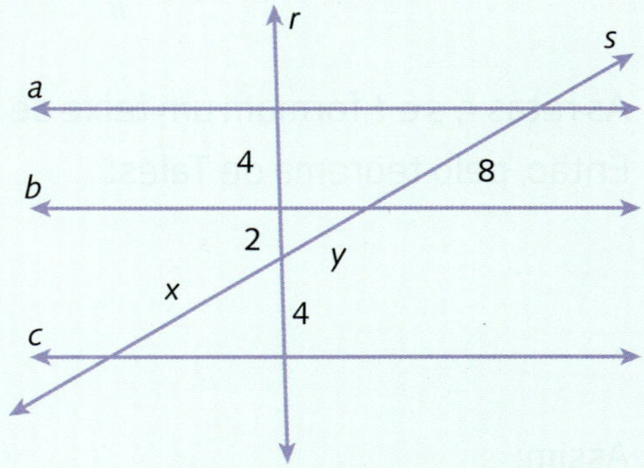

15 A figura apresenta três terrenos que ocupam uma quadra. Determine as medidas a, b e c, sabendo que cada terreno possui um par de lados paralelos.

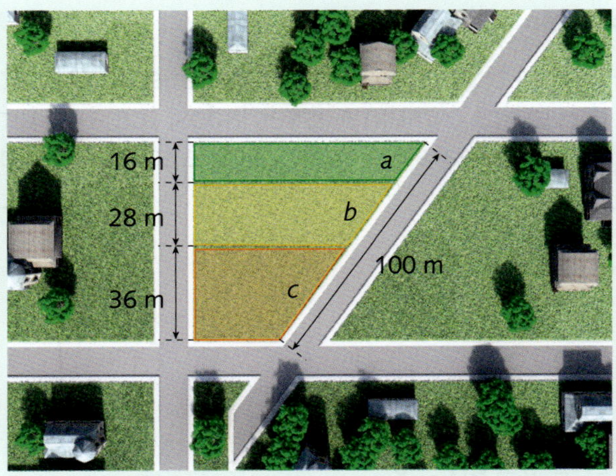

16 De acordo com o segmento de reta $\overline{AB}$ abaixo, localize o ponto C nesse segmento de forma que $\frac{AC}{AB} = \frac{3}{4}$.

ILUSTRAÇÕES: GUILHERME CASAGRANDI

Teorema de Tales nos triângulos

Observe o triângulo *ABC* e a reta *s*, paralela a um de seus lados. Considere outra reta, *r*, paralela a *s* pelo ponto *A*.

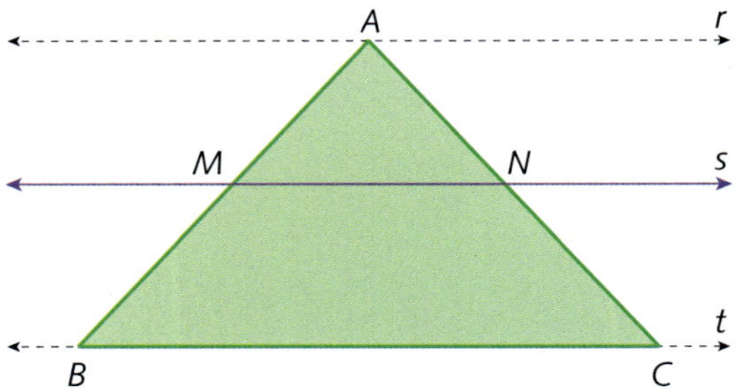

As retas *r*, *s* e *t* formam um feixe de paralelas.

Então, pelo teorema de Tales:

$$\frac{AM}{MB} = \frac{AN}{NC}$$

Assim:

> Toda paralela a um lado de um triângulo determina, sobre os outros dois lados, segmentos proporcionais.

Exemplo

Em um triângulo, dois lados medem, respectivamente, 48 m e 60 m. Sobre o primeiro, a 12 m do vértice comum a esses lados, toma-se um ponto *D*. Vamos calcular a medida dos segmentos que a paralela ao terceiro lado, passando por *D*, determina sobre o lado de medida 60 m.

Solução

Temos:

$AD = 12$

$DB = 48 - 12 = 36$

$AE = x$

$EC = y = 60 - x$

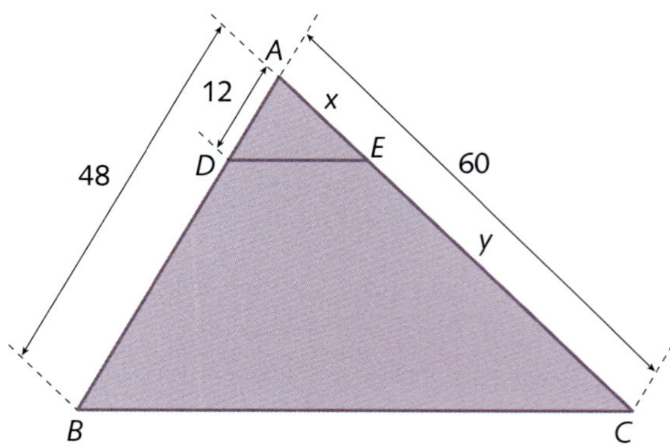

Pelo teorema de Tales:

$$\frac{AD}{DB} = \frac{AE}{EC} \Rightarrow \frac{\overset{1}{\cancel{12}}}{\underset{3}{\cancel{36}}} = \frac{x}{60 - x} \Rightarrow 3x = 60 - x \Rightarrow 4x = 60 \Rightarrow x = 15$$

$y = 60 - x \Rightarrow y = 60 - 15 \Rightarrow y = 45$

Logo, as medidas são 15 m e 45 m.

EXERCÍCIOS

17 Na figura, $\overline{PQ} \parallel \overline{BC}$. Determine AQ.

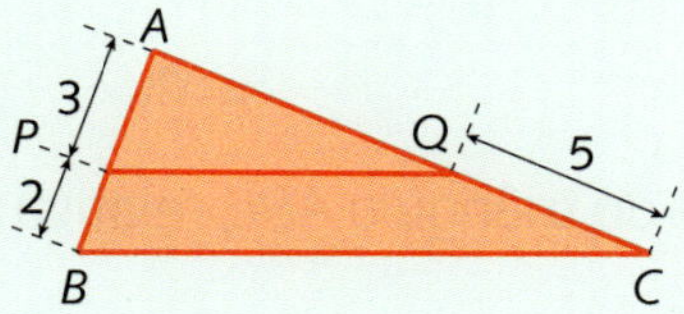

18 Determine o valor de y no triângulo ABC.

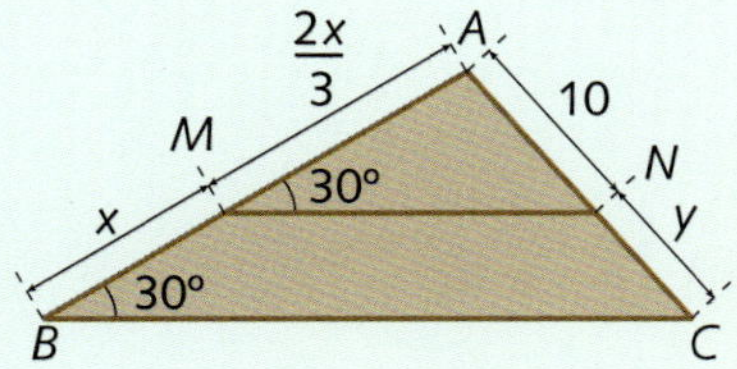

19 Determine o valor de x, sendo $\alpha = \beta$.

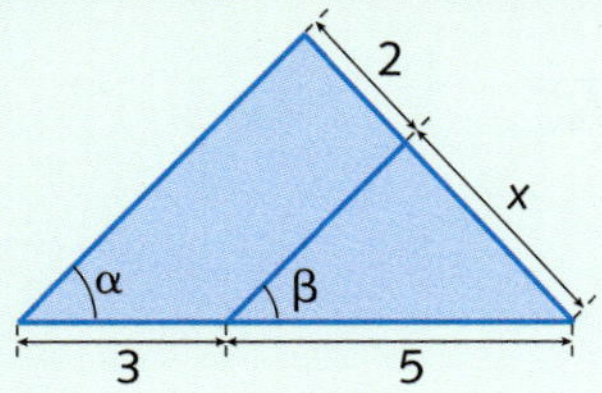

20 Uma reta paralela ao lado $\overline{BC}$ de um triângulo ABC determina o ponto D em $\overline{AB}$ e E em $\overline{AC}$. Sabendo que $AD = k$, $DB = k + 4$, $AE = 4$ e $EC = 6$, determine a medida do lado $\overline{AB}$ do triângulo.

21 Observe a figura, em que $r \parallel s$.

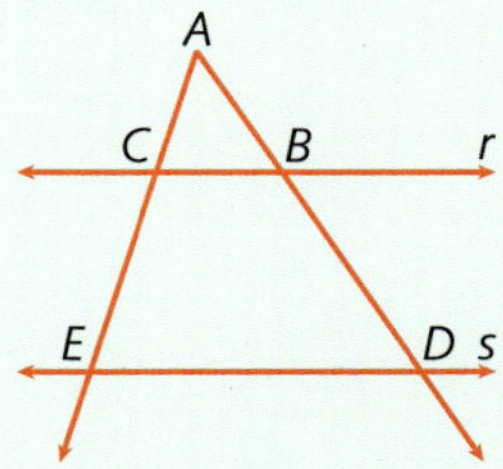

Encontre $\text{med}(\overline{AD}) + \text{med}(\overline{AE})$, considerando que:

I) $\text{med}(\overline{AC}) = x$;
II) $\text{med}(\overline{AB}) = x + 1$;
III) $\text{med}(\overline{CE}) = 5x$;
IV) $\text{med}(\overline{BD}) = 6x + 2$.

ILUSTRAÇÕES: GUILHERME CASAGRANDI

Um pouco de História

Tales de Mileto (624 a.C.-548 a.C.)

Nascido em Mileto (atualmente pertencente à Turquia), o filósofo grego Tales foi considerado o primeiro dos sete sábios da Grécia. A ele são atribuídos:

- o teorema que leva seu nome;
- a resolução do problema da inscrição do triângulo no círculo;
- a determinação da altura de um objeto por sua sombra;
- a previsão do eclipse do Sol, ocorrido em 28 de maio de 585 a.C.

Primeira Olimpíada, em Olímpia, na Grécia.
776 a.C.

Fundação da cidade de Roma, na Itália.
753 a.C.

SYLVAIN SONNET/CORBIS/GETTY IMAGES - MUSEU CAPITOLINO, ROMA

Símbolo da fundação de Roma: Rômulo e Remo sendo amamentados por uma loba.

594 a.C.
Abolição da escravidão, por dívidas, em Atenas, na Grécia.

Dados obtidos em: Carl B. Boyer. *História da Matemática*. São Paulo: Edgard Blücher, Editora da Universidade de São Paulo, 1974. p. 34.

ILUSTRAÇÕES: TOMA

3 Teorema da bissetriz

Teorema da bissetriz interna

Observe no triângulo abaixo que $\overline{AN}$ é a bissetriz interna do triângulo ABC, relativa ao vértice A.

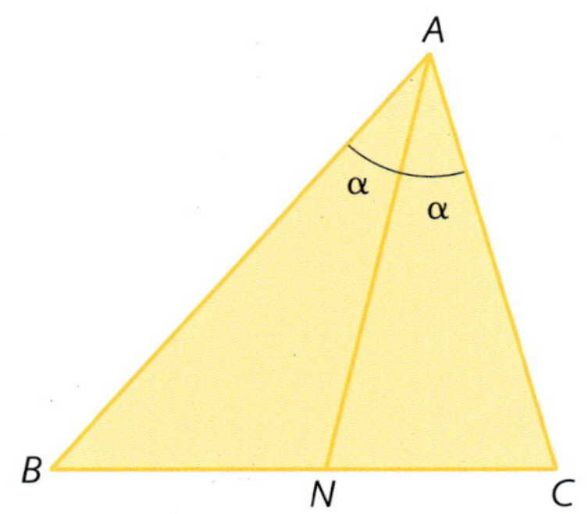

O ponto N divide o segmento $\overline{BC}$ em duas partes: $\overline{BN}$ e $\overline{NC}$.

Vamos provar que $\dfrac{BN}{BA} = \dfrac{NC}{AC}$.

Para isso, traçamos a reta r paralela ao segmento $\overline{AN}$, passando por C. Essa reta encontra $\overrightarrow{BA}$ no ponto M. Veja:

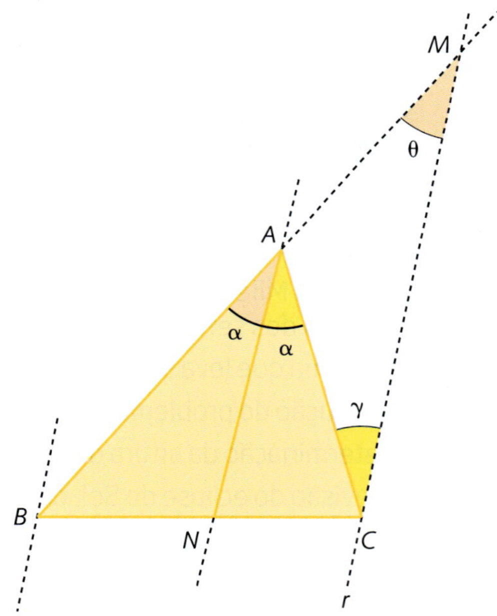

De acordo com o teorema de Tales, temos:

$$\frac{BN}{NC} = \frac{BA}{AM} \quad \text{ou} \quad \frac{BN}{BA} = \frac{NC}{AM} \quad (1)$$

Como: $\theta = \alpha \longrightarrow$ medidas de ângulos correspondentes

$\alpha = \gamma \longrightarrow$ medidas de ângulos alternos internos

Temos: $\theta = \gamma$, pela propriedade transitiva.

Então, o $\triangle ACM$ é isósceles e, portanto:

$\overline{AC} \cong \overline{AM}$, ou seja, $AC = AM$

Substituindo, em (1), AM por AC, temos:

$$\frac{BN}{BA} = \frac{NC}{AC}$$

Assim:

Em todo triângulo, a bissetriz de cada ângulo interno divide o lado oposto a esse ângulo em segmentos proporcionais aos lados que formam o ângulo.

ILUSTRAÇÕES: GUILHERME CASAGRANDI

Exemplo

Os lados de um triângulo medem 7 m, 8 m e 12 m. Vamos calcular a medida dos segmentos que a bissetriz interna $\overline{AN}$ do ângulo $B\widehat{A}C$ determina sobre o maior lado.

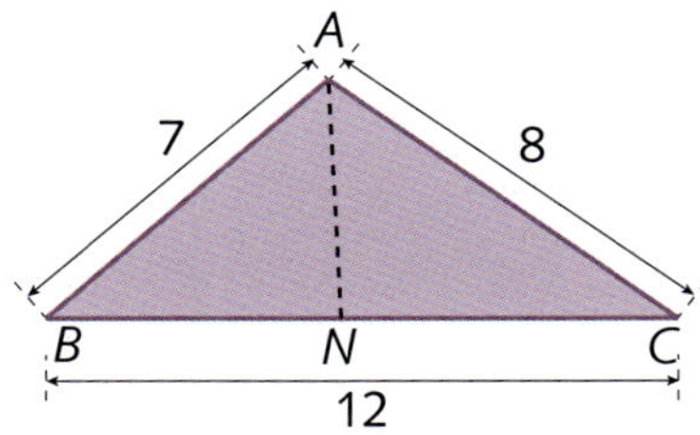

Solução

Temos:

$$\frac{BN}{BA} = \frac{NC}{AC} \Rightarrow \frac{BN}{7} = \frac{NC}{8} \Rightarrow \frac{BN}{NC} = \frac{7}{8}$$

Aplicando uma propriedade das proporções, temos:

$$\frac{BN + NC}{BN} = \frac{7 + 8}{7} \Rightarrow \frac{12}{BN} = \frac{15}{7} \Rightarrow BN = \frac{12 \cdot 7}{15} \Rightarrow BN = 5{,}6$$

Mas:

$BN + NC = 12 \Rightarrow NC = 12 - 5{,}6 \Rightarrow NC = 6{,}4$

Logo, as medidas dos segmentos determinados pela bissetriz interna são 5,6 m e 6,4 m.

EXERCÍCIOS

22 Seja $\overline{AD}$ uma bissetriz interna do $\triangle ABC$. Sendo $AB = x + 8$, $AC = 2x$, $BD = 10$ e $CD = 12$, determine x.

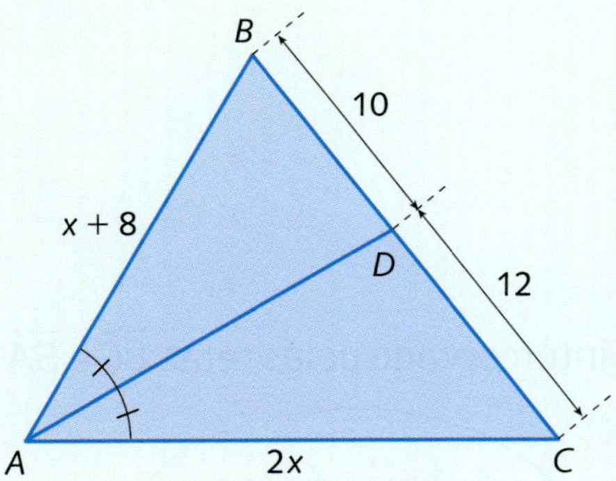

23 Na figura, $\overline{CD}$ é a bissetriz do ângulo $\widehat{C}$. Determine a medida x.

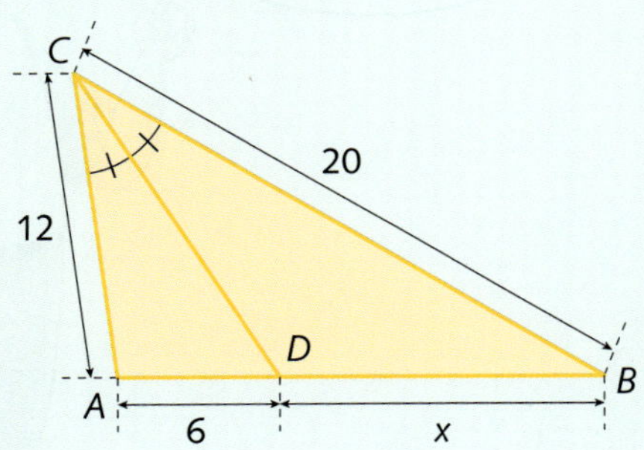

24 Na figura, $\overline{BD}$ é bissetriz do ângulo $\widehat{B}$, $AD = 12$ e $CD = 16$. Sendo $AB = 2x + 6$ e $BC = 3x$, determine o valor de x.

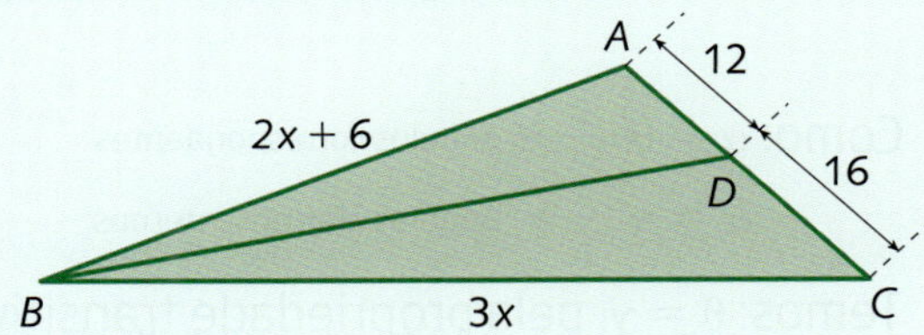

25 Calcule x e y nos triângulos, sabendo que $\overline{AD}$ é bissetriz do ângulo $\widehat{A}$.

a)

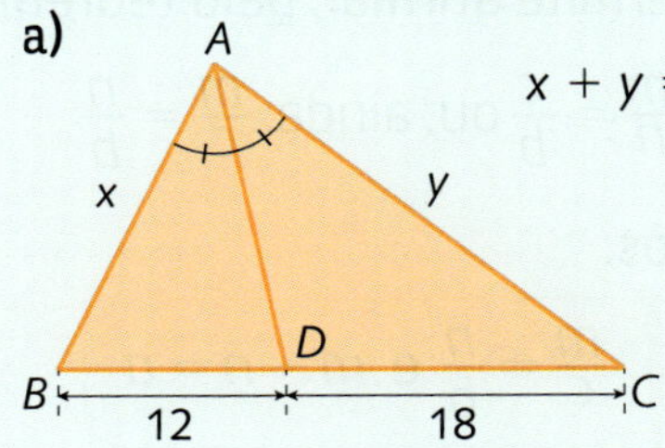

$x + y = 45$

b)

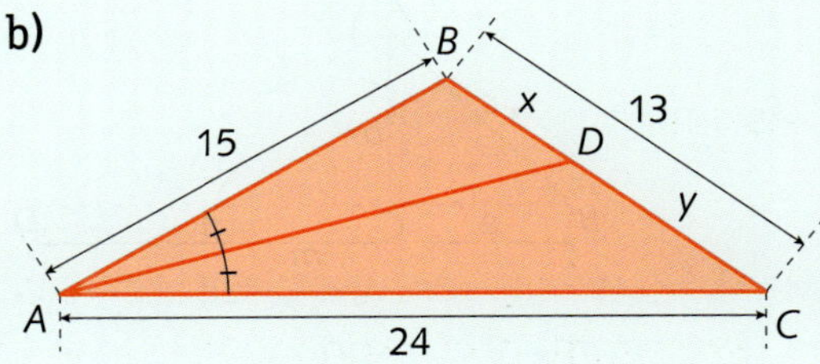

ILUSTRAÇÕES: GUILHERME CASAGRANDI

Teorema da bissetriz externa

Observe o triângulo ABC e $\overline{AD}$, bissetriz externa de $\widehat{A}$.

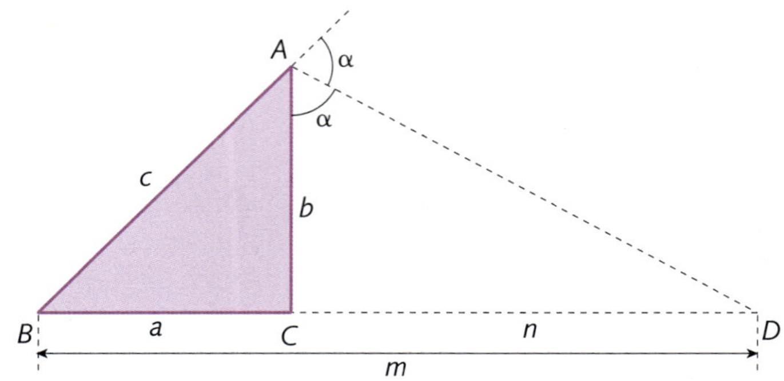

Vamos provar que $\frac{m}{c} = \frac{n}{b}$ e $m - n = a$.

Por C, traçamos uma paralela à bissetriz $\overline{AD}$, determinando um ponto E sobre $\overline{AB}$.

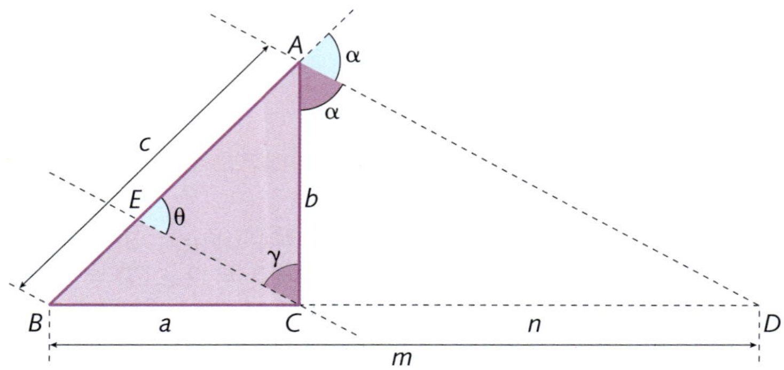

Como: $\alpha = \theta$ ⟶ ângulos correspondentes

$\alpha = \gamma$ ⟶ ângulos alternos internos

Temos: $\theta = \gamma$, pela propriedade transitiva.

Então, o $\triangle ACE$ é isósceles e $AE = AC = b$.

O feixe de paralelas (identificadas por $\overleftrightarrow{AD} \, // \, \overleftrightarrow{CE}$) é interceptado pelas retas $\overleftrightarrow{BC}$ e $\overleftrightarrow{BA}$ (transversais), o que permite afirmar, pelo teorema de Tales:

$$\frac{m}{n} = \frac{c}{b} \text{ ou, ainda: } \frac{m}{c} = \frac{n}{b}$$

Então, temos:

$$\boxed{\frac{m}{c} = \frac{n}{b} \text{ e } m - n = a}$$

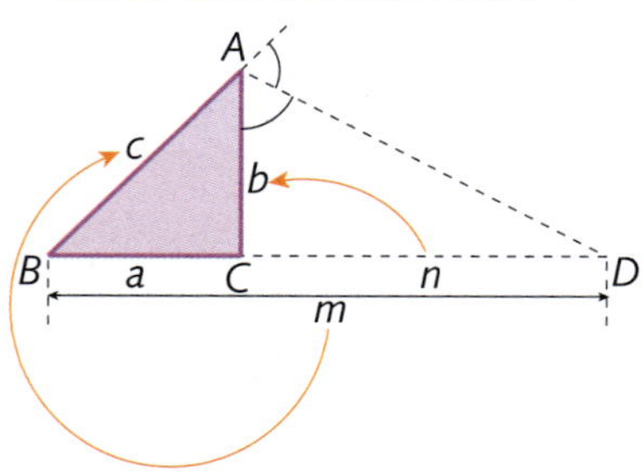

GEORGE TUTUMI

ILUSTRAÇÕES: ADILSON SECCO

Assim:

> A bissetriz do ângulo externo de um triângulo determina sobre o lado oposto ao ângulo dois segmentos subtrativos, proporcionais aos outros dois lados.

Exemplo

Em um triângulo ABC, as medidas dos lados são $AB = 6$ cm, $BC = 4$ cm e $AC = 5$ cm. Quanto é preciso prolongar o lado $\overline{BC}$ para que ele encontre a bissetriz externa do ângulo $\widehat{A}$?

Solução

Temos:

$\frac{m}{c} = \frac{n}{b}$ e $m - n = a$

$\frac{m}{6} = \frac{n}{5} \Rightarrow \frac{m}{n} = \frac{6}{5}$

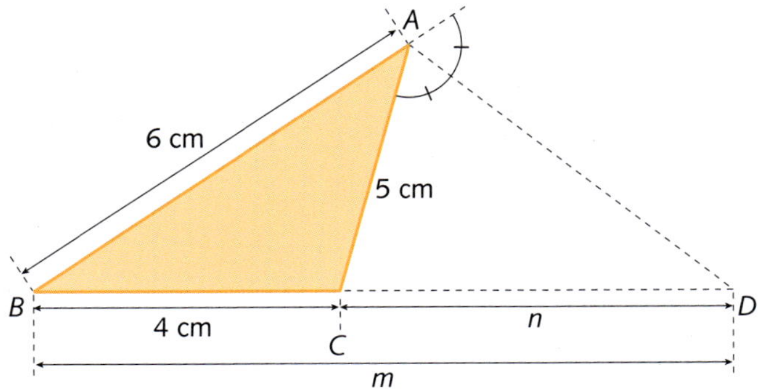

ADILSON SECCO

Aplicando uma das propriedades das proporções, temos:

$\frac{m - n}{m} = \frac{6 - 5}{6} \Rightarrow \frac{4}{m} = \frac{1}{6} \Rightarrow m = 24$

$m - n = 4 \Rightarrow n = m - 4 \Rightarrow n = 24 - 4 \Rightarrow n = 20$

Logo, devemos prolongar 20 cm o lado $\overline{BC}$.

EXERCÍCIOS

26 Nos triângulos ABC, $\overline{AD}$ é bissetriz externa. Determine em cada caso o valor de x.

a)

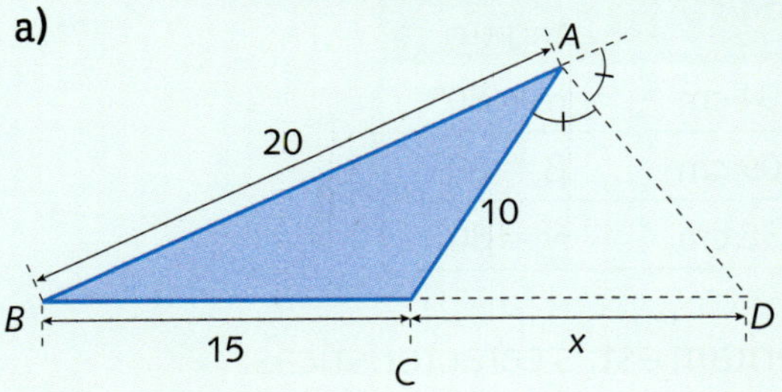

b)

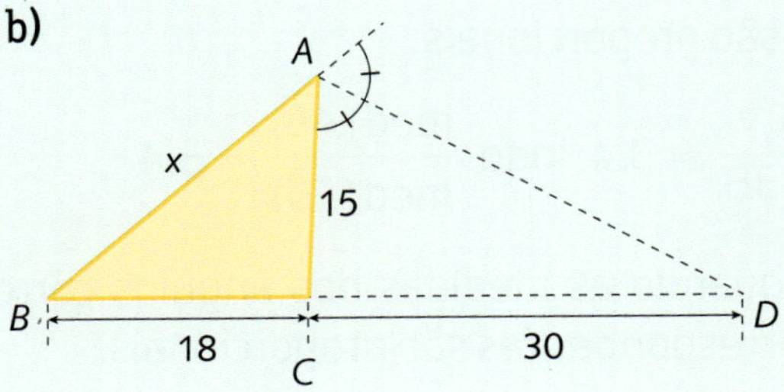

c)

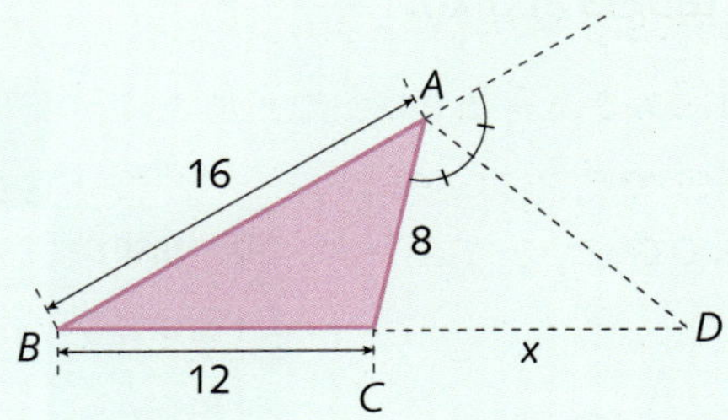

d)

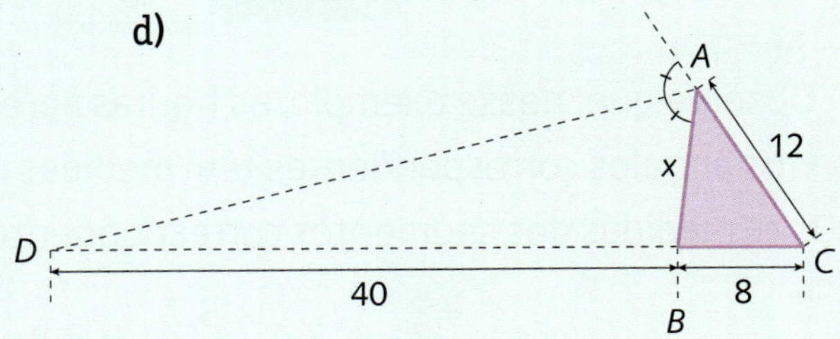

27 Os lados de um triângulo medem 16 cm, 20 cm e 24 cm. Quanto devemos prolongar o menor lado para encontrar a bissetriz externa do ângulo oposto a ele?

ILUSTRAÇÕES: GUILHERME CASAGRANDI

4 Semelhança

Figuras semelhantes

Observe as figuras.

ANDERSON DE ANDRADE PIMENTEL

Figura A

Figura B

Figura C

Elaborado com base em: Graça Maria Lemos Ferreira. *Atlas geográfico*: espaço mundial. São Paulo: Moderna, 2013. p. 119.

Elas representam o mapa do Brasil em escalas diferentes. Note que os três mapas têm a mesma forma, mas tamanhos diferentes.

Nessas figuras, podemos identificar:

- *AB* ⟶ distância do ponto extremo oeste ao ponto extremo leste do Brasil;
- *CD* ⟶ distância do ponto extremo norte ao ponto extremo sul do Brasil;
- *FG* ⟶ distância entre as cidades de São Luís e Salvador;
- $\widehat{\alpha}, \widehat{\beta}$ e $\widehat{\gamma}$ ⟶ ângulos agudos formados pelos segmentos $\overline{AB}$ e $\overline{CD}$, respectivamente, nas três figuras.

Medindo os segmentos de reta $\overline{AB}$ e $\overline{FG}$ e os ângulos $\widehat{\alpha}$, $\widehat{\beta}$ e $\widehat{\gamma}$ das figuras, podemos organizar a tabela abaixo:

	med($\overline{AB}$)	med($\overline{FG}$)	Medida do ângulo
Figura A	3,2 cm	0,94 cm	$\alpha = 80°$
Figura B	3,7 cm	1,09 cm	$\beta = 80°$
Figura C	4,7 cm	1,38 cm	$\gamma = 80°$

Observe que, nesse exemplo, as figuras apresentam estas características:

- os ângulos correspondentes têm medidas iguais;
- as medidas dos segmentos correspondentes são proporcionais:

$$\frac{3,2}{0,94} \simeq 3,4; \ \frac{3,7}{1,09} \simeq 3,4; \ \frac{4,7}{1,38} \simeq 3,4; \text{ logo, } \frac{\text{med}(\overline{AB})}{\text{med}(\overline{FG})} \simeq 3,4$$

Dizemos que duas figuras são **semelhantes** quando as medidas dos ângulos correspondentes são iguais e as medidas dos segmentos correspondentes são proporcionais.

Logo, as figuras que representam o mapa do Brasil são semelhantes.

Veja outros exemplos de figuras semelhantes:

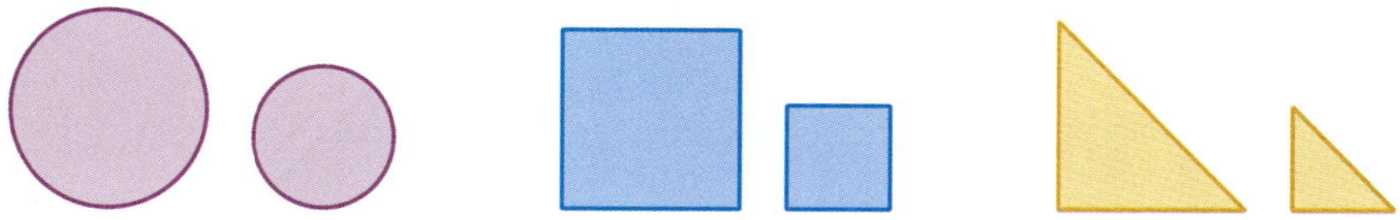

As figuras têm formas iguais e tamanhos diferentes.

Polígonos semelhantes

Considere os polígonos *ABCD* e *A'B'C'D'*.

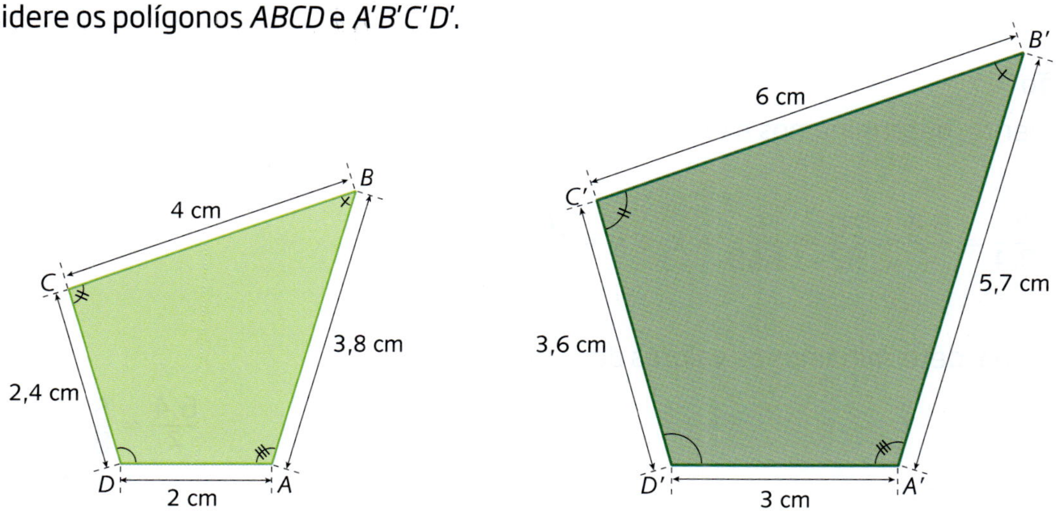

Observe que:

- os ângulos correspondentes são congruentes:

$$\widehat{A} \cong \widehat{A'};\ \widehat{B} \cong \widehat{B'};\ \widehat{C} \cong \widehat{C'};\ \widehat{D} \cong \widehat{D'}$$

- os lados correspondentes (ou homólogos) são proporcionais:

$$\frac{AB}{A'B'} = \frac{BC}{B'C'} = \frac{CD}{C'D'} = \frac{DA}{D'A'} \text{ ou } \frac{3{,}8}{5{,}7} = \frac{4}{6} = \frac{2{,}4}{3{,}6} = \frac{2}{3}$$

Podemos, então, concluir que os polígonos *ABCD* e *A'B'C'D'* são **semelhantes** e indicamos:

$ABCD \sim A'B'C'D'$ → Lemos: "polígono *ABCD* é semelhante ao polígono *A'B'C'D'*".

Definimos que:

> Dois polígonos são **semelhantes** quando os ângulos correspondentes são congruentes e os lados correspondentes são proporcionais.

A razão entre as medidas dos lados correspondentes em polígonos semelhantes é denominada **razão de semelhança**, ou seja:

$$\frac{AB}{A'B'} = \frac{BC}{B'C'} = \frac{CD}{C'D'} = \frac{DA}{D'A'} = k$$

k → razão de semelhança

A razão de semelhança do menor para o maior dos polígonos considerados é $\frac{2}{3}$.

ILUSTRAÇÕES: ADILSON SECCO

Exemplo

Vamos determinar *x*, *y* e *z*, sabendo que os polígonos são semelhantes.

ILUSTRAÇÕES: GUILHERME CASAGRANDI

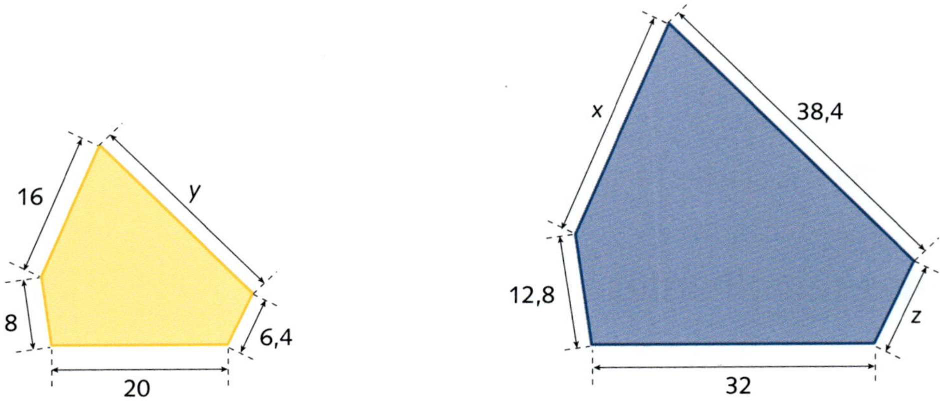

Solução

Inicialmente, determinamos a razão de semelhança *k* entre os dois polígonos do menor para o maior.

$$\frac{16}{x} = \frac{y}{38,4} = \frac{6,4}{z} = \frac{20}{32} = \frac{8}{12,8} = k \Rightarrow k = \frac{20}{32} = \frac{5}{8}$$

(:4 no numerador e :4 no denominador)

Em seguida, determinamos os valores de *x*, *y* e *z*.

$$\frac{16}{x} = \frac{5}{8}$$

$$x = \frac{16 \cdot 8}{5} = 25,6$$

$$\frac{y}{38,4} = \frac{5}{8}$$

$$y = \frac{5 \cdot 38,4}{8} = 24$$

$$\frac{6,4}{z} = \frac{5}{8}$$

$$z = \frac{8 \cdot 6,4}{5} = 10,24$$

Então, $x = 25,6$, $y = 24$ e $z = 10,24$.

Observação

Para garantir que dois polígonos sejam semelhantes, é preciso verificar **duas condições**: os ângulos correspondentes devem ser congruentes e as medidas dos lados correspondentes devem ser proporcionais. Apenas uma das condições não é suficiente para garantir a semelhança entre polígonos.

Exemplos

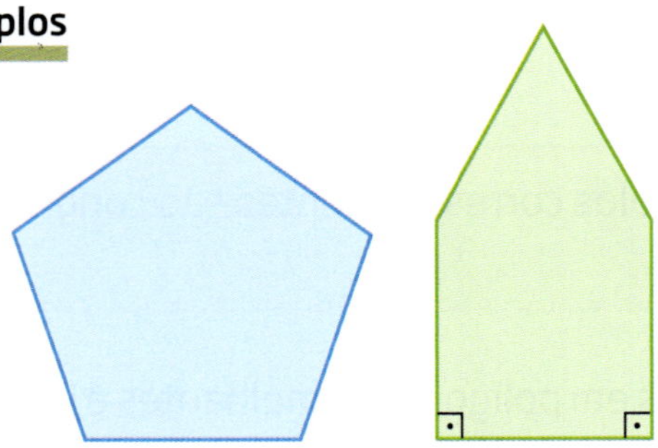

O pentágono azul tem lados de medidas iguais às do pentágono verde (a razão entre as medidas dos lados é 1), ou seja, as medidas dos lados correspondentes são proporcionais, mas seus ângulos correspondentes não são congruentes. Portanto, esses polígonos não são semelhantes.

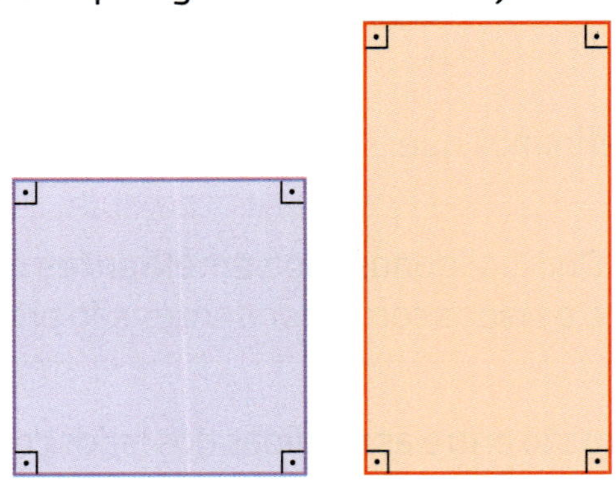

ILUSTRAÇÕES: LUIZ RUBIO

Os ângulos correspondentes dos quadriláteros são congruentes, mas as medidas de seus lados correspondentes não são proporcionais. Portanto, esses polígonos não são semelhantes.

Razão entre os perímetros de dois polígonos semelhantes

> Se dois polígonos são semelhantes, então a razão entre seus **perímetros** é igual à razão entre as medidas de dois lados correspondentes quaisquer dos polígonos.

Demonstração

Sendo $ABCDE \sim A'B'C'D'E'$, temos:

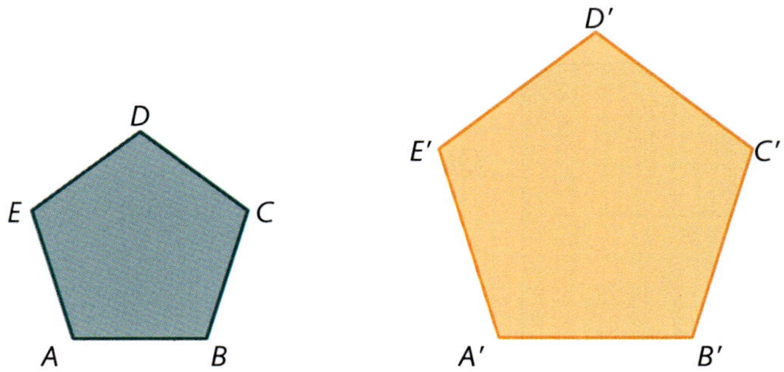

ILUSTRAÇÕES: ADILSON SECCO

$$\frac{AB}{A'B'} = \frac{BC}{B'C'} = \frac{CD}{C'D'} = \frac{DE}{D'E'} = \frac{EA}{E'A'}$$

Os perímetros desses polígonos podem ser assim representados:

- perímetro de $ABCDE\ (2p) = AB + BC + CD + DE + EA$;
- perímetro de $A'B'C'D'E'\ (2p') = A'B' + B'C' + C'D' + D'E' + E'A'$.

Por uma propriedade das proporções, podemos afirmar que:

$$\frac{AB + BC + CD + DE + EA}{A'B' + B'C' + C'D' + D'E' + E'A'} = \frac{AB}{A'B'} = \frac{BC}{B'C'} = \frac{CD}{C'D'} = \frac{DE}{D'E'} = \frac{EA}{E'A'}$$

ou

$$\frac{2p}{2p'} = \frac{AB}{A'B'} = \frac{BC}{B'C'} = \frac{CD}{C'D'} = \frac{DE}{D'E'} = \frac{EA}{E'A'}$$

Exemplo

Um triângulo, cujos lados medem 3,6 cm, 6,4 cm e 8 cm, é semelhante a outro, cujo perímetro é 45 cm. Vamos calcular as medidas dos lados do segundo triângulo.

Solução

Razão de semelhança: $\frac{2p}{2p'} = \frac{AB}{A'B'} = \frac{BC}{B'C'} = \frac{AC}{A'C'} = \frac{3{,}6 + 6{,}4 + 8}{45} = \frac{18}{45} = \frac{2}{5}$

Então:

$$\frac{2}{5} = \frac{3{,}6}{A'B'} \Rightarrow A'B' = \frac{5 \cdot 3{,}6}{2} = 9$$

$$\frac{2}{5} = \frac{6{,}4}{B'C'} \Rightarrow B'C' = \frac{5 \cdot 6{,}4}{2} = 16$$

$$\frac{2}{5} = \frac{8}{A'C'} \Rightarrow A'C' = \frac{5 \cdot 8}{2} = 20$$

Logo, as medidas dos lados do segundo triângulo são 9 cm, 16 cm e 20 cm.

Razão entre áreas de polígonos semelhantes

Considere os quadrados A, B e C, cujos lados medem 1, 2 e 3 unidades, respectivamente. Calculando o perímetro ($2p$) e a área (A) de cada quadrado, temos:

Quadrado A: $\ell_A = 1$

$$2p_A = 1 + 1 + 1 + 1 = 4 \Rightarrow 2p_A = 4$$

$$A_A = 1 \cdot 1 = 1 \Rightarrow A_A = 1$$

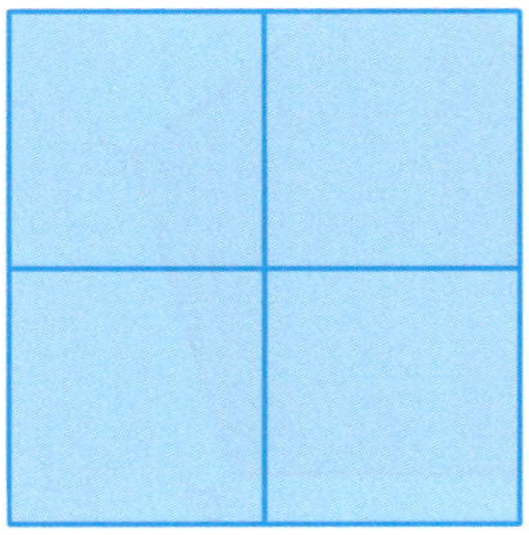

Quadrado B: $\ell_B = 2$

$$2p_B = 2 + 2 + 2 + 2 = 8 \Rightarrow 2p_B = 8$$

$$A_B = 2 \cdot 2 = 2^2 = 4 \Rightarrow A_B = 4$$

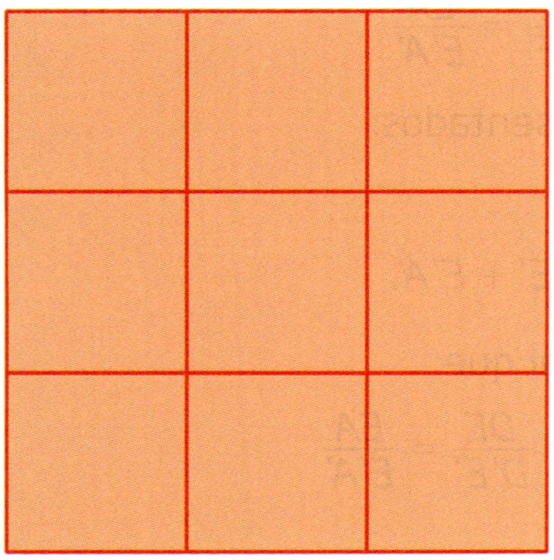

Quadrado C: $\ell_C = 3$

$$2p_C = 3 + 3 + 3 + 3 = 12 \Rightarrow 2p_C = 12$$

$$A_C = 3 \cdot 3 = 3^2 = 9 \Rightarrow A_C = 9$$

Agora, observe o quadro abaixo.

Comparação entre os quadrados	Razão de semelhança	Razão entre os perímetros	Razão entre as áreas
B e A	$\frac{\ell_B}{\ell_A} = \frac{2}{1} = 2$	$\frac{2p_B}{2p_A} = \frac{8}{4} = 2$	$\frac{A_B}{A_A} = \frac{4}{1} = 4$
C e A	$\frac{\ell_C}{\ell_A} = \frac{3}{1} = 3$	$\frac{2p_C}{2p_A} = \frac{12}{4} = 3$	$\frac{A_C}{A_A} = \frac{9}{1} = 9$
C e B	$\frac{\ell_C}{\ell_B} = \frac{3}{2}$	$\frac{2p_C}{2p_B} = \frac{12}{8} = \frac{3}{2}$	$\frac{A_C}{A_B} = \frac{9}{4}$

Desse exemplo, podemos perceber uma relação válida entre a razão de semelhança e a razão entre os perímetros, assim como entre a razão de semelhança e a razão entre as áreas:

- a razão entre os perímetros dos polígonos é igual à razão de semelhança entre eles;
- a razão entre as áreas dos polígonos é igual ao quadrado da razão de semelhança entre eles.

Essas relações são válidas para dois polígonos semelhantes quaisquer.

ILUSTRAÇÕES: ADILSON SECCO

EXERCÍCIOS

28 Estas figuras são semelhantes? Justifique sua resposta.

a)

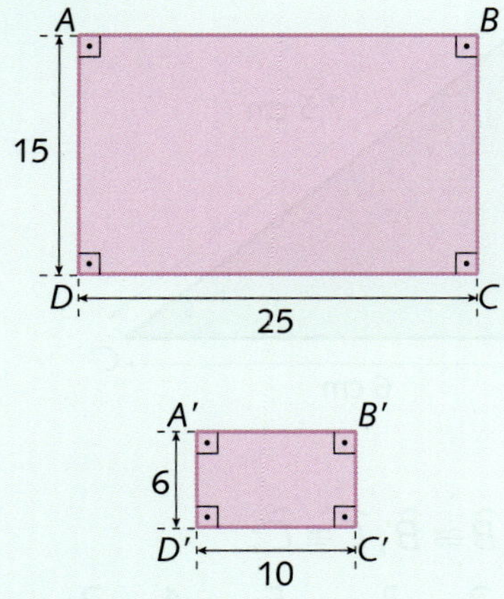

b)

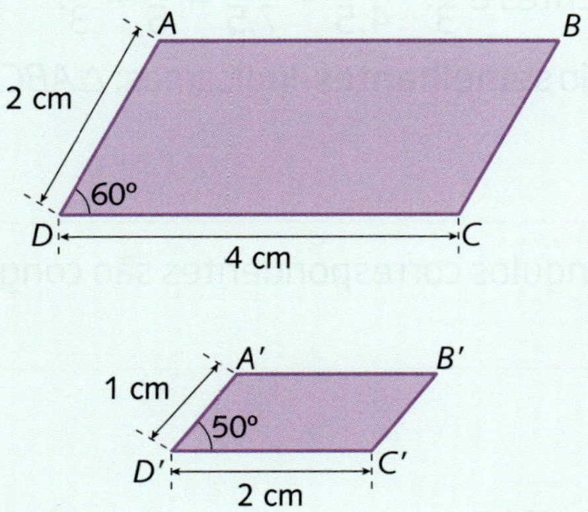

29 Em cada item, os polígonos são semelhantes. Determine as medidas *x* e *y*.

a)

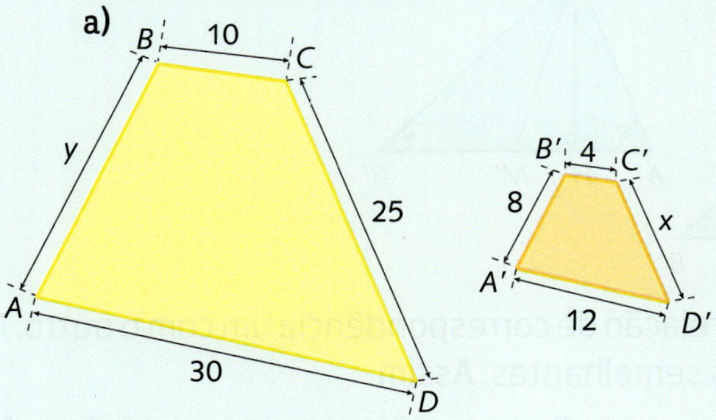

b)

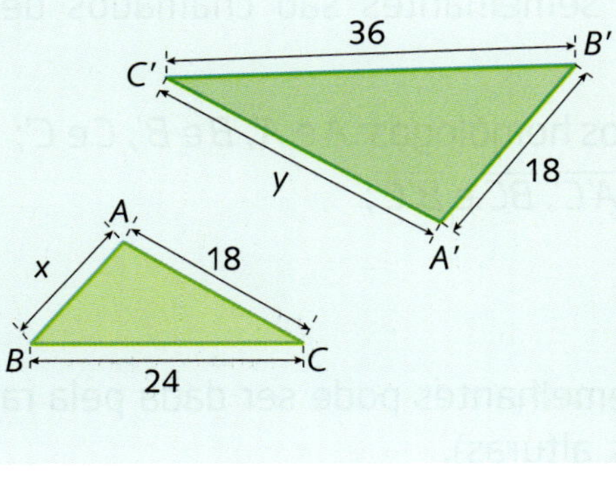

30 Desenhe um triângulo semelhante ao triângulo *ABC* com razão de semelhança igual a $\frac{2}{3}$.

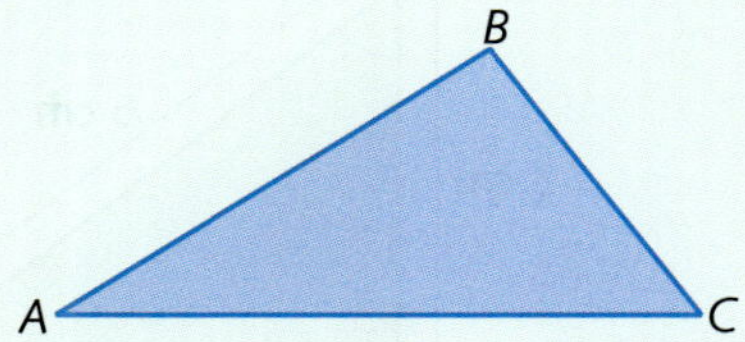

31 Os triângulos *ABC* e *A'B'C'* são semelhantes. Calcule as medidas *x* e *y*.

a)

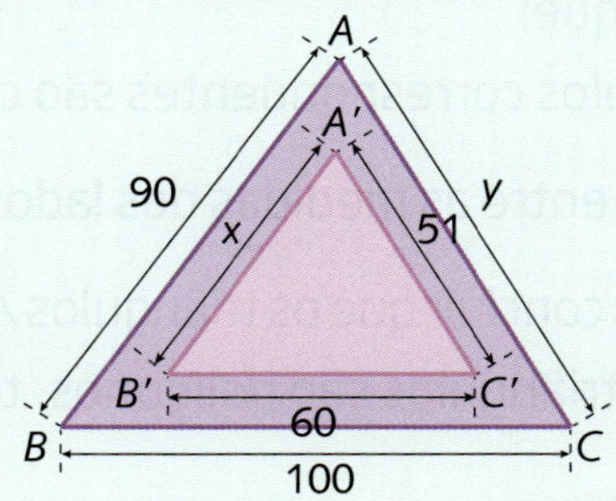

b)

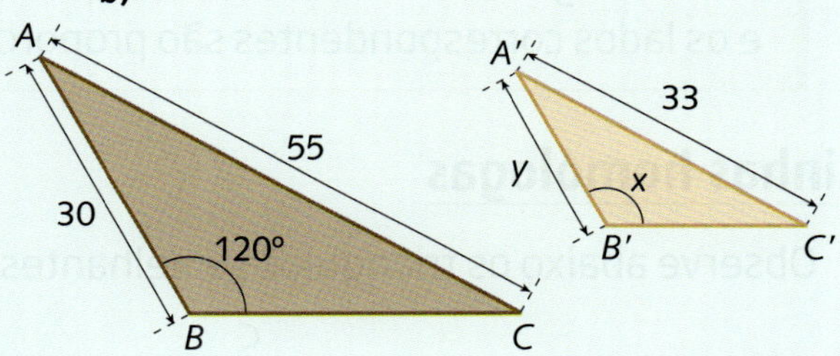

32 Determine as medidas de um trapézio de 129 cm de perímetro semelhante ao trapézio abaixo.

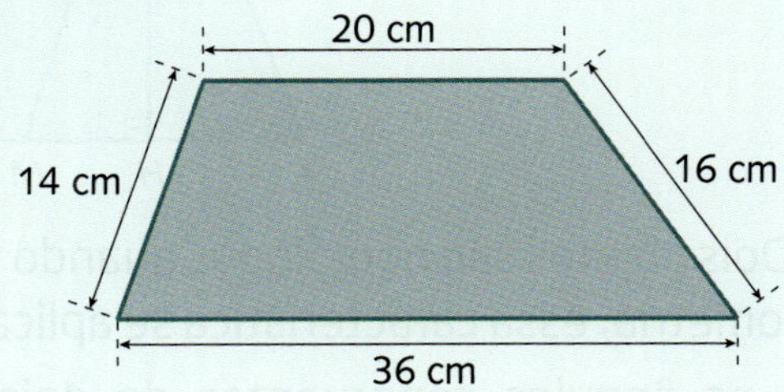

33 Os lados de um triângulo *ABC* têm medidas $a = 12$ cm, $b = 19$ cm e $c = 10$ cm. Determine a medida dos lados de um triângulo semelhante ao triângulo *ABC*, com 123 cm de perímetro.

34 A razão de semelhança entre dois triângulos é 4. Se a área do triângulo menor é 10 cm², qual é a área do triângulo maior?

ILUSTRAÇÕES: GUILHERME CASAGRANDI

Triângulos semelhantes

Considere os triângulos *ABC* e *A'B'C'*.

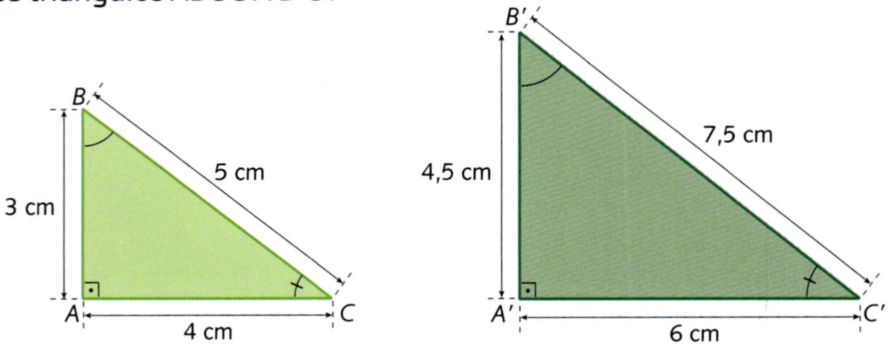

Observe que:

- os ângulos correspondentes são congruentes: $\widehat{A} \cong \widehat{A'}$, $\widehat{B} \cong \widehat{B'}$, $\widehat{C} \cong \widehat{C'}$;
- a razão entre as medidas dos lados correspondentes é $\frac{2}{3}$: $\frac{3}{4,5} = \frac{5}{7,5} = \frac{4}{6} = \frac{2}{3}$.

Podemos concluir que os triângulos *ABC* e *A'B'C'* são **semelhantes**. Indicamos: $\triangle ABC \sim \triangle A'B'C'$

Como os triângulos são polígonos, temos:

> Dois triângulos são **semelhantes** quando os ângulos correspondentes são congruentes e os lados correspondentes são proporcionais.

Linhas homólogas

Observe abaixo os triângulos semelhantes *ABC* e *A'B'C'*.

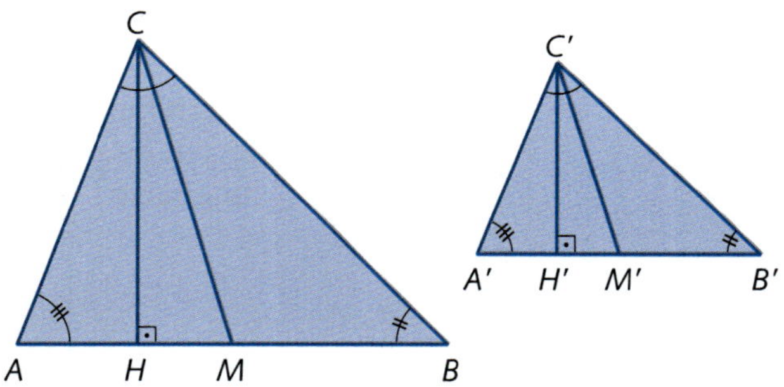

Dois objetos são homólogos quando têm uma relação de correspondência um com o outro. Na Geometria, essa característica se aplica a figuras semelhantes. Assim:

- os ângulos congruentes de dois triângulos semelhantes são chamados de **ângulos homólogos**: $\widehat{A}$ e $\widehat{A'}$, $\widehat{B}$ e $\widehat{B'}$, $\widehat{C}$ e $\widehat{C'}$;
- **vértices homólogos** são os vértices dos ângulos homólogos: *A* e *A'*, *B* e *B'*, *C* e *C'*;
- **lados homólogos** são os lados $\overline{AB}$ e $\overline{A'B'}$, $\overline{AC}$ e $\overline{A'C'}$, $\overline{BC}$ e $\overline{B'C'}$;
- **alturas homólogas**: $\overline{CH}$ e $\overline{C'H'}$;
- **medianas homólogas**: $\overline{CM}$ e $\overline{C'M'}$.

A razão de semelhança entre dois triângulos semelhantes pode ser dada pela razão entre duas linhas homólogas quaisquer (lados, medianas, alturas).

Observações

1 Os lados correspondentes de dois triângulos semelhantes são chamados de **homólogos**.

2 Quando a razão de semelhança entre dois triângulos é igual a 1, os triângulos são **congruentes**.

3 A razão entre os perímetros de dois triângulos semelhantes é igual à razão de semelhança (k) entre eles:

$$\frac{2p}{2p'} = \frac{AB + BC + CA}{A'B' + B'C' + C'A'} = k$$

Propriedades da semelhança

A semelhança entre triângulos possui estas propriedades:

- **Reflexiva**: todo triângulo é semelhante a si mesmo.

$$\triangle ABC \sim \triangle ABC$$

- **Simétrica**: se um triângulo é semelhante a um segundo triângulo, este último é semelhante ao primeiro.

$$\triangle ABC \sim \triangle DEF \Rightarrow \triangle DEF \sim \triangle ABC$$

- **Transitiva**: se um triângulo é semelhante a um segundo, e este segundo é semelhante a um terceiro, o primeiro é semelhante ao terceiro.

$$\left.\begin{array}{l}\triangle ABC \sim \triangle DEF \\ \triangle DEF \sim \triangle GHI\end{array}\right| \triangle ABC \sim \triangle GHI$$

Lendo e aprendendo

Tales de Mileto e a altura da pirâmide

Existem relatos que descrevem que Tales de Mileto teria sido chamado pelo faraó Amasis do Egito para calcular a medida da altura de uma grande pirâmide.

A figura ao lado representa um dos possíveis métodos usados por Tales.

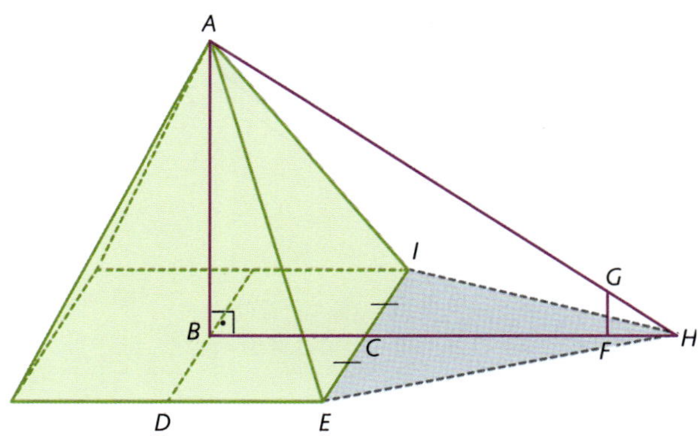

LUIZ RUBIO

Tales teria procedido da seguinte forma:

1º) Colocou uma estaca (representada por $\overline{GF}$) na sombra da pirâmide sobre a perpendicular que passa no ponto médio (C) de $\overline{EI}$, um dos lados da base da pirâmide, de forma que sua sombra terminasse no mesmo ponto (H) onde acabava a sombra da pirâmide.

2º) Mediu $\overline{DE}$, $\overline{CH}$, $\overline{FH}$ e $\overline{GF}$. Como $DE = BC$, obteve a medida de $\overline{BH}$.

3º) Finalmente, ele calculou a medida da altura da pirâmide (representada por $\overline{AB}$), escrevendo a seguinte proporção:

$$\frac{BH}{FH} = \frac{\mathbf{AB}}{GF} \text{ (}BH\text{, }FH\text{ e }GF\text{ são medidas conhecidas)}$$

- Explique por que Tales pôde escrever essa proporção que o levou a obter a medida da altura da pirâmide.

EXERCÍCIOS

35 Os triângulos abaixo são semelhantes. Determine x e y.

a)

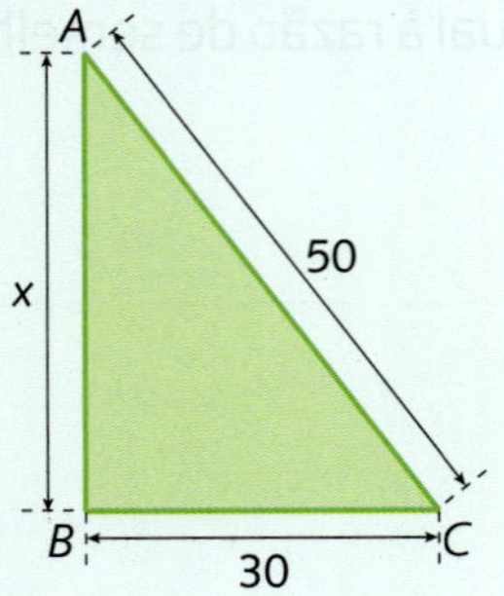

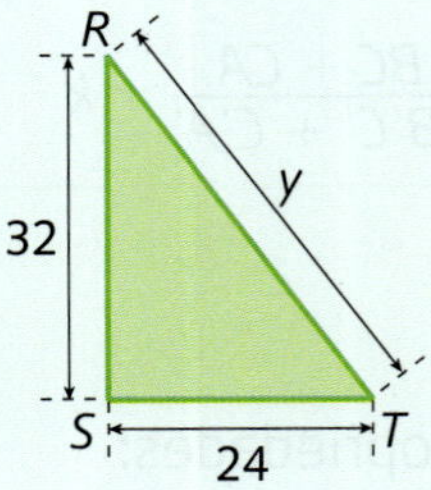

b)

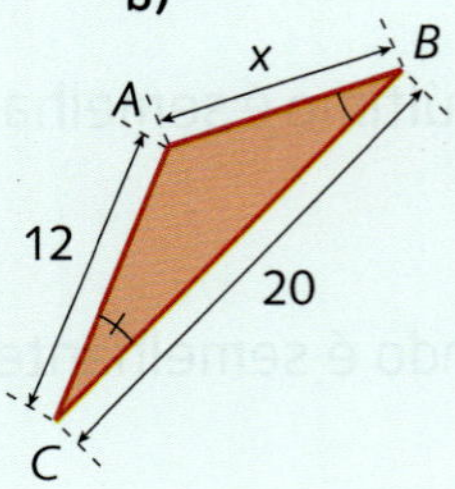

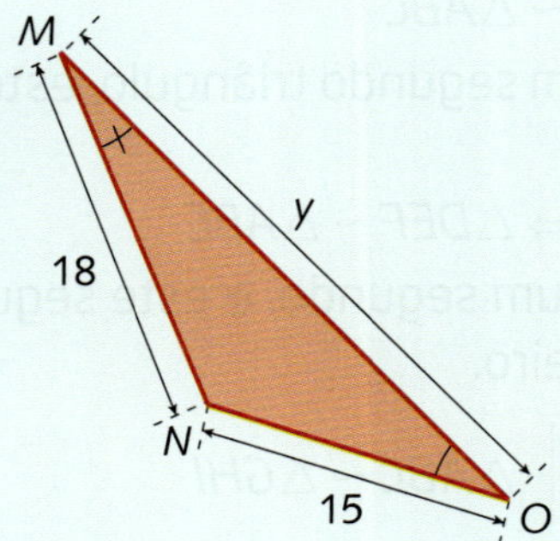

c)

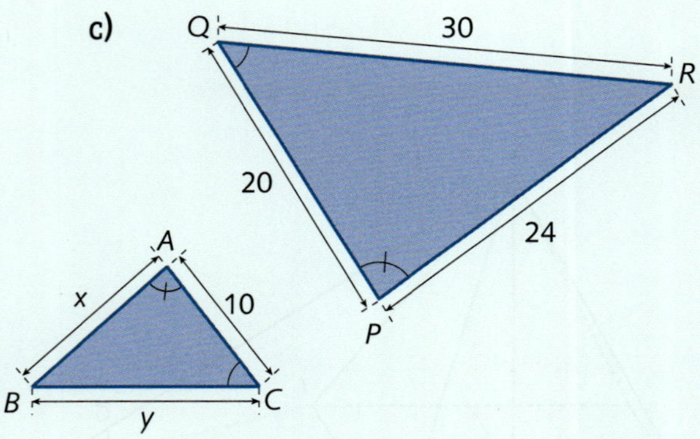

d)

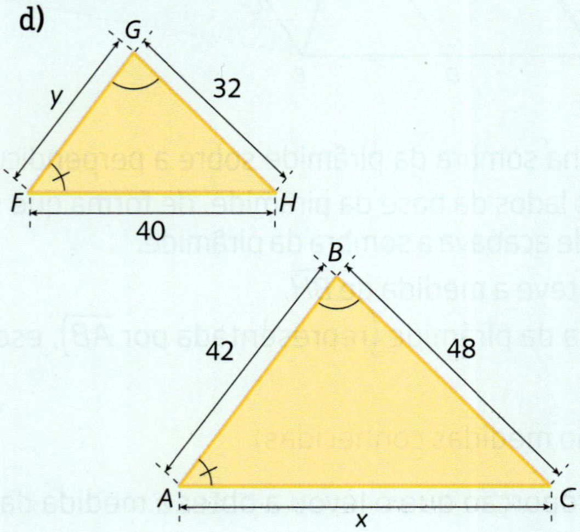

36 Calcule os valores de x e y nas figuras.

a)

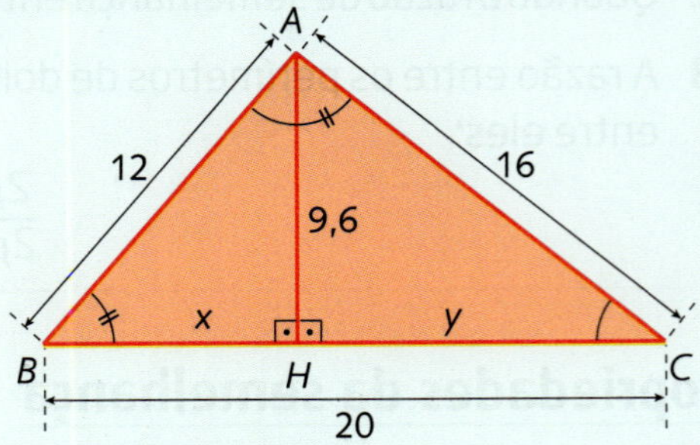

b) sendo $\overline{AC}$ // $\overline{DE}$

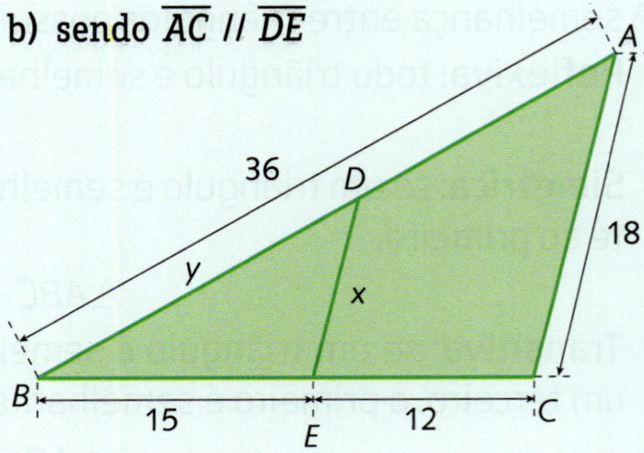

37 Os lados de um triângulo medem 6 m, 8 m e 11 m. Determine as medidas dos lados de um triângulo semelhante, sabendo que o lado homólogo ao de 6 m mede 3 m.

38 Calcule a medida da altura de um poste, sabendo que sua sombra sobre o solo mede 8 m no momento em que a sombra de uma vara vertical de 3 m mede 2 m.

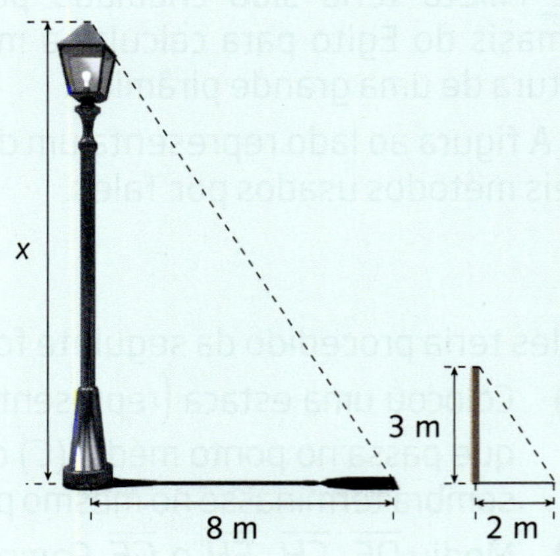

39 A razão de semelhança entre dois triângulos é $\frac{4}{5}$. Sabendo que os lados do maior triângulo medem 20 cm, 30 cm e 40 cm, calcule as medidas dos lados homólogos do triângulo menor.

ILUSTRAÇÕES: GUILHERME CASAGRANDI

5 Teorema fundamental da semelhança

Enunciando o teorema, temos:

> Toda reta paralela a um lado de um triângulo que intercepta os outros dois lados em pontos distintos determina, com esses lados, um triângulo semelhante ao primeiro.

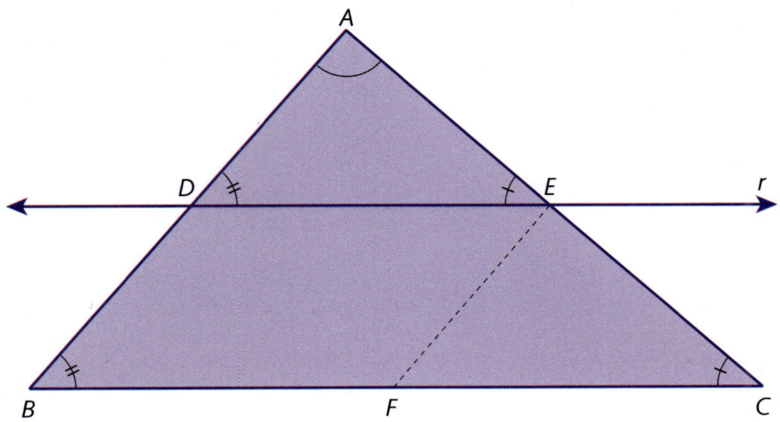

$H: \overline{DE} \parallel \overline{BC}$

$T: \triangle DAE \sim \triangle BAC$

ADILSON SECCO

Demonstração

Vamos provar que os triângulos *DAE* e *BAC* são semelhantes.

- Os ângulos correspondentes são congruentes.

  $\widehat{A} \cong \widehat{A}$ ⟶ propriedade reflexiva

  $\widehat{B} \cong \widehat{D}$ ⟶ ângulos correspondentes

  $\widehat{C} \cong \widehat{E}$ ⟶ ângulos correspondentes

  Logo, os triângulos *DAE* e *BAC* têm os ângulos correspondentes congruentes.

- As medidas dos lados correspondentes são proporcionais.

  Pelo ponto *E*, traçamos $\overline{EF}$ paralelo a $\overline{AB}$. Assim:

  ① $\dfrac{AD}{AB} = \dfrac{AE}{AC}$ ⟶ Teorema de Tales nos triângulos *DAE* e *BAC*.

  ② $\dfrac{AE}{AC} = \dfrac{BF}{BC}$ ⟶ Teorema de Tales nos triângulos *CEF* e *CAB*.

  ③ $\overline{DE} \cong \overline{BF}$ ⟶ Lados opostos do paralelogramo *DEFB*.

  ④ $\dfrac{AE}{AC} = \dfrac{DE}{BC}$ ⟶ Substituindo *BF* por *DE* em ②.

  Comparando ① e ④, obtemos: $\dfrac{AD}{AB} = \dfrac{AE}{AC} = \dfrac{DE}{BC}$.

  Logo, os triângulos *DAE* e *BAC* têm as medidas dos lados homólogos proporcionais.

  Podemos concluir que os triângulos *DAE* e *BAC* são semelhantes.

Cuidado!

Não confunda **congruência** com **semelhança**.

Na congruência temos triângulos de mesma forma e mesmo tamanho (iguais). Na semelhança temos triângulos de mesma forma, porém de tamanhos diferentes.

Podemos afirmar que triângulos congruentes são semelhantes, porém triângulos semelhantes não são necessariamente congruentes.

EXERCÍCIOS

40 Aplicando o teorema fundamental da semelhança, determine x e y nas figuras, sabendo que $\overline{MN}$ // $\overline{BC}$.

a)

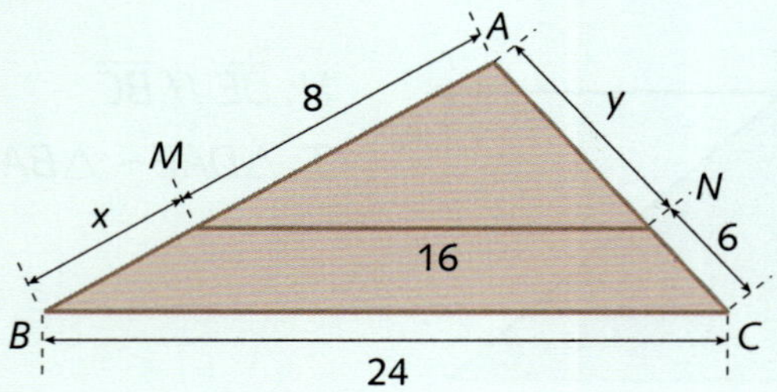

b)

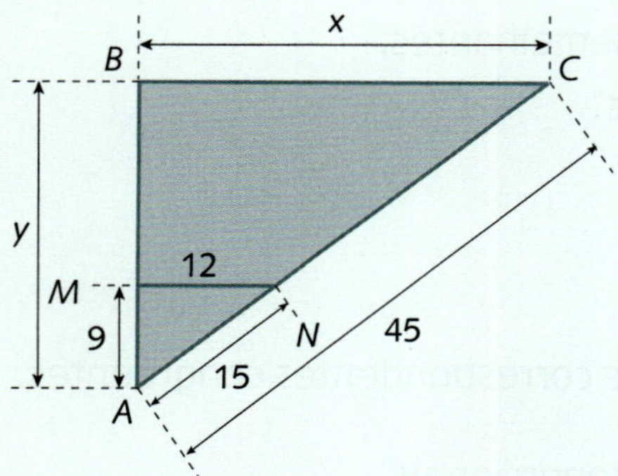

c)

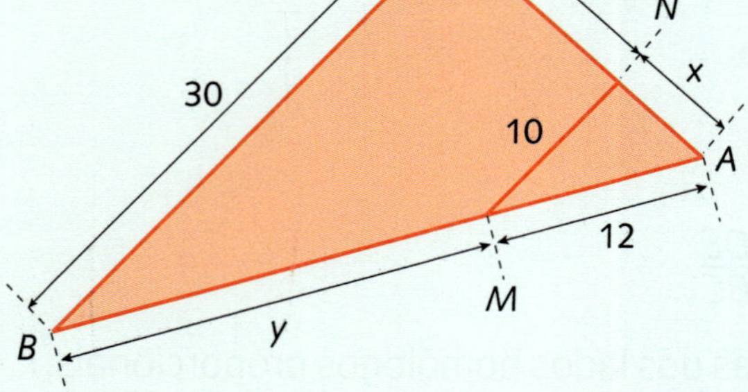

41 Na figura, $\overline{DE}$ // $\overline{BC}$. Determine as medidas x e y.

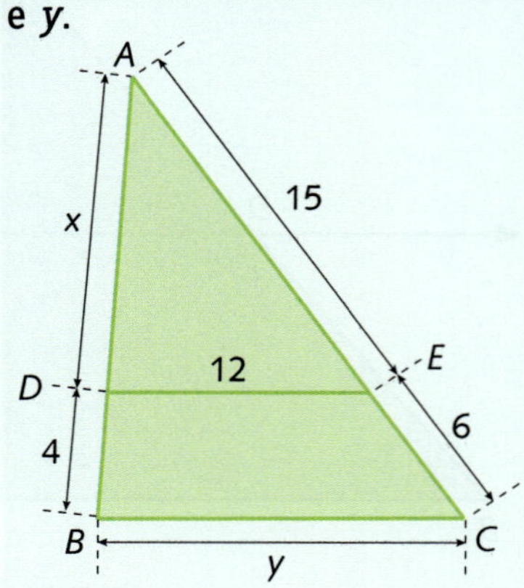

42 Um pátio tem a forma de um quadrilátero $ABCD$, com dois lados paralelos. Determine BC e DC sabendo que:

- $AB = 5$ m;
- $OA = 13$ m;
- $AD = 12$ m;
- $OB = 16$ m.

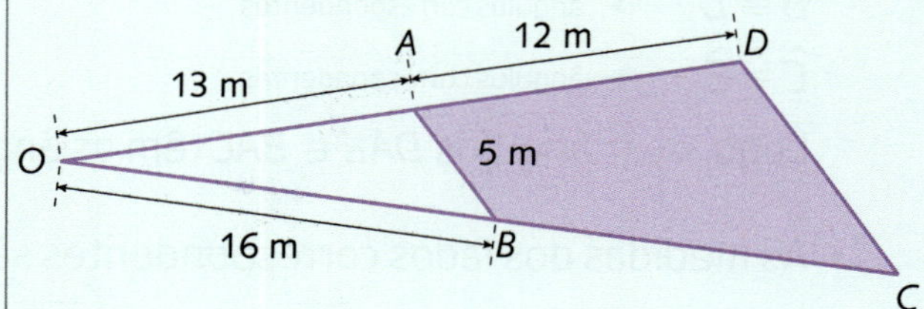

43 Calcule x e y, sabendo que $\overline{AB}$ // $\overline{DE}$.

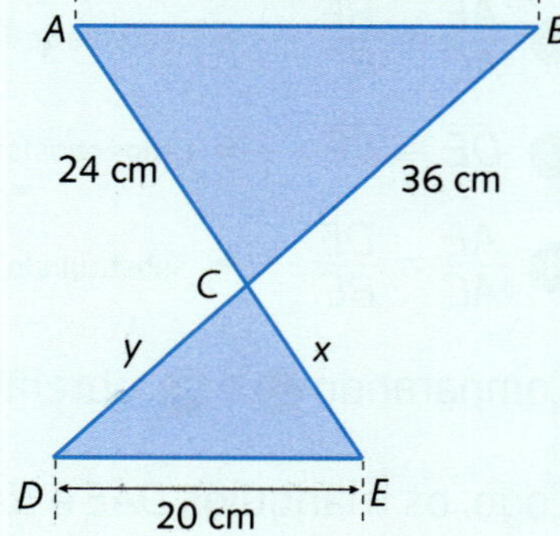

ILUSTRAÇÕES: GUILHERME CASAGRANDI

6 Casos de semelhança de triângulos

A seguir, vamos estudar três casos que possibilitam o reconhecimento da semelhança de dois triângulos.

1º caso: A.A. (Ângulo – Ângulo)

> Se dois triângulos possuem dois ângulos correspondentes congruentes, esses triângulos são semelhantes.

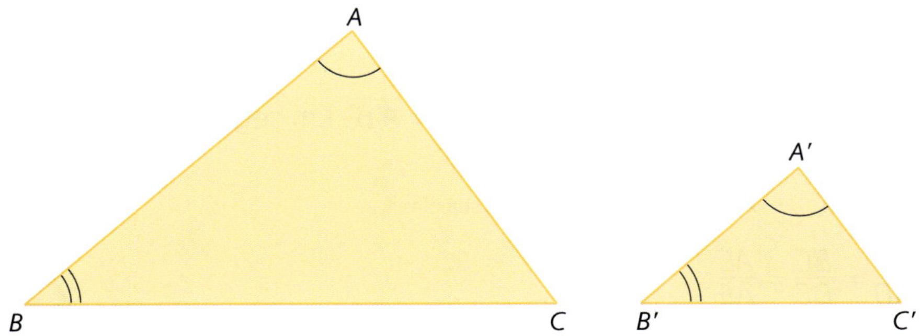

Temos:

$$H: \begin{cases} \widehat{A} \cong \widehat{A'} \\ \widehat{B} \cong \widehat{B'} \end{cases}$$

$$T: \triangle ABC \sim \triangle A'B'C'$$

Demonstração

Sobre $\overline{AB}$ marcamos um ponto D tal que $\overline{AD} \cong \overline{A'B'}$. Em seguida, por D, traçamos $\overline{DE} \,//\, \overline{BC}$.

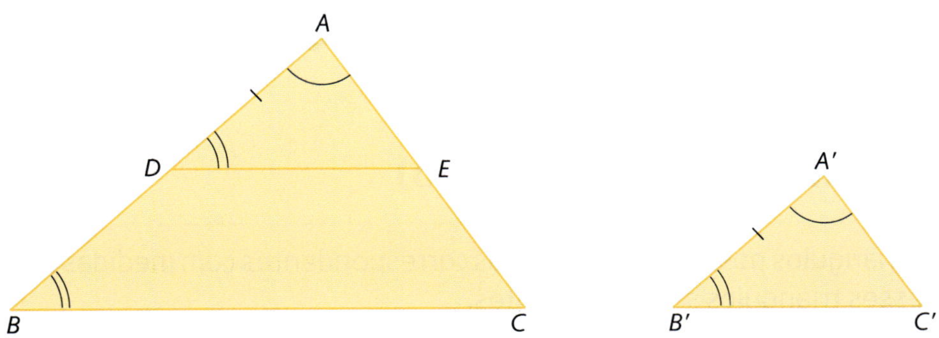

Assim:

1 Como $\overline{DE} \,//\, \overline{BC}$, temos $B \cong D$, então:

$\triangle ADE \cong \triangle A'B'C'$ ⟶ Caso A.L.A. de congruência de triângulos.

Logo, $\triangle ADE \sim \triangle A'B'C'$.

2 $\triangle ADE \sim \triangle ABC$ ⟶ Teorema fundamental da semelhança.

3 $\triangle ABC \sim \triangle A'B'C'$ ⟶ Propriedade transitiva, comparando **1** e **2**.

ILUSTRAÇÕES: ADILSON SECCO

2º caso: L.A.L. (Lado – Ângulo – Lado)

> Se dois triângulos possuem dois lados correspondentes proporcionais e os ângulos compreendidos entre esses lados forem congruentes, então esses triângulos são semelhantes.

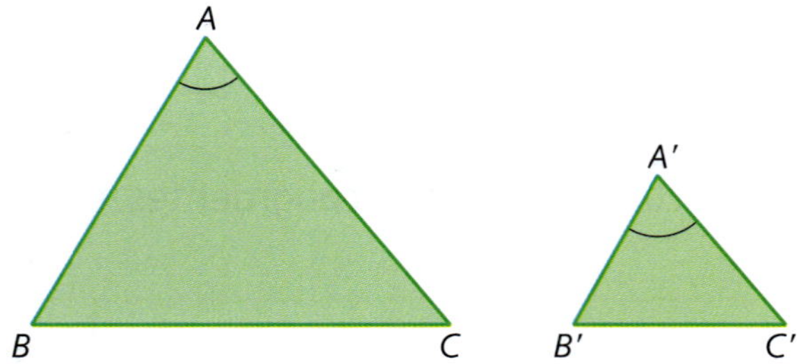

$$H: \left| \begin{array}{l} \dfrac{AB}{A'B'} = \dfrac{AC}{A'C'} \\ \widehat{A} \cong \widehat{A'} \end{array} \right.$$

$$T: \triangle ABC \sim \triangle A'B'C'$$

Demonstração

Sobre $\overline{AB}$ marcamos um ponto D tal que $\overline{AD} \cong \overline{A'B'}$. Em seguida, por D, traçamos $\overline{DE} \;//\; \overline{BC}$. Assim:

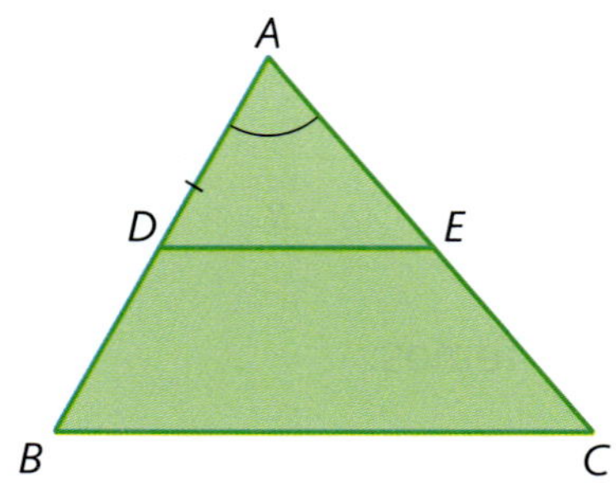

1 $\triangle ADE \sim \triangle ABC$ ⟶ Teorema fundamental da semelhança.

2 Por **1**: $\dfrac{AB}{AD} = \dfrac{BC}{DE} = \dfrac{AC}{AE}$

Como $\overline{AD} \cong \overline{A'B'}$, temos $\dfrac{AB}{AD} = \dfrac{AB}{A'B'}$.

Por hipótese, $\dfrac{AB}{A'B'} = \dfrac{AC}{A'C'}$.

Logo:

$$\frac{AC}{A'C'} = \frac{AB}{AD} = \frac{AC}{AB} \Rightarrow A'C' = AE$$

Assim, $\triangle ADE \cong \triangle A'B'C'$. ⟶ Caso L.A.L. de congruência de triângulos.

Então, $\triangle ADE \sim \triangle A'B'C'$.

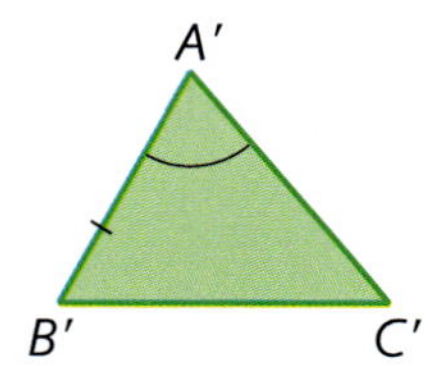

3 $\triangle ABC \sim \triangle A'B'C'$ ⟶ Propriedade transitiva, comparando **1** e **2**.

3º caso: L.L.L. (Lado – Lado – Lado)

> Se dois triângulos possuem os três lados correspondentes com medidas proporcionais, então esses triângulos são semelhantes.

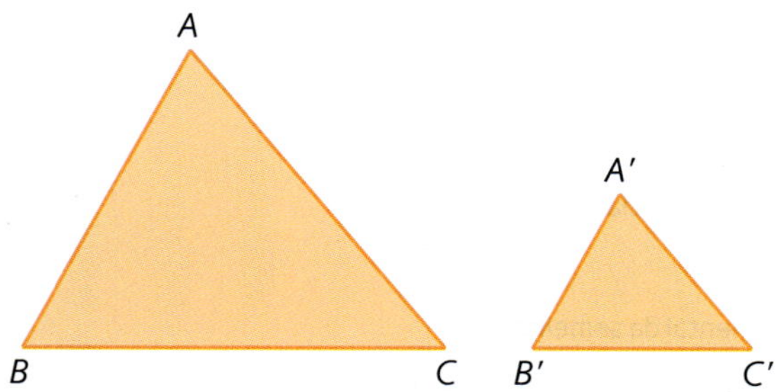

$$H: \frac{AB}{A'B'} = \frac{AC}{A'C'} = \frac{BC}{B'C'}$$

$$T: \triangle ABC \sim \triangle A'B'C'$$

Demonstração

Sobre $\overline{AB}$ marcamos um ponto D tal que $\overline{AD} \cong \overline{A'B'}$. Em seguida, por D, traçamos $\overline{DE} \,//\, \overline{BC}$. Assim:

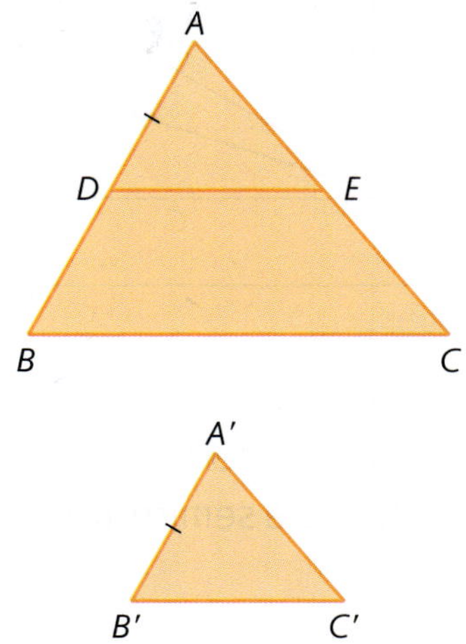

ILUSTRAÇÕES: ADILSON SECCO

1 $\triangle ADE \sim \triangle ABC$ ⟶ Teorema fundamental da semelhança.

2 Por **1**: $\dfrac{AB}{AD} = \dfrac{AC}{AE} = \dfrac{BC}{DE}$

Como $\overline{AD} \cong \overline{A'B'}$, temos $\dfrac{AB}{AD} = \dfrac{AB}{A'B'}$.

Por hipótese, $\dfrac{AB}{A'B'} = \dfrac{AC}{A'C'}$.

Logo:

$$\frac{AC}{A'C'} = \frac{AB}{AD} = \frac{AC}{AE} \Rightarrow A'C' = AE$$

Por hipótese, temos ainda: $\dfrac{AC}{A'C'} = \dfrac{BC}{B'C'}$.

Logo:

$$\frac{BC}{B'C'} = \frac{AC}{A'C'} = \frac{AC}{AE} = \frac{BC}{DE} \Rightarrow B'C' = DE$$

Assim, $\overline{AD} \cong \overline{A'B'}$, $\overline{A'C'} \cong \overline{AE}$ e $\overline{B'C'} \cong \overline{DE}$.

Então, $\triangle ADE \cong \triangle A'B'C'$. ⟶ Caso L.L.L. de congruência de triângulos.

Portanto, $\triangle ADE \cong \triangle A'B'C'$.

3 $\triangle ABC \sim \triangle A'B'C'$ ⟶ Propriedade transitiva, comparando **1** e **2**.

7 Homotetia

No dia a dia, podemos, de maneira prática, ampliar ou reduzir figuras por meio de uma máquina copiadora, de um projetor, de um programa de computador, entre outros recursos.

Projetor de mesa.

BRIAN A JACKSON/SHUTTERSTOCK

Desse modo, dizemos que fazemos uma **transformação geométrica** que preserva a forma da figura original, mas não necessariamente as suas dimensões; temos, então, o que chamamos de **homotetia**. As figuras que se correspondem por homotetia são denominadas **figuras homotéticas**.

Veja como ampliar o triângulo ABC, a partir de O, para obter um triângulo $A'B'C'$, em que a medida de cada lado seja o dobro da medida do seu correspondente em ABC.

(1)

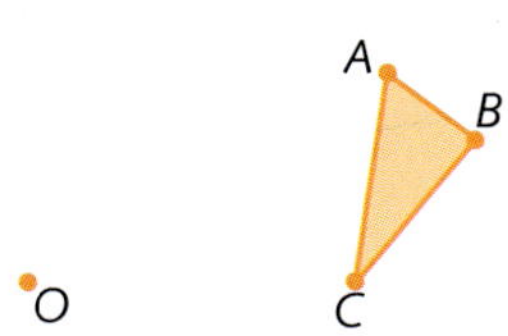

Dados o ponto O e o triângulo ABC.

GUILHERME CASAGRANDI

2

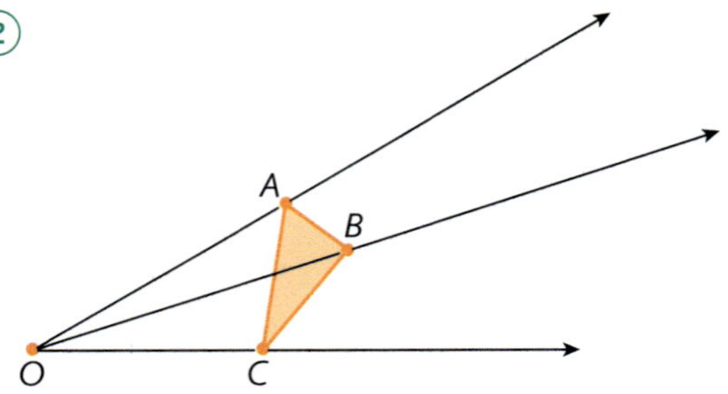

Inicialmente, traçamos semirretas com origem O, passando pelos vértices A, B e C. $(\overrightarrow{OA}, \overrightarrow{OB}$ e $\overrightarrow{OC})$

3 Sobre a semirreta $\overrightarrow{OA}$, marcamos o ponto A' de tal forma que $OA' = 2OA$.
Sobre a semirreta $\overrightarrow{OB}$, marcamos o ponto B' de tal forma que $OB' = 2OB$.
Sobre a semirreta $\overrightarrow{OC}$, marcamos o ponto C' de tal forma que $OC' = 2OC$.

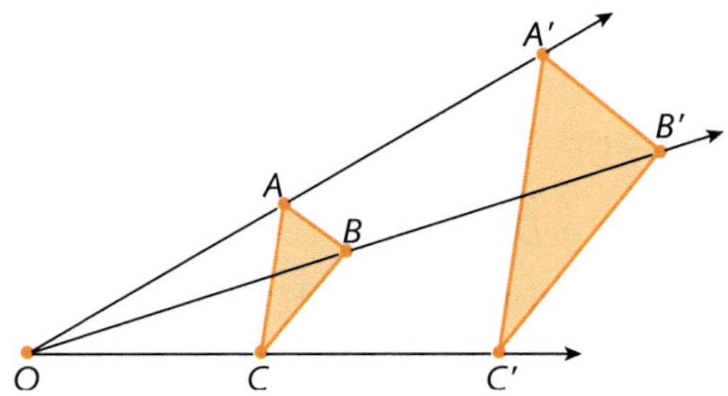

O triângulo $A'B'C'$ é semelhante ao triângulo ABC, e a razão de semelhança entre eles é 2.

Note que os lados correspondentes são paralelos. O é chamado centro da homotetia.

Propriedade da homotetia

Em duas figuras homotéticas, os ângulos correspondentes são congruentes, os segmentos correspondentes são paralelos e a razão entre suas medidas é sempre igual à razão de homotetia.

Exemplo

A figura original foi ampliada por homotetia de centro O e razão 3.

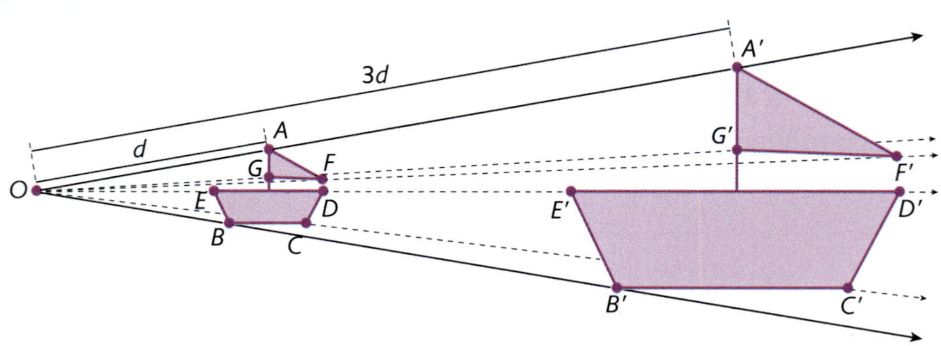

Verifique que cada segmento da figura ampliada mede o triplo do segmento correspondente na figura original.

ILUSTRAÇÕES: GUILHERME CASAGRANDI

EXERCÍCIOS

44 Identifique os pares de triângulos semelhantes, especificando o caso.

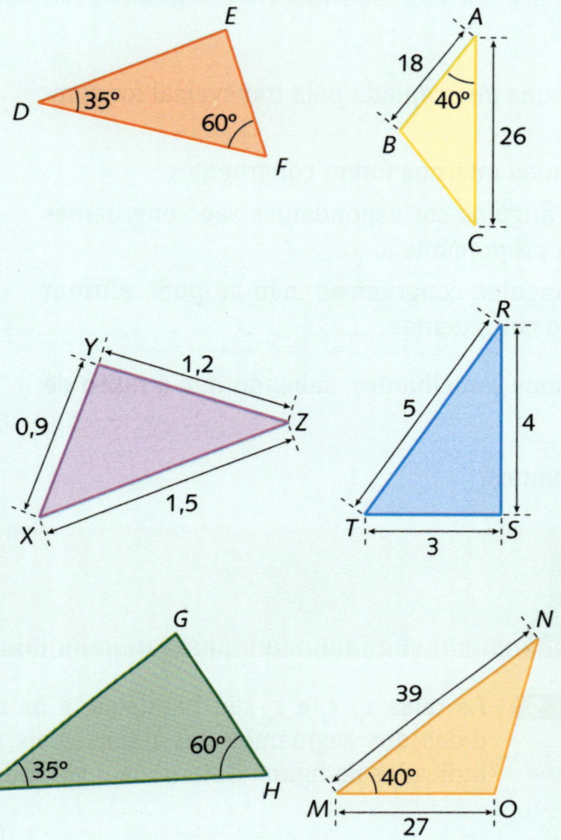

45 Prove que os triângulos *ADG* e *GCF* são semelhantes, sabendo que *GDEF* é um quadrado.

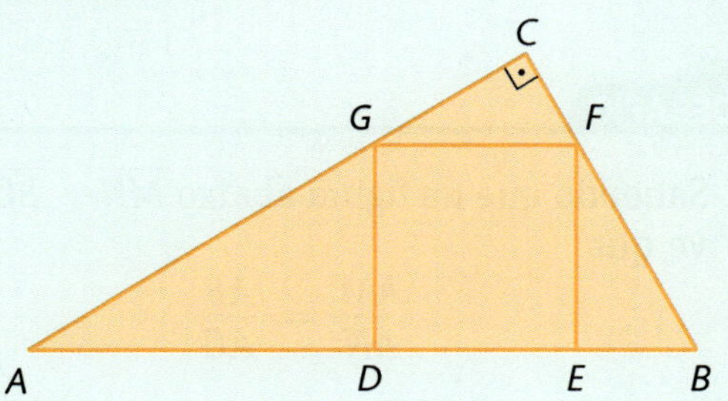

46 Identifique o caso de semelhança nos pares de triângulos.

a)

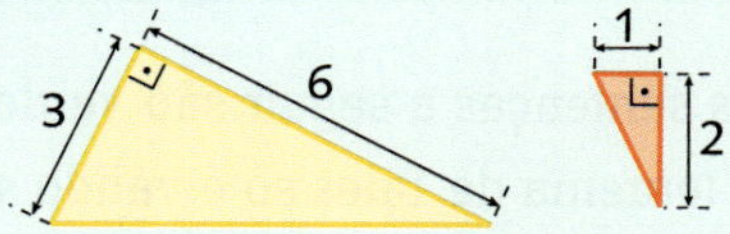

b)

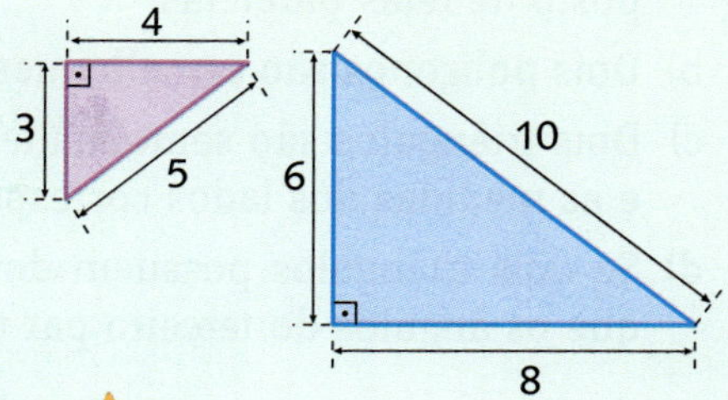

c)

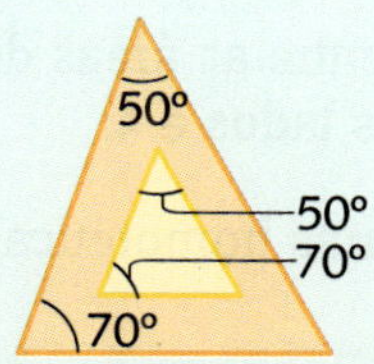

47 As bases de um trapézio medem 6 m e 8 m, e sua altura, 5 m. Os lados não paralelos desse trapézio são prolongados até se encontrarem. Calcule a medida da altura do menor triângulo assim formado.

48 Na figura, identifique dois triângulos semelhantes e o caso de semelhança correspondente, sabendo que $\overline{DF} \parallel \overline{CE}$.

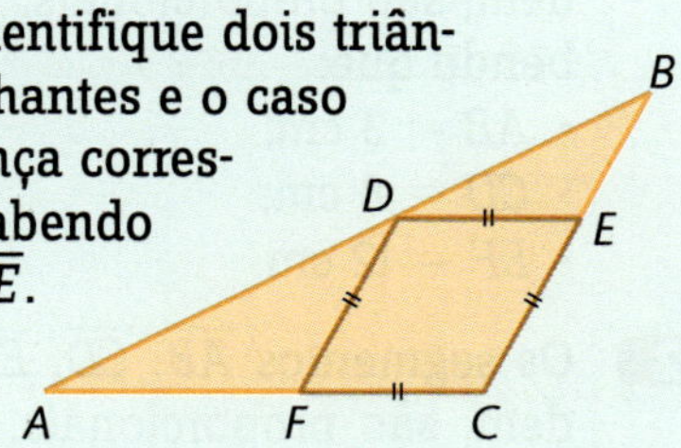

49 Construa um triângulo *A'B'C'* em que a medida de cada lado seja a metade da medida do seu correspondente no triângulo *ABC* abaixo.

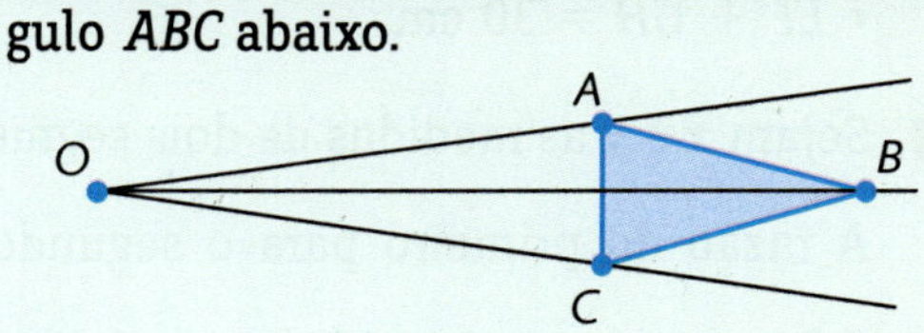

Trabalhando em equipe

Junte-se a um colega e verifiquem que:

- a razão entre os perímetros de dois quadrados é igual à razão de semelhança entre eles.
- a razão entre suas áreas corresponde ao quadrado da razão de semelhança entre eles.

ILUSTRAÇÕES: ADILSON SECCO

Trabalhando os conhecimentos adquiridos

Autoavaliação

1 Quais sentenças a seguir são verdadeiras?

a) O teorema de Tales só é válido se o feixe de retas interceptado pela transversal for composto de retas paralelas.

b) Dois polígonos são semelhantes se seus ângulos internos forem congruentes.

c) Dois triângulos são semelhantes quando os ângulos correspondentes são congruentes e as medidas dos lados correspondentes são proporcionais.

d) Se dois triângulos possuem dois pares de ângulos congruentes, não se pode afirmar que os ângulos do terceiro par também serão congruentes.

2 Determine a razão entre as áreas de dois polígonos semelhantes, sabendo que a razão de semelhança entre os lados é 4.

3 Responda: duas figuras homotéticas são semelhantes?

27

1 Os segmentos $\overline{AB}$, $\overline{CD}$, $\overline{EF}$ e $\overline{GH}$, nessa ordem, são proporcionais. Determine GH, sabendo que:

- $AB = 3$ cm;
- $CD = 8$ cm;
- $EF = 12$ cm.

2 Os segmentos $\overline{AB}$, $\overline{CD}$, $\overline{EF}$ e $\overline{GH}$, nessa ordem, são proporcionais. Calcule EF e GH, sabendo que:

- $AB = 6$ cm;
- $CD = 9$ cm;
- $EF + GH = 30$ cm.

3 Sejam x e y as medidas de dois segmentos. A razão do primeiro para o segundo é $\frac{2}{5}$. Adicionando uma unidade a cada medida, obtêm-se dois segmentos cuja razão é $\frac{3}{7}$. Quais são as medidas dos segmentos?

4 Determine o ponto N que divide, externamente, o segmento $\overline{AB}$ de medida igual a 40 cm na razão $\frac{2}{3}$.

5 As retas r_1, r_2 e r_3 são paralelas, e as medidas dos segmentos das transversais são indicadas na figura. Determine o valor de x.

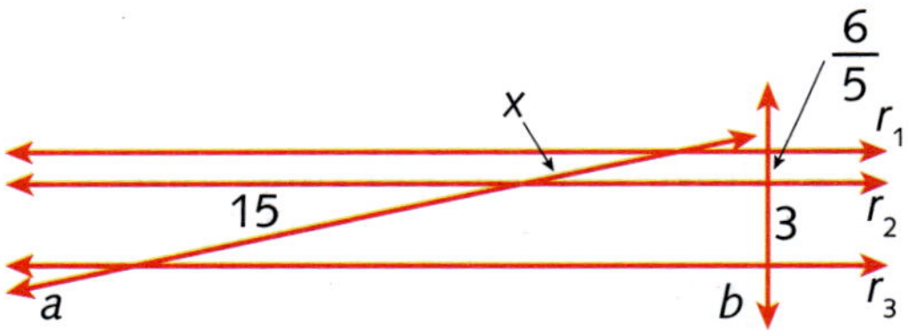

DESAFIO

Sabendo que na figura abaixo $\overline{MN} \parallel \overline{BC}$, prove que:

$$\frac{AM}{AN} = \frac{AB}{AC}$$

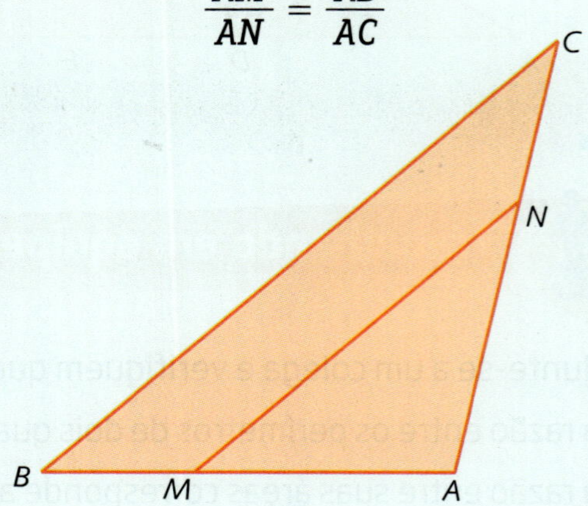

ILUSTRAÇÕES: GUILHERME CASAGRANDI

1 Determine o valor de x na figura.

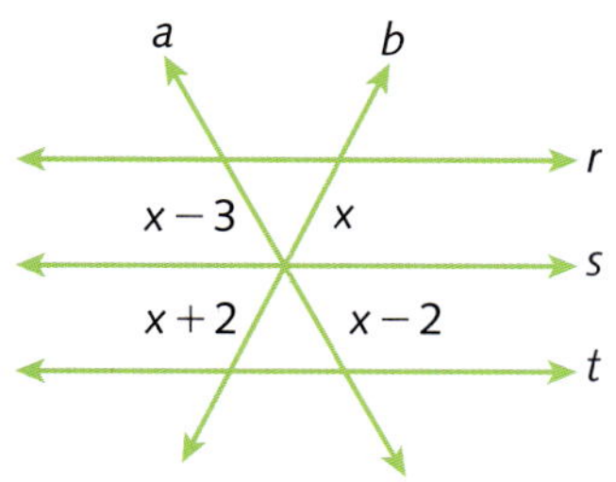

2 Observe as três semirretas paralelas, graduadas com a mesma unidade de comprimento. Calcule CM, sabendo que $AC = BC$.

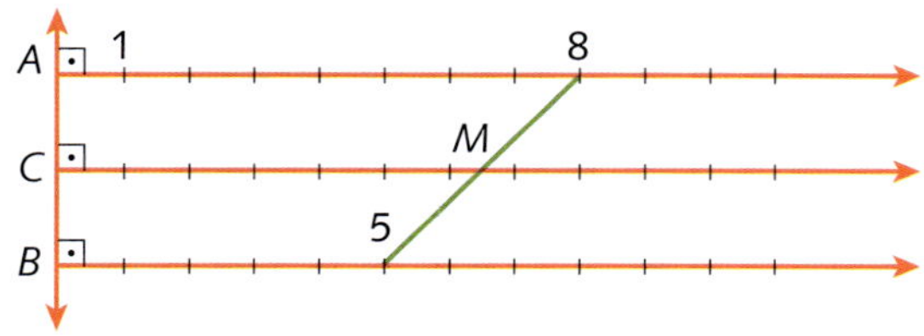

3 A seguir, temos $a \mathbin{//} b \mathbin{//} c$. Nessas condições, determine a medida x indicada.

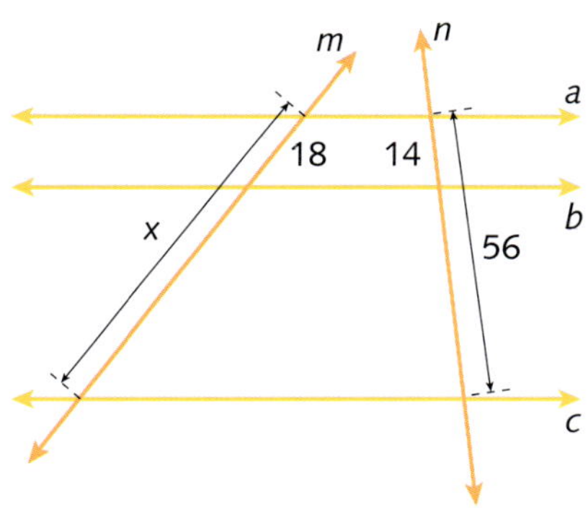

4 Construa um retângulo semelhante ao retângulo $EFGH$ da figura abaixo, cuja razão de semelhança seja $\frac{1}{2}$.

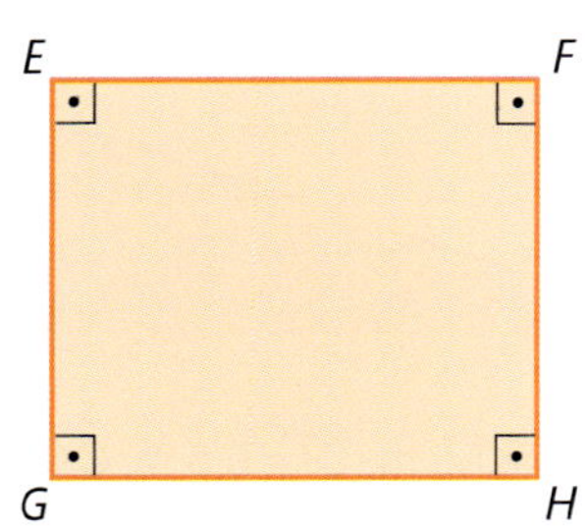

5 Mostre que o número de ouro $\Phi = \dfrac{1 + \sqrt{5}}{2}$ é igual a $\dfrac{2}{\sqrt{5} - 1}$.

6 Determine a medida da largura do rio, sabendo que $BC = 36$ m, $CD = 12$ m e $DE = 16$ m.

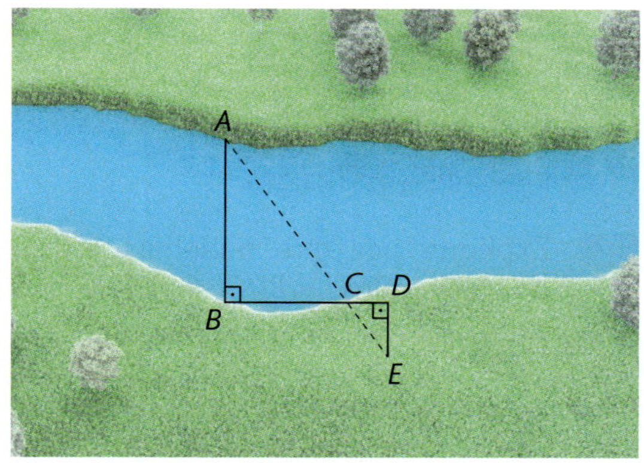

7 Calcule a medida do comprimento da escada na figura.

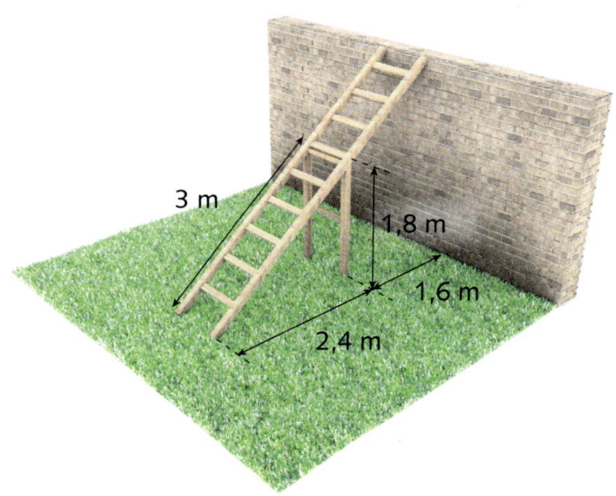

DESAFIO

Júlio precisa saber a medida x dos fundos do lote B, mas não pode obtê-la no próprio local por causa de um alagamento. Como Júlio pode determinar essa medida? Qual é a medida x?

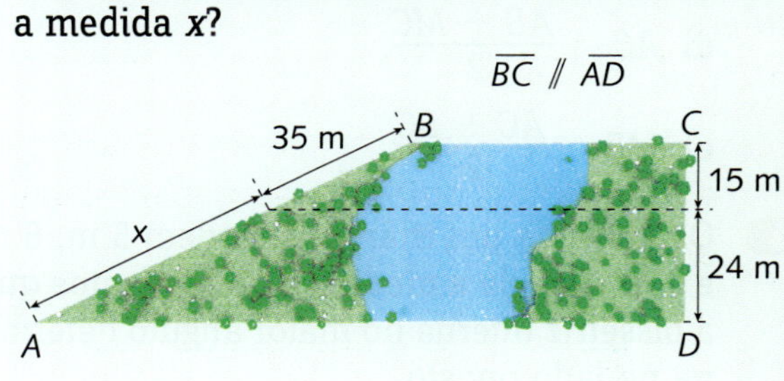

ILUSTRAÇÕES: GUILHERME CASAGRANDI

1 Na figura, sabe-se que $AB = 6$ cm, $\frac{AB}{CD} = \frac{3}{2}$ e $\frac{CD}{DB} = \frac{5}{7}$.

Portanto, $\overline{DB}$ medirá:

a) 4 cm.

b) 5,6 cm.

c) 2,8 cm.

d) 4,8 cm.

e) 3,4 cm.

2 Explique por que podemos afirmar que os retângulos *ABDC* e *EFHG* não são semelhantes.

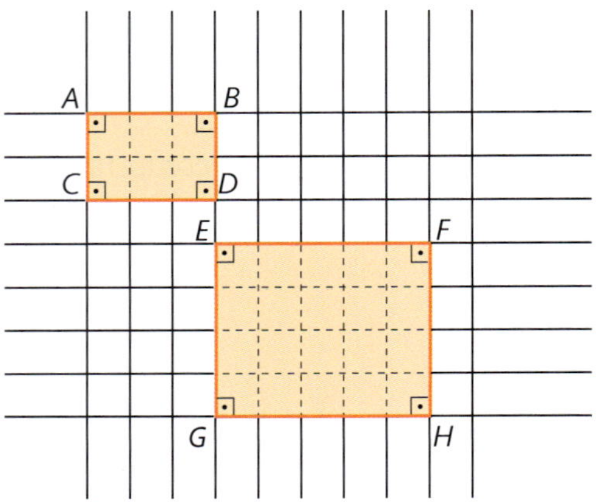

3 Sendo *M* o ponto médio de um segmento $\overline{AB}$ e *C* um ponto da reta suporte de $\overline{AB}$, externo ao segmento, tal que $\frac{CA}{CB} = 3$, então:

a) $AB = \frac{AC}{2}$.

b) $MC = \frac{AC + BC}{2}$.

c) $MC = \frac{AC - BC}{2}$.

d) $AC = \frac{AB + MC}{2}$.

e) $MB = \frac{AC + BC}{2}$.

4 Os lados de um triângulo medem 5 m, 6 m e 3 m. Calcule a medida dos segmentos que a bissetriz interna do maior ângulo determina no lado oposto.

5 Calcule *x* e *y*, sabendo que $\overline{CD} \parallel \overline{BE}$.

a)

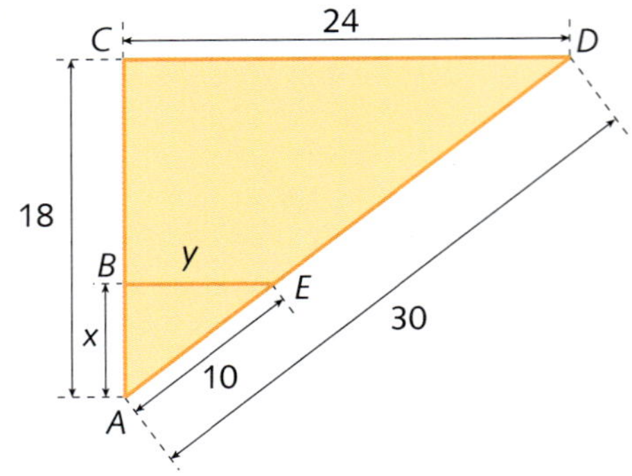

b)

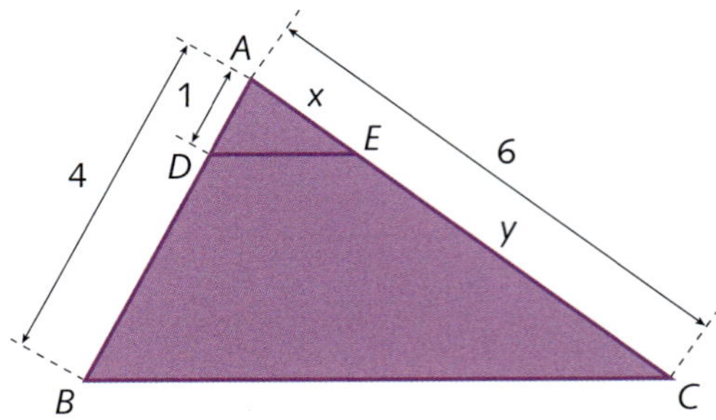

DESAFIO

Observe o diagrama abaixo, em que, pressionando o pistão ①, uma quantidade de óleo é deslocada, elevando o pistão ②.

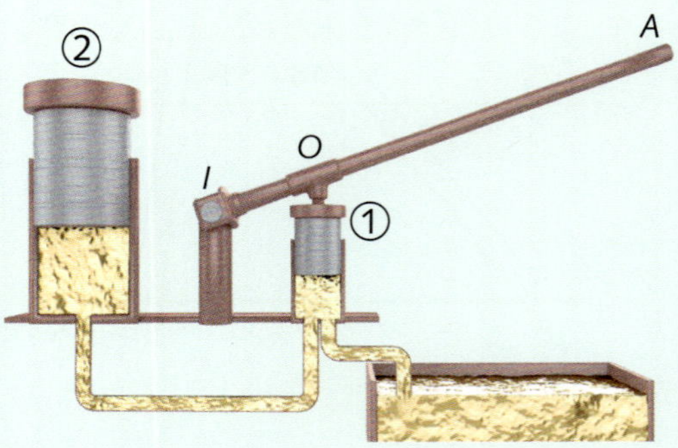

Determine a medida da altura $\overline{AH}$ utilizada na movimentação da alavanca, conforme o esquema e os dados abaixo.

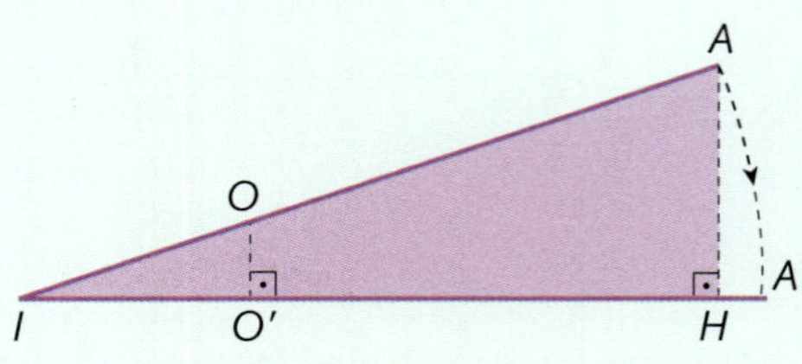

$OA = 1,5$ m; $OI = 0,5$ m; $OO' = 4,5$ cm

ILUSTRAÇÕES: GUILHERME CASAGRANDI

1 Observe que, na figura as retas:

- $\overleftrightarrow{AA'}$ e $\overleftrightarrow{BB'}$ são paralelas entre si;
- $\overleftrightarrow{BA'}$ e $\overleftrightarrow{CB'}$ são paralelas entre si;

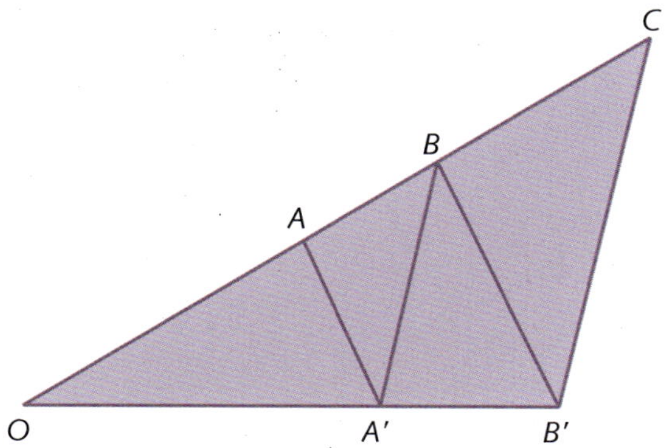

a) Escreva o teorema de Tales para os triângulos *OAA'* e *OBB'*.

b) Escreva o teorema de Tales para os triângulos *OBA'* e *OCB'*.

c) Prove que: $\dfrac{OB}{OA} = \dfrac{OC}{OB}$

2 Em um triângulo *ABC*, a bissetriz do ângulo $\widehat{C}$ determina, sobre o lado oposto $\overline{AB}$, os segmentos $\overline{BM}$ e $\overline{MA}$, de medidas respectivamente iguais a 5 cm e 4 cm. Determine a medida dos lados $\overline{BC}$ e $\overline{CA}$, adjacentes ao ângulo $\widehat{C}$, sabendo que a soma dessas medidas é igual a 27 cm.

3 Os lados de um triângulo medem 10 m, 15 m e 20 m. Calcule a medida do menor dos segmentos em que a bissetriz interna divide o maior lado.

4 Um triângulo *ABC* tem os lados medindo 24 cm, 30 cm e 36 cm. Calcule a medida dos segmentos determinados sobre o lado maior pela bissetriz do ângulo oposto.

5 Em um triângulo cujos lados medem $a = 7$ cm, $b = 9$ cm e $c = 10$ cm, traça-se a bissetriz interna que parte do vértice *A*. Calcule a razão entre as medidas do menor e do maior dos segmentos determinados por essa bissetriz no lado oposto ao vértice *A*.

6 Na figura, $\overline{AP}$ é bissetriz interna, e $\overline{AQ}$ é bissetriz externa. Determine *CQ*, sendo $BP = 16$ cm e $CP = 12$ cm.

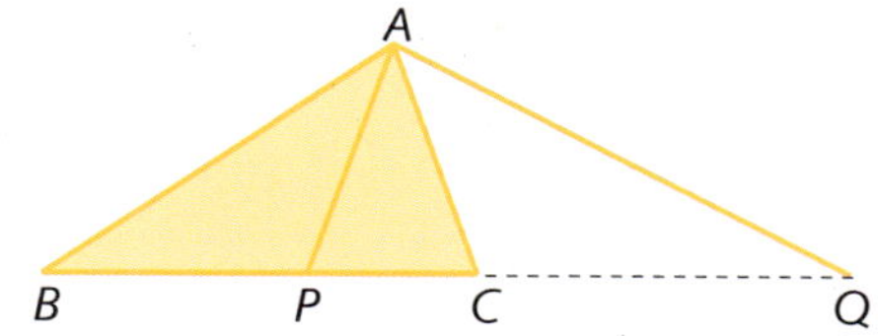

7 Ronaldo verificou que, em determinada hora do dia, sua sombra media 0,40 m, enquanto a sombra do prédio onde mora media 8 m. Sabendo que Ronaldo tem 1,60 m de altura, determine a medida da altura de seu prédio.

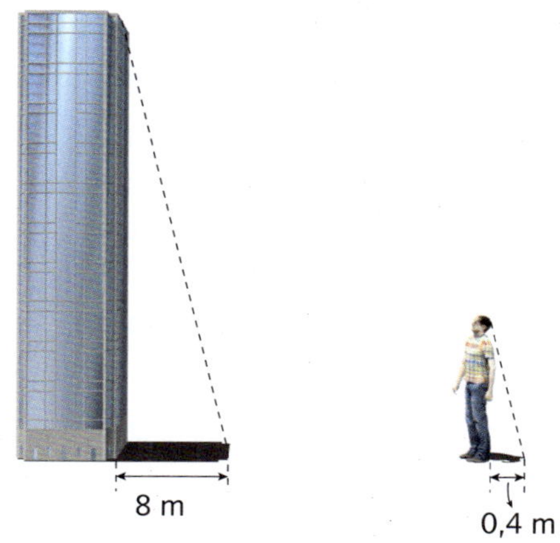

GUILHERME CASAGRANDI

8 Duas circunferências são exteriores. A distância entre os centros é 28 m, e os raios medem 8 m e 6 m. Calcule a medida dos segmentos que a tangente comum interior determina sobre o segmento que une os centros das circunferências.

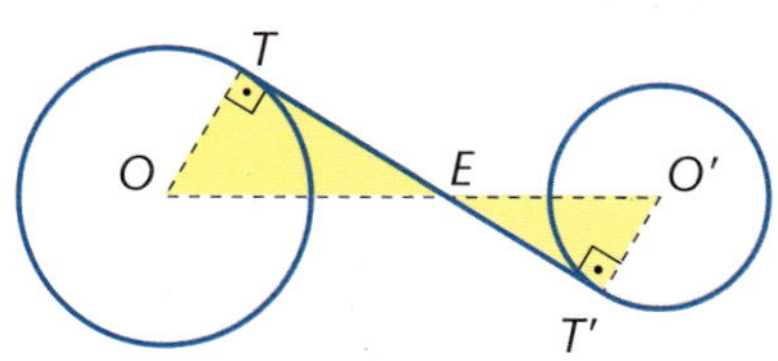

DESAFIO

O perímetro de um triângulo *ABC* é igual a 45 cm. A bissetriz interna do ângulo $\widehat{A}$ divide o lado oposto em dois segmentos de medidas iguais a 10 cm e 8 cm. Calcule a medida dos lados desse triângulo.

ILUSTRAÇÕES: ADILSON SECCO

1 Observe as figuras e responda às questões.

Figura 1

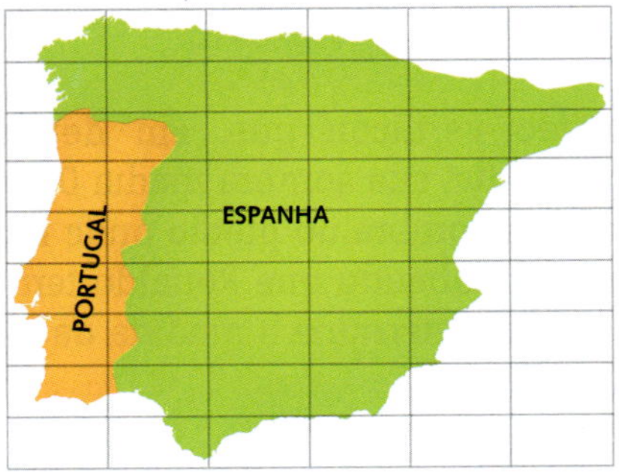

Figura 2

Elaborado com base em: Graça Maria Lemos Ferreira. *Atlas geográfico*: espaço mundial. São Paulo: Moderna, 2013. p. 89.

a) Qual é a razão de semelhança entre as figuras 2 e 1, nessa ordem?

b) Em quantos por cento a área da figura 2 é maior que a da figura 1?

2 Calcule os valores de x e y nos triângulos.

a)

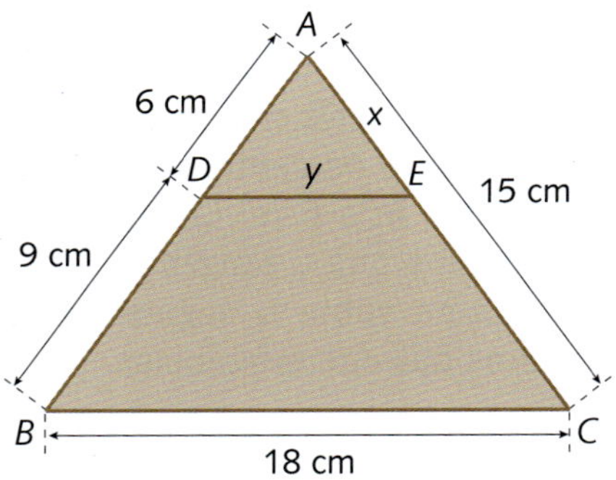

b)

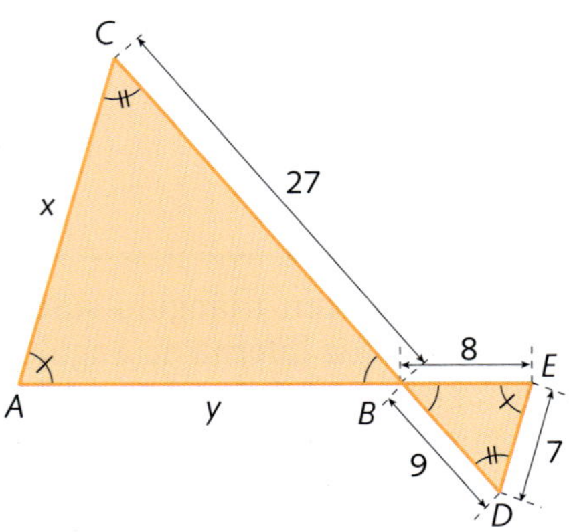

3 Calcule os valores de x e y nos triângulos.

a)

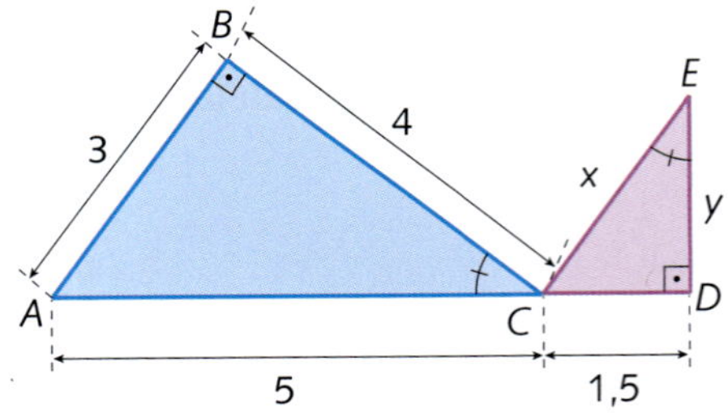

b)

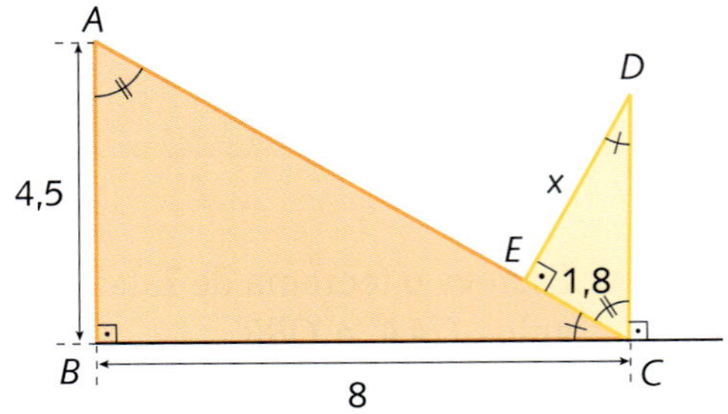

4 Qual é a medida de $\overline{AB}$ no lago da figura?

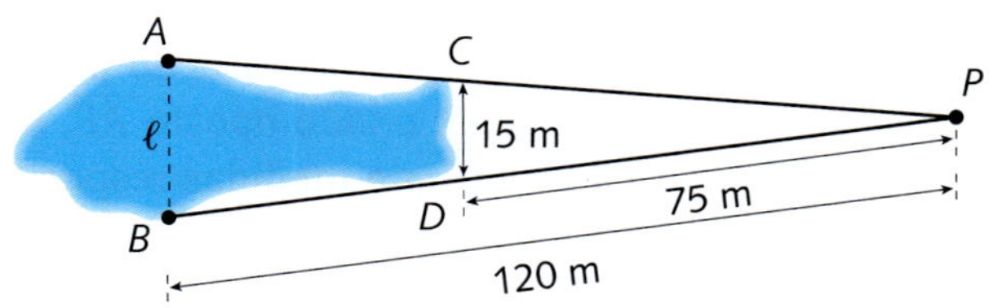

DESAFIO

Em um retângulo $ABCD$, os lados $\overline{AB}$ e $\overline{AD}$ medem, respectivamente, 20 m e 12 m. Sabendo que M é o ponto médio do lado $\overline{AB}$, calcule as distâncias EF e EG do ponto E aos lados $\overline{AB}$ e $\overline{AD}$, respectivamente, sendo E a intersecção da diagonal $\overline{BD}$ com o segmento $\overline{CM}$.

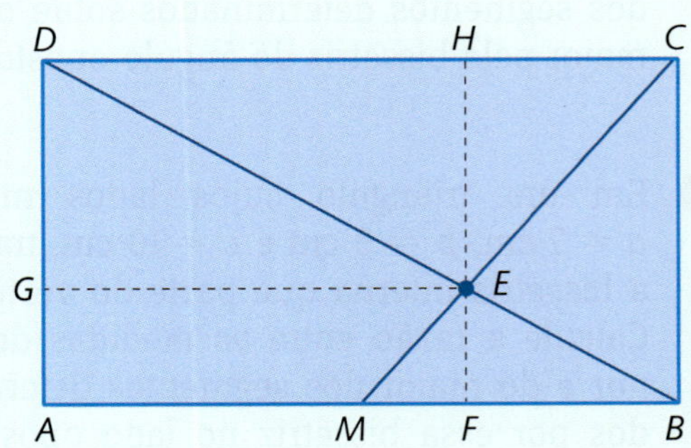

1 Determine x e y nos triângulos.

a)

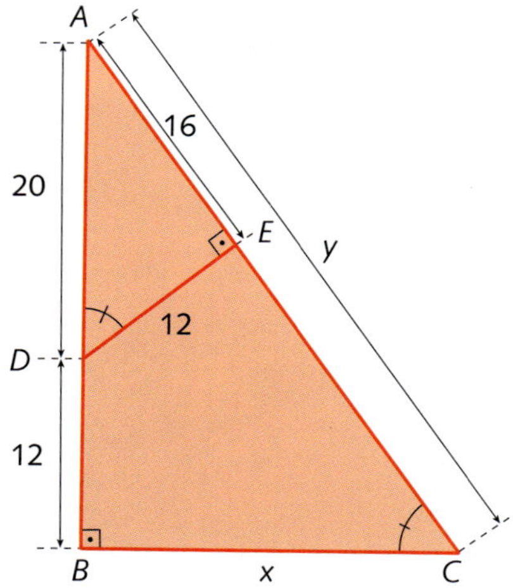

b)

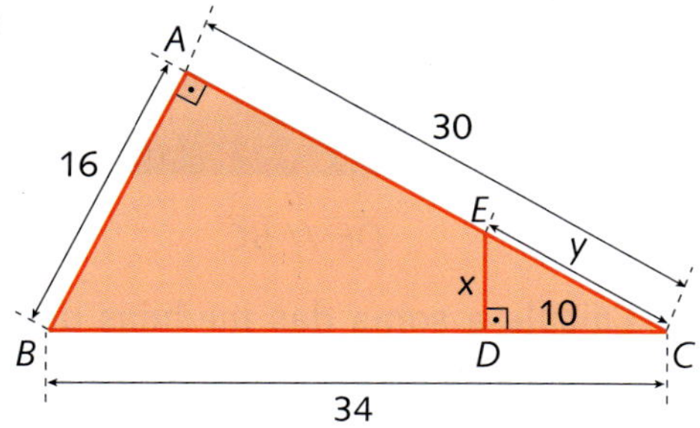

2 Um triângulo, cujos lados medem 12 m, 18 m e 20 m, é semelhante a outro cujo perímetro é 10 m. Calcule a medida do maior dos lados do triângulo menor.

3 Determine a medida dos ângulos assinalados em cada figura, sabendo que $\overline{DE}$ é paralelo a $\overline{BC}$.

a)

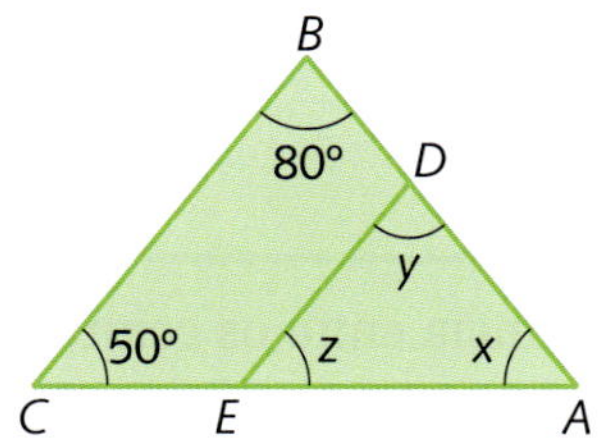

b)

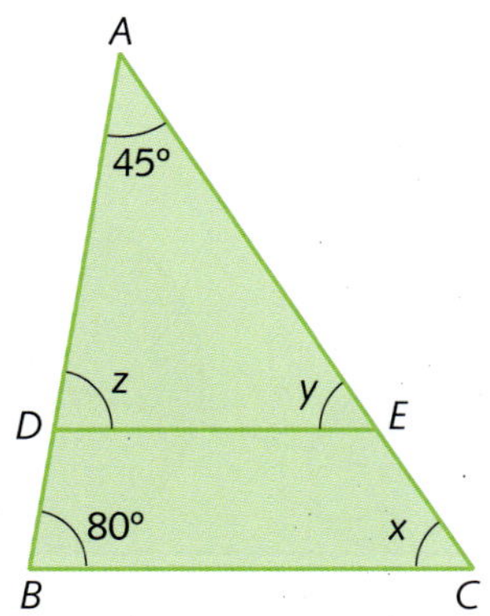

4 **(Enem)** Em canteiros de obras de construção civil, é comum perceber trabalhadores realizando medidas de comprimento e de ângulos e fazendo demarcações por onde a obra deve começar ou se erguer. Em um desses canteiros foram feitas algumas marcas no chão plano. Foi possível perceber que, das seis estacas colocadas, três eram vértices de um triângulo retângulo e as outras três eram os pontos médios dos lados desse triângulo, conforme pode ser visto na figura, em que as estacas foram indicadas por letras.

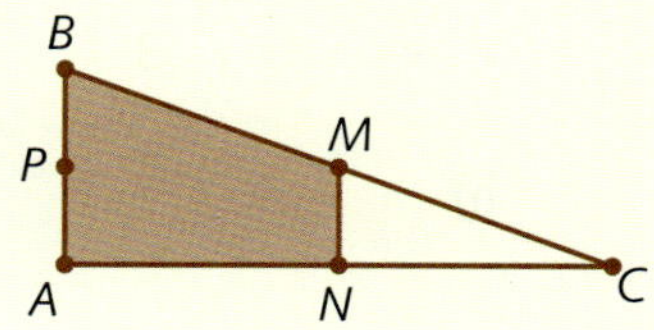

A região demarcada pelas estacas *A*, *B*, *M* e *N* deveria ser calçada com concreto.

Nessas condições, a área a ser calçada corresponde:

a) à mesma área do triângulo *AMC*.
b) à mesma área do triângulo *BNC*.
c) à metade da área formada pelo triângulo *ABC*.
d) ao dobro da área do triângulo *MNC*.
e) ao triplo da área do triângulo *MNC*.

DESAFIO

Apresentamos abaixo outro possível método que Tales (a pedido do faraó Amasis do Egito) pode ter usado para determinar a medida da altura de uma pirâmide sem escalar o monumento.

"Quando a medida do comprimento da estaca for igual à medida do comprimento da sua sombra, podemos afirmar que a medida da altura da pirâmide será igual à medida do comprimento da sua sombra mais a metade da medida da base."

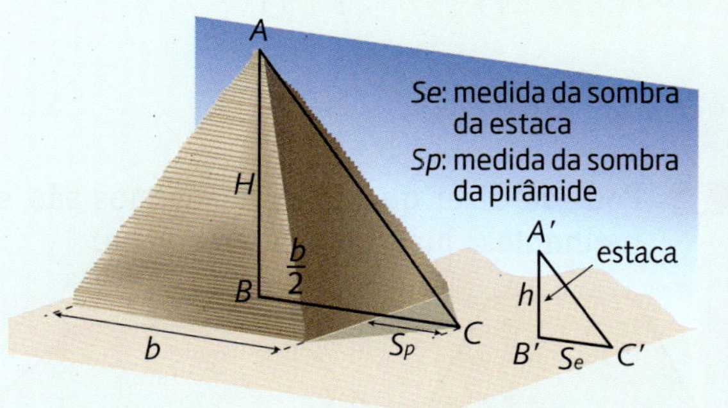

Usando semelhança de triângulos, justifique o método de Tales.

Conteúdo digital
• Animação: As pirâmides de Gizé

ILUSTRAÇÕES: GUILHERME CASAGRANDI

1 Nas figuras, determine x.

a)

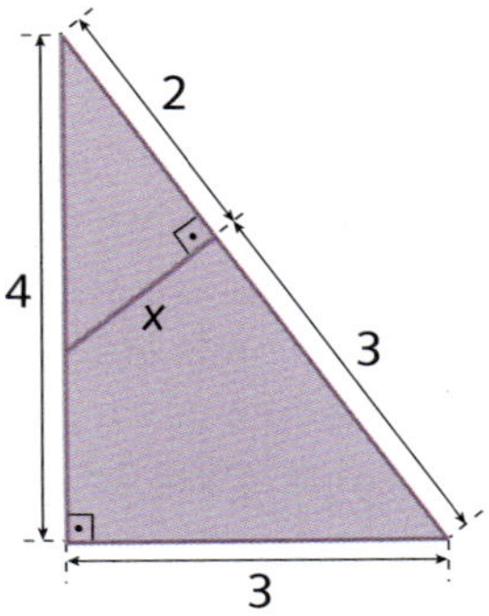

b)

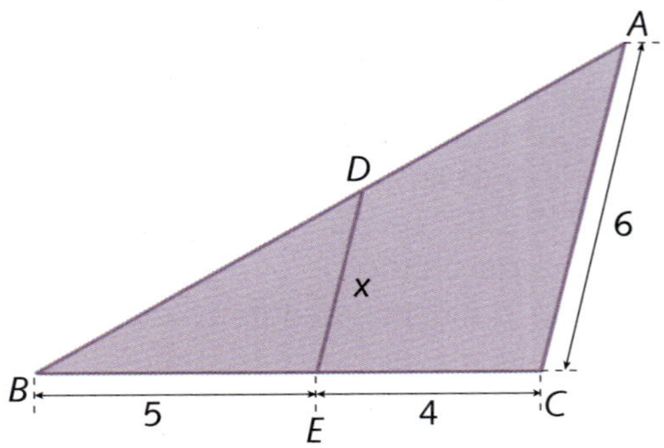

2 Calcule a medida da altura de uma torre cuja sombra mede 3 m, no mesmo instante em que um bastão de 91 cm, colocado em uma posição paralela à torre, produz sombra de 35 cm.

3 O raio da circunferência de centro O mede 5 cm, e o de centro O' mede 3 cm. Qual é a medida de $\overline{O'P}$?

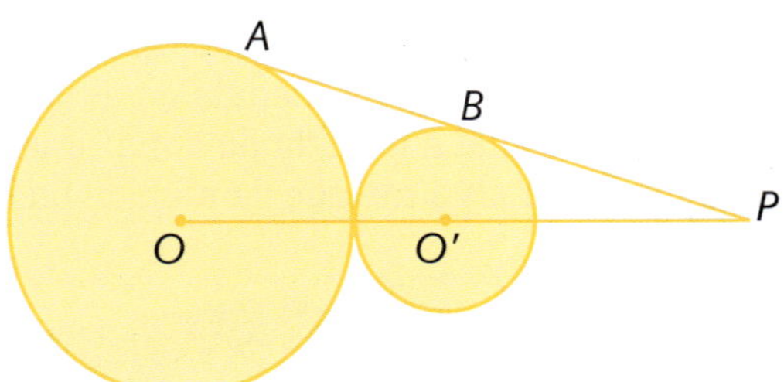

4 Pode-se dizer que estes hexágonos são semelhantes? Justifique sua resposta.

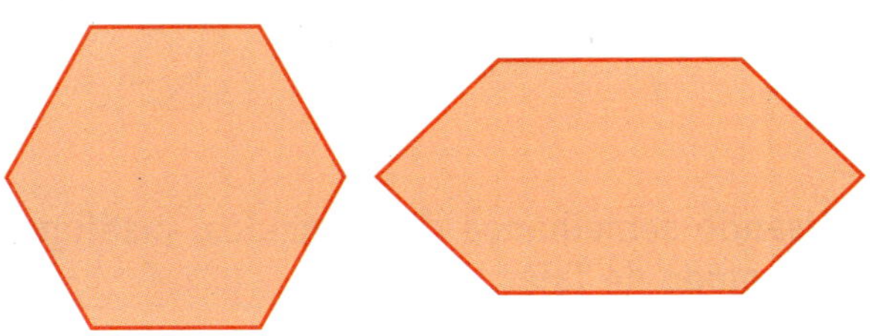

5 Determine a medida BD do comprimento da ponte sobre o rio Alfa.

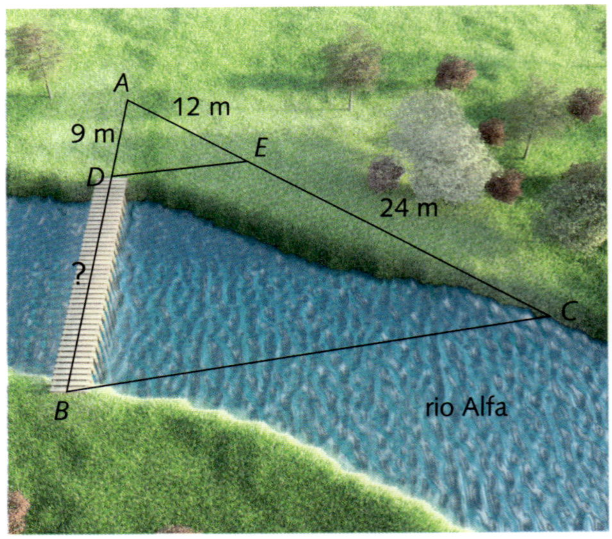

$\overline{DE} \parallel \overline{BC}$

6 Calcule a soma das medidas dos segmentos na expressão:

$AB + CD + EF + GH + IJ$

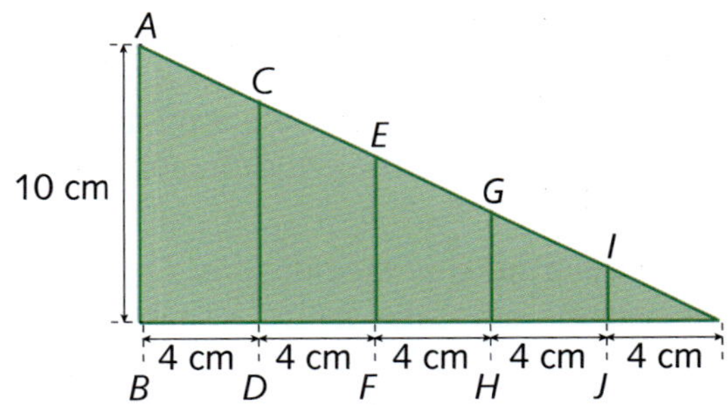

DESAFIO

Determine a distância entre os centros O_1 e O_2, sabendo que:

- $r_1 = 3$;
- $r_2 = 7$;
- $AO_1 = 12$.

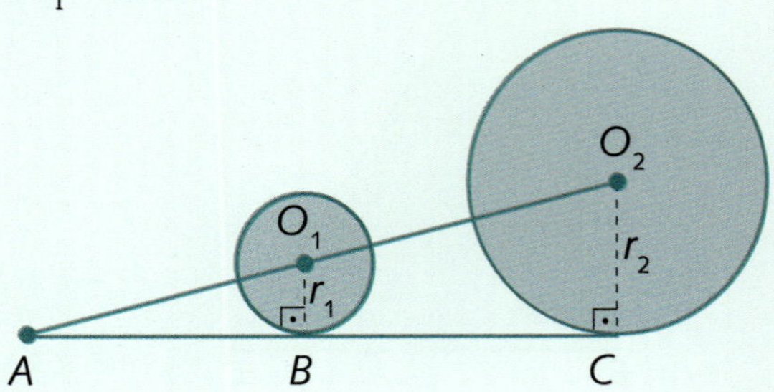

1 As bases de um trapézio *ABCD* medem 50 cm e 30 cm, e a altura, 10 cm. Prolongando os lados não paralelos, eles se interceptam em um ponto *E*. Determine a medida da altura $\overline{EF}$ do triângulo *ABE*.

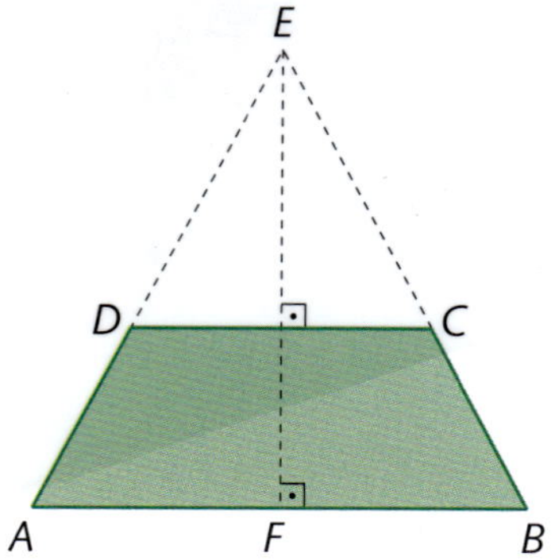

2 As bases de um trapézio medem 8 m e 12 m, e os lados, 3 m e 5 m. Calcule a medida de dois lados do maior triângulo obtido ao se prolongar os lados do trapézio.

3 Sendo $AB = 10$ cm, $BC = 12$ cm, $CD = 13$ cm, $DE = 15$ cm e $EA = 20$ cm, determine a medida de $\overline{QR}$, sabendo que o perímetro de *MNPQR* é 2,8 m.

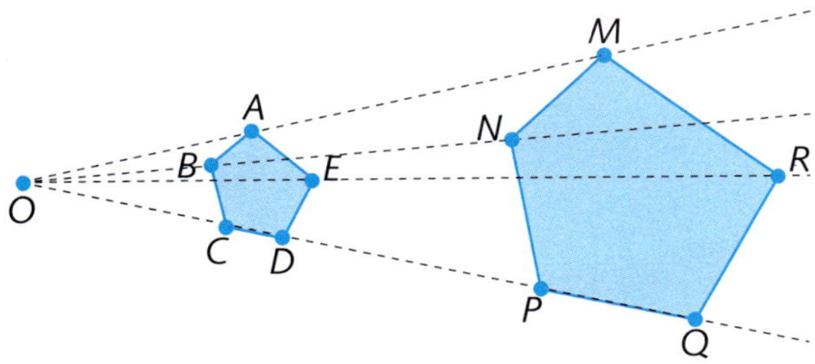

4 Uma linha de alta tensão alimenta as cidades de Joule e Volt, de acordo com a figura. Essa linha corta uma estrada ℓ no ponto *I*. Determine *IH'* e *HH'*.

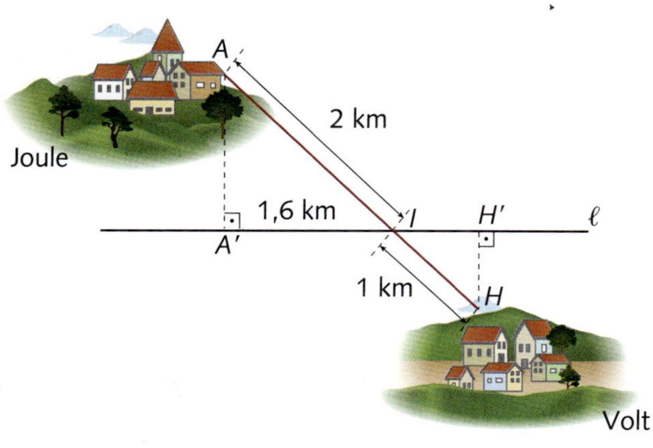

5 Observe as figuras e determine a profundidade de um poço que tem 1,5 m de abertura, sabendo que, à distância de 0,5 m da borda e de uma altura de 1,7 m, podemos traçar uma linha visual unindo a borda do poço com a sua linha de fundo.

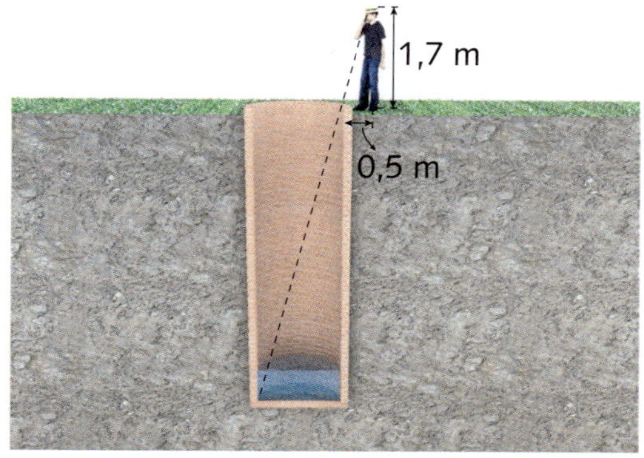

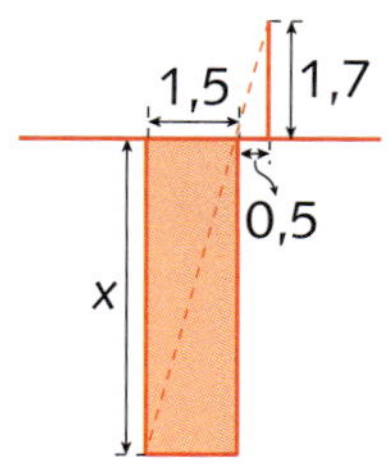

6 Em um triângulo, a base mede 10 m; e a altura, 6 m. Quais são as dimensões do retângulo inscrito nesse triângulo, se a medida da altura do retângulo é a quinta parte da medida de sua base? (Considere que a base do retângulo pertence à base do triângulo.)

DESAFIO

Duas circunferências tangentes interiores têm raios de medidas 5 m e 3 m. Calcule a medida da corda da circunferência maior, sabendo que um de seus extremos é o ponto de tangência, e a parte compreendida entre as duas circunferências mede 3 m.

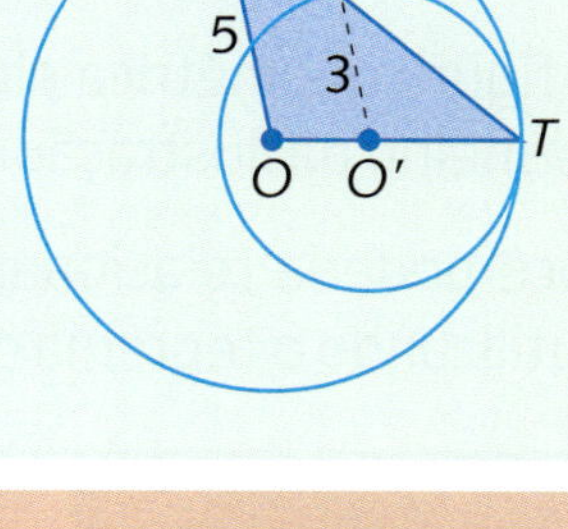

ILUSTRAÇÕES: GUILHERME CASAGRANDI

CAPÍTULO 7

Relações métricas em um triângulo retângulo e razões trigonométricas

PHB.CZ/RICHARD SEMIK/SHUTTERSTOCK

É hora de observar e discutir

Observe a ilustração ao lado e responda:

- Qual é a figura geométrica plana destacada em vermelho na ilustração?
- Como você poderia relacionar as medidas *d*, *h* e *c*, utilizando o teorema de Pitágoras?

ERICSON GUILHERME LUCIANO

O Viaduto de Millau é uma ponte suspensa por cabos com 343 metros de altura que facilita a travessia do Vale do rio Tarn, próximo de Millau, no sudoeste da França.

Trocando ideias

Desde a Antiguidade, o **triângulo retângulo** – com suas características próprias e regras particulares – é uma poderosa ferramenta no estudo de astronomia, agrimensura, navegação e construção.

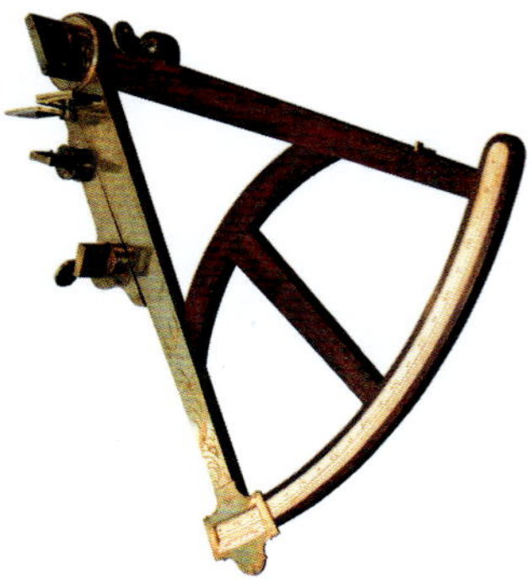
DARIO SABLJAK/SHUTTERSTOCK

O sextante é um instrumento utilizado para medir o ângulo entre a linha mirada de um astro e a linha do horizonte.

Faça a seguinte experiência:

- Desenhe, em uma folha, um triângulo retângulo de lados medindo: 3 cm, 4 cm e 5 cm.
- Desenhe três quadrados com lados de medida 3 cm, 4 cm e 5 cm, de modo que cada lado do seu triângulo também seja lado de um quadrado.

GEORGE TUTUMI

a) Divida cada um dos quadrados em quadradinhos menores de lados medindo 1 cm.

b) Quantos quadradinhos você obteve em cada quadrado?

c) Considerando um quadradinho como unidade de área, qual é a área de cada quadrado maior?

d) Existe relação entre as áreas dos quadrados cujos lados medem 3 cm e 4 cm com a do quadrado com lados de medida 5 cm. Converse com um colega e estabeleça essa relação. Depois, converse com o professor e os demais colegas da classe.

Neste capítulo, vamos estudar de forma detalhada o triângulo retângulo e suas relações métricas. Também vamos estudar as razões trigonométricas.

1 Projeções ortogonais e média geométrica

- Considere um ponto P e uma reta r ($P \notin r$).

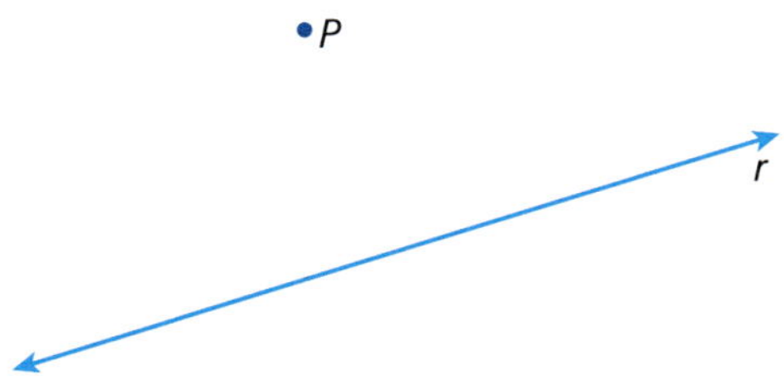

Traçando por P uma reta s perpendicular a r, obtemos sobre r um ponto P' denominado **projeção ortogonal de P sobre a reta r**.

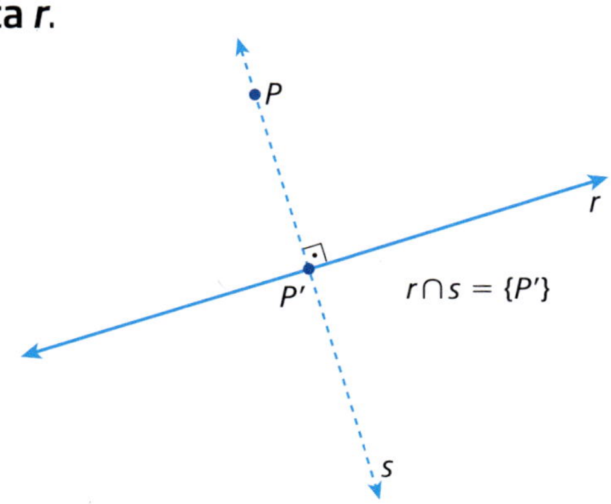

- Agora, considere o segmento de reta $\overline{AB}$ e a reta r.

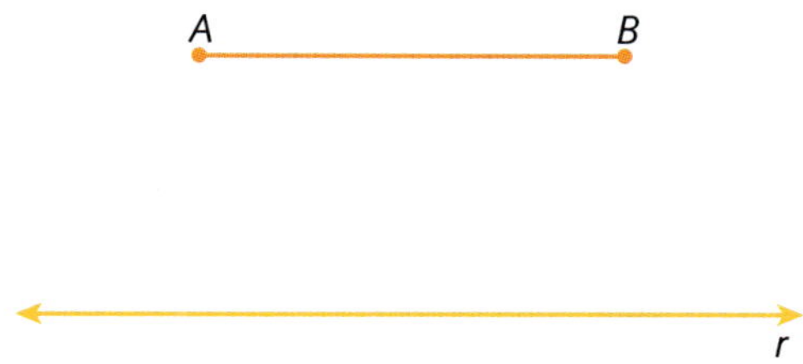

Denominamos **projeção ortogonal do segmento $\overline{AB}$ sobre a reta r** o conjunto das projeções ortogonais de todos os pontos do segmento $\overline{AB}$ sobre r.

Neste capítulo, vamos utilizar a definição de média proporcional.

Média proporcional ou média geométrica

Denomina-se **média proporcional** ou **média geométrica** de dois números, a e b, o número m que satisfaz a relação:

$$\frac{m}{a} = \frac{b}{m} \quad \text{ou} \quad m^2 = a \cdot b$$

Exemplo

Vamos determinar a média proporcional positiva entre 4 e 16.

Solução

$m^2 = 4 \cdot 16$

$m^2 = 64$

$m = \sqrt{64}$

$m = 8$

Logo, a média proporcional positiva entre 4 e 16 é 8.

ILUSTRAÇÕES: ADILSON SECCO

EXERCÍCIOS

1 Determine a projeção ortogonal de:

a) A sobre r;

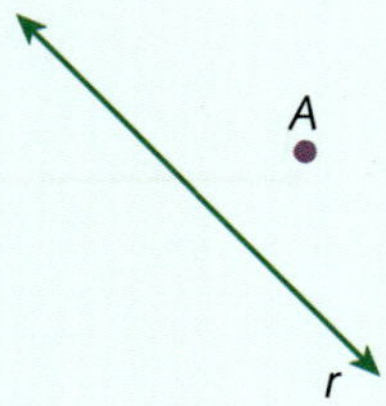

b) $\overline{CD}$ sobre r;

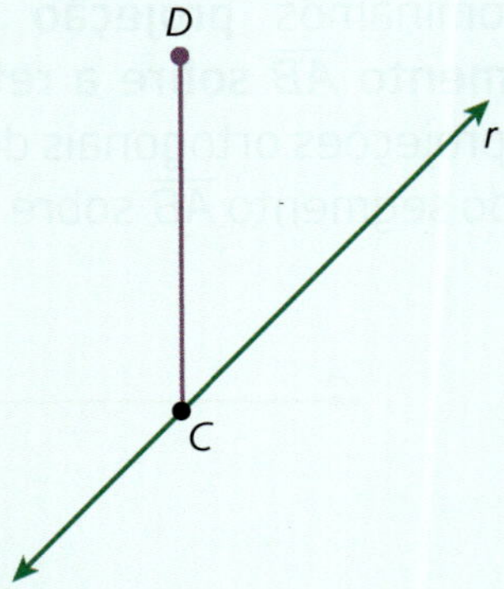

c) $\overline{AB}$ sobre r;

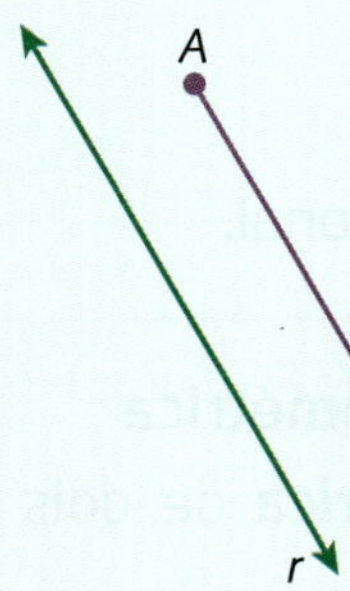

d) $\overline{MN}$ sobre r.

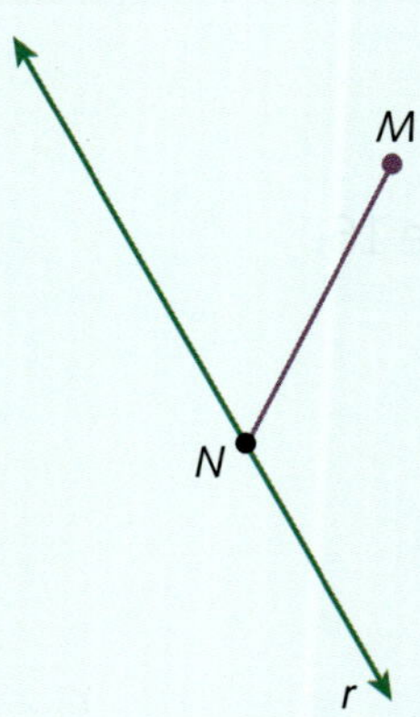

2 Observe as figuras e identifique:

a) a projeção ortogonal de $\overline{BC}$ sobre $\overline{AB}$ e a projeção ortogonal de $\overline{BC}$ sobre $\overline{AC}$;

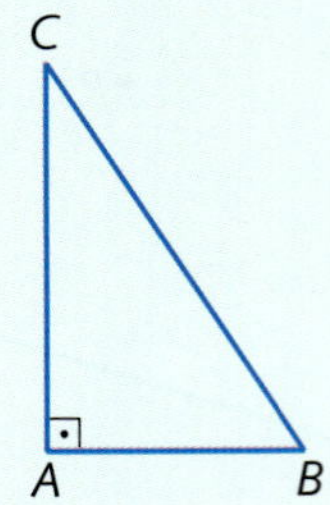

b) a projeção ortogonal de $\overline{BC}$ sobre $\overline{AB}$;

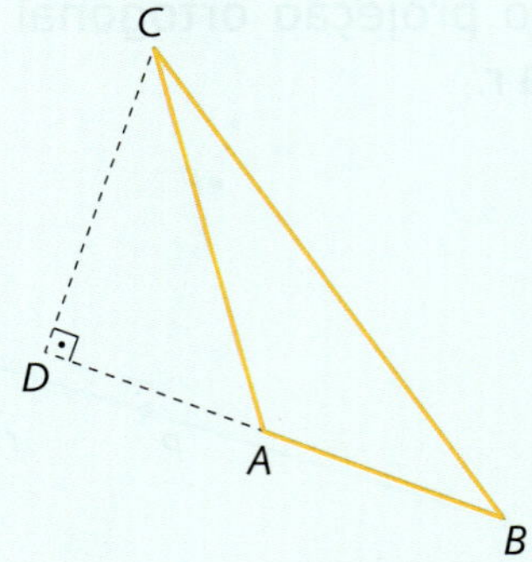

c) a projeção ortogonal de $\overline{AB}$ sobre $\overline{BC}$ e a projeção ortogonal de $\overline{AC}$ sobre $\overline{BC}$.

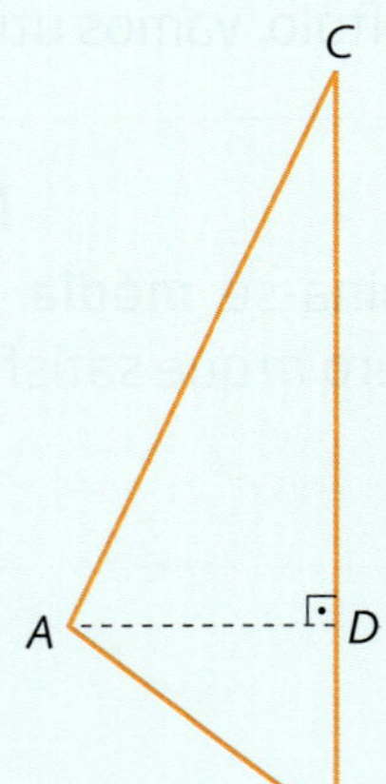

3 Determine a média proporcional positiva entre 4 e 9.

4 Sendo m a média proporcional positiva entre dois números e 144 o produto deles, determine o valor de m.

ILUSTRAÇÕES: ADILSON SECCO

Um pouco de História

Os agrimensores egípcios usavam uma corda com 12 nós para construir triângulos retângulos, isósceles e equiláteros.

Veja:

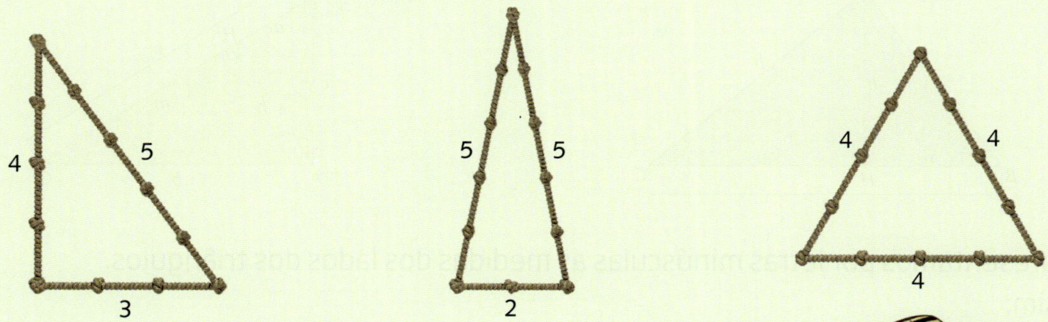

No antigo Egito, a corda de 12 nós em forma de triângulo retângulo (lados com 3, 4 e 5 unidades de comprimento) era utilizada para obter ângulos de 90°, ou seja, cantos retos.

ILUSTRAÇÕES: LÉO FANELLI

Curiosidade

Triângulo retângulo

O triângulo retângulo mais famoso é o que tem as medidas dos lados expressas pelos números 3, 4 e 5.

Qualquer outro triângulo cujos lados tenham medidas proporcionais aos números 3, 4 e 5 (6, 8 e 10 ou 9, 12 e 15, por exemplo) também é retângulo.

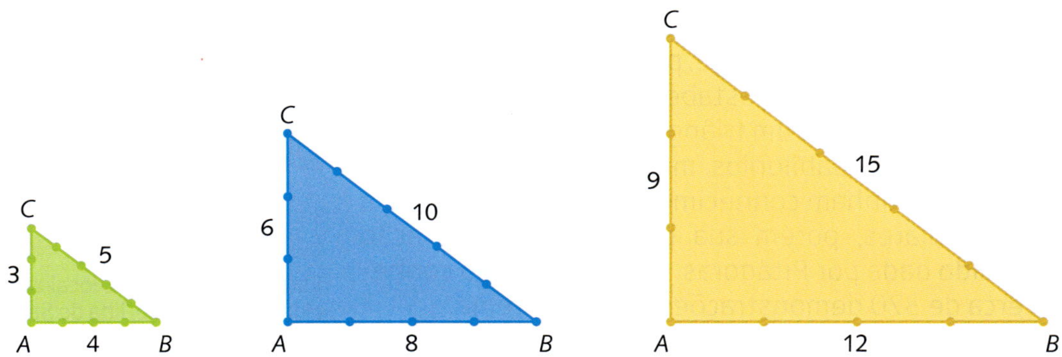

ILUSTRAÇÕES: ADILSON SECCO

2 Elementos de um triângulo retângulo

Considere os triângulos:

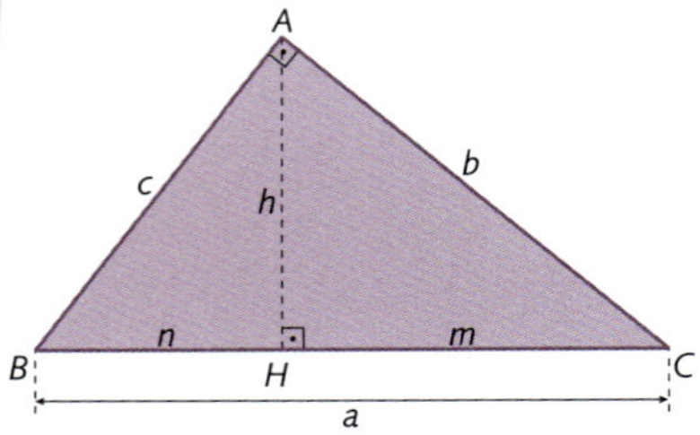

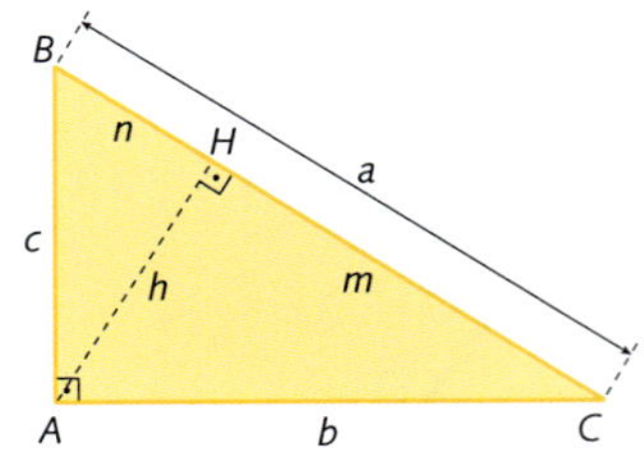

Representamos por letras minúsculas as medidas dos lados dos triângulos.
Assim:

$med(\overline{BC}) = a$	$med(\overline{AH}) = h$
$med(\overline{AC}) = b$	$med(\overline{BH}) = n$
$med(\overline{AB}) = c$	$med(\overline{CH}) = m$

Denominamos:

a ⟶ medida da hipotenusa;
b e c ⟶ medida dos catetos;
h ⟶ medida da altura relativa à hipotenusa;
m ⟶ medida da projeção ortogonal de $\overline{AC}$ sobre a hipotenusa;
n ⟶ medida da projeção ortogonal de $\overline{AB}$ sobre a hipotenusa.

Conteúdo digital
• Vídeo: Pitágoras

Um pouco de História

Pitágoras (580 a.C.-500 a.C.)

Pitágoras fundou a Escola Pitagórica, em Crotona (colônia grega situada ao sul da Itália), que constituía um centro de estudos de Matemática, Filosofia e Ciências Naturais. Como os ensinamentos eram orais e era costume atribuir todas as descobertas ao fundador da escola, várias delas foram atribuídas a Pitágoras, embora não se saiba ao certo se realmente foram realizadas por ele ou por outros membros do grupo.

Pitágoras é lembrado até hoje, principalmente pelo teorema que leva seu nome e estabelece uma relação entre as medidas dos lados de um triângulo retângulo. Sabe-se, atualmente, que os babilônios, mais de um milênio antes de Pitágoras, já tinham conhecimento de tal relação para casos particulares, porém sua primeira demonstração pode ter sido dada por Pitágoras. Hoje em dia são conhecidas cerca de 370 demonstrações desse teorema.

PICTURESCOLOURLIBRARY.COM/STOCK CONNECTION/GLOW IMAGES

Estátua de Pitágoras, localizada na cidade Pythagorio, ilha de Samos, Grécia.

ILUSTRAÇÕES: ADILSON SECCO

3 Relações métricas no triângulo retângulo

Teorema

> Em todo triângulo retângulo, a altura relativa à hipotenusa determina dois outros triângulos retângulos semelhantes entre si e também ao triângulo dado.

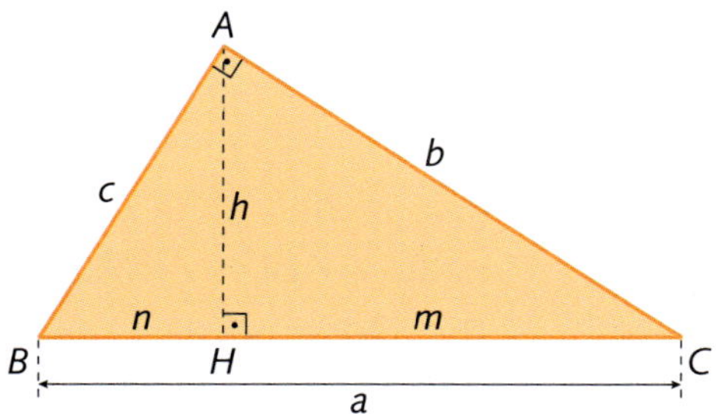

H: O ângulo $\widehat{A}$ é reto; $\overline{AH} \perp \overline{BC}$

T: $\triangle ABC \sim \triangle HBA$; $\triangle ABC \sim \triangle HAC$; $\triangle HBA \sim \triangle HAC$

Demonstração

1 $\triangle ABC \sim \triangle HBA$

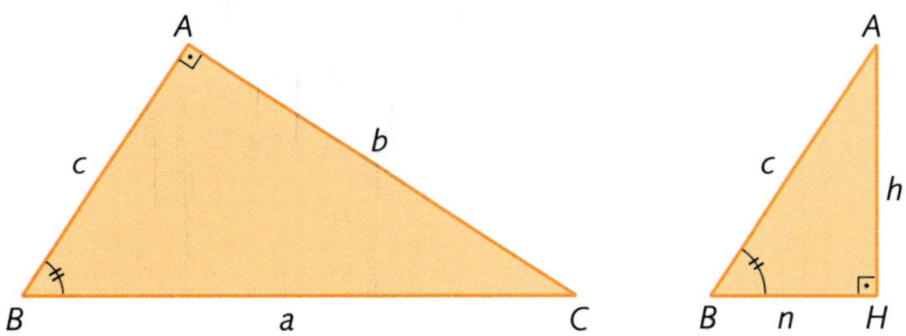

$\widehat{A} \cong \widehat{H}$ → ângulos retos

$\widehat{B}$ → ângulo comum

Pelo caso A.A., temos:

$\triangle ABC \sim \triangle HBA$

2 $\triangle ABC \sim \triangle HAC$

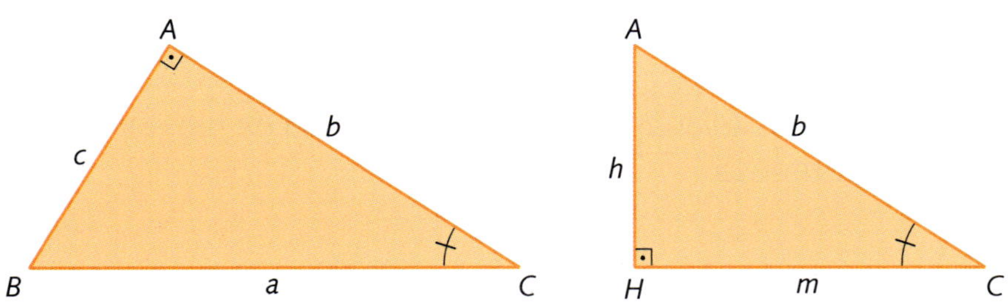

$\widehat{A} \cong \widehat{H}$ → ângulos retos

$\widehat{C}$ → ângulo comum

Pelo caso A.A., temos:

$\triangle ABC \sim \triangle HAC$

3 $\triangle HBA \sim \triangle HAC$

Comparando 1 e 2, podemos afirmar que:

$$\triangle HBA \sim \triangle HAC$$

ILUSTRAÇÕES: ADILSON SECCO

Com base no teorema anterior, podemos estabelecer as seguintes relações:

1ª relação

O quadrado das medidas de cada um dos catetos é igual ao produto da medida da hipotenusa pela medida da projeção ortogonal do cateto considerado sobre a hipotenusa.

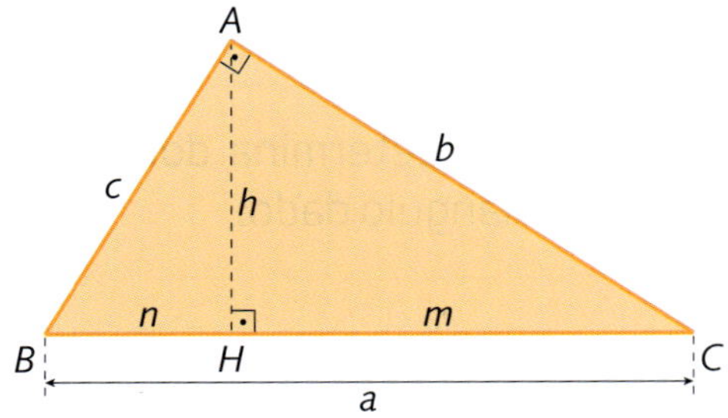

$H: \begin{cases} \triangle ABC \sim \triangle HBA \\ \triangle ABC \sim \triangle HAC \end{cases}$

$T: \begin{cases} c^2 = a \cdot n \\ b^2 = a \cdot m \end{cases}$

Demonstração

1. $c^2 = a \cdot n$
Como $\triangle ABC \sim \triangle HBA$, então:
$\frac{a}{c} = \frac{c}{n} \Rightarrow c^2 = a \cdot n$

2. $b^2 = a \cdot m$
Como $\triangle ABC \sim \triangle HAC$, então:
$\frac{a}{b} = \frac{b}{m} \Rightarrow b^2 = a \cdot m$

2ª relação

A medida da altura relativa à hipotenusa é a média geométrica (ou média proporcional) entre as medidas das projeções ortogonais dos catetos sobre a hipotenusa.

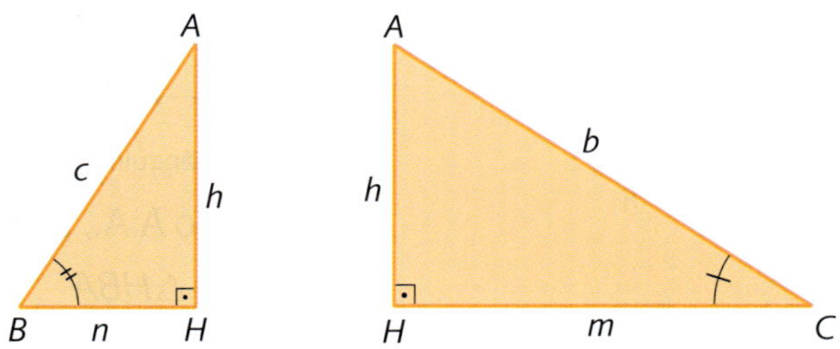

$H: \triangle HBA \sim \triangle HAC$

$T: h^2 = m \cdot b$

Demonstração

Como $\triangle HAC \sim \triangle HAC$, então: $\frac{h}{n} = \frac{m}{h} \Rightarrow h^2 = m \cdot n$

3ª relação

O produto das medidas dos catetos é igual ao produto da medida da hipotenusa pela medida da altura relativa à hipotenusa.

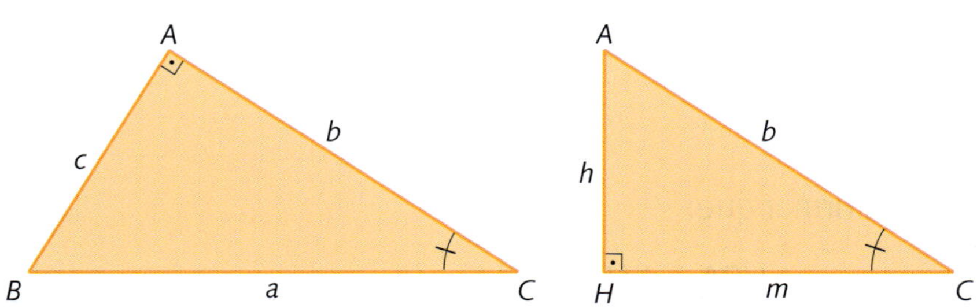

$H: \triangle ABC \sim \triangle HAC$

$T: a \cdot h = b \cdot c$

Demonstração

Como $\triangle ABC \sim \triangle HAC$, então:

$\frac{a}{c} = \frac{b}{h} \Rightarrow a \cdot h = b \cdot c$

ILUSTRAÇÕES: ADILSON SECCO

Lendo e aprendendo

Utilizando a relação $h^2 = m \cdot n$ para calcular, por um método gráfico, a raiz quadrada de um número

O triângulo *ABC* é retângulo em *C*, pois está inscrito em uma semicircunferência.

Já aprendemos que $h^2 = m \cdot n$. Assim:

$$h = \sqrt{m \cdot n}$$

Substituindo pelas medidas da ilustração, temos:

$$h = \sqrt{2 \cdot 4} = \sqrt{8}$$

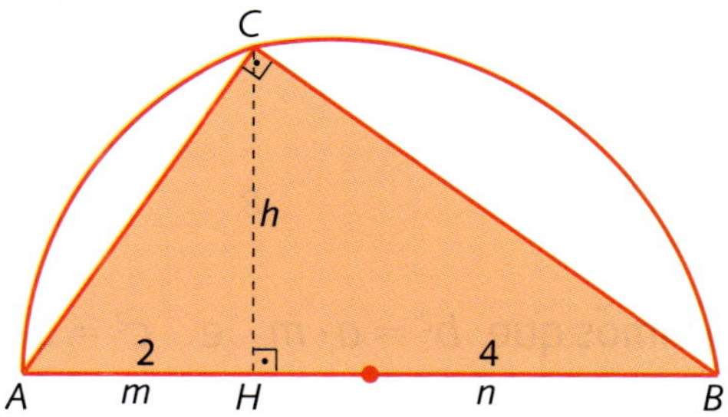

Medindo a altura $\overline{CH}$, obtemos $h \simeq 2{,}8$, que corresponde, aproximadamente, a $\sqrt{8}$.

Podemos determinar graficamente um valor aproximado de $\sqrt{8}$ seguindo estes passos:

1º) Construímos um triângulo retângulo inscrito em uma semicircunferência de diâmetro 6 cm (2 cm + 4 cm), com $m = 2$ cm e $n = 4$ cm.

2º) Traçamos a altura do triângulo retângulo pelo ponto *H*.

3º) Medimos o segmento $\overline{CH}$ que corresponde à altura do triângulo retângulo e ao valor aproximado de $\sqrt{8}$.

4 Teorema de Pitágoras e aplicações

Conteúdo digital
• Vídeo: Teorema de Pitágoras I

Conteúdo digital
• Vídeo: Teorema de Pitágoras II

Teorema de Pitágoras

Em qualquer triângulo retângulo, o quadrado da medida da hipotenusa é igual à soma dos quadrados das medidas dos catetos.

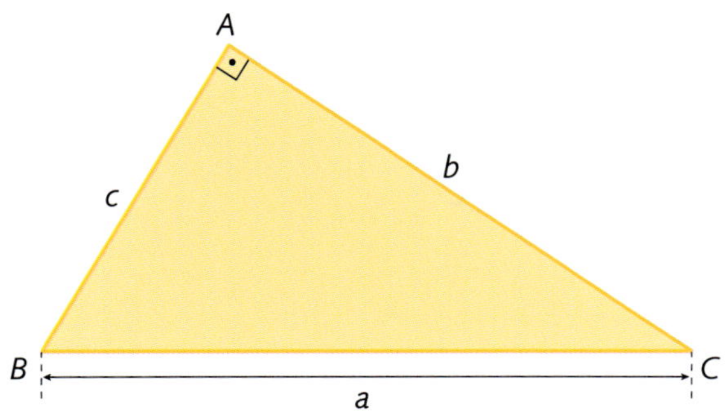

H: $\triangle ABC$ é retângulo.

T: $a^2 = b^2 + c^2$

Demonstração

Traçando a altura relativa à hipotenusa do triângulo retângulo $\triangle ABC$, temos:

ILUSTRAÇÕES: ADILSON SECCO

Observe o triângulo ABC.

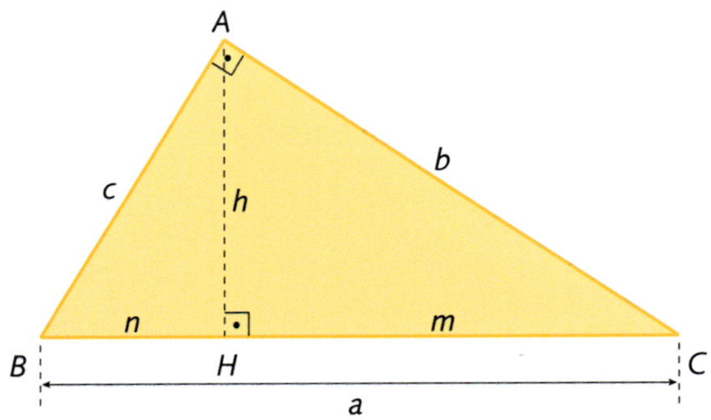

Já vimos que $b^2 = a \cdot m$ e $c^2 = a \cdot n$. Logo:

$$b^2 + c^2 = am + an = a(m + n)$$

Como $m + n = a$, temos:

$$b^2 + c^2 = a \cdot a \Rightarrow b^2 + c^2 = a^2$$

Portanto:

$$a^2 = b^2 + c^2$$

Vale o **teorema recíproco**:

> Em um triângulo qualquer, se o quadrado de um lado for a soma dos quadrados dos outros lados, então o triângulo é retângulo.

Nos exemplos a seguir, vamos utilizar as relações métricas no triângulo retângulo para a solução dos problemas.

- A hipotenusa de um triângulo retângulo mede 60 cm, e a projeção de um dos catetos sobre ela mede 48 cm. Vamos calcular a medida da altura relativa à hipotenusa.

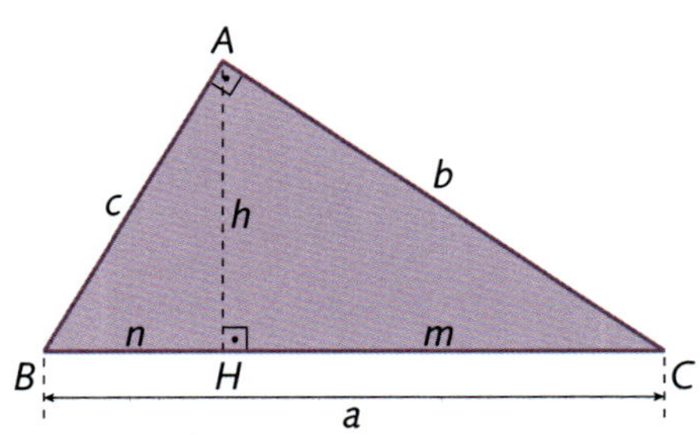

Solução

$a = 60$

$m = 48$

$m + n = a \Rightarrow n = a - m \Rightarrow n = 60 - 48 \Rightarrow n = 12$

$h^2 = m \cdot n \Rightarrow h^2 = 48 \cdot 12 \Rightarrow h^2 = 576 \Rightarrow h = \sqrt{576} \Rightarrow h = 24$

Logo, a altura relativa à hipotenusa mede 24 cm.

- Vamos determinar a medida da hipotenusa de um triângulo retângulo em que um dos catetos mede 30 cm e sua projeção sobre a hipotenusa mede 18 cm.

Solução

$b = 30$

$m = 18$

$b^2 = a \cdot m$

$30^2 = a \cdot 18$

$a = \frac{900}{18} = 50$

Logo, a hipotenusa mede 50 cm.

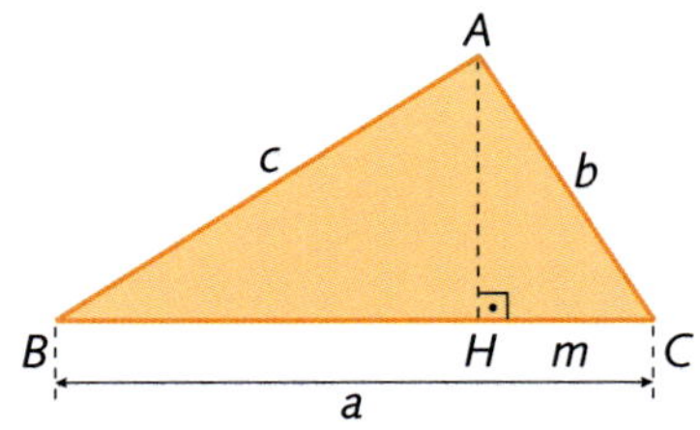

- Os centros de duas circunferências, de raios 21 m e 9 m respectivamente, distam 37 m. Vamos determinar a medida do segmento da tangente comum externa às circunferências.

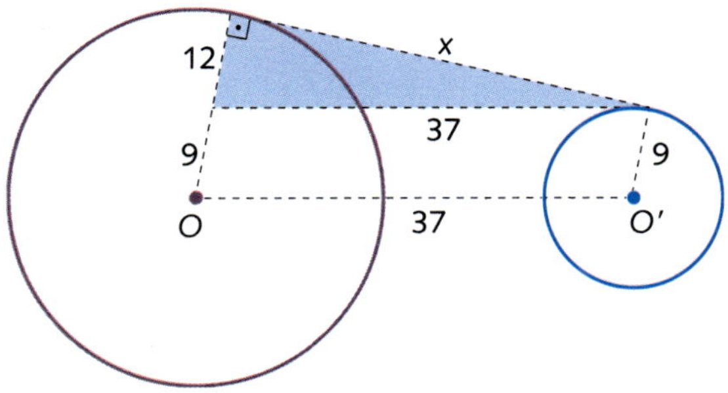

Solução

$37^2 = 12^2 + x^2$

$x^2 = 1\,369 - 144$

$x^2 = 1\,225$

$x = 35$

Logo, o segmento da tangente mede 35 m.

- Observe o retângulo *ABCD* inscrito na circunferência de centro *O*. Vamos determinar a medida do segmento $\overline{BP}$, sabendo que ele é perpendicular ao diâmetro $\overline{AC}$ e que as medidas dos lados do retângulo são $AB = 30$ cm e $BC = 40$ cm.

Solução

O $\triangle ABC$ é retângulo, pois $\widehat{B}$ é reto (*ABCD* é um retângulo).

- Cálculo de *AC*:

  $(AC)^2 = (AB)^2 + (BC)^2$

  $(AC)^2 = 30^2 + 40^2$

  $(AC)^2 = 900 + 1\,600$

  $(AC)^2 = 2\,500$

  $AC = 50$

- Cálculo de *BP*:

  $\overline{BP}$ corresponde à altura relativa à hipotenusa de $\triangle ABC$.

  $AC \cdot BP = BC \cdot AB$

  $50 \cdot BP = 40 \cdot 30$

  $BP = \frac{40 \cdot 30}{50} = 24$

  Logo, $\overline{BP}$ mede 24 cm.

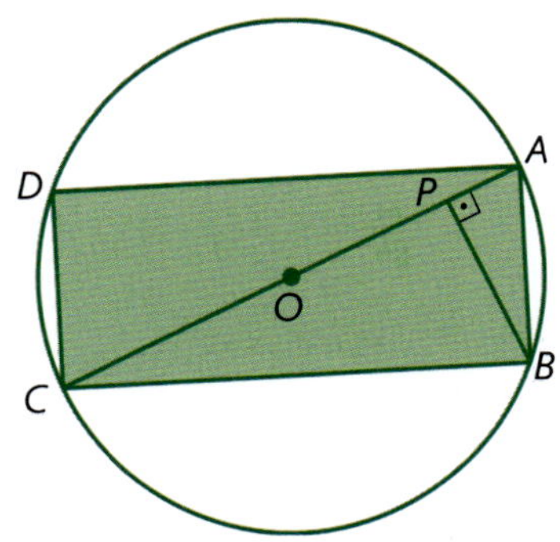

ILUSTRAÇÕES: ADILSON SECCO

EXERCÍCIOS

5 Determine o valor de *x* nos triângulos retângulos.

a)

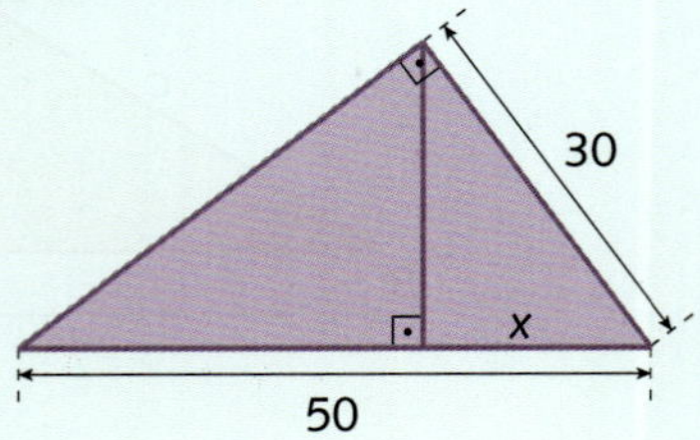

b)

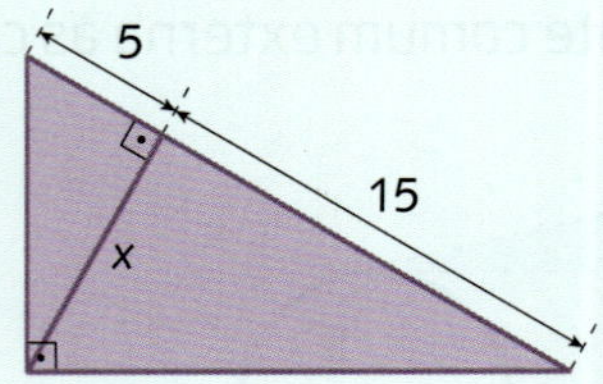

c)

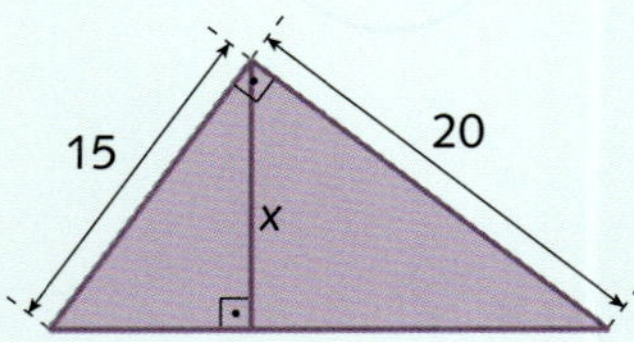

d)

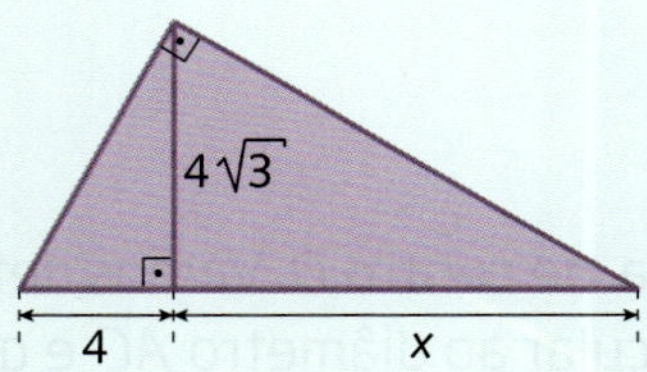

e)

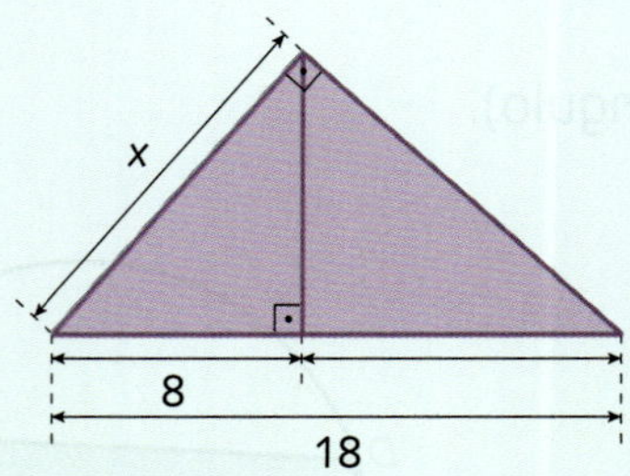

f)

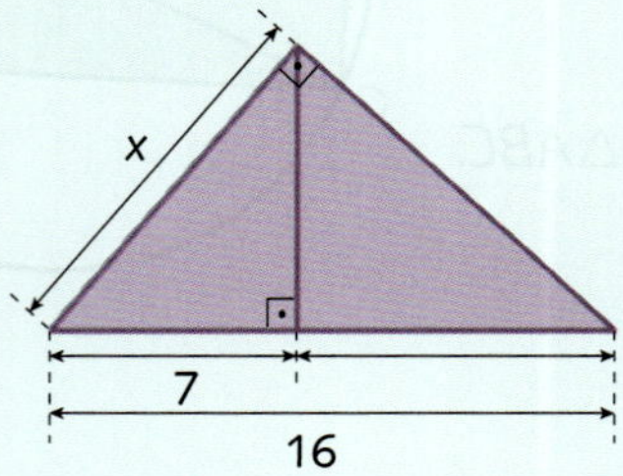

6 Determine o valor de *x* nos triângulos retângulos.

a)

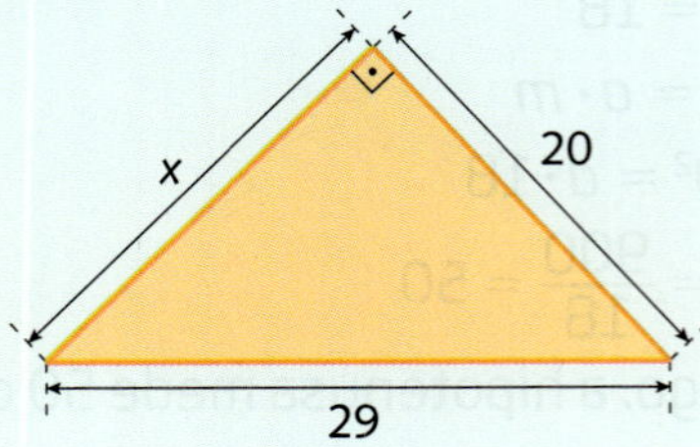

b)

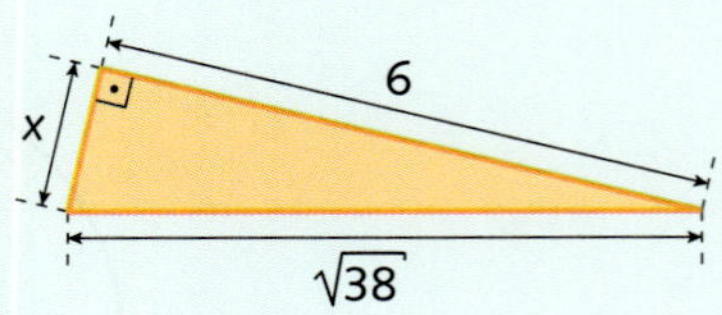

c)

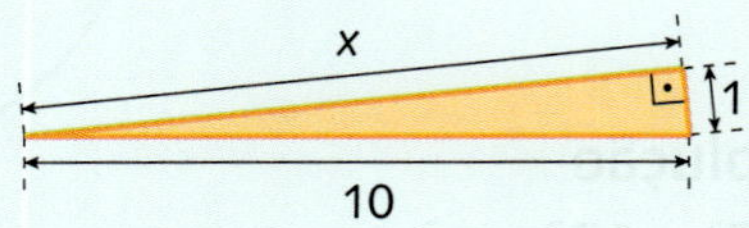

d)

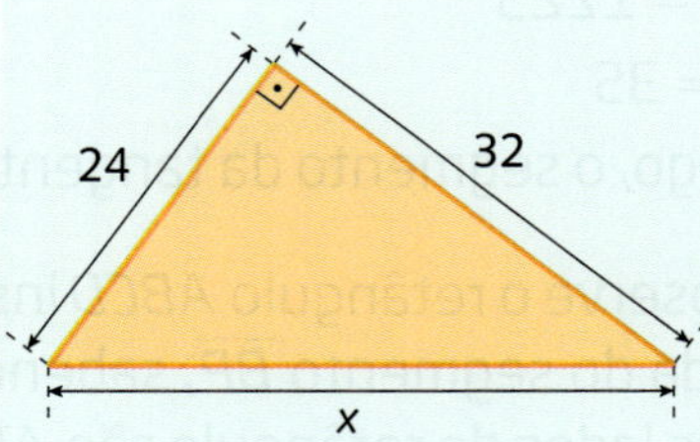

e)

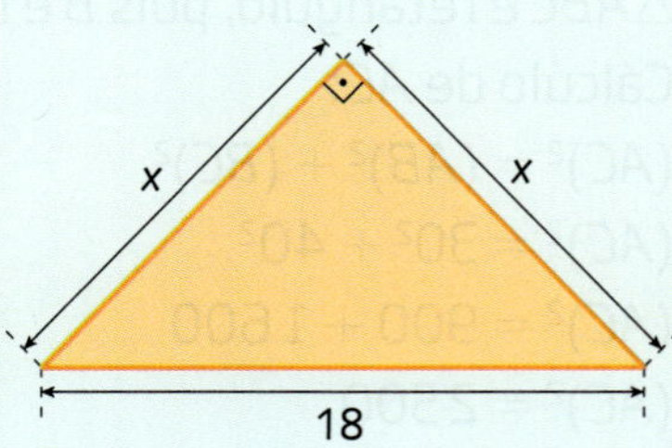

f)

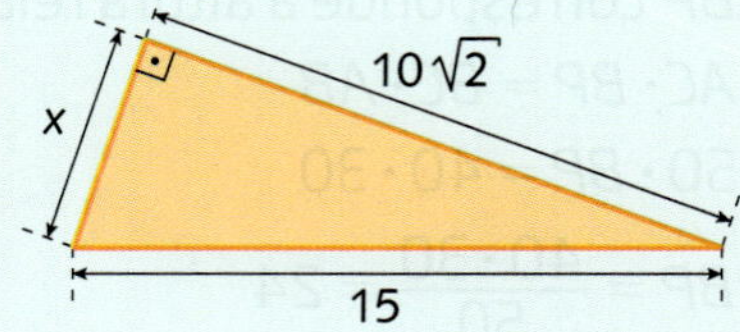

7 Determine m e n nos triângulos retângulos.

a)

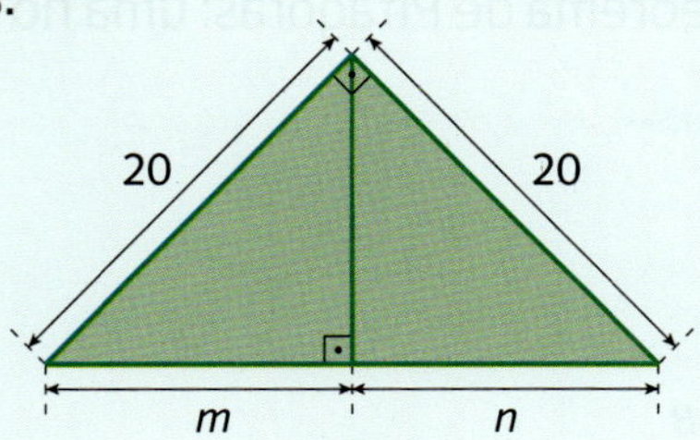

b)

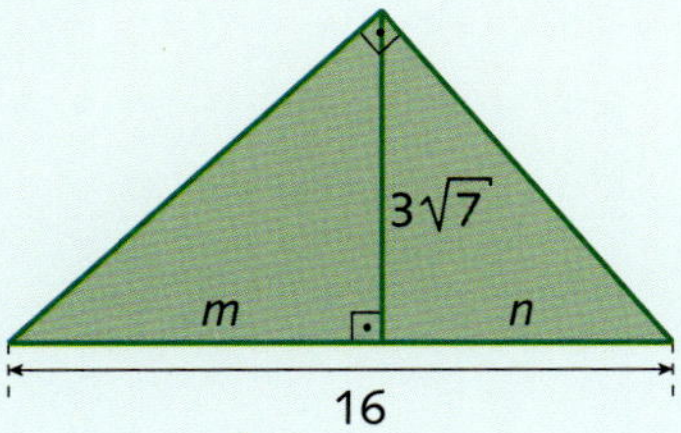

c)

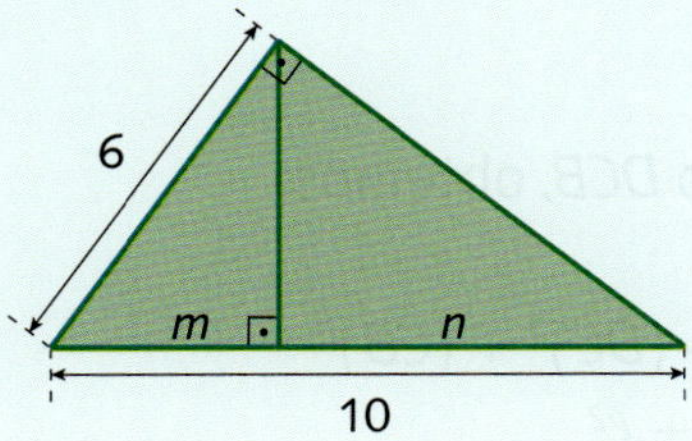

8 Determine o valor de h nos triângulos retângulos.

a)

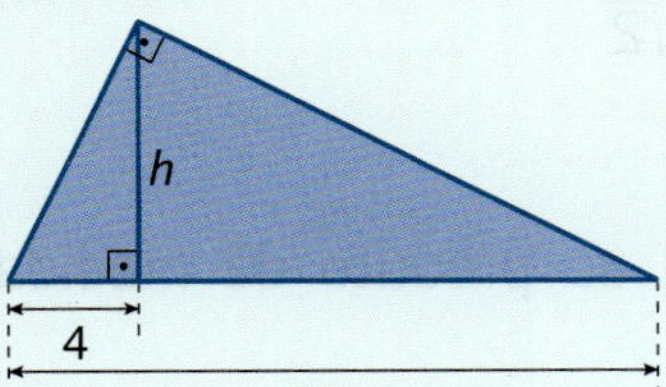

b)

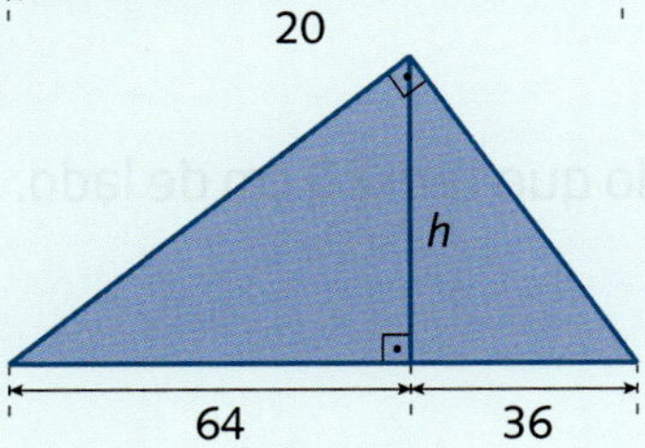

c)

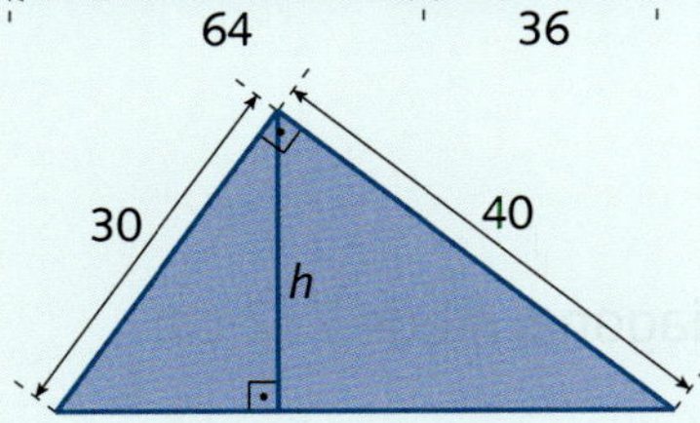

9 Em um triângulo retângulo, a hipotenusa mede 40 m; e a altura relativa a ela, 19,2 m. Calcule as medidas dos catetos.

10 Uma escada mede 4 m e tem uma de suas extremidades apoiada no topo de um muro. A outra extremidade dista 2,4 m da base do muro. Determine a medida da altura do muro.

11 Em um triângulo retângulo, a medida de um cateto é o dobro da medida do outro, e a hipotenusa mede 10 cm. Determine a soma das medidas dos catetos.

12 Em um trapézio retângulo, as bases medem 16 cm e 4 cm, respectivamente. O maior lado não paralelo mede 13 cm. Qual é o perímetro do trapézio?

13 A hipotenusa de um triângulo mede 40 cm, e a razão entre os catetos é de $\frac{3}{4}$. Calcule as medidas dos catetos.

14 No triângulo retângulo, b é o dobro de c. Determine $\frac{m}{n}$.

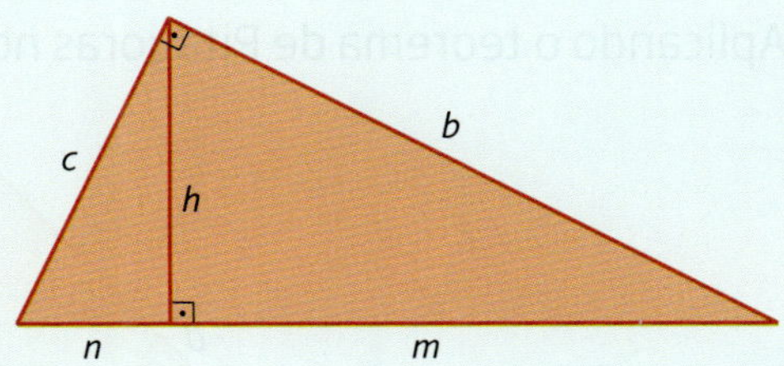

15 Qual é a razão entre as medidas da hipotenusa e de um cateto de um triângulo retângulo isósceles?

16 Em um triângulo ABC, retângulo em A, em que $AB = 6$ cm e $BC = 7{,}5$ cm, determine a distância do ponto A à reta que contém o lado $\overline{BC}$.

17 Uma empresa foi encarregada de construir uma piscina em um terreno. Como o terreno tinha formato irregular, só foi possível construir uma piscina em forma de triângulo com estas características: $\text{med}(\widehat{A}) = 2 \cdot \text{med}(\widehat{B})$, $a = 2\sqrt{3}$ m e $b = 2$ m. Determine med($\widehat{A}$) med($\widehat{B}$) e c.

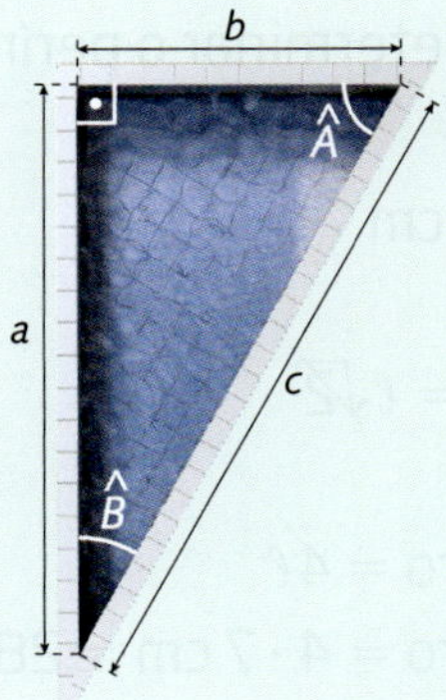

Aplicações do teorema de Pitágoras

Agora, vamos estudar três importantes aplicações do teorema de Pitágoras: uma no quadrado, uma no triângulo equilátero e outra no paralelepípedo.

Diagonal de um quadrado

Considere o quadrado *ABCD*, em que:

- ℓ é a medida do lado
- d é a medida da diagonal

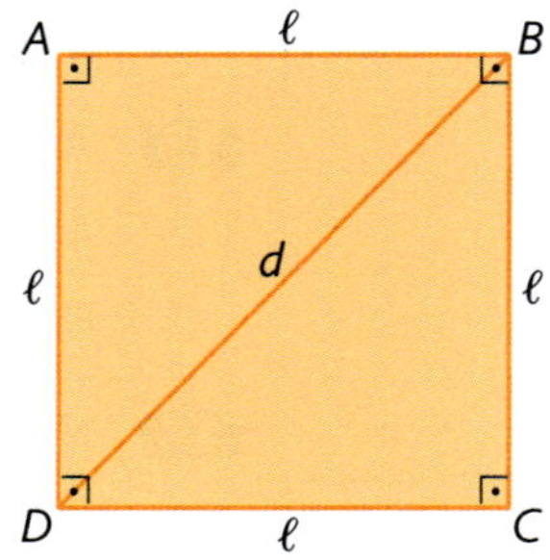

Aplicando o teorema de Pitágoras no triângulo retângulo *DCB*, obtemos:

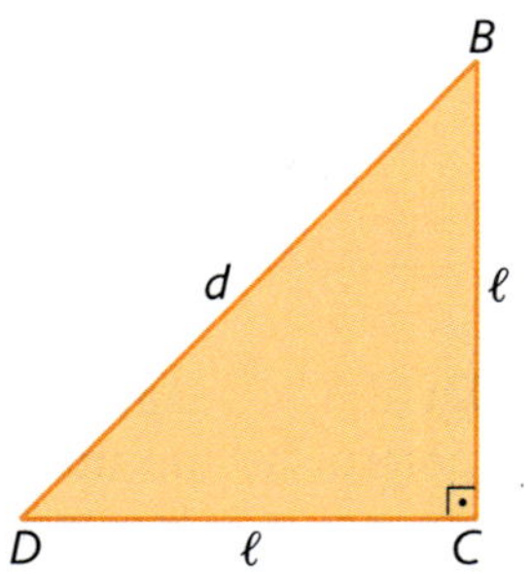

$(DB)^2 = (DC)^2 + (CB)^2$

$d^2 = \ell^2 + \ell^2$

$d^2 = 2\ell^2$

$$d = \ell\sqrt{2}$$

Logo, a medida da diagonal de um quadrado é igual ao produto da medida do lado por $\sqrt{2}$.

Exemplos

- Vamos determinar a medida da diagonal de um quadrado que tem 20 cm de lado.

  Solução

  $\ell = 20$ cm

  $d = \ell\sqrt{2}$

  $d = 20\sqrt{2}$ cm

  Logo, a medida da diagonal do quadrado é $20\sqrt{2}$ cm.

- Vamos determinar o perímetro de um quadrado cuja diagonal mede $7\sqrt{2}$ cm.

  Solução

  $d = 7\sqrt{2}$ cm

  $d = \ell\sqrt{2}$

  $7\cancel{\sqrt{2}}$ cm $= \ell\cancel{\sqrt{2}}$

  $\ell = 7$ cm

  Perímetro $= 4\ell$

  Perímetro $= 4 \cdot 7$ cm $= 28$ cm

  Logo, o perímetro do quadrado é 28 cm.

ILUSTRAÇÕES: ADILSON SECCO

Altura de um triângulo equilátero

Considere o triângulo equilátero *ABC*, em que:

- ℓ é a medida do lado
- h é a medida da altura

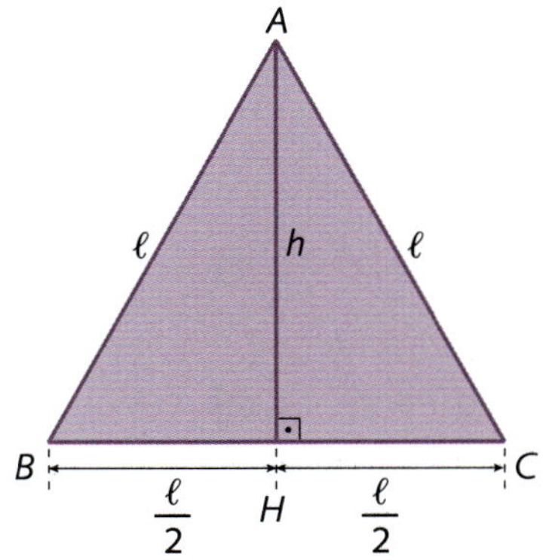

Aplicando o teorema de Pitágoras no triângulo retângulo *AHC*, obtemos:

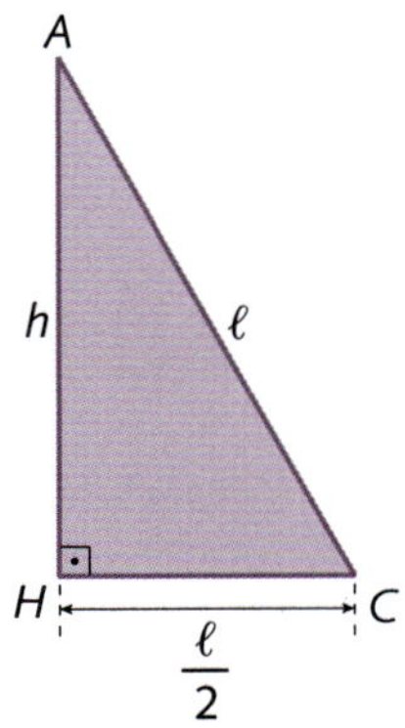

$$(AC)^2 = (AH)^2 + (HC)^2 \Rightarrow$$
$$\Rightarrow \ell^2 = h^2 + \left(\frac{\ell}{2}\right)^2 \Rightarrow \ell^2 = h^2 + \frac{\ell^2}{4} \Rightarrow$$
$$\Rightarrow h^2 = \ell^2 - \frac{\ell^2}{4} \Rightarrow h^2 = \frac{3\ell^2}{4} \Rightarrow$$
$$\Rightarrow h = \sqrt{\frac{3\ell^2}{4}} \Rightarrow \boxed{h = \frac{\ell\sqrt{3}}{2}}$$

Logo, a medida da altura em um triângulo equilátero é igual ao produto da metade da medida de um lado por $\sqrt{3}$.

Exemplos

- Vamos determinar a medida da altura de um triângulo equilátero cujo lado mede 12 cm.

  Solução

  $\ell = 12$ cm

  $h = \frac{\ell\sqrt{3}}{2} \Rightarrow h = \frac{12\sqrt{3}}{2}\text{ cm} \Rightarrow h = 6\sqrt{3}\text{ cm}$

  Logo, a medida da altura desse triângulo é $6\sqrt{3}$ cm.

- Vamos determinar a área de um triângulo equilátero cuja altura mede $10\sqrt{3}$ cm.

  Solução

  $h = 10\sqrt{3}$ cm

  $h = \frac{\ell\sqrt{3}}{2} \Rightarrow 10\cancel{\sqrt{3}}\text{ cm} = \frac{\ell\cancel{\sqrt{3}}}{2} \Rightarrow \ell = 20\text{ cm}$

  A área do triângulo é dada por $\frac{b \cdot h}{2}$, em que $b = \ell$. Assim:

  $A = \frac{b \cdot h}{2} \Rightarrow A = \frac{(20\text{ cm}) \cdot (10\sqrt{3}\text{ cm})}{2} \Rightarrow A = 100\sqrt{3}\text{ cm}^2$

  Logo, a área do triângulo é $100\sqrt{3}$ cm².

Diagonal de um paralelepípedo

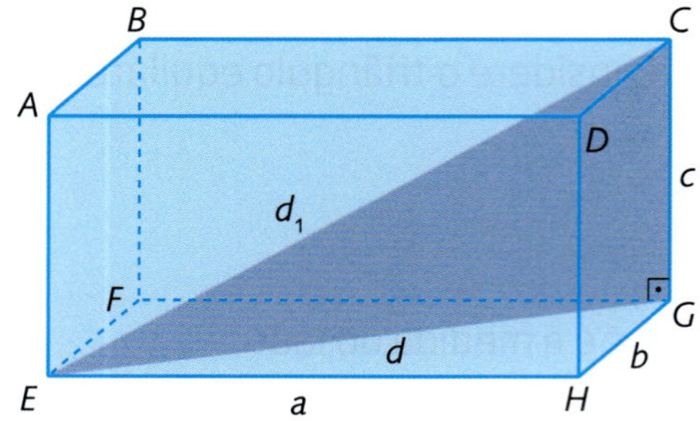

Observe o paralelepípedo ao lado em que as arestas medem a, b e c, a diagonal de uma face mede d, e a diagonal do paralelepípedo mede d_1.

- No $\triangle EHG$, temos:

$$d^2 = a^2 + b^2 \quad (1)$$

- No $\triangle CGE$, temos:

$$d_1^2 = d^2 + c^2 \quad (2)$$

Substituindo (1) em (2):

$$d_1^2 = a^2 + b^2 + c^2 \Rightarrow \boxed{d_1 = \sqrt{a^2 + b^2 + c^2}}$$

Logo, a diagonal de um paralelepípedo é igual à raiz quadrada da soma dos quadrados das medidas das arestas.

EXERCÍCIOS

18 Determine a medida da diagonal de um quadrado que tem 17 cm de lado.

19 Determine a medida da diagonal de um quadrado de 400 cm² de área.

20 A diagonal de um quadrado mede 10 cm. Calcule a medida do lado desse quadrado.

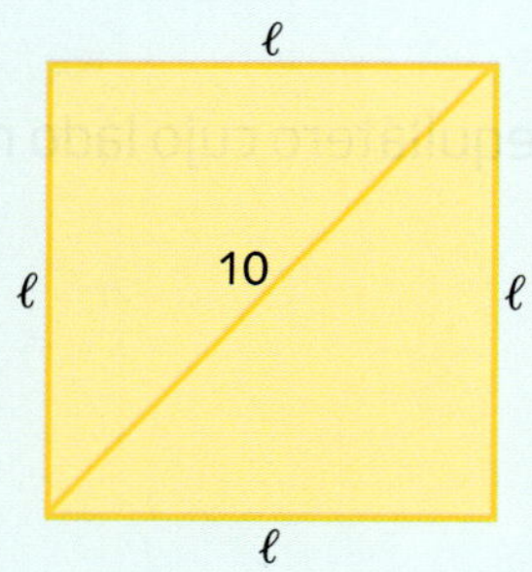

21 Qual é a área de um triângulo equilátero que tem 36 cm de lado?

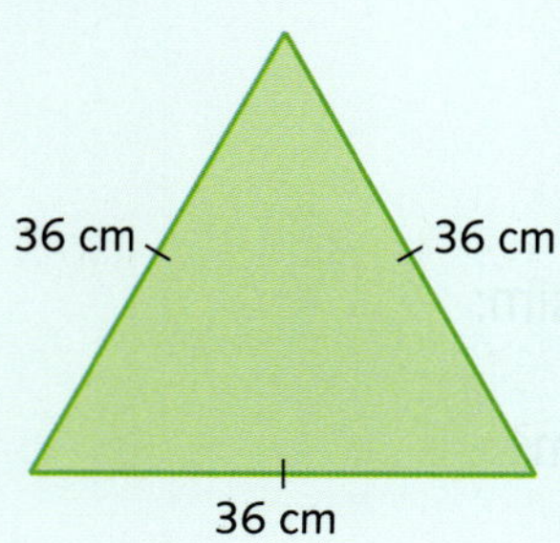

22 Determine a medida da altura de um triângulo equilátero cujo lado mede 8 cm.

23 O perímetro de um triângulo equilátero é 12 cm. Determine a medida da altura desse triângulo.

24 Mostre que a área do quadrado *EFGH* é igual a $(b - c)^2$.

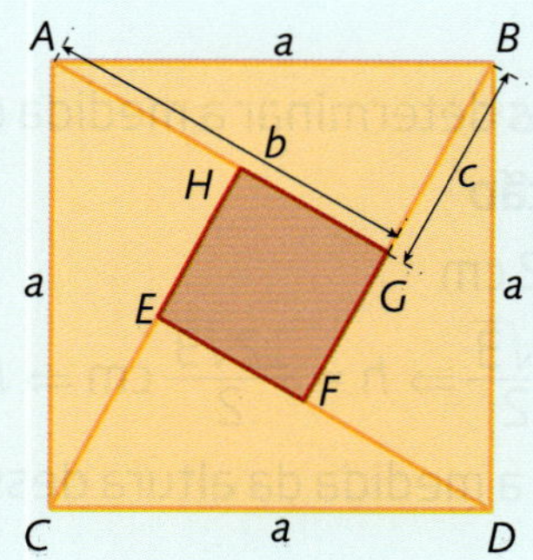

25 Observe o paralelepípedo da figura e calcule a medida dos segmentos $\overline{EG}$ e $\overline{EC}$.

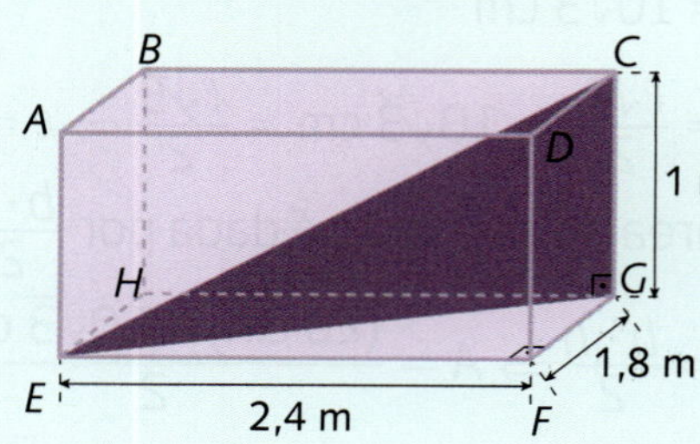

ILUSTRAÇÕES: ADILSON SECCO

Curiosidade

Outras demonstrações do teorema de Pitágoras

Observe a seguir duas demonstrações do teorema de Pitágoras.

- **1ª demonstração:** Comparando as áreas dos quadrados.

  Os quadrados *ABCD* e *JLMN* são congruentes, pois o lado de cada quadrado mede $b + c$.

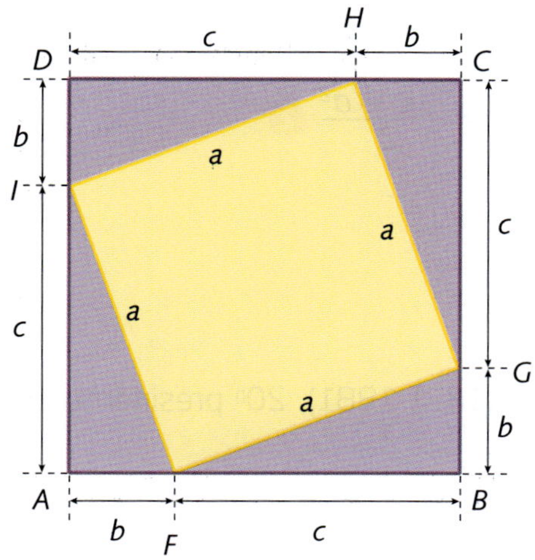

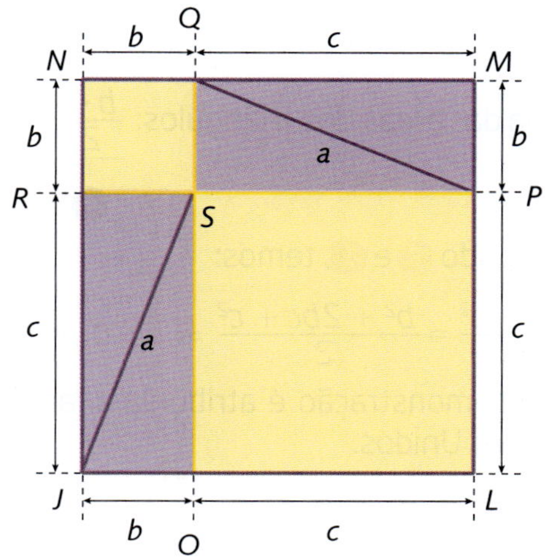

Podemos verificar nas figuras acima que:

Quadrado *ABCD*

área do quadrado $ABCD$ = área do quadrado $FGHI$ + $4 \cdot$ área do triângulo FBG

Quadrado *JLMN*

área do quadrado $JLMN$ = área do quadrado $OLPS$ + área do quadrado $NRSQ$ +
+ $2 \cdot$ área do retângulo $JOSR$

Observe:

- área do quadrado $FGHI = a^2$
- área do quadrado $OLPS = c^2$
- área do retângulo $JOSR = b \cdot c$
- área do triângulo $FBG = \dfrac{b \cdot c}{2}$
- área do quadrado $NRSQ = b^2$

Como os quadrados *ABCD* e *JLMN* são congruentes, temos:

$$\underbrace{a^2 + {}^{2}\cancel{4} \cdot \left(\frac{b \cdot c}{\cancel{2}_{1}}\right)}_{\text{área do quadrado } ABCD} = \underbrace{c^2 + b^2 + 2(b \cdot c)}_{\text{área do quadrado } JLMN}$$

$$a^2 + \cancel{2bc} = c^2 + b^2 + \cancel{2bc}$$

$$\boxed{a^2 = b^2 + c^2}$$

▸ **2ª demonstração:** Igualando a área do trapézio à soma das áreas dos três triângulos que o formam.

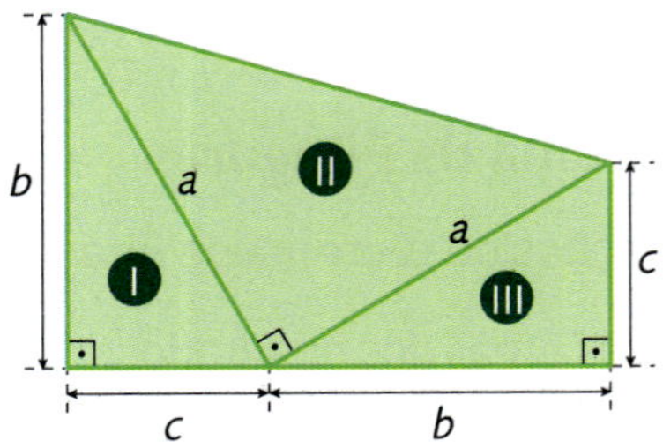

área do trapézio: $\dfrac{(b + c) \cdot (b + c)}{2} = \dfrac{b^2 + 2bc + c^2}{2}$ (1)

soma das áreas dos triângulos: $\underbrace{\dfrac{b \cdot c}{2}}_{\text{I}} + \underbrace{\dfrac{a \cdot a}{2}}_{\text{II}} + \underbrace{\dfrac{b \cdot c}{2}}_{\text{III}} = \dfrac{2bc + a^2}{2}$ (2)

Igualando (2) e (1), temos:

$\dfrac{\cancel{2bc} + a^2}{\cancel{2}} = \dfrac{b^2 + \cancel{2bc} + c^2}{\cancel{2}} \Rightarrow \boxed{a^2 = b^2 + c^2}$

Esta demonstração é atribuída a James Garfield (1831-1881), 20º presidente dos Estados Unidos.

5 Trigonometria

Trigonometria é o ramo da Geometria que trata das razões entre os lados dos triângulos retângulos e suas aplicações. A palavra **trigonometria** vem do grego *trígono*, que significa "triangular", e *metria*, que significa "medida".

Entre os povos antigos, a Trigonometria surgiu como elemento de apoio na solução de problemas práticos de astronomia, agrimensura e navegação.

Hiparco – astrônomo grego (190 a.C.-125 a.C.) famoso por ter catalogado aproximadamente 1 000 estrelas e calculado a distância da Terra à Lua com erro inferior a 10% – teria sido o primeiro a utilizar as relações entre as medidas dos lados e dos ângulos de um triângulo. É considerado o precursor da Trigonometria.

Atualmente, a Trigonometria tem vasta aplicação na topografia, na aviação e nos diversos ramos da Engenharia.

Catetos e hipotenusa

Vamos lembrar que, em um triângulo retângulo, chamamos o lado oposto ao ângulo reto de **hipotenusa** e os lados adjacentes de **catetos**.

Observe a figura.

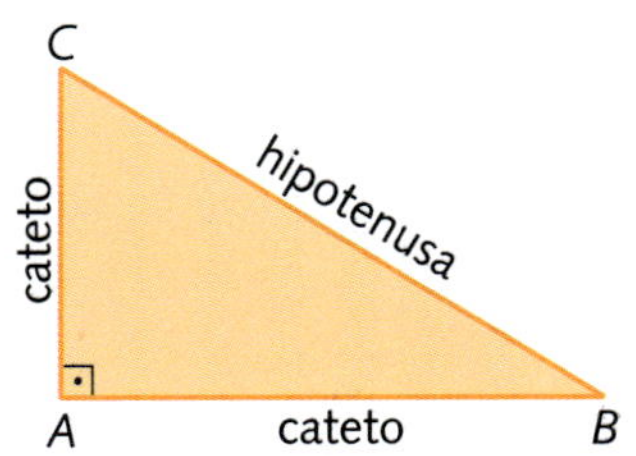

hipotenusa: $\overline{BC}$

catetos: $\overline{AC}$ e $\overline{AB}$

ILUSTRAÇÕES: ADILSON SECCO

6 Seno, cosseno e tangente

Considere o triângulo retângulo *ABC*.

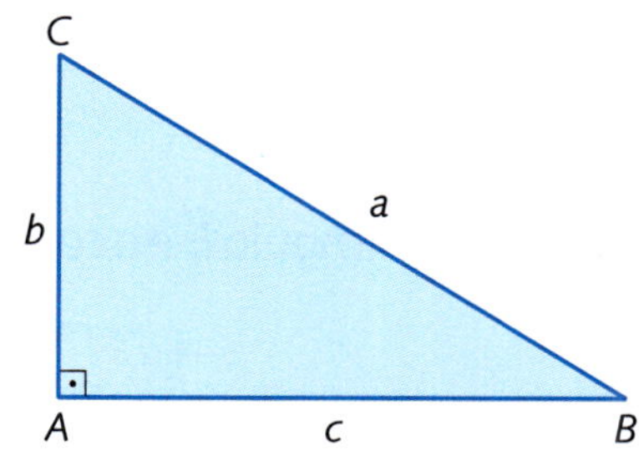

Hipotenusa: $\overline{BC} \longrightarrow \text{med}(\overline{BC}) = a$

Cateto: $\overline{AC} \longrightarrow \text{med}(\overline{AC}) = b$

Cateto: $\overline{AB} \longrightarrow \text{med}(\overline{AB}) = c$

Ângulos: $\widehat{A}$, $\widehat{B}$ e $\widehat{C}$

Com base nos elementos desse triângulo, podemos definir as razões trigonométricas a seguir.

Seno

Seno de um ângulo agudo α é a razão entre a medida do cateto oposto a esse ângulo e a medida da hipotenusa.

$$\text{seno do ângulo } \alpha = \frac{\text{medida do cateto oposto ao ângulo } \alpha}{\text{medida da hipotenusa}}$$

Indicamos: sen α.

Como exemplo, vamos calcular o seno do ângulo $\widehat{B}$ e o seno do ângulo $\widehat{C}$ no triângulo *ABC*.

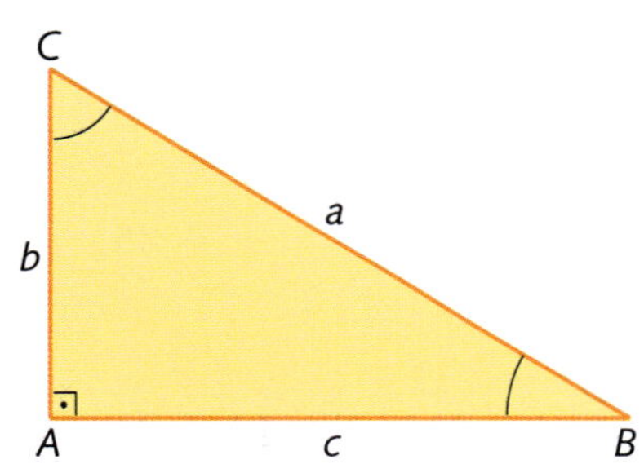

medida do cateto oposto ao ângulo $\widehat{B}$

$$\text{sen } \widehat{B} = \frac{b}{a}$$

medida da hipotenusa

medida do cateto oposto ao ângulo $\widehat{C}$

$$\text{sen } \widehat{C} = \frac{c}{a}$$

medida da hipotenusa

ILUSTRAÇÕES: ADILSON SECCO

Cosseno

Cosseno de um ângulo agudo α é a razão entre a medida do cateto adjacente a esse ângulo e a medida da hipotenusa.

$$\text{cosseno do ângulo } \alpha = \frac{\text{medida do cateto adjacente ao ângulo } \alpha}{\text{medida da hipotenusa}}$$

Indicamos: cos α.

Como exemplo, vamos calcular o cosseno do ângulo $\widehat{B}$ e o cosseno do ângulo $\widehat{C}$ no triângulo *ABC*.

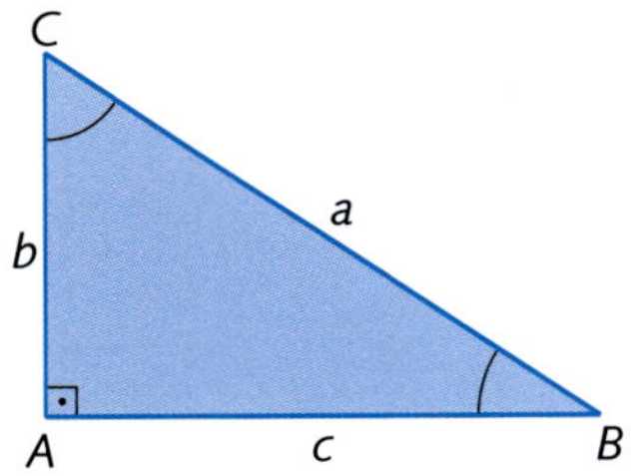

$$\cos \widehat{B} = \frac{c}{a}$$

c → medida do cateto adjacente ao ângulo $\widehat{B}$

a → medida da hipotenusa

$$\cos \widehat{C} = \frac{b}{a}$$

b → medida do cateto adjacente ao ângulo $\widehat{C}$

a → medida da hipotenusa

Tangente

Tangente de um ângulo agudo α é a razão entre a medida do cateto oposto e a medida do cateto adjacente a esse ângulo.

$$\text{tangente do ângulo } \alpha = \frac{\text{medida do cateto oposto ao ângulo } \alpha}{\text{medida do cateto adjacente ao ângulo } \alpha}$$

Indicamos: tg α.

Como exemplo, vamos calcular a tangente do ângulo $\widehat{B}$ e a tangente do ângulo $\widehat{C}$ no triângulo *ABC*.

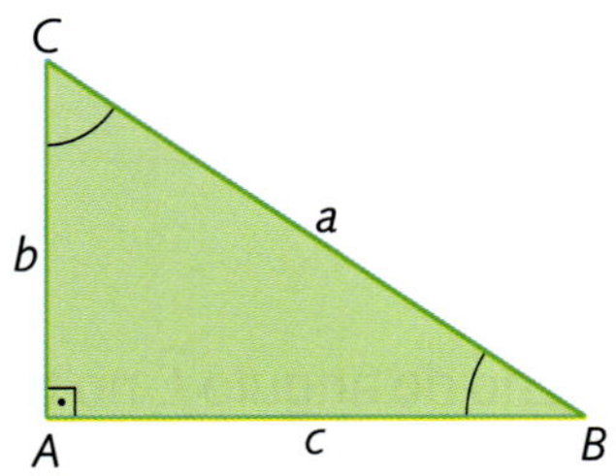

$$\text{tg } \widehat{B} = \frac{b}{c}$$

b → medida do cateto oposto ao ângulo $\widehat{B}$

c → medida do cateto adjacente ao ângulo $\widehat{B}$

$$\text{tg } \widehat{C} = \frac{c}{b}$$

c → medida do cateto oposto ao ângulo $\widehat{C}$

b → medida do cateto adjacente ao ângulo $\widehat{C}$

Exemplo

Com base no triângulo *ABC*, vamos calcular o seno, o cosseno e a tangente dos ângulos $\widehat{B}$ e $\widehat{C}$.

$$\text{sen } \widehat{B} = \frac{9}{15} = \frac{3}{5} \qquad \text{sen } \widehat{C} = \frac{12}{15} = \frac{4}{5}$$

$$\cos \widehat{B} = \frac{12}{15} = \frac{4}{5} \qquad \cos \widehat{C} = \frac{9}{15} = \frac{3}{5}$$

$$\text{tg } \widehat{B} = \frac{9}{12} = \frac{3}{4} \qquad \text{tg } \widehat{C} = \frac{12}{9} = \frac{4}{3}$$

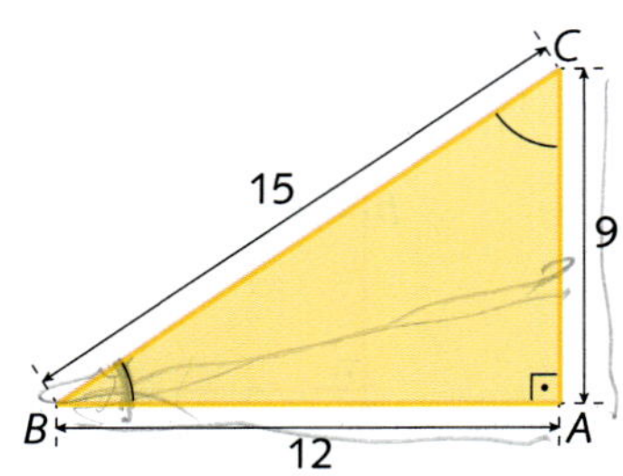

ILUSTRAÇÕES: ADILSON SECCO

Observações

1 A tangente de um ângulo agudo pode ser obtida como a razão entre o seno e o cosseno desse ângulo.

Veja:

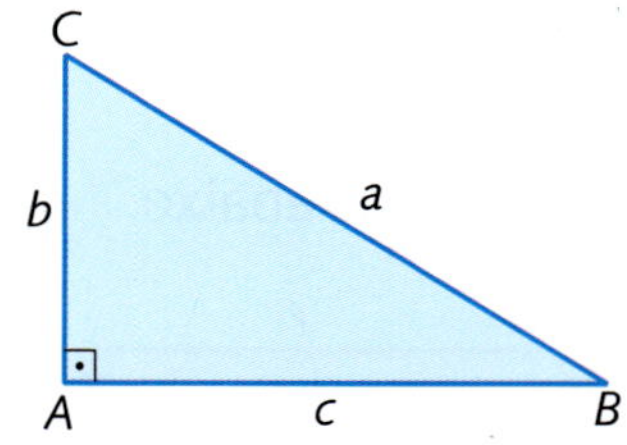

$$\text{sen}\,\widehat{B} = \frac{b}{a} \Rightarrow b = a \cdot \text{sen}\,\widehat{B}$$

$$\cos\widehat{B} = \frac{c}{a} \Rightarrow c = a \cdot \cos\widehat{B}$$

$$\text{tg}\,\widehat{B} = \frac{b}{c} = \frac{\cancel{a} \cdot \text{sen}\,\widehat{B}}{\cancel{a} \cdot \cos\widehat{B}} = \frac{\text{sen}\,\widehat{B}}{\cos\widehat{B}} \Rightarrow \text{tg}\,\widehat{B} = \frac{\text{sen}\,\widehat{B}}{\cos\widehat{B}}$$

2 A tangente de um ângulo agudo é um número real positivo.

3 O seno e o cosseno de um ângulo agudo são sempre números reais positivos menores que 1, pois qualquer cateto é sempre menor que a hipotenusa.

4 A inclinação de uma rampa corresponde à tangente do ângulo adjacente à base e oposto à altura dessa rampa.

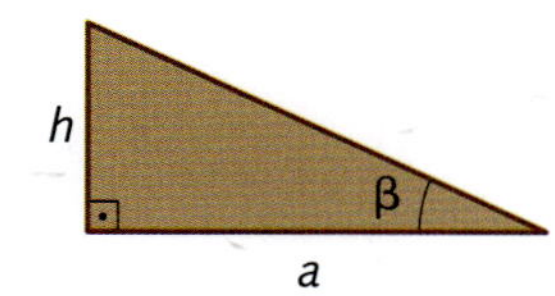

β é a medida do ângulo de inclinação dessa rampa.

Assim, para calcular a inclinação (tangente do ângulo β) devemos dividir a medida da altura da rampa (h) pela medida do afastamento (a). Caso o resultado encontrado seja menor que 0,0833 (8,33%), a rampa é segura e segue os padrões de acessibilidade. Esse cálculo é necessário na construção de rampas de acesso para pessoas com deficiência de mobilidade.

EXERCÍCIOS

26 Determine as razões trigonométricas.

a) sen $\widehat{C}$; cos $\widehat{B}$; tg $\widehat{B}$

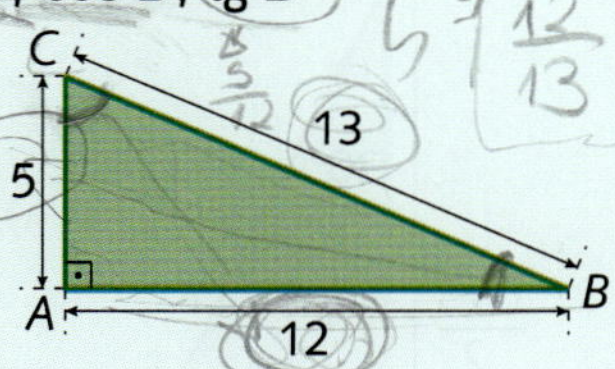

b) sen $\widehat{B}$; cos $\widehat{B}$; tg $\widehat{C}$

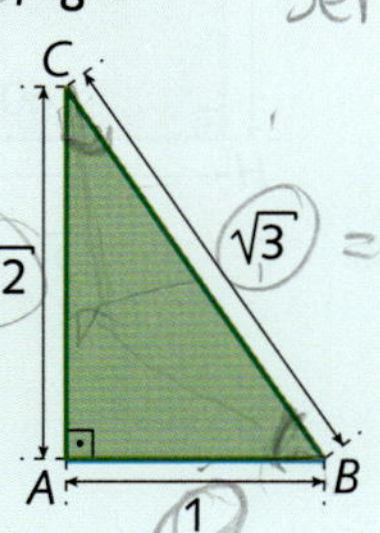

c) sen $\widehat{B}$; cos $\widehat{C}$; tg $\widehat{B}$

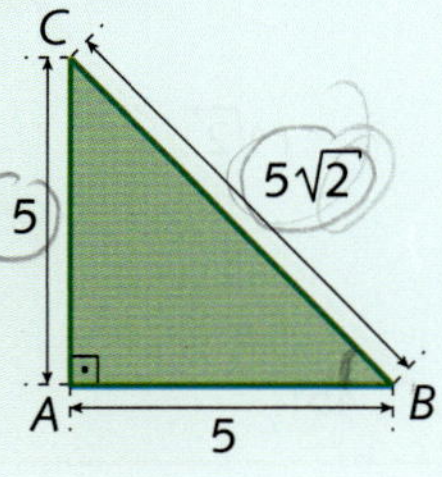

27 Determine as razões trigonométricas.

a) sen $\widehat{X}$; cos $\widehat{Z}$; tg $\widehat{X}$

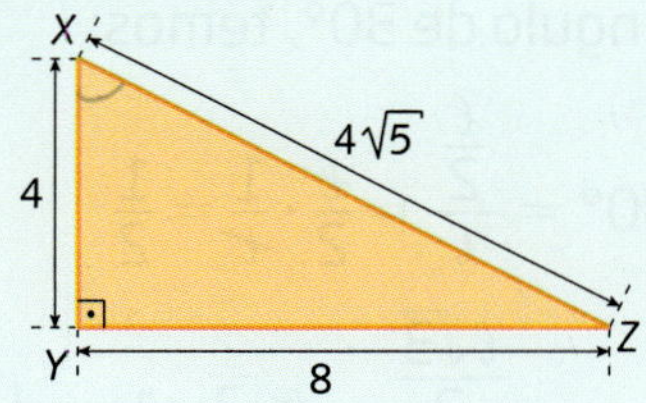

b) sen $\widehat{O}$; cos $\widehat{P}$; tg $\widehat{P}$

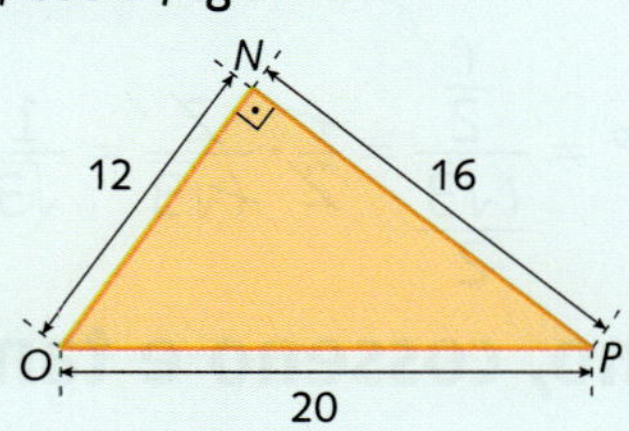

c) sen $\widehat{R}$; cos $\widehat{T}$; tg $\widehat{T}$

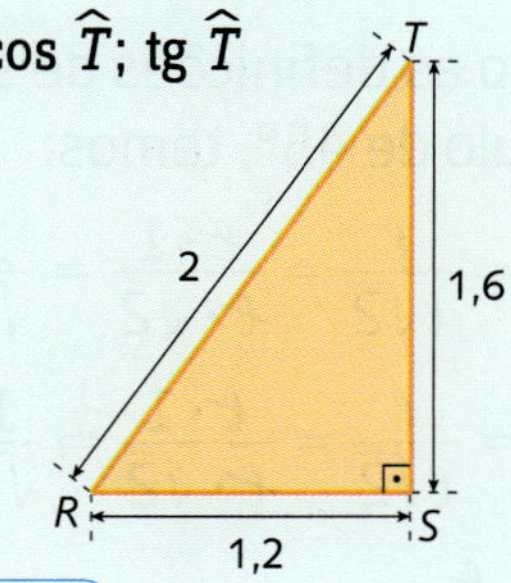

Conteúdo digital
• Animação: Paradoxos

ILUSTRAÇÕES: GUILHERME CASAGRANDI

7 As razões trigonométricas de 30°, 45° e 60°

Considere as figuras abaixo.

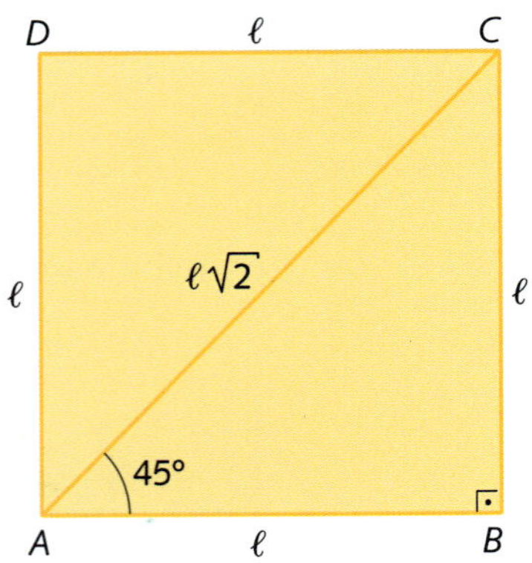

A medida do lado é ℓ.
A medida da diagonal é $\ell\sqrt{2}$.

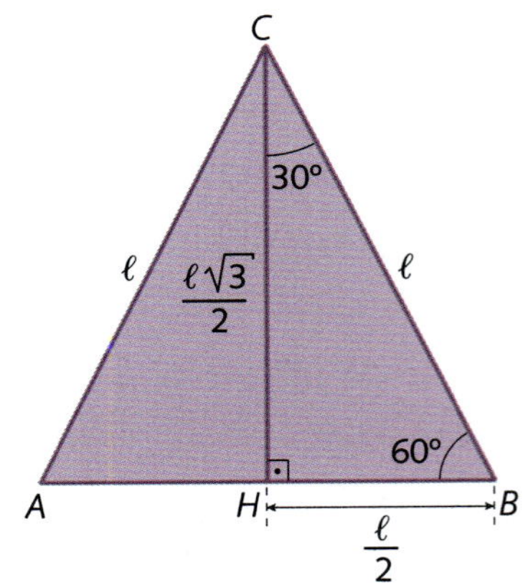

Triângulo equilátero com lado de medida ℓ.
A altura mede $\dfrac{\ell\sqrt{3}}{2}$.

Vamos usar essas figuras para calcular o seno, o cosseno e a tangente dos ângulos de 30°, 45° e 60°.

Seno, cosseno e tangente de 30°

Aplicando as definições de seno, cosseno e tangente para o ângulo de 30°, temos:

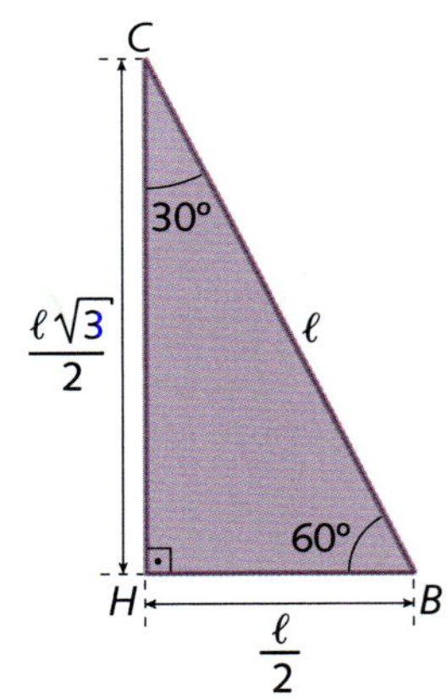

$$\text{sen } 30° = \frac{\frac{\ell}{2}}{\ell} = \frac{\ell}{2} \cdot \frac{1}{\ell} = \frac{1}{2}$$

$$\cos 30° = \frac{\frac{\ell\sqrt{3}}{2}}{\ell} = \frac{\ell\sqrt{3}}{2} \cdot \frac{1}{\ell} = \frac{\sqrt{3}}{2}$$

$$\text{tg } 30° = \frac{\frac{\ell}{2}}{\frac{\ell\sqrt{3}}{2}} = \frac{\ell}{2} \cdot \frac{2}{\ell\sqrt{3}} = \frac{1}{\sqrt{3}} = \frac{1}{\sqrt{3}} \cdot \frac{\sqrt{3}}{\sqrt{3}} = \frac{\sqrt{3}}{3}$$

Seno, cosseno e tangente de 45°

Aplicando as definições de seno, cosseno e tangente para o ângulo de 45°, temos:

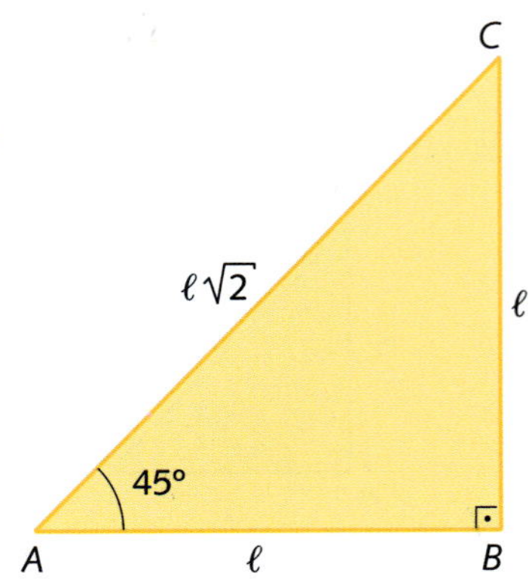

$$\text{sen } 45° = \frac{\ell}{\ell\sqrt{2}} = \frac{\ell \cdot 1}{\ell \cdot \sqrt{2}} = \frac{1}{\sqrt{2}} \cdot \frac{\sqrt{2}}{\sqrt{2}} = \frac{\sqrt{2}}{2}$$

$$\cos 45° = \frac{\ell}{\ell\sqrt{2}} = \frac{\ell \cdot 1}{\ell \cdot \sqrt{2}} = \frac{1}{\sqrt{2}} \cdot \frac{\sqrt{2}}{\sqrt{2}} = \frac{\sqrt{2}}{2}$$

$$\text{tg } 45° = \frac{\ell}{\ell} = 1$$

ILUSTRAÇÕES: ADILSON SECCO

Seno, cosseno e tangente de 60°

Aplicando as definições de seno, cosseno e tangente para o ângulo de 60°, temos:

$$\text{sen } 60° = \frac{\frac{\ell\sqrt{3}}{2}}{\ell} = \frac{\cancel{\ell}\sqrt{3}}{2} \cdot \frac{1}{\cancel{\ell}} = \frac{\sqrt{3}}{2}$$

$$\cos 60° = \frac{\frac{\ell}{2}}{\ell} = \frac{\cancel{\ell}}{2} \cdot \frac{1}{\cancel{\ell}} = \frac{1}{2}$$

$$\text{tg } 60° = \frac{\frac{\ell\sqrt{3}}{2}}{\frac{\ell}{2}} = \frac{\cancel{\ell}\sqrt{3}}{\cancel{2}} \cdot \frac{\cancel{2}}{\cancel{\ell}} = \sqrt{3}$$

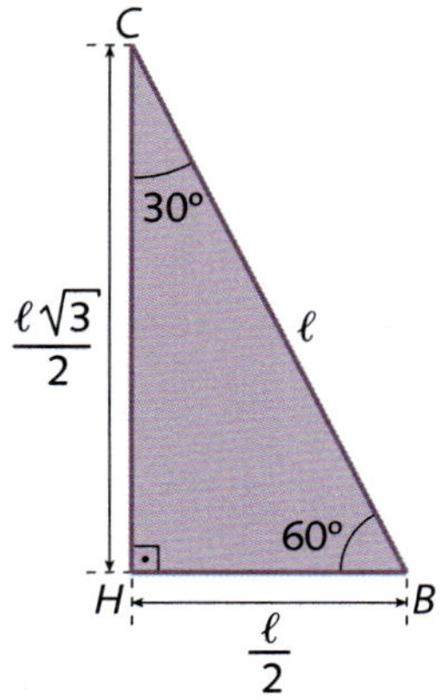

x	sen x	cos x	tg x
30°	$\frac{1}{2}$	$\frac{\sqrt{3}}{2}$	$\frac{\sqrt{3}}{3}$
45°	$\frac{\sqrt{2}}{2}$	$\frac{\sqrt{2}}{2}$	1
60°	$\frac{\sqrt{3}}{2}$	$\frac{1}{2}$	$\sqrt{3}$

LÉO FANELLI

Exemplos

- Vamos determinar o valor de x no triângulo retângulo.

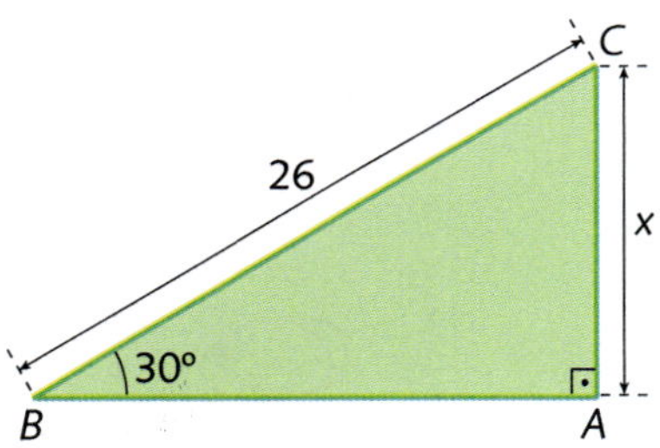

Solução

$\text{sen } \hat{B} = \frac{AC}{BC}$

$\text{sen } 30° = \frac{x}{26}$

$x = 26 \cdot \text{sen } 30°$

$x = 26 \cdot \frac{1}{2} = 13$

Logo, o valor de x é 13.

- Vamos determinar o valor de y.

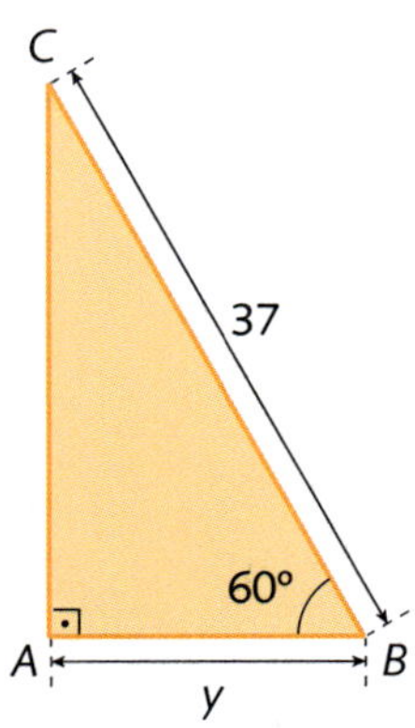

Solução

$\cos \hat{B} = \frac{AB}{BC}$

$\cos 60° = \frac{y}{37}$

$y = 37 \cdot \cos 60°$

$y = 37 \cdot \frac{1}{2} = 18{,}5$

Logo, o valor de y é 18,5.

ILUSTRAÇÕES: GUILHERME CASAGRANDI

- Vamos determinar o valor de z.

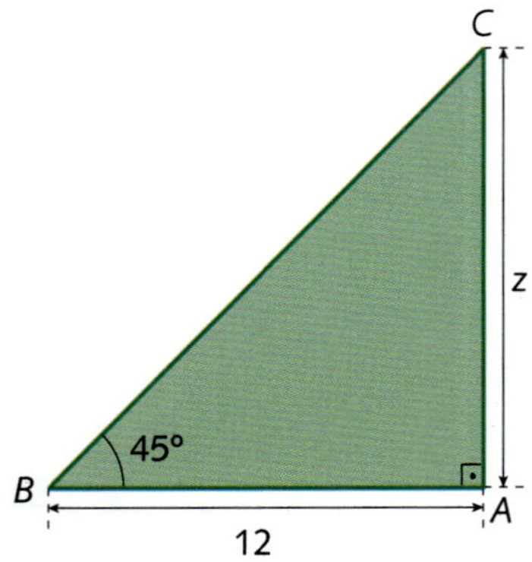

Solução

$\text{tg } \widehat{B} = \dfrac{AC}{AB}$

$\text{tg } 45° = \dfrac{z}{12}$

$z = 12 \cdot \text{tg } 45°$

$z = 12 \cdot 1 = 12$

Logo, o valor de z é 12.

EXERCÍCIOS

28 Calcule o valor de x e y nos triângulos retângulos.

a)

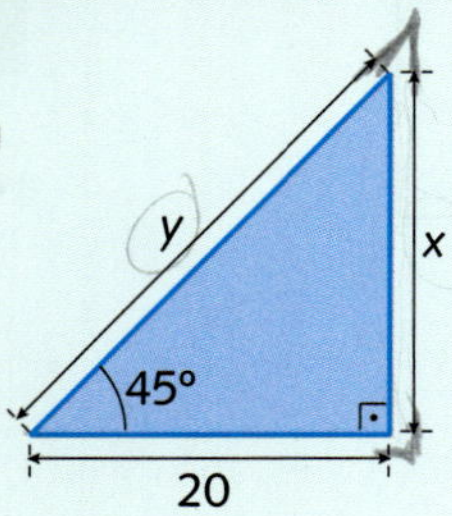

b)

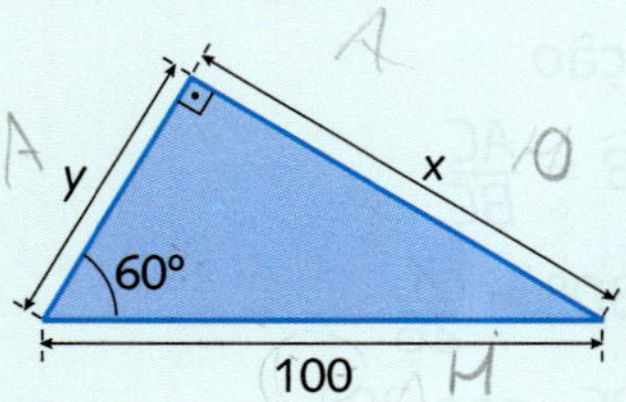

c)

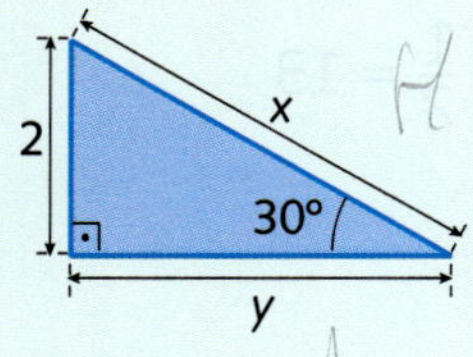

29 Determine o valor de m, n, h e x no triângulo retângulo.

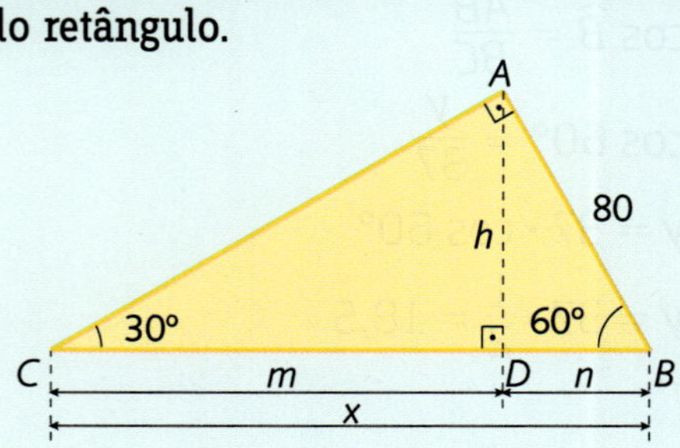

30 Calcule a medida do lado do quadrado e a medida da altura do triângulo.

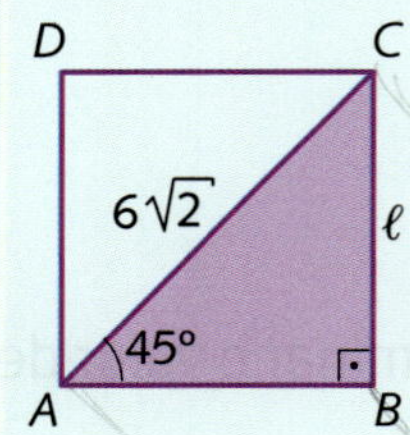

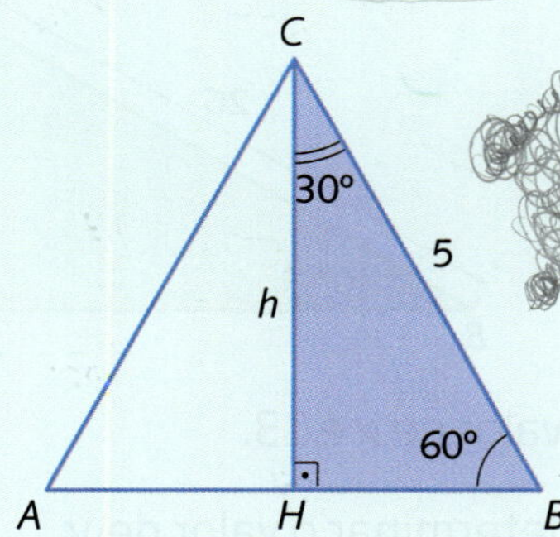

31 Determine o valor de h no triângulo retângulo.

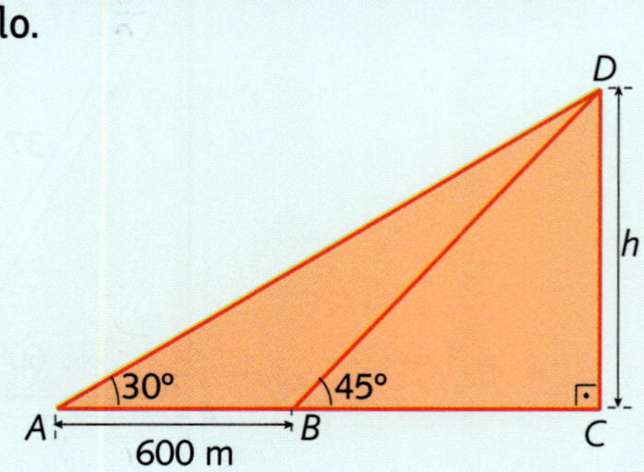

ILUSTRAÇÕES: GUILHERME CASAGRANDI

8 Tabela de razões trigonométricas

Na resolução de diversos problemas envolvendo razões trigonométricas, necessitamos dos valores do seno, do cosseno e da tangente de alguns ângulos.

Por isso, há alguns séculos, matemáticos criaram tabelas com os valores aproximados de seno, cosseno e tangente dos ângulos agudos (1° a 89°).

Observe uma tabela com aproximação de milésimos.

Ângulo	sen	cos	tg	Ângulo	sen	cos	tg
1°	0,017	1,000	0,017	46°	0,719	0,695	1,036
2°	0,035	0,999	0,035	47°	0,731	0,682	1,072
3°	0,052	0,999	0,052	48°	0,743	0,669	1,111
4°	0,070	0,998	0,070	49°	0,755	0,656	1,150
5°	0,087	0,996	0,087	50°	0,766	0,643	1,192
6°	0,105	0,995	0,105	51°	0,777	0,629	1,235
7°	0,122	0,993	0,123	52°	0,788	0,616	1,280
8°	0,139	0,990	0,141	53°	0,799	0,602	1,327
9°	0,156	0,988	0,158	54°	0,809	0,588	1,376
10°	0,174	0,985	0,176	55°	0,819	0,574	1,428
11°	0,191	0,982	0,194	56°	0,829	0,559	1,483
12°	0,208	0,978	0,213	57°	0,839	0,545	1,540
13°	0,225	0,974	0,231	58°	0,848	0,530	1,600
14°	0,242	0,970	0,249	59°	0,857	0,515	1,664
15°	0,259	0,966	0,268	60°	0,866	0,500	1,732
16°	0,276	0,961	0,287	61°	0,875	0,485	1,804
17°	0,292	0,956	0,306	62°	0,883	0,469	1,881
18°	0,309	0,951	0,325	63°	0,891	0,454	1,963
19°	0,326	0,946	0,344	64°	0,899	0,438	2,050
20°	0,342	0,940	0,364	65°	0,906	0,423	2,145
21°	0,358	0,934	0,384	66°	0,914	0,407	2,246
22°	0,375	0,927	0,404	67°	0,921	0,391	2,356
23°	0,391	0,921	0,424	68°	0,927	0,375	2,475
24°	0,407	0,914	0,445	69°	0,934	0,358	2,605
25°	0,423	0,906	0,466	70°	0,940	0,342	2,747
26°	0,438	0,899	0,488	71°	0,946	0,326	2,904
27°	0,454	0,891	0,510	72°	0,951	0,309	3,078
28°	0,469	0,883	0,532	73°	0,956	0,292	3,271
29°	0,485	0,875	0,554	74°	0,961	0,276	3,467
30°	0,500	0,866	0,577	75°	0,966	0,259	3,732
31°	0,515	0,857	0,601	76°	0,970	0,242	4,011
32°	0,530	0,848	0,625	77°	0,974	0,225	4,332
33°	0,545	0,839	0,649	78°	0,978	0,208	4,705
34°	0,559	0,829	0,675	79°	0,982	0,191	5,145
35°	0,574	0,819	0,700	80°	0,985	0,174	5,671
36°	0,588	0,809	0,727	81°	0,988	0,156	6,314
37°	0,602	0,799	0,754	82°	0,990	0,139	7,115
38°	0,616	0,788	0,781	83°	0,993	0,122	8,144
39°	0,629	0,777	0,810	84°	0,995	0,105	9,514
40°	0,643	0,766	0,839	85°	0,996	0,087	11,430
41°	0,656	0,755	0,869	86°	0,998	0,070	14,301
42°	0,669	0,743	0,900	87°	0,999	0,052	19,081
43°	0,682	0,731	0,933	88°	0,999	0,035	28,636
44°	0,695	0,719	0,966	89°	1,000	0,017	57,290
45°	0,707	0,707	1,000				

Veja a seguir alguns exemplos do uso dessa tabela.

- Vamos determinar o cosseno aproximado de 33°.

Solução

Localizamos o ângulo de 33° e, na coluna "cos", encontramos 0,839.

Ângulo	sen	cos	tg
31°	0,515	0,857	0,601
32°	0,530	0,848	0,625
33°	0,545	**0,839**	0,649
34°	0,559	0,829	0,675
35°	0,574	0,819	0,700
36°	0,588	0,809	0,727
37°	0,602	0,799	0,754
38°	0,616	0,788	0,781
39°	0,629	0,777	0,810

GEORGE TUTUMI

Logo, o cosseno de 33° é aproximadamente igual a 0,839.

- Vamos determinar o ângulo cuja tangente é aproximadamente igual a 1,6.

Solução

Localizamos, na coluna "tg", o valor 1,6 e encontramos o ângulo correspondente a esse valor.

Ângulo	sen	cos	tg
54°	0,809	0,588	1,376
55°	0,819	0,574	1,428
56°	0,829	0,559	1,483
57°	0,839	0,545	1,540
58°	0,848	0,530	**1,600**
59°	0,857	0,515	1,664
60°	0,866	0,500	1,732

Logo, o ângulo procurado é de 58°.

- Vamos determinar o ângulo cujos seno e cosseno têm valores iguais.

Solução

Localizamos, nas colunas "sen" e "cos", valores iguais.

Depois, encontramos o ângulo correspondente a esses valores.

Ângulo	sen	cos	tg
41°	0,656	0,755	0,869
42°	0,669	0,743	0,900
43°	0,682	0,731	0,933
44°	0,695	0,719	0,966
45°	**0,707**	**0,707**	1,000
46°	0,719	0,695	1,036
47°	0,731	0,682	1,072

Logo, o ângulo procurado é de 45°.

Observação

As razões trigonométricas para os ângulos de 0° e 90° não são obtidas a partir de triângulos retângulos. Definimos:

- ângulo de 0°:

  sen 0° = 0

  cos 0° = 1

  tg 0° = 0

- ângulo de 90°:

  sen 90° = 1

  cos 90° = 0

  ∄ tg 90°

A obtenção desses valores será justificada no Ensino Médio.

∄
Não existe.

Trabalhando com a calculadora

A calculadora científica é um recurso útil para obter os valores das razões trigonométricas dos ângulos.

Vamos aprender a utilizar as teclas [SIN] (seno), [COS] (cosseno) e [TAN] (tangente). Inicialmente, verifique se a calculadora científica está no modo DEG (grau = *degree*). Em seguida, digite as sequências de teclas abaixo e compare os resultados que aparecerem no visor com os valores da tabela de razões trigonométricas da página 249.

[SIN] [4] [0] [=]

[COS] [3] [6] [=]

[TAN] [7] [0] [=]

ROBERT BABCZYNSKI/SHUTTERSTOCK

EXERCÍCIOS

32 Com o uso da tabela de razões trigonométricas da página 249, determine o valor aproximado de:

a) sen 17°

b) cos 2°

c) tg 26°

d) sen 43°

e) cos 38°

f) tg 50°

33 Em cada caso, determine *a* utilizando a tabela de razões trigonométricas da página 249.

a) sen $a \simeq$ 0,122;

b) cos $a \simeq$ 0,342;

c) tg $a \simeq$ 0,7;

d) sen $a \simeq$ 0,829;

e) tg $a \simeq$ 0,176;

f) sen $a \simeq$ 0,988;

g) cos $a \simeq$ 0,777;

h) tg $a \simeq$ 1,732.

34 Utilizando uma calculadora científica, determine:

a) sen 77° b) cos 84° c) tg 88°

9 Resolução de problemas

A seguir, vamos estudar alguns problemas que envolvem aplicações das razões trigonométricas.

- De um posto de observação situado a 100 m de um prédio, vê-se o ponto mais alto desse prédio sob um ângulo de 44°. Determine a medida da altura do prédio, sabendo que o posto está a 1 m do solo. (Utilize: sen 44° = 0,69; cos 44° = 0,72; tg 44° = 0,97.)

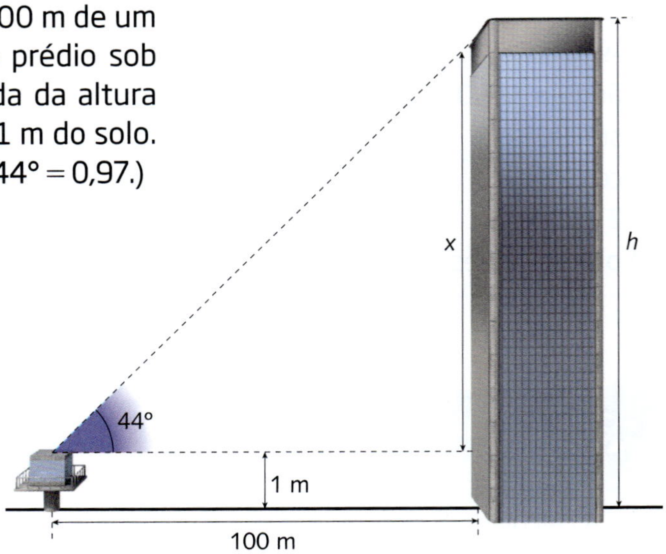

Solução

$\text{tg } 44° = \dfrac{x}{100}$

$x = 100 \cdot \text{tg } 44°$

$x = 100 \cdot 0{,}97$

$x = 97$

Então:

$h = x + 1$

$h = 97 + 1 = 98$

Logo, a medida da altura do prédio é 98 m.

- Um avião, a uma altura de 2 000 m, é visto por dois observadores que estão nos pontos *A* e *B*, sob ângulos de 28° e 40°, respectivamente. Qual é a distância aproximada entre esses dois observadores? (Utilize: sen 28° = 0,47; cos 28° = 0,88; tg 28° = 0,53; sen 40° = 0,64; cos 40° = 0,77; tg 40° = 0,84.)

Solução

$\text{tg } 40° = \dfrac{2\,000}{y}$

$y = \dfrac{2\,000}{\text{tg } 40°}$

$y = \dfrac{2\,000}{0{,}84}$

$y \simeq 2\,380{,}95$

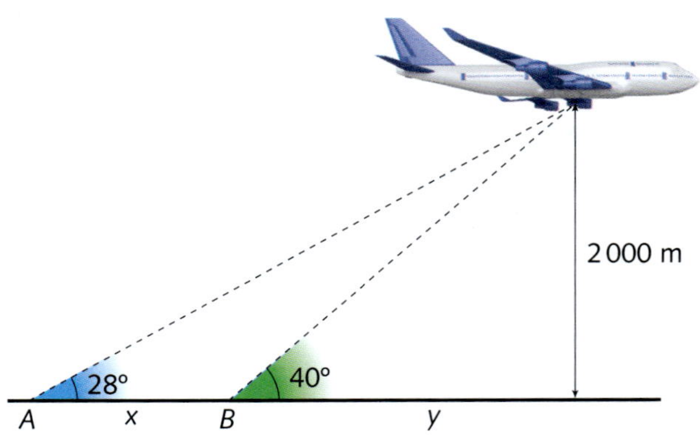

$\text{tg } 28° = \dfrac{2\,000}{x + y}$

$x + y = \dfrac{2\,000}{\text{tg } 28°}$

$x + y = \dfrac{2\,000}{0{,}53}$

$x + y \simeq 3\,773{,}58$

$x \simeq 3\,773{,}58 - 2\,380{,}95$

$x \simeq 1\,392{,}63$

Logo, a distância aproximada entre os dois observadores é 1 392,63 m.

ILUSTRAÇÕES: GUILHERME CASAGRANDI

▸ Sob um **ângulo de depressão** de 10°, avista-se do alto de um farol, com altura de 36 m, um navio. A que distância do farol está o navio? (Utilize: sen 10° = 0,17; cos 10° = 0,99; tg 10° = 0,18.)

Solução

$$\text{tg}\,10° = \frac{36}{x} \Rightarrow x = \frac{36}{\text{tg}\,10°} \Rightarrow x = \frac{36}{0{,}18} \Rightarrow x = 200$$

Logo, a distância é 200 m.

▸ Queremos saber a medida da largura de um rio sem atravessá-lo. Com o uso de um **teodolito** obtivemos o ângulo especificado. Qual é a medida da largura do rio? (Utilize: sen 55° = 0,82; cos 55° = 0,57; tg 55° = 1,43.)

Solução

$$\text{tg}\,55° = \frac{\ell}{20}$$

$$\ell = 20 \cdot \text{tg}\,55°$$

$$\ell = 20 \cdot 1{,}43 = 28{,}6$$

Logo, a medida da largura do rio é 28,6 m.

Teodolito
Instrumento usado na topografia para medições indiretas por meio da medida de ângulos.

▸ Vamos determinar a medida do comprimento da sombra projetada por uma torre com $40\sqrt{3}$ m de altura, sob **ângulo de elevação** do sol de 60°.

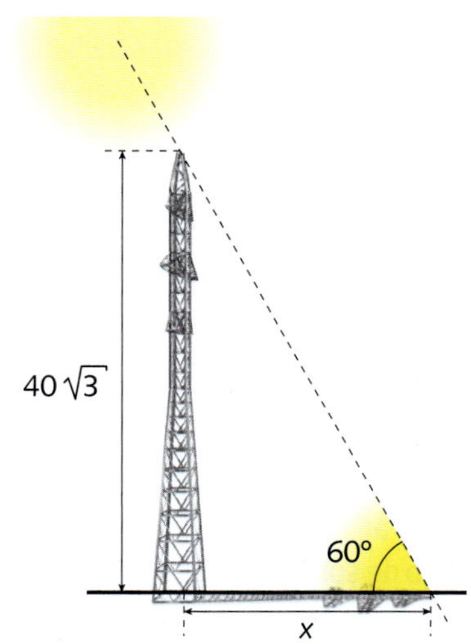

Solução

$$\text{tg}\,60° = \frac{40\sqrt{3}}{x}$$

$$x = \frac{40\sqrt{3}}{\text{tg}\,60°}$$

$$x = \frac{40\cancel{\sqrt{3}}}{\cancel{\sqrt{3}}} = 40$$

Logo, a medida do comprimento da sombra projetada pela torre é 40 m.

ILUSTRAÇÕES: GUILHERME CASAGRANDI

EXERCÍCIOS

35 Um observador distante 80 m do mastro de uma bandeira vê seu ponto mais alto sob o ângulo de 38°. A distância dos olhos dele ao chão é de 1,70 m. Qual é a medida da altura do mastro?

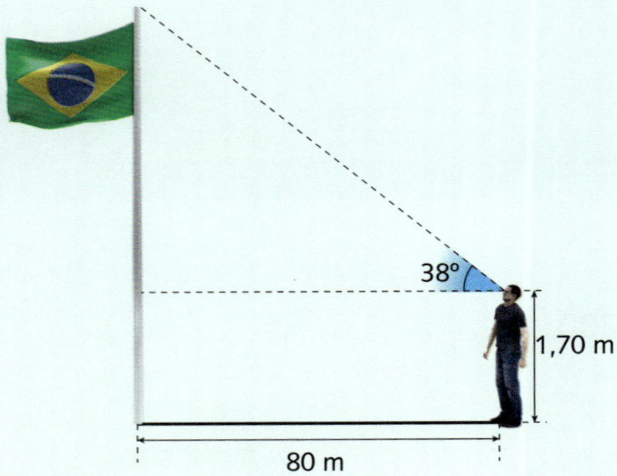

36 Do alto de uma torre de 50 m de altura, localizada em uma ilha, avista-se a praia sob um ângulo de 45° em relação à horizontal. Qual é a distância da torre à praia?

37 Calcule a distância a que o garoto deve estar da tela para ver sua linha superior sob um ângulo de 30°.

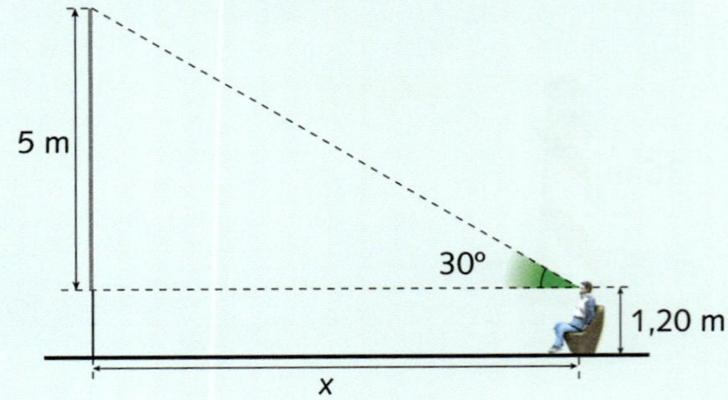

38 Um foguete é lançado de uma rampa situada no solo, sob um ângulo de 30°. A que altura estará o foguete após percorrer 8 km em linha reta?

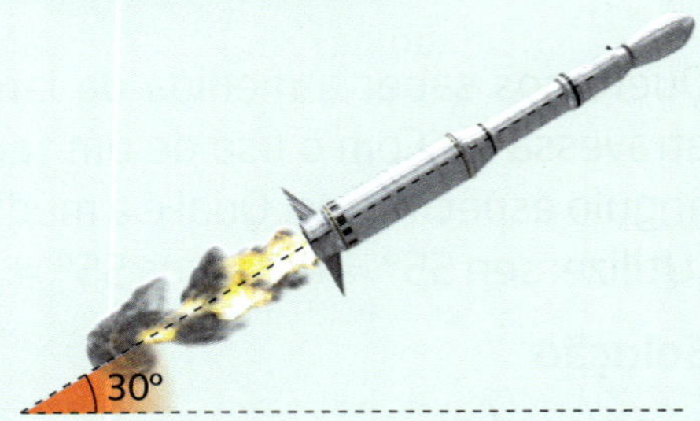

Trabalhando em equipe

Forme dupla com um colega, leiam o texto abaixo e determinem a inclinação máxima aceita pelos engenheiros em um prédio situado à beira-mar.

Inclinações em relação à vertical

Uma das preocupações dos engenheiros de uma cidade litorânea é verificar as inclinações α, em relação à vertical, dos prédios situados na orla marítima. Essas inclinações podem ocorrer em razão de problemas nas fundações construídas sobre o **solo arenoso**. Os valores aceitos, segundo os engenheiros, devem satisfazer esta condição:

$\text{tg}\,\alpha \leqslant 0{,}052$

(lê-se: "tangente de alfa é menor ou igual a cinquenta e dois milésimos").

Solo arenoso
Tipo de solo com pouca umidade, com teor de areia superior a 70%.

LUCAS BAPTISTA/FUTURA PRESS2013

Fachada de prédio inclinado na orla de Santos, São Paulo, 2013.

ILUSTRAÇÕES: GUILHERME CASAGRANDI

Trabalhando os conhecimentos adquiridos

Autoavaliação

1 Considere o triângulo retângulo a seguir:

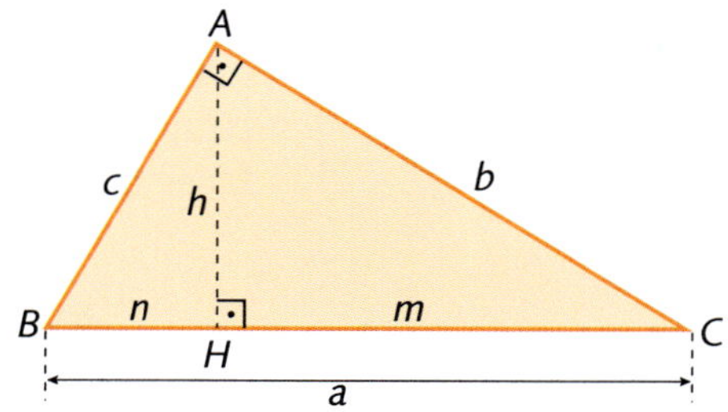

Associe cada relação métrica à sua descrição:

a) $h^2 = m \cdot n$

b) $a \cdot h = b \cdot c$

c) $c^2 = a \cdot n$ e $b^2 = a \cdot m$

I) O quadrado das medidas de cada um dos catetos é igual ao produto da medida da hipotenusa pela medida da projeção ortogonal do cateto considerado sobre a hipotenusa.

II) O quadrado da medida da altura relativa à hipotenusa é igual ao produto das medidas das projeções ortogonais dos catetos sobre a hipotenusa.

III) O produto das medidas dos catetos é igual ao produto da medida da hipotenusa pela medida da altura relativa à hipotenusa.

2 No livro *The Pythagorean Proposition*, de Elisha Scott Loomis, há 370 demonstrações para o teorema de Pitágoras. Pesquise uma demonstração desse famoso e importante teorema e reproduza-a no seu caderno.

3 Considere o quadrado *ABCD* e o triângulo equilátero *EFG* para determinar o seno, o cosseno e a tangente dos ângulos de medidas *a*, *b* e *c*.

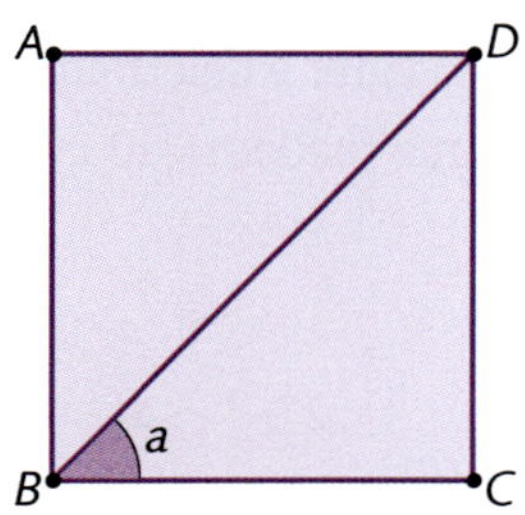

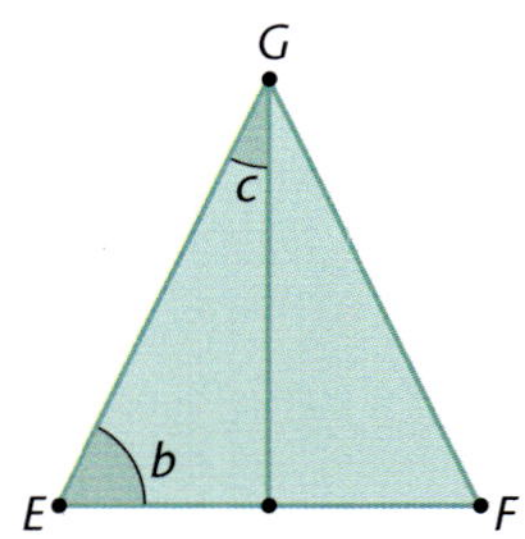

Quais são as medidas *a*, *b* e *c*?

35

Determine o valor de *AB* na figura.

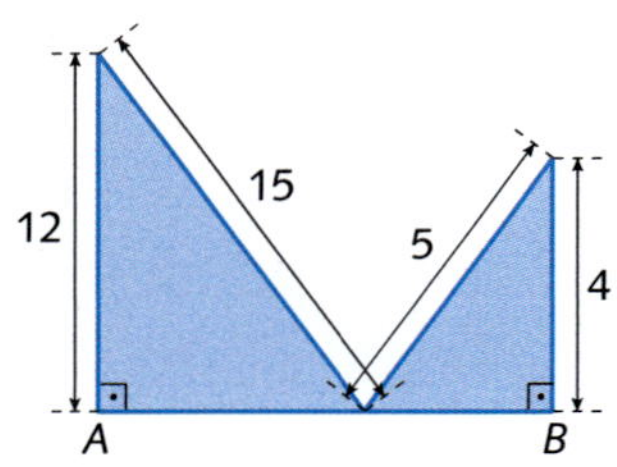

DESAFIO

Sendo $\widehat{B}$ e $\widehat{C}$ as medidas dos ângulos agudos de um triângulo retângulo, prove que:

$$\frac{\text{sen } \widehat{B} + \cos \widehat{C}}{\cos \widehat{B} + \text{sen } \widehat{C}} = \text{tg } \widehat{B}$$

ILUSTRAÇÕES: LUIZ RUBIO

1 Determine *x* e *y* nas figuras.

a)

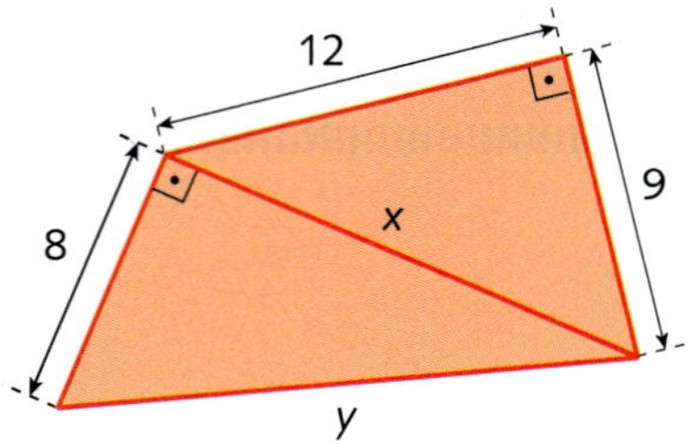

b)

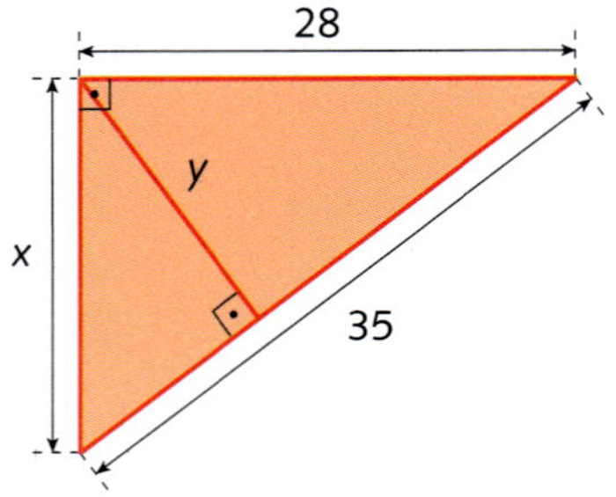

c)

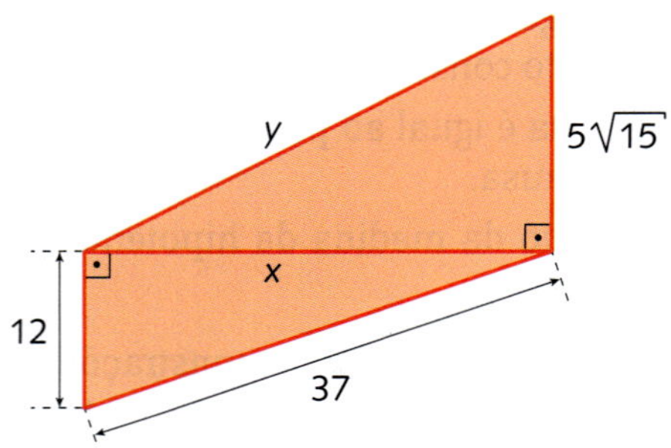

2 Determine *y* nas figuras abaixo.

a)

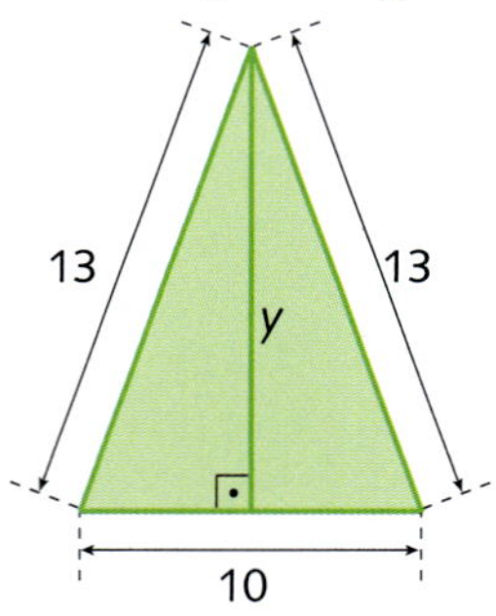

b)

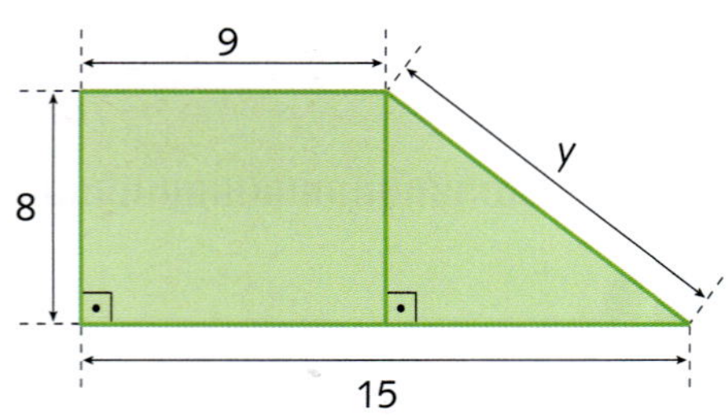

3 Os dois lados maiores de um triângulo retângulo medem 12 dm e 13 dm. Qual é o perímetro do triângulo?

4 **(Enem)** Uma metalúrgica recebeu uma encomenda para fabricar, em grande quantidade, uma peça com o formato de um prisma reto com base triangular, cujas dimensões da base são 6 cm, 8 cm e 10 cm e cuja altura é 10 cm. Tal peça deve ser vazada de tal maneira que a perfuração na forma de um cilindro circular reto seja tangente às suas faces laterais, conforme mostra a figura.

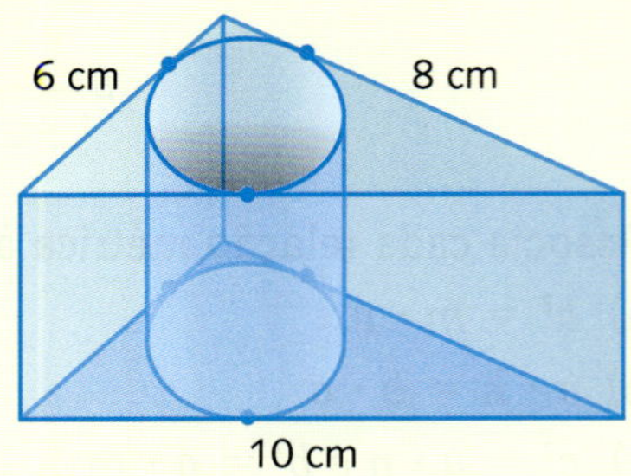

O raio da perfuração da peça é igual a:

a) 1 cm.
b) 2 cm.
c) 3 cm.
d) 4 cm.
e) 5 cm.

DESAFIO

Em um triângulo retângulo com catetos de medida 1 cm, verifique utilizando o teorema de Pitágoras que a medida da hipotenusa desse triângulo é $\sqrt{2}$ cm.

Em seguida, construa outros triângulos conforme a figura a seguir e determine geometricamente segmentos que medem $\sqrt{10}$ cm, $\sqrt{11}$ cm e $\sqrt{12}$ cm.

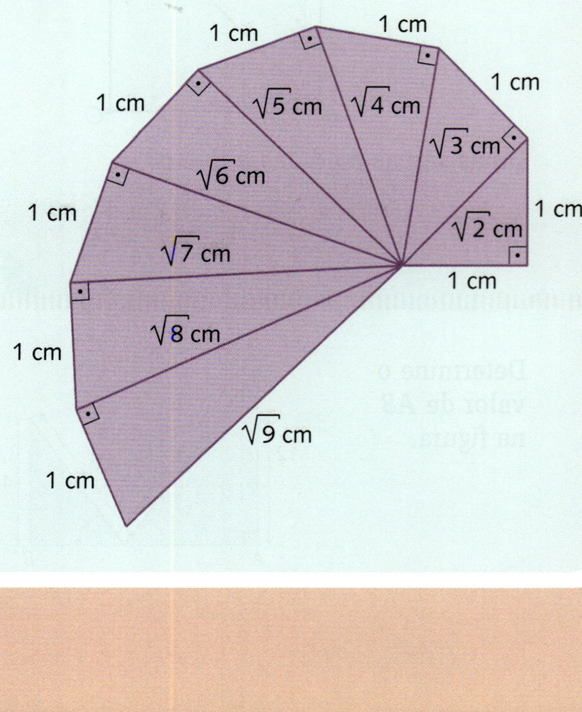

ILUSTRAÇÕES: GUILHERME CASAGRANDI

1 Determine a medida da hipotenusa do triângulo retângulo abaixo.

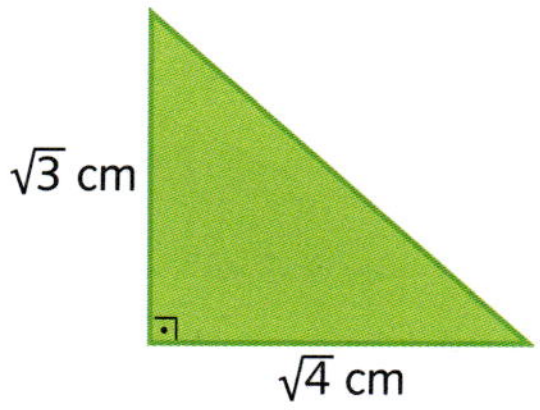

ERICSON GUILHERME LUCIANO

2 Um dos catetos de um triângulo retângulo mede 20 cm, e a medida do outro é igual a $\frac{3}{4}$ da medida do primeiro. Determine a medida da hipotenusa do triângulo.

3 Determine a medida da altura relativa à hipotenusa. do triângulo retângulo abaixo:

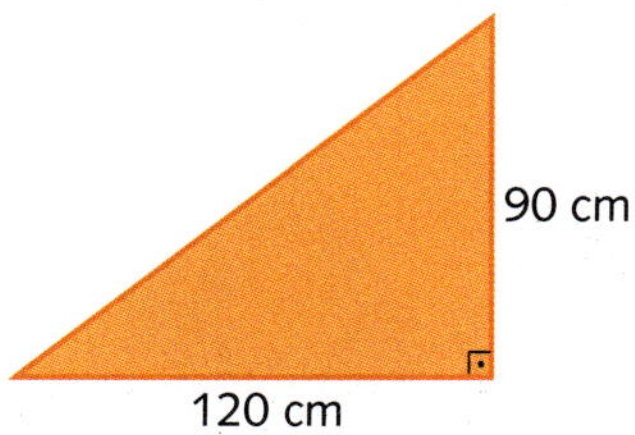

ERICSON GUILHERME LUCIANO

4 Qual é o perímetro do quadrado cuja diagonal mede $3\sqrt{6}$ cm?

5 As bases de um trapézio isósceles medem 27 cm e 11 cm, e os outros lados medem 10 cm cada um. Determine a medida da altura do trapézio.

6 Observe as duas posições em que foi colocada uma escada. Determine o valor aproximado de *x*.

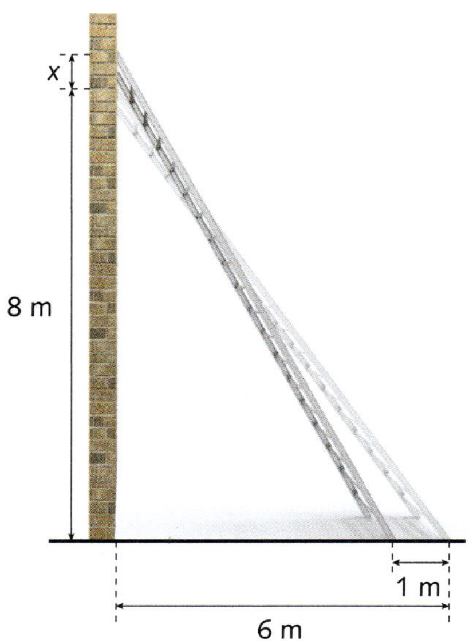

7 Calcule a medida dos catetos de um triângulo retângulo isósceles cuja hipotenusa mede $10\sqrt{2}$ cm.

8 Qual é a distância entre os pontos *E* e *F*?

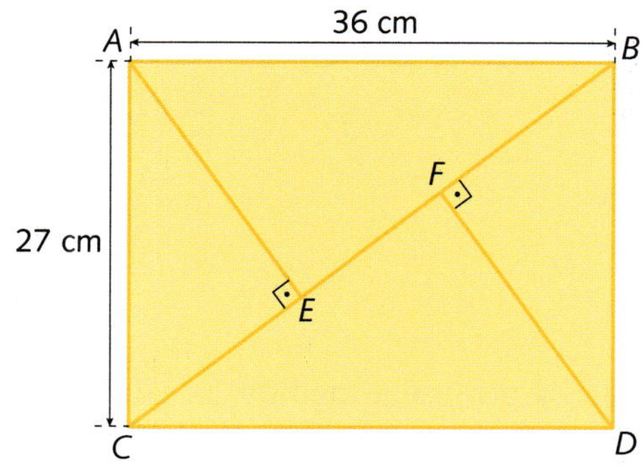

DESAFIO

O problema abaixo foi enunciado na publicação chinesa *Kin Tschang*, em 2600 a.C., e editado por Tsin-Kin-Tschaou, 1 250 anos antes da era cristã.

No século XII, o matemático Bhaskara assim o publicou no *Lilavati* e *Vija-Ganita*:

"se um bambu de 32 cúbitos de altura é quebrado pelo vento de modo que a ponta encontra o chão a 16 cúbitos da base, a que altura a partir do chão ele foi quebrado?"

BOYER, Carl B. e MERZBACH, Uta C. *História da Matemática*. Trad. Helena de Castro. São Paulo: Blucher, 2012. p. 161.

ILUSTRAÇÕES: GUILHERME CASAGRANDI

1 Na figura, determine a, h, m e n.

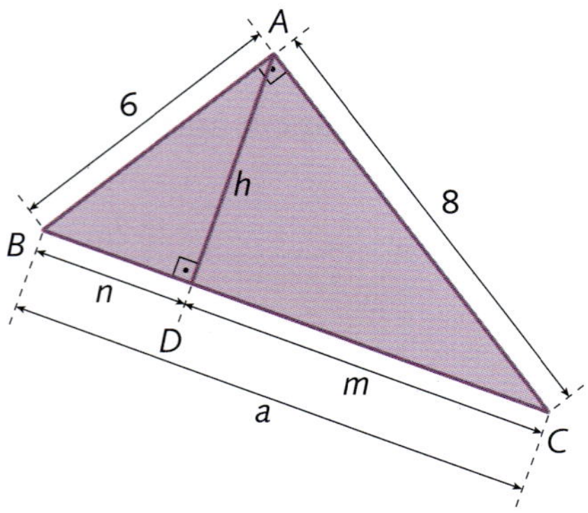

2 Determine a medida da altura relativa à hipotenusa no triângulo ABC abaixo.

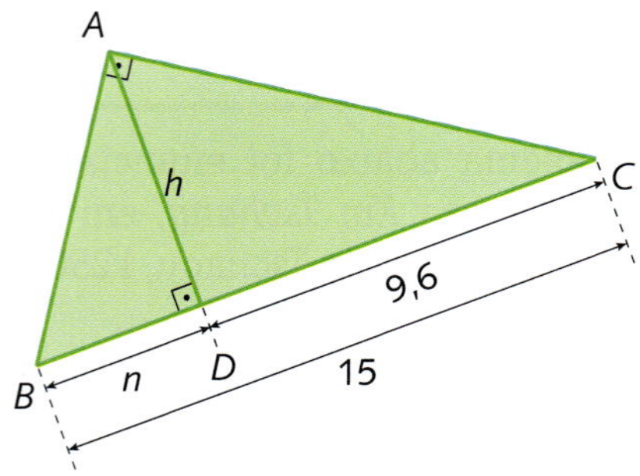

3 Na figura, determine a, b, c e h.

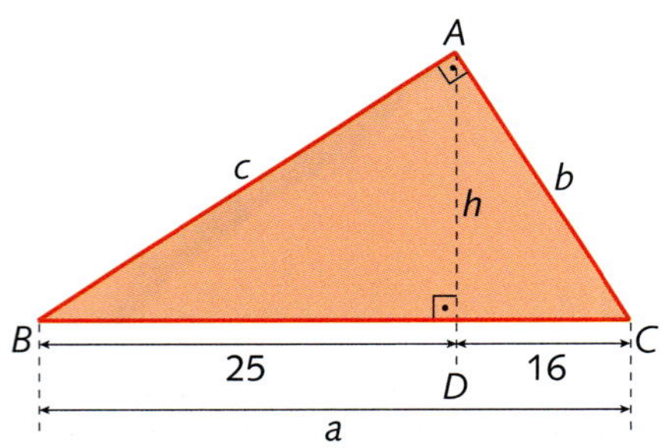

4 A escada abaixo foi aberta em um ângulo de 90°, atingindo a altura de 2 m. Qual é a medida do comprimento de cada braço da escada?

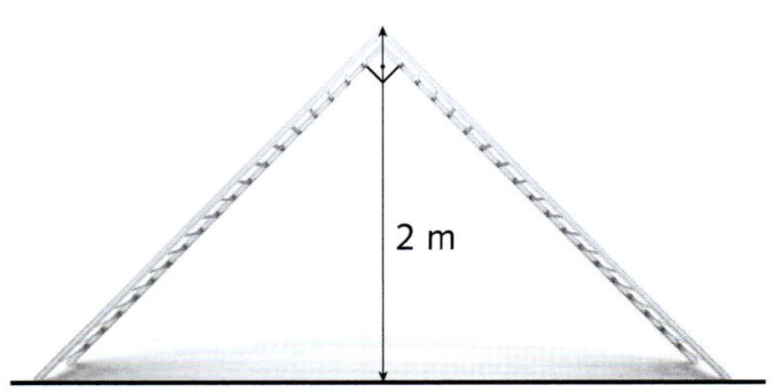

5 Determine as medidas dos lados do triângulo.

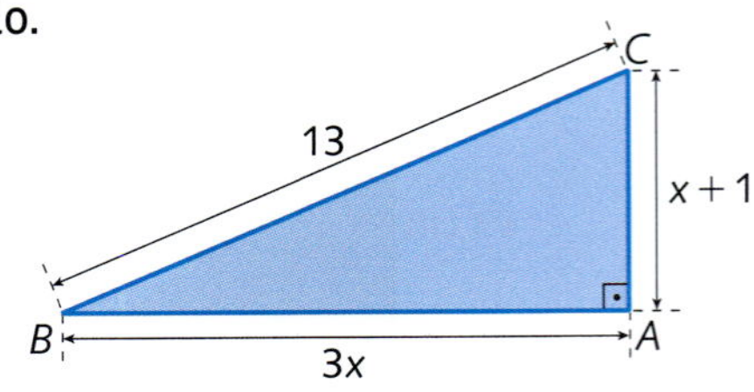

6 Roberto tenta inclinar um armário até que sua diagonal fique perpendicular ao chão. O pé direito da sala é de 2,50 m.
Observe a figura e responda: será possível? Por quê?

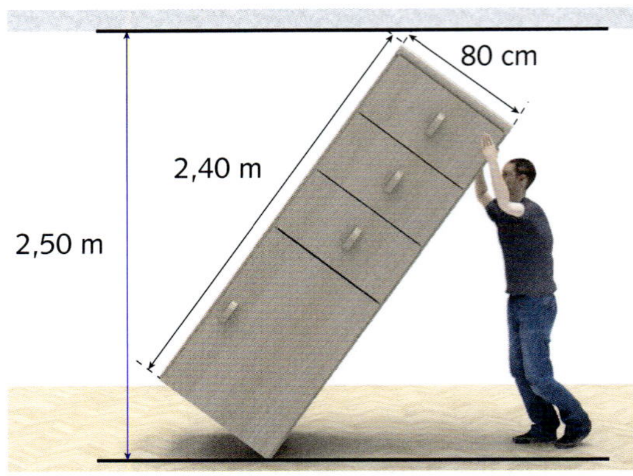

7 Determine o valor de x na figura.

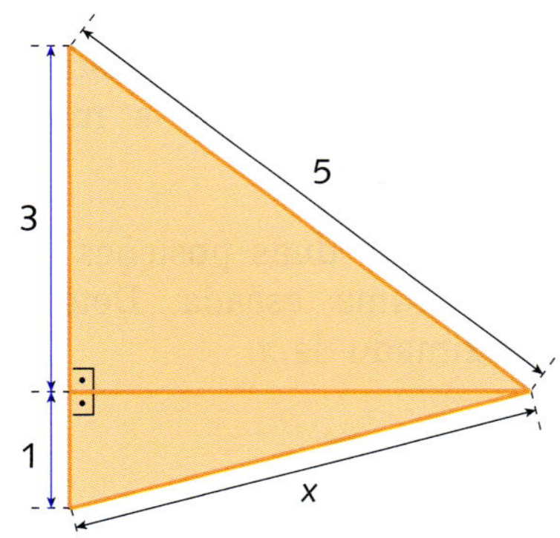

DESAFIO

Determine b para que $\ell = 2a$.

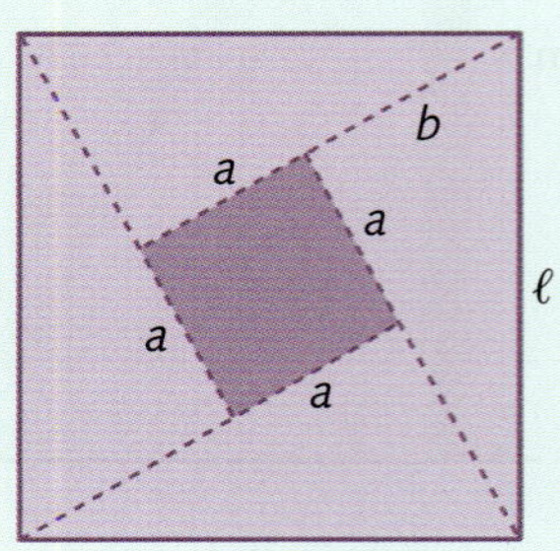

1 **(Enem)**

> Um balão atmosférico, lançado em Bauru (343 quilômetros a noroeste de São Paulo), na noite do último domingo, caiu nesta segunda-feira em Cuiabá Paulista, na região de Presidente Prudente, assustando agricultores da região. O artefato faz parte do programa Projeto Hibiscus, desenvolvido por Brasil, França, Argentina, Inglaterra e Itália, para a medição do comportamento da camada de ozônio, e sua descida se deu após o cumprimento do tempo previsto de medição.

Disponível em: <http://www.correiodobrasil.com.br.>. Acesso em: 2 maio 2010.

Na data do acontecido, duas pessoas avistaram o balão. Uma estava a 1,8 km da posição vertical do balão e o avistou sob um ângulo de 60°; a outra estava a 5,5 km da posição vertical do balão, alinhada com a primeira, e no mesmo sentido, conforme se vê na figura, e o avistou sob um ângulo de 30°.

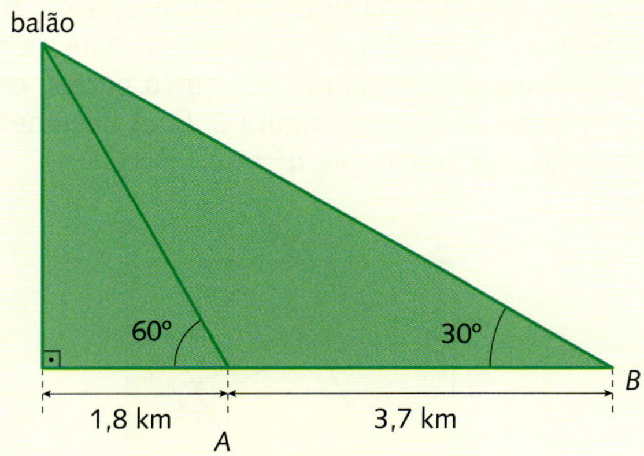

Qual a altura aproximada em que se encontrava o balão?

a) 1,8 km

b) 1,9 km

c) 3,1 km

d) 3,7 km

e) 5,5 km

2 O perímetro de um quadrado é 40 cm. Quanto mede sua diagonal?

3 Calcule o perímetro de um losango cujas diagonais medem 12 cm e 16 cm.

4 Determine a medida da hipotenusa e o perímetro do triângulo abaixo.

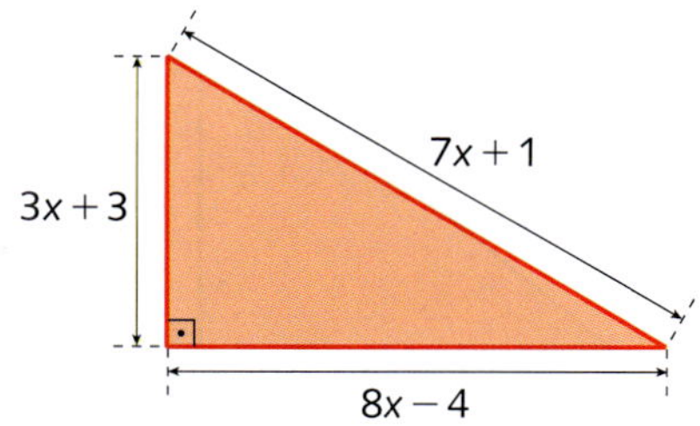

5 A altura de um triângulo equilátero mede $10\sqrt{3}$ cm. Quanto mede seu lado?

6 Um caminhão tem a forma de um paralelepípedo retângulo, e o vão da ponte tem a forma de um semicírculo de raio 4 m.

GEORGE TUTUMI

Pergunta-se:

a) Se o caminhão tem 2,8 m de largura, qual é a altura máxima que pode ter para passar sob a ponte?

b) Se o caminhão tem 3,6 m de altura, qual é a largura máxima que pode ter para passar sob a ponte?

7 Os catetos de um triângulo medem 6 cm e 8 cm. Calcule a metade da medida da hipotenusa.

DESAFIO

Determine o perímetro do polígono da figura.

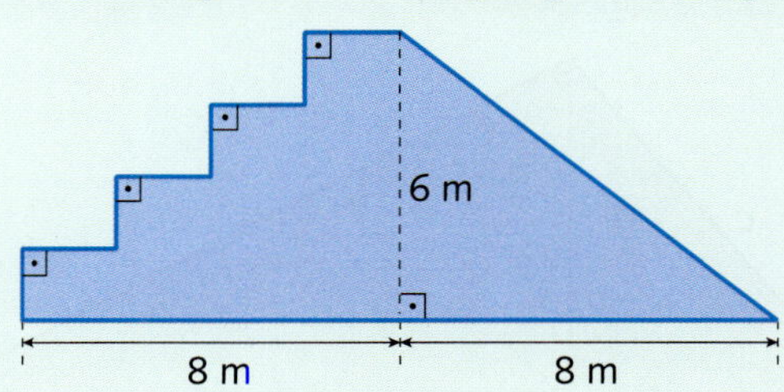

ILUSTRAÇÕES: GUILHERME CASAGRANDI

1 Determine x nas figuras abaixo.

a)

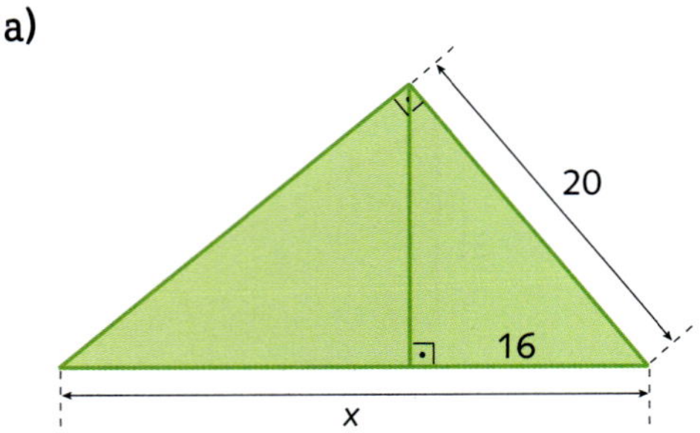

b)

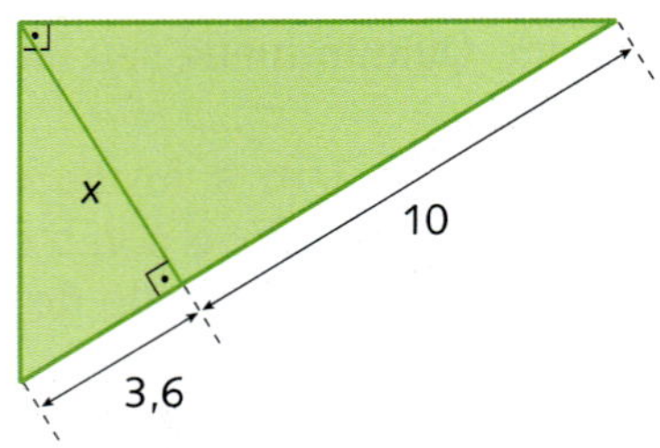

2 A hipotenusa de um triângulo mede 60 cm, e a razão entre as medidas dos catetos é $\frac{3}{5}$. Determine a medida dos catetos.

3 Determine o valor de x.

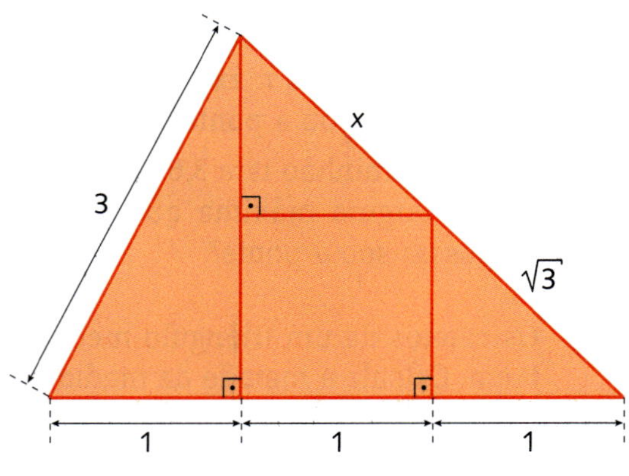

4 No triângulo retângulo, b é o triplo de c. Determine $m : n$.

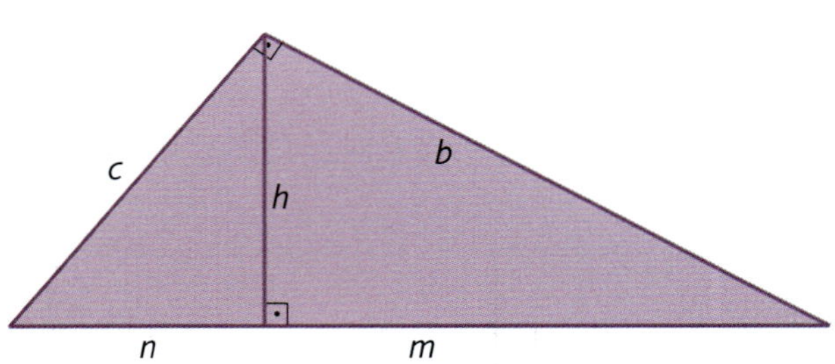

5 Determine a medida do raio da circunferência circunscrita do triângulo ao lado.

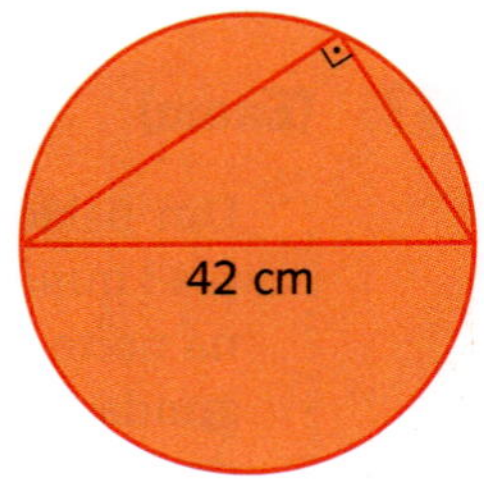

6 Observe a figura e determine o valor aproximado de c.

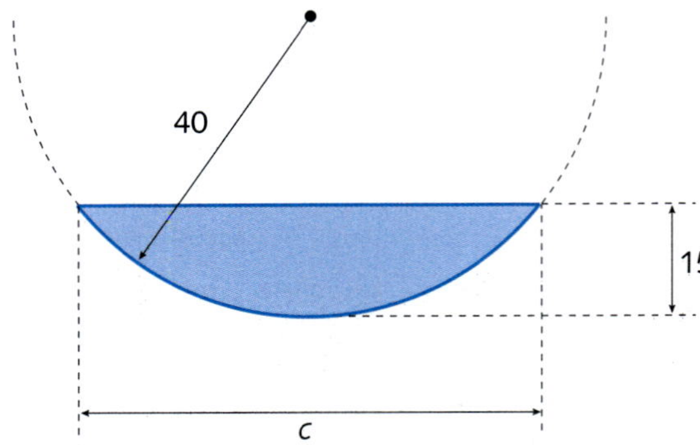

DESAFIO

Uma prova chinesa do teorema de Pitágoras data, aproximadamente, da dinastia de Han (200 a.C.-200 d.C.). Essa prova consiste na decomposição da figura 1 em cinco partes, com as quais se monta a figura 2. Com base nesse raciocínio, prove que $a^2 = b^2 + c^2$.

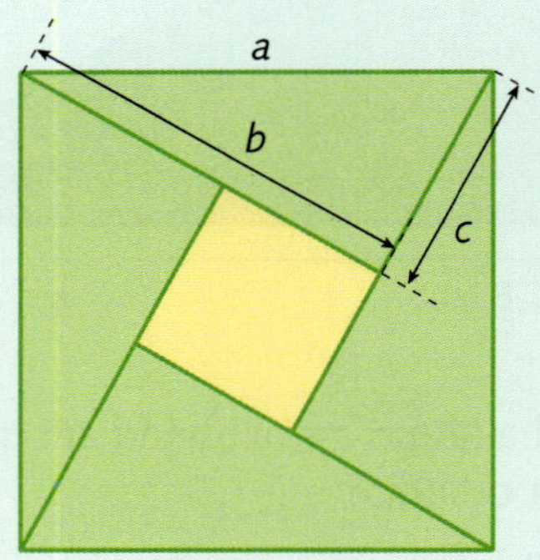

figura 1

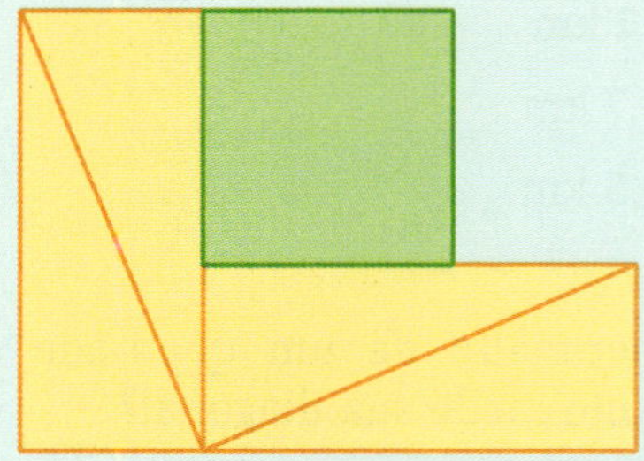

figura 2

ERICSON GUILHERME LUCIANO

ILUSTRAÇÕES: ADILSON SECCO

1 Considere o triângulo retângulo *ABC* da figura e determine:

a) sen $\widehat{B}$

b) cos $\widehat{C}$

c) cos $\widehat{B}$

d) tg $\widehat{B}$

e) sen $\widehat{C}$

f) tg $\widehat{C}$

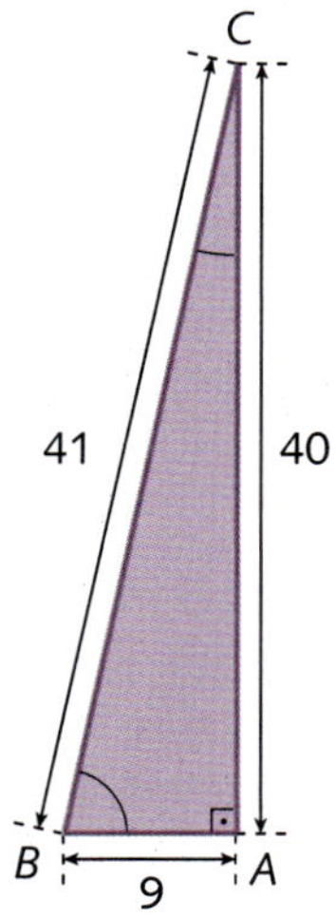

2 No triângulo *ABC*, *A* é reto, a hipotenusa mede 37 cm, e sen $\widehat{B} = \frac{35}{37}$.

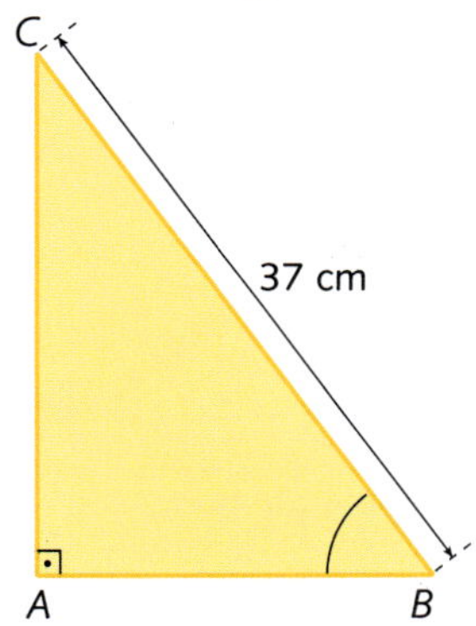

Determine:

a) cos $\widehat{B}$

b) cos $\widehat{C}$

c) tg $\widehat{B}$

d) tg $\widehat{C}$

e) sen $\widehat{C}$

f) med($\overline{AB}$)

3 Determine a medida da altura do triângulo abaixo.

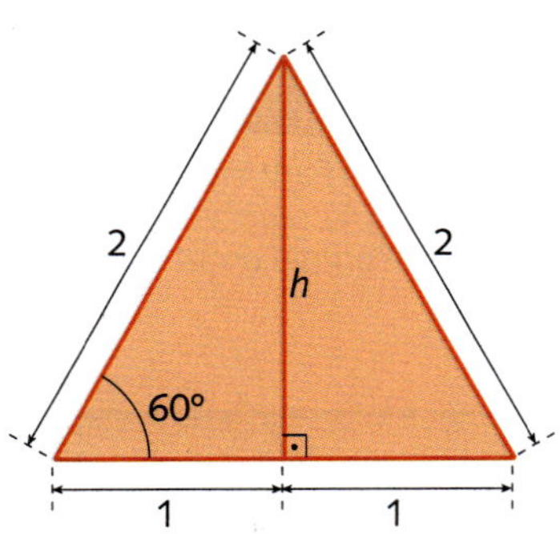

4 Para um estudo mais detalhado dos acidentes que ocorrem na aterrissagem de aviões, foi desenvolvido um programa de computador pelo Instituto de Pesquisas Aeroespaciais do Canadá. Em determinado momento, aparece na tela a figura abaixo. Determine *x* e *y* nessas condições.

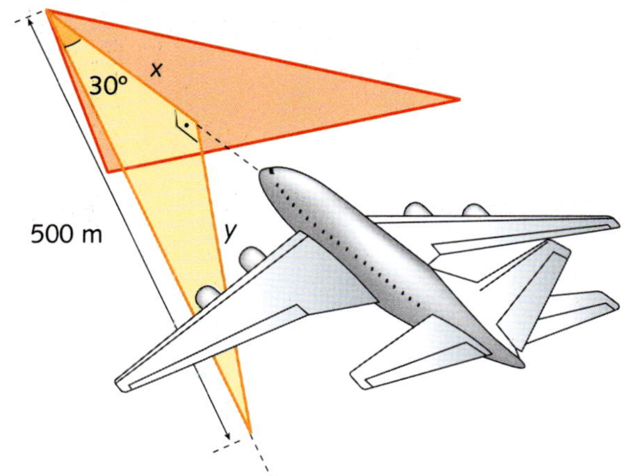

DESAFIO

Vamos apresentar mais um problema antigo, publicado por G. Boucheny em *Curiosités et Récréations Mathématiques*. Resolva-o com auxílio do teorema de Pitágoras.

> "Duas torres, uma com 30 passos e outra com 40 de altura, estão à distância de 50 passos uma da outra. Entre ambas se acha uma fonte, para a qual dois pássaros descem do alto das torres com um mesmo voo e chegam ao mesmo tempo. Quais as distâncias horizontais da fonte às duas torres?"
>
> (Leonardo de Pisa, *Liber abaci*, 1202)

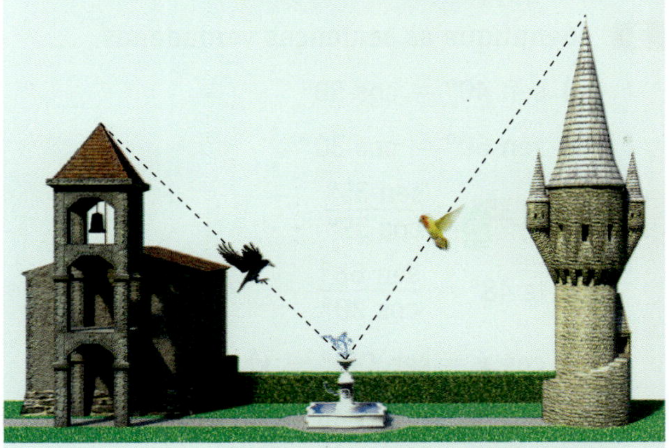

Extraído de: Manoel Jairo Bezerra; Otto Schwarz; Roberto Zaremba Bezerra. *Geometria 1*. 2. ed. rev. Rio de Janeiro: Fename, 1982.

ILUSTRAÇÕES: GUILHERME CASAGRANDI

1 Determine o valor de a no triângulo ABC abaixo.

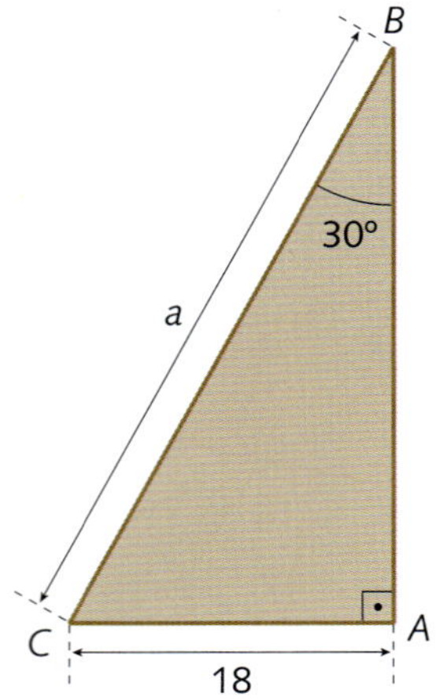

2 Sabendo que $\text{tg } 30° = \frac{\sqrt{3}}{3}$, determine a medida aproximada do segmento $\overline{AB}$ na figura.

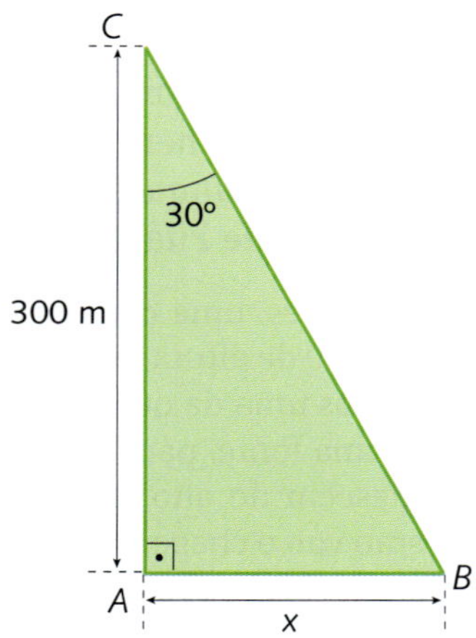

3 Identifique as sentenças verdadeiras.

a) $\text{sen } 40° = \cos 50°$

b) $\text{sen } 60° = \cos 30°$

c) $\text{tg } 35° = \frac{\text{sen } 35°}{\cos 35°}$

d) $\text{tg } 48° = \frac{\text{sen } 68°}{\cos 20°}$

e) $\cos x = \text{sen } (90° - x)$

f) $\text{sen } 45° = \cos 45° = \text{tg } 45°$

g) $\text{sen}^2 30° + \cos^2 30° = 1$

h) $\text{sen } 81° = \text{sen } 86°$

i) $\text{tg } 70° = 5{,}495 \cdot \text{sen } 30°$

4 Determine o cosseno do ângulo α na figura.

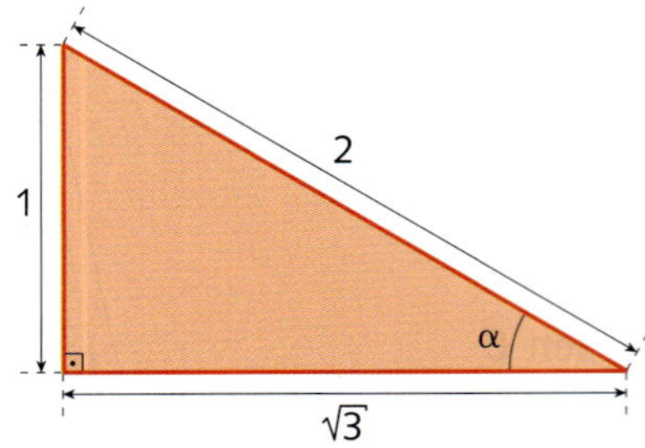

5 (UFPI) Um avião decola, percorrendo uma trajetória retilínea, formando com o solo um ângulo de 30° (suponha que a região sobrevoada pelo avião seja plana). Depois de percorrer 1000 metros, qual a altura atingida pelo avião?

6 Observe a figura e determine, aproximadamente, a projeção horizontal deste toboágua. (Utilize: sen 22° = 0,37; cos 22° = 0,93; tg 22° = 0,40.)

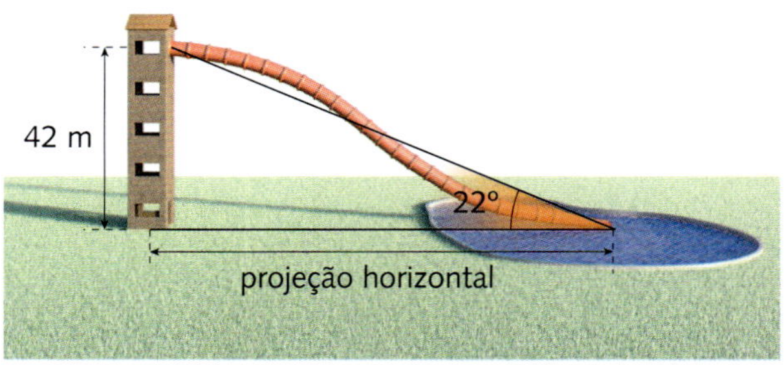

GENTIL BARREIRA/IMAGEM BRASIL

O Insano, atração do Beach Park, no Ceará, é o mais alto toboágua do mundo, com 41 metros. Sua altura equivale à dimensão vertical de um prédio de 14 andares.

DESAFIO

Prove que $\text{sen}^2 a + \cos^2 a = 1$.

ILUSTRAÇÕES: GUILHERME CASAGRANDI

1 Observe o triângulo ABC.

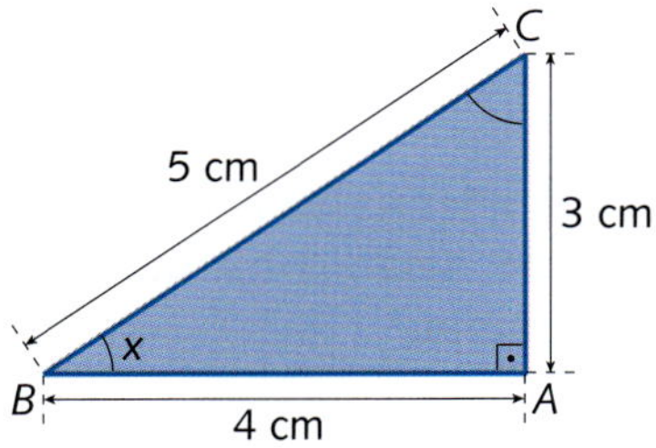

Determine:

a) sen x

b) cos x

c) tg x

d) $\text{sen}^2\, x + \cos^2 x$

e) $\dfrac{\text{sen}\, x}{\cos x}$

f) $\dfrac{\cos^2 x}{\text{sen}\, x}$

2 Um avião levanta voo sob um ângulo de 30°. Quando atingir 1000 m de altura, qual será a distância percorrida por ele?

3 Determine sen x, cos x e tg x nas figuras.

a)

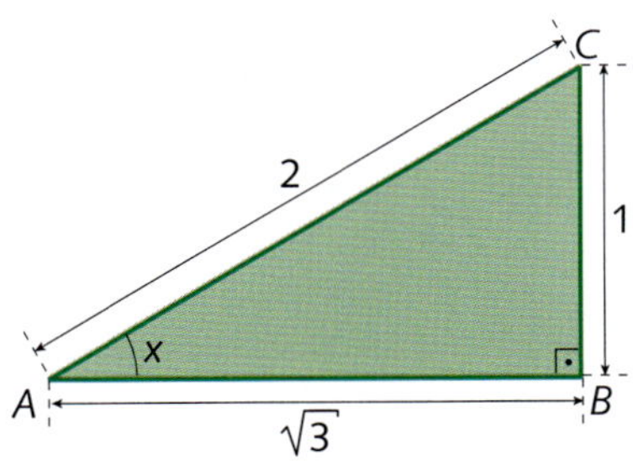

b)

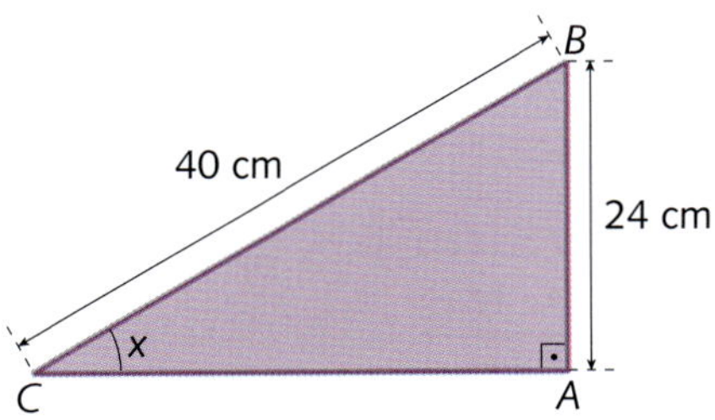

4 Determine o valor de tg x no triângulo retângulo ABC, sabendo que:

- $a = 7{,}5$ cm;
- $b = 4{,}5$ cm;
- $c = 6$ cm.

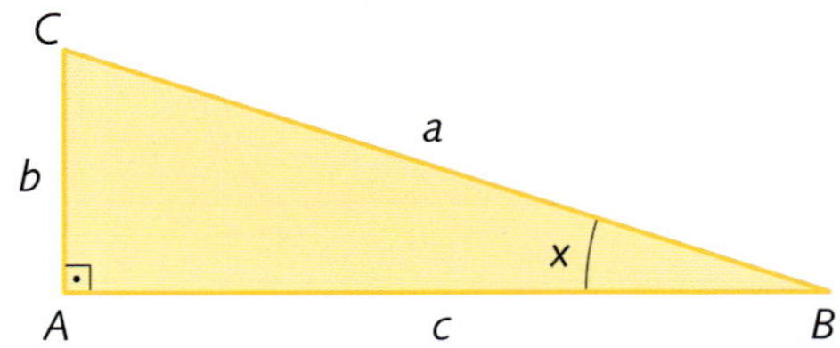

5 Na figura abaixo, o quadrado de 12 cm de lado foi dividido em quatro triângulos retângulos. Essa afirmação é verdadeira?

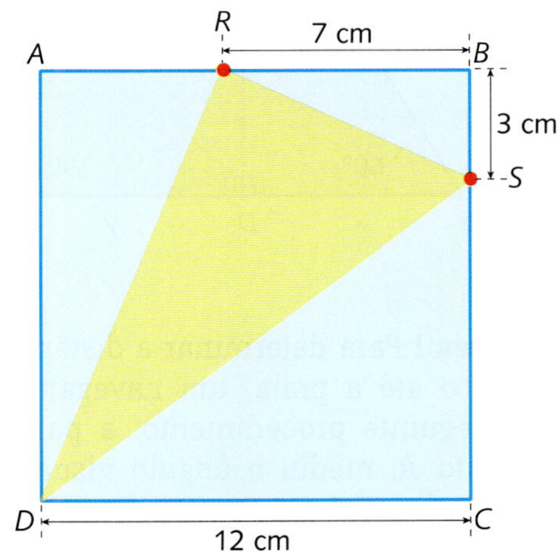

DESAFIO

A figura abaixo é formada por quadrados e triângulos retângulos. Prove que a soma das áreas dos quadrados amarelos é igual a 1,5 (área do quadrado azul).

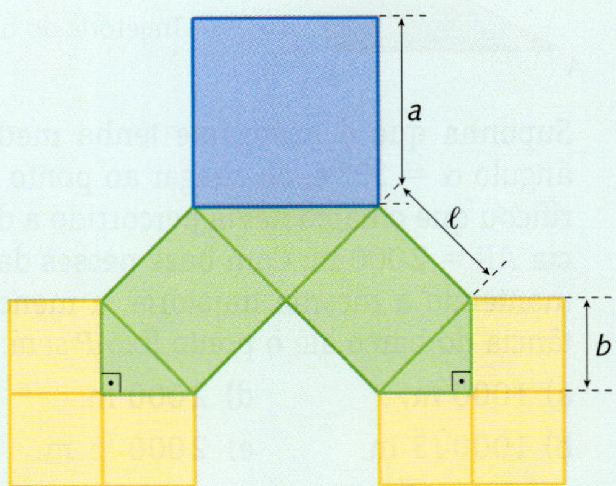

Conteúdo digital
• Atividade: Relações métricas em um triângulo retângulo

ILUSTRAÇÕES: ADILSON SECCO

1 Calcule x e y nas figuras.

a)

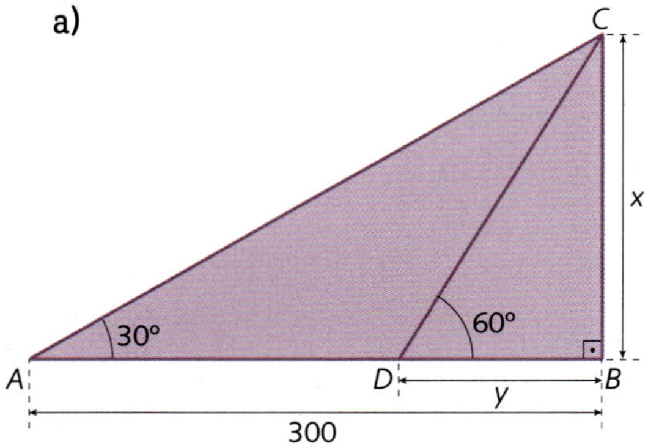

b)

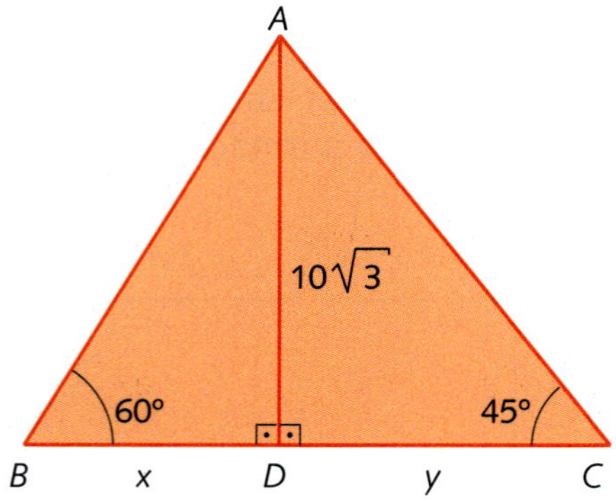

2 **(Enem)** Para determinar a distância de um barco até a praia, um navegante utilizou o seguinte procedimento: a partir de um ponto A, mediu o ângulo visual α fazendo mira em um ponto fixo P da praia. Mantendo o barco no mesmo sentido, ele seguiu até um ponto B de modo que fosse possível ver o mesmo ponto P da praia, no entanto sob um ângulo visual 2α. A figura ilustra essa situação:

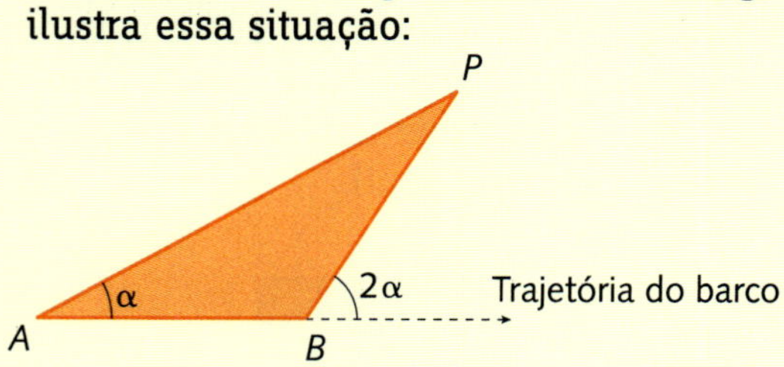

Suponha que o navegante tenha medido o ângulo $\alpha = 30°$ e, ao chegar ao ponto B, verificou que o barco havia percorrido a distância $AB = 2000$ m. Com base nesses dados e mantendo a mesma trajetória, a menor distância do barco até o ponto fixo P será:

a) 1000 m.

b) $1000\sqrt{3}$ m.

c) $2000\frac{\sqrt{3}}{3}$ m.

d) 2000 m.

e) $2000\sqrt{3}$ m.

3 Uma estrada retilínea, em um determinado trecho de 1250 m, se eleva em 109 m. Expresse essa inclinação em porcentagem.

4 Para atender pessoas com dificuldade de locomoção, serão construídos duas rampas e um patamar.

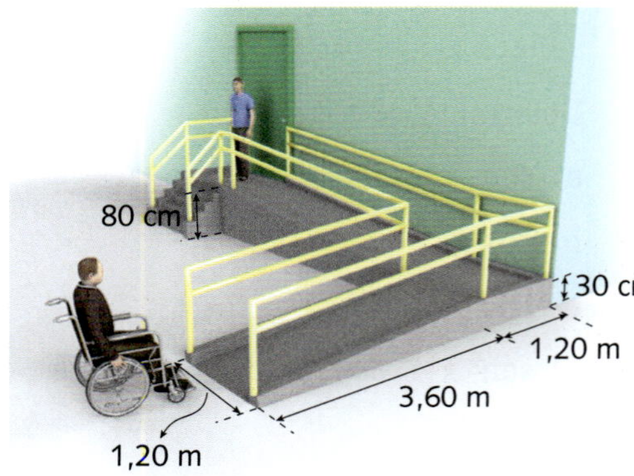

Responda:

a) Qual deve ser a inclinação da primeira rampa?

b) Qual deve ser a medida do comprimento da segunda rampa, se ela deve ter a mesma inclinação da primeira?

DESAFIO

Observe a figura e identifique a única alternativa correta.

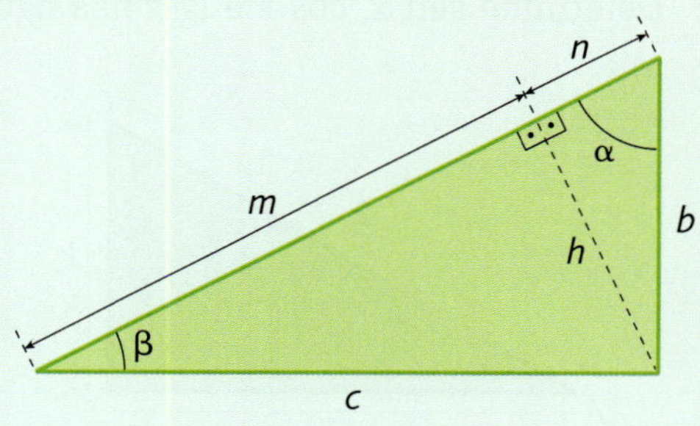

a) $b \cdot c \neq hm + hn$

b) $\frac{n}{m} = \frac{\text{tg}\,\alpha}{\text{tg}\,\beta}$

c) $\text{sen}^2\,\alpha - \text{sen}^2\,\beta = \frac{h^2}{b^2} + \frac{h^2}{c^2}$

d) $\text{sen}^2\,\alpha - \text{sen}^2\,\beta = \frac{c + b}{m + n}$

e) $n = \frac{m \cdot \text{tg}\,\beta}{\text{tg}\,\alpha}$

ILUSTRAÇÕES: GUILHERME CASAGRANDI

1 Na busca de um paraquedista que se perdeu após um salto, foi feito este desenho por uma equipe de resgate. A que distância do ponto B deve ter caído o paraquedista?

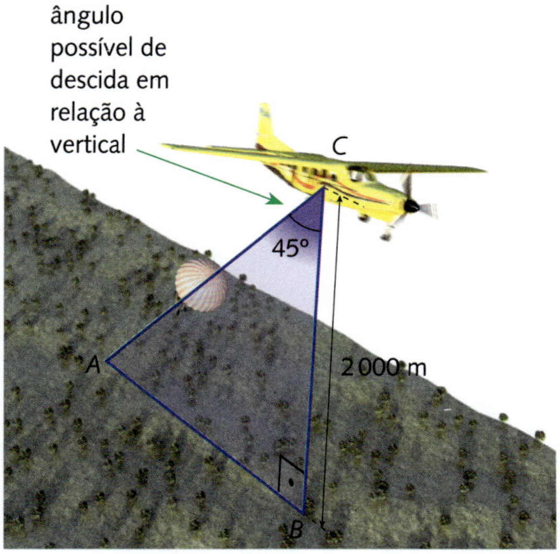

2 Calcule o valor de x.

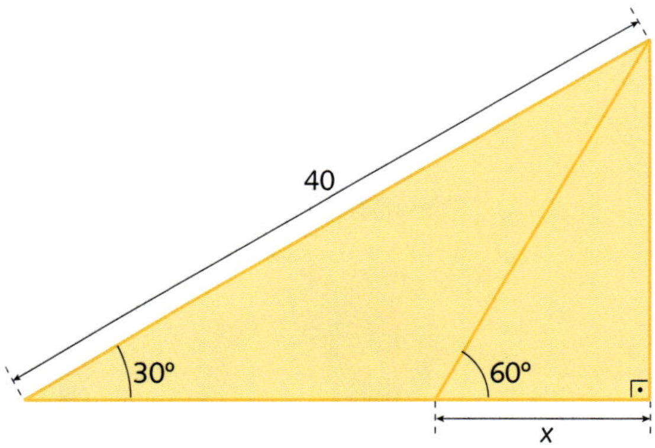

3 Para saber a medida da largura de um rio, mediu-se a distância $AB = 10$ m e o ângulo $A\hat{B}C$ de 75°. Qual é a medida da largura do rio?

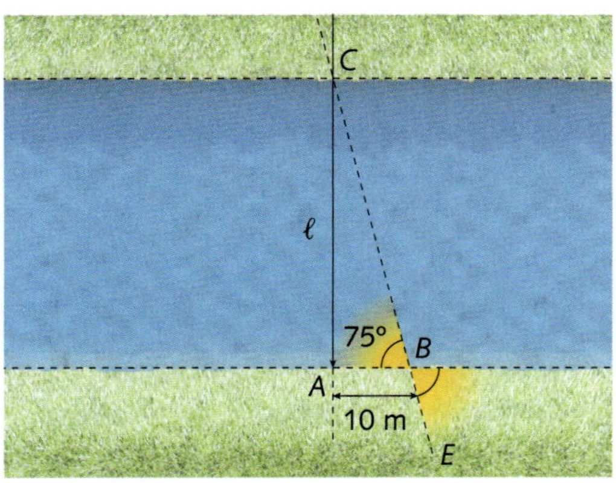

4 Utilizando a tabela de razões trigonométricas, determine x.

a) $x = \text{sen } 70°$
b) $x = \cos 68°$
c) $x = \text{sen } 80°$
d) $\text{tg } x = 11{,}430$
e) $\text{sen } x = 0{,}906$
f) $\cos x = 0{,}940$

5 Determine o valor aproximado de x no triângulo.

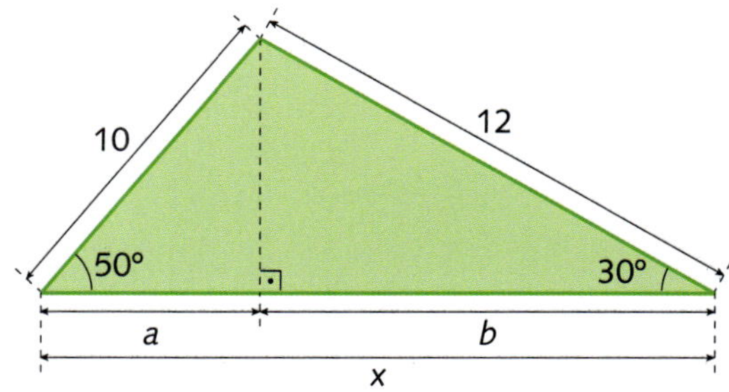

6 **(OBM)** O grande artilheiro Tornado está prestes a fazer o gol mais bonito de sua carreira. Ele está de frente para o gol e apenas o goleiro está entre ele e a trave. Ele está a x metros do goleiro que, por sua vez, se encontra a 2 metros da linha do gol, onde Tornado deseja que a bola caia após passar por cima do goleiro. Em um gol dessa magnitude, a trajetória da bola deve ser uma semicircunferência. Tornado sabe que a bola deve passar a exatamente 3 metros de altura do solo quando ela estiver acima do goleiro. Qual a distância de Tornado até o goleiro, ou seja, x, em metros?

a) 3
b) 3,5
c) 4
d) 4,5
e) 5

DESAFIO

Navegando em linha reta, um navio passa sucessivamente pelos pontos A e B. O comandante, quando o navio está no ponto A, observa um farol em um ponto C e verifica que o ângulo $A\hat{C}B$ mede 30°. Sabendo que o ângulo $A\hat{B}C$ é reto e que a distância entre os pontos A e B é de 6 milhas, pergunta-se: de quantas milhas é a distância entre o farol e o ponto B?

ILUSTRAÇÕES: GUILHERME CASAGRANDI

CAPÍTULO 8

Relações em um triângulo qualquer

RAFAEL BEN-ARI/CHAMELEONS EYE/PHOTOSHOT/AGB PHOTO LIBRARY

É hora de observar e discutir

Na estrutura de amarração do guindaste da fotografia, observamos os pontos A, B e C. O ângulo formado entre $\overline{AB}$ e $\overline{AC}$ mede aproximadamente 30°.

- Supondo que a distância entre A e B seja 2,5 m e a distância entre A e C seja 3,5 m, descubra a distância entre B e C.
- Com o auxílio do transferidor, determine a medida do ângulo $A\hat{B}C$.

Navio descarregando contêineres no porto mais movimentado da Nova Zelândia. O *Ports of Auckland* é o terceiro maior terminal de contêineres da Austrália. Foto de 2015.

Trocando ideias

Vamos estudar neste capítulo as relações métricas e trigonométricas em um triângulo qualquer.

André comprou dois terrenos representados pelas figuras abaixo. Nos dois terrenos, o lado maior mede 100 metros.

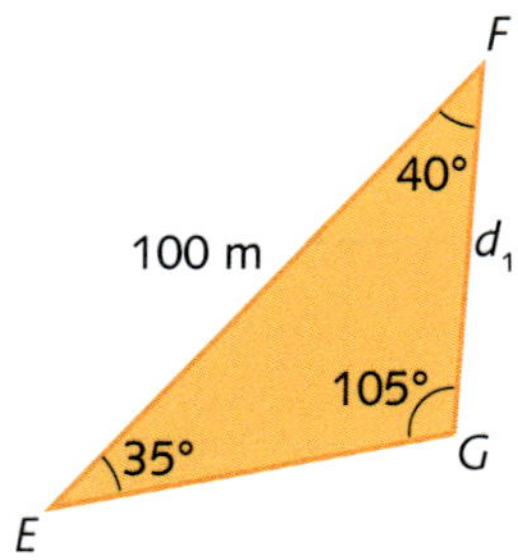

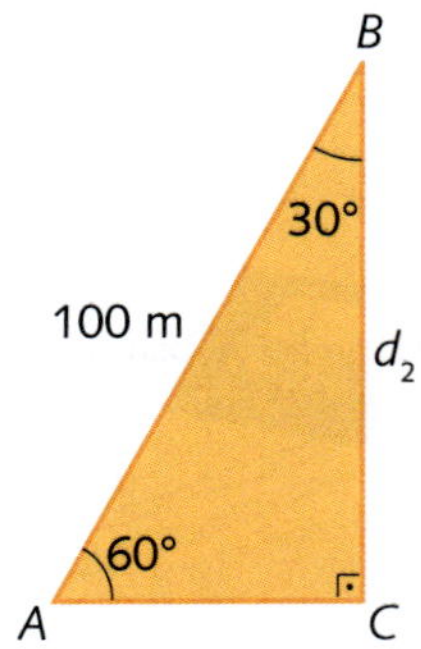

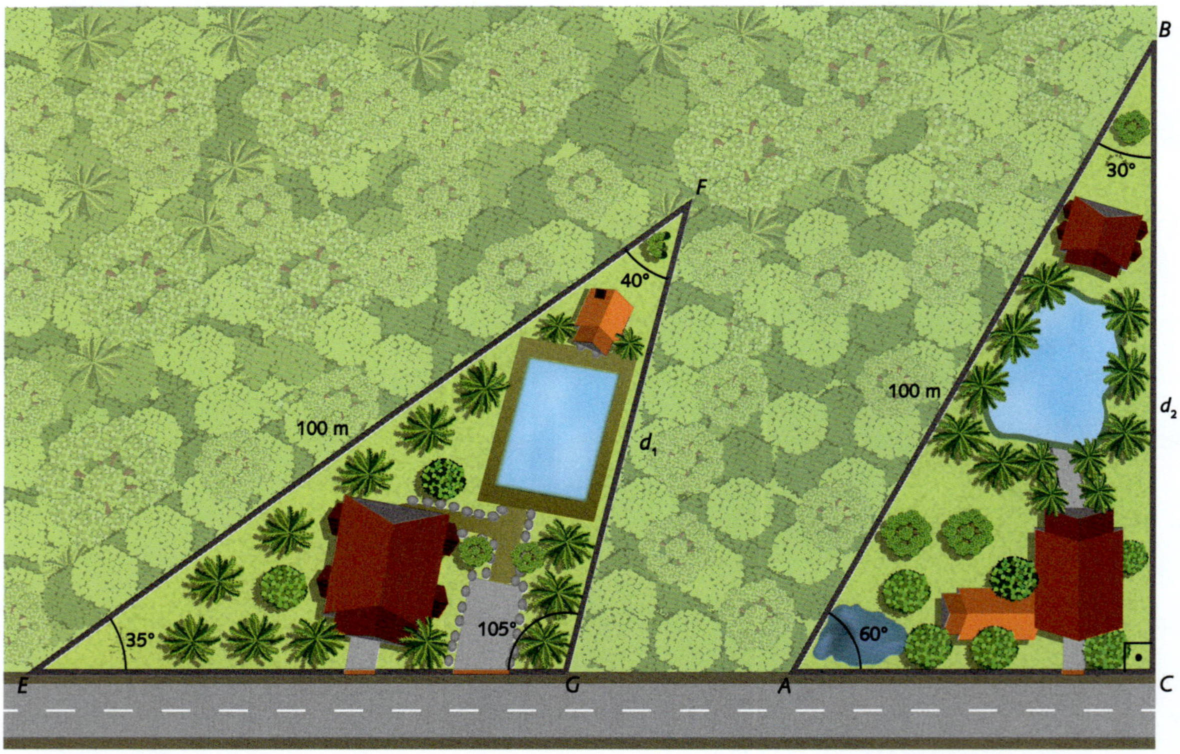

- Você seria capaz de determinar a medida de d_2 no terreno da direita? Qual foi a estratégia utilizada?
- Você seria capaz de determinar a medida de d_1 no terreno da esquerda? Qual foi a estratégia utilizada?
- Pesquise como poderíamos determinar o valor de *d* no triângulo que não é retângulo.

ILUSTRAÇÕES: ERICSON GUILHERME LUCIANO

1 Triângulos

Triângulo, ou **trilátero**, é um polígono que possui três lados. Observe:

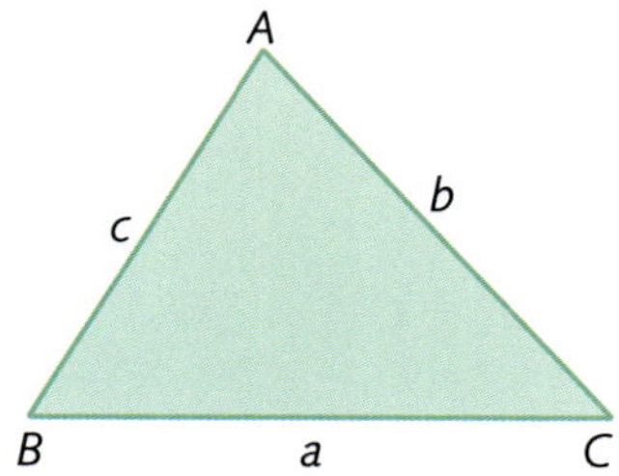

Notação: $\triangle ABC$

Vamos relembrar as classificações dos triângulos, estudadas em anos anteriores.

Classificação quanto aos lados

triângulo equilátero

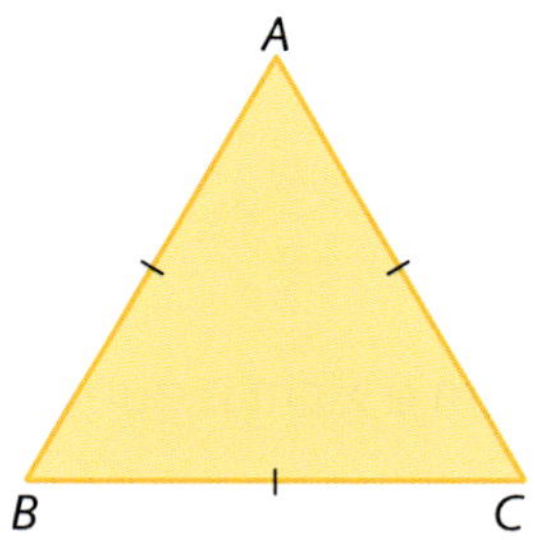

Os três lados são congruentes.
$\overline{AB} \cong \overline{BC} \cong \overline{CA}$

triângulo isósceles

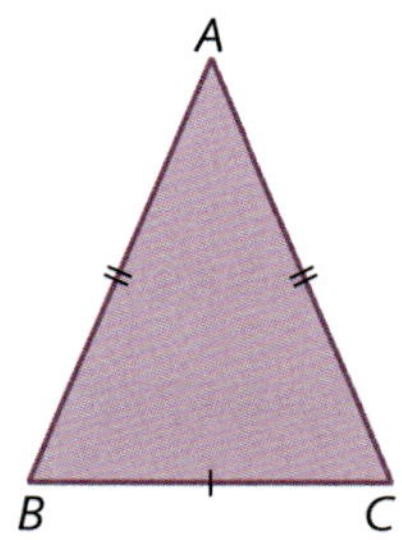

Possui dois lados congruentes.
$\overline{AB} \cong \overline{CA}$

triângulo escaleno

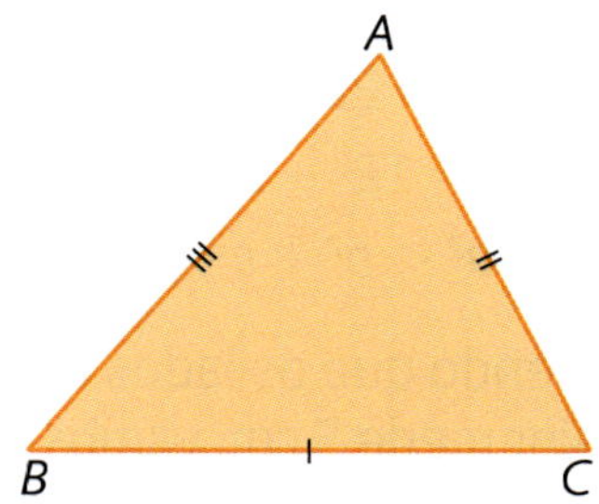

As medidas dos três lados são diferentes.
$\text{med}(\overline{AB}) \neq \text{med}(\overline{BC})$, $\text{med}(\overline{AB}) \neq \text{med}(\overline{CA})$, $\text{med}(\overline{BC}) \neq \text{med}(\overline{CA})$

Classificação quanto aos ângulos

triângulo acutângulo

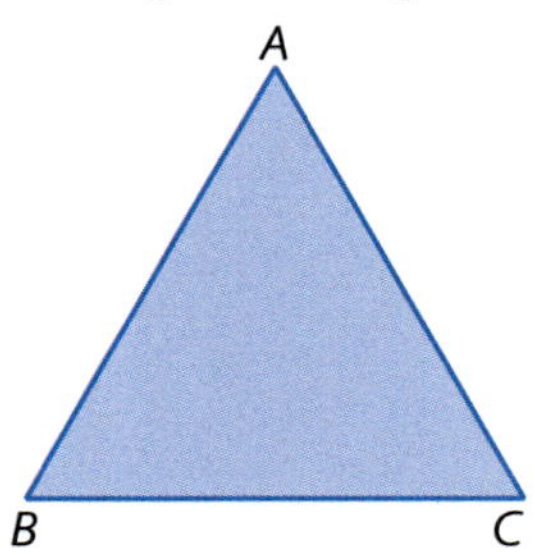

Os três ângulos são agudos.

triângulo retângulo

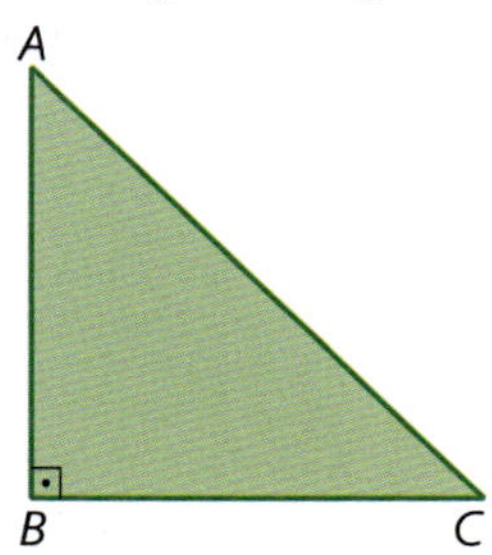

Possui um ângulo reto e dois ângulos agudos.

triângulo obtusângulo

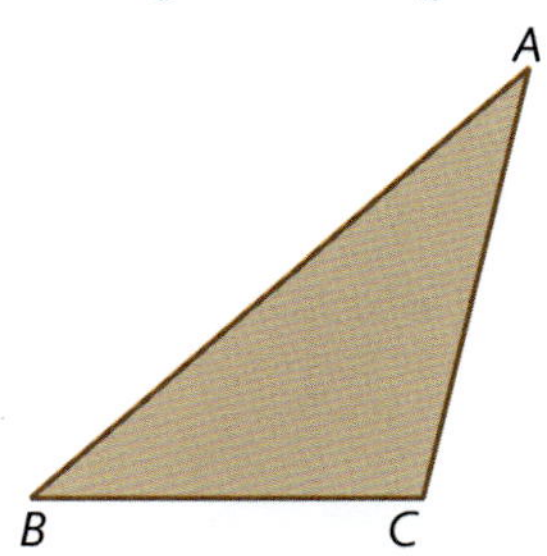

Possui um ângulo obtuso e dois ângulos agudos.

Natureza de um triângulo

Considere um triângulo em que o lado maior meça a e os outros dois lados meçam b e c.

Podemos afirmar que:

- O triângulo é **retângulo** se $a^2 = b^2 + c^2$.

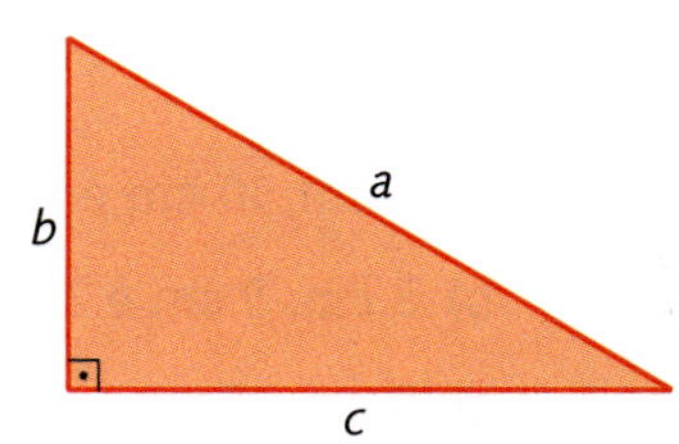

um ângulo reto

ILUSTRAÇÕES: ADILSON SECCO

- O triângulo é **acutângulo** se $a^2 < b^2 + c^2$.

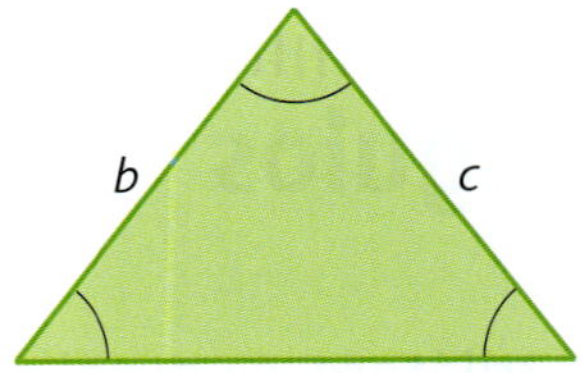

três ângulos agudos

- O triângulo é **obtusângulo** se $a^2 > b^2 + c^2$.

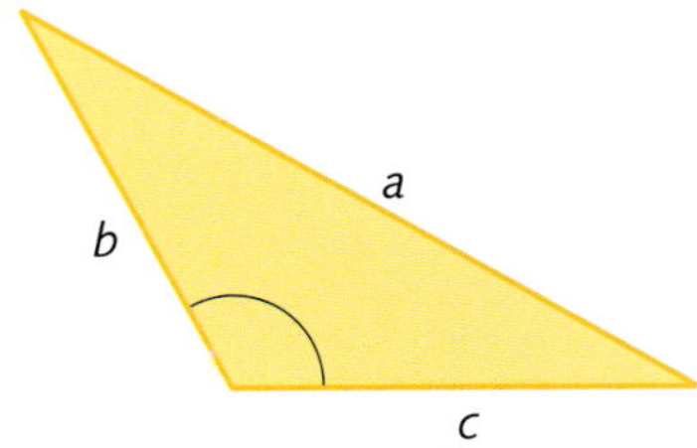

um ângulo obtuso

Exemplos

- Vamos classificar, quanto aos ângulos, o triângulo cujas medidas dos lados são $a = 15$ cm, $b = 12$ cm e $c = 10$ cm.

  Solução

  $a^2 = 15^2 = 225$

  $b^2 + c^2 = 12^2 + 10^2 = 144 + 100 = 244$

  Como $a^2 < b^2 + c^2$, podemos afirmar que o triângulo é acutângulo.

- Sabendo que os lados de um triângulo obtusângulo medem 4 cm, 5 cm e x cm e que o lado maior mede 5 cm, vamos determinar quais são os valores de x.

  Solução

  $5^2 > 4^2 + x^2$

  $5^2 - 4^2 > x^2$

  $9 > x^2$

  Então, resolvendo a inequação do 2º grau, temos:

  $-3 < x < 3$

  Como x é a medida do lado de um triângulo, então x tem que ser positivo. Além disso, $x > 1$, pois $4 + x > 5$.

  Então, para que o triângulo seja obtusângulo, $1 < x < 3$.

EXERCÍCIOS

1 Classifique em retângulo, acutângulo ou obtusângulo os triângulos cujos lados medem:

a) 9 cm, 10 cm e 12 cm;

b) 3 cm, 5 cm e 7 cm;

c) 8 cm, 15 cm e 17 cm.

2 Determine os valores de x, sabendo que:

a) $\triangle ABC$ é acutângulo; $AB = 5$ cm, $BC = 7$ cm e $AC = x$ cm; $\overline{AC}$ é o maior lado;

b) $\triangle DEF$ é retângulo; $DE = 35$ cm, $EF = 21$ cm e $DF = x$ cm; $\overline{DE}$ é o maior lado.

ILUSTRAÇÕES: ADILSON SECCO

Lado oposto a um ângulo agudo

Considere o triângulo acutângulo *ABC*.

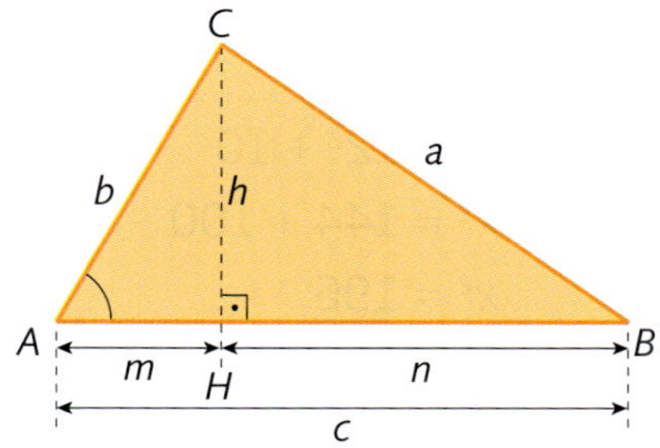

Observe que:

- as medidas das projeções de $\overline{AC}$ sobre $\overline{AB}$ e de $\overline{BC}$ sobre $\overline{AB}$ são m e n, respectivamente;
- $m + n = c$.

No triângulo retângulo *CHB*, temos:

$$a^2 = h^2 + n^2$$

Como $n = c - m$:

$$a^2 = h^2 + (c - m)^2$$
$$a^2 = h^2 + c^2 - 2 \cdot cm + m^2 \quad (1)$$

No triângulo retângulo *CHA*, temos:

$$b^2 = h^2 + m^2 \quad (2)$$

Logo, substituindo (2) em (1), obtemos:

$$a^2 = b^2 + c^2 - 2 \cdot cm$$

Ou seja:

Em todo triângulo acutângulo, o quadrado da medida do lado oposto a um ângulo **agudo** é igual à soma dos quadrados das medidas dos outros dois lados, **menos** duas vezes o produto da medida de um dos lados pela medida da projeção do outro lado sobre ele.

Exemplos

- Vamos determinar o valor de x no triângulo abaixo.

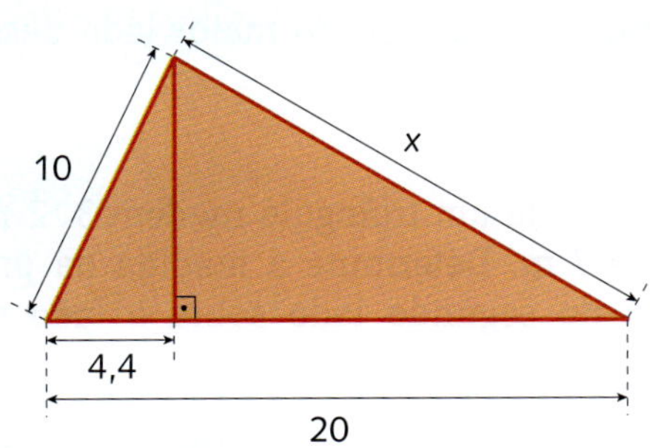

Solução

$x^2 = 10^2 + 20^2 - 2 \cdot 20 \cdot 4{,}4$

$x^2 = 100 + 400 - 176$

$x^2 = 324$

$x = 18$

Logo, o valor de x é 18.

ILUSTRAÇÕES: GUILHERME CASAGRANDI

- Vamos determinar o valor de x.

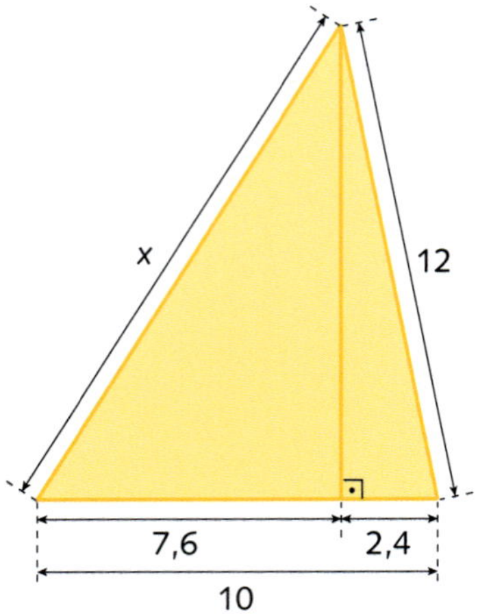

Solução

$x^2 = 12^2 + 10^2 - 2 \cdot 10 \cdot 2{,}4$

$x^2 = 144 + 100 - 48$

$x^2 = 196$

$x = 14$

Logo, o valor de x é 14.

- Os lados de um triângulo medem 12 cm, 15 cm e 18 cm. Vamos calcular a medida da projeção do menor lado sobre o maior.

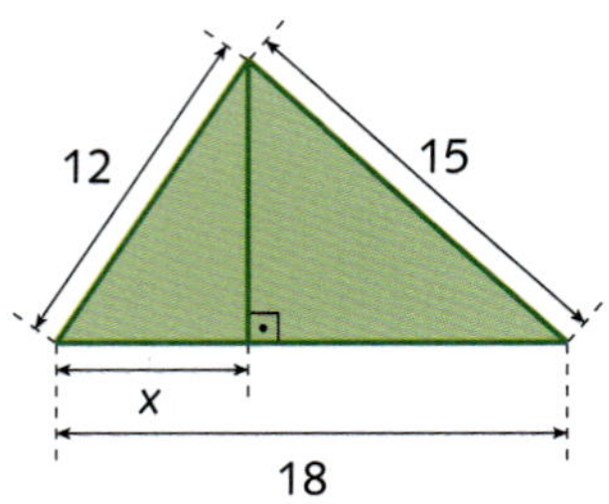

Solução

$15^2 = 12^2 + 18^2 - 2 \cdot 18 \cdot x$

$225 = 144 + 324 - 36x$

$36x = 243$

$x = 6{,}75$

Logo, a medida da projeção é 6,75 cm.

EXERCÍCIOS

3 Determine o valor de x nas figuras.

a)

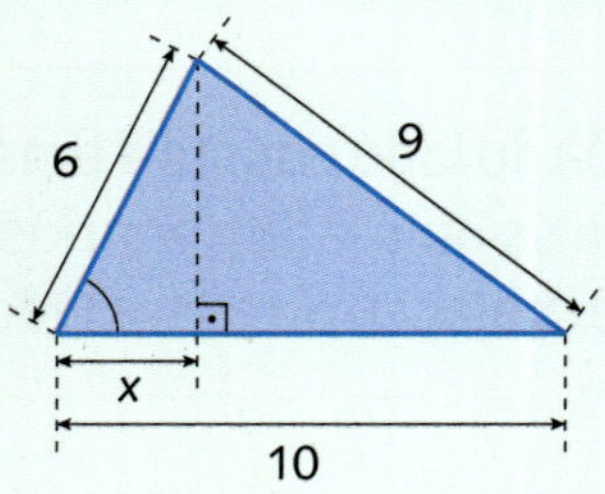

b)

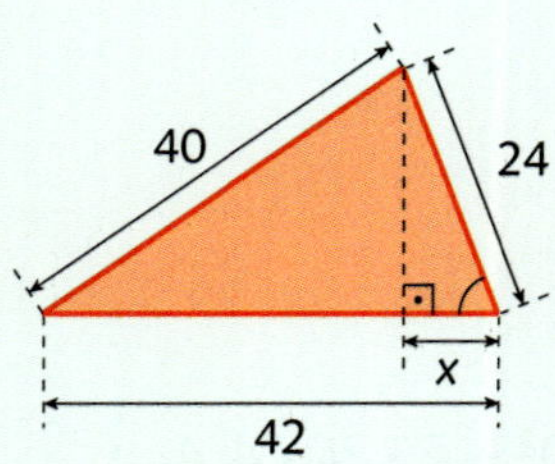

4 Os lados de um triângulo medem $a = 5$ cm, $b = 6$ cm e $c = 4$ cm. Calcule a medida da projeção do lado de medida c sobre o lado de medida a.

5 Calcule a medida da projeção de $\overline{AC}$ sobre $\overline{AB}$ no triângulo ABC, em que $AB = 7$ cm, $BC = 6$ cm e $AC = 5$ cm.

6 Considere um triângulo cujos lados medem $a = 3$ cm, $b = 4$ cm e $c = 6$ cm. Determine a medida da projeção do lado de medida a sobre o lado de medida c.

7 A base de um triângulo mede 11 m; e os outros dois lados, 20 m e 13 m. Calcule a medida da projeção do maior lado desse triângulo sobre a base.

8 Os lados de um triângulo medem $3\sqrt{2}$ m, 5 m e 7 m. Determine a medida da projeção do segundo lado sobre o lado de maior medida.

ILUSTRAÇÕES: GUILHERME CASAGRANDI

Lado oposto a um ângulo obtuso

Considere o triângulo obtusângulo *ABC*.

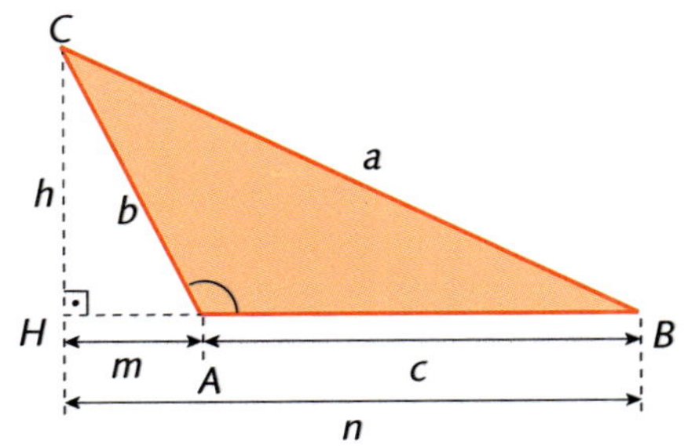

Observe que a medida da projeção de $\overline{AC}$ sobre $\overline{AB}$ é m, a medida da projeção de $\overline{BC}$ sobre $\overline{AB}$ é n e $n = c + m$.

No triângulo retângulo *CHB*, temos:

$$a^2 = h^2 + n^2$$

Como $n = c + m$:

$$a^2 = h^2 + (c + m)^2$$

$$a^2 = h^2 + c^2 + 2 \cdot cm + m^2 \quad (1)$$

No triângulo retângulo *CHA*, temos:

$$b^2 = h^2 + m^2 \quad (2)$$

Substituindo (2) em (1), obtemos:

$$a^2 = b^2 + c^2 + 2 \cdot cm$$

Ou seja:

Em todo triângulo obtusângulo, o quadrado da medida do lado oposto a um ângulo **obtuso** é igual à soma dos quadrados das medidas dos outros dois lados, **mais** duas vezes o produto da medida de um dos lados pela medida da projeção do outro lado sobre ele.

Exemplos

- Vamos determinar o valor de x da figura abaixo.

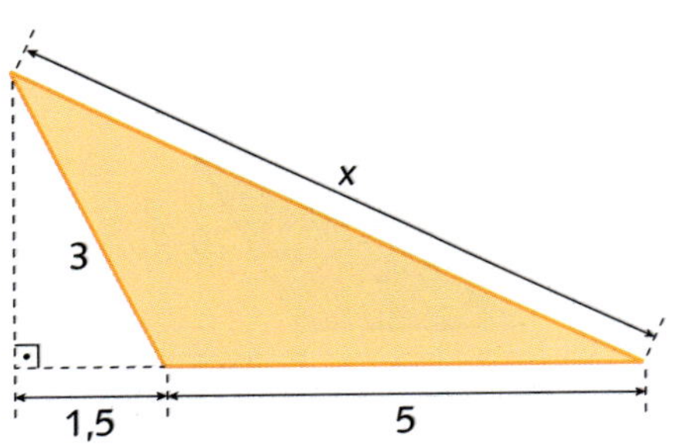

Solução

$x^2 = 3^2 + 5^2 + 2 \cdot 5 \cdot 1,5$

$x^2 = 9 + 25 + 15$

$x^2 = 49$

$x = 7$

Logo, o valor de x é 7.

ILUSTRAÇÕES: ADILSON SECCO

- Vamos determinar o valor de x da figura ao lado.

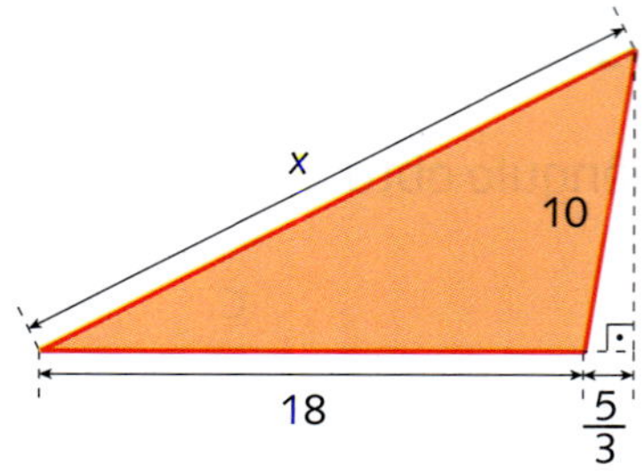

Solução

$x^2 = 18^2 + 10^2 + 2 \cdot 18 \cdot \frac{5}{3}$

$x^2 = 324 + 100 + 60 \Rightarrow x^2 = 484 \Rightarrow x = 22$

Logo, o valor de x é 22.

- Vamos determinar a medida da projeção de $\overline{DC}$ sobre $\overline{AB}$ na figura ao lado.

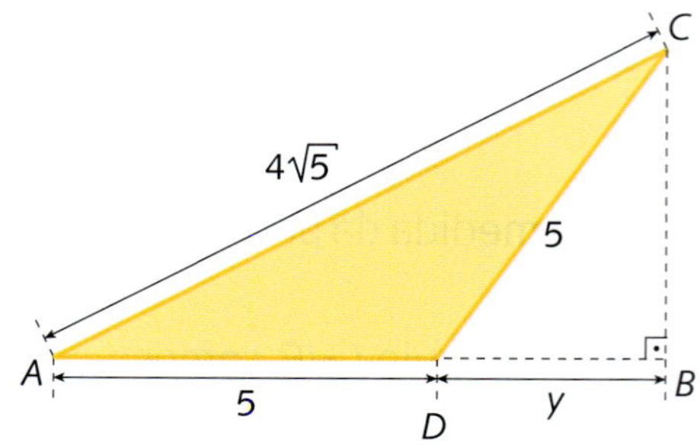

Solução

$(4\sqrt{5})^2 = 5^2 + 5^2 + 2 \cdot 5 \cdot y$

$80 = 25 + 25 + 10y \Rightarrow 10y = 30 \Rightarrow y = 3$

Logo, a projeção de $\overline{DC}$ sobre $\overline{AB}$ tem medida igual a 3.

EXERCÍCIOS

9 Determine o valor de x.

a)

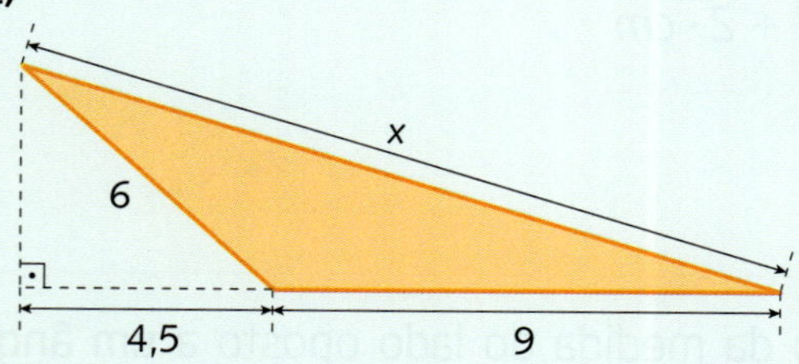

b)

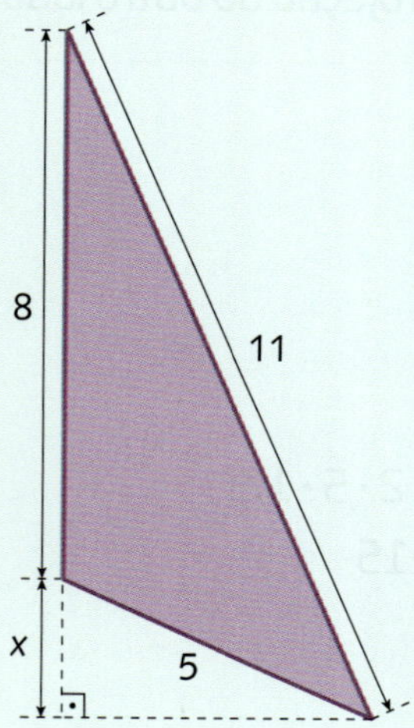

10 Determine o valor de x e de y na figura.

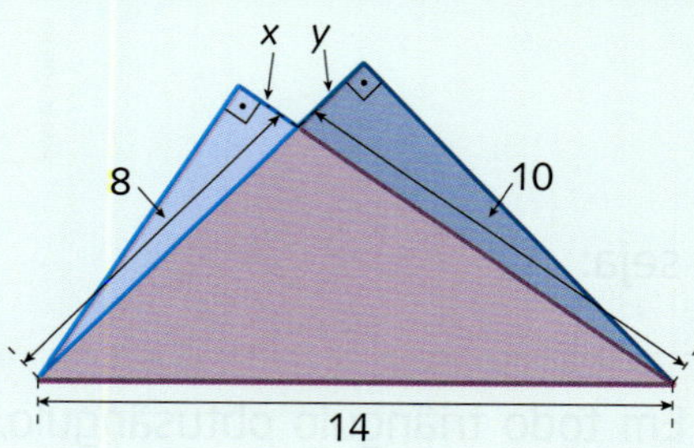

11 Determine o valor de x em cada uma das figuras abaixo.

a)

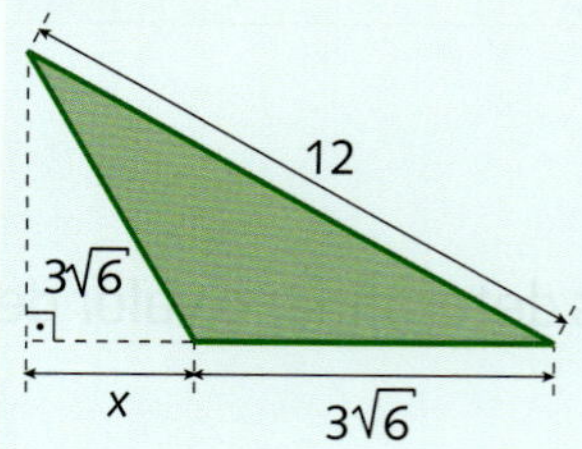

b)

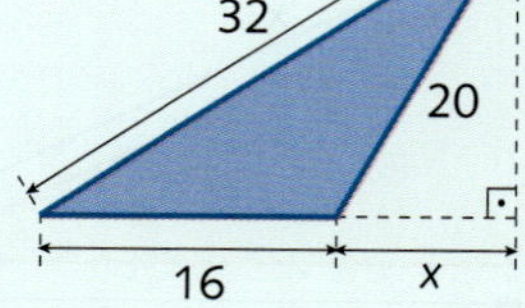

ILUSTRAÇÕES: GUILHERME CASAGRANDI

2 Lei dos senos

Considere o triângulo ABC ao lado.

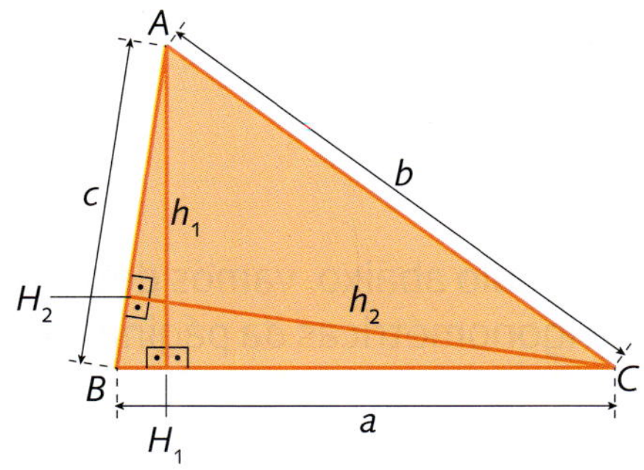

Analisando os triângulos AH_1B e AH_1C, temos:

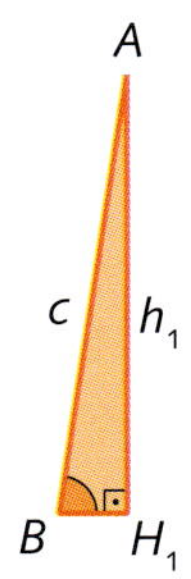

$$\text{sen}\,\widehat{B} = \frac{h_1}{c}$$

$$h_1 = c \cdot \text{sen}\,\widehat{B}$$

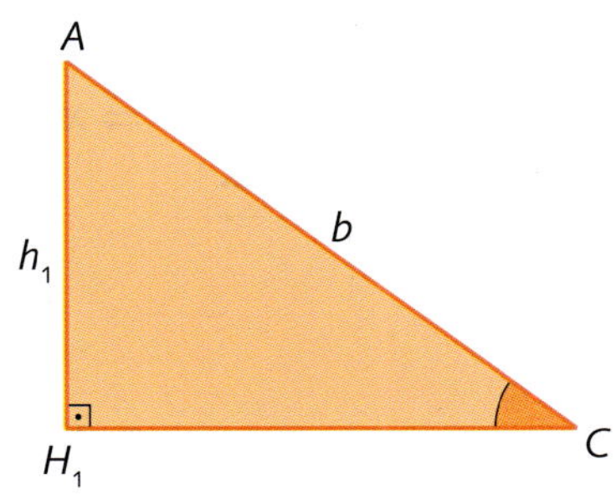

$$\text{sen}\,\widehat{C} = \frac{h_1}{b}$$

$$h_1 = b \cdot \text{sen}\,\widehat{C}$$

Assim:

$$c \cdot \text{sen}\,\widehat{B} = b \cdot \text{sen}\,\widehat{C} \Rightarrow \frac{c}{\text{sen}\,\widehat{C}} = \frac{b}{\text{sen}\,\widehat{B}} \quad (1)$$

Analisando os triângulos CH_2B e CH_2A, temos:

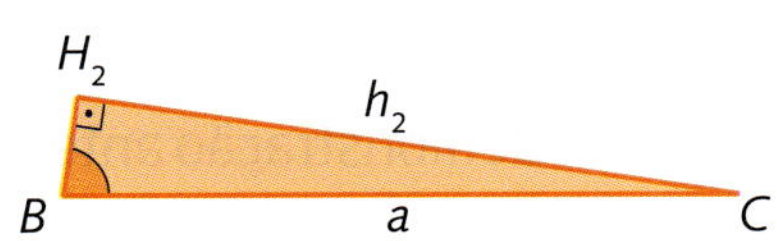

$$\text{sen}\,\widehat{B} = \frac{h_2}{a}$$

$$h_2 = a \cdot \text{sen}\,\widehat{B}$$

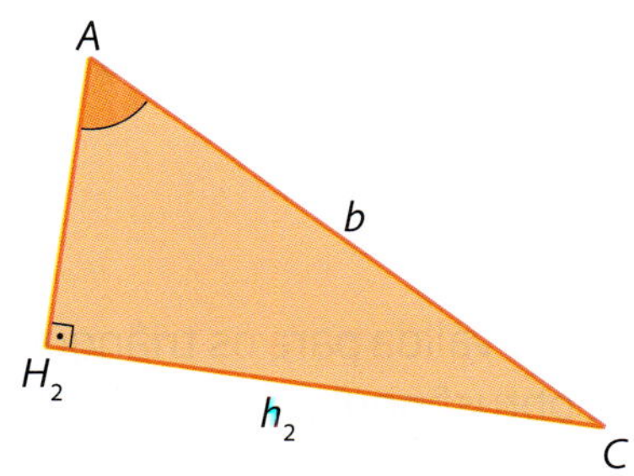

$$\text{sen}\,\widehat{A} = \frac{h_2}{b}$$

$$h_2 = b \cdot \text{sen}\,\widehat{A}$$

Assim:

$$a \cdot \text{sen}\,\widehat{B} = b \cdot \text{sen}\,\widehat{A} \Rightarrow \frac{a}{\text{sen}\,\widehat{A}} = \frac{b}{\text{sen}\,\widehat{B}} \quad (2)$$

De (1) e (2), concluímos que:

$$\frac{a}{\text{sen}\,\widehat{A}} = \frac{b}{\text{sen}\,\widehat{B}} = \frac{c}{\text{sen}\,\widehat{C}}$$

ILUSTRAÇÕES: ADILSON SECCO

Ou seja:

> Em qualquer triângulo, as medidas dos lados são proporcionais aos senos dos ângulos opostos.

Exemplos

Em cada triângulo abaixo, vamos determinar o valor aproximado de x, com o auxílio da tabela de razões trigonométricas da página 249.

- 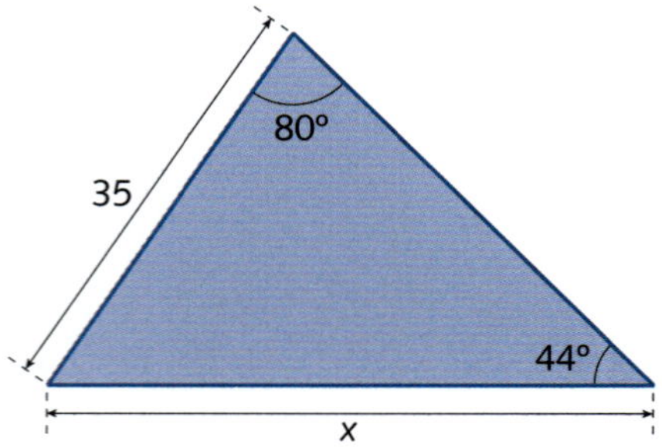

Solução

$$\frac{x}{\text{sen } 80°} = \frac{35}{\text{sen } 44°} \Rightarrow \frac{x}{0{,}985} = \frac{35}{0{,}695} \Rightarrow$$

$$\Rightarrow x = \frac{0{,}985}{0{,}695} \cdot 35 \Rightarrow x \simeq 49{,}6$$

- 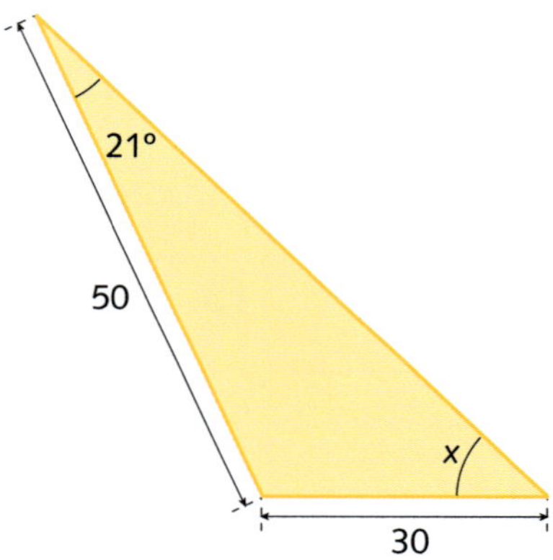

Solução

$$\frac{50}{\text{sen } x} = \frac{30}{\text{sen } 21°} \Rightarrow \frac{50}{\text{sen } x} = \frac{30}{0{,}358} \Rightarrow$$

$$\Rightarrow \text{sen } x = 0{,}358 \cdot \frac{50}{30} \Rightarrow \text{sen } x \simeq 0{,}60 \Rightarrow$$

$$\Rightarrow x \simeq 37°$$

Observação

A lei dos senos é válida para os triângulos acutângulos (conforme demonstração anterior), retângulos e obtusângulos.

Em todo triângulo, a razão entre a medida de um lado e o seno do seu ângulo oposto é uma constante igual à medida do diâmetro da circunferência circunscrita a esse triângulo.

Assim:

$$\frac{a}{\text{sen } \widehat{A}} = \frac{b}{\text{sen } \widehat{B}} = \frac{c}{\text{sen } \widehat{C}} = 2R$$

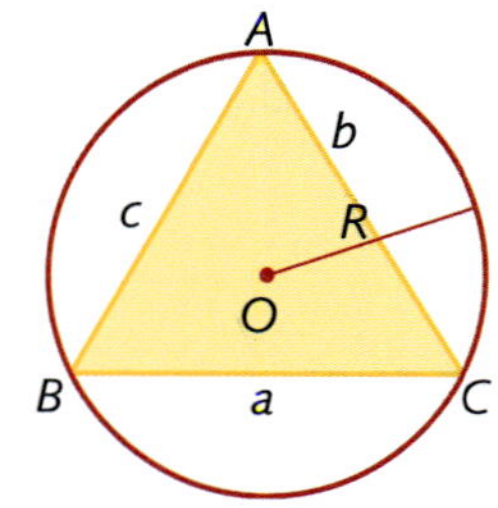

ILUSTRAÇÕES: ADILSON SECCO

Exemplo

Vamos calcular a medida do raio da circunferência circunscrita ao triângulo *ABC*, sabendo que o lado $\overline{AB}$ mede 12 cm e o ângulo $\widehat{C}$ mede 60°.

Solução

Já vimos que $\dfrac{c}{\text{sen}\,\widehat{C}} = 2R$. Então:

$$\frac{AB}{\text{sen}\,\widehat{C}} = \frac{12}{\text{sen}\,60°} = 2R$$

$$\frac{12}{\frac{\sqrt{3}}{2}} = 2R \Rightarrow 12 \cdot \frac{\cancel{2}}{\sqrt{3}} = \cancel{2}R \Rightarrow \frac{12}{\sqrt{3}} \cdot \frac{\sqrt{3}}{\sqrt{3}} = R \Rightarrow R = 4\sqrt{3}$$

LÉO FANELLI

Logo, o raio da circunferência circunscrita ao triângulo *ABC* mede $4\sqrt{3}$ cm.

EXERCÍCIOS

12 Utilizando a tabela das razões trigonométricas da página 249, determine o valor aproximado de *x* nos triângulos abaixo.

a)

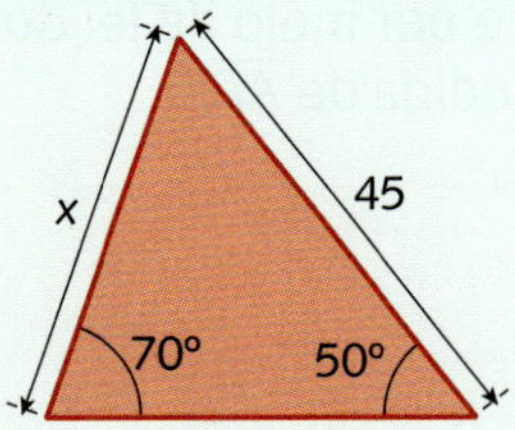

b)

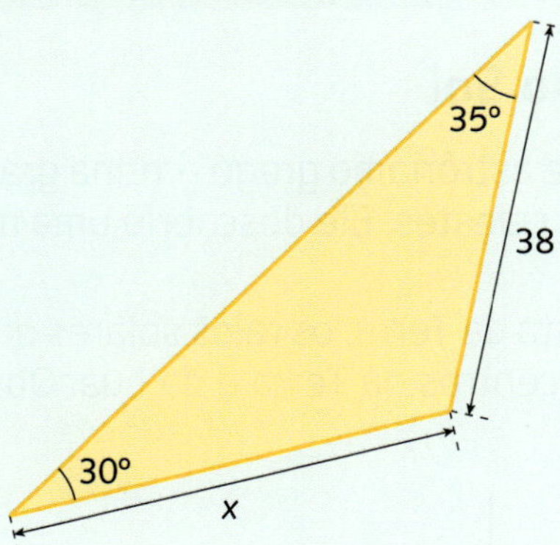

13 Calcule *h*, *a* e *b* na figura.

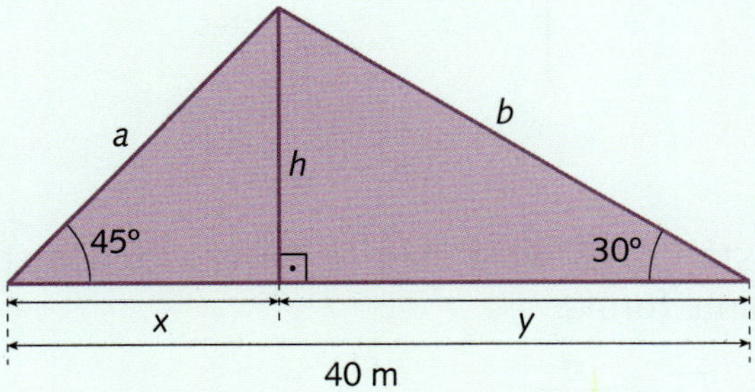

14 Para determinar a altura de um balão, realizamos as medidas indicadas na figura.

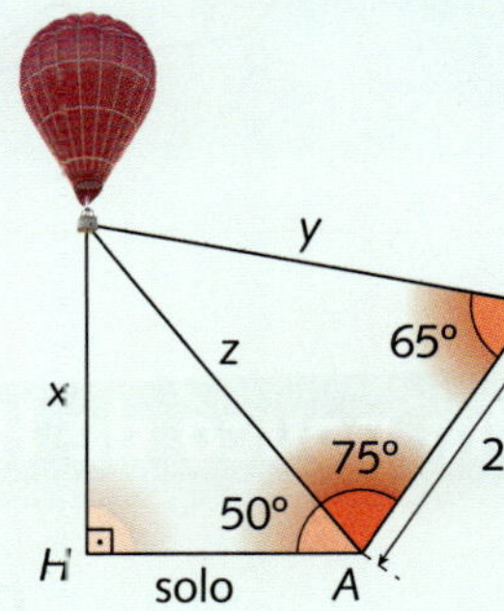

Responda:

a) Qual é a distância do balão ao ponto *A*?

b) Qual é a distância do balão ao ponto *B*?

c) A que altura está o balão?

15 Calcule a medida do raio da circunferência circunscrita ao triângulo *ABC*, sabendo que o lado $\overline{BC}$ mede 10 cm e o ângulo $\widehat{A}$ mede 45°.

16 Utilizando a tabela das razões trigonométricas da página 249, determine o valor aproximado de α no triângulo abaixo.

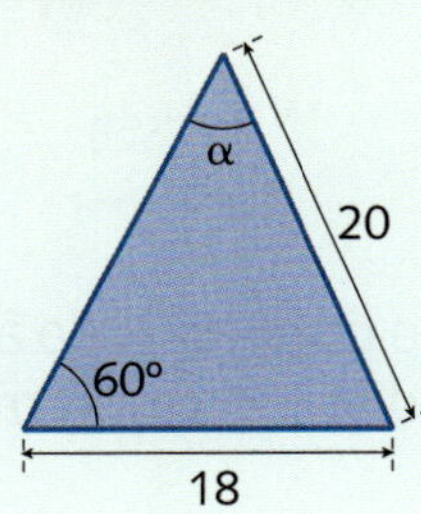

ILUSTRAÇÕES: GUILHERME CASAGRANDI

Curiosidade

Teodolito

O **teodolito** é um instrumento usado por agrimensores para medir ângulos sobre um terreno. Esse instrumento pode girar no plano vertical, apoiado em um suporte que pode girar no plano horizontal.

Com base na medida de ângulos e nos conhecimentos de trigonometria, é possível determinar a altura de prédios e montanhas, a largura de avenidas e rios, a distância entre corpos celestes etc.

INFOCUS/ALAMY/GLOW IMAGES

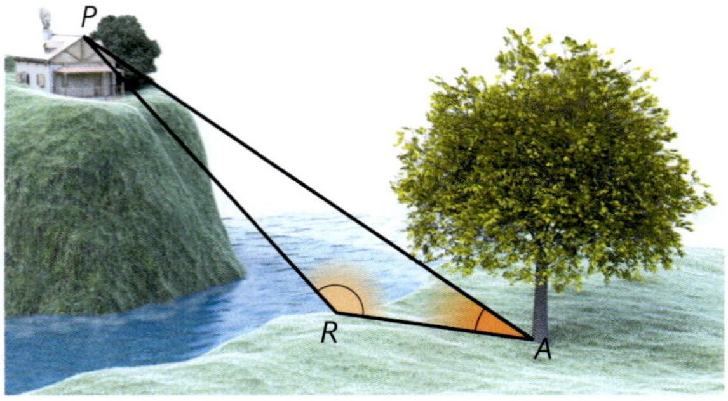

Com um teodolito, por exemplo, podemos descobrir a distância do ponto A, localizado na base $\overline{AP}$ da árvore, ao ponto P, localizado no alto do telhado, na situação ilustrada ao lado.

O teodolito nos fornece as medidas dos ângulos $P\hat{A}R$ e $A\hat{R}P$, e por meio da lei dos senos encontramos a medida de $\overline{AP}$.

Um pouco de História

Distância da Terra ao Sol

Aristarco de Samos (310 a.C.-230 a.C.) – matemático e astrônomo grego – tinha grande interesse pela determinação da distância entre os corpos celestes. Ele descobriu uma maneira de estabelecer a distância entre a Terra e o Sol.

Segundo ele, no quarto crescente, quando a Lua é vista da Terra, os raios solares que atingem a Lua são perpendiculares à reta que passa pelos centros da Terra e da Lua. Observe a figura a seguir.

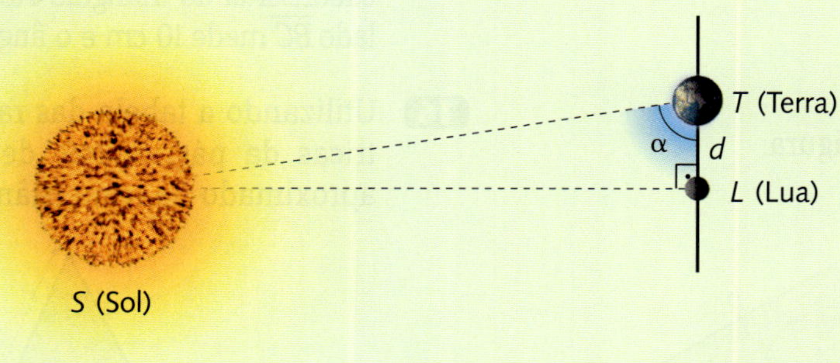

O esquema ao lado não guarda proporção relativa entre os tamanhos dos corpos celestes.

ILUSTRAÇÕES: GUILHERME CASAGRANDI

Com base na medida do ângulo $S\hat{T}L$ (α) e na distância da Terra à Lua (d), Aristarco pôde determinar a distância da Terra ao Sol (TS) da seguinte forma:

$$\cos \alpha = \frac{d}{TS} \quad \Rightarrow \quad TS = \frac{d}{\cos \alpha}$$

3 Lei dos cossenos

Na determinação da lei dos cossenos, vamos estudar os casos a seguir.

1º caso: lado oposto a um ângulo agudo

Vamos considerar o triângulo abaixo.

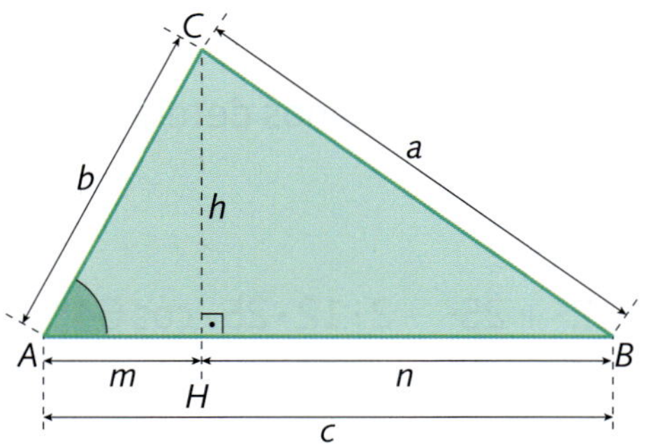

Sabemos que:

$$a^2 = b^2 + c^2 - 2 \cdot cm \quad (1)$$

No triângulo retângulo *AHC*, temos:

$$\cos \widehat{A} = \frac{m}{b} \Leftrightarrow m = b \cdot \cos \widehat{A} \quad (2)$$

Substituindo (2) em (1), encontramos:

$$a^2 = b^2 + c^2 - 2 \cdot b \cdot c \cdot \cos \widehat{A}$$

2º caso: lado oposto a um ângulo obtuso

Vamos considerar o triângulo abaixo.

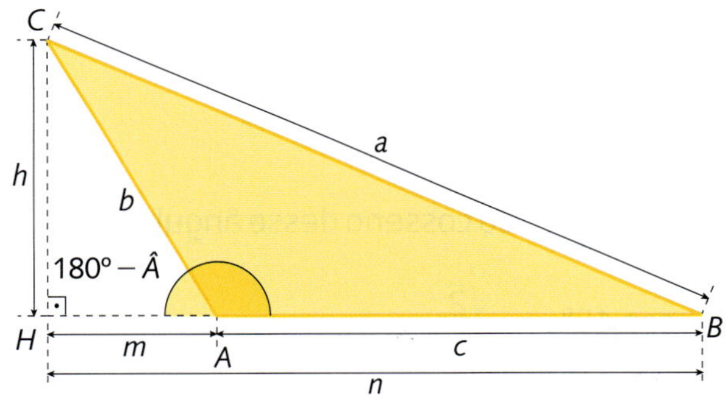

Sabemos que:

$$a^2 = b^2 + c^2 + 2 \cdot cm \quad (1)$$

No triângulo retângulo *AHC*, temos:

$$\cos (180° - \widehat{A}) = \frac{m}{b} \Leftrightarrow m = b \cdot \cos (180° - \widehat{A})$$

Para qualquer ângulo $\widehat{A}$:

$$\cos (180° - \widehat{A}) = -\cos \widehat{A}$$

Esta propriedade será demonstrada no Ensino Médio.

Assim:

$$m = -b \cdot \cos \widehat{A} \quad (2)$$

Substituindo (2) em (1), encontramos:

$$a^2 = b^2 + c^2 - 2 \cdot b \cdot c \cdot \cos \widehat{A}$$

ILUSTRAÇÕES: ADILSON SECCO

Portanto, em ambos os casos, podemos definir assim a **lei dos cossenos**:

> Em qualquer triângulo, o quadrado da medida de um lado é igual à soma dos quadrados das medidas dos outros dois lados, menos duas vezes o produto das medidas desses lados pelo cosseno do ângulo oposto ao primeiro lado.

Ou seja:

- $a^2 = b^2 + c^2 - 2 \cdot b \cdot c \cdot \cos\hat{A}$
- $b^2 = a^2 + c^2 - 2 \cdot a \cdot c \cdot \cos\hat{B}$
- $c^2 = a^2 + b^2 - 2 \cdot a \cdot b \cdot \cos\hat{C}$

Exemplos

Com o auxílio da tabela das razões trigonométricas da página 249, vamos determinar o valor aproximado de x em cada um dos triângulos abaixo.

- 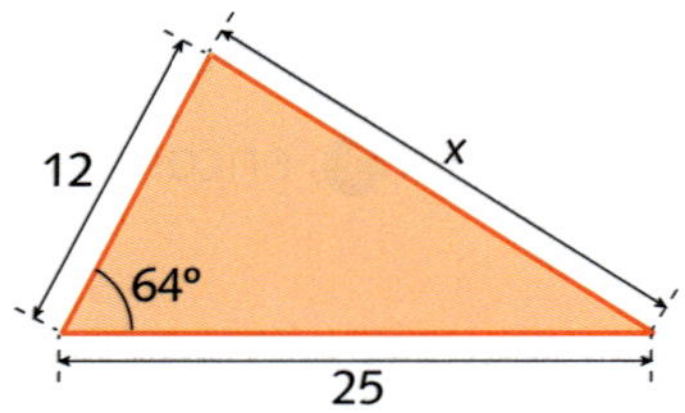

Solução

$x^2 = 12^2 + 25^2 - 2 \cdot 12 \cdot 25 \cdot \cos 64°$

$x^2 = 144 + 625 - 600 \cdot 0{,}438$

$x^2 = 769 - 262{,}8$

$x^2 = 506{,}2$

$x \simeq 22{,}5$

- 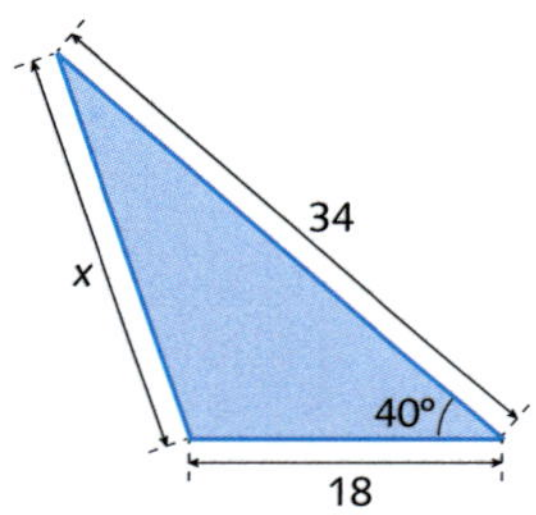

Solução

$x^2 = 34^2 + 18^2 - 2 \cdot 34 \cdot 18 \cdot \cos 40°$

$x^2 = 1\,156 + 324 - 1\,224 \cdot 0{,}766$

$x^2 = 1\,480 - 937{,}584$

$x^2 = 542{,}416$

$x \simeq 23{,}29$

Observação

O cosseno do suplemento de um ângulo é igual ao valor simétrico do cosseno desse ângulo. Veja:

$$\cos 135° = \cos(180° - 45°) = -\cos 45° = -\frac{\sqrt{2}}{2}$$

$$\cos 150° = \cos(180° - 30°) = -\cos 30° = -\frac{\sqrt{3}}{2}$$

Exemplo

Vamos determinar o valor aproximado de x no triângulo abaixo.

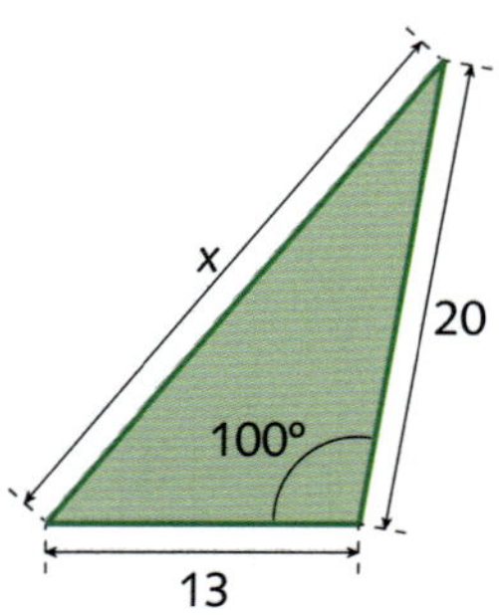

Solução

$x^2 = 13^2 + 20^2 - 2 \cdot 13 \cdot 20 \cdot \cos 100°$

$x^2 = 13^2 + 20^2 - 2 \cdot 13 \cdot 20 \cdot (-\cos 80°)$

Consultando a tabela trigonométrica da página 249, $\cos 80° = 0{,}174$.

Assim:

$x^2 = 169 + 400 - 520 \cdot (-0{,}174)$

$x^2 = 569 - (-90{,}48)$

$x^2 = 569 + 90{,}48 \Rightarrow x^2 = 659{,}48 \Rightarrow x \simeq 25{,}68$

EXERCÍCIOS

17 Utilizando a tabela das razões trigonométricas da página 249, determine o valor aproximado de x nos triângulos a seguir

a)

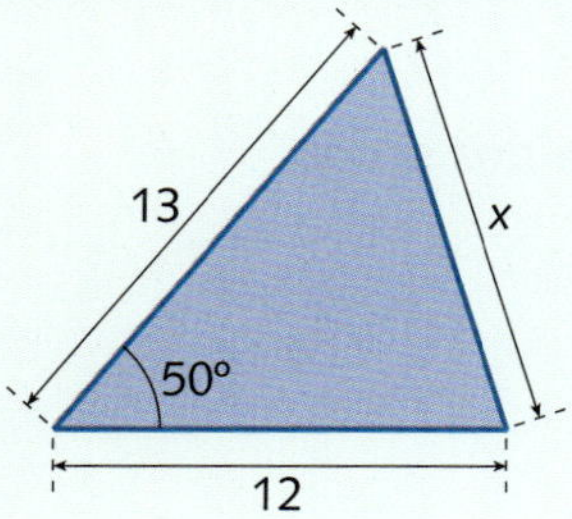

b)

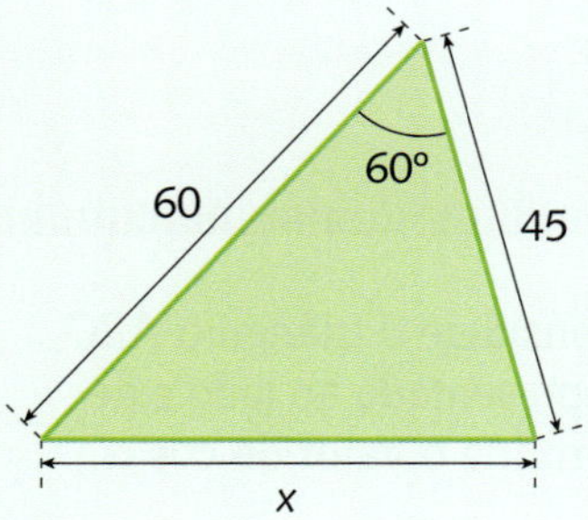

c)

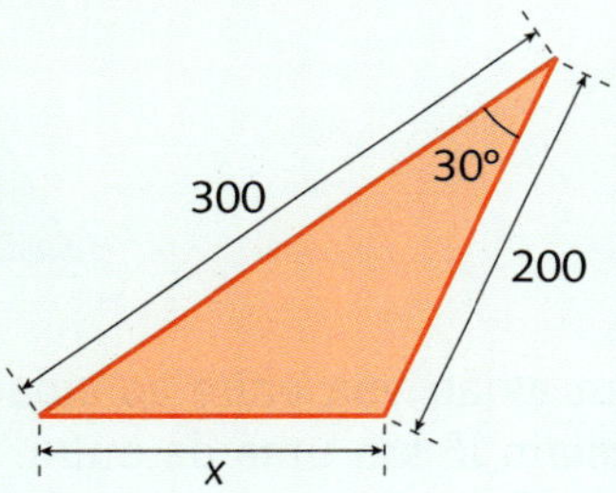

d)

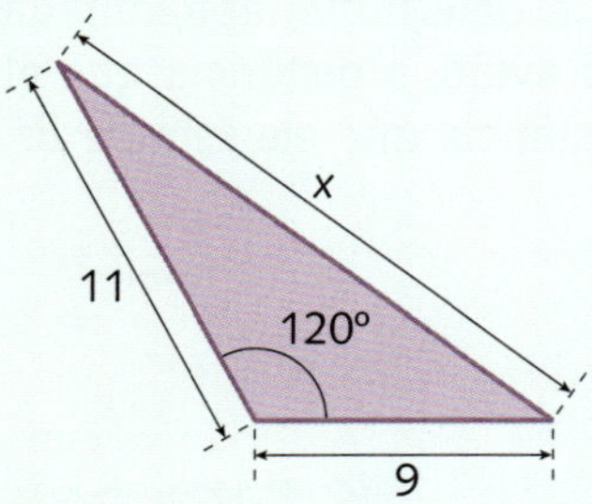

18 Com o uso da tabela de razões trigonométricas da página 249, determine o valor de:

a) cos 172°;

b) cos 110°;

c) cos 125°;

d) cos 136°.

19 Determine o valor de x na figura.

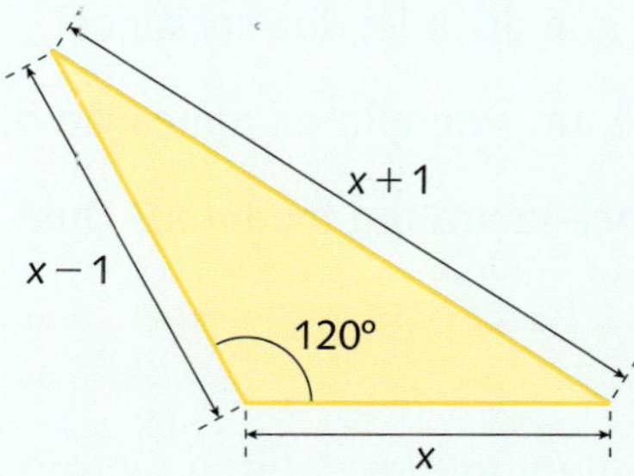

20 Os lados de um paralelogramo medem 8 cm e 12 cm e formam um ângulo de 60°. Calcule as medidas das diagonais.

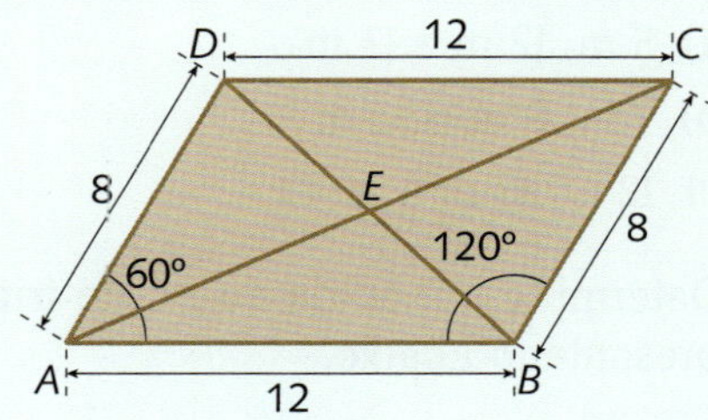

21 Determine a distância aproximada entre os pontos A e B.

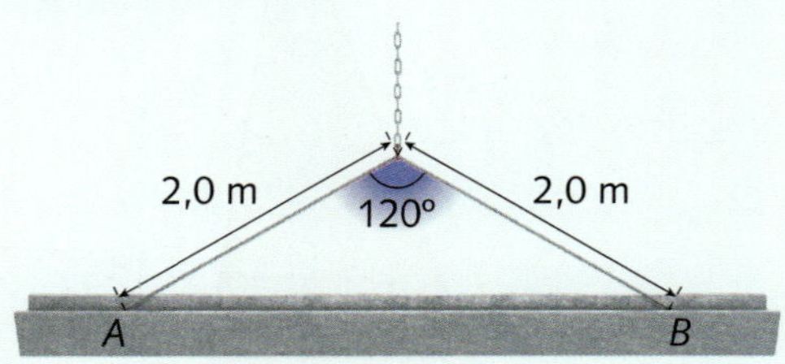

ILUSTRAÇÕES: GUILHERME CASAGRANDI

Trabalhando em equipe

No caminhão da figura ao lado, sabe-se que $AB = 3$ m e $AC = 2,7$ m. Para descarregar, a caçamba do caminhão deve ser inclinada 52°.

Junte-se a um colega e respondam:

- Para atingir essa inclinação, qual deve ser a distância de B a C?

STEPHEN MORRISS/ALAMY/GLOW IMAGES

Trabalhando os conhecimentos adquiridos

Autoavaliação

1 O que diz a lei dos senos?

2 Cite uma situação prática em que você pode utilizar a lei dos senos.

3 O que diz a lei dos cossenos?

4 Dê um exemplo da aplicação da lei dos cossenos?

5 Você já viu um teodolito? Qual é a utilidade dele?

46

1 Determine a natureza, quanto aos ângulos, dos triângulos cujos lados têm as seguintes medidas:

a) 5 m, 12 m e 13 m

b) 7 m, 8 m e 10 m

c) 12 m, 13 m e 20 m

2 Determine a medida de $\overline{BC}$ no triângulo representado abaixo.

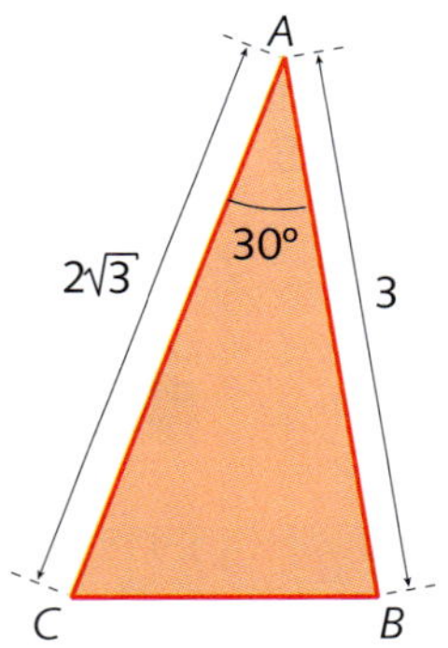

3 Dois lados de um triângulo medem 5 m e 8 m e formam entre si um ângulo de 60°. Determine a medida do terceiro lado desse triângulo.

4 Em um triângulo ABC, os lados medem, $BC = 8$ cm, $AB = AC = 6$ cm. Determine o cosseno do ângulo formado pelos lados $\overline{CA}$ e $\overline{CB}$.

5 Um triângulo tem ângulos de 30° e 45°. Sabendo que o lado oposto de 45° mede 8 cm, determine a medida do lado oposto ao ângulo de 30°, em centímetro.

6 Considere o triângulo ABC representado ao lado e determine o valor de $\cos \alpha$.

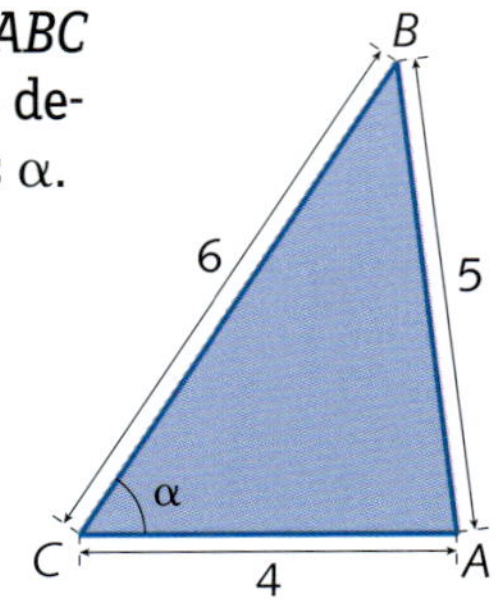

7 Um avião voa entre as cidades A e B, que distam 16 km uma da outra. Observe a figura e determine, aproximadamente, a altura do avião, a distância que ele está de A e a distância que ele está de B.

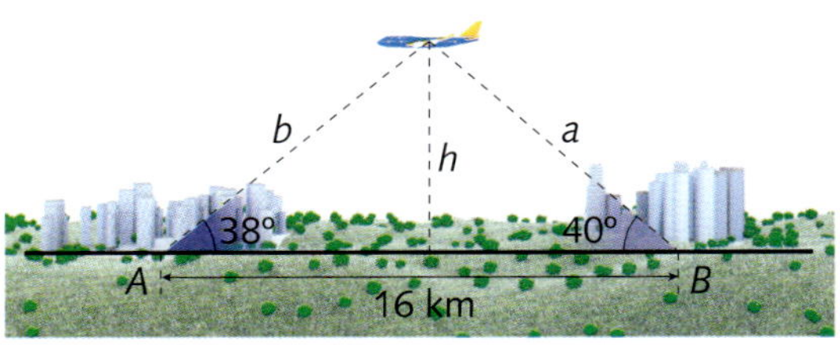

DESAFIO

Em um triângulo qualquer ABC, prove que:

$a^2 = b^2 + c^2 - 2 \cdot b \cdot c \cdot \cos \widehat{A}$

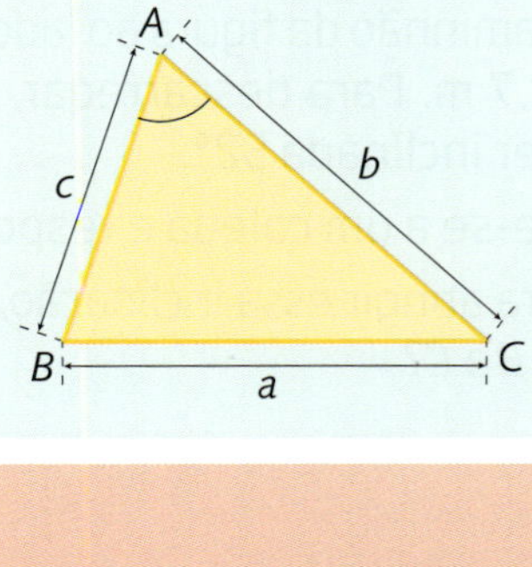

ILUSTRAÇÕES: GUILHERME CASAGRANDI

1 Determine a natureza, quanto aos ângulos, dos triângulos cujos lados medem:

a) 12 cm, 7 cm e 10 cm;

b) 5 m, 5 m e 9 m;

c) $2\sqrt{5}$ cm, 4 cm e 6 cm;

d) 10 dm, 13 dm e 8 dm;

e) $4\sqrt{2}$ cm, 4 cm e 5 cm;

f) 1 m, $\sqrt{3}$ m e 2 m.

2 Dois lados de um triângulo medem 3 m e 5 m e formam entre si um ângulo de 120°. Calcule a medida do terceiro lado.

3 No triângulo *ABC*, as medidas dos ângulos são $A = 45°$ e $B = 30°$, e a medida do lado $\overline{BC}$ é $\sqrt{3}$ cm. Calcule a medida do lado $\overline{AC}$.

4 A Ponte Alamillo, em Sevilha (Espanha), é uma ponte estaiada sobre o rio Guadalquivir, composta de um único pilar que serve de sustentação para seus 13 cabos. Determine a medida do maior desses cabos, sabendo que suas amarrações ocorrem a 130 m e a 180 m do ponto *A*, indicado na imagem.

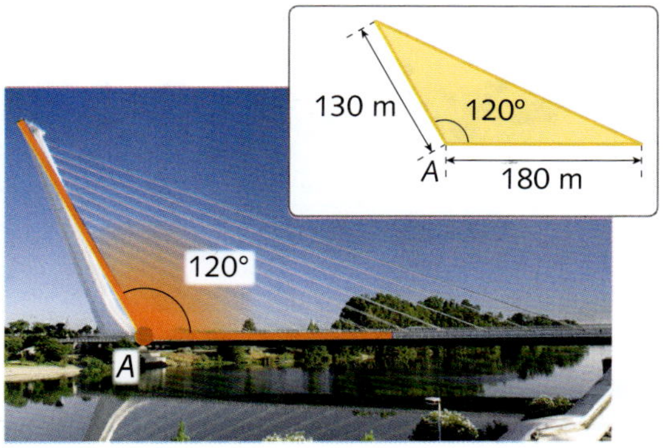

JUAN SILVA/GETTY IMAGES

5 No triângulo *ABC* de lados $BC = 8$ cm, $AC = 10$ cm e $AB = 12$ cm, calcule a medida da projeção de $\overline{BC}$ sobre $\overline{AC}$.

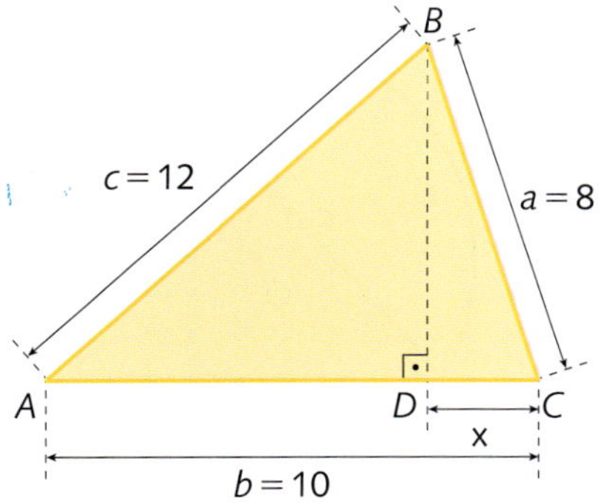

6 Um triângulo tem dois lados de medidas 2 e 4. Se o ângulo oposto ao lado de medida 2 mede 30°, o ângulo oposto ao lado de medida 4 mede quantos graus?

7 Na ponte levadiça ilustrada na figura abaixo, $OA = 4{,}2$ m e $OB = 4{,}4$ m. Determine a medida de $\overline{AB}$.

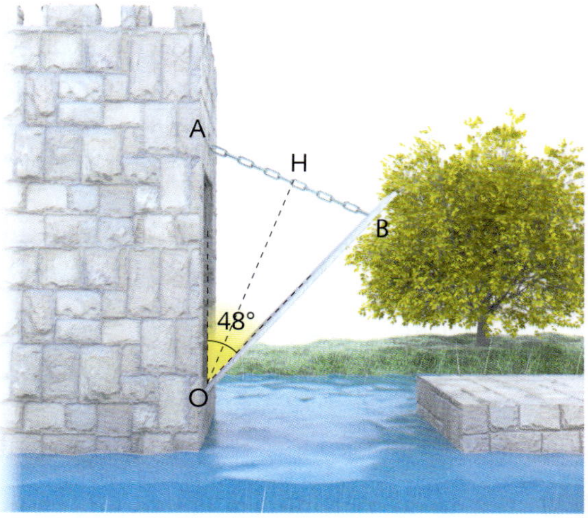

8 Desenhe um cubo e calcule a medida do ângulo formado entre a diagonal de uma face e a diagonal do cubo, traçadas de um mesmo vértice.

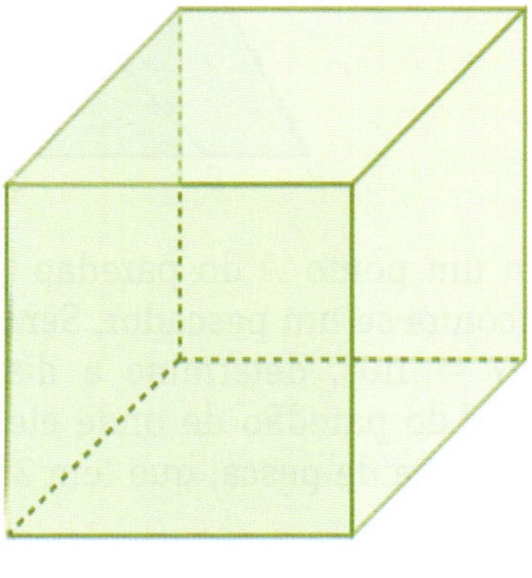

ILUSTRAÇÕES: GUILHERME CASAGRANDI

DESAFIO

Um quadrilátero convexo inscrito em um círculo de 3 cm de raio tem dois ângulos internos não consecutivos e de mesma medida. Um terceiro ângulo interno mede 150°. Determine a soma das medidas das diagonais.

1 Considerando o triângulo *ABC* da figura, determine o valor de tg α.

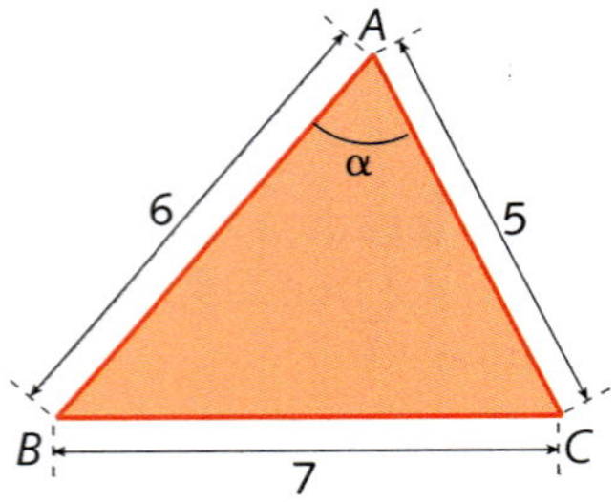

2 Para construir um túnel de *A* para *B*, localiza-se inicialmente um ponto *C*, visível tanto de *A* como de *B*. Sendo $AC = 210$ m, $BC = 565$ m e med$(A\hat{C}B) = 72°$, determine o comprimento do túnel.

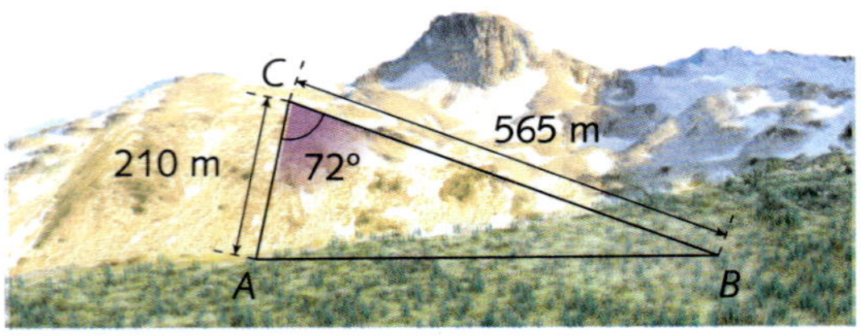

3 O lado do triângulo equilátero *ABC* na figura mede 10 cm. Sendo $AD = \dfrac{AC}{2}$ e $BE = 4$ cm, determine a medida de $\overline{DE}$.

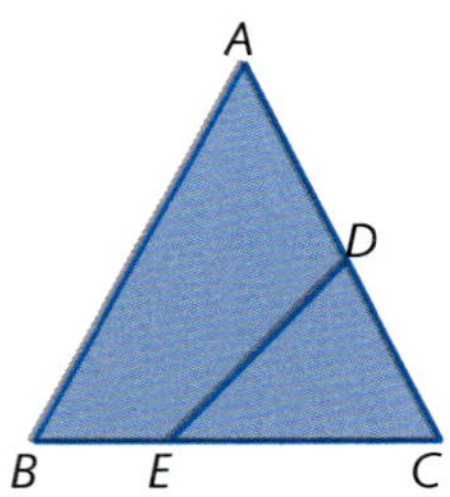

4 Em um ponto *A* do paredão de um porto, encontra-se um pescador. Sendo $AB = 5$ m e $\alpha = 110°$, determine a distância máxima *d* do paredão de onde ele pode lançar sua linha de pesca, que tem 20 m.

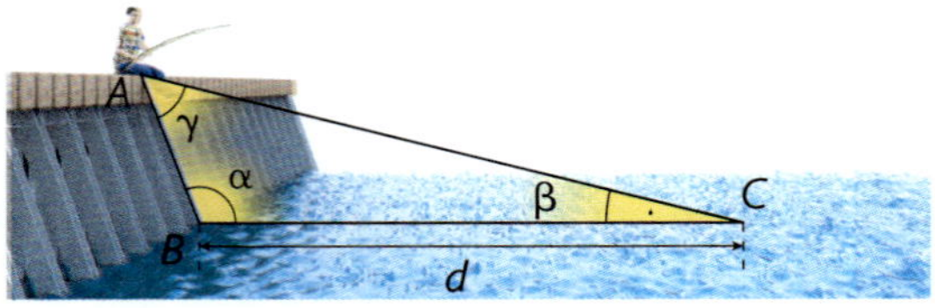

5 Os lados de um triângulo medem $a = \sqrt{76}$ cm, $b = 4$ cm e $c = 6$ cm. Determine a medida da projeção do lado de medida *b* sobre o lado de medida *c*.

6 O segmento da bissetriz do ângulo reto de um triângulo mede $4\sqrt{2}$ cm. Um dos catetos mede 5 cm. Determine a medida da hipotenusa.

7 Duas circunferências de raios medindo 20 cm e 15 cm são secantes. A distância entre os centros mede 25 cm. Calcule, em centímetro, a medida da corda comum a essas circunferências.

8 Um avião equipado com um pulsor de *laser* acoplado a um GPS faz um mapeamento de uma determinada área. O equipamento emite feixes de luz, armazenando as coordenadas de cada obstáculo encontrado, como árvores, pedras, rios, animais ou chão. Observe a ilustração abaixo e determine o valor do comprimento (*x*) da região a ser coberta pela ação dos feixes de luz.

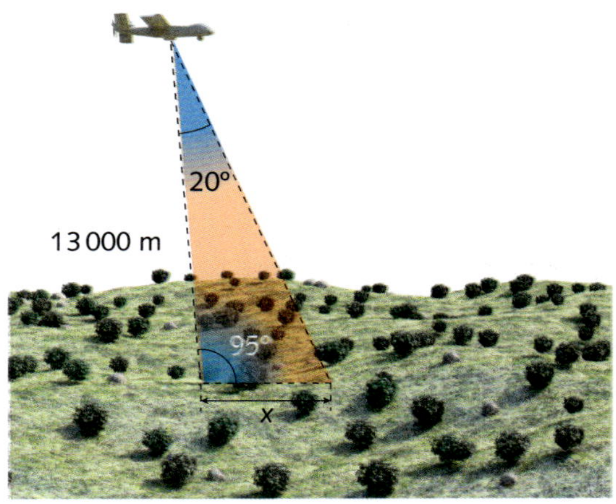

DESAFIO

Sendo *R* a medida do raio da circunferência circunscrita ao triângulo de lados *a*, *b* e *c*, prove que:

$$\frac{a}{\operatorname{sen}\hat{A}} = \frac{b}{\operatorname{sen}\hat{B}} = \frac{c}{\operatorname{sen}\hat{C}} = 2R$$

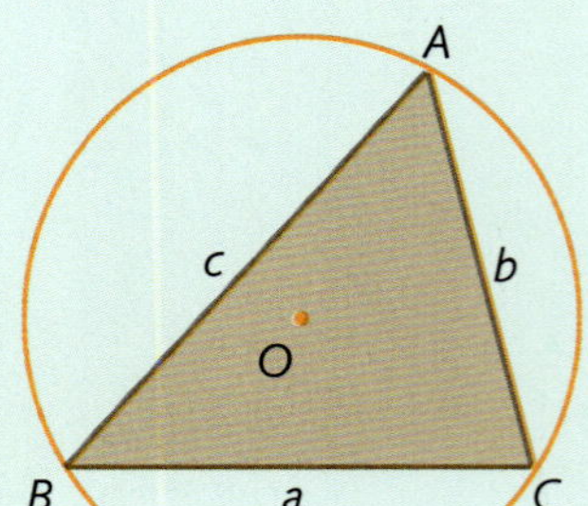

Conteúdo digital
• Atividade: Relações em um triângulo qualquer

1 (UFJF-MG) Dois lados de um triângulo medem 8 m e 10 m e formam um ângulo de 60°. O terceiro lado desse triângulo mede:

a) $2\sqrt{21}$ m.
b) $2\sqrt{31}$ m.
c) $2\sqrt{41}$ m.
d) $2\sqrt{51}$ m.
e) $2\sqrt{61}$ m.

2 (UFV-MG) Dois lados de um terreno de forma triangular medem 15 m e 10 m, formando um ângulo de 60°, conforme a figura abaixo:

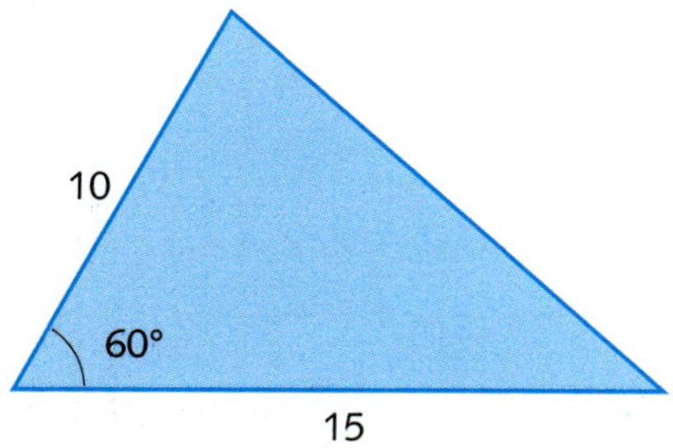

O comprimento do muro necessário para cercar o terreno, em metros, é:

a) $5(5 + \sqrt{15})$.
b) $5(5 + \sqrt{5})$.
c) $5(5 + \sqrt{13})$.
d) $5(5 + \sqrt{11})$.
e) $5(5 + \sqrt{7})$.

3 (UFSM-RS) A caminhada é uma das atividades físicas que, quando realizada com frequência, torna-se eficaz na prevenção de doenças crônicas e na melhora da qualidade de vida. Para a prática de uma caminhada, uma pessoa sai do ponto *A*, passa pelos pontos *B* e *C* e retorna ao ponto *A*, conforme trajeto indicado na figura.

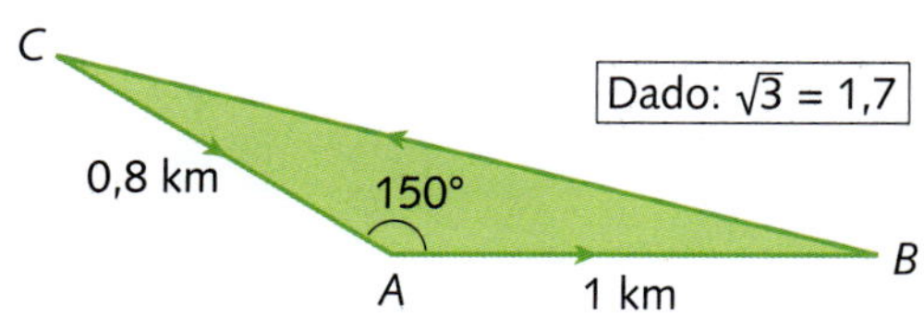

Quantos quilômetros ela terá caminhado, se percorrer todo o trajeto?

a) 2,29
b) 2,33
c) 3,16
d) 3,50
e) 4,80

4 (UFTM-MG) Na figura estão posicionadas as cidades vizinhas *A*, *B* e *C*, que são ligadas por estradas em linha reta. Sabe-se que, seguindo por essas estradas, a distância entre *A* e *C* é de 24 km, e entre *A* e *B* é de 36 km.

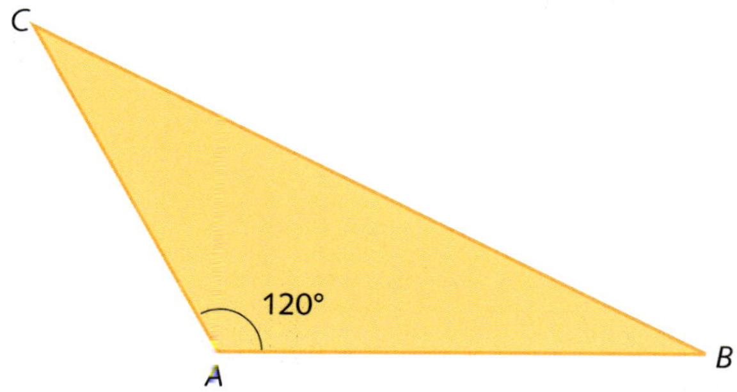

Nesse caso, pode-se concluir que a distância, em km, entre *B* e *C* é igual a:

a) $\sqrt{17}$
b) $\sqrt{19}$
c) $\sqrt{23}$
d) $\sqrt{15}$
e) $\sqrt{13}$

DESAFIO

(Unesp-SP) Uma pessoa se encontra no ponto *A* de uma planície, às margens de um rio e vê, do outro lado do rio, o topo do mastro de uma bandeira, ponto *B*. Com o objetivo de determinar a altura *h* do mastro, ela anda, em linha reta, 50 m para a direita do ponto em que se encontrava e marca o ponto *C*. Sendo *D* o pé do mastro, avalia que os ângulos $B\hat{A}C$ e $B\hat{C}D$ valem 30°, e o ângulo $A\hat{C}B$ vale 105°, como mostra a figura.

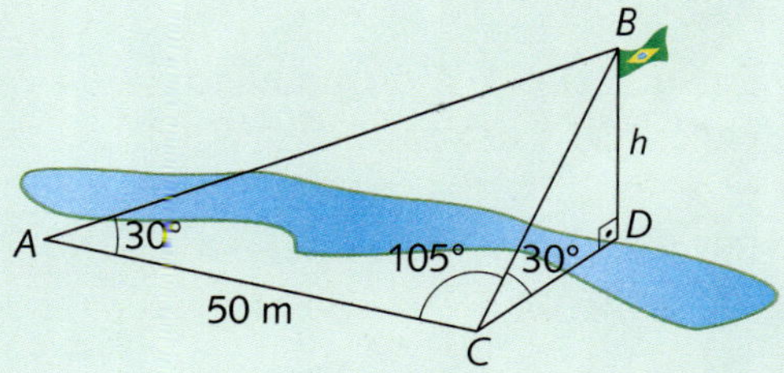

A altura *h* do mastro da bandeira, em metros, é:

a) 12,5.
b) $12{,}5\sqrt{2}$.
c) 25,0.
d) $25{,}0\sqrt{2}$.
e) 35,0.

ILUSTRAÇÕES: ERICSON GUILHERME LUCIANO

CAPÍTULO 9

Circunferência, arcos e relações métricas

ILUSTRAÇÃO: CECÍLIA IWASHITA

A palavra *stonehenge* significa "pedras suspensas".

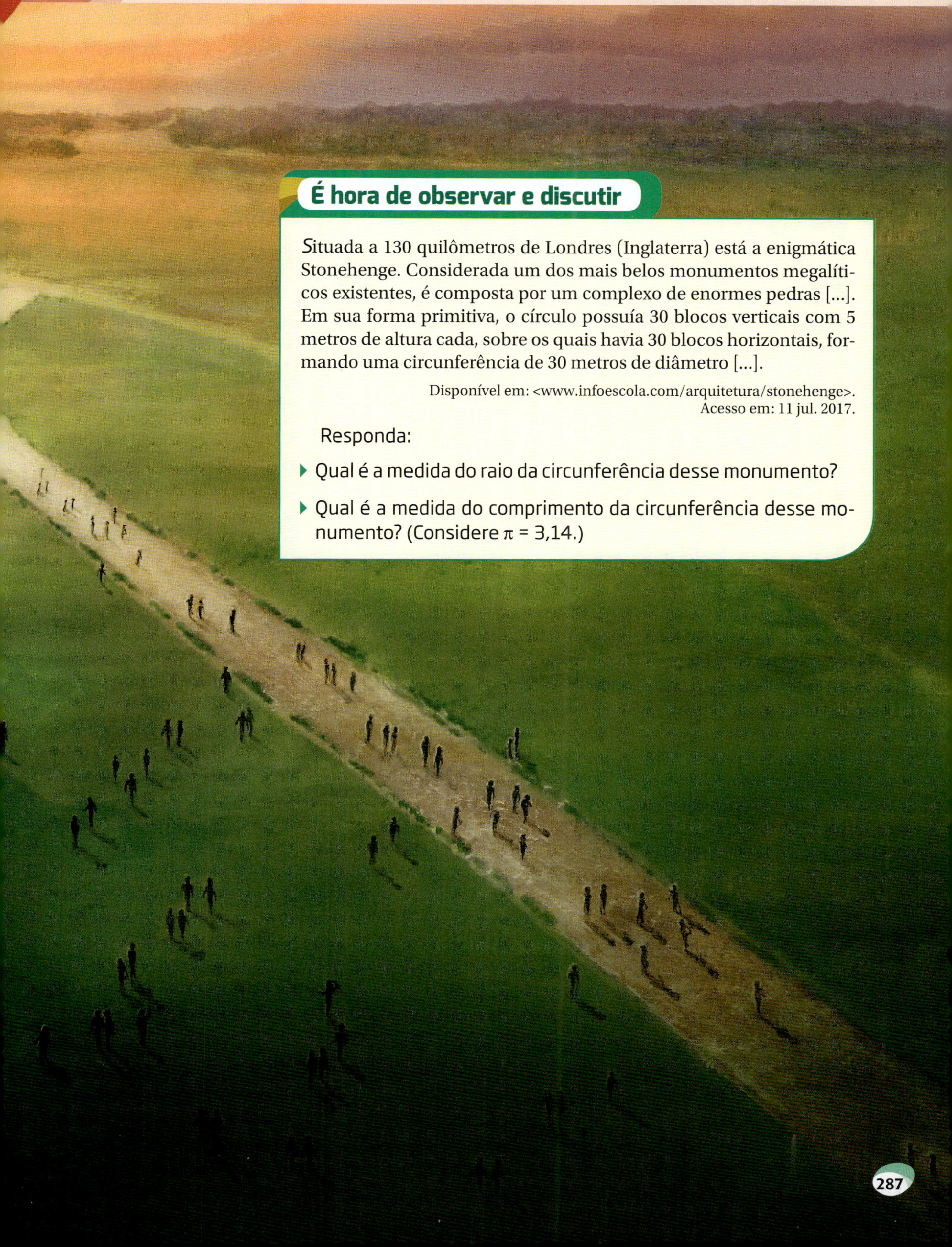

É hora de observar e discutir

Situada a 130 quilômetros de Londres (Inglaterra) está a enigmática Stonehenge. Considerada um dos mais belos monumentos megalíticos existentes, é composta por um complexo de enormes pedras [...]. Em sua forma primitiva, o círculo possuía 30 blocos verticais com 5 metros de altura cada, sobre os quais havia 30 blocos horizontais, formando uma circunferência de 30 metros de diâmetro [...].

Disponível em: <www.infoescola.com/arquitetura/stonehenge>. Acesso em: 11 jul. 2017.

Responda:

- Qual é a medida do raio da circunferência desse monumento?
- Qual é a medida do comprimento da circunferência desse monumento? (Considere $\pi = 3{,}14$.)

Trocando ideias

Você já pensou na importância da circunferência em nosso cotidiano? Essa forma geométrica está presente no contorno de botões, no formato de mídias, pneus, engrenagens de máquinas, aparelhos e inúmeros equipamentos e objetos, entre milhares de outras funções e utilidades na vida diária.

SERGEY NIVENS/SHUTTERSTOCK

As engrenagens são peças de formato circular muito utilizadas no dia a dia.

COPRID/SHUTTERSTOCK

EDITORIAL IMAGE, LLC/ALAMY/GLOW IMAGES

BALONCICI/SHUTTERSTOCK

▸ Cite alguns objetos cuja forma lembra uma circunferência.

Neste capítulo, vamos estudar a circunferência, seus arcos e suas relações métricas, ferramentas básicas para estudos futuros em diversas áreas.

1 O comprimento da circunferência

Vamos considerar a circunferência de centro *O* e raio de medida *r*.

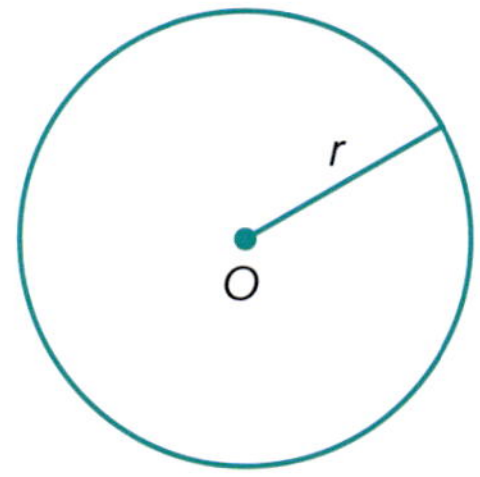

Podemos determinar a medida aproximada do **comprimento da circunferência**, envolvendo-a com uma linha e, em seguida, medindo-a.

Agora, vamos considerar três circunferências cujos raios medem 1 cm, 1,5 cm e 2 cm, e cujas respectivas medidas de comprimento são determinadas de modo aproximado pelo processo descrito.

Circunferência | **Medida do comprimento da circunferência (aproximada)**

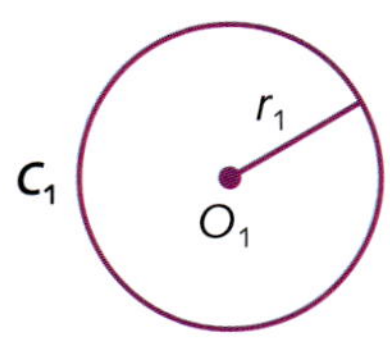

medida do raio (r_1) = 1 cm
medida do diâmetro (d_1) = 2 cm

C_1 = 6,28 cm

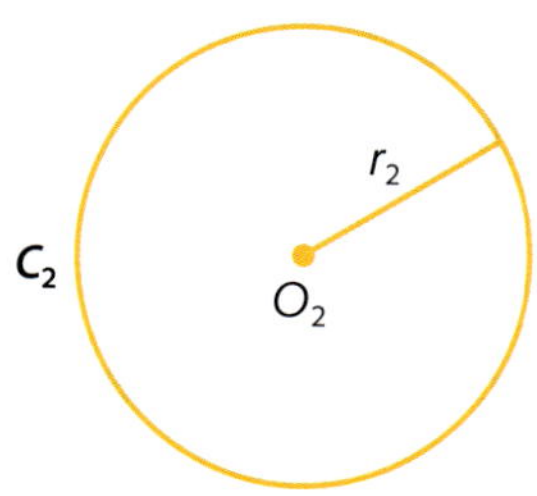

medida do raio (r_2) = 1,5 cm
medida do diâmetro (d_2) = 3 cm

C_2 = 9,42 cm

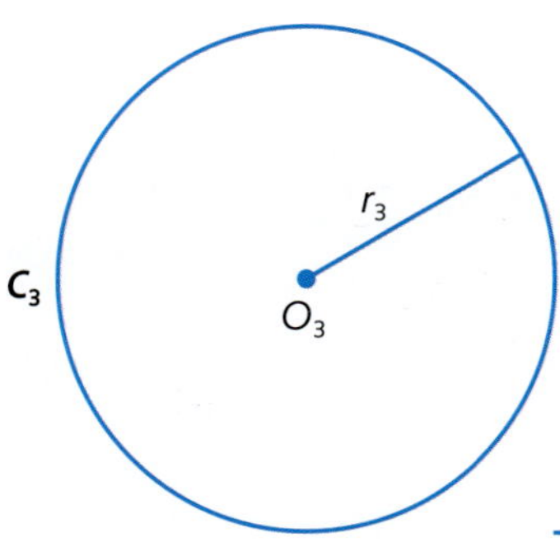

medida do raio (r_3) = 2 cm
medida do diâmetro (d_3) = 4 cm

C_3 = 12,56 cm

Determinando as razões entre a medida do comprimento de cada circunferência e a medida de seu respectivo diâmetro, obtemos:

$$\frac{C_1}{d_1} = \frac{6,28}{2} = 3,14 \qquad \frac{C_2}{d_2} = \frac{9,42}{3} = 3,14 \qquad \frac{C_3}{d_3} = \frac{12,56}{4} = 3,14$$

Observe que o resultado **aproximado** é o mesmo nos três casos. Esse valor é uma constante na determinação dessa relação para qualquer circunferência.

$$\frac{C}{d} = \frac{C}{2r} \simeq 3{,}14$$

Representamos essa constante pela letra grega π (lê-se: "pi"). Assim, para qualquer circunferência:

$$\frac{C}{d} = \pi$$

Daí, concluímos que a medida do comprimento de qualquer circunferência pode ser assim determinada:

$$C = \pi \cdot d = 2 \cdot \pi \cdot r$$

Observações

1 O número irracional π tem valor aproximadamente igual a 3,1415926... As aproximações 3,14 ou 3,1416 são as mais empregadas para representar o valor de π.

2 A medida do comprimento de uma circunferência está situada entre os perímetros dos polígonos regulares inscritos e circunscritos.

ADILSON SECCO

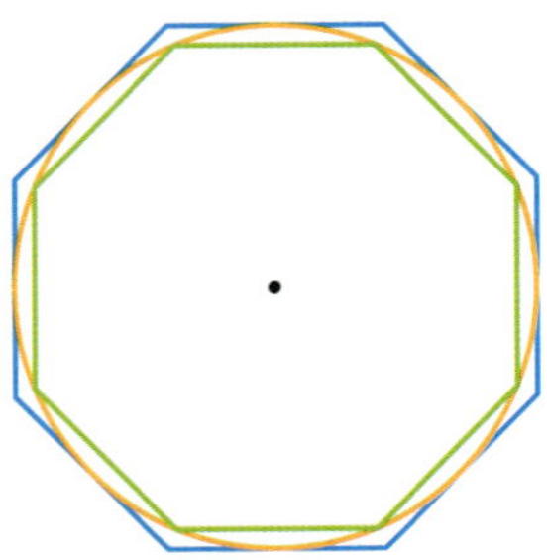

$2p$ ⟶ perímetro do polígono regular inscrito
$2p'$ ⟶ perímetro do polígono regular circunscrito
C ⟶ medida do comprimento da circunferência

$$2p < C < 2p'$$

Note que, à medida que aumenta o número de lados desses polígonos, aumenta o perímetro ($2p$) do polígono inscrito e diminui o perímetro ($2p'$) do polígono circunscrito.
Assim, para polígonos com grande número de lados, temos: $2p \simeq 2p' \simeq 2\pi r$

Exemplos

- Vamos determinar a medida do comprimento de uma circunferência cujo raio mede 5 cm. (Use $\pi = 3{,}14$.)

Solução

$C = 2\pi r = 2 \cdot 3{,}14 \cdot 5 = 31{,}4$

O comprimento mede 31,4 cm.

- Vamos determinar a medida do raio de uma circunferência cujo comprimento mede 75,36 cm. (Use $\pi = 3{,}14$.)

Solução

$C = 2\pi r \Rightarrow 75{,}36 = 2 \cdot 3{,}14 \cdot r$

$75{,}36 = 6{,}28 \cdot r$

$r = \frac{75{,}36}{6{,}28} = 12$

O raio mede 12 cm.

GIUSEPPE CACACE/AFP/GETTY IMAGES

Argolas em forma de circunferências com diversas medidas de comprimento usadas na decoração de Natal da cidade de Turim, Itália.

EXERCÍCIOS

Para os exercícios a seguir, considere $\pi = 3{,}14$.

1 Calcule a medida do comprimento de uma circunferência cujo raio mede 15 cm.

2 Determine a medida do raio de uma circunferência cujo comprimento mede 50,24 cm.

3 Determine a medida do diâmetro de uma circunferência cujo comprimento mede 78,5 cm.

4 Quantas voltas são necessárias para que uma roda cujo raio mede 14 cm percorra um comprimento de 703,36 cm?

5 O diâmetro da roda de uma bicicleta mede 64 cm. Quantas voltas são necessárias para que ela percorra uma distância de 401,92 m?

6 O Grupo Espanhol Hispasat lançou, em março de 2013, seu novo satélite de comunicações, o Amazonas 3. O satélite foi colocado em uma órbita de 36 000 km em relação ao centro da Terra. Ele permanece em órbita geoestacionária, ou seja, sua velocidade é igual à velocidade de rotação da Terra. Qual é a medida do comprimento da circunferência descrita por esse satélite?

IMAGEM CEDIDA POR HISPAMAR SATÉLITES E SSL

Um pouco de História

O número π

MUSEU BRITÂNICO, LONDRES

Papiro Ahmes.

Encontrar o valor do número π foi o objetivo de muitos matemáticos ao longo dos séculos.

No Oriente antigo, tomava-se frequentemente o número 3 como valor de π. De acordo com o papiro Ahmes, por volta de 1500 a.C., os egípcios usavam π como $3\frac{1}{6} = 3{,}1666...$

A primeira tentativa científica de calcular π parece ter sido a de Arquimedes, em 240 a.C., que empregava o método clássico de cálculo de π. Tal método consistia em calcular os perímetros de polígonos regulares inscritos (P) e circunscritos (P') a uma circunferência de raio unitário. O comprimento C da circunferência mantém-se entre esses perímetros ($P < C < P'$) e, quanto maior o número de lados dos polígonos, maior é a aproximação entre P, C e P'. Assim, Arquimedes chegou a um valor aproximado de π entre $3\frac{10}{71}$ e $3\frac{1}{7}$.

Em 480 d.C., o chinês Tsu Ch'ung-chih determinou a interessante aproximação racional $\frac{355}{113} = 3{,}1415929...$, que é correta até a sexta casa decimal. Johann Heinrich Lambert, em 1761, provou que π é irracional.

O Eniac, um dos primeiros computadores eletrônicos, calculou π com 2 037 casas decimais, em 1949. Já em 1986, D. H. Bailey, da Nasa, fez funcionar um supercomputador por 28 horas para obter π com 29 360 000 dígitos. Hoje, π já foi calculado com trilhões de dígitos.

Dados obtidos em: Carl B. Boyer. *História da Matemática*. São Paulo: Edgard Blücher, 1974. p. 13, 93 e 148.

BETTMANN/CORBIS/GETTY IMAGES

Eniac.

Conteúdo digital
• Vídeo: Pi

2 Medida de um arco de circunferência

Vamos considerar os arcos de circunferência e suas medidas.

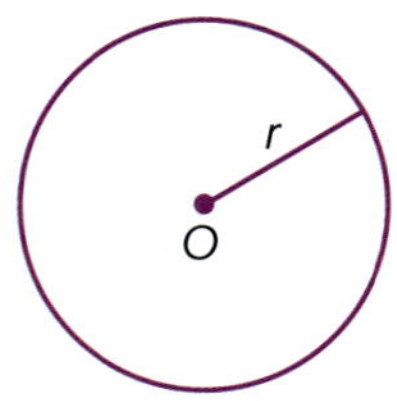

Uma volta completa corresponde a **360°**, ou $\mathbf{2\pi r}$, em unidade de comprimento.

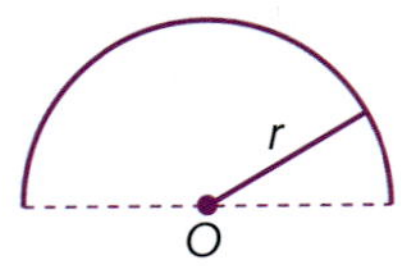

Uma meia-volta corresponde a **180°**, ou πr, em unidade de comprimento.

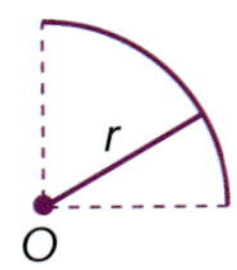

Um quarto de volta corresponde a **90°**, ou $\frac{\pi r}{2}$, em unidade de comprimento.

Observe que um ângulo de 360° determina um arco de medida $2\pi r$; dividindo a medida do ângulo por 2, a medida do arco ficará dividida por 2; dividindo novamente a medida do ângulo por 2, a medida do arco ficará novamente dividida por 2.

> As medidas dos arcos de uma circunferência em graus são diretamente proporcionais às medidas desses arcos em unidade de comprimento.

Para transformação das unidades, podemos utilizar esta proporção:

$$\frac{2\pi r}{\ell} = \frac{360°}{a}$$

em que:

$2\pi r$ ⟶ medida da circunferência em unidade de comprimento
ℓ ⟶ medida de um arco em unidade de comprimento
360° ⟶ medida da circunferência em grau
a ⟶ medida de um arco em grau

Exemplos

- Vamos determinar a medida de um arco de 60° em uma circunferência cujo raio mede 20 cm.

Solução

$$\frac{2\pi r}{\ell} = \frac{360°}{a} \Rightarrow \frac{2\pi \cdot 20}{\ell} = \frac{\cancel{360°}^{6}}{\cancel{60°}_{1}} \Rightarrow \frac{40\pi}{\ell} = \frac{6}{1}$$

$$6\ell = 40\pi \Rightarrow \ell = \frac{40\pi}{6} = \frac{20\pi}{3}$$

Logo, a medida do arco é $\frac{20\pi}{3}$ cm.

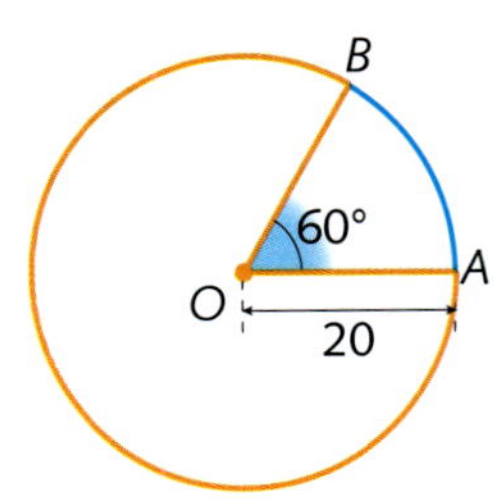

ILUSTRAÇÕES: GUILHERME CASAGRANDI

- Vamos determinar, em grau, a medida de um arco de 5π cm em uma circunferência cujo raio mede 15 cm.

Solução

$$\frac{2\pi r}{\ell} = \frac{360°}{a} \Rightarrow \frac{2\cancel{\pi} \cdot \cancel{15}^{3}}{{}_{1}\cancel{5\pi}} = \frac{360°}{a} \Rightarrow \frac{6}{1} = \frac{360°}{a}$$

$$6a = 360° \Rightarrow a = \frac{360°}{6} = 60°$$

Logo, a medida do arco é 60°.

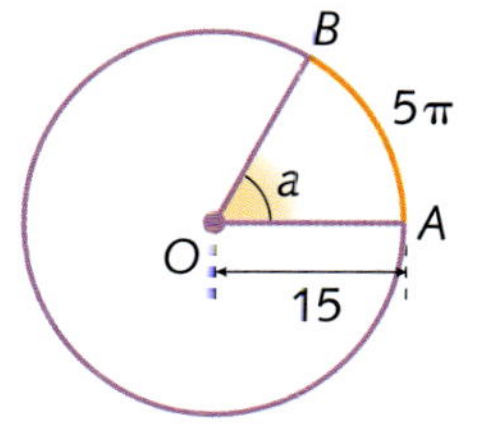

- Um arco de $\frac{3\pi}{2}$ cm mede 36°. Vamos determinar a medida do raio da circunferência que contém esse arco.

Solução

$$\frac{2\pi r}{\ell} = \frac{360°}{a} \Rightarrow \frac{2\cancel{\pi} \cdot r}{\frac{3\cancel{\pi}}{2}} = \frac{\cancel{360°}^{10}}{\cancel{36°}_{1}} \Rightarrow \frac{4r}{3} = 10$$

$$4r = 30 \Rightarrow r = \frac{30}{4} = 7{,}5$$

Logo, o raio da circunferência mede 7,5 cm.

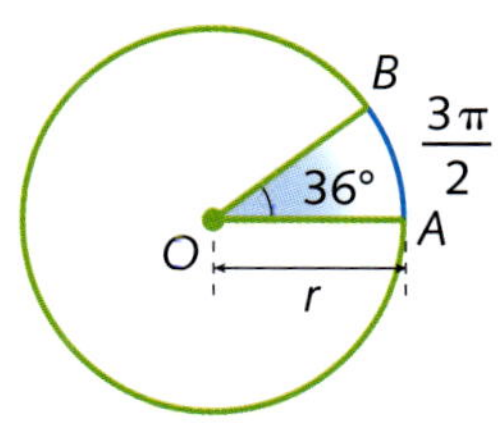

EXERCÍCIOS

7 Considerando a proporção $\frac{2\pi r}{\ell} = \frac{360°}{a}$, determine a medida solicitada em cada um dos casos.

a) $a = 40°$
$r = 10$ cm
$\ell = ?$

b) $\ell = \pi$ cm
$r = 2$ cm
$a = ?$

c) $\ell = 20\pi$ cm
$a = 90°$
$r = ?$

8 Determine a medida dos arcos destacados em verde.

a) $\widehat{AB}$

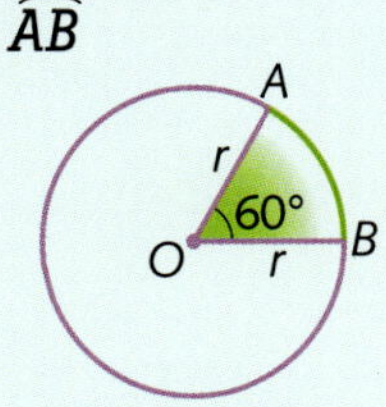

$r = 2$ cm

b) $\widehat{CD}$

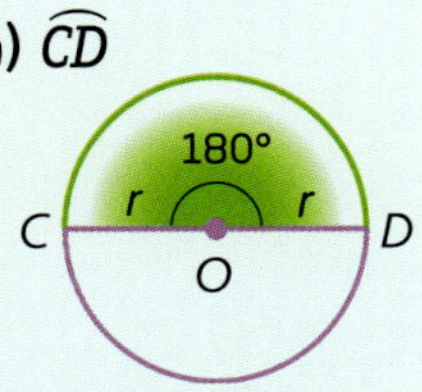

$r = 1$ cm

c) $\widehat{EF}$

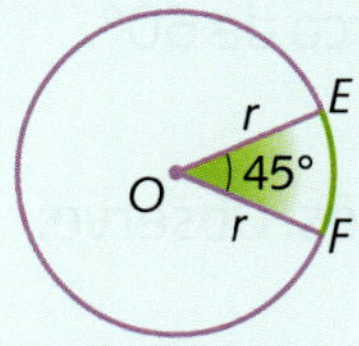

$r = 1{,}5$ cm

9 Considerando $\pi = 3{,}14$, determine a medida do raio da circunferência na qual:

a) um arco de 45° mede 9,42 cm;

b) um arco de 28,26 cm mede 90°.

10 Determine, em grau, a medida do comprimento do arco:

a) de $\frac{2\pi}{5}$ cm, em uma circunferência cujo raio mede 8 cm;

b) de 20π cm, em uma circunferência cujo raio mede 40 cm.

11 Na figura abaixo, determine ℓ_1 e ℓ_2.

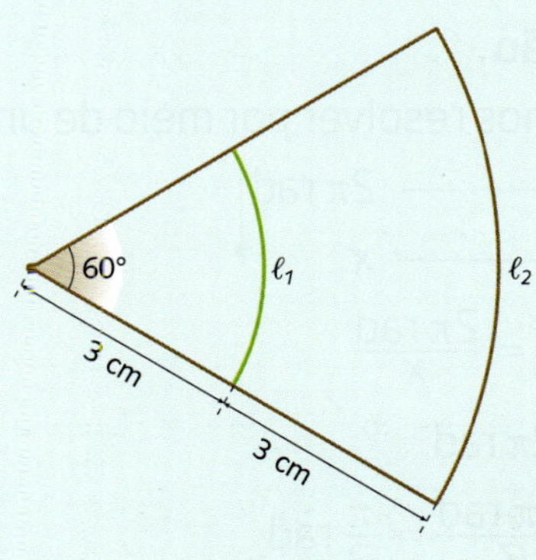

ILUSTRAÇÕES: GUILHERME CASAGRANDI

Radiano

Para facilitar nossos cálculos, vamos aprender uma nova unidade de medida de ângulos: o **radiano**.

Observe a figura abaixo.

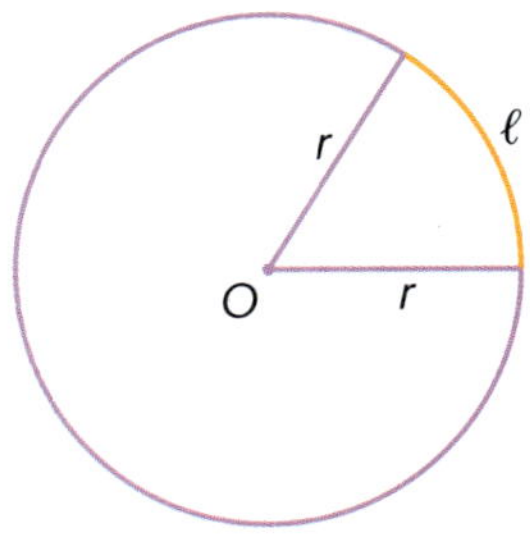

A medida do comprimento do arco é igual à medida do raio, ou seja: $\ell = r$

Surge, assim, o radiano (rad), que corresponde à medida do ângulo central quando $\ell = r$.

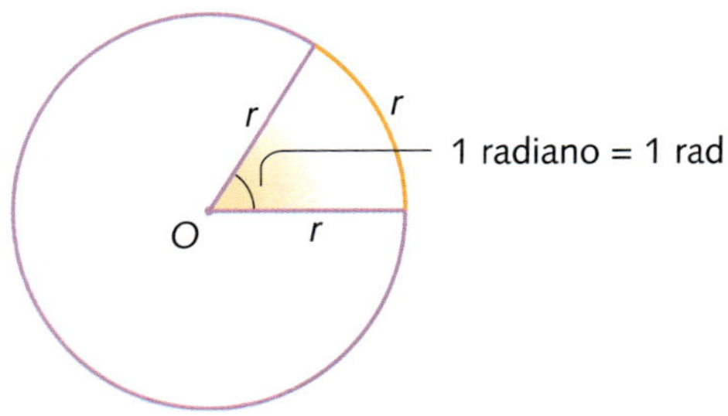

Como $C = 2\pi r$ e $r = 1$ rad, podemos escrever: $C = 2\pi \cdot 1 \text{ rad} = 2\pi \text{ rad}$

Dessa forma, a medida de uma circunferência pode ser expressa por:

- 360, na unidade grau;
- $2\pi r$, em unidade de comprimento;
- 2π, na unidade radiano.

Verifique que:

$360° \longrightarrow 2\pi \text{ rad}$

$180° \longrightarrow \pi \text{ rad}$

$90° \longrightarrow \frac{\pi}{2} \text{ rad}$

Exemplos

- Vamos calcular, em radiano, a medida de um arco de 60°.

Solução

Podemos resolver por meio de uma regra de três. Observe:

$360° \text{ ——— } 2\pi \text{ rad}$

$60° \text{ ——— } x$

$$\frac{\cancel{360°}^{6}}{\cancel{60°}_{1}} = \frac{2\pi \text{ rad}}{x}$$

$6x = 2\pi \text{ rad}$

$$x = \frac{\cancel{2}^{1}\pi \text{ rad}}{\cancel{6}_{3}} = \frac{\pi}{3} \text{ rad}$$

Logo, a medida é $\frac{\pi}{3}$ rad.

ILUSTRAÇÕES: GUILHERME CASAGRANDI

- Vamos calcular, em grau, a medida de um arco de $\frac{5\pi}{6}$ rad.

Solução

$$\begin{array}{lcl} 360° & \text{———} & 2\pi \text{ rad} \\ x & \text{———} & \frac{5\pi}{6} \text{ rad} \end{array}$$

$$\frac{360°}{x} = \frac{2\pi \text{ rad}}{\frac{5\pi}{6} \text{ rad}}$$

$$\frac{360°}{x} = \frac{12}{5}$$

$$12x = 360° \cdot 5$$

$$12x = 1\,800°$$

$$x = 150°$$

Logo, a medida é 150°.

GEORGE TUTUMI

EXERCÍCIOS

12 Transforme as medidas em radianos.

a) 140° d) 30° g) 150°

b) 80° e) 90° h) 100°

c) 45° f) 120° i) 160°

13 Transforme as medidas em graus.

a) $\frac{\pi}{9}$ rad d) $\frac{\pi}{20}$ rad g) $\frac{\pi}{4}$ rad

b) π rad e) $\frac{2\pi}{15}$ rad h) $\frac{5\pi}{2}$ rad

c) $\frac{\pi}{90}$ rad f) $\frac{2\pi}{3}$ rad i) $\frac{\pi}{18}$ rad

3 Relações métricas em uma circunferência

Antes de iniciar o estudo sobre **relações métricas em uma circunferência**, vamos observar atentamente as figuras abaixo.

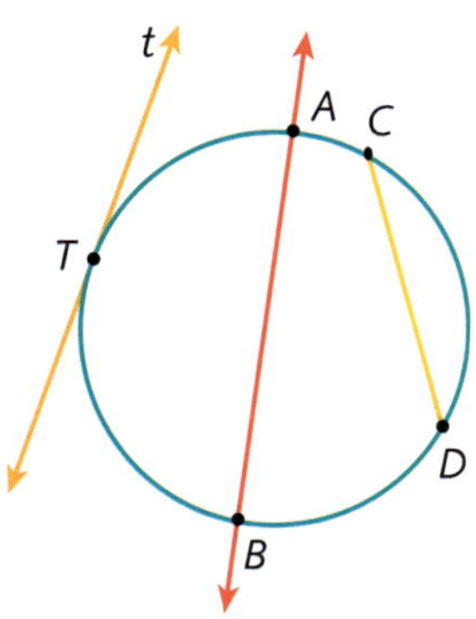

corda: $\overline{CD}$
secante: $\overleftrightarrow{AB}$
tangente: t

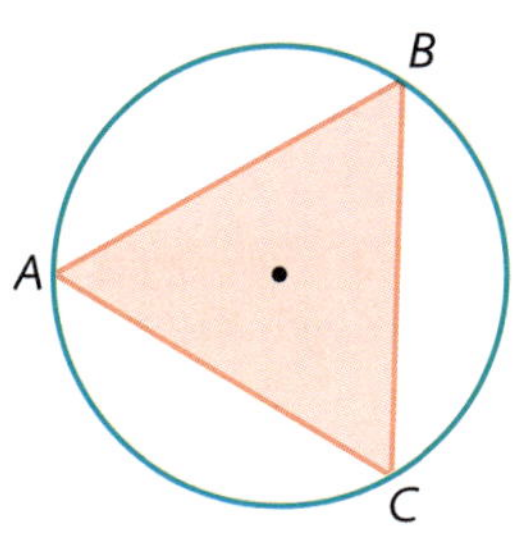

Triângulo inscrito na circunferência:
seus vértices pertencem à circunferência.

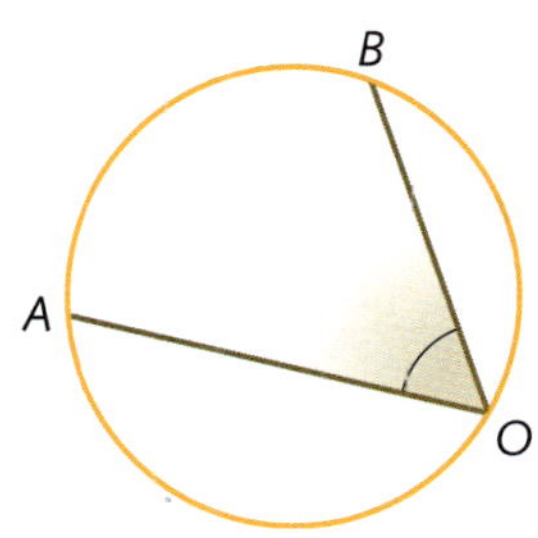

Ângulo inscrito na circunferência:

$$\text{med}(A\hat{O}B) = \frac{\text{med}(\widehat{AB})}{2}$$

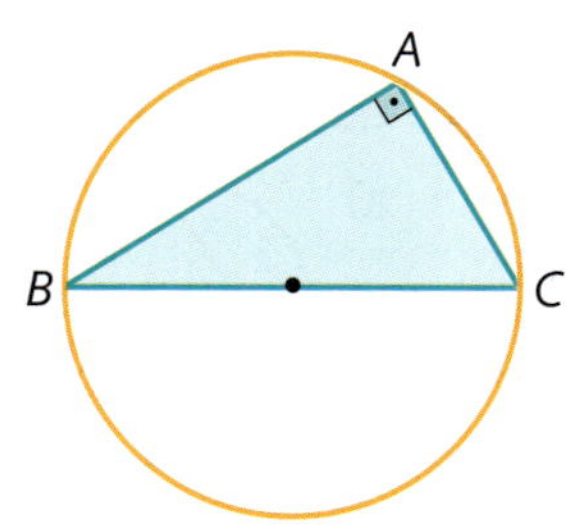

Triângulo inscrito na semicircunferência é retângulo:

$$\text{med}(\hat{A}) = \frac{\text{med}(\widehat{BC})}{2} = \frac{180°}{2} = 90°$$

ILUSTRAÇÕES: GUILHERME CASAGRANDI

Relação entre as cordas

Observe, na figura ao lado, as cordas $\overline{AB}$ e $\overline{CD}$ que se cruzam no ponto P.

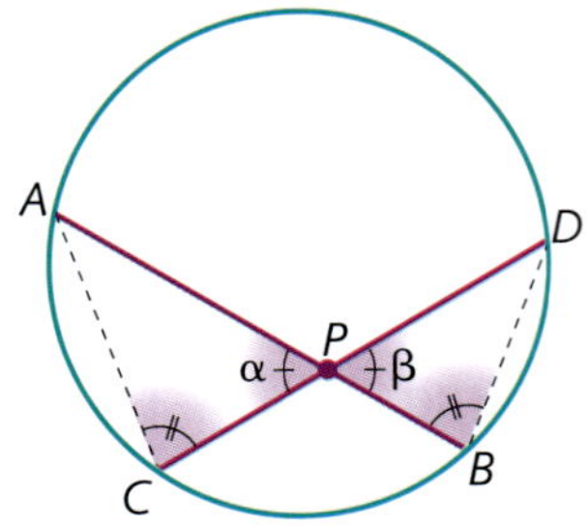

ILUSTRAÇÕES: GUILHERME CASAGRANDI

Podemos demonstrar esta relação:

$$PA \cdot PB = PC \cdot PD$$

Vamos considerar os triângulos PAC e PDB:

$\hat{\alpha} \cong \hat{\beta}$ ⟶ ângulos opostos pelo vértice

$\hat{B} \cong \hat{C}$ ⟶ ângulos inscritos no mesmo arco

Pelo teorema de semelhança de triângulos, caso A.A. (Ângulo-Ângulo), temos:

$\triangle PAC \sim \triangle PDB$

Assim:

$$\frac{PA}{PD} = \frac{PC}{PB} \Rightarrow PA \cdot PB = PC \cdot PD$$

> Se duas cordas se cruzam em um ponto interior de uma circunferência, o produto das medidas dos dois segmentos da primeira corda é igual ao produto das medidas dos dois segmentos da outra corda.

Exemplos

Vamos calcular o valor de x nas figuras a seguir.

a)

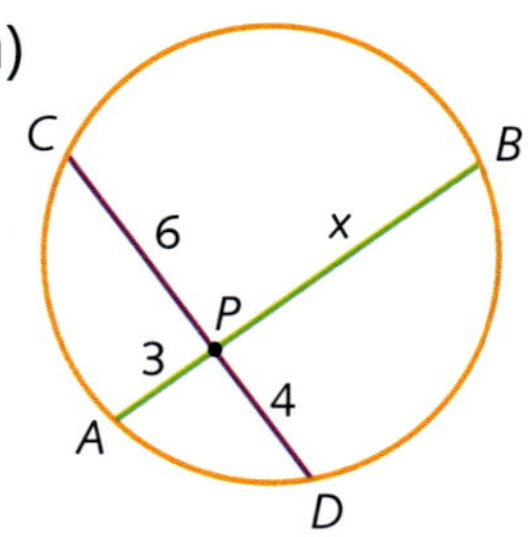

Solução

$PA \cdot PB = PC \cdot PD$

$3 \cdot x = 6 \cdot 4$

$3x = 24$

$x = 8$

b)

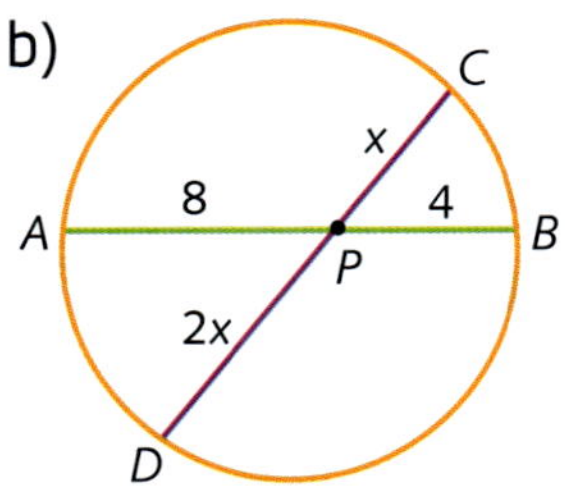

Solução

$PA \cdot PB = PC \cdot PD$

$8 \cdot 4 = x \cdot 2x$

$32 = 2x^2$

$16 = x^2$

$x = \pm \sqrt{16}$ $\begin{cases} x_1 = -4 & \text{(valor negativo não utilizado)} \\ x_2 = 4 \end{cases}$

$x = 4$

EXERCÍCIOS

14 Calcule o valor de x.

a)

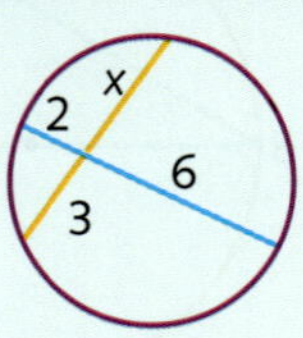

b)

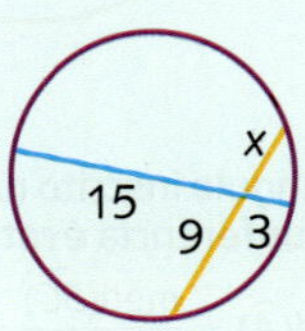

c)

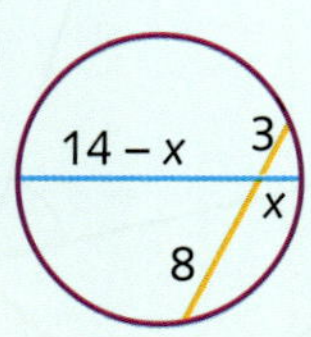

d)

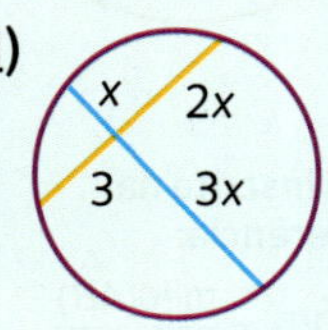

ILUSTRAÇÕES: ADILSON SECCO

15 Calcule o valor de x.

a)

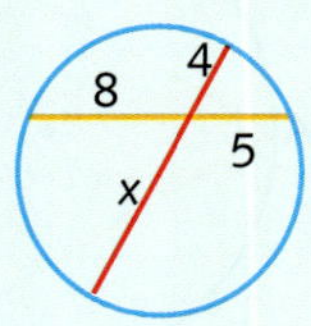

b)

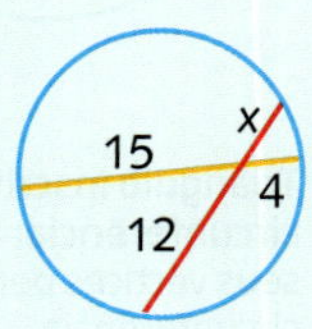

c)

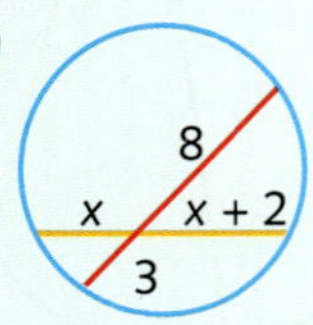

d)

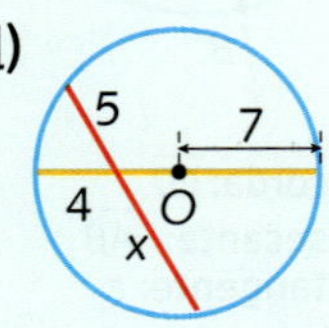

Relação entre as secantes

Observe, na figura, as duas secantes a uma circunferência, traçadas do ponto externo *P*.

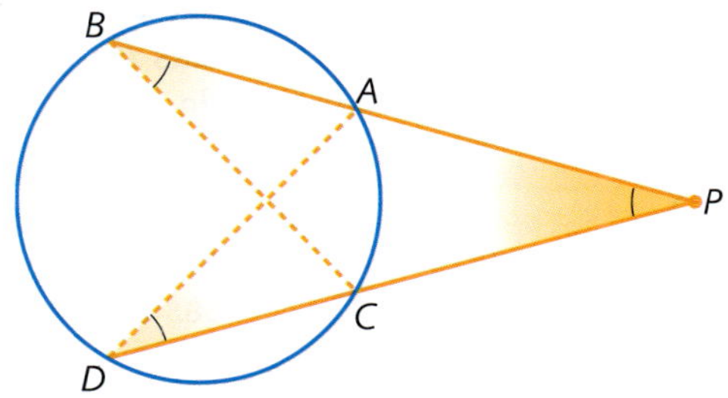

A secante $\overleftrightarrow{PB}$ corta a circunferência nos pontos *A* e *B*, enquanto a secante $\overleftrightarrow{PD}$ corta a circunferência nos pontos *C* e *D*.

Podemos demonstrar esta relação:

$$PA \cdot PB = PC \cdot PD$$

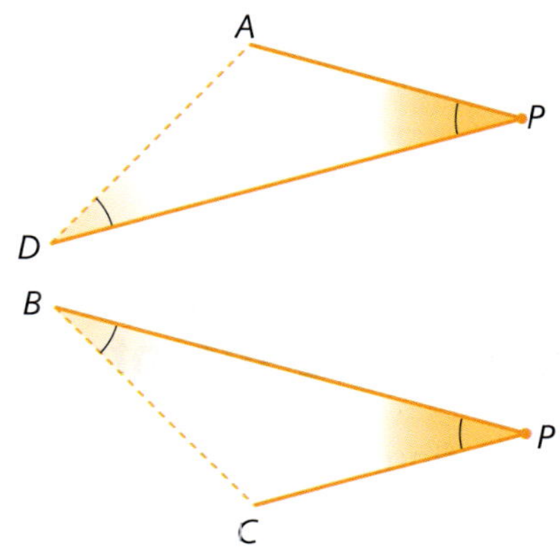

Vamos considerar os triângulos *PAD* e *PCB*:

$\widehat{B} \cong \widehat{D}$ ⟶ ângulos inscritos no mesmo arco

$\widehat{P}$ ⟶ ângulo comum aos dois triângulos

Pelo teorema de semelhança de triângulos, caso A.A., temos $\triangle PAD \sim \triangle PCB$.

Assim:

$$\frac{PA}{PC} = \frac{PD}{PB} \Rightarrow PA \cdot PB = PC \cdot PD$$

Se, de um ponto externo a uma circunferência, traçarmos dois segmentos secantes a ela, o produto da medida de um deles pela medida de sua parte externa será igual ao produto da medida do outro pela medida de sua parte externa.

Exemplos

Vamos calcular o valor de *x* nas figuras a seguir.

a)

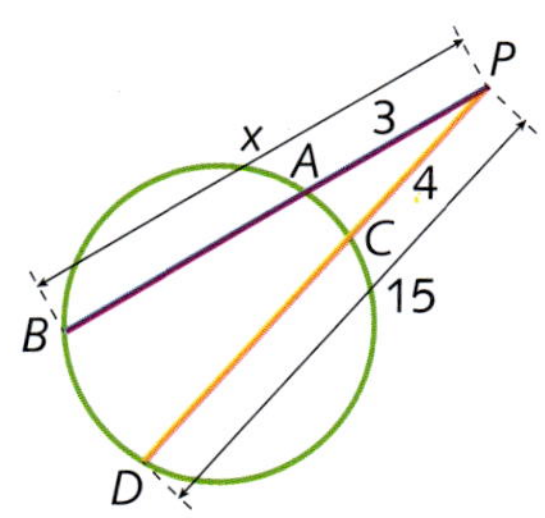

Solução

$PA \cdot PB = PC \cdot PD$

$3 \cdot x = 4 \cdot 15$

$3x = 60$

$x = 20$

b)

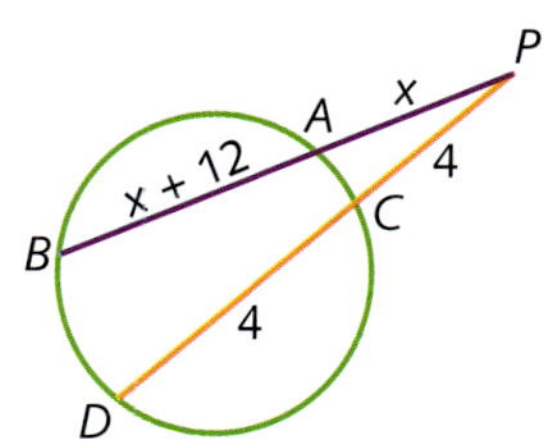

Solução

$PA \cdot PB = PC \cdot PD$

$x \cdot (2x + 12) = 4 \cdot 8$

$2x^2 + 12x = 32$

$2x^2 + 12x - 32 = 0 \begin{cases} x_1 = -8 & \text{(valor negativo não utilizado)} \\ x_2 = 2 \end{cases}$

$x = 2$

EXERCÍCIOS

16 Calcule o valor de x.

a)

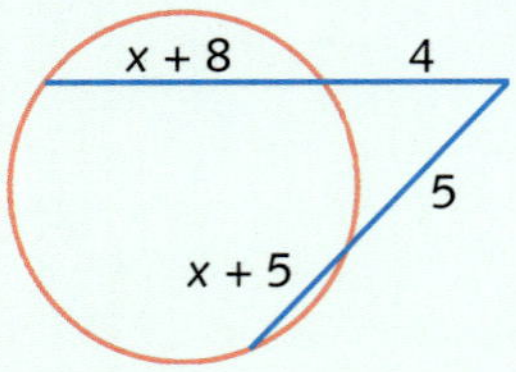

b)

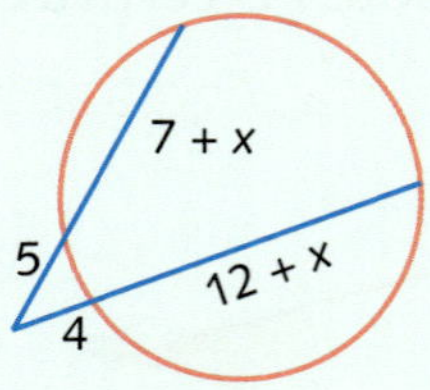

c)

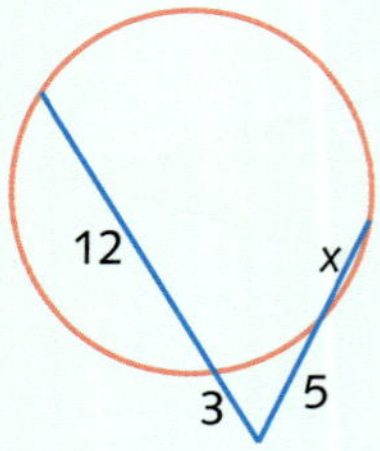

d)

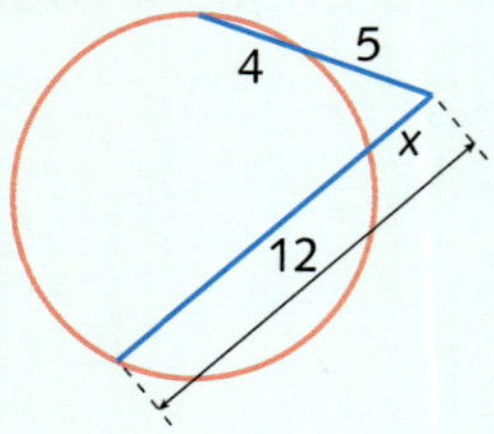

ILUSTRAÇÕES: ADILSON SECCO

17 De um ponto P, exterior a uma circunferência, traçam-se duas secantes, r e s. As distâncias do ponto P aos pontos de intersecção de r com a circunferência medem 12 m e 3 m. Calcule o valor da maior distância do ponto P ao ponto de intersecção de s com a circunferência, sabendo que a menor dessas distâncias é 4 m.

LÉO FANELI

Relação entre secante e tangente

Observe, na figura, uma secante e uma tangente à circunferência.

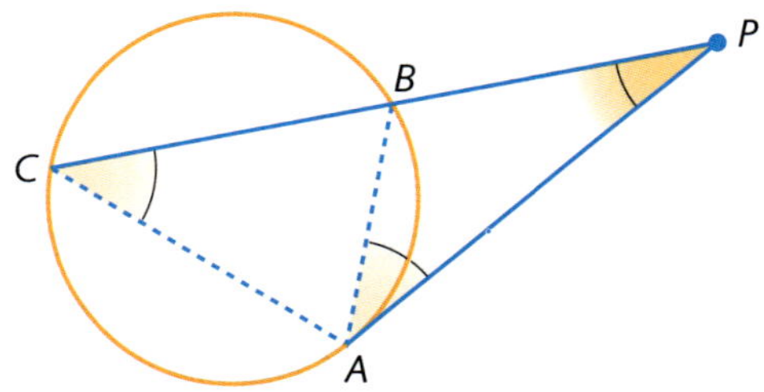

A secante $\overleftrightarrow{PC}$ corta a circunferência nos pontos B e C, e o ponto de tangência é A.
Podemos demonstrar esta relação:

$$(PA)^2 = PB \cdot PC$$

Vamos considerar os triângulos PBA e PAC.

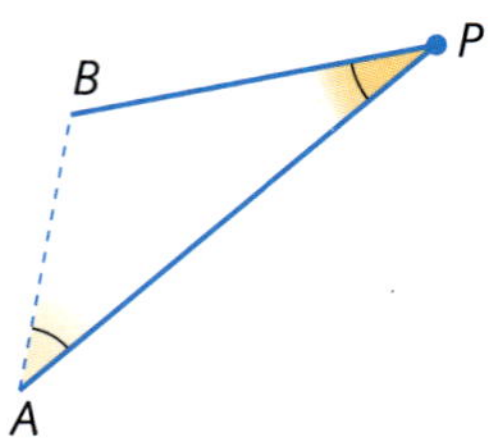

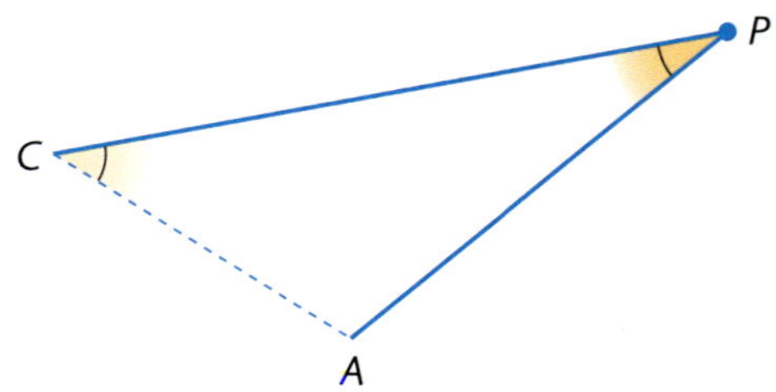

$\widehat{A} \cong \widehat{C}$ ⟶ mesma medida: $\dfrac{\text{med}(\widehat{AB})}{2}$

$\widehat{P}$ ⟶ ângulo comum aos dois triângulos

ILUSTRAÇÕES: GUILHERME CASAGRANDI

Pelo teorema de semelhança entre triângulos, caso A.A., temos $\triangle PBA \sim \triangle PAC$.

Assim:

$$\frac{PB}{PA} = \frac{PA}{PC} \Rightarrow PA \cdot PA = PB \cdot PC \Rightarrow (PA)^2 = PB \cdot PC$$

> Se, de um ponto externo a uma circunferência, traçarmos um segmento secante e um segmento tangente à circunferência, a medida do segmento tangente é a média proporcional entre as medidas do segmento secante e de sua parte externa.

Exemplos

Sabendo que $\overleftrightarrow{PA}$ é tangente à circunferência, vamos calcular o valor de x nas figuras a seguir.

a)

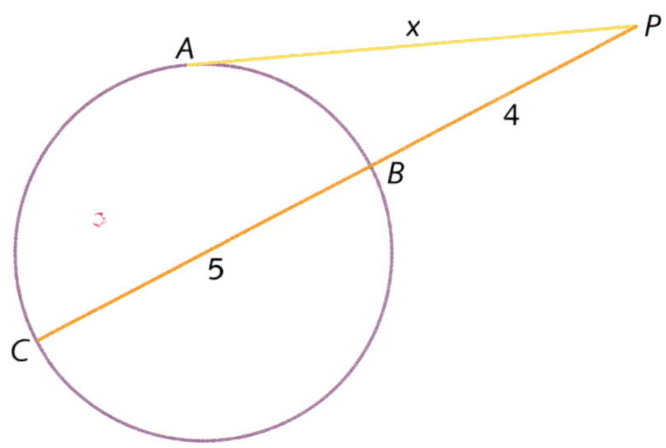

Solução

$(PA)^2 = PB \cdot PC$

$x^2 = 4 \cdot 9$

$x^2 = 36$

$x = \sqrt{36}$

$x = 6$

b)

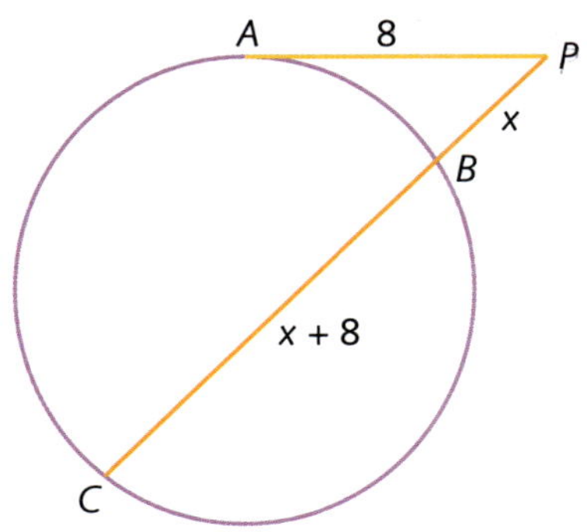

Solução

$(PA)^2 = PB \cdot PC$

$8^2 = x \cdot (2x + 8)$

$64 = 2x^2 + 8x$

$2x^2 + 8x - 64 = 0$ $\begin{cases} x_1 = -8 \text{ (valor negativo não utilizado)} \\ x_2 = 4 \end{cases}$

$x = 4$

ILUSTRAÇÕES: ADILSON SECCO

EXERCÍCIOS

18 Considerando tangentes as retas verdes, calcule o valor de x.

a)

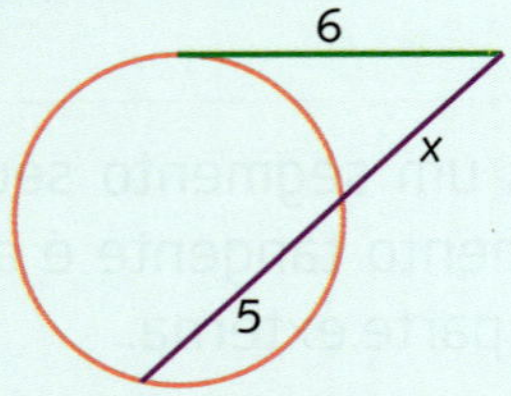

b)

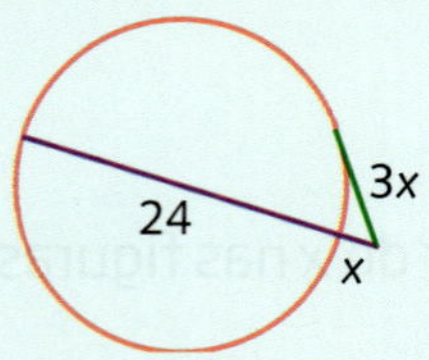

c)

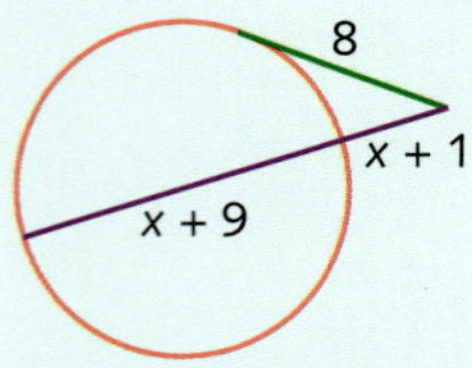

d)

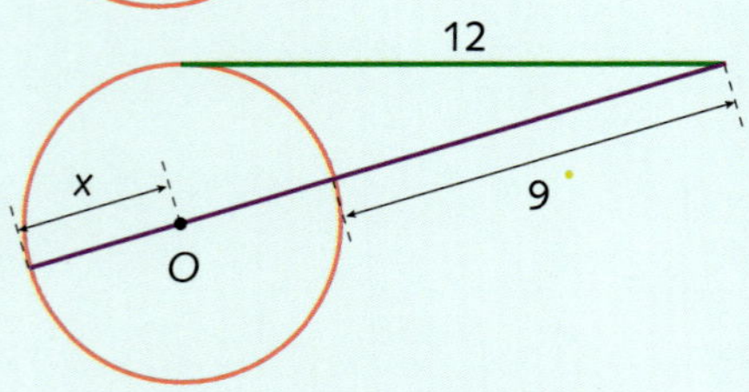

19 Esta circunferência tem centro O e raio de medida 9 m. Sabendo que $\overleftrightarrow{PB}$ é tangente à circunferência e que $PB = 2 \cdot PA$, determine a medida de $\overline{PA}$.

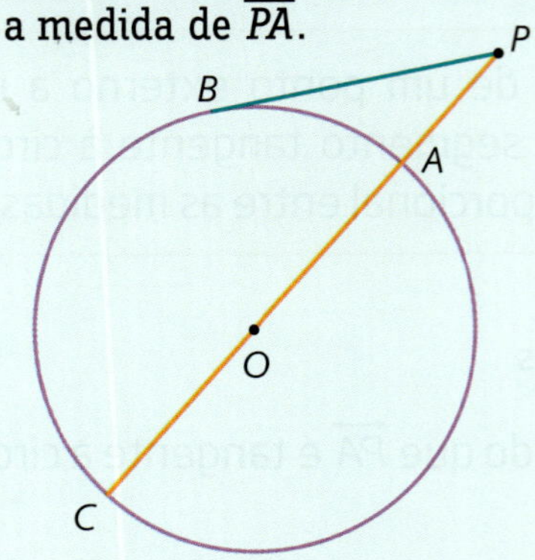

20 Na figura, $\overline{AB}$ é tangente à circunferência de raio de medida r. Sabendo que $AB = 2r$, determine o valor de AC.

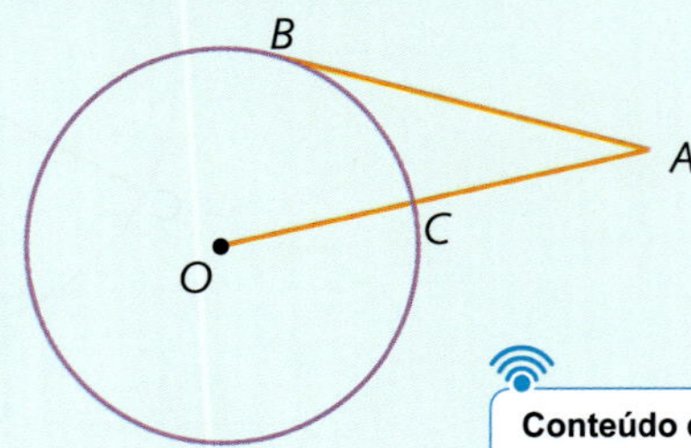

Conteúdo digital
• Atividade: Circunferência

Duas outras importantes relações métricas na circunferência são oriundas de relações métricas no triângulo retângulo já conhecidas e demonstradas. São elas:

1ª relação

> A medida da corda que passa por uma das extremidades de um diâmetro de uma circunferência é igual à média proporcional entre as medidas do diâmetro e da projeção dessa corda sobre o diâmetro.

Ou seja:

$$(AB)^2 = BC \cdot BH$$

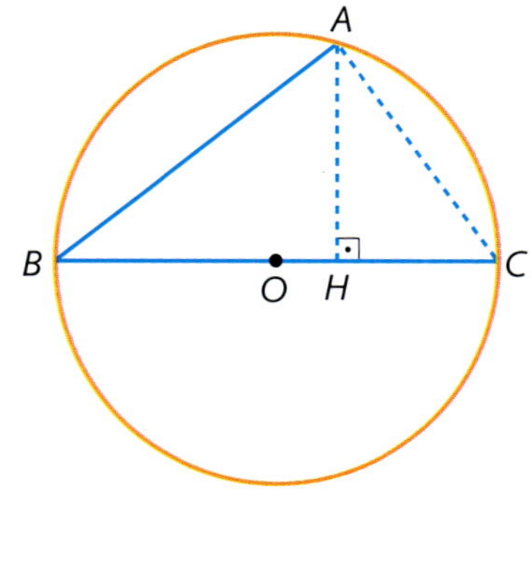

ILUSTRAÇÕES: ADILSON SECCO

Exemplos

Vamos calcular o valor de x nas figuras a seguir.

a)

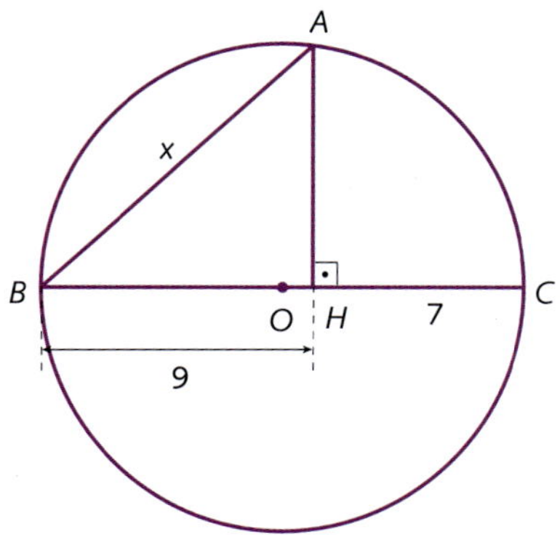

Solução

$(AB)^2 = BC \cdot BH$

$x^2 = 16 \cdot 9$

$x^2 = 144$

$x = \sqrt{144}$

$x = 12$

b)

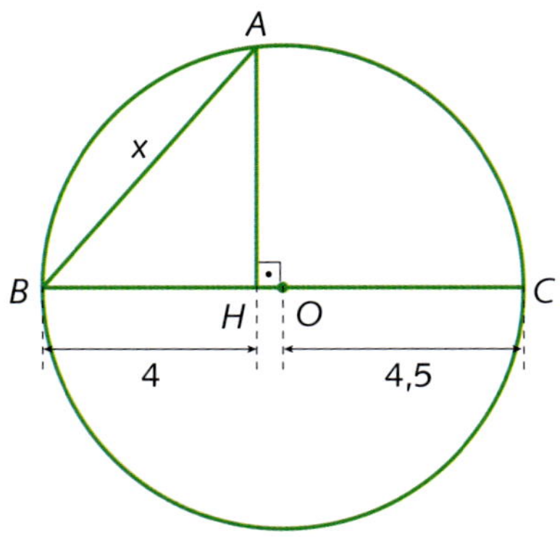

Solução

$(AB)^2 = BC \cdot BH$

$x^2 = 9 \cdot 4$

$x^2 = 36$

$x = \sqrt{36}$

$x = 6$

2ª relação

A medida do segmento perpendicular ao diâmetro, traçado de um ponto qualquer da circunferência, é igual à média proporcional entre as medidas dos dois segmentos determinados por essa perpendicular sobre o diâmetro.

Ou seja:

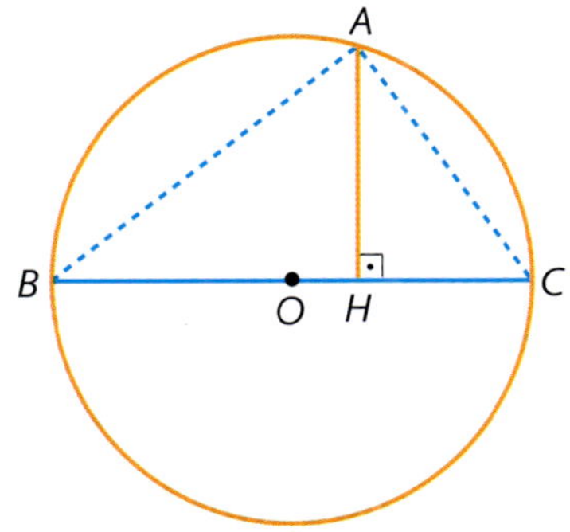

$(AH)^2 = BH \cdot HC$

ILUSTRAÇÕES: ADILSON SECCO

Exemplos

Vamos calcular o valor de x nas figuras a seguir.

a)

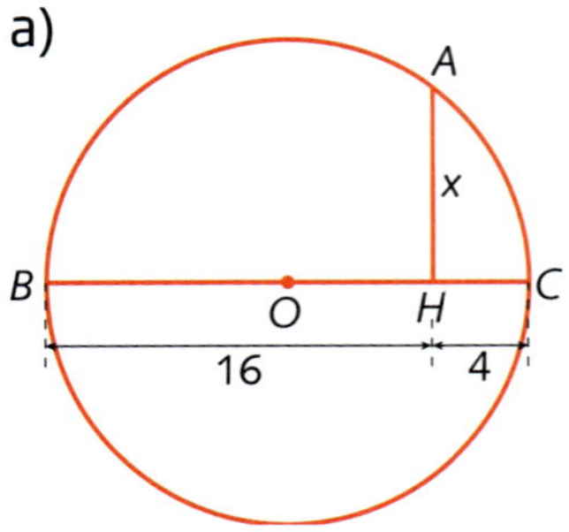

Solução

$(AH)^2 = BH \cdot HC$

$x^2 = 16 \cdot 4$

$x^2 = 64$

$x = \sqrt{64}$

$x = 8$

b)

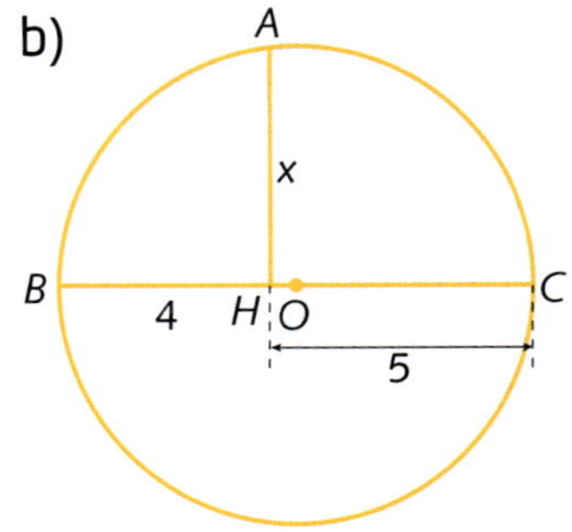

Solução

$(AH)^2 = BH \cdot HC$

$x^2 = 4 \cdot 5$

$x^2 = 20$

$x = \sqrt{20}$

$x = 2\sqrt{5}$

EXERCÍCIOS

21 Calcule o valor de x.

a)

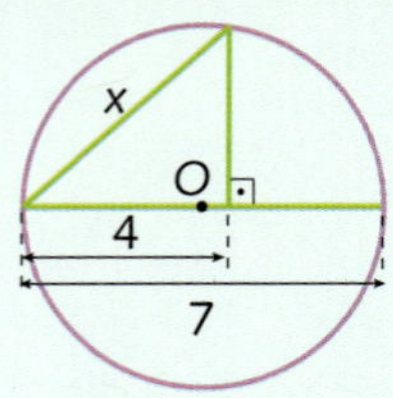

b)

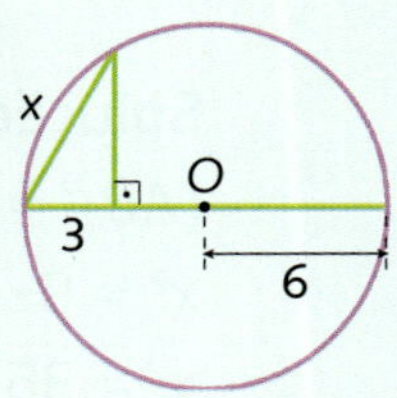

c)

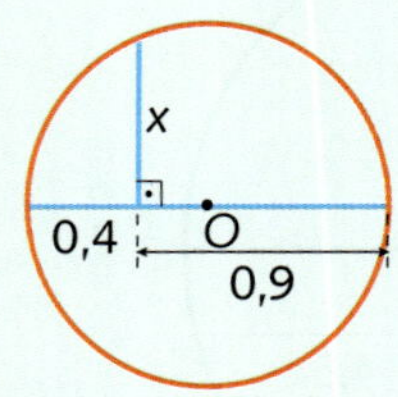

d)

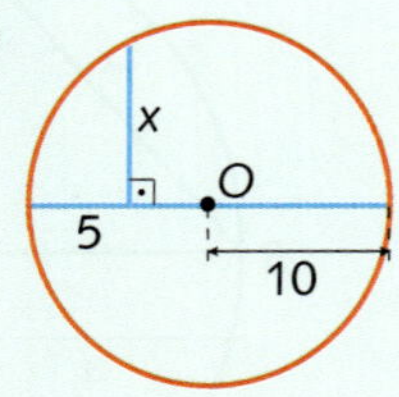

22 O raio de um círculo mede 17 m. Calcule as medidas dos segmentos que um segmento perpendicular de 15 m determina sobre o diâmetro correspondente.

Potência de um ponto em relação à circunferência

Ponto exterior à circunferência

Por um ponto P, exterior a uma circunferência, traçamos várias secantes, conforme a figura.

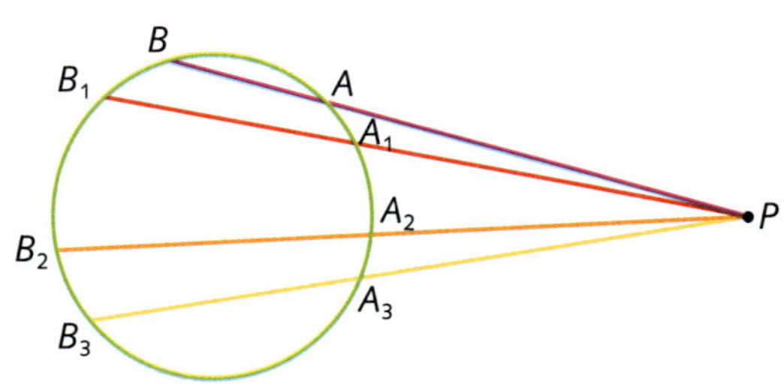

Pela relação entre as secantes, temos:

$$PA \cdot PB = PA_1 \cdot PB_1 = PA_2 \cdot PB_2 = PA_3 \cdot PB_3 = \ldots = \text{constante}$$

Essa **constante** é chamada de **potência do ponto P** em relação à circunferência.

$$\text{Pot}(P) = PA \cdot PB$$

ILUSTRAÇÕES: ADILSON SECCO

No caso específico da secante que passa pelo centro da circunferência:

$PA = d - r$

$PB = d + r$

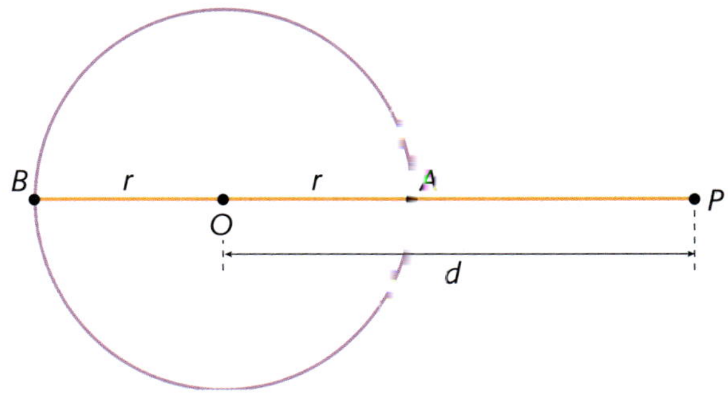

Logo:

$\text{Pot}\,(P) = PA \cdot PB$

$\text{Pot}\,(P) = (d - r) \cdot (d + r)$

$$\text{Pot}\,(P) = d^2 - r^2$$

Exemplos

- Qual é a potência de um ponto, externo à circunferência, que dista 25 m do centro de uma circunferência cujo diâmetro mede 30 m?

  Solução

  $\text{Pot}\,(P) = d^2 - r^2$

  $\text{Pot}\,(P) = 25^2 - 15^2$

  $\text{Pot}\,(P) = 625 - 225$

  $\text{Pot}\,(P) = 400$

  Logo, $\text{Pot}\,(P) = 400\ \text{m}^2$.

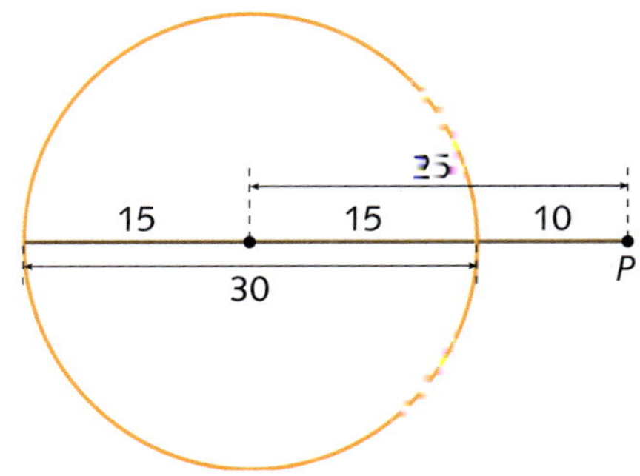

- A potência de um ponto P, externo à circunferência, é 600 cm². Sabendo que P dista 35 cm do centro da circunferência, vamos calcular a medida do seu raio.

  Solução

  $\text{Pot}\,(P) = d^2 - r^2$

  $600 = 35^2 - r^2$

  $600 = 1\,225 - r^2$

  $-625 = -r^2$

  $r^2 = 625$

  $r = \sqrt{625}$

  $r = 25$

  Logo, a medida do raio é 25 cm.

EXERCÍCIOS

23 Um ponto P, externo a uma circunferência de 5 cm de raio, dista 20 cm dela. Qual é a potência do ponto P?

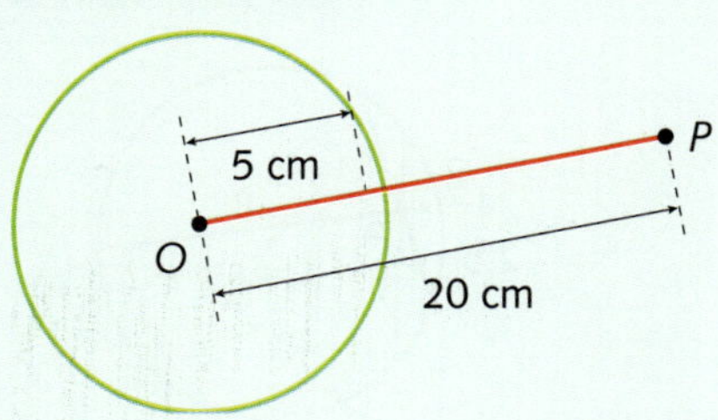

24 A potência de um ponto P em relação a uma circunferência é $21a^2$. Sabendo que o ponto P, externo a ela, está distante $5a$ de seu centro, calcule a medida do raio da circunferência em função de a.

25 Quanto aumentará a potência do ponto P, externo a uma circunferência, quando sua distância d ao centro da circunferência aumentar em $\frac{2}{5}d$?

ILUSTRAÇÕES: ADILSON SECCO

Trabalhando em equipe

Junte-se a um colega e, com o auxílio de uma fita métrica, determinem a medida, em centímetro, do diâmetro (D) e do comprimento (C) da circunferência de dois objetos que tenham forma circular. Um deles pode ser um DVD.

Em seguida, resolvam as questões.

1 Qual foi o valor encontrado para a relação $\frac{C}{D}$? Os valores encontrados são próximos?

2 Definam π.

3 O que vocês podem concluir com base nos valores encontrados e na definição de π?

GEORGE TUTUMI

Ponto interno à circunferência

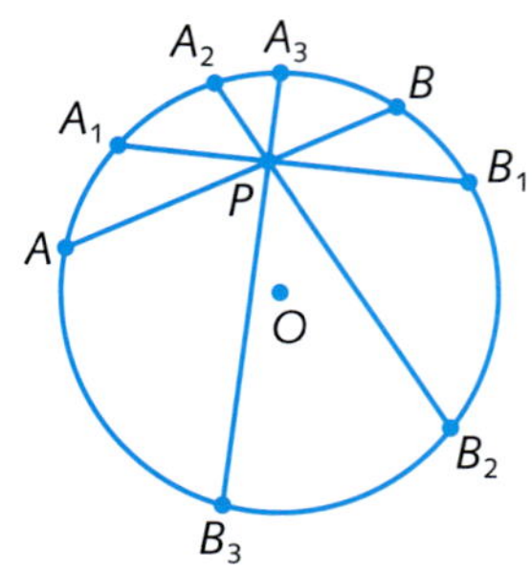

Por um ponto P, interno a uma circunferência, traçamos várias cordas, conforme a figura ao lado.

Pela relação entre as cordas, temos:

$$PA \cdot PB = PA_1 \cdot PB_1 = PA_2 \cdot PB_2 = PA_3 \cdot PB_3 = \dots = \text{constante}$$

Essa **constante** também é chamada de **potência do ponto P** em relação à circunferência.

$$\text{Pot}(P) = PA \cdot PB$$

Exemplo

Vamos calcular o valor de x, sabendo que Pot (P) = 5.

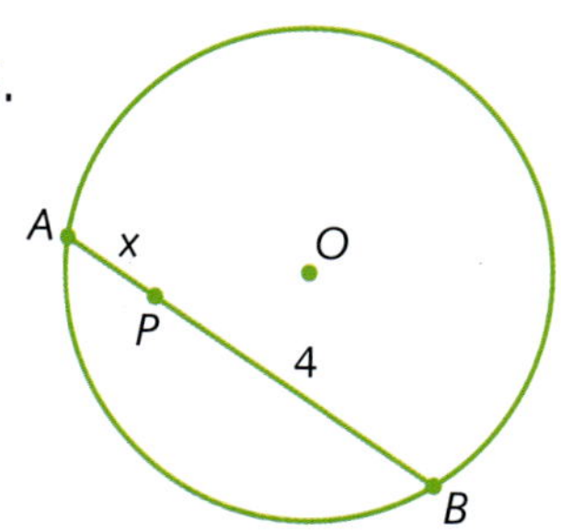

Solução

$\text{Pot}(P) = PA \cdot PB$

$5 = x \cdot 4$

$x = \frac{5}{4}$

EXERCÍCIOS

26 Calcule a potência do ponto P e o valor de x.

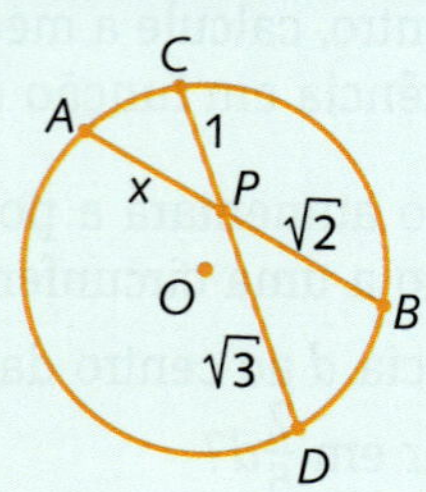

27 Calcule x e y, sabendo que Pot (P) = 8.

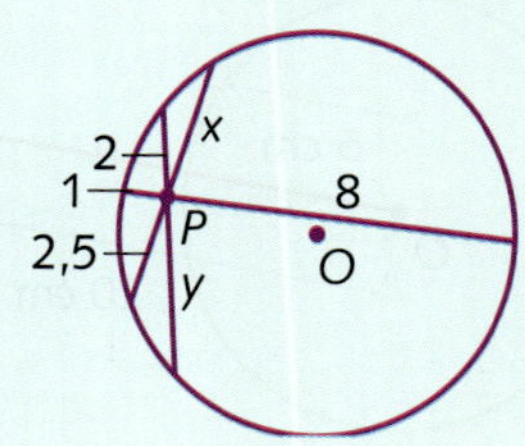

ILUSTRAÇÕES: ADILSON SECCO

Trabalhando em equipe

(Fuvest-SP) Uma das primeiras estimativas do raio da Terra é atribuída a Eratóstenes, estudioso grego que viveu, aproximadamente, entre 275 a.C. e 195 a.C. Sabendo que em Assuã, cidade localizada no sul do Egito, ao meio-dia do solstício de verão, um bastão vertical não apresentava sombra, Eratóstenes decidiu investigar o que ocorreria, nas mesmas condições, em Alexandria, cidade no norte do Egito. O estudioso observou que, em Alexandria, ao meio-dia do solstício de verão, um bastão vertical apresentava sombra e determinou o ângulo θ entre as direções do bastão e de incidência dos raios de sol. O valor do raio da Terra, obtido a partir de θ e da distância entre Alexandria e Assuã, foi de, aproximadamente, 7 500 km.

O mês em que foram realizadas as observações e o valor aproximado de θ são:

a) junho; 7°.
b) dezembro; 7°.
c) junho; 23°.
d) dezembro; 23°.
e) junho; 0,3°.

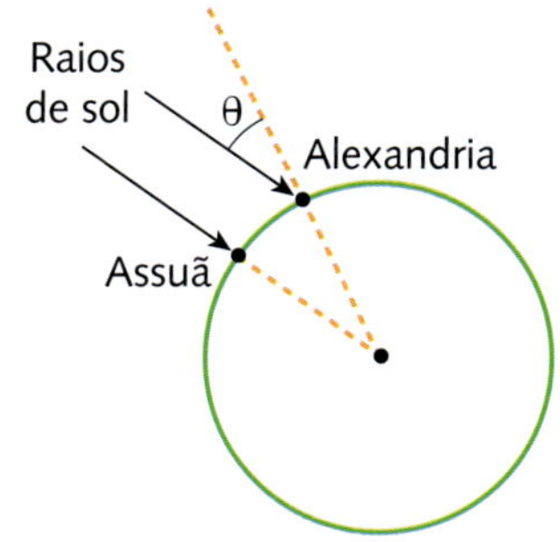

LUIZ RUBIO

Note e adote:
Distância estimada por Eratóstenes entre Assuã e Alexandria $\simeq$ 900 km.
$\pi \simeq 3$

Interpretação e identificação dos dados

- Reúna-se com um colega.
- Analisem as informações do enunciado e anotem aquelas que vocês julgarem relevantes para a resolução do problema.
- Expliquem o significado da frase "ao meio-dia do solstício de verão".
- Observem na ilustração que os raios de sol são paralelos entre si. Sabendo isso, determinem o valor do menor ângulo indicado com vértice no centro da Terra.

Plano de resolução

- O Egito está localizado em qual hemisfério?
- Pesquisem a data do solstício de verão no sul do Egito.

Resolução

- Relacionem a distância estimada entre Assuã e Alexandria com o ângulo central correspondente. Em seguida, determinem a medida do ângulo θ, em grau.

Observação
Resolvam o problema de forma coletiva, mas façam o registro individual no caderno.

Verificação

- Releiam o problema e verifiquem se todas as condições do enunciado foram satisfeitas.

Apresentação

- Pesquisem a biografia de Eratóstenes, explicando suas principais realizações. Essa pesquisa deverá ser apresentada na forma de cartaz, acompanhada de um texto explicativo.

Trabalhando os conhecimentos adquiridos

Autoavaliação

1 Complete as frases a seguir com as palavras disponíveis no quadro abaixo, de modo que as tornem verdadeiras.

central	tangente	comprimento	segmento	proporcional

a) A medida do ■ da circunferência pode ser determinada por $C = 2 \cdot \pi \cdot r$.

b) A medida do comprimento de um arco de circunferência é ■ à medida do arco de circunferência correspondente.

c) Uma corda é um ■ de reta com extremidades sobre a circunferência.

d) A medida de um ângulo inscrito em uma circunferência corresponde à metade da medida do ângulo ■ correspondente ao mesmo arco.

e) A reta ■ toca a circunferência em apenas um ponto.

2 Na figura a seguir, mostre que $(PT)^2 = (d - r) \cdot (d + r)$.

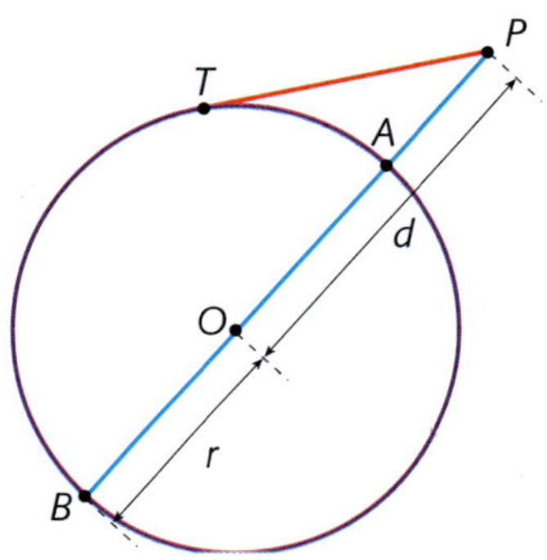

3 Com o auxílio de um compasso e de uma régua, faça o que se pede.

a) Construa, no caderno, uma circunferência com 4 cm de raio.

b) Faça duas retas secantes à circunferência que se intersectam no ponto P, exterior à circunferência.

c) Nomeie os pontos de intersecção de cada reta secante com a circunferência.

d) Enuncie a relação entre os segmentos determinados.

4 Na figura abaixo, determine o valor de x.

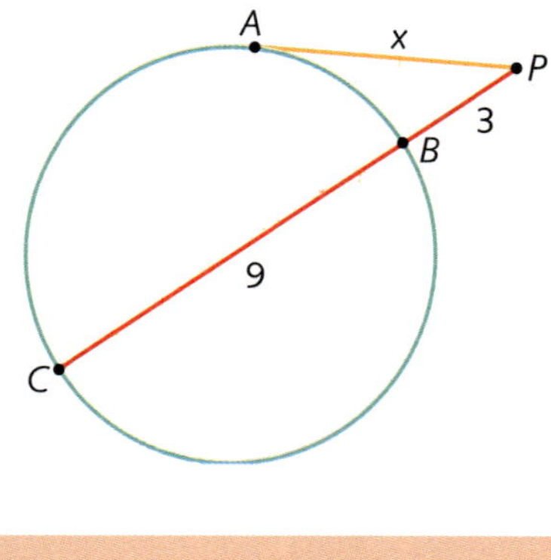

ILUSTRAÇÕES: ADILSON SECCO

1 Quanto mede o raio de uma circunferência cuja medida do comprimento é 37,68 cm? (Considere $\pi = 3{,}14$.)

2 Calcule a medida do comprimento, em centímetro, de uma circunferência cujo raio mede 2 m. (Considere $\pi = 3{,}14$.)

3 As rodas de um automóvel têm 30 cm de medida de raio. Quantas voltas cada uma dá, enquanto o carro percorre 1 507,2 m? (Considere $\pi = 3{,}14$.)

STEVEN SCOTT TAYLOR/ ALAMY/GLOW IMAGES

4 Determine as medidas dos comprimentos de um arco de 45° em circunferências de 4 cm e 12 cm de raio, respectivamente. (Considere $\pi = 3{,}14$.)

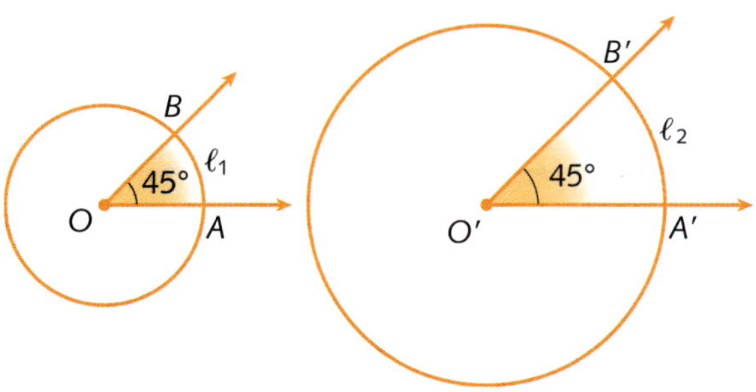

GUILHERME CASAGRANDI

5 O raio da menor roda do trator mede 12,5 cm. Calcule a medida do diâmetro da roda maior, sabendo que sua circunferência mede o triplo da circunferência da roda menor.

LÉO FANELLI

6 Uma cesta de basquete tem 0,45 m de medida de diâmetro. Calcule a medida do comprimento do aro dessa cesta. (Considere $\pi = 3{,}14$.)

KAGEMUSHA/SHUTTERSTOCK

7 Um arco $\widehat{AB}$ mede 60°. Qual é sua medida em radiano?

8 As frações $\frac{19}{6}$, $\frac{22}{7}$, $\frac{377}{120}$ e $\frac{355}{113}$ foram utilizadas como valor aproximado de π. Use a calculadora e responda: qual delas é a representação mais próxima a π?

9 **(UEM-PR)** Uma pista de atletismo tem a forma circular e seu diâmetro mede 80 m. Um atleta treinando nessa pista deseja correr 10 km diariamente. Determine o número mínimo de voltas completas que ele deve dar nessa pista a cada dia.

DESAFIO

O ponteiro dos minutos de um relógio tem comprimento de 12 cm. Qual é a distância que a ponta do ponteiro percorre em um intervalo de tempo de 20 minutos?

LUCIACASAIS/SHUTTERSTOCK

1 Transforme em radianos os arcos de:

a) 36°; b) 240°; c) 75°.

2 Transforme em graus as medidas abaixo.

a) $\frac{3\pi}{4}$ rad b) $\frac{\pi}{12}$ rad c) $\frac{5\pi}{4}$ rad

3 Determine a medida de um arco de circunferência nos casos a seguir.

a) $\alpha = 60°$
$r = 5$ cm
$x = ?$

b) $\alpha = 80°$
$r = 4$ cm
$x = ?$

c) $\alpha = 360°$
$r = 4$ cm
$x = ?$

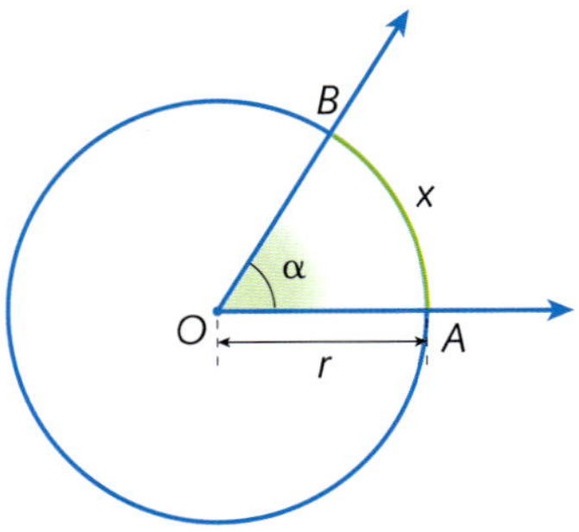

4 Considerando que um arco de 60° mede 12,56 cm, calcule a medida do raio. (Considere $\pi = 3{,}14$.)

5 Em quanto aumenta a medida do raio de uma circunferência quando a medida de seu comprimento aumenta 4 cm?

6 Calcule a medida do comprimento de uma circunferência cujo diâmetro mede 5 cm.

7 Qual é a medida do comprimento do arco de 36° numa circunferência cujo raio mede 6 cm?

8 O raio de uma pista circular mede 20 m. Determine o número de voltas que deve dar um automóvel para percorrer 6 280 m. (Considere $\pi = 3{,}14$.)

9 O comprimento de $\frac{1}{4}$ de uma circunferência C mede 3,14 cm. Determine a medida do diâmetro de uma circunferência cuja medida do comprimento é o quádruplo de C. (Considere $\pi = 3{,}14$.)

10 Quanto mede o raio de um círculo cuja circunferência tem um arco de 22,5° com $\frac{\pi}{2}$ m de comprimento?

11 Quantas vezes π cm cabe na medida do comprimento de uma circunferência que tem inscrito um quadrado de 8 cm de lado? (Considere $\sqrt{2} = 1{,}41$.)

12 **(Enem)** O losango representado na figura 1 foi formado pela união dos centros das quatro circunferências tangentes, de raios de mesma medida.

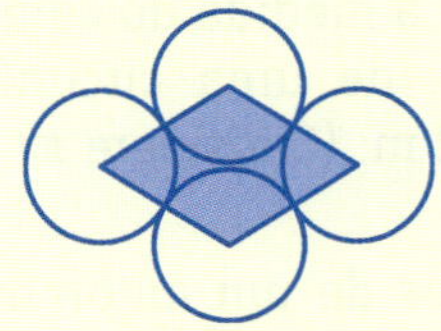

figura 1

Dobrando-se o raio de duas das circunferências centradas em vértices opostos do losango e ainda mantendo-se a configuração das tangências, obtém-se uma situação conforme ilustrada pela figura 2.

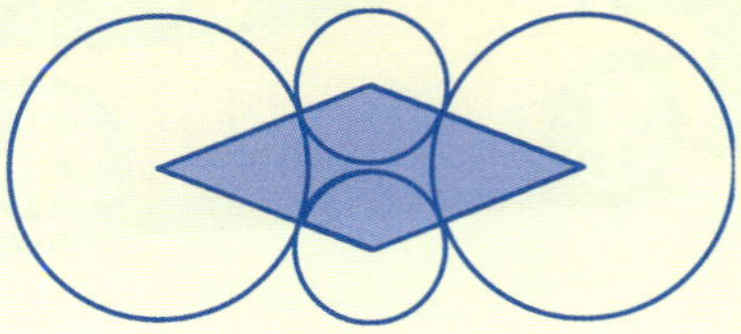

figura 2

O perímetro do losango da figura 2, quando comparado ao perímetro do losango da figura 1, teve um aumento de:

a) 300%. c) 150%. e) 50%.
b) 200%. d) 100%.

DESAFIO

Para calcular a circunferência terrestre, no século III a.C., o sábio Eratóstenes valeu-se da distância entre as cidades de Alexandria e Siene, no Egito (*A* e *S*, respectivamente, na figura), situadas no mesmo meridiano terrestre, a aproximadamente 800 km uma da outra. Ele sabia que, quando em Siene os raios solares caíam verticalmente, em Alexandria eles faziam um ângulo de 7,2° com a vertical. Calcule, com esses dados, a circunferência terrestre, isto é, a medida do comprimento de uma volta completa em torno da Terra.

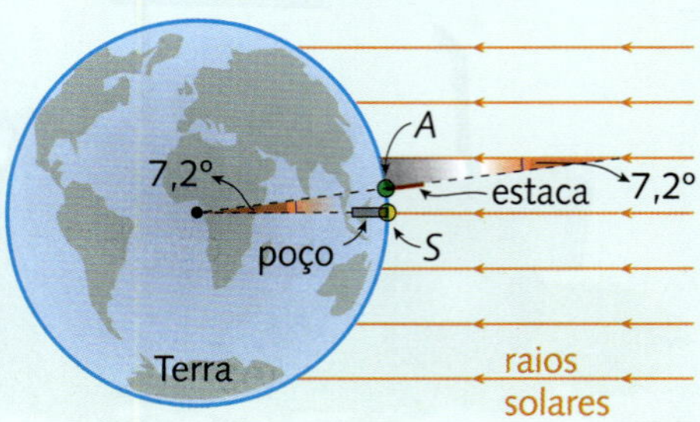

ILUSTRAÇÕES: GUILHERME CASAGRANDI

1 Calcule a medida do comprimento de um arco de 30,6° em um círculo de 10 m de raio.

2 Determine a medida do comprimento de um arco correspondente a um ângulo central de 22,5°, cujo raio mede 8 m. (Considere $\pi = 3{,}14$.)

3 Quanto mede, em grau, o arco da circunferência de um círculo de 1,57 rad? (Considere $\pi = 3{,}14$.)

4 Calcule a medida do comprimento (com aproximação de centésimos) de um arco de 60,5° em um círculo de 10 m de raio.

5 O robô Murata Boy pilota uma bicicleta em superfícies planas, sobe rampas e evita a colisão com objetos à sua frente. Os raios das rodas da bicicleta medem 10 cm. Para completar um percurso de 379,94 m, quantas voltas completas cada uma das rodas dessa bicicleta dará?

KOICHI KAMOSHIDA/GETTY IMAGES

O Murata Boy é um robô de 50 cm de altura e 6 kg de massa, desenvolvido por uma empresa japonesa.

6 Uma circunferência tem 10 m de medida de diâmetro. Qual é a medida do comprimento do menor arco limitado pelos lados de um ângulo central de 1 rad?

7 Determine a medida de um arco de circunferência cuja medida do comprimento é igual ao dobro da medida do raio. (Considere $\pi = 3$.)

8 Em uma engrenagem, uma roda tem 50 cm de medida de raio e dá 800 voltas, enquanto outra roda menor dá 2 000 voltas. Qual é a medida do raio da roda menor?

9 No papiro Ahmes (1500 a.C.), encontrado no Egito, o valor de π é $\frac{256}{81}$. O matemático chinês Tsu Ch'ung-chih (480 d.C.) adota $\frac{355}{113}$ como valor de π. Com uma calculadora, determine esses dois valores com aproximação de cinco casas decimais.

10 Uma praça circular tem 60 m de diâmetro. Nela há três jardins, conforme a figura, cada um deles com um ângulo central de 60°. Qual é a medida do comprimento total da cerca que protege os jardins?

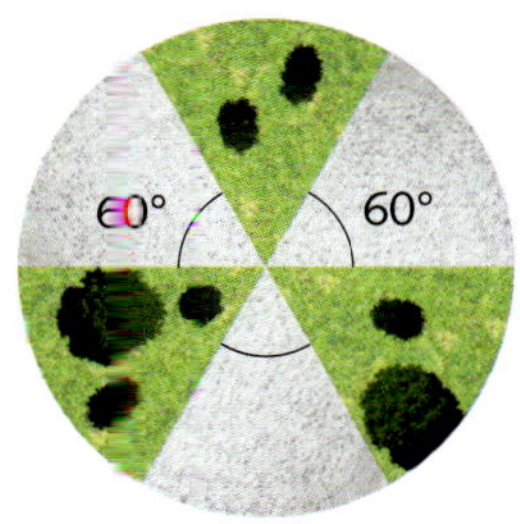

DESAFIO

Duas cidades sobre a linha do Equador estão situadas a 28,5° de longitude leste e 76,5° de longitude oeste. Sabendo que o raio do Equador terrestre mede aproximadamente 6 378 km, determine a distância entre essas duas cidades.

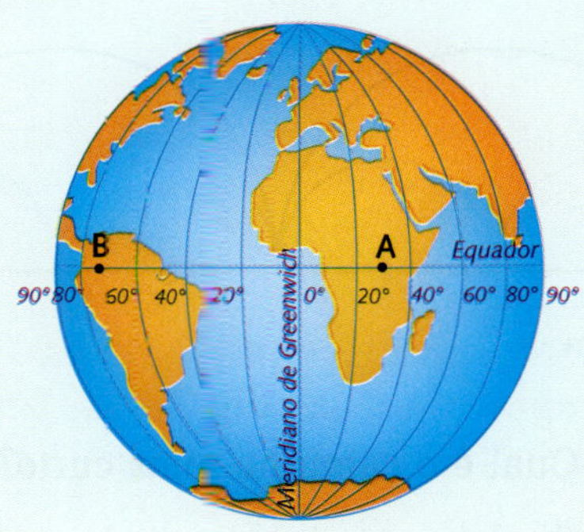

ILUSTRAÇÕES: GUILHERME CASAGRANDI

1 Cinco latas de forma cilíndrica, com 10 cm de medida de raio cada uma, são colocadas dentro de uma caixa. Observe a figura e faça o que se pede.

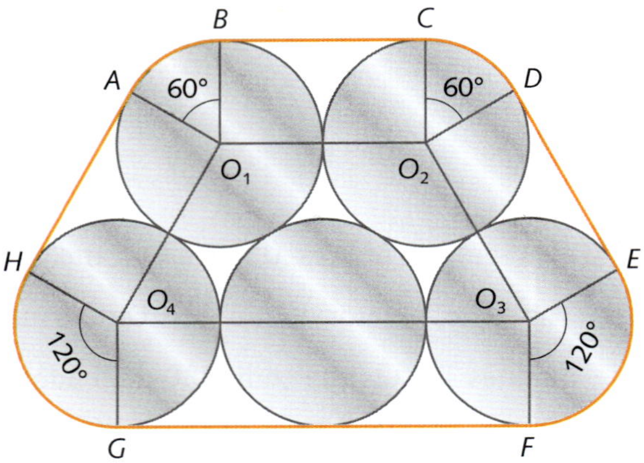

a) Calcule a medida do comprimento total do contorno da caixa.

b) Calcule a medida dos ângulos internos do trapézio $O_1O_2O_3O_4$.

c) Explique por que a altura do trapézio $O_1O_2O_3O_4$ corresponde a $h = 20 \cdot \cos 30°$.

d) Calcule a área do fundo da caixa, supondo que $h = 17{,}3$ cm.

e) Calcule a área lateral dessa caixa, sabendo que ela tem 8 cm de altura.

2 Calcule a medida do comprimento de todos os caminhos possíveis que ligam o ponto A ao ponto B, excetuando o segmento de reta $\overline{AB}$.

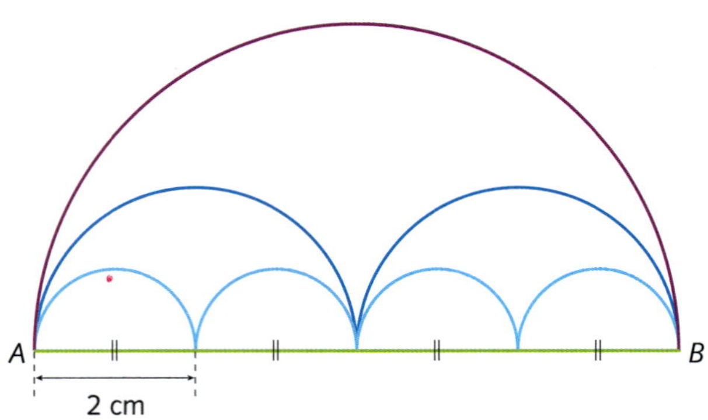

a) Qual é o caminho mais curto?

b) Qual é o caminho mais longo?

3 Calcule o valor de x em cada figura.

a)

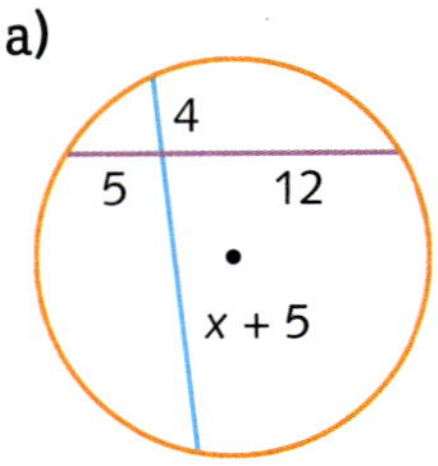

b)

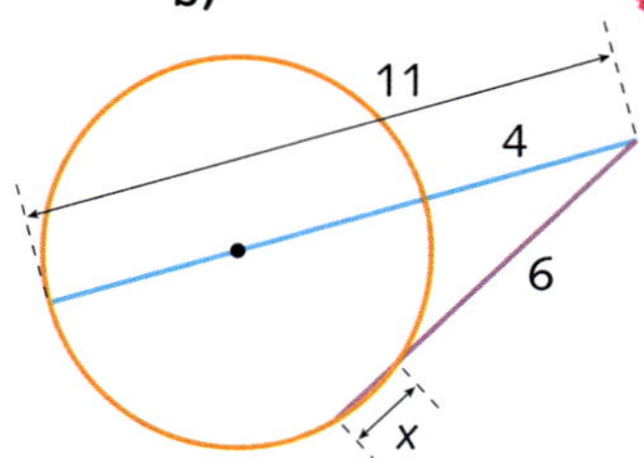

c)

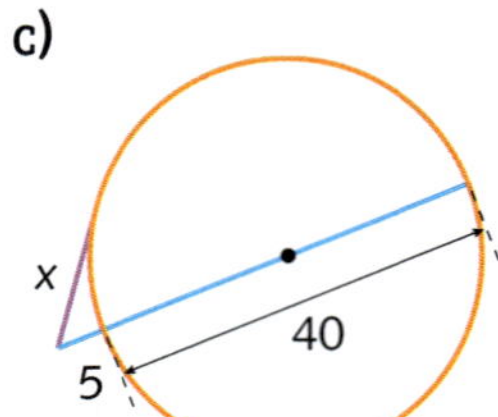

d)

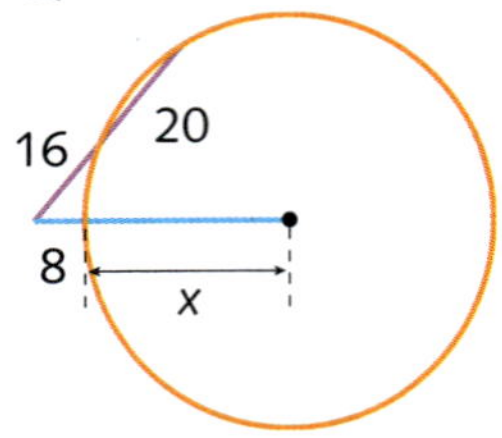

4 Calcule o valor de x.

a)

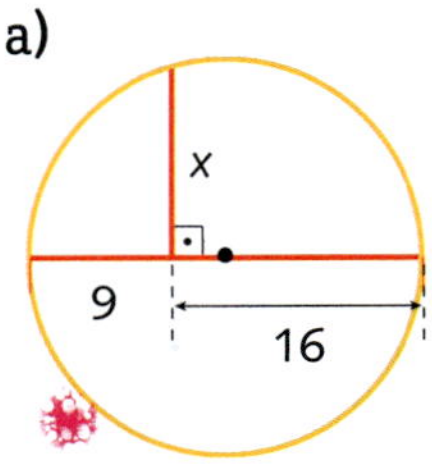

b)

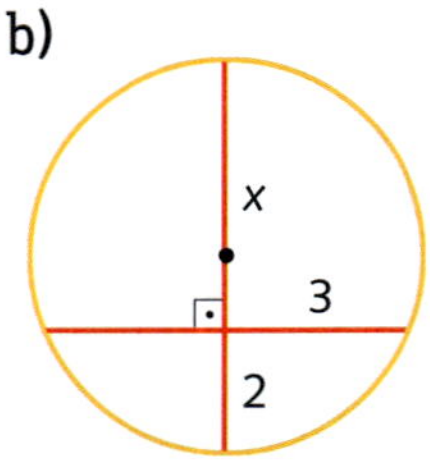

c)

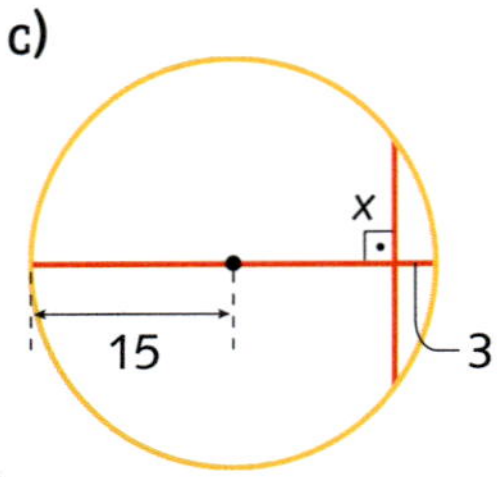

d)

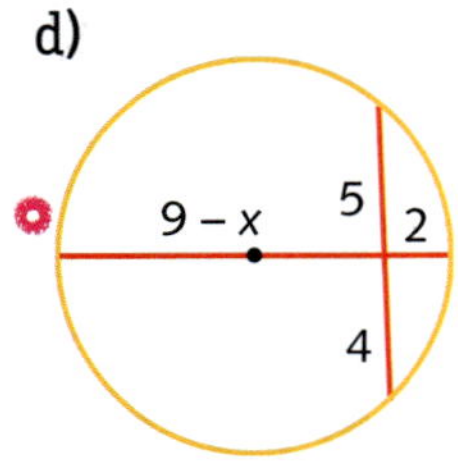

DESAFIO

A medida do segmento $\overline{AB}$ é 20 cm, e M é o ponto médio de $\overline{AB}$. Calcule a medida do comprimento do contorno dessa figura.

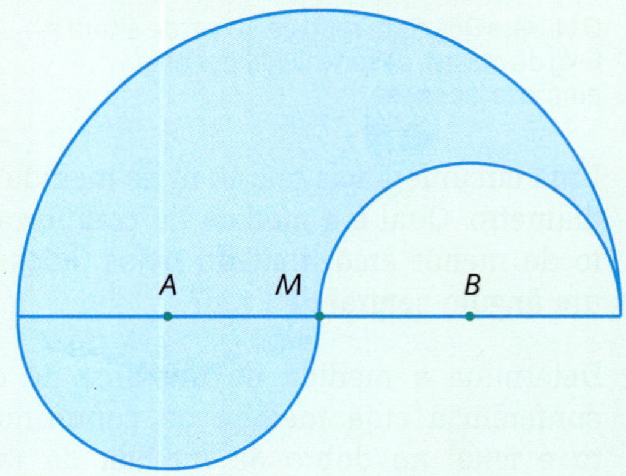

ILUSTRAÇÕES: ADILSON SECCO

1 Na figura, $\frac{PA}{PB} = \frac{1}{3}$, $PC = 8$ cm e $PD = 6$ cm. Qual é a medida, em metro, de $\overline{AB}$?

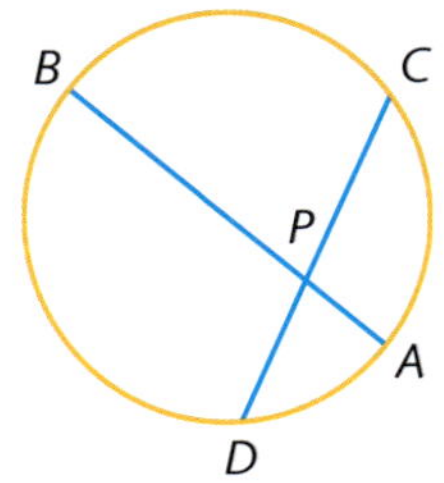

2 O ponto P está no interior de uma circunferência de 13 cm de raio e dista 5 cm do centro dela. Pelo ponto P traça-se a corda $\overline{AB}$ de 25 cm. Quais são as medidas dos segmentos que P determina sobre a corda $\overline{AB}$?

3 Em um círculo, a corda $\overline{CD}$ é perpendicular ao diâmetro $\overline{AB}$ no ponto P. Sabendo que $AP \cdot PB = 3$, responda: qual é a medida de $\overline{CD}$?

4 Em um círculo, duas cordas se cruzam, e os dois segmentos de uma medem, respectivamente, 16 m e 3 m. Calcule as medidas dos segmentos da outra, cujo comprimento total mede 16 m.

5 A menor distância de um ponto a uma circunferência é 3 m. Desse ponto, traça-se um segmento tangente à circunferência, medindo 5 m. Qual é a medida do raio da circunferência, em metro?

6 Pelo ponto médio M de um segmento $\overline{AB}$ de 12 cm traça-se um segmento $\overline{CD}$ de 20 cm, perpendicular a $\overline{AB}$, e faz-se passar uma circunferência pelas extremidades dos dois segmentos. Determine a medida do raio dessa circunferência e as medidas dos segmentos $\overline{CM}$ e $\overline{DM}$.

7 Em um círculo, duas cordas se cruzam. Os dois segmentos da primeira medem 3 cm e 8 cm. Os dois segmentos da segunda corda estão entre si na razão 2 para 3. Quais são as medidas dos dois segmentos da segunda corda?

8 Calcule as medidas das cordas $\overline{AB}$ e $\overline{CD}$ na figura.

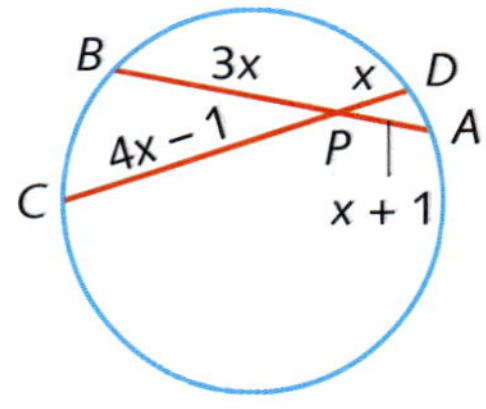

9 Duas circunferências de raio R e r, com $R > r$, são tangentes externas (observe a figura abaixo). Qual é a medida do segmento $\overline{PA}$?

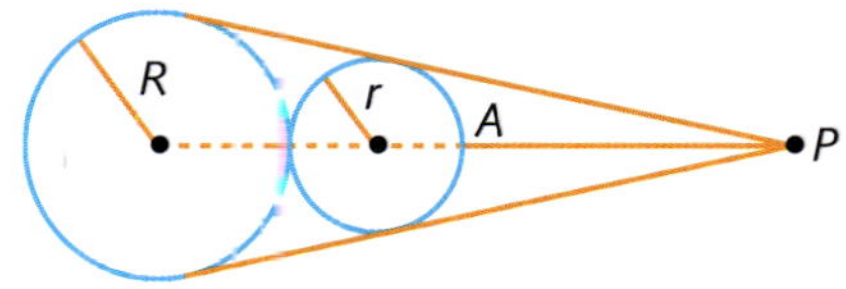

10 Os diâmetros das rodas de uma moto medem 1 m e 0,5 m. Quantos quilômetros terá percorrido a roda menor, quando a maior tiver percorrido a distância de 1 km?

11 **(Enem)** O atletismo é um dos esportes que mais se identificam com o espírito olímpico. A figura ilustra uma pista de atletismo. A pista é composta por oito raias e tem largura de 9,76 m. As raias são numeradas do centro da pista para a extremidade e são construídas de segmentos de retas paralelas e arcos de circunferência. Os dois semicírculos da pista são iguais.

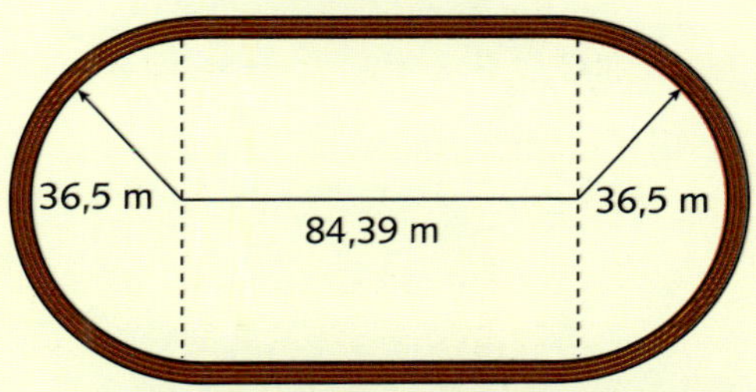

BIEMBENGUT, M. S. **Modelação Matemática como método de ensino-aprendizagem de Matemática em cursos de 1º e 2º graus.** 1990. Dissertação de Mestrado. IGCE/UNESP, Rio Claro, 1990 (adaptado).

Se os atletas partissem do mesmo ponto, dando uma volta completa, em qual das raias o corredor estaria sendo beneficiado?

a) 1 b) 4 c) 5 d) 7 e) 8

DESAFIO

De um ponto P, exterior a uma circunferência, traça-se uma tangente $\overleftrightarrow{PC}$, sendo C o ponto de tangência, e um segmento secante à circunferência. Qual é a razão entre a medida da parte externa do segmento secante e a medida total do segmento secante, para que a medida de $\overline{PC}$ seja o dobro da medida da parte externa do segmento secante?

ILUSTRAÇÕES: ADILSON SECCO

CAPÍTULO

10 Polígonos regulares

É hora de observar e discutir

A Basílica de Santa Maria del Fiore também é conhecida como *Duomo*, palavra italiana que significa catedral. Seu magnífico *Duomo*, considerado por muitos a mais importante realização arquitetônica da Renascença, destaca-se na silhueta de Florença, cidade da Itália. A base da cúpula é um octógono regular com um vão de 42 m entre paredes.

- O que é um octógono regular?
- Quais são as condições necessárias para que um polígono seja considerado regular?

ALEXANDER TOLSTYKH/ALAMY/GLOW IMAGES

Foto do octógono da base do *Duomo*, que fica no interior da Basílica de Santa Maria del Fiore.

JIPEN/SHUTTERSTOCK

Trocando ideias

João e Luísa iniciaram um jogo de bolas de gude.

Colocaram, sobre uma circunferência, três bolinhas a uma mesma distância uma da outra. Em seguida, traçaram linhas unindo-as. Veja a figura.

Depois, apagaram o traçado das linhas e colocaram mais três bolinhas sobre a circunferência, a igual distância das anteriores. Em seguida, traçaram outras linhas unindo todas as bolinhas. Veja a figura.

ILUSTRAÇÕES: GEORGE TUTUMI

Observe as figuras formadas e responda às questões.

- Essas figuras lembram quais polígonos?
- Nesses polígonos, o que as bolinhas de gude representam?
- Podemos dizer que os polígonos formados são regulares?

Nessa situação, assim como em outras, observamos a presença de figuras que lembram **polígonos regulares**. Neste capítulo, vamos estudá-los.

1 Polígonos

É comum observar figuras formadas pela combinação de circunferência e polígono, como desenhos, pinturas e logomarcas. Nessas figuras, podemos identificar algumas simetrias que proporcionam beleza e harmonia ao conjunto.

Neste capítulo, vamos estudar os **polígonos regulares**. Antes, porém, vamos relembrar os elementos dos polígonos de modo geral e conhecer algumas propriedades dos polígonos inscritos e circunscritos a uma circunferência.

Elementos de um polígono

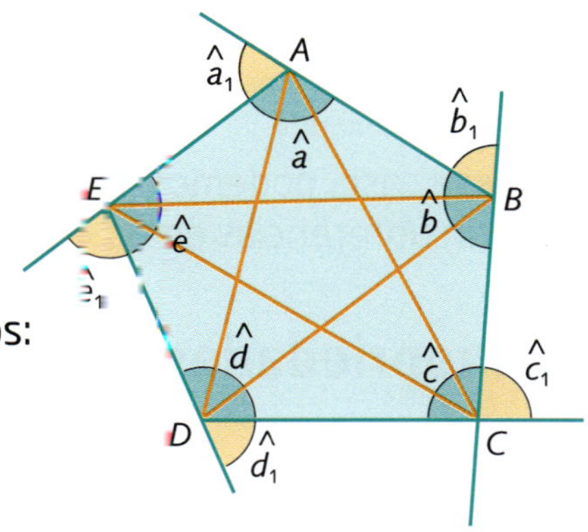

Em um polígono, podemos destacar estes elementos:

- **Lados** – segmentos de reta:

  $\overline{AB}, \overline{BC}, \overline{CD}, \overline{DE}, \overline{EA}$

- **Vértices** – pontos de encontro de dois lados consecutivos:

  A, B, C, D, E

- **Diagonais** – segmentos cujas extremidades são dois vértices não consecutivos:

  $\overline{AC}, \overline{AD}, \overline{BD}, \overline{BE}, \overline{CE}$

- **Ângulos internos** – ângulos formados por dois lados consecutivos:

  $\hat{a}, \hat{b}, \hat{c}, \hat{d}, \hat{e}$

- **Ângulos externos** - ângulos formados por um lado do polígono e pelo prolongamento do lado a ele consecutivo:

  $\hat{a}_1, \hat{b}_1, \hat{c}_1, \hat{d}_1, \hat{e}_1$

Polígonos inscritos e circunscritos a uma circunferência

Um polígono está inscrito em uma circunferência quando todos os seus vértices são pontos dessa circunferência.

Exemplos

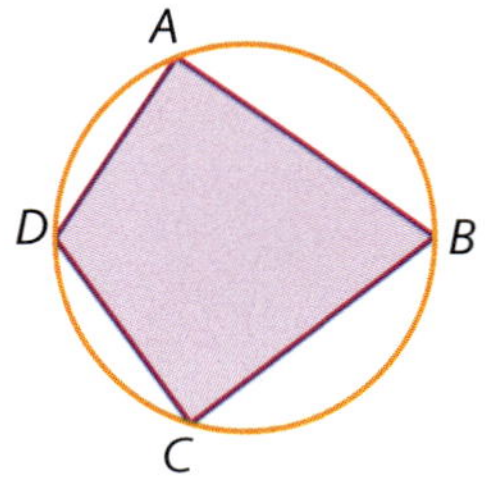

quadrilátero inscrito em uma circunferência

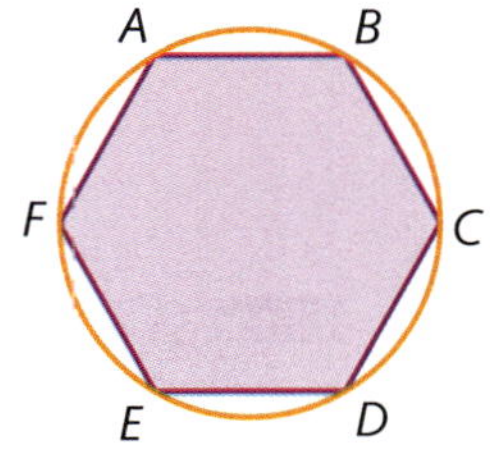

hexágono inscrito em uma circunferência

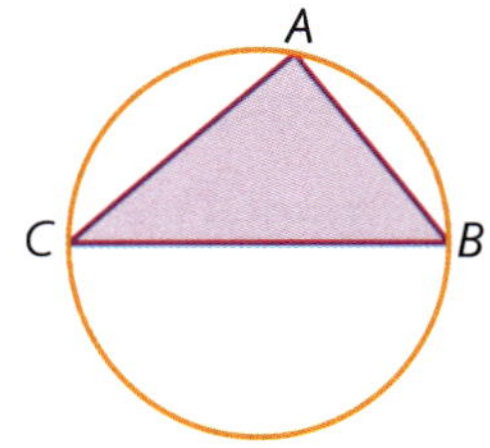

triângulo inscrito em uma circunferência

Podemos dizer que os polígonos estão **inscritos** nas circunferências ou que as circunferências estão **circunscritas** aos polígonos.

ILUSTRAÇÕES: ADILSON SECCO

Um polígono está circunscrito a uma circunferência quando todos os seus lados são tangentes à circunferência.

Exemplos

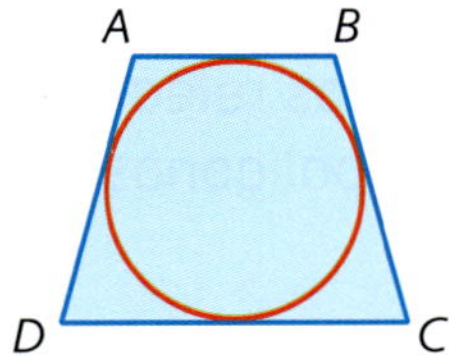

quadrilátero circunscrito a uma circunferência

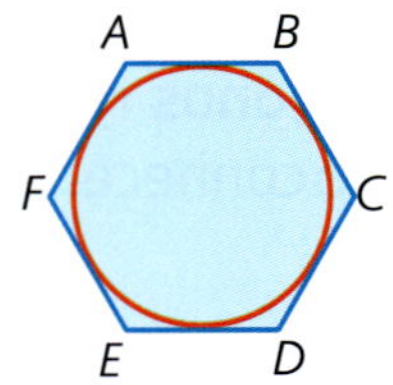

hexágono circunscrito a uma circunferência

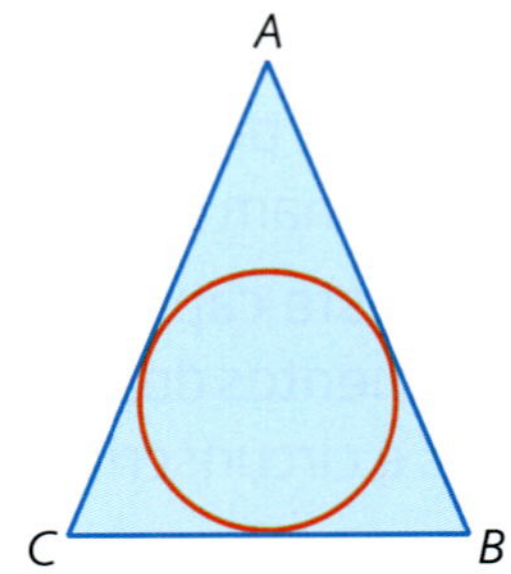

triângulo circunscrito a uma circunferência

Nesse caso, podemos dizer que os polígonos estão **circunscritos** às circunferências ou que as circunferências estão **inscritas** nos polígonos.

Propriedades

1ª propriedade

Todo triângulo inscrito em uma semicircunferência é um triângulo retângulo.

Demonstração

$$\text{med}(\widehat{A}) = \frac{\text{med}(B\widehat{O}C)}{2}$$

$$\text{med}(\widehat{A}) = \frac{180°}{2} = 90°$$

$$\text{med}(\widehat{A}) = 90°$$

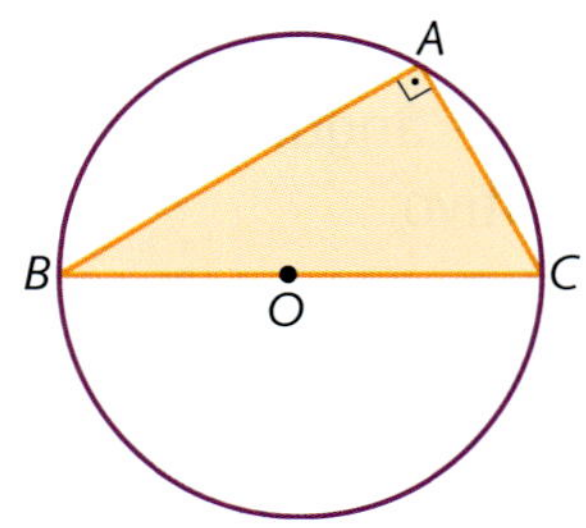

2ª propriedade

Os ângulos opostos de um quadrilátero convexo inscrito em uma circunferência são suplementares.

Demonstração

$$\text{med}(\widehat{A}) = \frac{\beta}{2} \text{ e } \text{med}(\widehat{C}) = \frac{\alpha}{2}$$

$$\text{med}(\widehat{A}) + \text{med}(\widehat{C}) = \frac{\beta}{2} + \frac{\alpha}{2} = \frac{360°}{2} = 180°$$

$$\text{med}(\widehat{A}) + \text{med}(\widehat{C}) = 180°$$

Por analogia:

$$\text{med}(\widehat{B}) + \text{med}(\widehat{D}) = 180°$$

Logo:

$$\text{med}(\widehat{A}) + \text{med}(\widehat{C}) = \text{med}(\widehat{B}) + \text{med}(\widehat{D}) = 180°$$

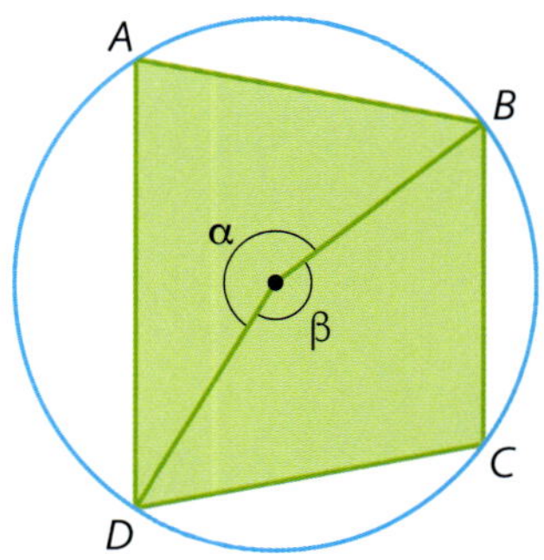

ILUSTRAÇÕES: ADILSON SECCO

Observação

A recíproca da 2ª propriedade é verdadeira. Assim, se um quadrilátero convexo possui ângulos opostos suplementares, ele é inscritível, ou seja, pode ser inscrito em uma circunferência.

3ª propriedade – Teorema de Pitot

Um quadrilátero convexo é circunscritível se, e somente se, as somas das medidas de seus lados opostos são iguais.

O teorema de Pitot faz referência a qualquer quadrilátero convexo circunscritível a uma circunferência.

Demonstração

Queremos provar que: $AB + CD = DA + BC$

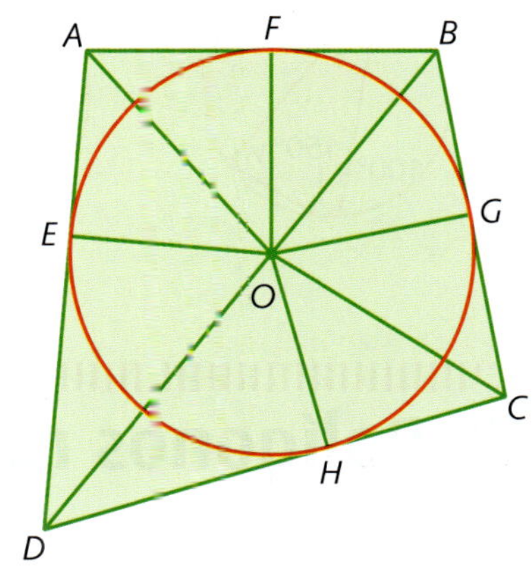

Temos:

$AB = AF + FB$
$BC = BG + GC$
$CD = CH + HD$
$DA = DE + EA$

Então:
$AB + CD = (AF + FB) + (CH + HD)$
$DA + BC = (DE + EA) + (BG + GC)$

Sabemos, ainda, que:

$\triangle AOF \cong \triangle AOE$, então: $AF = EA$
$\triangle DOE \cong \triangle DOH$, então: $DE = HD$
$\triangle COH \cong \triangle COG$, então: $CH = GC$
$\triangle BOF \cong \triangle BOG$, então: $FB = BG$

Logo:

$AB + CD = (EA + BG) + (GC + DE) = (DE + EA) + (BG + GC) = DA + BC$

Ou seja, $AB + CD = DA + BC$ (como queríamos demonstrar).

Observações

1 A recíproca do teorema de Pitot é verdadeira. Assim, se em um quadrilátero convexo a soma das medidas de dois lados opostos é igual à soma das medidas dos outros dois, o quadrilátero pode ser circunscrito à circunferência.

2 Henri Pitot (1695-1771) foi um engenheiro francês especializado em hidráulica.

EXERCÍCIOS

1 Identifique os polígonos inscritos na circunferência.

a) 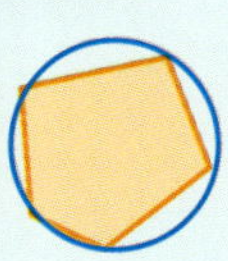

c) 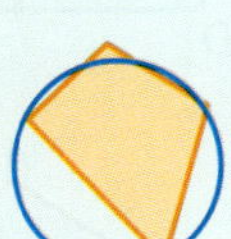

b) 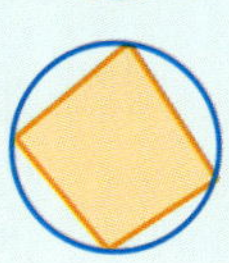

d) 

2 Identifique os polígonos circunscritos à circunferência.

a) 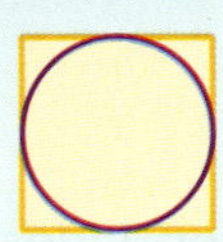

c) 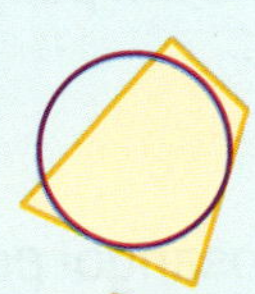

b) 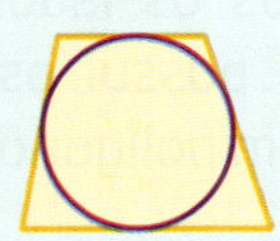

d) 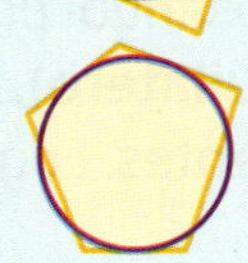

ILUSTRAÇÕES: ADILSON SECCO

3 Determine o valor de x nas figuras.

a)

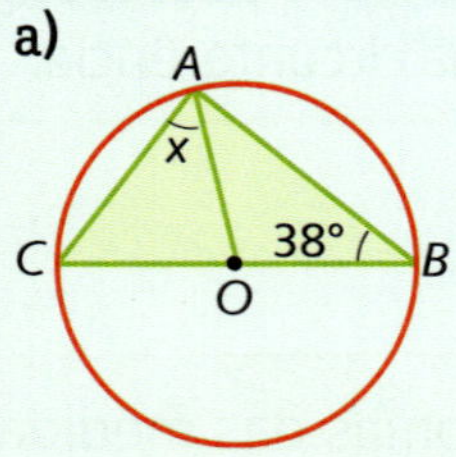

b)

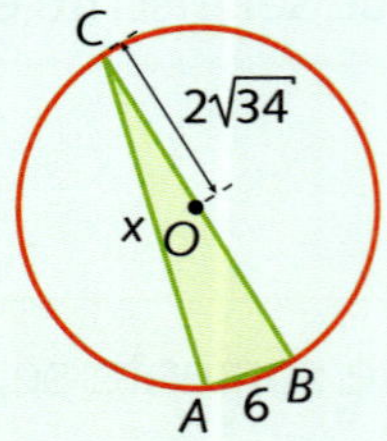

4 Determine o valor de x e y nas figuras.

a)

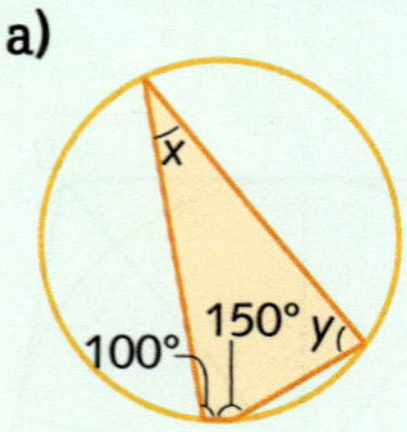

b)

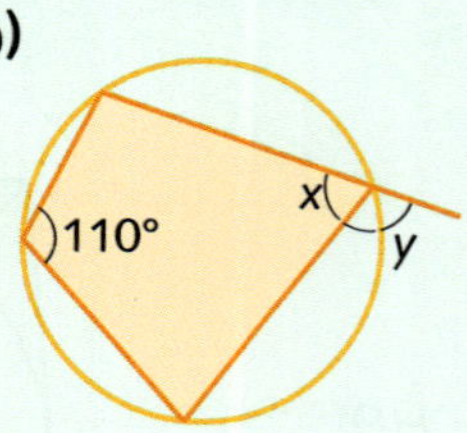

5 $ABCD$ é um quadrilátero circunscritível cujos lados medem $AB = 5$, $BC = 15$, $CD = 3x + 4$ e $AD = x + 8$. $\overline{AB}$ e $\overline{CD}$ são lados opostos. Qual é o perímetro desse quadrilátero?

6 O quadrilátero $ABCD$ da figura está circunscrito a uma circunferência. Qual é seu perímetro?

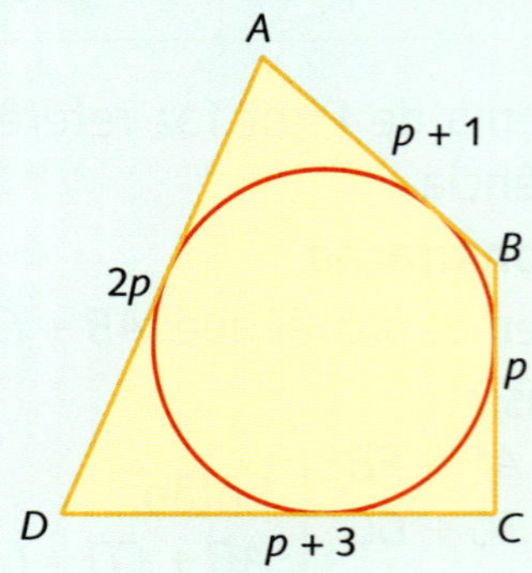

2 Polígonos regulares

Um polígono é regular quando todos os seus lados são congruentes e todos os seus ângulos internos são congruentes.

Observe um exemplo:

O hexágono da figura ao lado possui todos os ângulos congruentes (**equiângulo**) e todos os lados congruentes (**equilátero**).

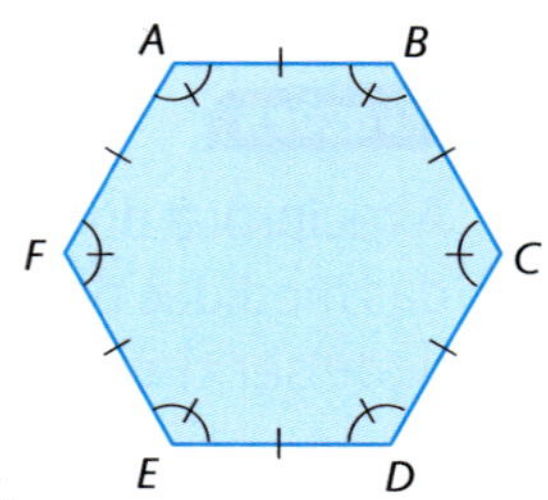

Assim:

$\overline{AB} \cong \overline{BC} \cong \overline{CD} \cong \overline{DE} \cong \overline{EF} \cong \overline{FA}$

$\widehat{A} \cong \widehat{B} \cong \widehat{C} \cong \widehat{D} \cong \widehat{E} \cong \widehat{F}$

Todo polígono equilátero e equiângulo é chamado de **polígono regular**.

Observações

1 O retângulo possui ângulos congruentes (**equiângulo**), mas não possui lados congruentes. Logo, não é um polígono regular.

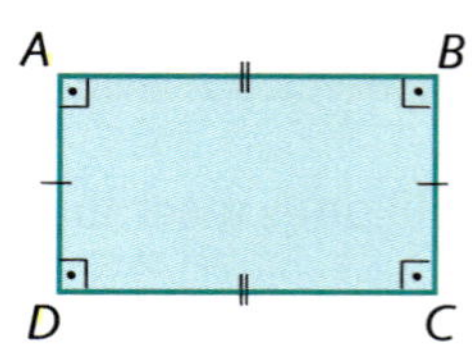

2 O losango possui todos os lados congruentes (**equilátero**), mas não possui os ângulos congruentes. Logo, não é um polígono regular.

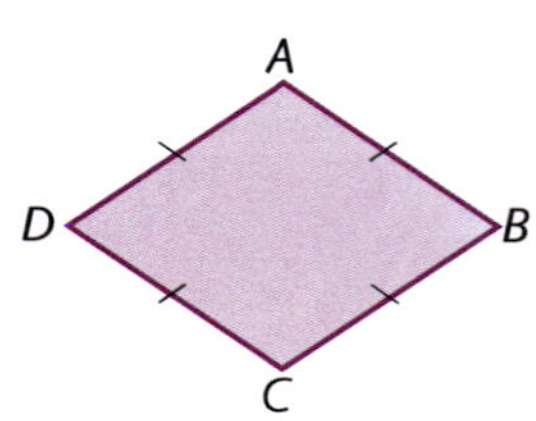

ILUSTRAÇÕES: GUILHERME CASAGRANDI

Lendo e aprendendo

As formas na natureza e os polígonos

Na natureza, podemos encontrar algumas formas que lembram polígonos regulares. Na foto abaixo, vemos que as entradas dos alvéolos de um favo de mel lembram a forma de hexágono.

STUDIOSMART/SHUTTERSTOCK

Alvéolos de um favo de mel.

Observe que os alvéolos se aglutinam de três em três em torno de um vértice comum. Supondo que formem hexágonos regulares, concluímos que a medida de cada um dos três ângulos internos é 120°; logo, a soma resulta em 360° e não sobra espaço entre os ângulos, ou seja, os hexágonos regulares recobrem o plano perfeitamente.

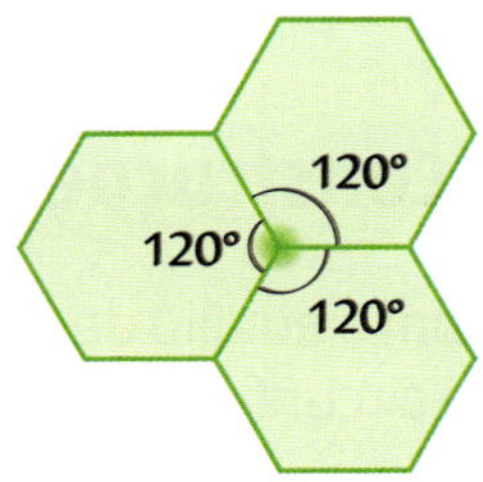

LUIZ RUBIO

Propriedades dos polígonos regulares

1ª propriedade

> Todo polígono regular é inscritível em uma circunferência.

Para inscrever um polígono regular em uma circunferência, basta dividi-la em n arcos congruentes ($n > 2$) e traçar todos os segmentos que tenham como extremidades dois pontos consecutivos obtidos nessa divisão, determinando, assim, os lados do polígono.

Exemplos

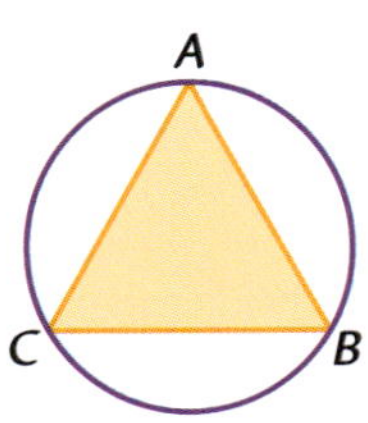

triângulo regular inscrito em uma circunferência

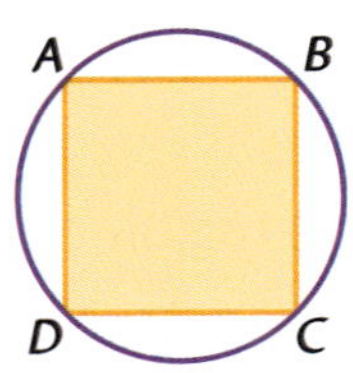

quadrilátero regular inscrito em uma circunferência

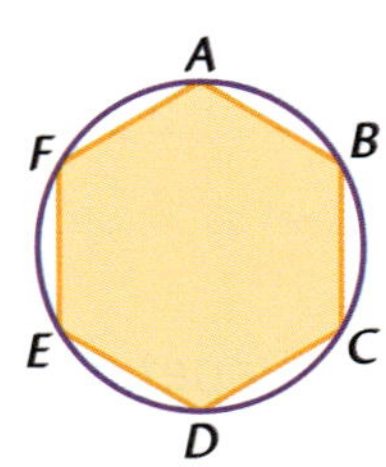

hexágono regular inscrito em uma circunferência

ILUSTRAÇÕES: ADILSON SECCO

2ª propriedade

> Todo polígono regular é circunscritível a uma circunferência.

Para circunscrever um polígono regular a uma circunferência, basta dividi-la em n arcos congruentes ($n > 2$) e traçar as tangentes nos pontos de divisão.

Exemplos

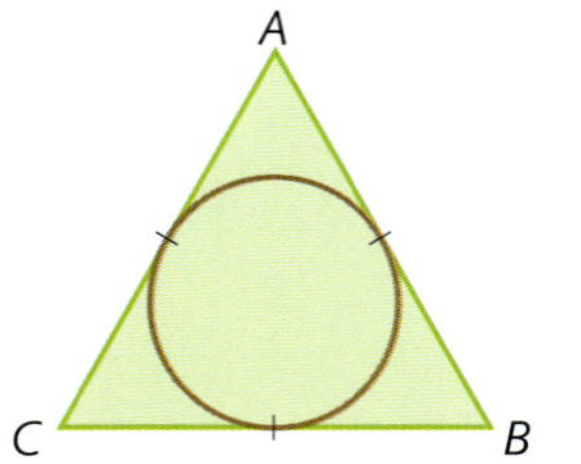

triângulo regular circunscrito à circunferência

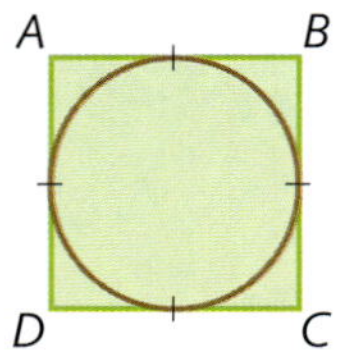

quadrilátero regular circunscrito à circunferência

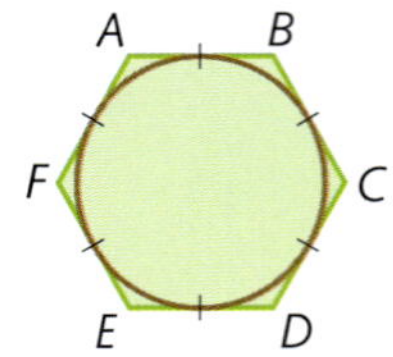

hexágono regular circunscrito à circunferência

A circunferência é tangente a todos os lados do polígono circunscrito.

Construções geométricas com régua e compasso

Com o auxílio de régua e compasso, vamos construir alguns polígonos regulares inscritos em uma circunferência.

Quadrado

Traçando dois diâmetros perpendiculares, dividimos a circunferência em quatro arcos congruentes. As extremidades das cordas assim determinadas são os vértices de um quadrado inscrito na circunferência.

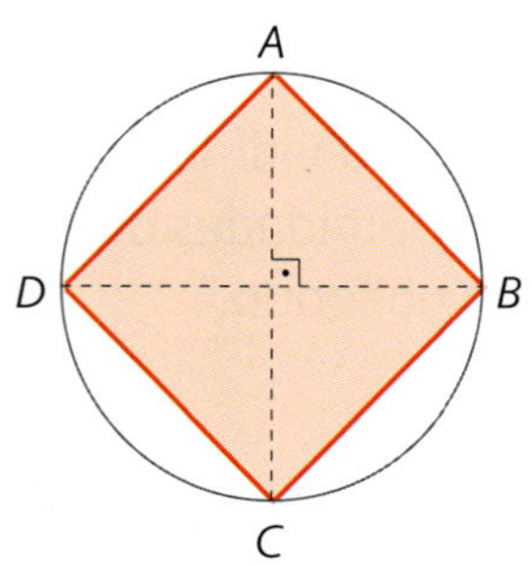

Triângulo equilátero

Usando um compasso, com abertura da medida do raio da circunferência, marcamos seis arcos congruentes. Unindo os pontos alternadamente, conforme a figura, obtemos três cordas que formam um triângulo equilátero inscrito na circunferência.

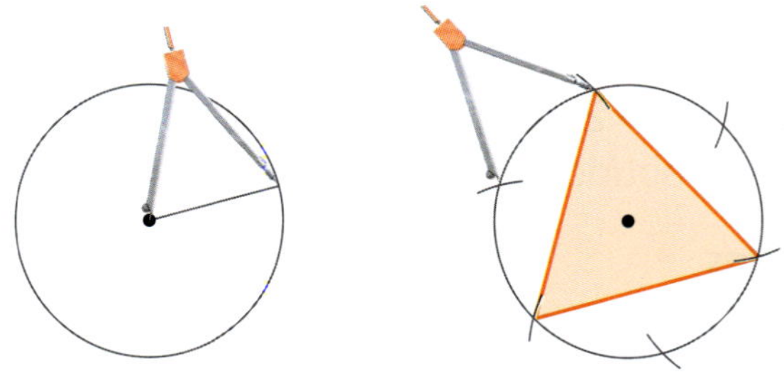

Hexágono regular

Repetimos o procedimento para a construção do triângulo equilátero, mas não unimos os pontos alternadamente e sim continuamente, obtendo um hexágono regular inscrito com lado de medida igual à medida do raio da circunferência.

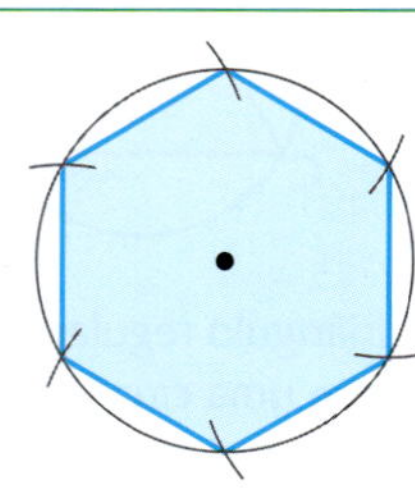

ILUSTRAÇÕES: ADILSON SECCO

Elementos de um polígono regular

Observe a figura abaixo e verifique os elementos de um polígono regular.

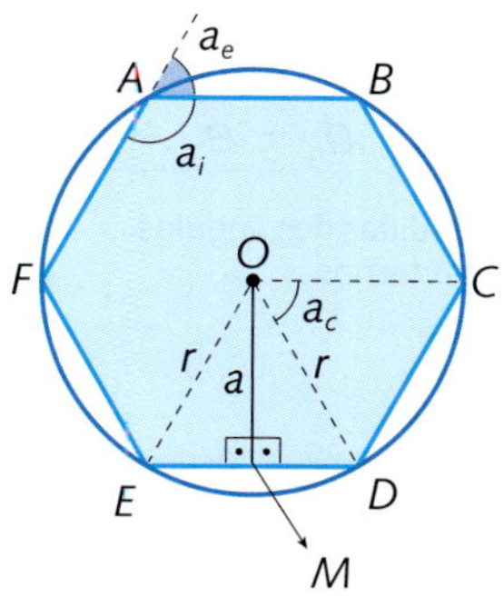

- O ponto O é o **centro do polígono**.
- O raio da circunferência circunscrita (de medida r) é o **raio do polígono**.
- O segmento de reta cujas extremidades são o centro e o ponto médio de qualquer lado do polígono é um **apótema do polígono** (de medida a).
- O ângulo que tem o vértice no centro e cujos lados são dois raios com extremidades em vértices consecutivos é um **ângulo central** ($\widehat{a}_c$).
- O ângulo formado por dois lados consecutivos do polígono é um **ângulo interno** ($\widehat{a}_i$).
- O **ângulo externo** ($\widehat{a}_e$) é o suplemento do ângulo interno correspondente.

Vamos relembrar como calcular a medida dos ângulos central, interno e externo de um polígono.

Ângulo central

Como a soma das medidas de todos os ângulos centrais do polígono regular é 360°, ou seja, uma volta completa, em um polígono de n lados, a medida do ângulo central é:

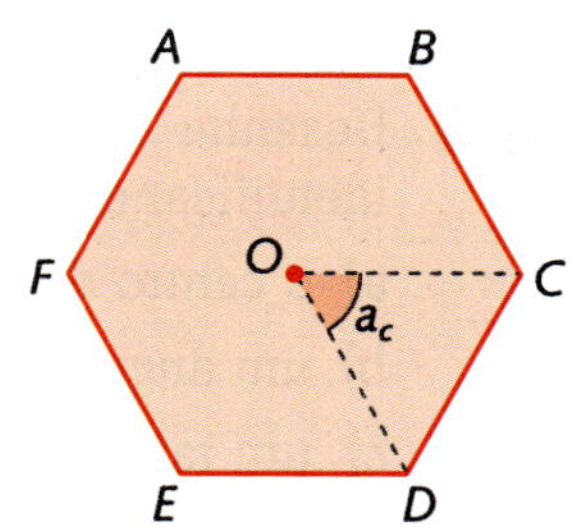

$$a_c = \frac{360°}{n}$$

Ângulo interno

Quando, a partir de um único vértice, decompomos um polígono em triângulos, verificamos que o número de triângulos é duas unidades menor que o número de lados. Como a soma das medidas dos ângulos internos de um triângulo é 180°, podemos afirmar que a soma dos ângulos internos (S_i) de um polígono de n lados corresponde a:

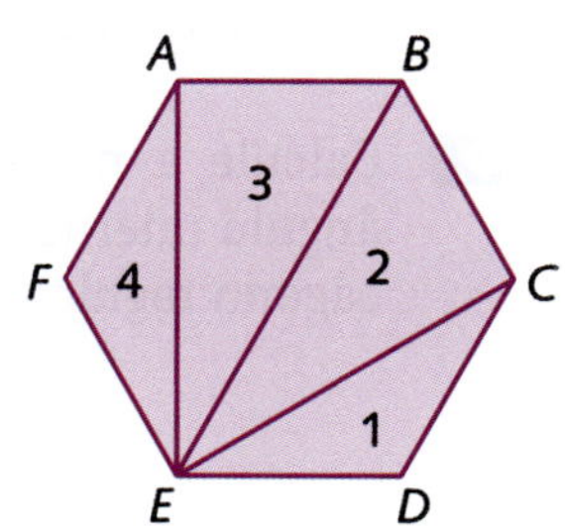

$$S_i = (n - 2) \cdot 180°$$

Assim, em um polígono regular de n lados, a medida do ângulo interno é:

$$a_i = \frac{(n - 2) \cdot 180°}{n}$$

ILUSTRAÇÕES: ADILSON SECCO

Ângulo externo

Como o ângulo externo e o ângulo interno são suplementares, temos:

$a + a_1 = 180°$ $\quad c + c_1 = 180°$ $\quad e + e_1 = 180°$

$b + b_1 = 180°$ $\quad d + d_1 = 180°$ $\quad f + f_1 = 180°$

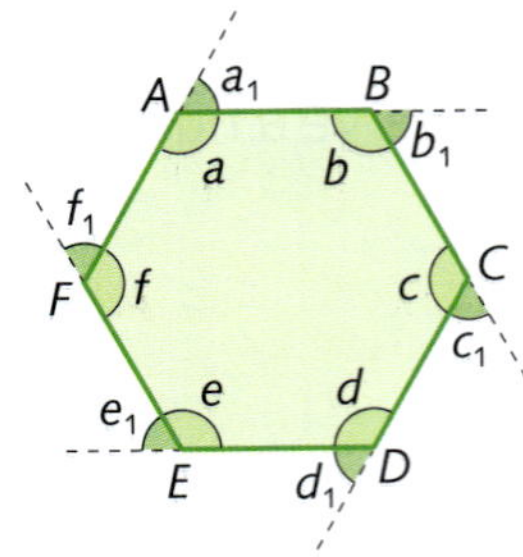

Efetuando a adição das medidas de todos os ângulos, temos:

$$\underbrace{a + b + c + d + e + f}_{\text{soma das medidas dos ângulos internos}} + \underbrace{a_1 + b_1 + c_1 + d_1 + e_1 + f_1}_{\text{soma das medidas dos ângulos externos}} = \underbrace{6}_{\text{número de lados}} \cdot 180°$$

Então, em um polígono de *n* lados:

$S_i + S_e = n \cdot 180°$

$(n - 2) \cdot 180° + S_e = n \cdot 180°$

$n \cdot 180° - 360° + S_e = n \cdot 180° \Rightarrow S_e = 360°$

Assim, em um polígono regular de *n* lados, a medida do ângulo externo é: $a_e = \dfrac{360°}{n}$

Conteúdo digital
• Atividade: Polígonos regulares

EXERCÍCIOS

7 Identifique as afirmativas verdadeiras.

a) Todo polígono regular é inscritível e circunscritível a uma circunferência.

b) Denomina-se equiângulo um polígono que tem todos os ângulos congruentes.

c) O retângulo é um polígono regular.

d) Denomina-se equilátero um polígono que possui todos os lados congruentes.

8 Desenhe um polígono regular qualquer, identificando:

a) o centro do polígono;

b) um ângulo central;

c) um raio do polígono;

d) um ângulo interno;

e) um apótema do polígono;

f) um ângulo externo.

9 Calcule a medida do ângulo central, do ângulo interno e do ângulo externo do decágono regular.

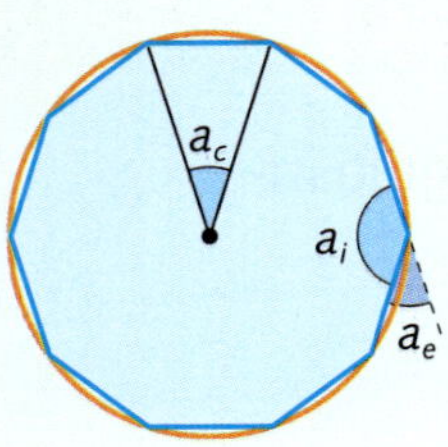

10 Calcule a medida do ângulo central, do ângulo interno e do ângulo externo do:

a) triângulo equilátero;

b) quadrado;

c) hexágono regular.

11 Determine o polígono regular cujo ângulo central mede:

a) 36°;

b) 40°;

c) 60°;

d) 90°;

e) 120°.

12 Quantos lados tem um polígono cujos ângulos externos medem 24°?

13 O ângulo interno de um polígono regular mede 135°. Quanto mede seu ângulo externo? Qual é esse polígono?

14 A soma das medidas dos ângulos internos de um polígono regular é 1440°. Quanto mede o ângulo externo desse polígono?

15 Com um compasso, trace uma circunferência de 3 cm de raio e, inscrito nessa circunferência, desenhe:

a) um quadrado;

b) um hexágono regular;

c) um triângulo equilátero.

ILUSTRAÇÕES: ADILSON SECCO

3 Relações entre dois polígonos semelhantes

Dois polígonos regulares, com o mesmo número de lados, são semelhantes.
Tomemos, por exemplo, dois hexágonos semelhantes.

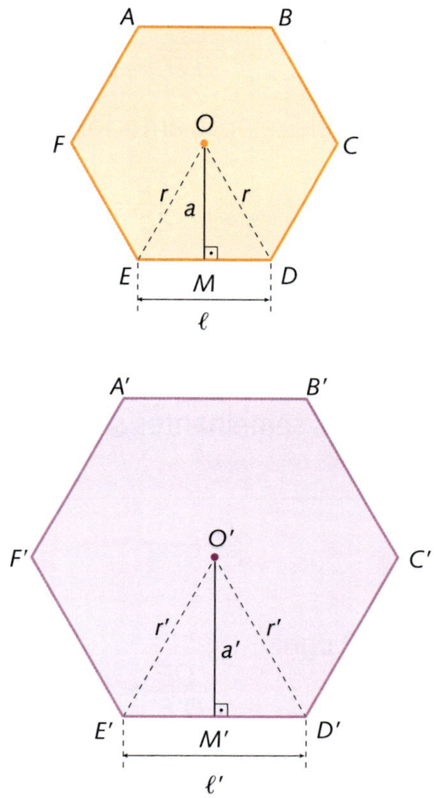

AVELINO GUEDES

1ª relação

> Os perímetros de dois polígonos semelhantes são proporcionais às medidas dos respectivos lados.

$$\frac{AB}{A'B'} = \frac{BC}{B'C'} = \frac{CD}{C'D'} = \frac{DE}{D'E'} = \frac{EF}{E'F'} = \frac{FA}{F'A'} = \frac{\ell}{\ell'}$$

Pela propriedade das proporções, podemos afirmar que:

$$\frac{AB + BC + CD + DE + EF + FA}{A'B' + B'C' + C'D' + D'E' + E'F' + F'A'} = \frac{AB}{A'B'} = \frac{BC}{B'C'} = \frac{CD}{C'D'} = \frac{DE}{D'E'} = \frac{EF}{E'F'} = \frac{FA}{F'A'}$$

Assim:

$$\boxed{\frac{2p}{2p'} = \frac{\ell}{\ell'}}$$

ILUSTRAÇÕES: ADILSON SECCO

2ª relação

> Os perímetros de dois polígonos regulares semelhantes são proporcionais às medidas dos respectivos raios.

Observe que $\triangle OED \sim \triangle O'E'D'$:

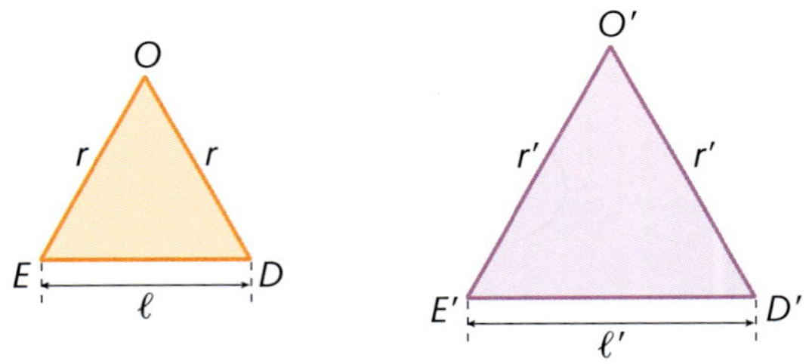

Logo:

$$\frac{OD}{O'D'} = \frac{ED}{E'D'} \Rightarrow \frac{r}{r'} = \frac{\ell}{\ell'}$$

Pela relação anterior:

$$\frac{\ell}{\ell'} = \frac{2p}{2p'} \Rightarrow \boxed{\frac{2p}{2p'} = \frac{r}{r'}}$$

3ª relação

> Os perímetros de dois polígonos regulares semelhantes são proporcionais às medidas de seus respectivos apótemas.

Observe que $\triangle OEM \sim \triangle O'E'M'$:

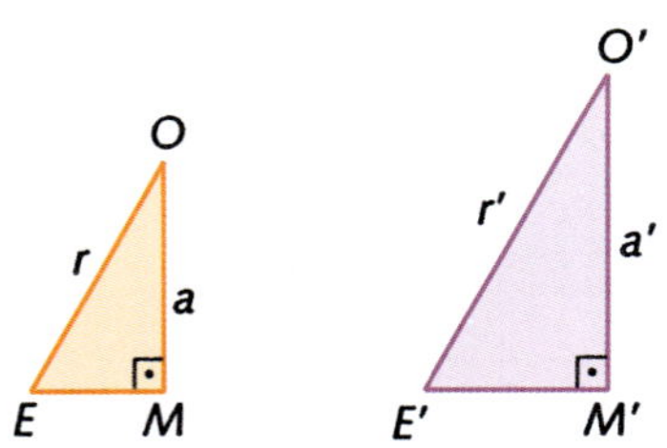

Logo:

$$\frac{OE}{O'E'} = \frac{OM}{O'M'} \Rightarrow \frac{r}{r'} = \frac{a}{a'}$$

Pela relação anterior:

$$\frac{r}{r'} = \frac{2p}{2p'} \Rightarrow \boxed{\frac{2p}{2p'} = \frac{a}{a'}}$$

EXERCÍCIOS

16 Os lados de dois polígonos semelhantes medem 6 cm e 8 cm, respectivamente. Determine o perímetro do maior polígono, sabendo que o perímetro do menor é 42 cm.

17 Um polígono tem 12 cm de apótema e está inscrito em uma circunferência cujo raio mede $8\sqrt{3}$ cm. Um polígono semelhante está inscrito em uma circunferência cujo raio mede $\frac{8\sqrt{3}}{3}$ cm. Qual é a medida de seu apótema?

18 Os perímetros de dois polígonos regulares com o mesmo número de lados são 20 cm e 25 cm, respectivamente. A medida do apótema do polígono menor é igual a 2,5 cm. Determine a medida do apótema do polígono maior.

ILUSTRAÇÕES: ADILSON SECCO

GEORGE TUTUMI

4 Relações métricas nos polígonos regulares

A seguir, vamos estudar as relações entre as medidas do lado, do apótema de um polígono regular e do raio da circunferência em que o polígono está inscrito.

Quadrado inscrito em uma circunferência

Notação:

ℓ_4 ⟵ medida do lado do quadrado

a_4 ⟵ medida do apótema do quadrado

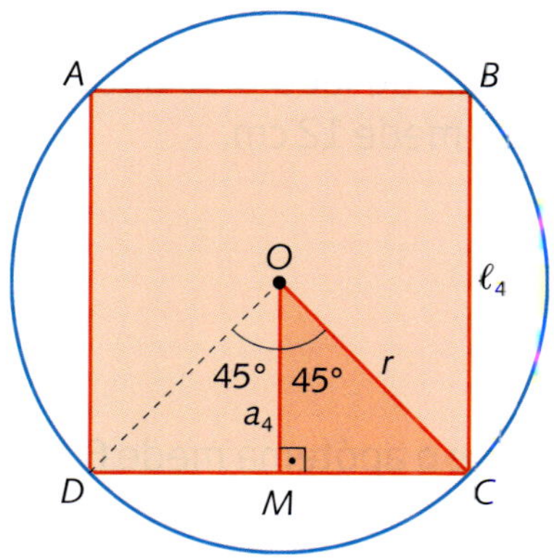

$$a_c = \frac{360°}{4} = 90°$$

Considere o triângulo *OMC*:

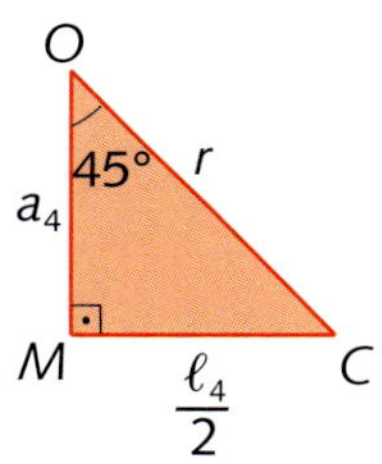

$$\text{sen } 45° = \frac{\frac{\ell_4}{2}}{r} \Rightarrow \frac{\sqrt{2}}{2} = \frac{\ell_4}{2r} \Rightarrow \boxed{\ell_4 = r\sqrt{2}}$$

$$\cos 45° = \frac{a_4}{r} \Rightarrow \frac{\sqrt{2}}{2} = \frac{a_4}{r} \Rightarrow \boxed{a_4 = \frac{r\sqrt{2}}{2}}$$

Exemplo

Vamos determinar as medidas do lado e do apótema de um quadrado inscrito em uma circunferência cujo raio mede 10 cm.

Solução

$\ell_4 = r\sqrt{2} \Rightarrow \ell_4 = 10\sqrt{2}$

$a_4 = \frac{r\sqrt{2}}{2} \Rightarrow a_4 = \frac{10\sqrt{2}}{2} = 5\sqrt{2}$

Logo, o lado mede $10\sqrt{2}$ cm, e o apótema mede $5\sqrt{2}$ cm.

Triângulo equilátero inscrito em uma circunferência

Notação:

ℓ_3 ⟵ medida do lado do triângulo

a_3 ⟵ medida do apótema do triângulo

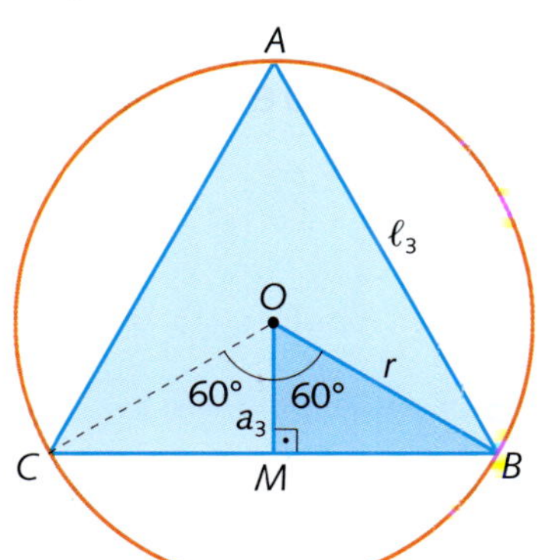

$$a_c = \frac{360°}{3} = 120°$$

ILUSTRAÇÕES: ADILSON SECCO

Considere o triângulo *OMB*:

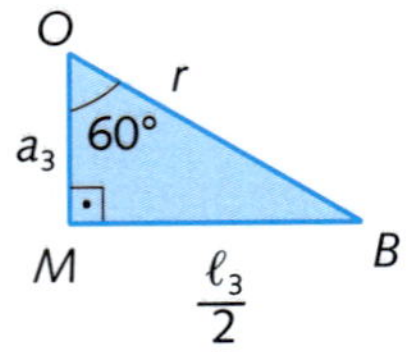

$$\text{sen } 60° = \frac{\frac{\ell_3}{2}}{r} \Rightarrow \frac{\sqrt{3}}{2} = \frac{\ell_3}{2r} \Rightarrow \boxed{\ell_3 = r\sqrt{3}}$$

$$\cos 60° = \frac{a_3}{r} \Rightarrow \frac{1}{2} = \frac{a_3}{r} \Rightarrow \boxed{a_3 = \frac{r}{2}}$$

Exemplo

Vamos determinar as medidas do lado e do apótema de um triângulo equilátero inscrito em uma circunferência cujo raio mede 12 cm.

Solução

$\ell_3 = r\sqrt{3} \Rightarrow \ell_3 = 12\sqrt{3}$

$a_3 = \frac{r}{2} \Rightarrow a_3 = \frac{12}{2} = 6$

Logo, o lado mede $12\sqrt{3}$ cm, e o apótema mede 6 cm.

Hexágono regular inscrito em uma circunferência

Notação:

ℓ_6 ⟵ medida do lado do hexágono

a_6 ⟵ medida do apótema do hexágono

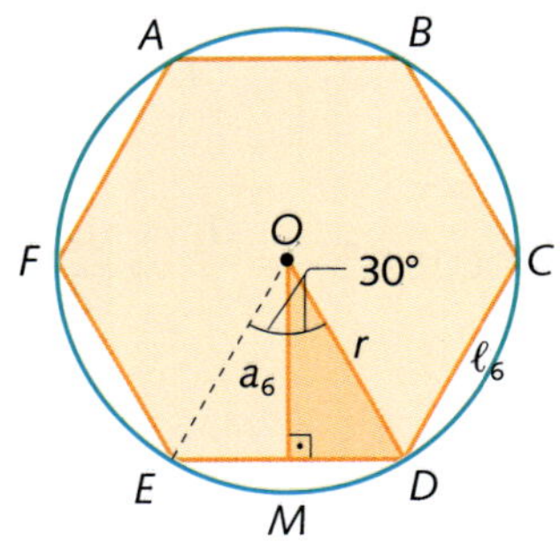

$$a_c = \frac{360°}{6} = 60°$$

Considere o triângulo *OMD*:

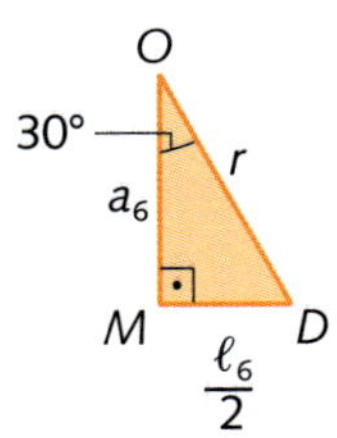

$$\text{sen } 30° = \frac{\frac{\ell_6}{2}}{r} \Rightarrow \frac{1}{2} = \frac{\ell_6}{2r} \Rightarrow \boxed{\ell_6 = r}$$

$$\cos 30° = \frac{a_6}{r} \Rightarrow \frac{\sqrt{3}}{2} = \frac{a_6}{r} \Rightarrow \boxed{a_6 = \frac{r\sqrt{3}}{2}}$$

Exemplo

Vamos determinar as medidas do lado e do apótema de um hexágono regular inscrito em uma circunferência cujo raio mede 8 cm.

Solução

$\ell_6 = r \Rightarrow \ell_6 = 8$

$a_6 = \frac{r\sqrt{3}}{2} \Rightarrow a_6 = \frac{8\sqrt{3}}{2} = 4\sqrt{3}$

Logo, o lado desse hexágono mede 8 cm, e o apótema mede $4\sqrt{3}$ cm.

ILUSTRAÇÕES: ADILSON SECCO

Polígono regular inscrito em uma circunferência

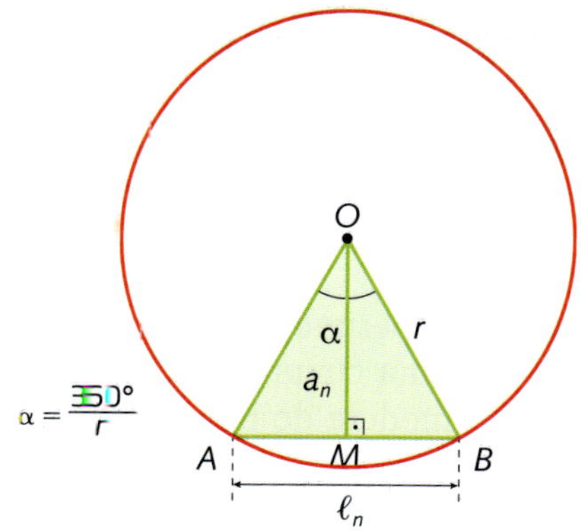

Agora, vamos determinar as relações entre as medidas do lado, do apótema de um polígono regular de *n* lados e do raio da circunferência em que o polígono está inscrito.

Notação:

ℓ_n ← medida do lado do polígono de *n* lados

a_n ← medida do apótema do polígono de *n* lados

Considere o triângulo *AOB*:

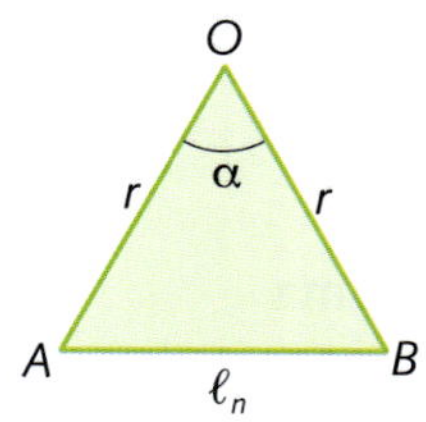

Pela lei dos cossenos, temos:

$$\ell_n^2 = r^2 + r^2 - 2 \cdot r \cdot r \cdot \cos\alpha$$
$$\ell_n^2 = 2r^2 - 2r^2 \cdot \cos\alpha$$
$$\boxed{\ell_n^2 = 2r^2 \cdot (1 - \cos\alpha)}$$

Considerando o triângulo *OMB*, temos:

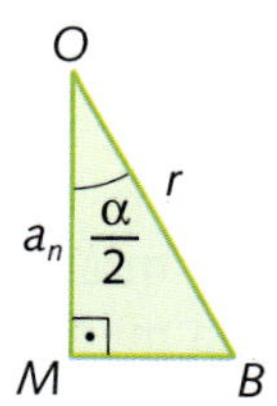

$$\cos\frac{\alpha}{2} = \frac{a_n}{r} \Rightarrow \boxed{a_n = r \cdot \cos\frac{\alpha}{2}}$$

Exemplo

Vamos calcular as medidas dos lados e do apótema de um octógono regular inscrito em uma circunferência cujo raio mede 4 cm. (Dados: cos 45° = 0,71; cos 22°30′ = 0,92.)

Solução

$\alpha = \frac{360°}{n} = \frac{360°}{8} = 45°$

$\ell_n^2 = 2r^2 \cdot (1 - \cos\alpha)$

$\ell_8^2 = 2 \cdot (4)^2 \cdot (1 - \cos 45°)$

$\ell_8^2 = 2 \cdot 16 \cdot (1 - 0{,}71)$

$\ell_8^2 = 2 \cdot 16 \cdot 0{,}29$

$\ell_8^2 = 9{,}28$

$\ell_8 = \sqrt{9{,}28}$

$\ell_8 \simeq 3{,}05$

$a_n = r \cdot \cos\frac{\alpha}{2}$

$a_8 = 4 \cdot \cos\frac{45°}{2}$

$a_8 = 4 \cdot \cos 22°30'$

$a_8 = 4 \cdot 0{,}92$

$a_8 = 3{,}68$

Logo, o lado desse octógono regular mede aproximadamente 3,05 cm, e o apótema mede 3,68 cm.

ILUSTRAÇÕES: ADILSON SECCO

EXERCÍCIOS

19 Calcule as medidas do lado e do apótema de um quadrado inscrito em uma circunferência cujo raio mede 10 cm.

20 O perímetro de um quadrado inscrito em uma circunferência é 40 cm. Determine a medida do raio.

21 O lado de um quadrado inscrito em uma circunferência mede 12 cm. Calcule a medida:

a) do raio da circunferência que circunscreve o quadrado;

b) do apótema do quadrado.

22 O lado de um quadrado inscrito em uma circunferência mede $3\sqrt{8}$ cm. Determine a medida do apótema desse quadrado.

23 Um quadrado está inscrito em uma circunferência cujo raio mede 4 cm. Determine:

a) o perímetro desse quadrado, usando $\sqrt{2} = 1{,}41$;

b) a área desse quadrado.

24 Calcule a medida do lado e do apótema de um triângulo equilátero inscrito em uma circunferência cujo raio mede 8 cm.

25 O lado de um triângulo equilátero mede 20 cm. Determine as medidas do raio do círculo circunscrito e do apótema.

26 O apótema de um triângulo equilátero inscrito em uma circunferência mede 6 cm. Calcule a medida do lado desse triângulo.

27 Calcule o perímetro de um triângulo equilátero inscrito em uma circunferência cujo raio mede $10\sqrt{3}$ cm.

28 Calcule as medidas do lado e do apótema de um hexágono regular inscrito em uma circunferência cujo raio mede 12 cm.

29 O apótema de um hexágono regular mede $5\sqrt{3}$ cm. Determine o perímetro do hexágono.

30 O lado de um hexágono regular inscrito em uma circunferência mede 8 cm. Calcule a medida do raio da circunferência e a medida do apótema do hexágono.

31 Observando o triângulo equilátero inscrito, determine:

a) a medida do segmento $\overline{AB}$;

b) a medida do segmento $\overline{OM}$;

c) a medida do ângulo $A\widehat{O}B$;

d) a medida do segmento $\overline{AM}$.

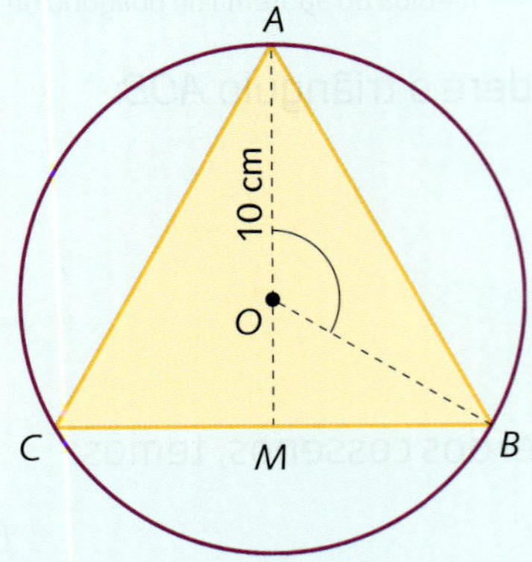

ADILSON SECCO

32 A maior diagonal de um hexagono regular mede $12\sqrt{3}$ cm. Calcule a medida do apótema desse hexágono.

33 O apótema de um hexágono regular inscrito mede $6\sqrt{3}$ cm. Determine a medida do lado.

34 O lado de um quadrado inscrito em uma circunferência mede $8\sqrt{3}$ cm. Determine a medida do apótema do hexágono regular inscrito na mesma circunferência.

35 Qual é a razão entre a medida do lado de um hexágono regular e a medida do lado de um quadrado (os dois inscritos na mesma circunferência)?

36 O apótema de um hexágono regular inscrito mede $12\sqrt{3}$ m. Determine a medida:

a) da diagonal do quadrado inscrito nesse círculo;

b) do apótema do triângulo equilátero inscrito nesse círculo.

37 Calcule a medida do lado do decágono regular inscrito em uma circunferência cujo raio mede 6 cm. (Use cos 36° = 0,81.)

Polígonos regulares circunscritos

Observe na figura ao lado dois polígonos: um inscrito e outro circunscrito à circunferência de raio r.

Notação:

ℓ_n ⟵ medida do lado do polígono regular inscrito

a_n ⟵ medida do apótema do polígono regular inscrito

L_n ⟵ medida do lado do polígono regular circunscrito

A_n ⟵ medida do apótema do polígono regular circunscrito

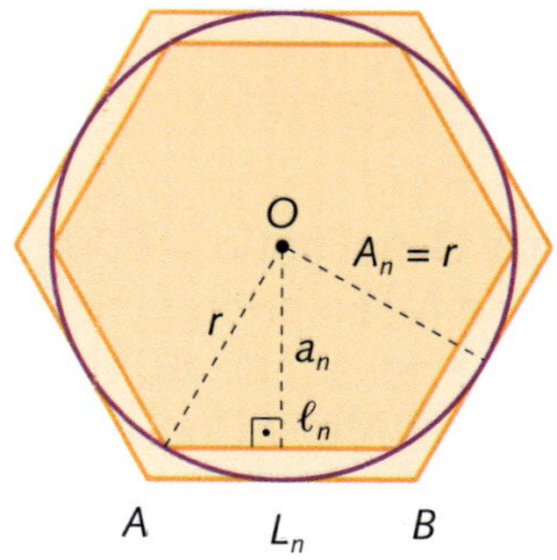

Note que: $A_n = r$

Como os polígonos inscrito e circunscrito à circunferência são semelhantes, podemos estabelecer esta relação:

$$\frac{\ell_n}{L_n} = \frac{a_n}{A_n} \Rightarrow \boxed{\frac{\ell_n}{L_n} = \frac{a_n}{r}}$$

Trabalhando em equipe

Junte-se a três colegas para realizar o procedimento a seguir.
Material necessário: uma tira de papel e uma tesoura sem ponta.

Procedimento:

1º) Recortem uma tira de papel.

2º) Façam na tira um nó de gravata simples.

3º) Apertem até que o nó esteja bem justo, porém sem dobrar o papel. Em seguida, recortem as sobras de papel.

Agora, respondam:

1 Que polígono surgiu?

2 Pode-se dizer que é um polígono regular?

EXERCÍCIOS

38 Calcule a medida do lado do triângulo equilátero circunscrito a uma circunferência cujo raio mede $2\sqrt{3}$ cm.

39 Calcule a medida do lado de um quadrado circunscrito a uma circunferência cujo raio mede 8 cm.

40 Calcule a medida do lado do hexágono regular circunscrito a uma circunferência cujo raio mede $4\sqrt{3}$ cm.

41 O perímetro de um hexágono regular inscrito em uma circunferência é $24\sqrt{3}$ cm. Calcule o perímetro do triângulo equilátero circunscrito a essa circunferência.

Trabalhando em equipe

(Obmep) O polígono *ABCDEF* é um hexágono regular. Os pontos *M* e *N* são pontos médios dos lados *AF* e *BC*, respectivamente. O hexágono *ABNGHM* é simétrico em relação à reta que passa por *M* e *N*. Qual é a razão entre as áreas dos hexágonos *ABNGHM* e *ABCDEF*?

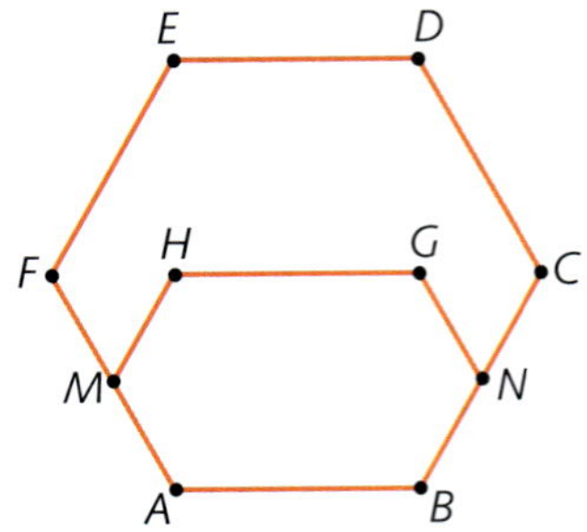

ADILSON SECCO

a) $\frac{3}{10}$ b) $\frac{4}{11}$ c) $\frac{3}{7}$ d) $\frac{7}{15}$ e) $\frac{5}{12}$

Interpretação e identificação dos dados

- Analise as informações do enunciado e anote aquelas que você julgar relevantes para a resolução do problema.
- Calcule a medida dos ângulos internos dos hexágonos *ABCDEF* e *ABNGHM*.
- Os hexágonos *ABCDEF* e *ABNGHM* são polígonos semelhantes?

Plano de resolução

- Os hexágonos *ABCDEF* e *ABNGHM* podem ser decompostos em triângulos equiláteros congruentes?
- Quantos triângulos equiláteros congruentes recobrem o hexágono *ABNGHM*? E quantos recobrem o hexágono *ABCDEF*?
- Qual é a relação entre a medida do lado desses triângulos equiláteros e a medida do lado do hexágono maior?
- Qual é a área de cada hexágono em relação à área dos triângulos que os compõem?

Resolução

- Junte-se a um colega.
- Compartilhem os planos de resolução.
- Discutam as diferenças e as semelhanças entre os planos e escolham um para a execução do processo de resolução.

  Observação

  Resolvam o problema de forma coletiva, mas façam o registro individual no caderno.

Verificação

- Releiam o problema e verifiquem se todas as condições do enunciado foram satisfeitas.

Apresentação

- Construam diversos triângulos equiláteros de cartolina. Utilizando apenas esses triângulos, componham novos polígonos, regulares ou não, e apresentem para a sala.

Trabalhando os conhecimentos adquiridos

Autoavaliação

1 Complete as frases a seguir com as palavras do quadro.

inscritível	retângulo	tangentes	quadrilátero

a) Um polígono está circunscrito a uma circunferência quando todos os seus lados são _______________ à circunferência.

b) Todo triângulo inscrito em uma semicircunferência é um triângulo _______________.

c) Os ângulos opostos de um _______________ convexo inscrito em uma circunferência são suplementares.

d) Todo polígono regular é _______________ e circunscritível a uma circunferência.

2 Usando régua e compasso, construa os seguintes polígonos regulares inscritos em uma circunferência:

a) um quadrado; b) um triângulo equilátero; c) um hexágono regular.

3 Analise as sentenças abaixo e identifique a falsa, corrigindo-a no caderno.

a) A soma das medidas dos ângulos internos de um polígono é dada por $(n - 2) \cdot 180°$.

b) A soma das medidas dos ângulos externos de um polígono regular é 360°.

c) O ângulo formado por dois lados consecutivos de um polígono é um ângulo interno.

d) A soma das medidas dos ângulos centrais de um polígono regular é $n \cdot 360°$.

4 As relações métricas estudadas neste capítulo referem-se a que elementos dos polígonos regulares?

55

1 A foto abaixo mostra o Marco Zero, monumento de mármore em forma de hexágono regular que indica o centro oficial da cidade de São Paulo. A partir dele distâncias são medidas. Determine as medidas dos ângulos α, β e γ indicados.

RICARDO SIWIEC

O monumento data de 1934. Cada um dos lados indica simbolicamente a direção de alguns estados brasileiros e do litoral.

2 Na figura, temos um quadrado inscrito e outro circunscrito a uma circunferência cujo raio mede 5 cm.

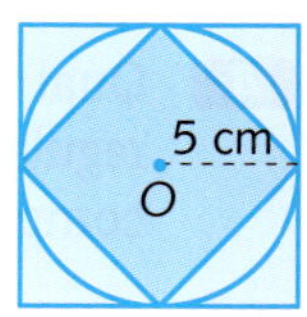

ADILSON SECCO

Determine:

a) a medida do lado do quadrado inscrito;

b) a medida do lado do quadrado circuncrito;

c) a razão entre a medida do lado do quadrado inscrito e a medida do lado do quadrado circunscrito.

DESAFIO

Determine o polígono regular cuja medida do ângulo central é $\frac{1}{4}$ da medida do ângulo interno.

1 Calcule o perímetro de um triângulo equilátero inscrito em um círculo cujo raio mede $7\sqrt{3}$ cm.

2 Em um círculo está inscrito um hexágono regular cujo lado mede 6 cm. Qual é a soma das medidas do lado e do apótema do triângulo equilátero inscrito no mesmo círculo?

3 **(Enem)**

STEPHEN FINN/SHUTTERSTOCK

Disponível em: <http://www.diaadia.pr.gov.br>. Acesso em: 28 abr. 2010.

O polígono que dá forma a essa calçada é invariante por rotações, em torno de seu centro, de:

a) 45°.
b) 60°.
c) 90°.
d) 120°.
e) 180°.

4 Qual é a medida do lado de um hexágono regular inscrito em uma circunferência cujo comprimento mede 18,84 cm? (Use $\pi = 3{,}14$.)

5 O perímetro de um hexágono regular é 2,16 dm. Qual é a medida do raio do círculo circunscrito a esse hexágono?

6 Qual é a medida do diâmetro de um círculo inscrito em um trapézio isósceles cujas bases menor e maior medem 4 cm e 9 cm, respectivamente?

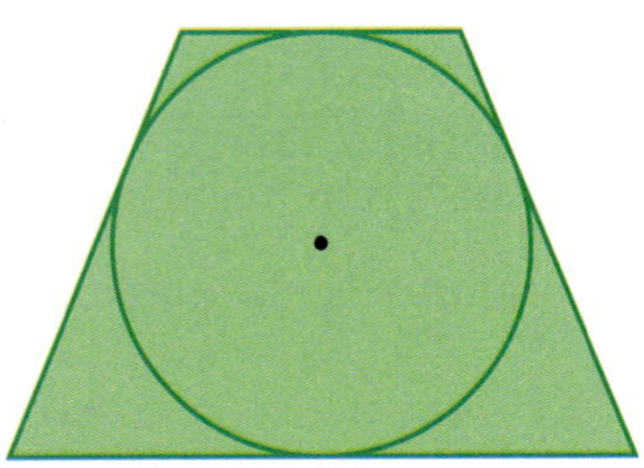

ERICSON GUILHERME LUCIANO

7 Um hexágono regular tem área igual a $48\sqrt{3}$ m². Qual é a medida do comprimento da circunferência circunscrita a esse hexágono? Qual é a área do círculo circunscrito ao hexágono?

8 *ABCD* é um trapézio isósceles circunscrito a um círculo. Sabendo que as bases do trapézio medem, respectivamente, 24 m e 16 m, qual é a medida do raio do círculo?

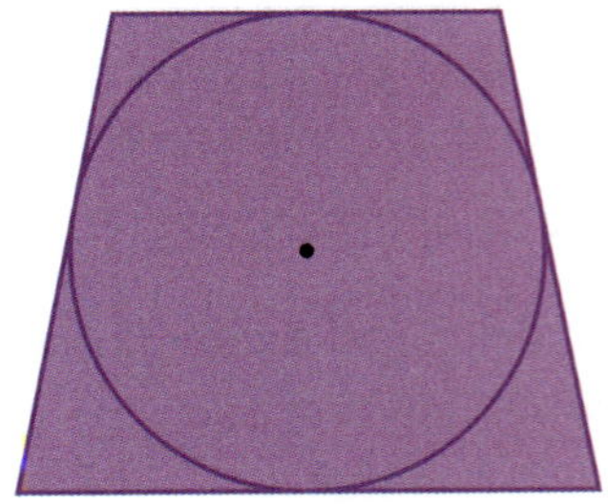

ERICSON GUILHERME LUCIANO

9 Cada lado do triângulo equilátero *ABC*, abaixo, foi dividido em três partes iguais. Demonstre que *DEFGHI* é um hexágono regular.

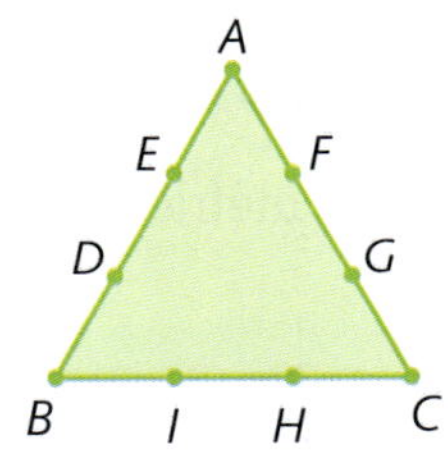

10 Uma circunferência cujo diâmetro mede 36 cm está dividida em seis partes iguais. Observe a figura abaixo e determine o perímetro do quadrilátero *BCEF*.

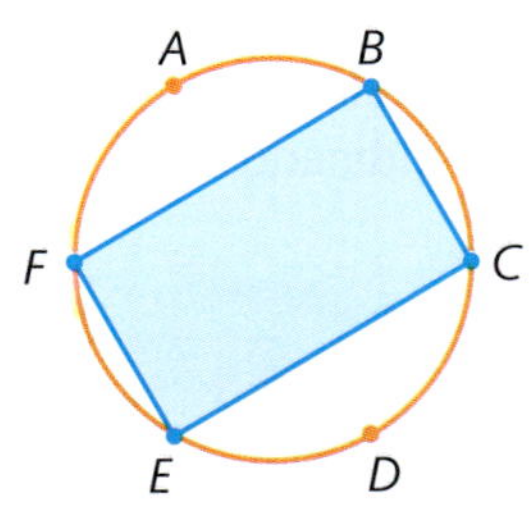

ILUSTRAÇÕES: ADILSON SECCO

DESAFIO

Os lados de um triângulo medem *a* cm, *b* cm e *c* cm. Qual é o valor do ângulo interno desse triângulo, oposto ao lado que mede *a* cm, caso sejam satisfeitas as relações $3a = 7c$ e $3b = 8c$?

1 A soma das medidas dos ângulos internos de um polígono regular é 3 960°. Quanto medem o ângulo central e o ângulo externo desse polígono?

2 A diagonal de um quadrado inscrito em uma circunferência mede $9\sqrt{2}$ cm. Calcule a medida do apótema do quadrado.

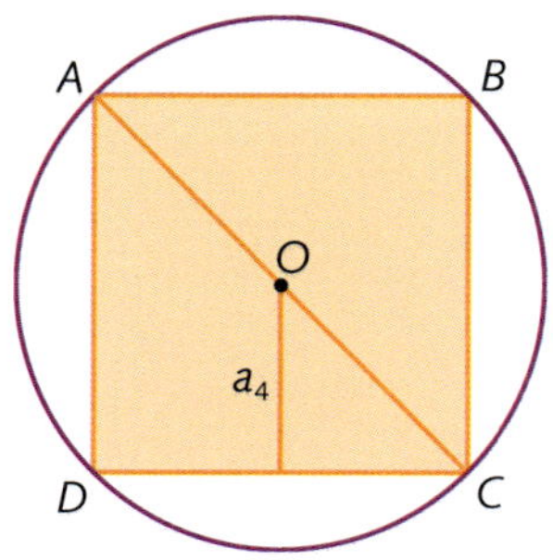

3 Calcule a razão entre as medidas dos lados do hexágono regular e do quadrado inscritos em uma circunferência cujo raio mede 3 cm.

4 Determine a razão entre o perímetro do hexágono regular inscrito em um círculo cujo raio mede $3\sqrt{2}$ m e o perímetro do hexágono regular circunscrito a esse mesmo círculo.

5 O raio de uma circunferência mede $3\sqrt{7}$ cm. Calcule as medidas do lado e do apótema do pentadecágono regular inscrito nessa circunferência.

6 Determine dois polígonos regulares em que a razão entre as medidas dos ângulos internos seja $\frac{3}{5}$ e a razão entre o número de lados seja $\frac{1}{3}$.

7 Considere um polígono regular em que a razão entre as medidas de um ângulo externo e um ângulo interno seja $\frac{1}{5}$. Qual é o número de diagonais desse polígono?

8 Sejam $\overline{AB}$ o diâmetro de uma circunferência cujo raio mede 3 cm e C um ponto sobre essa circunferência diferente de A e B. Calcule, em centímetro quadrado, a maior área possível que o triângulo ACB pode ter quando o ponto C se desloca sobre a circunferência.

9 Um polígono regular tem n lados. Escreva, em função de n, a medida do ângulo central e a medida de um ângulo interno do polígono.

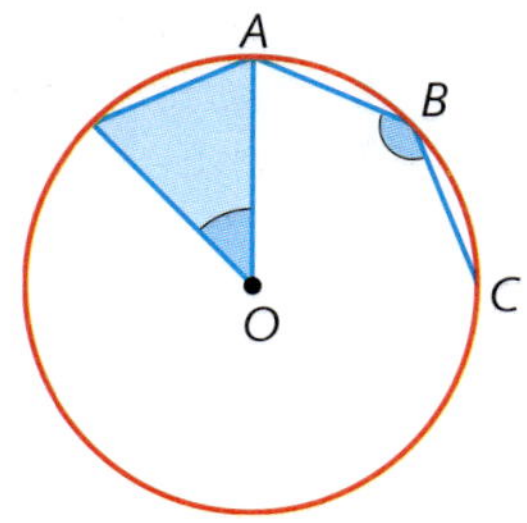

10 **(Enem)** Em exposições de artes plásticas, é usual que estátuas sejam expostas sobre plataformas giratórias. Uma medida de segurança é que a base da escultura esteja integralmente apoiada sobre a plataforma. Para que se providencie o equipamento adequado, no caso de uma base quadrada que será fixada sobre uma plataforma circular, o auxiliar técnico do evento deve estimar a medida R do raio adequado para a plataforma em termos da medida L do lado da base da estátua.

Qual relação entre R e L o auxiliar técnico deverá apresentar de modo que a exigência de segurança seja cumprida?

a) $R \geqslant \frac{L}{\sqrt{2}}$

b) $R \geqslant \frac{2L}{\pi}$

c) $R \geqslant \frac{L}{\sqrt{\pi}}$

d) $R \geqslant \frac{L}{2}$

e) $R \geqslant \frac{L}{(2\sqrt{2})}$

11 Determine a área do hexágono regular inscrito em um círculo cujo diâmetro mede 60 cm.

DESAFIO

O quadrilátero convexo $MNPQ$ é inscritível em um círculo de diâmetro $\overline{MP}$. Os lados $\overline{MN}$ e $\overline{MQ}$ têm a mesma medida ℓ, e o ângulo $N\widehat{M}Q$ mede 120°. Determine a medida do lado $\overline{NP}$.

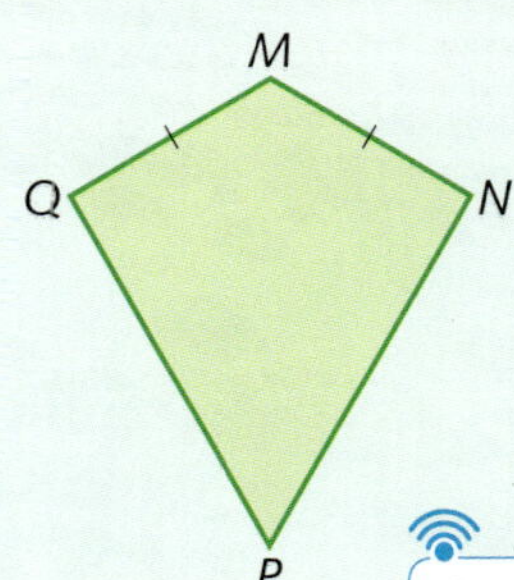

Conteúdo digital
• Áudio: Uma conversa sobre geometria

ILUSTRAÇÕES: ADILSON SECCO

CAPÍTULO 11

Área de figuras planas

Projeto de oásis capaz de gerar produtos agrícolas e energia sem impacto ambiental em região desértica da Jordânia, país do Oriente Médio.

É hora de observar e discutir

Projetos como o ilustrado nesta abertura preveem a utilização da água do mar e da luz do Sol para cultivar plantas no deserto, combater o avanço da desertificação e ainda produzir biocombustível. Em um modelo ideal, para desenvolver um desses projetos, o espaço necessário seria de 40 km², distribuído de acordo com o gráfico ao lado.

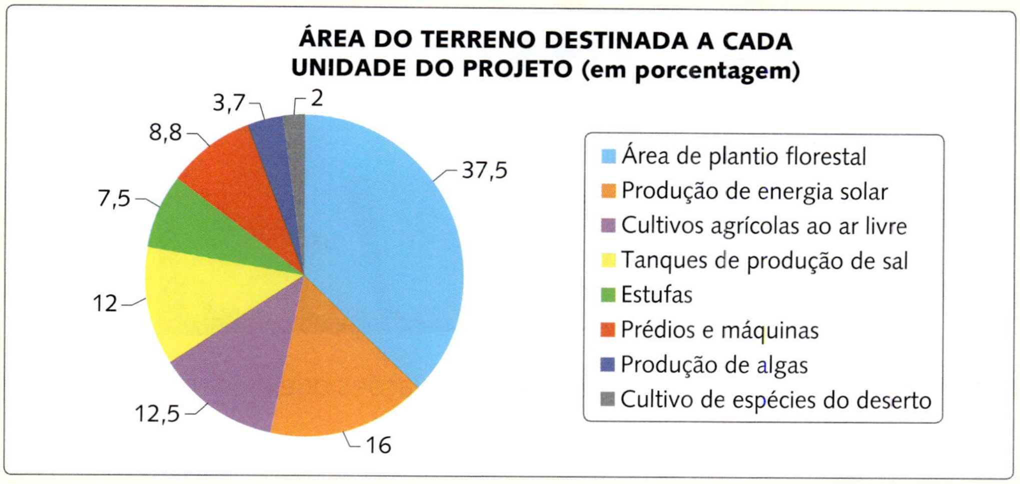

ERICSON GUILHERME LUCIANO

Fonte: Revista *Época*, ed. 768, 11 fev. 2013.

- Nesse projeto, qual é a área destinada, em km², para o plantio florestal? E para a produção de energia solar?
- Qual é a diferença entre superfície e área?

SAHARA FOREST PROJECT/SAHARAFORESTPROJECT.COM

Trocando ideias

A necessidade de determinar a **área** (medida de superfície) é bem antiga. No antigo Egito, donos de terras às margens do rio Nilo já pagavam impostos ao faraó pelo uso da terra. O valor era proporcional à área cultivada.

BIBLELANDPICTURES/ALAMY/GLOW IMAGES

Esticadores de cordas egípcios, os agrimensores da época, cerca de 1400 a.C.

Ainda hoje, deparamos frequentemente com situações que exigem o cálculo de áreas. Observe duas delas abaixo.

RUBENS CHAVES/PULSAR IMAGENS

Qual é a área total da fachada do prédio?

GEORGE TUTUMI

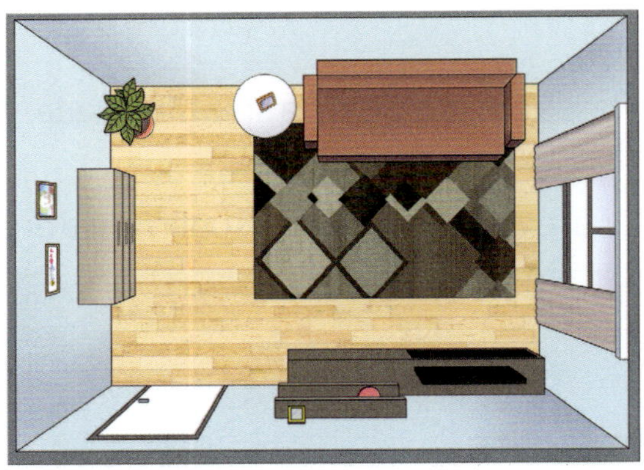

Qual é a área do piso da sala?

- O que precisamos saber para responder às perguntas acima?
- Considere a imagem da fachada do prédio. Se soubéssemos as medidas das janelas e das portas seria possível estimar a área dessa fachada?
- Agora, considere a imagem da sala. Se soubéssemos as medidas do sofá seria possível estimar a área dessa sala? Converse com o professor e os colegas sobre essas questões.
- Considere que as janelas do prédio tenham 1,2 m de largura e que o sofá da sala tenha 2 m de comprimento. Faça uma estimativa da área total da fachada do prédio e do piso da sala. Compare suas estimativas com as de um colega, e verifiquem se os valores encontrados são próximos.

Neste capítulo, vamos estudar como calcular a área de diferentes figuras planas.

1 Superfície e área

A planta baixa de uma residência apresenta sua vista superior com a indicação das medidas da superfície de cada ambiente. Podemos, assim, obter facilmente a área de cada um dos ambientes e, consequentemente, determinar a área total do imóvel. A escala fornece a razão entre as medidas utilizadas no desenho e as medidas reais.

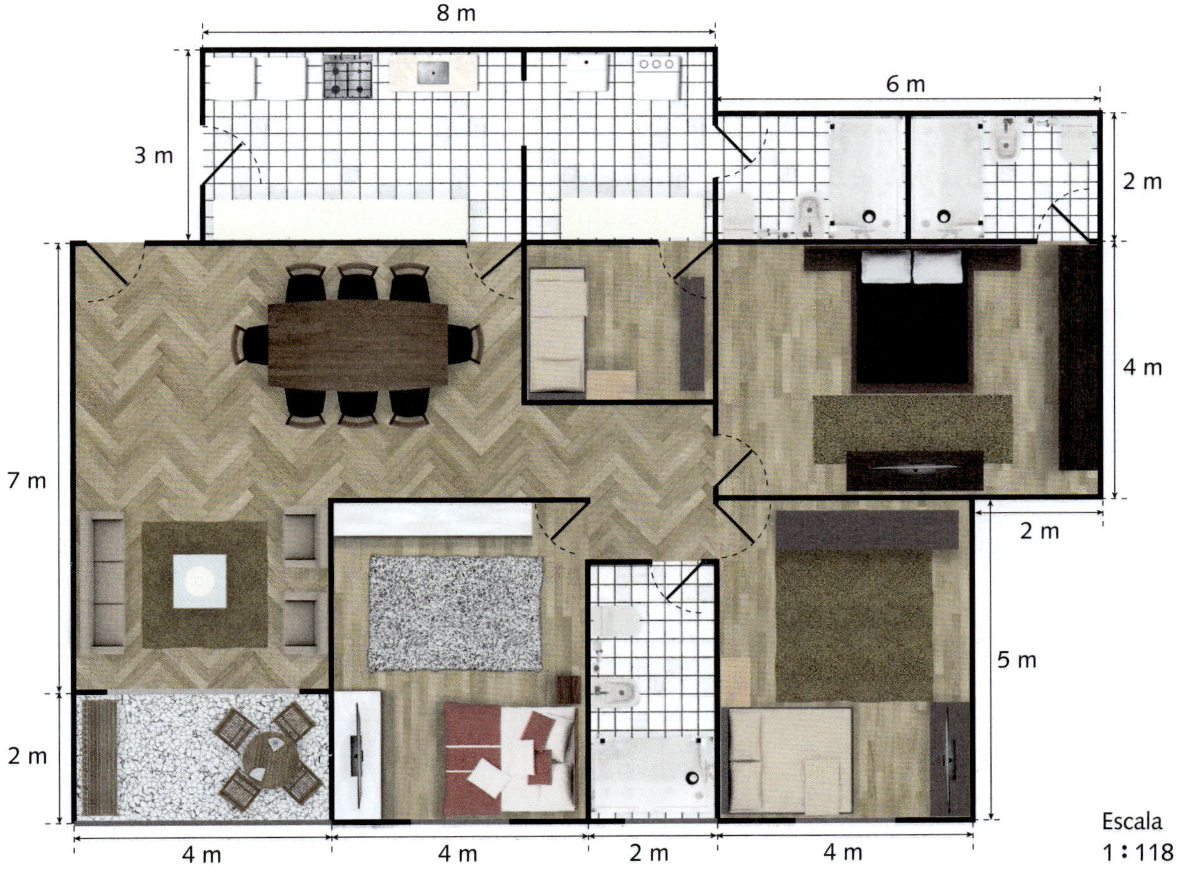

GUILHERME CASAGRANDI

Inicialmente, é necessário compreender a diferença entre superfície e área de um polígono.

> A **superfície** de um polígono corresponde à união de seu contorno com sua região interior. A medida dessa superfície, expressa por um número real positivo, é chamada de **área**.

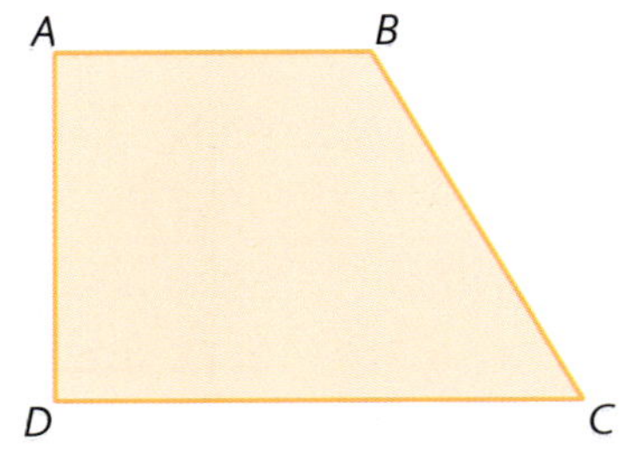

ADILSON SECCO

Por comodidade, é comum o uso da expressão "área do polígono" em vez de "área da superfície do polígono".

Para determinar a área de uma superfície, devemos **compará-la** com outra, tomada como unidade de medida. Veja um exemplo:

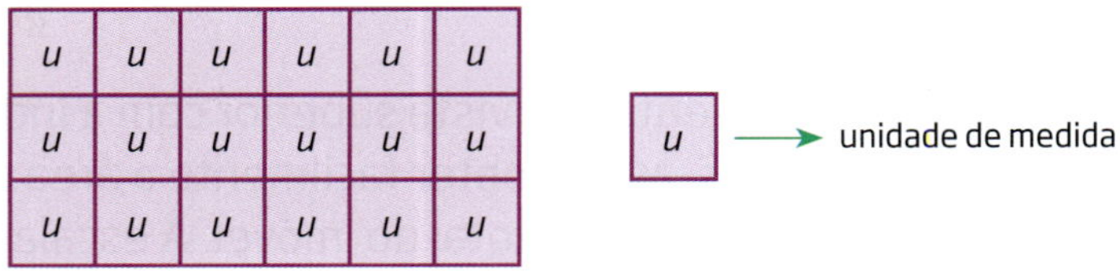

Tomando  como unidade de medida, verificamos que a área do polígono é igual a 18 *u*.

Para evitar o uso de diferentes unidades de medida, escolhemos uma unidade como **padrão**. Nossa unidade-padrão de medida de superfície no Sistema Internacional de Unidades (SI) é o **metro quadrado** (**m**^{2}), que é uma unidade derivada da unidade de base metro do SI e que corresponde à medida da superfície de um quadrado com lados de 1 m de comprimento.

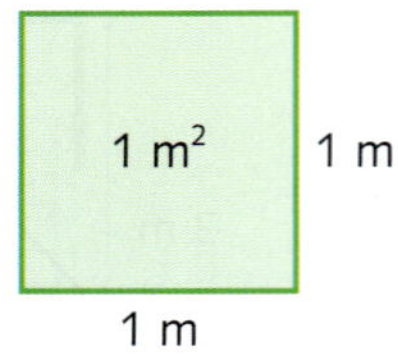

Há também outras unidades de área, como os múltiplos e os submúltiplos do metro quadrado que fazem parte do SI. Veja:

	Quadro de unidades						
	Múltiplos			Unidade padrão	Submúltiplos		
Unidades	quilômetro quadrado	hectômetro quadrado	decâmetro quadrado	metro quadrado	decímetro quadrado	centímetro quadrado	milímetro quadrado
Símbolos	km^2	hm^2	dam^2	m^2	dm^2	cm^2	mm^2
Relação com o metro quadrado	1 000 000 m^2	10 000 m^2	100 m^2	1 m^2	0,01 m^2	0,0001 m^2	0,000001 m^2

Figuras equivalentes

Considere os polígonos *A*, *B*, *C* e *D*:

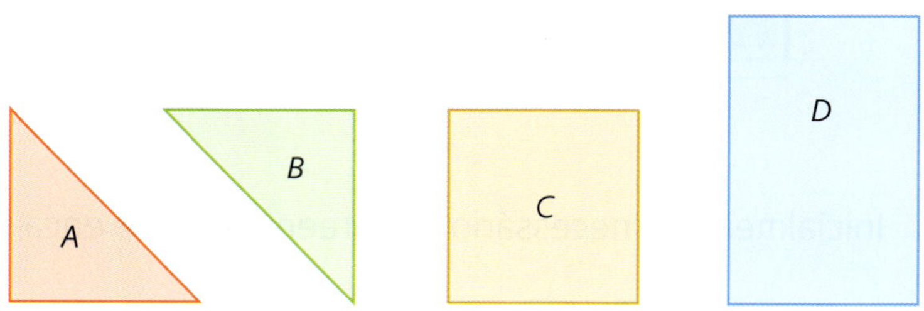

Com esses polígonos, podemos compor diferentes figuras, veja:

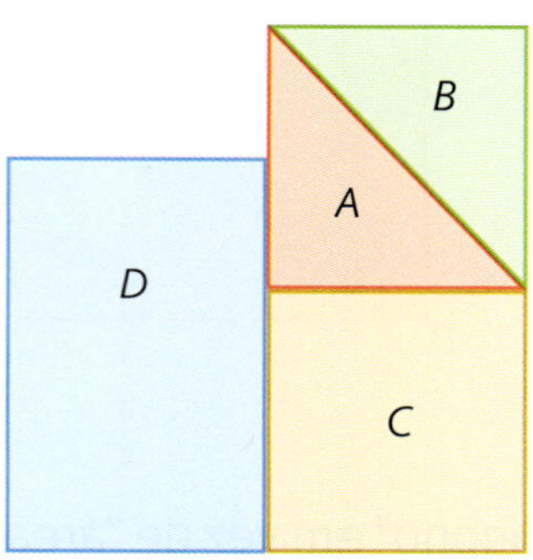

figura 1

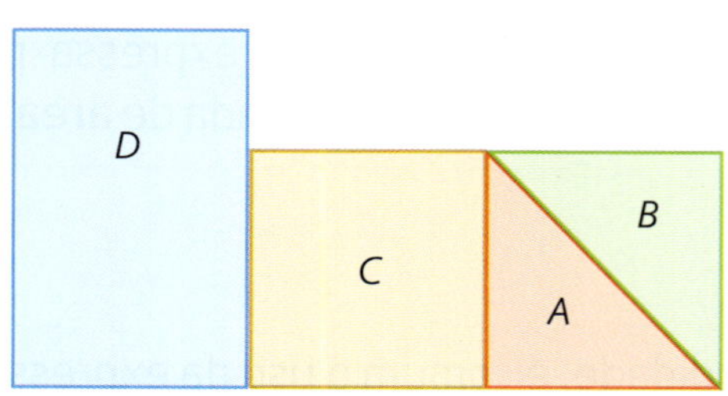

figura 2

ILUSTRAÇÕES: LUIZ RUBIO

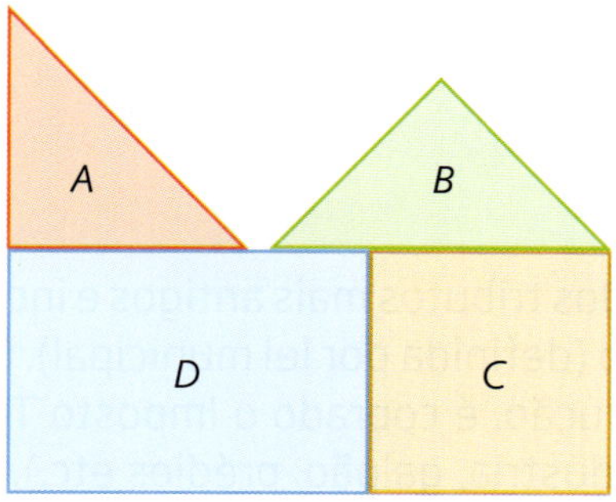

figura 3

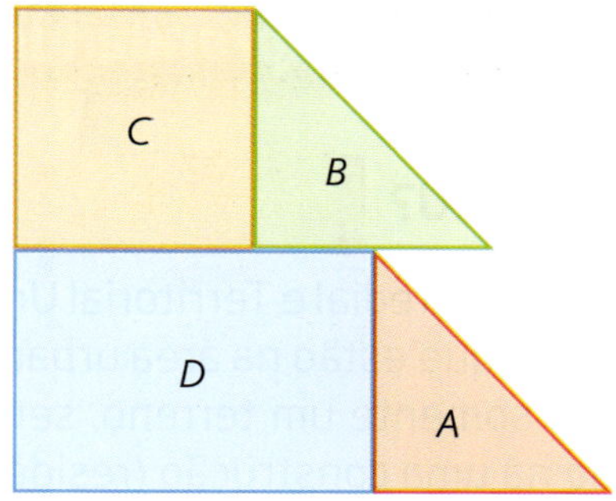

figura 4

Todas essas figuras, embora de formatos diferentes, são formadas pela composição dos polígonos *A*, *B*, *C* e *D*. Assim, todas elas têm a mesma área, que é igual à soma das áreas desses quatro polígonos. Dizemos, então, que essas figuras são **equivalentes**.

> Duas ou mais figuras geométricas são **equivalentes** quando possuem a mesma área.

EXERCÍCIOS

1 Tomando  como unidade de área, determine a área das figuras a seguir.

a)

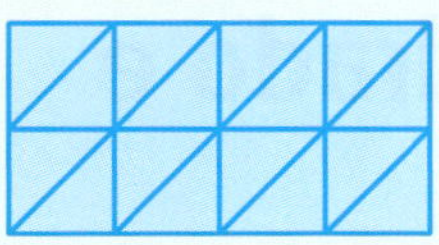

b)

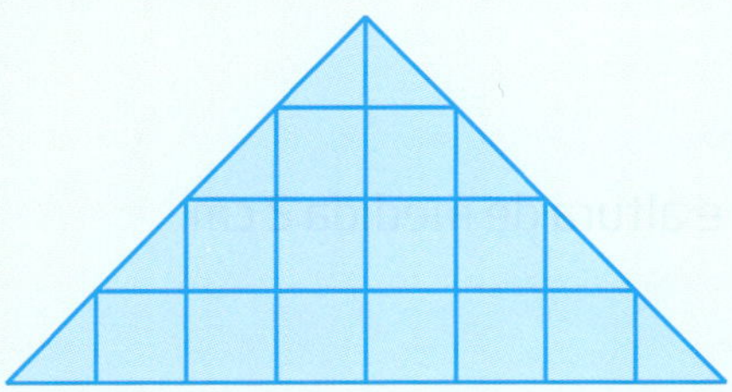

2 Transforme:

a) 6 km^2 em hm^2;

b) 0,8 dam^2 em m^2;

c) 0,5 m^2 em cm^2;

d) 25 hm^2 em m^2;

e) 8 m^2 em mm^2;

f) 15 m^2 em cm^2;

g) 5,4 cm^2 em mm^2;

h) 12,3 cm^2 em m^2.

3 Escolha uma unidade de medida e determine as figuras equivalentes.

a)

d)

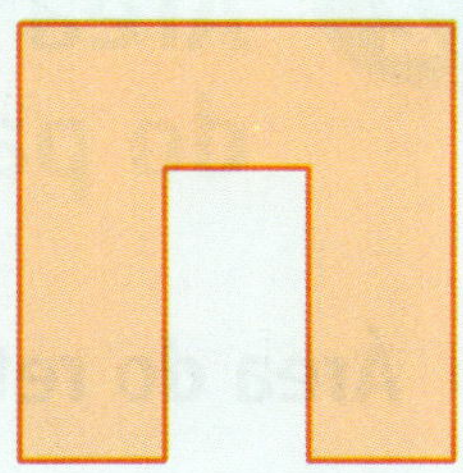

b)

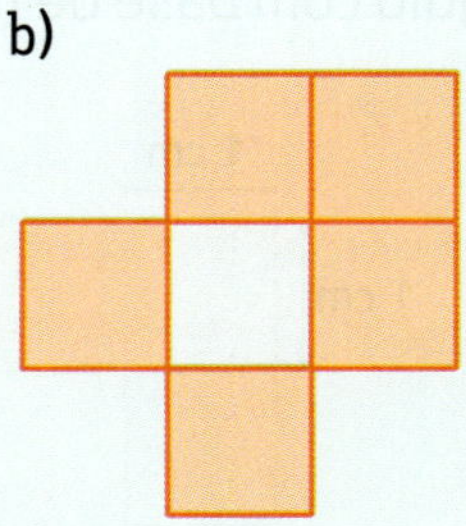

e)

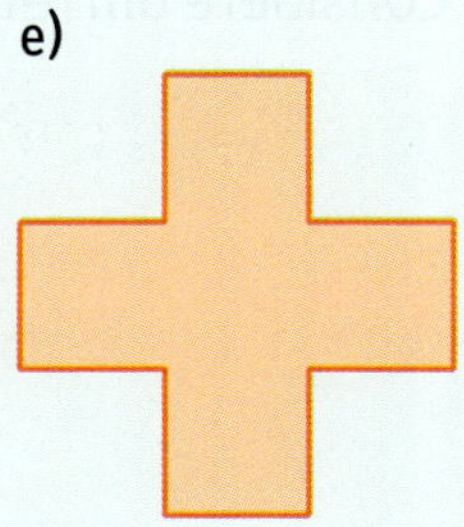

c)

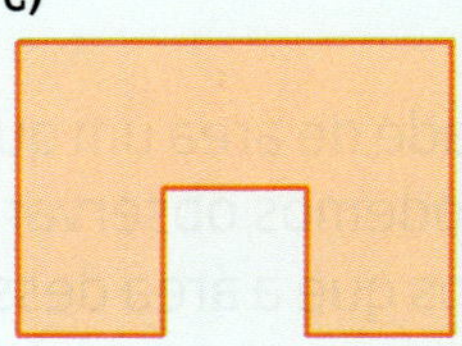

f)

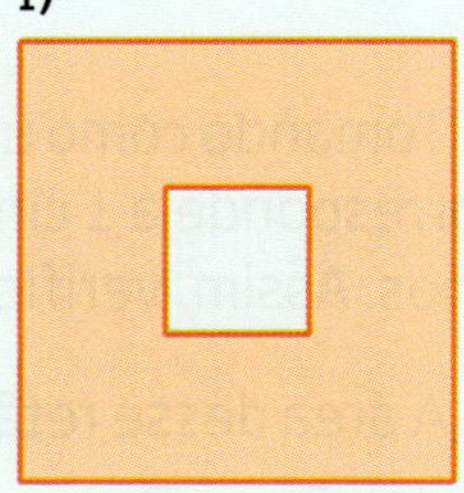

Lendo e aprendendo

O que é IPTU?

O Imposto Predial e Territorial Urbano (IPTU) é um dos tributos mais antigos e incide sobre os imóveis que estão na área urbana de um município (definida por lei municipal). Quando o imóvel é somente um terreno, sem nenhuma construção, é cobrado o Imposto Territorial; quando há uma construção (residência, comércio, indústria, galpão, prédios etc.), cobra-se o Imposto Predial.

Nesse imposto são atribuídos valores monetários por metro quadrado de área livre e de área edificada, de acordo com a localização e o tipo de uso. A determinação dos valores depende da escolha da base de cálculo, da fixação das alíquotas e do cálculo dos valores básicos (planta de valores). O IPTU deve ser pago anualmente à prefeitura.

JUNIOR ROZZO

2 Área do retângulo, do quadrado e do paralelogramo

Área do retângulo

Considere um retângulo com base de medida 6 cm e altura de medida 2 cm.

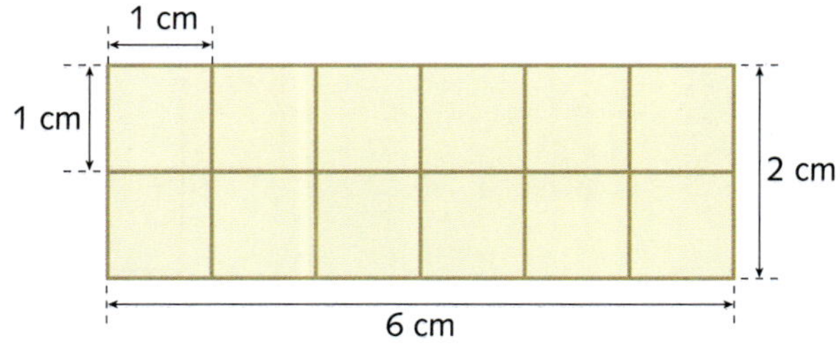

LUIZ RUBIO

Tomando como unidade de área um quadradinho com lado de 1 cm de comprimento, cuja área corresponde a 1 cm^2, podemos observar que nesse retângulo cabem exatamente 12 quadradinhos. Assim, verificamos que a área desse retângulo é igual a 12 cm^2.

A área desse retângulo também pode ser obtida da seguinte maneira:

$A = 6\text{ cm} \cdot 2\text{ cm} = 12\text{ cm}^2$

Portanto, para um retângulo com base de medida *b* e altura de medida *h*, podemos escrever:

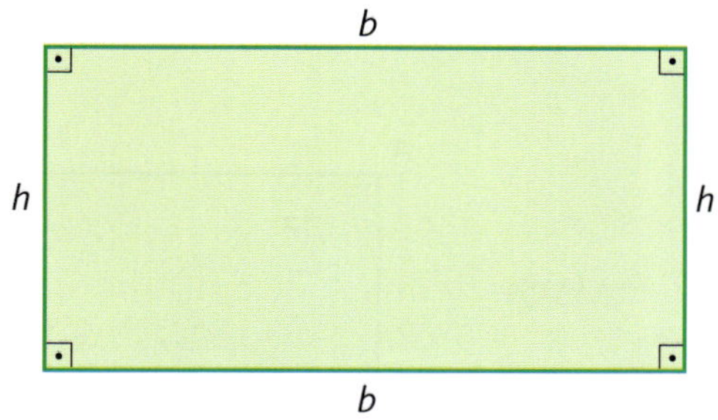

$$A_{\text{retângulo}} = b \cdot h$$

b → medida do comprimento ou da base

h → medida da largura ou da altura

Área do quadrado

O quadrado é um caso particular de retângulo cujos lados são congruentes.

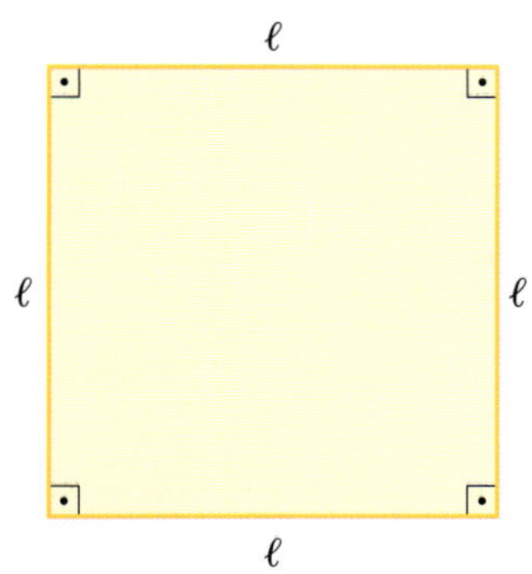

ℓ → medida do lado

Então, podemos representar a área de um quadrado com lado de medida ℓ assim:

$$A_{\text{quadrado}} = \ell \cdot \ell = \ell^2$$

Área do paralelogramo

Considere o paralelogramo *ABCD* abaixo, de base $\overline{DC}$ e altura $\overline{AH}$ relativa à base $\overline{DC}$.

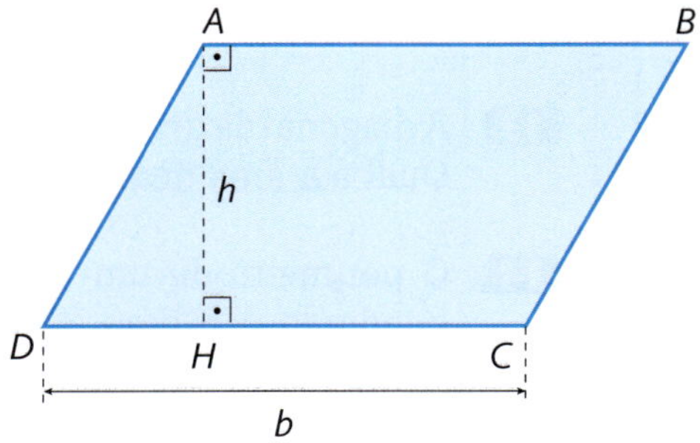

b → medida da base

h → medida da altura relativa à base

ILUSTRAÇÕES: GUILHERME CASAGRANDI

O paralelogramo *ABCD* pode ser decomposto em dois polígonos, que identificaremos por (I) e (II). Com os polígonos (I) e (II), podemos compor o retângulo *ABH'H*, conforme figura abaixo.

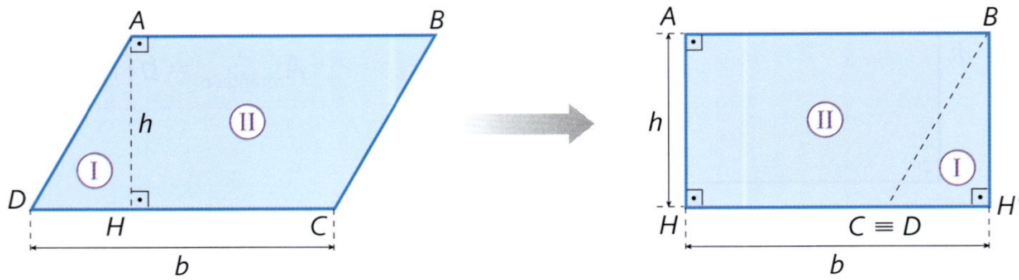

Observe que o paralelogramo *ABCD* e o retângulo *ABH'H* são figuras equivalentes.

A área de um paralelogramo com base de medida *b* e altura relativa a essa base de medida *h* é igual à área de um retângulo com base de medida *b* e altura de medida *h*.

Portanto, para um paralelogramo com base de medida *b* e altura relativa a essa base, de medida *h*, podemos escrever:

$$A_{\text{paralelogramo}} = b \cdot h$$

EXERCÍCIOS

4 Determine a área de um retângulo cujas medidas são: 25 cm de comprimento e 12 cm de largura.

5 Um retângulo tem 3 600 mm^2 de área e 90 mm de medida de base. Qual é a medida da altura desse triângulo?

6 Determine a área de um retângulo cujo perímetro é 80 cm e cujas medidas têm como razão $\frac{7}{9}$.

7 Um retângulo tem 40 cm de altura e 50 cm como medida da diagonal. Qual é a área desse retângulo em metro quadrado?

8 A área de um retângulo é 30 m^2. Aumentando 1 m de cada lado, a área aumenta 12 m^2. Quais são as medidas desse retângulo?

9 Quantos ladrilhos de medidas 20 cm de largura e 30 cm de comprimento são necessários para revestir um piso de 60 m^2?

10 A área de um retângulo é 45 cm^2. Seu comprimento excede a largura em 4 cm. Quais são as medidas dos lados desse retângulo?

11 Qual é área de um quadrado que tem 22 cm de lado?

12 Um terreno de forma quadrada tem 1600 m^2. Qual é a medida de seu lado?

13 A diagonal de um quadrado mede $10\sqrt{2}$ cm. Qual é a área desse quadrado?

14 O perímetro de um terreno com formato quadrado é 6 dam. Qual é a área desse terreno, em metro quadrado?

15 Calcule a área das figuras abaixo, em centímetro quadrado.

a) 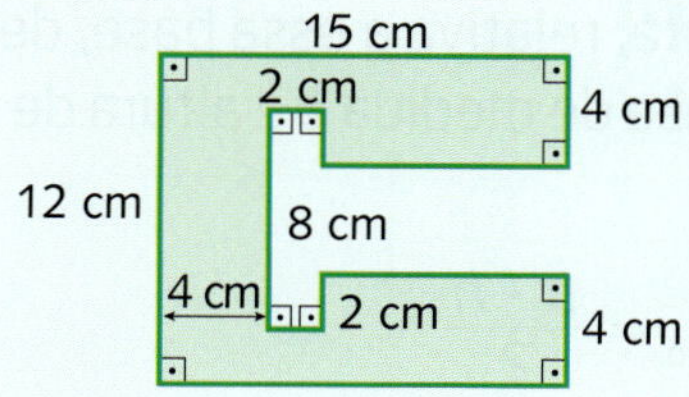

b) 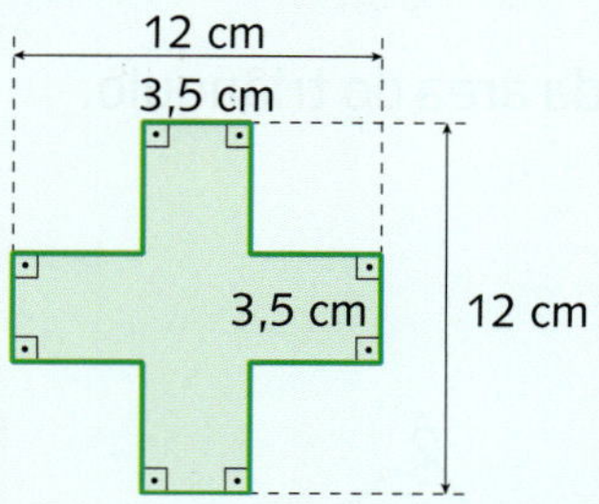

16 Qual é a razão entre a área de um quadrado de lado de medida ℓ e a de outro de lado de medida 3ℓ?

17 O piso de uma sala tem 12 m de largura e 8 m de comprimento. Quantas lajotas quadradas de 40 cm de lado serão utilizadas para revestir esse piso?

18 Determine a medida do lado de um quadrado equivalente a um retângulo de 16 m de comprimento e 9 m de largura.

19 Determine a área de um paralelogramo cuja base mede 20 cm e cuja altura mede 15 cm.

20 Calcule a área das figuras abaixo, em milímetro quadrado.

a) 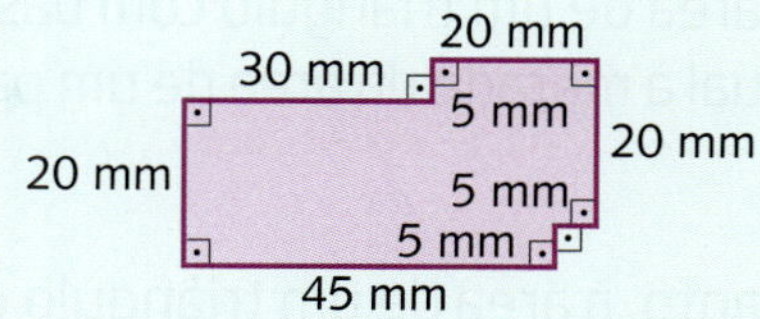

b) 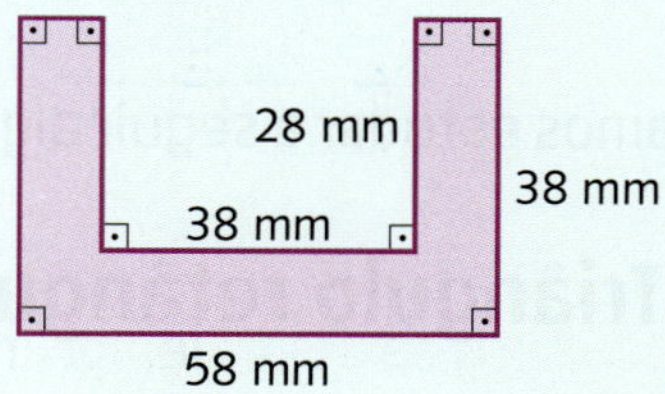

21 Determine a área do paralelogramo a seguir, em milímetro quadrado.

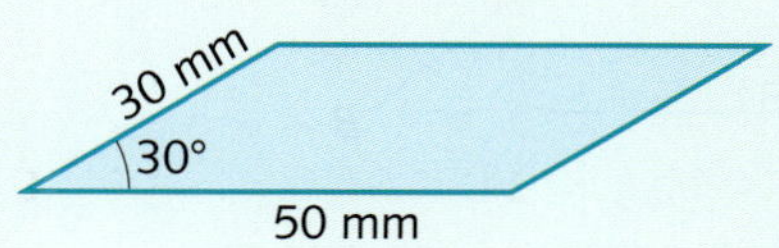

22 Dois lados consecutivos de um paralelogramo formam um ângulo de 45° e medem $7\sqrt{2}$ m e 10 m. Calcule a área desse paralelogramo.

23 Em um paralelogramo, a altura relativa à base $\overline{AB}$ mede $\frac{4}{5}$ da medida da base. A soma dessas medidas é 27 cm. Qual é a área do paralelogramo?

3 Área do triângulo

Considere os triângulos congruentes *ABD* e *CDB*, com base de medida *b* e altura relativa à base de medida *h*.

Observe que, justapondo esses dois triângulos, eles formam o paralelogramo *ABCD*, como mostra a figura abaixo.

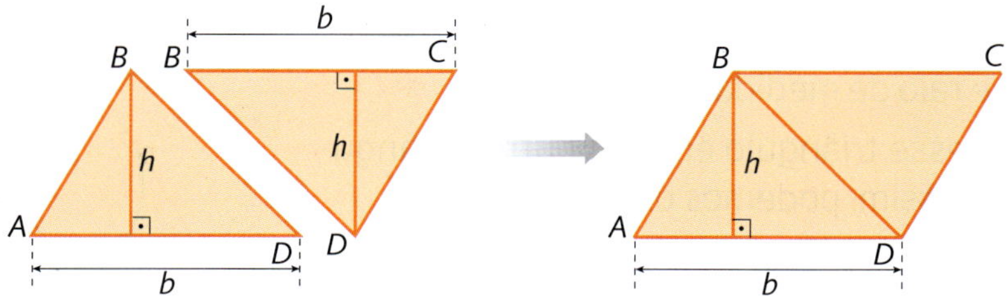

ILUSTRAÇÕES: GUILHERME CASAGRANDI

Como os dois triângulos são congruentes, podemos afirmar que a área do triângulo é igual à metade da área do paralelogramo.

> A área de um triângulo com base de medida b e altura, relativa a essa base, de medida h é igual à metade da área de um paralelogramo com base de medida b e altura de medida h.

Portanto, a área de um triângulo é dada por: $A_{\text{triângulo}} = \dfrac{b \cdot h}{2}$

Vamos estudar a seguir alguns casos particulares da área do triângulo.

Triângulo retângulo

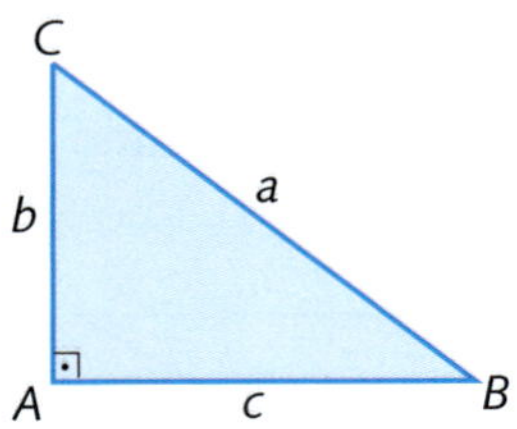

$$A_{\text{triângulo}} = \frac{b \cdot c}{2}$$

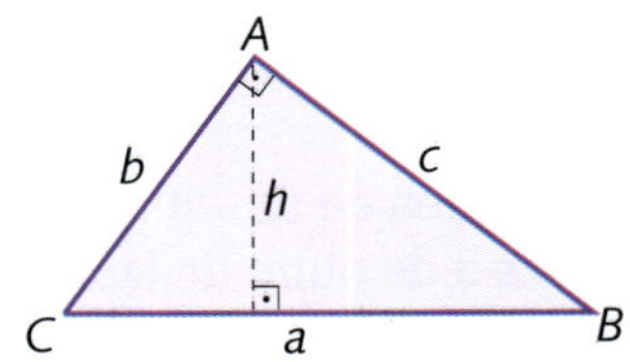

$$A_{\text{triângulo}} = \frac{a \cdot h}{2}$$

Triângulo equilátero

Para calcular a área de um triângulo equilátero com lado de medida ℓ, vamos primeiro determinar a medida h da altura $\overline{CM}$. Como o $\triangle CMB$ é retângulo, temos:

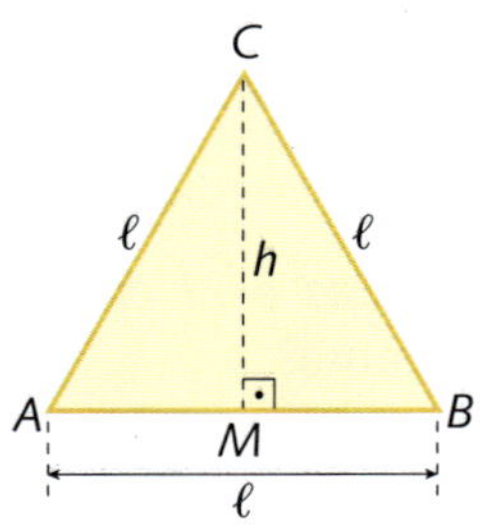

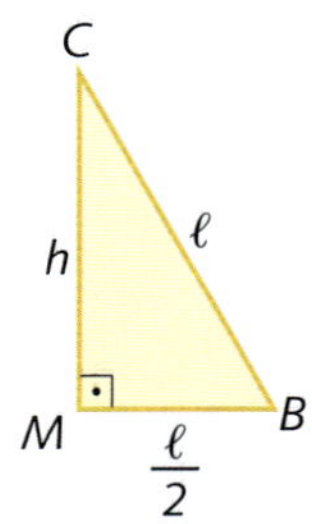

$$\ell^2 = h^2 + \left(\frac{\ell}{2}\right)^2$$

$$\ell^2 - \frac{\ell^2}{4} = h^2$$

$$h^2 = \frac{3\ell^2}{4} \Rightarrow \boxed{h = \frac{\ell\sqrt{3}}{2}}$$

Então: $A_{\text{triângulo}} = \dfrac{b \cdot h}{2} = \dfrac{\ell \cdot \dfrac{\ell \cdot \sqrt{3}}{2}}{2} = \dfrac{\ell^2\sqrt{3}}{4}$

$$A_{\substack{\text{triângulo}\\ \text{equilátero}}} = \frac{\ell^2\sqrt{3}}{4}$$

Triângulo circunscrito e inscrito em uma circunferência

Circunscrito

Considere um triângulo ABC circunscrito a uma circunferência de centro O e raio de medida r.

Vamos decompor esse triângulo em três outros triângulos: BOC, AOC e AOB. Assim, podemos escrever:

$$A_{\text{triângulo } ABC} = A_{\text{triângulo } BOC} + A_{\text{triângulo } AOC} + A_{\text{triângulo } AOB}$$

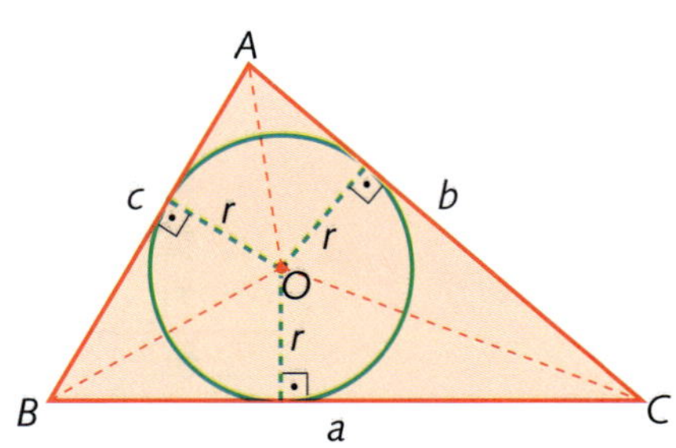

ILUSTRAÇÕES: GUILHERME CASAGRANDI

Observe que os triângulos *BOC*, *AOC* e *AOB* têm altura de medida igual à medida (r) do raio da circunferência e que essa altura é relativa às bases de medidas a, b e c, respectivamente. Assim, temos:

$$A_{\text{triângulo } ABC} = \frac{a \cdot r}{2} + \frac{b \cdot r}{2} + \frac{c \cdot r}{2}$$

$$A_{\text{triângulo } ABC} = \left(\frac{a + b + c}{2}\right) \cdot r$$

Note que $\frac{a + b + c}{2}$ corresponde à metade do perímetro do triângulo *ABC*, ou seja, ao semiperímetro (p) do triângulo *ABC*.

Desse modo, podemos concluir que a área de um triângulo circunscrito a uma circunferência com raio de medida r pode ser calculada por:

$$A_{\text{triângulo}} = p \cdot r$$

em que p é o semiperímetro do triângulo.

Inscrito

Considere, agora, um triângulo *ABC* inscrito em uma circunferência de centro *O* e raio de medida *R*.

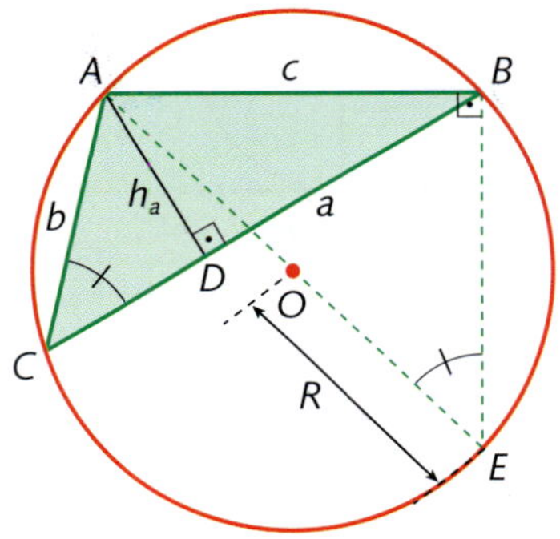

A área desse triângulo é:

$$A_{\text{triângulo } ABC} = \frac{1}{2} \cdot a \cdot h_a$$

Para determinar a medida h_a da altura relativa à base $\overline{BC}$, construímos o $\triangle ABE$ com $AE = 2R$.

$\triangle ADC \sim \triangle ABE$, pelo caso AA:

$A\widehat{D}C \cong A\widehat{B}E$ ⟶ ângulos retos

$A\widehat{C}D \cong A\widehat{E}B$ ⟶ $\text{med}(A\widehat{C}D) = \text{med}(A\widehat{E}B) = \text{med}\left(\frac{\overset{\frown}{AB}}{2}\right)$

Assim:

$$\frac{h_a}{c} = \frac{b}{2R} \Rightarrow h_a = \frac{b \cdot c}{2R}$$

Logo:

$$A_{\text{triângulo } ABC} = \frac{1}{2} \cdot a \cdot \frac{b \cdot c}{2R}$$

$$A_{\text{triângulo } ABC} = \frac{a \cdot b \cdot c}{4R}$$

A área de um triângulo inscrito em uma circunferência com raio de medida *R* é dada por:

$$A_{\text{triângulo}} = \frac{a \cdot b \cdot c}{4R}$$

em que a, b e c são as medidas dos lados do triângulo.

Exemplos

- Determinar a área de um triângulo retângulo cujos catetos medem 8 m e 10 m.

Solução

$A_{\text{triângulo}} = \dfrac{b \cdot c}{2} = \dfrac{8 \cdot 10}{2} = 40$

Portanto: $A_{\text{triângulo}} = 40\ \text{m}^2$

- Determinar a área de um triângulo equilátero cujo lado mede 6 m.

Solução

$A_{\text{triângulo}} = \dfrac{\ell^2\sqrt{3}}{4} = \dfrac{(6)^2\sqrt{3}}{4} = \dfrac{36\sqrt{3}}{4} = 9\sqrt{3}$

Portanto: $A_{\text{triângulo}} = 9\sqrt{3}\ \text{m}^2$

- Determinar a área do triângulo representado abaixo.

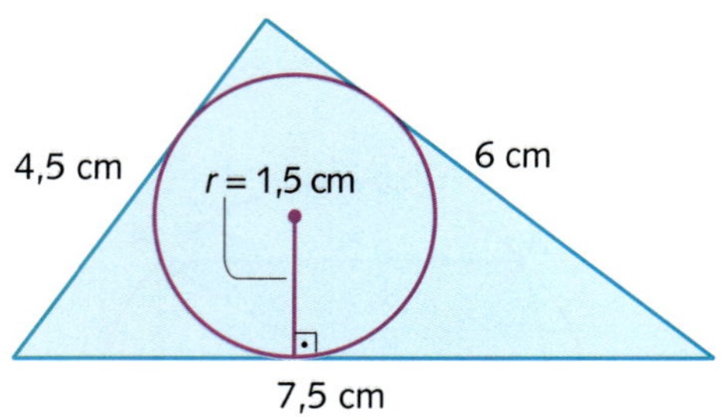

Solução

$A_{\text{triângulo}} = p \cdot r$

Temos:

$p = \dfrac{4{,}5\ \text{cm} + 6\ \text{cm} + 7{,}5\ \text{cm}}{2} = 9\ \text{cm}$

Então:

$A_{\text{triângulo}} = 9\ \text{cm} \cdot 1{,}5\ \text{cm}$

$A_{\text{triângulo}} = 13{,}5\ \text{cm}^2$

- Calcular a medida do raio da circunferência circunscrita a um triângulo isósceles cuja base mede 6 cm, e os outros lados, 5 cm.

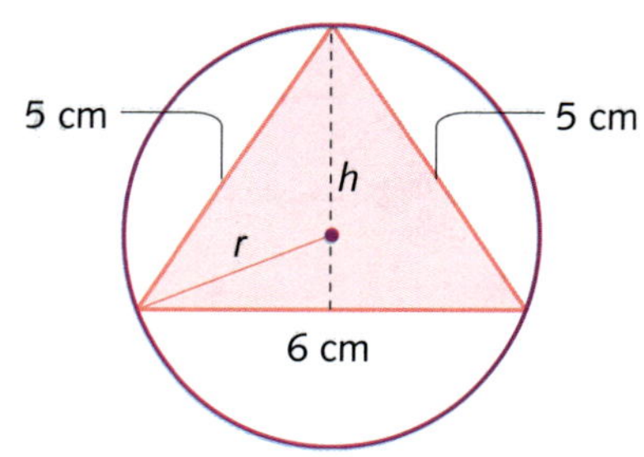

Solução

Usando a fórmula de um triângulo inscrito em uma circunferência, temos:

$$A_{\text{triângulo}} = \frac{abc}{4r}$$

Como os lados do triângulo medem 6 cm, 5 cm e 5 cm, temos:

$$A_{\text{triângulo}} = \frac{6 \cdot 5 \cdot 5}{4r}$$

Para descobrir a medida do raio da circunferência utilizando a relação acima, precisamos descobrir o valor da área do triângulo.

Usamos, então, a fórmula de Herão, que vamos demonstrar a seguir.

Fórmula de Herão

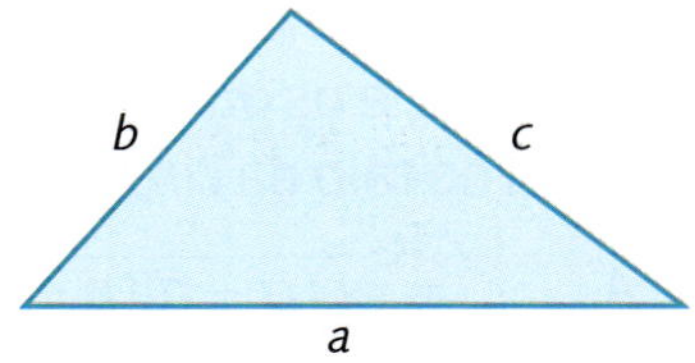

A fórmula de Herão (matemático que viveu na segunda metade do século I d.C.) determina a área de um triângulo conhecendo-se apenas as medidas de seus lados. Observe:

$$A_{\text{triângulo}} = \sqrt{p \cdot (p-a) \cdot (p-b) \cdot (p-c)} \qquad \text{sendo: } p = \frac{a+b+c}{2}$$

Demonstração

Sendo b a medida da base do triângulo e h a medida de sua altura, temos que a área do triângulo é:

$$A_{\text{triângulo}} = \frac{b \cdot h}{2}$$

Para obter a área do triângulo conhecendo apenas as medidas de seus lados, precisamos encontrar uma relação entre a medida da altura (h) e as medidas dos lados.

Aplicando a lei dos cossenos no triângulo ABC, temos:

$$c^2 = a^2 + b^2 - 2ab \cdot \cos \widehat{C}$$

$$c^2 = a^2 + b^2 - 2ab \cdot \frac{\sqrt{a^2 - h^2}}{a}$$

$$c^2 = a^2 + b^2 - 2b \cdot \sqrt{a^2 - h^2}$$

$$\sqrt{a^2 - h^2} = \frac{a^2 + b^2 - c^2}{2b}$$

$$a^2 - h^2 = \left(\frac{a^2 + b^2 - c^2}{2b}\right)^2$$

$$h^2 = a^2 - \left(\frac{a^2 + b^2 - c^2}{2b}\right)^2$$

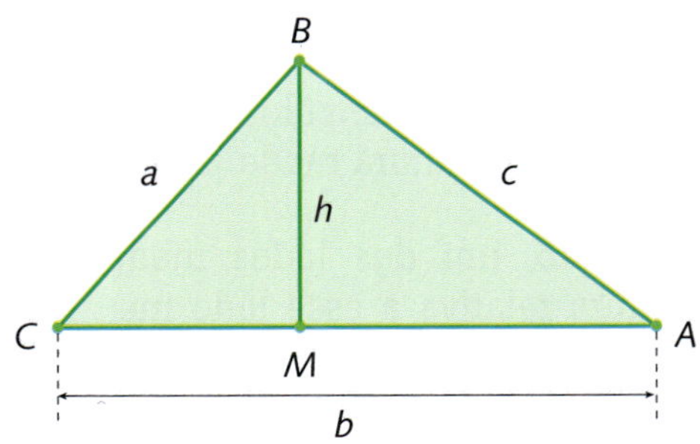

Agora, elevando ao quadrado a equação que representa a área do triângulo e substituindo o valor encontrado de h^2 em função das medidas dos lados do triângulo, temos:

$$A^2_{\text{triângulo}} = \frac{b^2 \cdot h^2}{4} = \frac{b^2 \cdot \left[a^2 - \left(\frac{a^2 + b^2 - c^2}{2b}\right)^2\right]}{4} = \frac{b^2}{4} \cdot \left[a^2 - \frac{(a^2 + b^2 - c^2)^2}{4b^2}\right] =$$

$$= \frac{a^2b^2}{4} - \frac{(a^2 + b^2 - c^2)^2}{16} = \frac{4a^2b^2 - (a^2 + b^2 - c^2)^2}{16} = \frac{(2ab)^2 - (a^2 + b^2 - c^2)^2}{16} =$$

$$= \frac{[(2ab) + (a^2 + b^2 - c^2)] \cdot [(2ab) - (a^2 + b^2 - c^2)]}{16} =$$

$$= \frac{[(a+b)^2 - c^2] \cdot [c^2 - (a-b)^2]}{16} =$$

$$= \frac{(a+b-c) \cdot (a+b+c) \cdot (c+a-b) \cdot (c-a+b)}{16} =$$

$$= \frac{(a+b-c)}{2} \cdot \frac{(a+b+c)}{2} \cdot \frac{(c+a-b)}{2} \cdot \frac{(c-a+b)}{2} =$$

$$= (p-c) \cdot p \cdot (p-b) \cdot (p-a) = p \cdot (p-a) \cdot (p-b) \cdot (p-c)$$

Logo, como $A^2_{\text{triângulo}} = p \cdot (p-a) \cdot (p-b) \cdot (p-c)$, temos:

$$A_{\text{triângulo}} = \sqrt{p \cdot (p-a) \cdot (p-b) \cdot (p-c)}$$

ILUSTRAÇÕES: ADILSON SECCO

Assim, voltando ao exemplo da circunferência circunscrita a um triângulo isósceles, cuja base mede 6 cm, e os outros lados, 5 cm, podemos calcular a área do triângulo, encontrando, assim, a medida do raio da circunferência. Observe:

$$A_{\text{triângulo}} = \sqrt{p(p-a)(p-b)(p-c)} = \sqrt{8(8-5)(8-5)(8-6)} = \sqrt{8 \cdot 3 \cdot 3 \cdot 2} = \sqrt{144} = 12$$

Então, $A_{\text{triângulo}} = 12 \text{ cm}^2$.

Substituindo na relação da área do triângulo com a medida do raio da circunferência, obtemos:

$$A_{\text{triângulo}} = \frac{6 \cdot 5 \cdot 5}{4r}$$

$$12 = \frac{6 \cdot 5 \cdot 5}{4r}$$

$$48r = 150$$

$$r = 3{,}125$$

Portanto, o raio da circunferência circunscrita a esse triângulo isósceles mede 3,125 cm.

EXERCÍCIOS

24 Determine a área de um triângulo cuja base mede 25 cm e cuja altura mede 12 cm.

25 Em um triângulo, um dos lados mede 14 cm e a altura relativa a esse lado mede 7 cm. Calcule a área desse triângulo.

26 Calcule a área de um triângulo equilátero cujo lado mede $\sqrt{3}$ m.

27 Determine a área de um triângulo retângulo cujos catetos medem $7\sqrt{2}$ m e $4\sqrt{2}$ m.

28 Calcule a área de um triângulo isósceles cujos lados medem 8 m, 5 m e 5 m.

29 Calcule a área de um triângulo cujos lados medem 5 cm, 12 cm e 9 cm.

30 Um triângulo equilátero tem 6 cm de medida de lado. Quanto aumentará sua área se aumentarmos 1 cm na medida de cada um de seus lados?

31 O perímetro de um triângulo equilátero é igual a 30 cm. Qual é a área desse triângulo?

32 A altura de um triângulo equilátero T tem medida igual à medida do lado de um triângulo equilátero V. Sabendo que a área de V é 10 m², responda: qual é a área de T?

33 O perímetro de um triângulo retângulo isósceles é $2p$. Qual a área desse triângulo?

34 Determine a área do triângulo, sabendo que $a = 40$ cm, $b = 25$ cm e $c = 35$ cm.

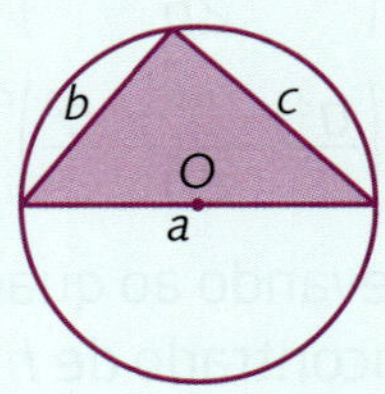

35 Determine a medida do raio de um círculo inscrito em um triângulo isósceles cujos lados medem 10 cm, 10 cm e 12 cm.

36 Na figura, temos uma circunferência de raio de medida 2 cm, inscrita em um triângulo ABC, retângulo em C. A circunferência tangencia a hipotenusa $\overline{AB}$ no ponto P e o cateto $\overline{BC}$ no ponto E. Se $\overline{AP}$ mede 6 cm e $\overline{BE}$ mede 4 cm, determine, em centímetro quadrado, a área do triângulo ABC.

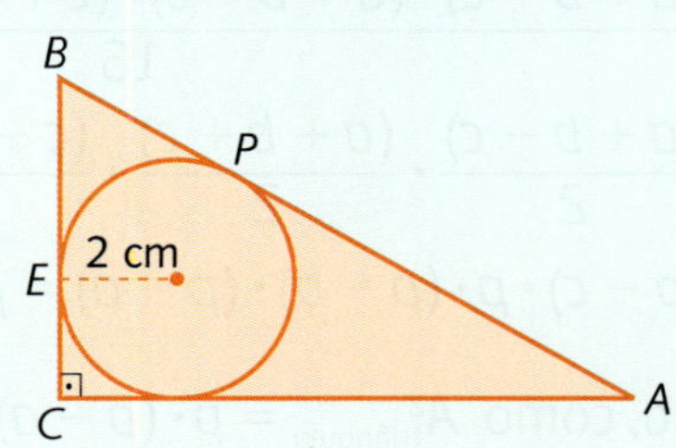

ILUSTRAÇÕES: ADILSON SECCO

4 Área do trapézio e do losango

Área do trapézio

Considere os trapézios congruentes *CDEF* e *FGHC* de medidas de bases *B* e *b* e altura *h*.

Com esses dois trapézios, podemos compor um paralelogramo, como mostra a figura abaixo.

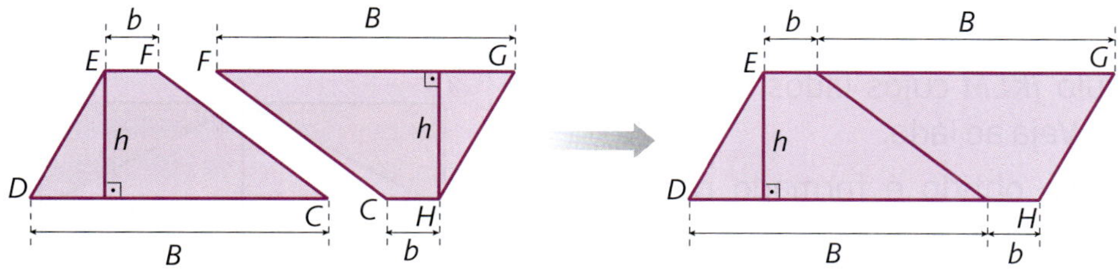

B → medida da base maior

b → medida da base menor

h → medida da altura

Observe que os dois trapézios congruentes formaram o paralelogramo *EGHD* com base de medida $(B + b)$ e altura, relativa a essa base, de medida *h*. Portanto, a área de cada um desses trapézios é igual à metade da área do paralelogramo *EGHD*.

A área de um trapézio com bases de medida *B* e *b* e altura de medida *h* é igual à metade da área de um paralelogramo com base de medida $(B + b)$ e altura, relativa a essa base, de medida *h*.

Portanto, a área de um trapézio é dada por:

$$A_{\text{trapézio}} = \frac{(B + b) \cdot h}{2}$$

EXERCÍCIOS

37 Determine a área dos trapézios, em centímetro quadrado.

a)

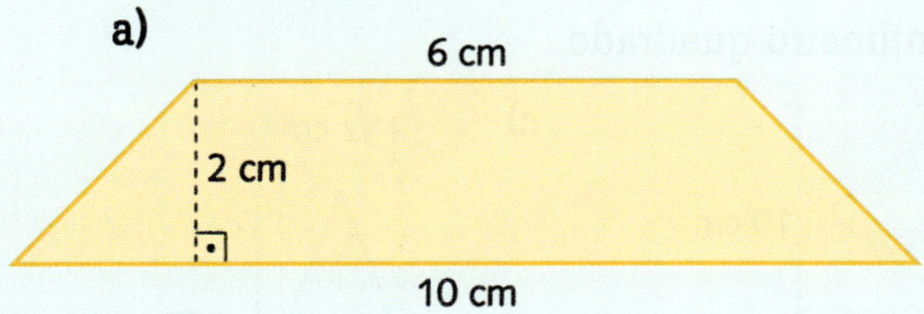

b)

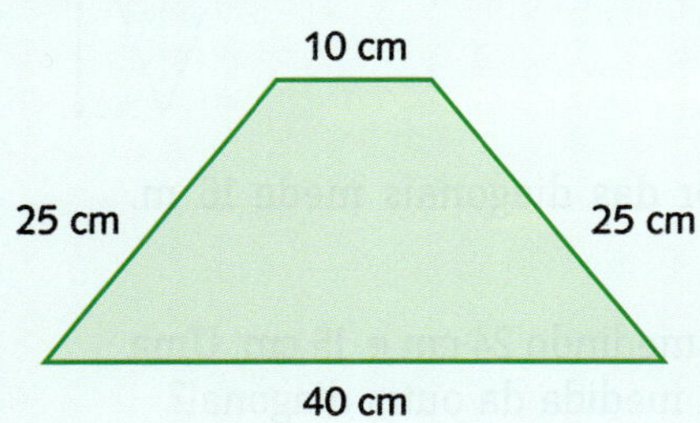

38 Calcule a área de um trapézio isósceles cujas bases medem 4 cm e 7 cm e cujos lados não paralelos medem 2,5 cm cada um.

39 Calcule a área das figuras, em centímetro quadrado.

a)

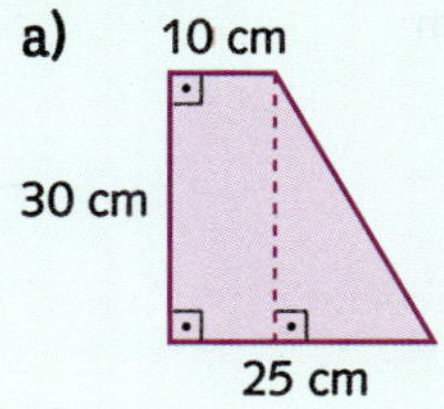

b)

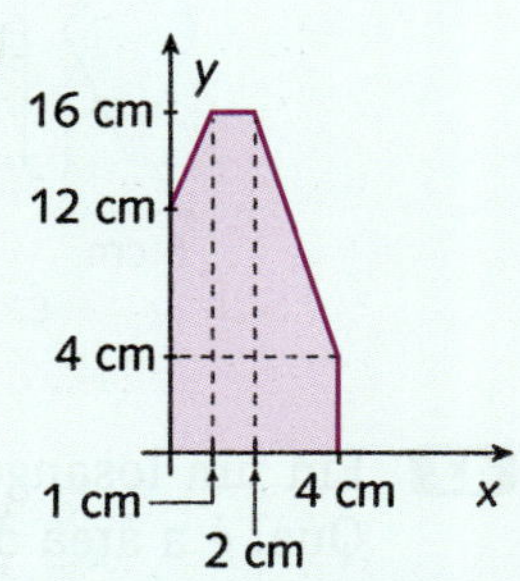

40 Calcule a área de um trapézio retângulo cujas bases medem 10 m e 13 m, e o lado não perpendicular às bases mede 5 m.

ILUSTRAÇÕES: GUILHERME CASAGRANDI

Área do losango

Considere o losango *EFGH* de diagonais com medidas *D* e *d*:

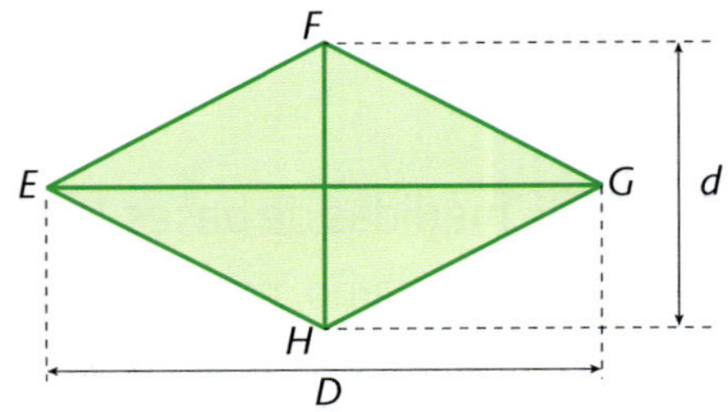

D → medida da diagonal maior

d → medida da diagonal menor

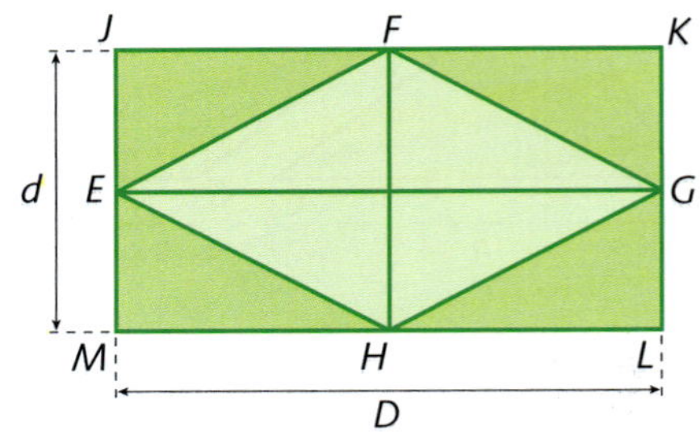

Construímos o retângulo *JKLM* cujos lados contêm os vértices do losango *EFGH*. Veja ao lado.

Observe que o retângulo obtido é formado por oito triângulos congruentes, sendo que quatro deles formam o losango.

Assim, a área do losango *EFGH* corresponde à metade da área do retângulo *JKLM*.

> A área de um losango com diagonais de medidas *D* e *d* é igual à metade da área de um retângulo com base de medida *D* e altura de medida *d*.

Portanto, a área de um losango é dada por:

$$A_{\text{losango}} = \frac{D \cdot d}{2}$$

EXERCÍCIOS

41 Uma pipa em forma de losango é formada por duas varetas de 42 cm e 30 cm. Qual é a área dessa pipa?

42 Determine a área dos losangos abaixo, em centímetro quadrado.

a)

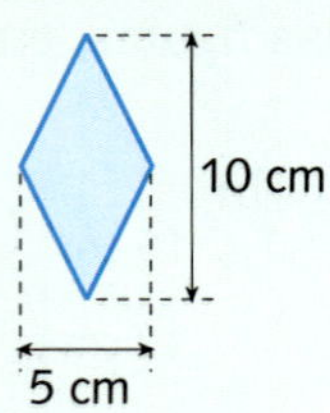

b)

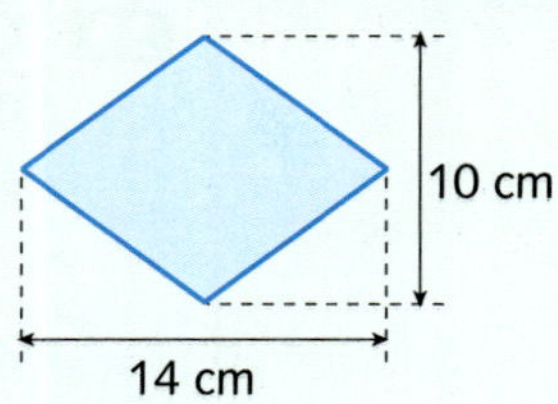

c)

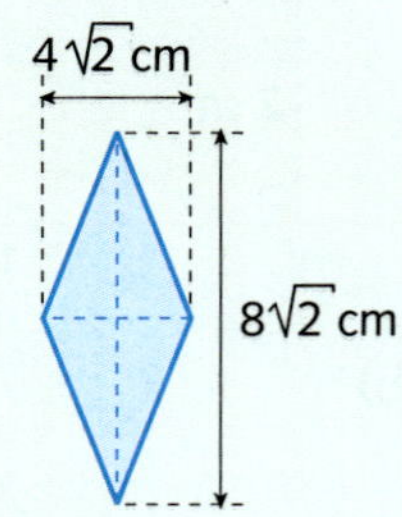

43 Em um losango, os lados medem 10 m. A maior das diagonais mede 16 m. Qual é a área do losango?

44 Um losango é equivalente a um retângulo de lados medindo 24 cm e 15 cm. Uma das diagonais desse losango mede 18 cm. Qual é a medida da outra diagonal?

ILUSTRAÇÕES: GUILHERME CASAGRANDI

45 Calcule a área da parte pintada de laranja-escuro de cada figura.

a)

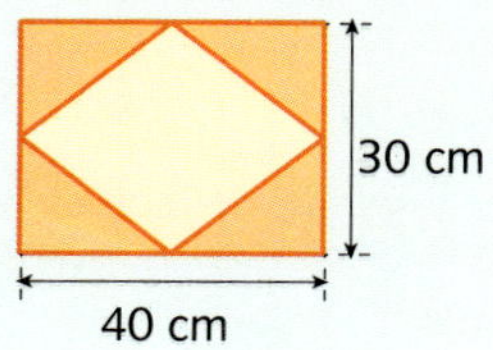

b)

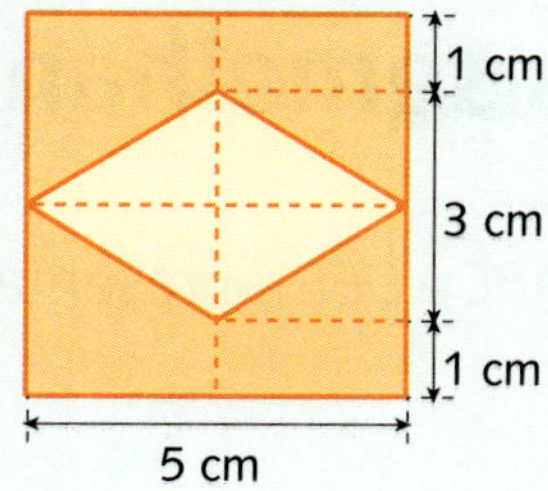

46 As diagonais de um losango medem, juntas, 30 cm, e a medida de uma delas é o dobro da medida da outra. Qual é a área desse losango?

5 Área de um polígono regular

Considere o hexágono regular *ABCDEF* representado a seguir.

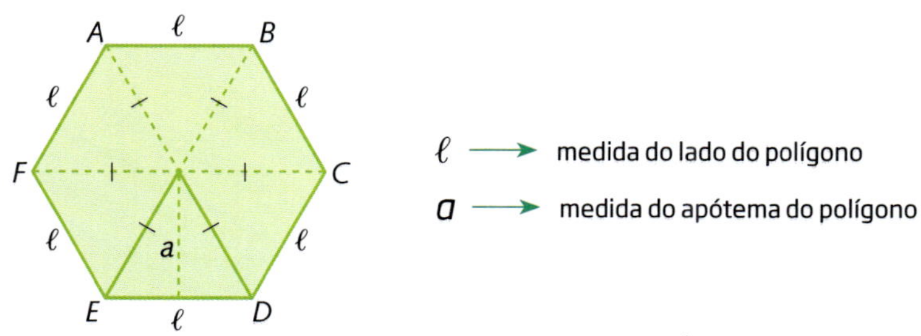

Observe que esse hexágono pode ser decomposto em 6 triângulos congruentes.

Assim, a área do hexágono pode ser indicada por:

$$A_{\text{hexágono}} = 6 \cdot \frac{b \cdot h}{2}$$

A medida da base de cada triângulo é igual à medida do lado do hexágono, e a medida da altura de cada triângulo é igual à medida do apótema do hexágono; então:

$$A_{\text{hexágono}} = 6 \cdot \frac{\ell \cdot a}{2} = \underline{3 \cdot \ell} \cdot a$$

semiperímetro do polígono

Generalizando, para um polígono de *n* lados, temos:

$$A_{\text{polígono}} = n \cdot \frac{\ell \cdot a}{2} = \frac{n \cdot \ell}{2} \cdot a$$

Observe que $\frac{n \cdot \ell}{2}$ é o **semiperímetro** (p) do polígono. Assim:

$$A_{\text{polígono}} = p \cdot a$$

6 Razão entre as áreas de dois polígonos semelhantes

Considere os triângulos *ABC* e *DEF* representados abaixo.

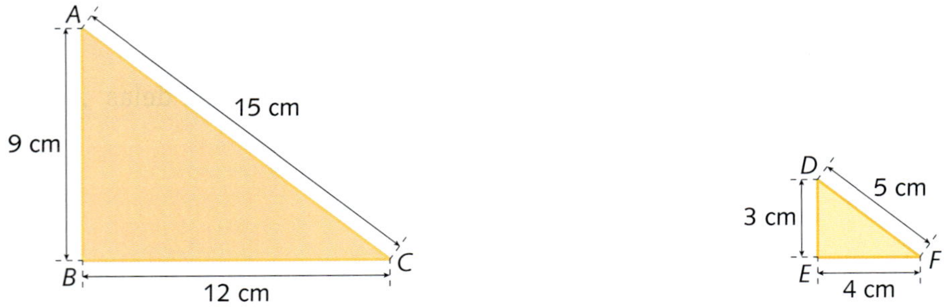

Os triângulos são semelhantes: $\triangle ABC \sim \triangle DEF$

Calculando a razão de semelhança dos triângulos, temos:

$$\left.\begin{array}{l}\frac{AB}{DE} = \frac{9}{3} = 3 \\ \frac{BC}{EF} = \frac{12}{4} = 3 \\ \frac{AC}{DF} = \frac{15}{5} = 3\end{array}\right| \quad \frac{AB}{DE} = \frac{BC}{EF} = \frac{AC}{DF} = 3$$

Agora, calculando a área de cada triângulo, temos:

$$A_{\text{triângulo } ABC} = \frac{12 \text{ cm} \cdot 9 \text{ cm}}{2} = 54 \text{ cm}^2$$

$$A_{\text{triângulo } DEF} = \frac{4 \text{ cm} \cdot 3 \text{ cm}}{2} = 6 \text{ cm}^2$$

Calculando a razão entre as áreas dos triângulos, obtemos: $\frac{A_{\text{triângulo } ABC}}{A_{\text{triângulo } DEF}} = \frac{54 \text{ cm}^2}{6 \text{ cm}^2} = 9$

Observe que a razão entre as áreas é o quadrado da razão de semelhança:

$$\left.\begin{array}{l}\frac{AB}{DE} = \frac{BC}{EF} = \frac{AC}{DF} = 3 \\ \frac{A_{\text{triângulo } ABC}}{A_{\text{triângulo } DEF}} = 9\end{array}\right| \quad \frac{A_{\text{triângulo } ABC}}{A_{\text{triângulo } DEF}} = \left(\frac{AB}{DE}\right)^2 = \left(\frac{BC}{EF}\right)^2 = \left(\frac{AC}{DF}\right)^2$$

Assim:

A razão entre as áreas de dois polígonos é igual ao quadrado da razão de semelhança.

Exemplo

A medida do lado de um quadrado foi aumentada em 50%. Quanto por cento a área do novo quadrado é superior à original?

Solução

$$\frac{A'}{A} = \left(\frac{O'P'}{OP}\right)^2$$

$$\frac{A'}{A} = \left(\frac{1{,}5\ell}{\ell}\right)^2 = \frac{2{,}25\cancel{\ell^2}}{\cancel{\ell^2}} = 2{,}25$$

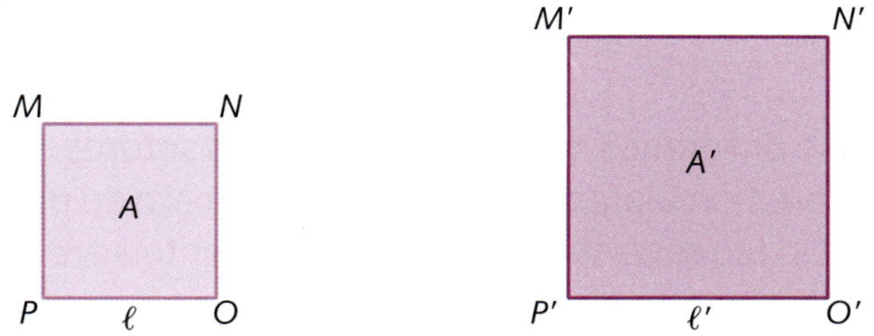

$\ell' = \ell + 50\%\ell = 1{,}5\ell$

Lembrando que:

$$2{,}25 = \frac{225}{100} = \frac{100}{100} + \frac{125}{100}$$

Logo, a área do novo quadrado é 125% maior que a área do quadrado de origem.

EXERCÍCIOS

47 Calcule a área de um quadrado inscrito em uma circunferência cujo raio mede 4 m.

48 Calcule a área de um hexágono regular inscrito em uma circunferência cujo raio mede $2\sqrt{6}$ cm.

49 Calcule a área dos polígonos regulares, em centímetro quadrado.

a)

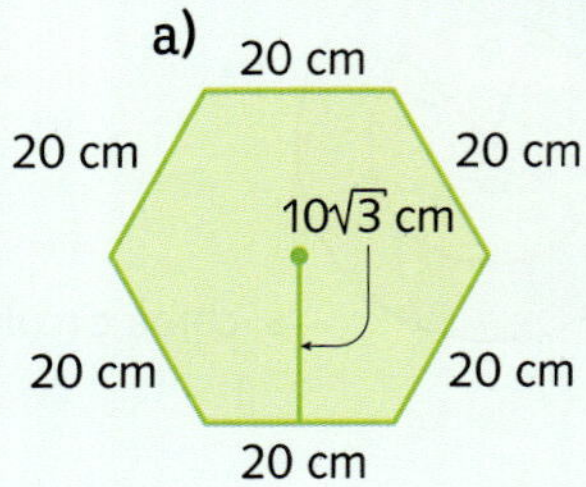

b)

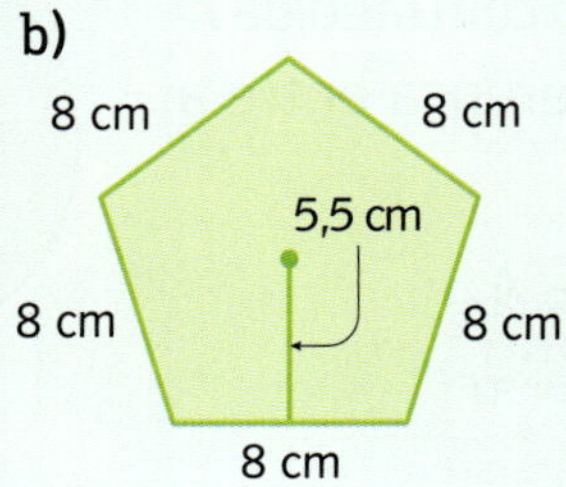

50 Calcule a área aproximada do triângulo equilátero inscrito em uma circunferência de raio medindo 24 cm.
(Considere $\sqrt{3} \simeq 1{,}73$.)

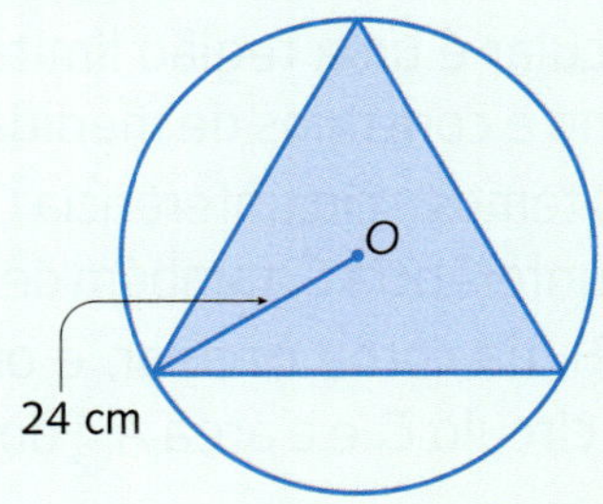

51 Determine, em função da medida do raio, a área de um triângulo equilátero inscrito em uma circunferência de raio *r*.

7 Área do círculo

Considere o círculo de centro *O* e raio de medida *r*. Podemos dividir esse círculo em 18 setores circulares congruentes.

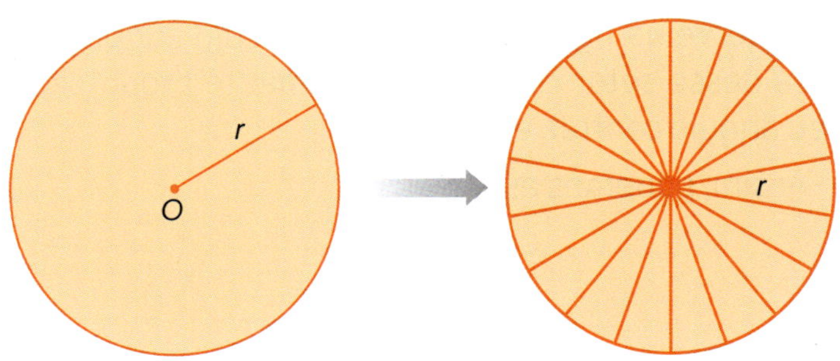

ILUSTRAÇÕES: GUILHERME CASAGRANDI

Podemos reagrupar esses setores em uma figura que lembre um paralelogramo com altura de medida *h*, que é aproximadamente igual a *r*, e base *b* de medida aproximadamente igual a $\frac{C}{2}$, em que *C* é a medida do comprimento da circunferência.

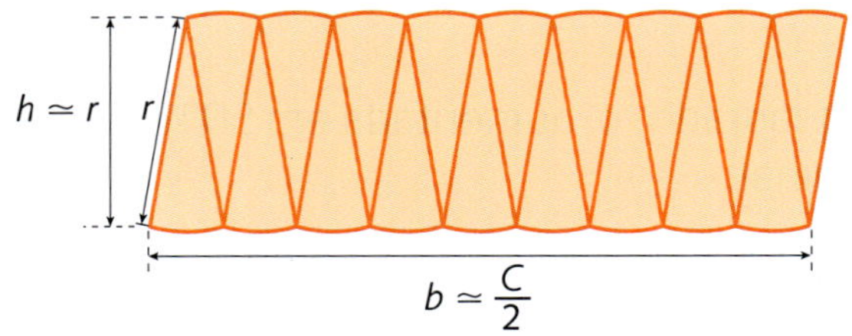

Ao dividirmos qualquer círculo em n setores, sendo n um número muito grande, cada um dos setores circulares se aproxima do formato de um triângulo. Nesse caso, verificamos que a área do círculo corresponde aproximadamente à área do paralelogramo formado pelos n triângulos.

Como a medida da base do paralelogramo é aproximadamente igual à metade da medida do comprimento da circunferência e a medida de sua altura é aproximadamente igual à medida do raio, podemos escrever:

$$A_{\text{círculo}} \simeq \frac{2\pi r}{2} \cdot r$$

Tomando por base essa ideia, podemos provar que:

$$A_{\text{círculo}} = \pi r^2$$

Área da coroa circular

Coroa circular é uma região limitada por duas circunferências concêntricas, situadas em um mesmo plano e com raios de medidas diferentes.

Na figura, temos a circunferência C_1 de centro O e raio com medida R e a circunferência C_2 também de centro O e raio com medida r.

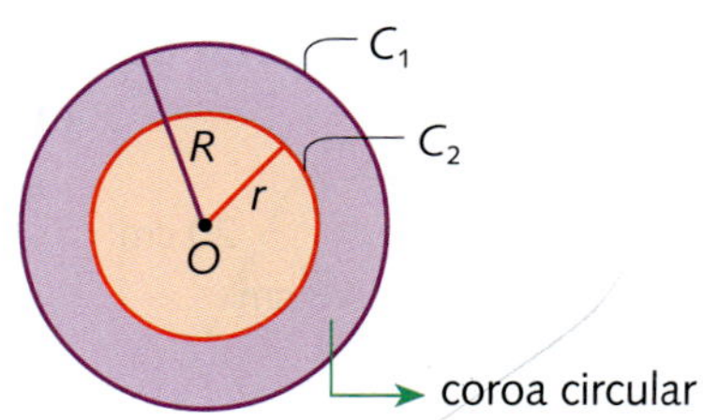

A área (A), da coroa circular, é obtida pela diferença entre a área A_{C_1} do círculo C_1 e a área A_{C_2} do círculo C_2.

Assim:

$$A = A_{C_1} - A_{C_2}$$

$$A = \pi R^2 - \pi r^2$$

$$A = \pi\left(R^2 - r^2\right)$$

Área do setor circular

Observe na figura o setor circular cujo ângulo central mede α. A área desse setor circular é diretamente proporcional à medida de seu ângulo central, em grau.

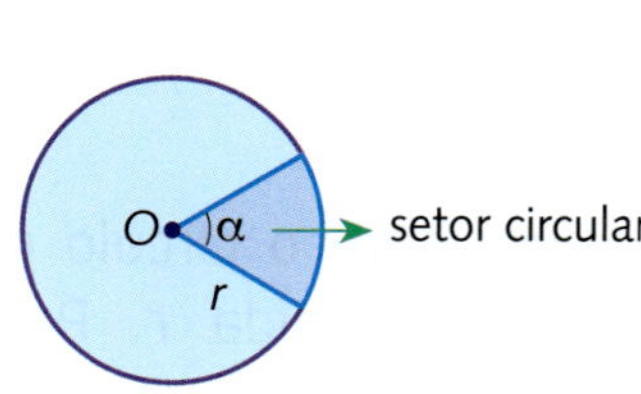

Assim, podemos escrever:

$$\frac{A_{\text{setor}}}{A_{\text{círculo}}} = \frac{\alpha}{360°}$$

Logo, a área de um setor circular de raio de medida r e ângulo central de medida α, em grau, é dada por:

$$A_{\text{setor}} \text{ ——— } \alpha$$
$$\pi r^2 \text{ ——— } 360°$$

$$A_{\text{setor}} = \frac{\alpha}{360°} \cdot \pi r^2$$

LUIZ RUBIO

ILUSTRAÇÕES: GUILHERME CASAGRANDI

Área do segmento circular

$$A_{SC} = A_{setor} - A_{triângulo}$$

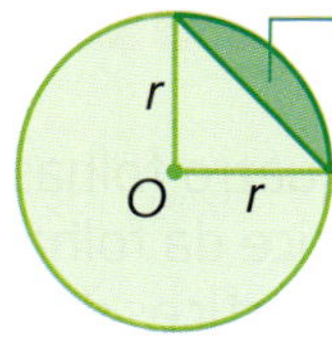

Trabalhando em equipe

Forme dupla com um colega, e, com auxílio de uma fita métrica, façam a planta baixa de uma das salas do colégio onde estudam, na escala 1 : 100.

GRAJA/SHUTTERSTOCK

EXERCÍCIOS

52 Calcule a área de um círculo cujo raio mede 9 m.

53 Calcule a área de um círculo de 25 cm de diâmetro.

54 Calcule a área do círculo cuja circunferência tem medida de comprimento igual a 18π cm.

55 Calcule a medida do raio do círculo cuja área é de 36π m^2.

56 Calcule a área da coroa circular determinada por duas circunferências concêntricas de raios de medida 8 cm e 5 cm.

57 Calcule a área de uma coroa circular delimitada por circunferências de raios de medida 6 cm e 10 cm.

58 Calcule a área do setor circular nos casos a seguir, dadas as medidas α do ângulo central e r do raio.

a) $\alpha = 60°$
$r = 10$ cm

b) $\alpha = 30°$
$r = 6$ m

c) $\alpha = 50°$
$r = 15$ cm

59 Calcule a área de um setor circular de 108° e raio de medida 8 cm.

60 Calcule a área da superfície vermelha em cada uma das figuras.

a)

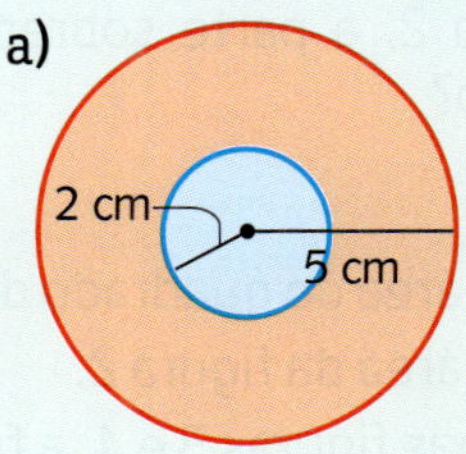

b)

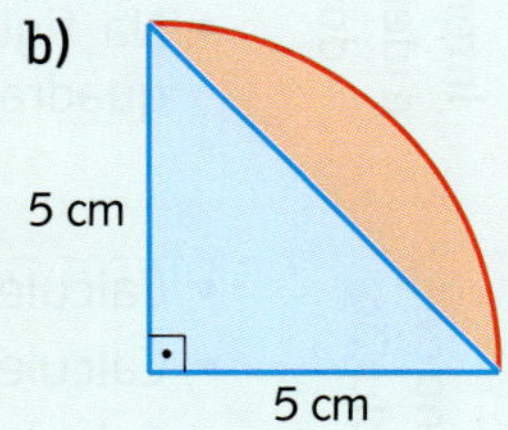

61 Calcule, em centímetro quadrado, a área da superfície verde da figura ao lado. (Considere $\pi = 3{,}14$.)

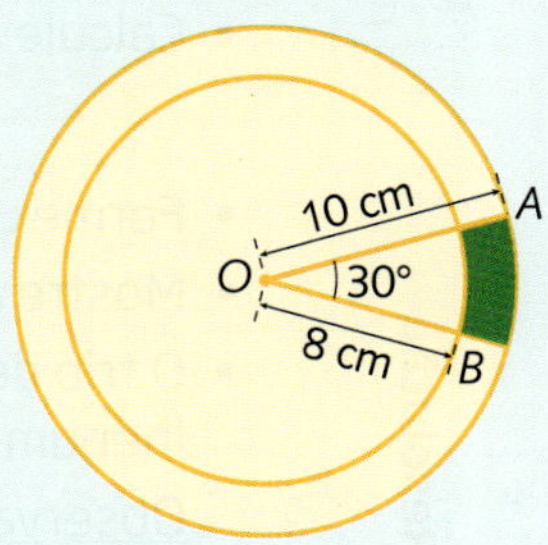

62 Calcule o valor aproximado da área do segmento circular representado em roxo na figura.

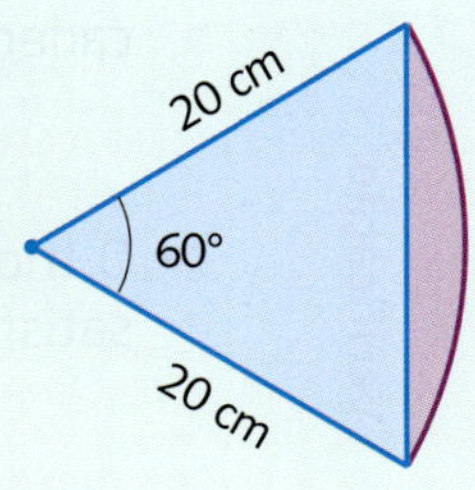

63 Com três pedaços de corda de 30 m de comprimento cada um, Paulo fez um quadrado, um hexágono e um círculo. Qual dessas figuras tem a maior área?

ILUSTRAÇÕES: GUILHERME CASAGRANDI

Trabalhando em equipe

(OBM) Esmeralda tem quatro folhas quadradas iguais, de lado 20 cm. Ela cola uma folha sobre a outra, fazendo um vértice da folha de cima coincidir com o centro da folha de baixo, alinhando horizontalmente quatro vértices dessas folhas, conforme figuras 1 e 2. Ela continua fazendo isto, até colar as quatro folhas, de acordo com as figuras 3 e 4. Qual é a área da figura 4?

fig. 1 fig. 2 fig. 3 fig. 4

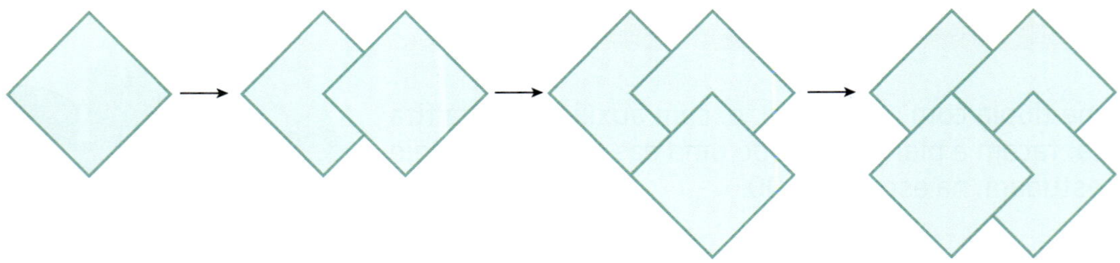

LUIZ RUBIO

a) 1200 cm² **b)** 1300 cm² **c)** 1400 cm² **d)** 1500 cm² **e)** 1600 cm²

Interpretação e identificação dos dados

- Analise as informações do enunciado e anote aquelas que você julgar relevantes para a resolução do problema.
- É possível calcular a área do quadrado da figura 1?
- Na figura 2, a parte sobreposta das folhas corresponde a que fração da área do quadrado?

Plano de resolução

- Calcule a área do quadrado da figura 1.
- Calcule a área da figura 2.
- Calcule, nas figuras 3 e 4, a fração da área do quadrado que está sobreposta.
- Calcule a área das figuras 3 e 4.

Resolução

- Forme um trio com dois colegas.
- Mostre a eles seu plano de resolução e verifique se há ideias comuns entre vocês.
- O trio deverá discutir quais são as diferenças e as semelhanças de cada plano e escolher um dos planos para a execução do processo de resolução.

<u>Observação</u>

Resolvam o problema de forma coletiva, mas façam o registro individual em seus cadernos.

Verificação

- O trio deve reler o problema e verificar se todas as condições do enunciado foram satisfeitas.

Apresentação

- O trio deverá elaborar uma síntese sobre área de figuras planas, contendo fórmulas, exemplos e resolução de problemas. Essa síntese será entregue na forma de um texto. Cada trio deverá, em uma data predeterminada pelo professor, propor para a classe um problema sobre área e discuti-lo em seguida.

Trabalhando os conhecimentos adquiridos

Autoavaliação

1 Qual é a relação entre o metro quadrado e o quilômetro quadrado? E entre o metro quadrado e o centímetro quadrado?

2 Duas figuras que são equivalentes devem ter o mesmo perímetro? Justifique.

3 Escreva um texto explicando como você faria para calcular a área de um:

a) quadrado, conhecendo seu perímetro;

b) retângulo, conhecendo a medida de seu comprimento e a de sua diagonal;

c) triângulo equilátero, conhecendo a medida de sua altura;

d) trapézio, conhecendo as medidas de seus lados;

e) losango, conhecendo as medidas de suas diagonais.

4 Além da medida da apótema, que outra medida devemos ter para calcular a área de um polígono regular qualquer?

5 Defina coroa circular e setor circular.

58

1 Determine a área do trapézio, em centímetro quadrado.

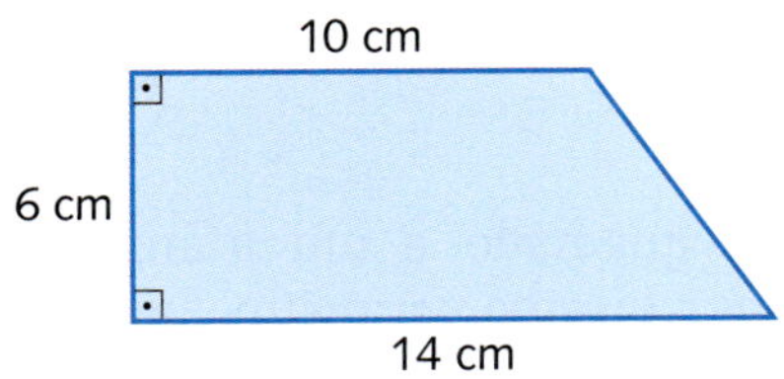

2 Calcule a área da figura, em centímetro quadrado.

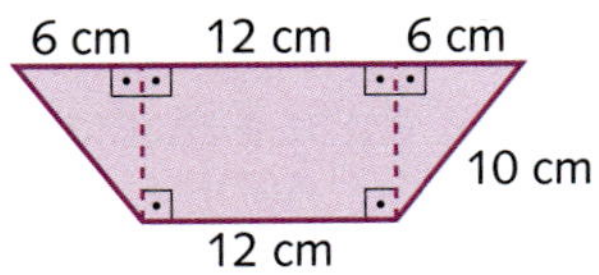

3 O perímetro de um trapézio isósceles é 34 m, e a área é 36 m^2. Sabendo que a altura mede 3 m, calcule a medida dos lados não paralelos.

4 Aumentando a medida do lado de um quadrado Q_1, obtemos um novo quadrado Q_2 com área 156% superior à do quadrado de origem. De quanto por cento foi o aumento na medida do lado de Q_1?

5 A, B e P são pontos de um círculo de centro O e raio de medida r. Determine a área da região vermelha, em função de r, e da medida α, em radiano, do ângulo $P\widehat{A}B$.

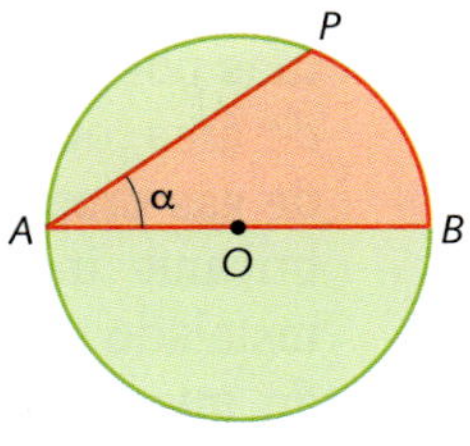

DESAFIO

(Obmep) Na figura vemos um quadrado dentro de outro, determinando uma região cinza. A área (em cm^2) e o perímetro (em cm) dessa região são numericamente iguais, ou seja, o valor numérico da soma dos perímetros desses quadrados é igual ao valor numérico da diferença entre suas áreas.

Qual é a diferença entre as medidas dos lados desses quadrados?

a) 1 cm

b) 4 cm

c) 6 cm

d) 8 cm

e) 10 cm

ILUSTRAÇÕES: ADILSON SECCO

1 **(Enem)** A capacidade mínima, em BTU/h, de um aparelho de ar condicionado, para ambientes sem exposição ao sol, pode ser determinada da seguinte forma:

- 600 BTU/h por m^2, considerando-se até duas pessoas no ambiente;
- para cada pessoa adicional nesse ambiente, acrescentar 600 BTU/h;
- acrescentar mais 600 BTU/h para cada equipamento eletroeletrônico em funcionamento no ambiente.

Será instalado um aparelho de ar condicionado em uma sala, sem exposição ao sol, de dimensões 4 m × 5 m, em que permaneçam quatro pessoas e possua um aparelho de televisão em funcionamento.

A capacidade mínima, em BTU/h, desse aparelho de ar condicionado deve ser:

a) 12 000.
b) 12 600.
c) 13 200.
d) 13 800.
e) 15 000

2 **(Enem)** Jorge quer instalar aquecedores no seu salão de beleza para melhorar o conforto dos seus clientes no inverno. Ele estuda a compra de unidades de dois tipos de aquecedores: modelo A, que consome 600 g/h (gramas por hora) de gás propano e cobre 35 m^2 de área, ou modelo B, que consome 750 g/h de gás propano e cobre 45 m^2 de área. O fabricante indica que o aquecedor deve ser instalado em um ambiente com área menor do que a da sua cobertura. Jorge vai instalar uma unidade por ambiente e quer gastar o mínimo possível com gás. A área do salão que deve ser climatizada encontra-se na planta seguinte (ambientes representados por três retângulos e um trapézio).

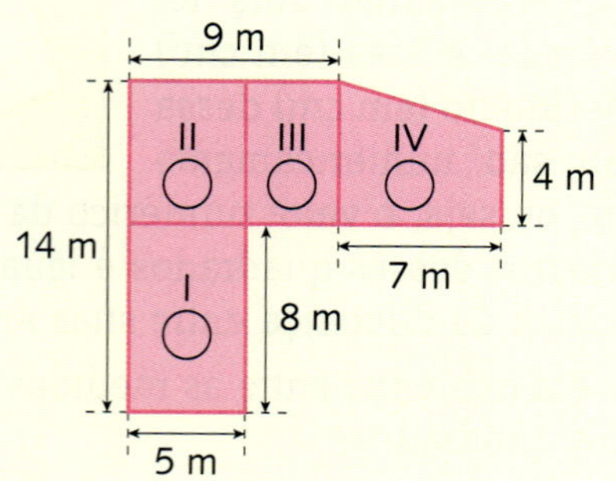

Avaliando-se todas as informações, serão necessárias:

a) quatro unidades do tipo A e nenhuma unidade do tipo B.
b) três unidades do tipo A e uma unidade do tipo B.
c) duas unidades do tipo A e duas unidades do tipo B.
d) uma unidade do tipo A e três unidades do tipo B.
e) nenhuma unidade do tipo A e quatro unidades do tipo B.

3 Na figura, *ABC* é um triângulo retângulo cuja altura mede 2 m. Sabendo que C_1, C_2 e C_3 são semicírculos, responda: qual é a área da parte verde?

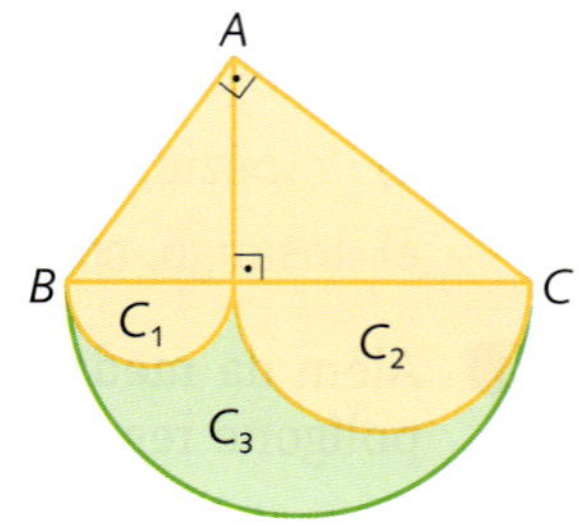

4 Na figura, $AB = 8$ m, $BC = 9$ m e $AD = 17$ m. Qual é a área da parte lilás?

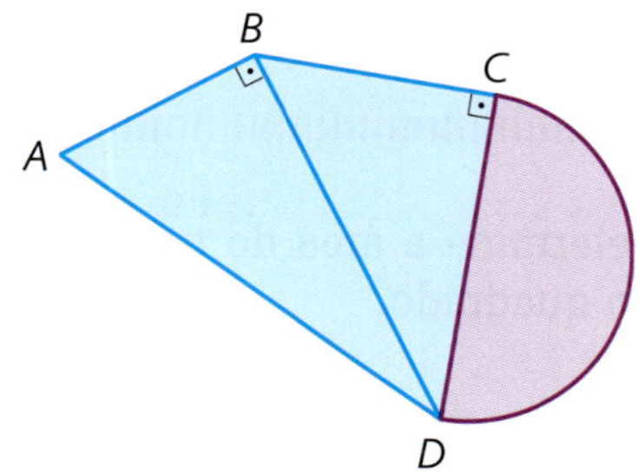

5 Um quadrado e um triângulo equilátero têm o mesmo perímetro. Se a área do triângulo é $9\sqrt{3}$ cm^2, qual é a medida da diagonal do quadrado?

DESAFIO

Se $AB = 2\sqrt{2}$ cm é a medida da hipotenusa do triângulo *ABC*, *ACDE* e *BCFG* são retângulos, *APC* e *BQC* são semicircunferências e *y*, em centímetro quadrado, é a área da região azul, qual é o valor de $\pi + y$?

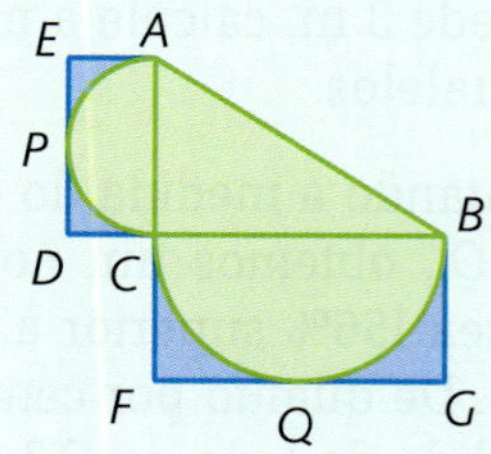

ILUSTRAÇÕES: ADILSON SECCO

1 Sabendo que o quadrado lilás está sobreposto ao quadrado laranja, calcule a área do quadrado lilás.

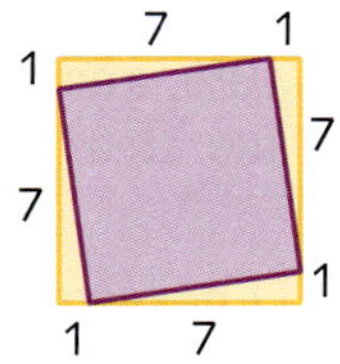

2 Andreza aumentou em 10% a medida do comprimento de um retângulo. Em quanto por cento deve reduzir a medida da largura para manter a área inicial?

3 As dimensões de um terreno retangular estão na razão $\frac{5}{8}$. Qual é o valor da menor dimensão, se a área do terreno é 1000 m^2?

4 Um banheiro tem o piso retangular com 1 m de largura e 3 m de comprimento. Deseja-se cobri-lo com cerâmicas quadradas, que têm 20 cm de lado. Qual é a quantidade necessária de cerâmicas para cobrir todo o piso desse banheiro?

5 Um painel retangular tem dimensões 200 cm de largura por 240 cm de comprimento, sendo 30% de sua área ocupada por ilustrações, e 12% dessas ilustrações são vermelhas. Qual é a área ocupada pelas ilustrações vermelhas?

6 **(Enem)** Para decorar a fachada de um edifício, um arquiteto projetou a colocação de vitrais compostos de quadrados de lado medindo 1 m, conforme a figura ao lado.

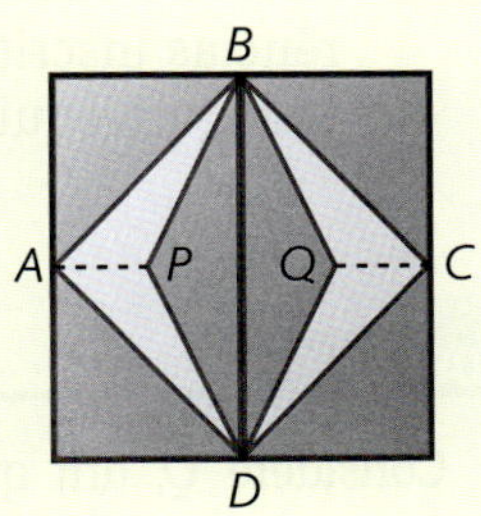

Nessa figura, os pontos *A*, *B*, *C* e *D* são pontos médios dos lados do quadrado e os segmentos *AP* e *QC* medem $\frac{1}{4}$ da medida do lado do quadrado. Para confeccionar um vitral, são usados dois tipos de materiais: um para a parte sombreada da figura, que custa R$ 30,00 o m^2, e outro para a parte mais clara (regiões *ABPDA* e *BCDQB*), que custa R$ 50,00 o m^2.

De acordo com esses dados, qual é o custo dos materiais usados na fabricação de um vitral?

a) R$ 22,50
b) R$ 35,00
c) R$ 40,00
d) R$ 42,50
e) R$ 45,00

7 A medida da base de um retângulo de área *S* é aumentada em 20%, e a medida de sua altura é diminuída em 20%. Determine, em função de *S*, a área do novo retângulo formado.

8 **(OBM)** A figura mostra seis triângulos equiláteros com lados de comprimento 2 e um hexágono regular de lados de comprimento 1. Qual é a fração da área total que está pintada?

a) $\frac{1}{8}$
b) $\frac{1}{7}$
c) $\frac{1}{6}$
d) $\frac{1}{5}$
e) $\frac{1}{4}$

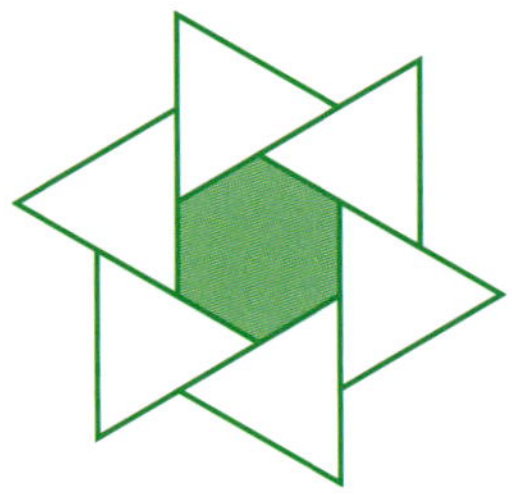

9 Calcule a área da região I (semicírculo) e a da região II representadas abaixo.

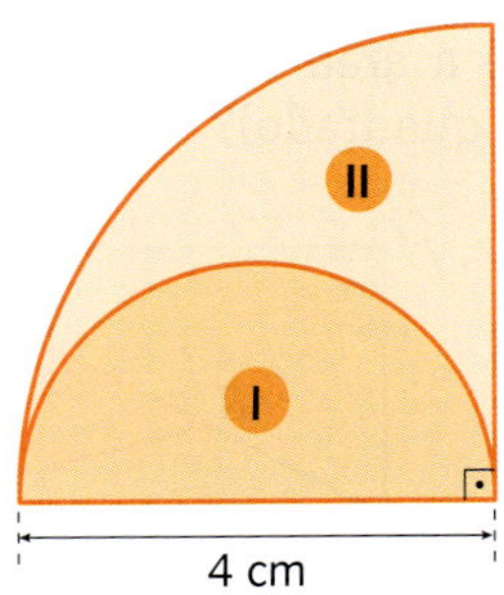

10 Sabendo que o raio do círculo menor mede *a* e o do círculo maior mede 2*a*, calcule a área verde da figura ao lado.

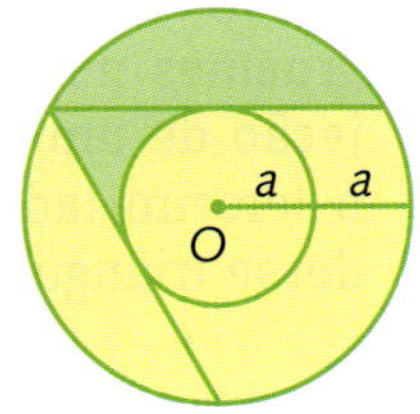

DESAFIO

No retângulo, as regiões I e II representam setores circulares. Qual é a área da parte laranja-escura da figura?

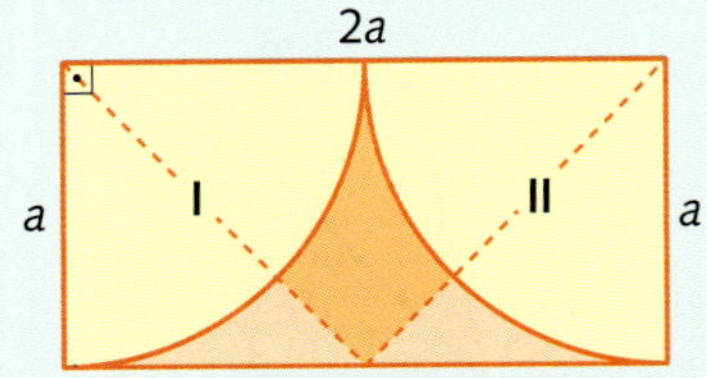

1 Qual é a área do trapézio retângulo representado a seguir?

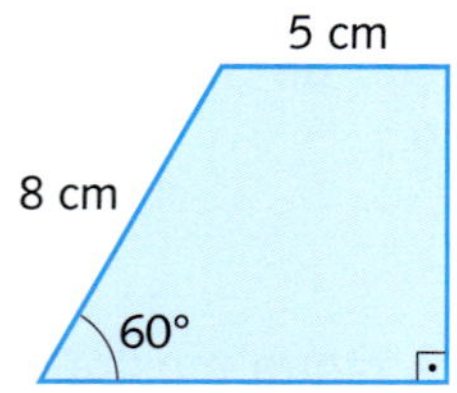

2 A figura abaixo é um quadrado de 15 cm de lado, em que cada um dos lados é dividido em três partes iguais. Qual é a área da parte verde?

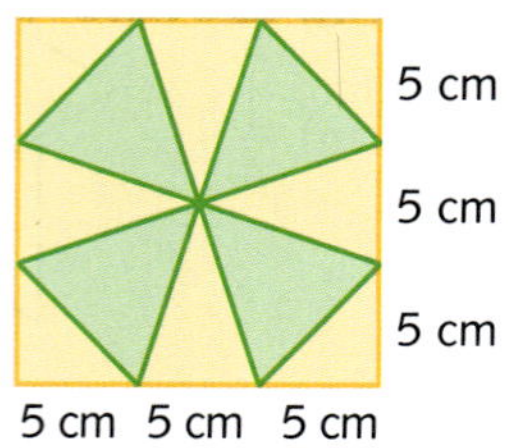

3 Na figura, *MNPQ* é um retângulo. Sendo $MN = 6$ cm, $NP = 3$ cm e $MR = RS = SP$, qual é a área do triângulo *RSN* (em centímetro quadrado)?

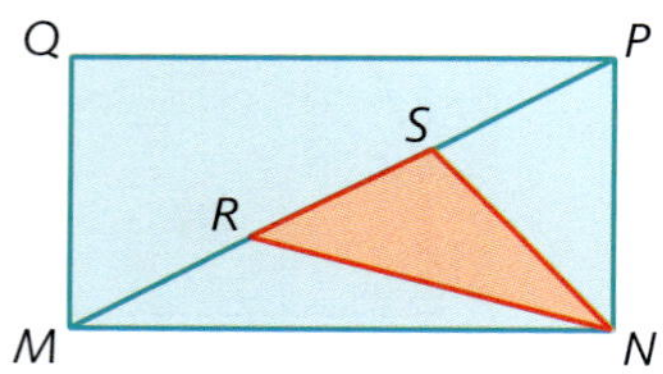

4 Em um triângulo isósceles, os lados congruentes medem 10 m cada um, e a projeção de um dos lados congruentes sobre o terceiro lado mede 6 m. Qual é a área desse triângulo?

5 Em um trapézio isósceles, as bases medem 43 cm e 37 cm, e os lados congruentes medem 5 cm. Qual é a área desse trapézio (em decímetro quadrado)?

6 Qual é a área dos triângulos azuis, sabendo que a altura do trapézio mede 4 m?

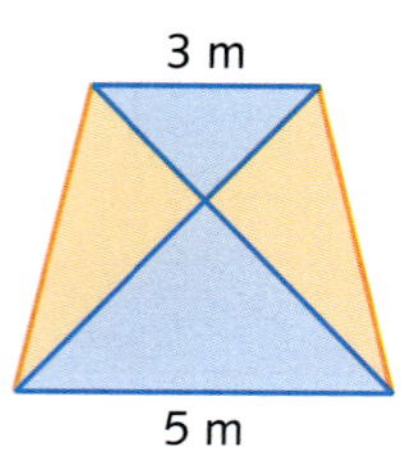

7 Se a medida do raio de um círculo aumenta 40%, qual será o percentual de aumento de sua área?

8 O hexágono regular *ABCDEF* tem 15 cm² de área. Qual é a área da figura estrelada (em centímetro quadrado), obtida pelo prolongamento dos lados do hexágono nos dois sentidos?

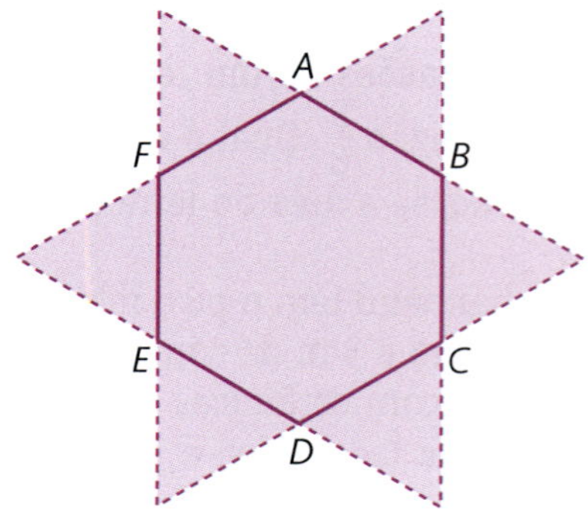

9 Considere um quadrado e um triângulo equilátero. Os lados desse quadrado e os lados desse triângulo medem *a* cm. Se *S* é a razão entre as áreas do quadrado e do triângulo, determine o valor *A*, sabendo que $A = \sqrt{3 \cdot S}$.

10 Qual é a razão entre as áreas das circunferências inscrita e circunscrita a um mesmo triângulo equilátero?

DESAFIO

Considere Q_1 um quadrado de lado de medida 2 m e Q_2 o quadrado construído a partir da união dos pontos médios de cada um dos lados de Q_1. Considere, ainda, Q_3 o quadrado construído a partir da união dos pontos médios de cada um dos lados de Q_2, conforme a figura. Qual é a área da região lilás (em metro quadrado)?

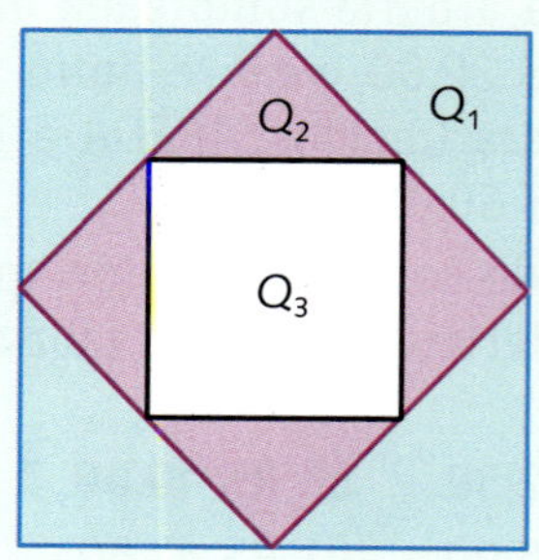

Conteúdo digital
• Atividade: Área de figuras planas

ILUSTRAÇÕES: ADILSON SECCO

1 Calcule a área da região verde de cada figura.

a)
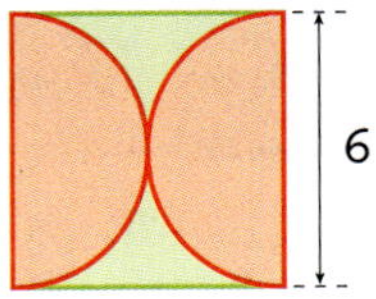

b)
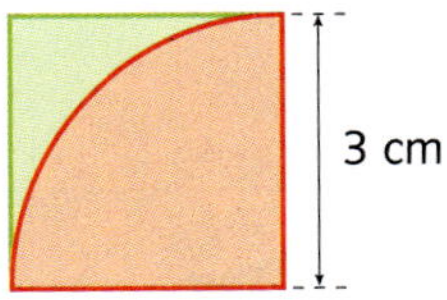

c)
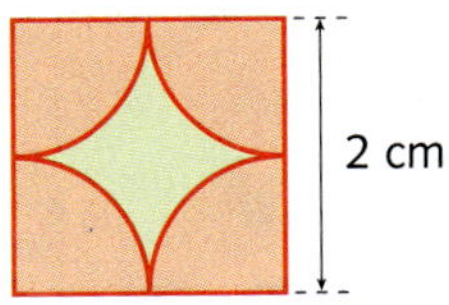

d)
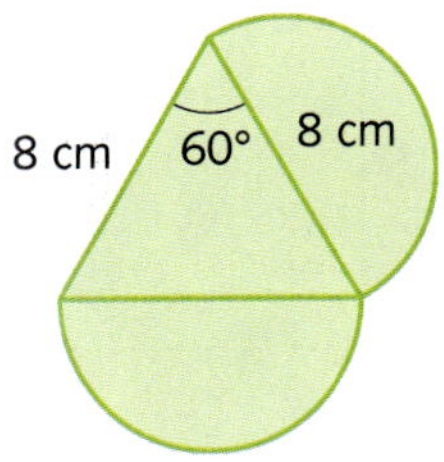

e)
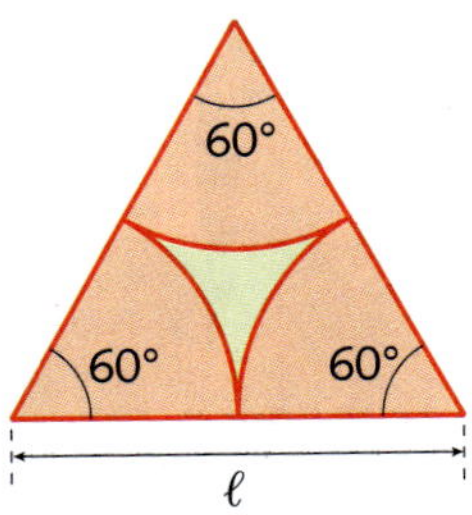

f)
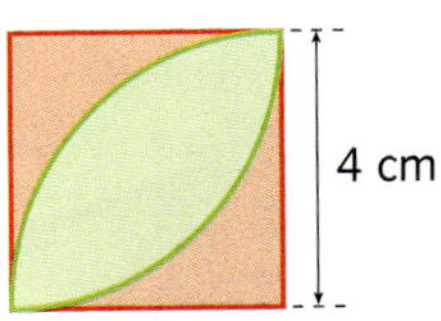

g)
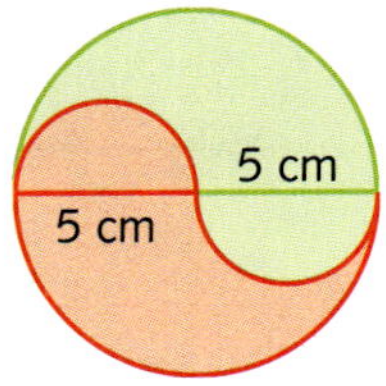

h)
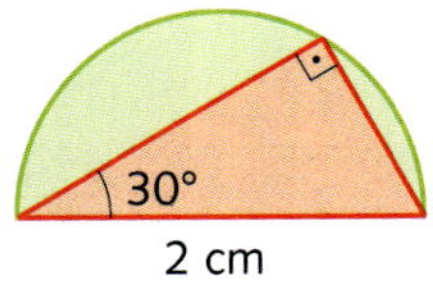

i)
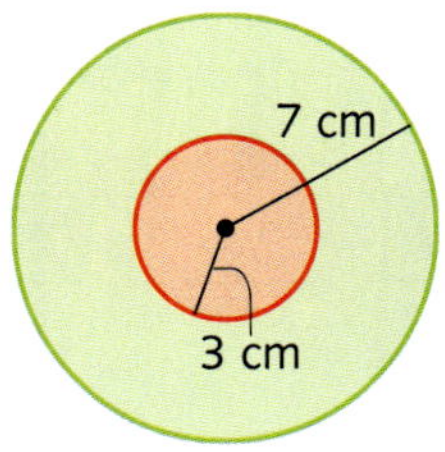

j)
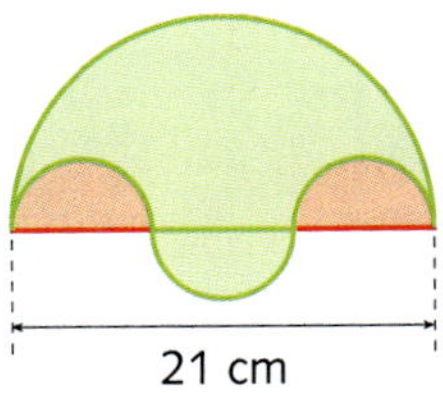

k)
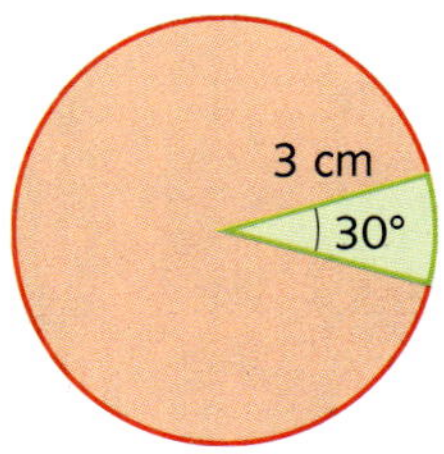

l)
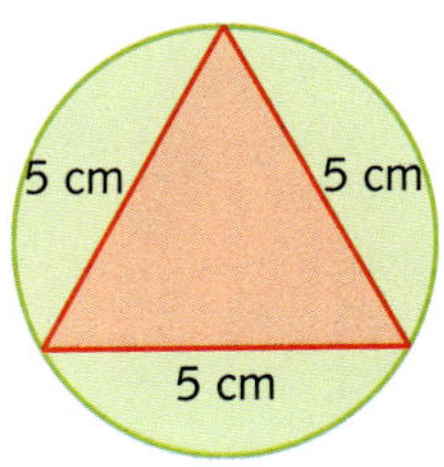

2 Determine a área da região limitada por três circunferências cujos raios medem 1 cm e se tangenciam mutuamente.

3 Calcule a área do triângulo equilátero inscrito em um círculo cujo raio mede 6 cm.

4 Calcule a área do triângulo equilátero inscrito em um círculo cuja área é igual a 32π m².

5 **(Enem)** Um forro retangular de tecido traz em sua etiqueta a informação de que encolherá após a primeira lavagem mantendo, entretanto, seu formato. A figura a seguir mostra as medidas originais do forro e o tamanho do encolhimento (x) no comprimento e (y) na largura. A expressão algébrica que representa a área do forro após ser lavado é $(5 - x)(3 - y)$.

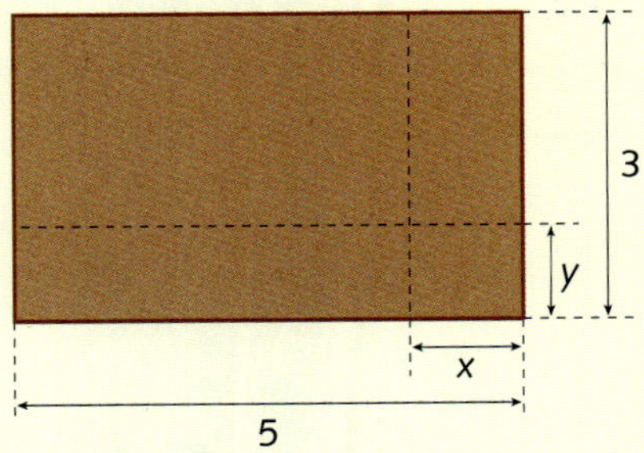

Nessas condições, a área perdida do forro, após a primeira lavagem, será expressa por:

a) $2xy$.
b) $15 - 3x$.
c) $15 - 5y$.
d) $-5y - 3x$.
e) $5y + 3x - x$.

6 A medida do comprimento da circunferência de um círculo de raio de medida R_1 é igual à medida do comprimento de um arco de 30° da circunferência de um círculo de raio de medida R_2. Se a área do primeiro é igual a 4 cm², qual é a área do segundo?

DESAFIO

Expresse a área da superfície azul em função de b e c.

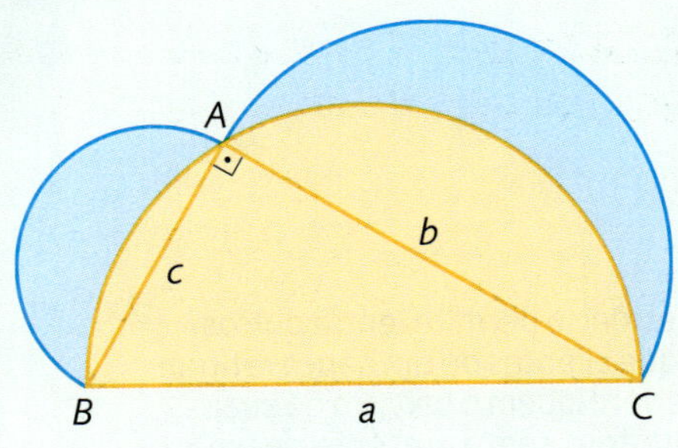

ILUSTRAÇÕES: ADILSON SECCO

CAPÍTULO 12

Matemática Comercial e Financeira

ANDRESR/GETTY IMAGES

O caixa eletrônico permite, entre outros serviços, que clientes de um banco retirem dinheiro e verifiquem o balanço de suas contas bancárias sem a presença de um funcionário do banco.

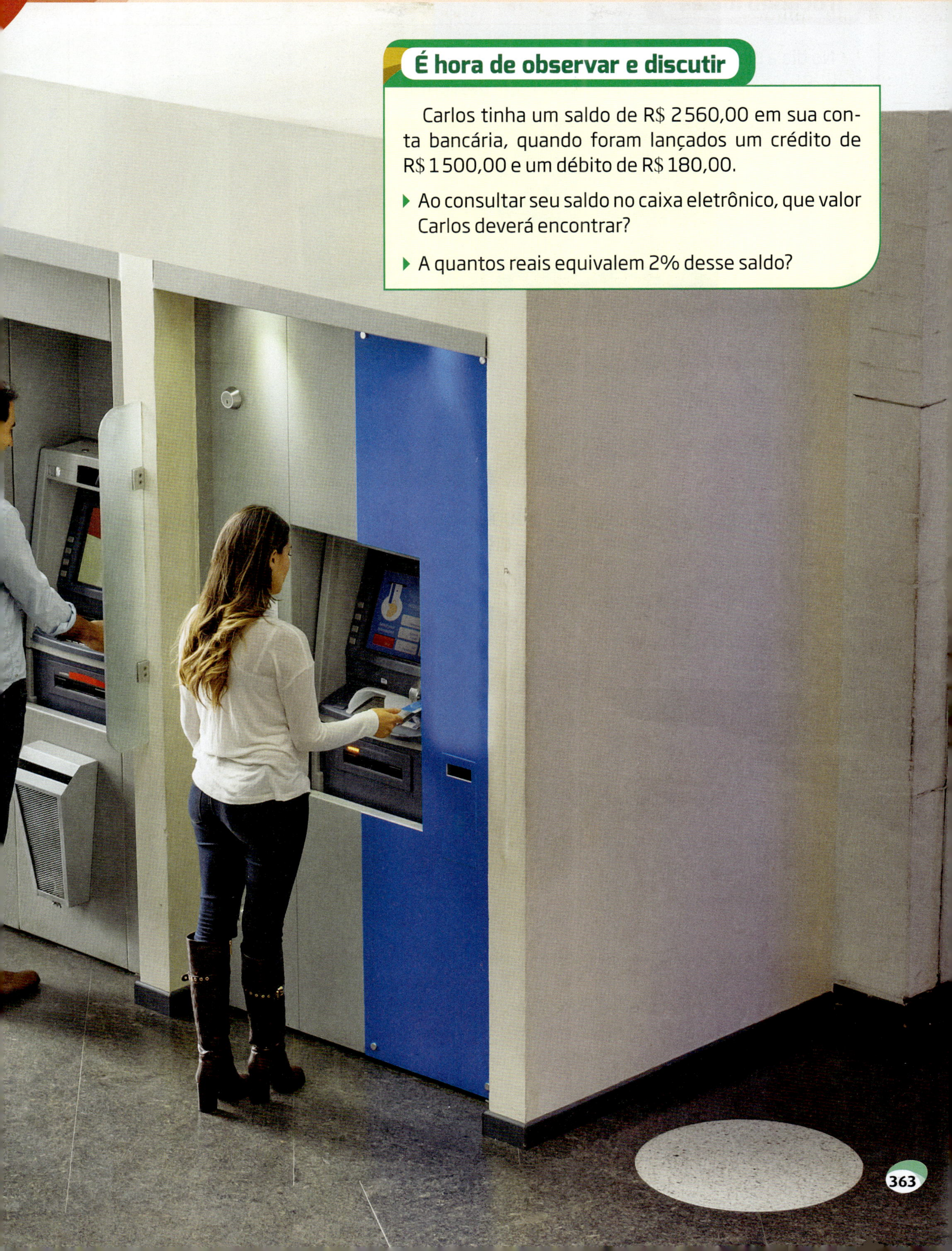

É hora de observar e discutir

Carlos tinha um saldo de R$ 2560,00 em sua conta bancária, quando foram lançados um crédito de R$ 1500,00 e um débito de R$ 180,00.

- Ao consultar seu saldo no caixa eletrônico, que valor Carlos deverá encontrar?
- A quantos reais equivalem 2% desse saldo?

Trocando ideias

No dia a dia, deparamos com situações como estas:

- Qual seria o preço desta televisão sem desconto?

GUILHERME CASAGRANDI

- João fará um empréstimo de R$ 20 000,00 com juro de 3% ao mês em uma instituição financeira. Ao término de um mês, a dívida de João será de quantos reais?

GEORGE TUTUMI

Essas são situações relacionadas a um assunto muito importante: a **Matemática Comercial** e **Financeira**.

Neste capítulo, inicialmente vamos abordar as operações com mercadorias e problemas envolvendo vendas, com lucro ou prejuízo. Em seguida, vamos estudar juro simples e juro composto em diversas situações do dia a dia.

Finalmente, vamos fazer uma análise sobre a inflação, sua definição, sua importância, suas medidas e aplicações práticas.

1 Operações sobre mercadorias

As operações sobre mercadorias, tão comuns na vida comercial, podem gerar lucro ou prejuízo sobre o preço de custo ou sobre o preço de venda do produto.

GEORGE TUTUMI

Lembre-se de que, nas **operações com lucro**, o preço de venda (V) de uma mercadoria é igual ao seu preço de custo (C) mais o lucro (L), ou seja:

$$V = C + L$$

Observe os exemplos a seguir.

- Por quanto devo vender um relógio que comprei por R$ 370,00 se desejo lucrar 25% sobre o preço de compra?

  Solução

  $V = C + L$

  $V = 370 + \frac{\overset{5}{\cancel{25}}}{\underset{2}{\cancel{100}}} \cdot 37\cancel{0}$ ← 25% sobre o preço de compra

  $V = 370 + 92{,}50$

  $V = 462{,}50$

  Logo, devo vender o relógio por R$ 462,50.

SERGEJ RAZVODOVSKIJ/SHUTTERSTOCK

- Comprei um telefone celular por R$ 2 880,00 e quero obter um lucro de 10% sobre o preço de venda. Por quanto deverei vender esse telefone celular?

  Solução

  $V = C + L$

  $V = 2880 + \frac{1\cancel{0}}{10\cancel{0}} \cdot V$ ← 10% sobre o preço de venda

  $V = 2880 + 0{,}10V$

  $V - 0{,}10V = 2880$

  $0{,}90V = 2880$

  $V = \frac{2880}{0{,}90} = 3200$

  Deverei vender o telefone celular por R$ 3 200,00.

YEAMAKE/SHUTTERSTOCK

Nas **operações com prejuízo**, o preço de venda (V) de uma mercadoria é igual ao seu preço de custo (C) menos o prejuízo (P), ou seja:

$$V = C - P$$

Observe os exemplos abaixo.

- Um carro híbrido custava R$ 132 000,00. Após seis meses, foi vendido com um prejuízo de 10% sobre o preço de venda. Calcule o preço de venda.

Solução

$V = C - P$

$V = 132000 - \frac{1\cancel{0}}{10\cancel{0}} \cdot V$ ← 10% sobre o preço de venda

$V = 132000 - 0{,}1V$

$V + 0{,}1V = 132000$

$1{,}1V = 132000$

$V = \frac{132000}{1{,}1}$

$V = 120000$

O preço de venda do automóvel foi R$ 120 000,00.

TEDDY LEUNG/SHUTTERSTOCK

Prius é um carro híbrido que possui dois motores: um a combustão e outro elétrico. Quando apenas o motor elétrico está em funcionamento, a emissão de gás carbônico é zero.

- Uma televisão de 55 polegadas foi vendida com um prejuízo de 20% sobre o preço de custo. Se essa televisão custou R$ 6 000,00, qual foi o preço de venda?

Solução

$V = C - P$

$V = 6000 - \frac{20}{1\cancel{00}} \cdot 60\cancel{00}$ ← 20% sobre o preço de custo

$V = 6000 - 1200$

$V = 4800$

O preço de venda foi R$ 4 800,00.

PIOTR ADAMOWICZ/ALAMY/GLOW IMAGES

EXERCÍCIOS

1 Determine por quanto deve ser vendido um objeto comprado por R$ 700,00 para que se obtenha um lucro equivalente a 2,5% do preço de custo.

2 Um produto cujo custo foi R$ 272,00 deve ser vendido com lucro de 15% sobre o preço de venda. Qual deve ser o preço de venda?

3 Um aparelho de ***Blu-ray*** custou R$ 500,00 e foi vendido com prejuízo de 15% sobre o preço de custo. Por quanto ele foi vendido?

TONY CORDOZA/GETTY IMAGES

Blu-ray
Aparelho que substitui o DVD. Seu nome se origina da cor azul do raio *laser* utilizado para ler o disco.

4 Certa mercadoria foi vendida por R$ 1584,00, com prejuízo de 12% sobre seu preço de custo. Qual foi o preço de custo dessa mercadoria?

5 Valdênio vendeu um aparelho de ar condicionado com prejuízo de 6% sobre o preço de venda. Admitindo que ele tenha comprado o produto por R$ 1113,00, qual foi seu preço de venda?

Os aparelhos de ar condicionado consomem muita energia elétrica, proporcionando um elevado valor mensal de conta de energia. A fim de evitar o consumo em excesso, vale conferir o selo do Programa Nacional de Conservação de Energia (Procel) indicado nos aparelhos. O selo de classe A carateriza os aparelhos de maior eficiência energética, gerando melhores custos. Você conhece esse selo?

2 Juro simples

Quando emprestamos um capital a uma pessoa física ou jurídica, recebemos de volta a quantia emprestada mais uma quantia que denominamos **juro**.

Quando o valor do juro a ser pago por um empréstimo ao final de cada período é calculado apenas sobre o capital inicial, mantendo-se constante durante todo o período da transação, trabalhamos com **juro simples**.

Chamamos de juro simples a remuneração de um capital (C) aplicado a uma taxa (i) por um período de tempo (t).

Assim:

Capital (C)

É a quantia aplicada ou emprestada por um período de tempo.

Taxa de juro (i)

É a taxa percentual que representa o valor do juro em relação ao capital a ser pago ao final de um período de tempo.

Exemplos

- Taxa de juro de 10% a.a. – significa que o valor do juro é igual a 10% do capital, por ano.
- Taxa de juro de 0,5% a.m. – significa que o valor do juro é igual a 0,5% do capital, por mês.

Tempo (t)

É o período de aplicação do capital.

Observações

1 Na determinação do juro, a taxa e o tempo devem estar relacionados na mesma unidade.

2 Por convenção, o mês comercial tem 30 dias; e o ano comercial, 360 dias.

Agora vamos resolver um problema de juro simples.

Pedi R$ 3 600,00 de empréstimo a um banco. Vou pagar daqui a 6 meses, com taxa de juro de 2% ao mês. Quanto vou pagar de juro simples? Que valor total vou pagar ao final do empréstimo?

Solução

Temos:

$C = \text{R\$ } 3600{,}00$

$i = 2\%$ ao mês $= 0{,}02$ ao mês

$t = 6$ meses

Então:

Juro por mês $= \underbrace{3600}_{\text{capital}} \cdot \underbrace{0{,}02}_{\text{taxa}} = 72$

Total de juro $= \underbrace{3600}_{\text{capital}} \cdot \underbrace{0{,}02}_{\text{taxa}} \cdot \underbrace{6}_{\text{tempo}} = 432$

Assim, um capital ***C***, emprestado a uma taxa mensal ***i*** durante ***t*** meses, gera um total de juro ***j***, que pode ser assim expresso:

$$j = C \cdot i \cdot t$$

O total a ser pago ao final do empréstimo é denominado **montante** (***M***) e corresponde ao capital mais o total de juro. Ou seja: $M = C + j$

No problema acima:

$\underbrace{M}_{\text{montante}} = \underbrace{3600}_{\text{capital}} + \underbrace{432}_{\text{juro}} = 4032$

Logo, vou pagar R$ 432,00 de juro simples e um montante de R$ 4 032,00 ao final do empréstimo.

Observe a seguir outros exemplos.

- Calcule o juro produzido por um capital de R$ 5 000,00 aplicado à taxa de 3% a.m., durante 1 ano e 6 meses.

Solução

Temos:

$C = \text{R\$ } 5000{,}00$

$i = 3\%$ a.m. $= 0{,}03$ a.m.

$t = 1$ ano e 6 meses $= 18$ meses

Então:

$j = C \cdot i \cdot t$

$j = 5000 \cdot 0{,}03 \cdot 18$

$j = 2700$

O juro produzido é de R$ 2 700,00.

ILUSTRAÇÕES: GEORGE TUTUMI

- Em quanto tempo um capital aplicado à taxa de 6% a.m., em uma operação de juro simples, rende $\frac{3}{4}$ de seu valor?

Solução

Temos:

$j = \frac{3}{4}C$

$i = 6\%$ a.m. $= 0{,}06$ a.m.

Então:

$j = C \cdot i \cdot t$

$\frac{3}{4}\cancel{C} = \cancel{C} \cdot 0{,}06 \cdot t$

$t = 12{,}5$

O tempo necessário é de 12,5 meses ou 12 meses e meio ou 12 meses e 15 dias.

- Calcule o montante de um capital de R$ 4 000,00 empregado durante dois anos e seis meses, à taxa de 1,5% a.m.

Solução

Temos:

$C = $ R$ 4 000,00

$i = 1{,}5\%$ a.m. $= 0{,}015$ a.m.

$t = 2$ anos e 6 meses $= 30$ meses

Então:

$j = C \cdot i \cdot t$

$j = 4\,000 \cdot 0{,}015 \cdot 30 = 1\,800$

Logo:

$M = C + j$

$M = 4\,000 + 1\,800 = 5\,800$

O montante é de R$ 5 800,00.

- Durante quanto tempo é necessário empregar o capital de R$ 2 000,00 à taxa de 2% a.m. para que se obtenha R$ 800,00 de juro simples?

Solução

Temos:

$C = $ R$ 2 000,00

$j = $ R$ 800,00

$i = 2\%$ a.m. $= 0{,}02$ a.m.

Então:

$j = C \cdot i \cdot t$

$800 = 2\,000 \cdot 0{,}02 \cdot t$

$t = \frac{800}{2\,000 \cdot 0{,}02}$

$t = 20$

São necessários 20 meses ou um ano e oito meses.

EXERCÍCIOS

6 Um capital de R$ 10 000,00, aplicado durante 3 meses a juro simples, rende R$ 300,00. Determine a taxa de juro cobrada.

7 Calcule os juro e o montante de uma aplicação de R$ 20 000,00 durante 8 meses, à taxa de juro simples de 0,8% a.m.

8 Em quanto tempo um capital aplicado à taxa de 0,6% a.m. rende $\frac{3}{5}$ de seu valor, em uma aplicação de juro simples?

9 Qual é a taxa trimestral de juro simples equivalente a 10% a.a.?

10 O capital de R$ 3 000,00, aplicado à taxa anual de 12% (juro simples), produzirá, no final de 200 dias, um montante de que valor?

11 Qual é o capital que, investido hoje a juro simples de 12% a.a., totalizará R$ 1 296,00 no fim de oito meses?

12 Qual é o prazo necessário para que um capital aplicado à taxa de juro simples de 0,4% a.m. duplique de valor?

13 Aplicar um capital à taxa de juro simples de 0,5% a.m., durante 10 meses, é equivalente a investir o mesmo capital, por 25 meses, a que taxa?

3 Juro composto

Juro composto é aquele pago sobre juro já vencido.

O juro composto é calculado sobre um montante cada vez maior. Isso ocorre porque ele incide sobre um capital que já incorporou outro(s) juro(s). Por esse motivo, após o período determinado na taxa de juro, seu resultado será maior que o do juro simples.

Essa é a modalidade mais usada de juro.

Observe os exemplos a seguir.

- Beatriz fez um depósito inicial de R$ 30 000,00 na poupança. Calcule o montante e o juro ao final dos três primeiros meses, sabendo que os rendimentos mensais foram de 0,6%, 1% e 0,7%, nessa ordem.

Solução

1º mês: poupança rendeu 0,6% ($i = 0{,}006$)

$j = C \cdot i \cdot t = 30\,000 \cdot 0{,}006 \cdot 1 = 180$ (1 → 1 mês)

$M = 30\,000 + 180 = 30\,180$

Ao final do primeiro mês, Beatriz passou a ter um montante de R$ 30 180,00.

2º mês: poupança rendeu 1% ($i = 0{,}01$)

$j = \underbrace{30\,180}_{\text{montante do 1º mês}} \cdot 0{,}01 \cdot 1 = 301{,}80$

$M = 30\,180 + 301{,}80 = 30\,481{,}80$

Beatriz passou a ter um montante de R$ 30 481,80.

GEORGE TUTUMI

3º mês: poupança rendeu 0,7% ($i = 0{,}007$)

$j = \underbrace{30\,481{,}80}_{\text{montante do 2º mês}} \cdot 0{,}007 \cdot 1 \simeq 213{,}37$

$M \simeq 30\,481{,}80 + 213{,}37 = 30\,695{,}17$

Logo, ao final do terceiro mês, Beatriz passou a ter um montante de aproximadamente R$ 30 695,17.

Assim:

$\text{R\$ } \underbrace{30\,695{,}17}_{\text{montante final}} - \text{R\$ } \underbrace{30\,000{,}00}_{\text{capital inicial}} = \text{R\$ } \underbrace{695{,}17}_{\text{juro composto}}$

Logo, ao final de três meses, Beatriz recebeu R$ 695,17 de juro.

Observação

Outra forma prática de determinar o montante ao término dos três meses é efetuar esta multiplicação:

$30\,000 \cdot \underbrace{1{,}006}_{\substack{(1 + 0{,}006)\\ \text{rendimento}\\ \text{de 0,6\% a.m.}}} \cdot \underbrace{1{,}01}_{\substack{(1 + 0{,}01)\\ \text{rendimento}\\ \text{de 1\% a.m.}}} \cdot \underbrace{1{,}007}_{\substack{(1 + 0{,}007)\\ \text{rendimento de}\\ \text{0,7\% a.m.}}} \simeq 30\,695{,}17$

▸ Um investidor fez uma aplicação de R$ 80 000,00, com juro composto, a uma taxa de 20% a.a. Qual foi o montante disponível após quatro anos? Qual foi o total do juro da aplicação?

Solução

	Aplicação inicial (R$)	Montante anterior (R$)	Juro a 20% a.a. (R$)	Montante (R$)
1º ano	80 000	—	$80\,000 \cdot 0{,}20 \cdot 1 = 16\,000$	$80\,000 + 16\,000 = 96\,000$
2º ano	—	96 000	$96\,000 \cdot 0{,}20 \cdot 1 = 19\,200$	$96\,000 + 19\,200 = 115\,200$
3º ano	—	115 200	$115\,200 \cdot 0{,}20 \cdot 1 = 23\,040$	$115\,200 + 23\,040 = 138\,240$
4º ano	—	138 240	$138\,240 \cdot 0{,}20 \cdot 1 = 27\,648$	$138\,240 + 27\,648 = 165\,888$

O montante após quatro anos foi de R$ 165 888,00, e o juro da aplicação corresponde a:

$$R\$\,165\,888{,}00 - R\$\,80\,000{,}00 = R\$\,85\,888{,}00$$

Observação

Outra forma prática de determinar o montante após quatro anos é efetuar esta multiplicação:

$$80\,000 \cdot \underbrace{1{,}20}_{\substack{(1\,+\,0{,}20)\\ \text{taxa de 20\% a.a.}}} \cdot 1{,}20 \cdot 1{,}20 \cdot 1{,}20 = 165\,888$$

EXERCÍCIOS

14 Uma aplicação de R$ 10 000,00 à taxa de juro composto de 0,8% a.m. gera, após três meses, que montante?

15 Letícia depositou R$ 20 000,00 em um banco, a juro composto de 20% a.a., capitalizados anualmente. Ao final de dois anos, quanto Letícia obteve de juro?

GEORGE TUTUMI

16 Um capital de R$ 30 000,00 foi aplicado à taxa mensal de juro composto de 1% a.m. Determine o valor do juro dessa aplicação após três meses.

17 Um investidor aplicou R$ 100 000,00 a uma taxa mensal de 0,8% a.m. durante quatro meses. Responda:

a) Qual foi o valor do juro dessa aplicação, em regime de juro simples?

b) Qual foi o valor do juro dessa aplicação, em regime de juro composto?

18 Com auxílio de uma calculadora, determine o valor, após três meses, de uma aplicação na poupança de R$ 100 000,00, submetida aos índices do quadro a seguir.

Mês	Janeiro	Fevereiro	Março
Taxa (%)	0,99	0,91	0,88

4 Inflação

Inflação é o aumento generalizado e contínuo no nível de preços. Ocorre **inflação de demanda** quando a procura por certos produtos é maior que a oferta, e **inflação de custos** quando observamos uma elevação dos custos de produção.

A inflação pode ser medida por diversos índices. Vejamos alguns:

As medidas da inflação		
Índice	**O que mede**	**Para que serve**
Índice Nacional de Preços ao Consumidor Amplo (IPCA) Responsável: IBGE	A variação de preços ao consumidor nas regiões metropolitanas do Rio de Janeiro, Porto Alegre, Belo Horizonte, Recife, São Paulo, Belém, Fortaleza, Salvador e Curitiba, além do Distrito Federal e do município de Goiânia. O universo são famílias com renda entre 1 e 40 salários mínimos.	Para determinar a meta de inflação.
Índice Nacional de Preços ao Consumidor (INPC) Responsável: IBGE	A média do custo de vida nas onze principais regiões metropolitanas do país para famílias com renda de 1 até 8 salários mínimos.	Para ser usado como paradigma da reposição de salários.
Índice Geral de Preços do Mercado (IGP-M) Responsável: FGV	Principalmente os preços do atacado, mas também alguns preços ao consumidor e custos da construção civil. A coleta dos dados é nacional, com exceção dos preços ao consumidor, aferidos apenas no Rio de Janeiro e em São Paulo.	Para corrigir aluguéis e tarifas públicas, como energia elétrica.

Observe os índices anuais do IPCA, INPC e IGP-M nos anos de 2013 a 2016.

	IPCA	INPC	IGP-M
2013	5,91	5,56	5,52
2014	6,41	6,22	3,67
2015	10,67	11,27	10,54
2016	6,29	6,58	7,19

Dados obtidos em: <http://www.ibge.gov.br> e <http://www.portalbrasil.net>. Acessos em: 22 maio 2017.

Veja agora um gráfico que apresenta a inflação medida pelo IGP-M de maio de 2016 até abril de 2017. Os preços do IGP-M são coletados entre os dias 21 do mês anterior e 20 do mês de referência.

ERICSON GUILHERME LUCIANO

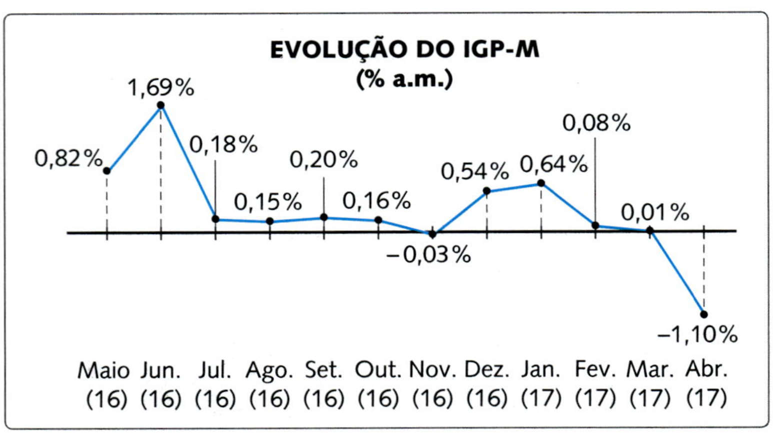

Dados obtidos em: <http://www.portalbrasil.net/igpm.htm>. Acesso em: 22 maio 2017.

No gráfico que acabamos de apresentar, podemos observar que:

1. a maior inflação medida pelo IGP-M no período ocorreu em junho de 2016;
2. de junho de 2016 a agosto de 2016, de setembro de 2016 a novembro de 2016 e de janeiro de 2017 a abril de 2017, a inflação decresceu;
3. em novembro de 2016 e abril de 2017, o índice inflacionário foi negativo, ou seja, houve deflação.

Observação

A **deflação** é o oposto da inflação. Corresponde à queda persistente no nível de preços. Nesse caso, o índice inflacionário é negativo. Exemplo: $-0,32\%$

Vamos resolver uma questão que envolve índices inflacionários.

De janeiro de 2013 até dezembro de 2016, a variação acumulada da inflação medida pelo IPCA foi de 29,28%. Observe no gráfico abaixo os índices percentuais acumulados no mesmo período, referentes a alguns produtos e serviços.

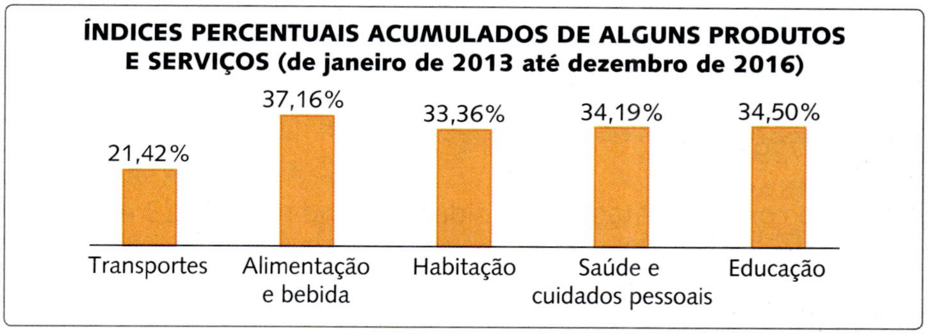

ERICSON GUILHERME LUCIANO

Dados obtidos em: IBGE (Instituto Brasileiro de Geografia e Estatística).

Com base nos valores do gráfico, responda:

a) Se em janeiro de 2013 uma pessoa gastava R$ 150,00 em transportes, qual passou a ser o valor gasto em dezembro de 2016?

Solução

Aumento dos transportes no período: 21,42%

Atualizando: $150,00 + \frac{\mathbf{21,42}}{\mathbf{100}} \cdot 150,00 = 182,13$ ou

$$150,00 \cdot \left(1 + \frac{21,42}{100}\right) = 150,00 \cdot \mathbf{1,2142} = 182,13$$

Em dezembro de 2016, o valor gasto em transportes foi R$ 182,13.

b) Se em janeiro de 2013 uma família gastava R$ 500,00 em saúde e cuidados pessoais, qual passou a ser o valor gasto em dezembro de 2016?

Solução

Aumento com saúde e cuidados pessoais no período: 34,19%

Atualizando: $500,00 + \frac{\mathbf{34,19}}{\mathbf{100}} \cdot 500,00 = 670,95$ ou

$$500,00 \cdot \left(1 + \frac{34,19}{100}\right) = 500,00 \cdot \mathbf{1,3419} = 670,95$$

Em dezembro de 2016, o valor gasto em saúde e cuidados pessoais foi R$ 670,95.

c) Se em 2016 um casal gastava R$ 1 000,00 com alimentação e bebidas, qual era o valor gasto aproximado com alimentação e bebidas em janeiro de 2013?

TOOYKRUB/SHUTTERSTOCK

Solução

Aumento com alimentação e bebidas no período: 37,16%

Valor em janeiro de 2013: x

Atualizando:

$$x + \frac{37,16}{100} \cdot x = 1\,000,00$$

$$x(1 + 0,3716) = 1\,000,00$$

$$x \cdot 1,3716 = 1\,000,00$$

$$x = \frac{1\,000,00}{1,3716} \simeq 729,08$$

Ou seja, o gasto com alimentação e bebidas em janeiro de 2013 era aproximadamente R$ 729,08.

EXERCÍCIOS

19 Em um jornal da cidade Cachoeira saiu a notícia que o valor dos imóveis subiu 51% em 3 anos.

a) Um imóvel que, há três anos, custava R$ 900 000,00 e sofreu o reajuste, passou a ter que valor?

b) De quantos reais será o aumento no valor desse imóvel?

O Imposto sobre a transmissão de bens e imóvel (ITBI) é um tributo municipal que deve ser pago na aquisição do imóvel. O ITBI é normalmente pago pelo comprador. A base de cálculo desse imposto é o valor do imóvel, estipulado pelo Poder Público. Nas grandes cidades brasileiras, o ITBI é estipulado, na maioria das vezes, em 2%. Agora responda: Se uma pessoa comprou um imóvel no valor de R$ 450 000,00, qual será o valor pago para o município referente ao ITBI? (Considere 2% o valor cobrado pelo ITBI).

Conteúdo digital
- Jogo: Matemática financeira

20 Uma Companhia de Energia Elétrica aprovou, em janeiro desse ano, tarifas que reduziram a conta de energia elétrica. O efeito médio de redução foi de 20,2%. Para os consumidores residenciais de uma cidade Alfa, a redução foi de 18%. Para os consumidores de alta tensão dessa cidade, o desconto foi de 32%. Agora, responda:

a) Se o kWh de energia residencial da cidade Alfa custava R$ 0,35, qual passou a ser, aproximadamente, seu novo valor após a redução da tarifa?

b) Se o kWh de energia de alta tensão da cidade Alfa passou a custar R$ 0,44 após a redução da tarifa, qual era, aproximadamente, seu valor?

Lendo e aprendendo

Indicadores econômicos

Você já deve ter ouvido falar sobre inflação/deflação, emprego/desemprego, crescimento/recessão e superávit/déficit fiscal. Leia atentamente as informações abaixo e entenda os reflexos desses indicadores econômicos em sua vida.

Indicador	O que é?	Reflexos em sua vida
Inflação × Deflação	O maior risco da inflação é a corrosão da moeda. Na deflação, o maior risco é uma depressão da economia.	Com inflação, você pode ter poder aquisitivo mesmo que o rendimento nominal em suas aplicações seja positivo. Na deflação, você corre o risco de perder o emprego.
Emprego × Desemprego	Outro indicador de atividade econômica. Quanto maior a quantidade de empregos, mais aquecida está a economia.	Economia aquecida é boa para os lucros da empresa e para investimentos em ações. Mas é preciso estar atento a esse aquecimento, observando se ele não compromete os níveis de inflação.
Crescimento × Recessão	É medido pela evolução do Produto Interno Bruto (PIB). Em fase de crescimento, o consumo aumenta; na recessão, o consumo diminui.	Economia em crescimento favorece as aplicações de longo prazo em ações, porque a receita e o lucro das empresas aumentam.
Superávit × Déficit fiscal	Mede a diferença entre receitas e despesas do governo. Superávits em geral são bons para a economia, porque significam receitas superiores às despesas.	Se o governo gasta menos do que arrecada, tem um superávit fiscal, um bom indicador para a estabilidade econômica. Mas o governo não deve exagerar, ou seja, acumular sucessivos superávits, porque também precisa investir em serviços para o país, como educação, saúde etc. O ideal é manter as contas em equilíbrio. Superávit fiscal exagerado pode provocar recessão, desemprego e deflação.

Fonte: Mara Luquet. *Guia Valor Econômico de finanças pessoais*. São Paulo: Globo.

O crescimento gera mais emprego ou mais emprego gera o crescimento? Qual é a sua opinião?

Lendo e aprendendo

Glossário do mercado financeiro

Que tal conhecer melhor alguns termos muito utilizados no mercado financeiro? Leia atentamente o glossário abaixo.

Glossário

Âncora cambial: Instrumento da política econômica utilizado para estabilizar o valor de uma moeda, fixando seu valor na taxa de câmbio.
Balança comercial: Saldo das exportações menos as importações de um país.
Bolsa de valores: Instituição onde são negociados ações, títulos e valores mobiliários.
Câmbio: Taxa de conversão de uma moeda.
Capital de giro: Dinheiro que uma empresa utiliza para viabilizar a fabricação de seu produto.
Capital: Riqueza de uma família ou empresa.
Deflação: É o oposto de inflação. Queda persistente do nível geral de preços.
Dividendos: Parte do lucro de uma empresa que é distribuído aos acionistas.
Especulação: Compra e venda de ativos com o objetivo de alcançar lucros rápidos.
Inflação: Aumento persistente dos preços que resulta na perda do poder aquisitivo da moeda.
Investir: Empregar dinheiro na compra de títulos, ações etc., a fim de obter retorno.
Juro: Remuneração paga ao investidor na compra de um título de renda fixa.
Nota promissória: Título de crédito em que a pessoa que o emite se compromete a pagar ao favorecido uma quantia determinada, em prazo determinado.
Orçamento: Discriminação de receita e despesas.
Performance: Desempenho.
PIB: Produto Interno Bruto. É a soma de toda a riqueza produzida por um país.
Recessão: Evolução do PIB com sinal negativo em dois trimestres consecutivos.
Taxa pós-fixada: Taxa de juro que é conhecida apenas no vencimento do título.
Taxa prefixada: Taxa previamente acordada entre emissor e comprador de um título.
Taxa Selic: Índice pelo qual as taxas de juros cobradas pelo mercado se balizam no Brasil. A sigla Selic significa Sistema Especial de Liquidação e de Custódia.
Variação cambial: Variação da taxa de conversão de determinada moeda.

Fonte: Mara Luquet. *Guia Valor Econômico de finanças pessoais*. São Paulo: Globo.

- Você sabia que o termo bolsa de valores se refere ao ambiente onde são realizados negócios envolvendo ações de sociedades de capital aberto (públicas ou privadas) e outros valores mobiliários?
- Você sabia que a taxa Selic é definida a cada 45 dias pelo Comitê de Política Monetária do Banco Central do Brasil (Copom) e que taxa é um importante instrumento usado pelo Banco Central para controlar a inflação?

Trabalhando em equipe

Orçamento é a discriminação e o cálculo das receitas e das despesas.

Conhecer com exatidão a receita disponível e controlar as despesas mensais é necessário para que uma família possa viver de forma tranquila.

A planilha abaixo é uma sugestão para o controle mensal de gastos de uma família. Observe:

ARIEL SKELLEY/GETTY IMAGES

Controle de gastos		
	Mês/ano:	
Receitas	Salários Outros	
	Total de receitas (A)	
Gastos fixos (o mesmo valor todo mês)	Aluguel/Prestação/Condomínio Empregados Seguro do carro IPTU IPVA Plano de saúde Colégio/Faculdade/Cursos/Clube/Academia Plano de aposentadoria/Seguro de vida Internet/TV a cabo Outros	
Gastos variáveis (contas que variam mês a mês)	Alimentação Água/Energia/Gás Telefone fixo/celular Cartão de crédito Transporte/Combustível Manutenção de casa/carro Outros	
Gastos arbitrários (gastos que nem sempre são feitos)	Cinema/Teatro Restaurante Roupas Jornais/Revistas Viagens Outros	
	Total de despesas (B)	
Saldo total	**Receitas – Despesas (A − B)**	

Junte-se a três colegas, e, com ajuda do professor, discutam a tabela apresentada acima. Em seguida, façam uma nova tabela, semelhante à apresentada, de acordo com a realidade de suas famílias. Cada aluno deverá apresentar sua planilha aos pais, mostrando seus conhecimentos sobre orçamento doméstico. Com a ajuda deles vocês poderão preenchê-las. Boa sorte!

Trabalhando os conhecimentos adquiridos

Autoavaliação

1 Neste capítulo, você estudou duas modalidades de juro: o juro simples e o juro composto. Qual delas é mais utilizada nas transações comerciais e nas aplicações financeiras? Justifique sua resposta.

2 As compras a prazo costumam ter juro embutido no preço final. Em sua opinião, em que situações o pagamento a prazo pode ser interessante?

3 Responda às questões.

a) Quando o preço de venda (PV) é maior que o preço de custo (PC), há lucro (L) ou prejuízo (P)? Escreva uma sentença matemática que represente essa situação.

b) Quando o preço de venda (PV) é menor que o preço de custo (PC), há lucro (L) ou prejuízo (P)? Escreva uma sentença matemática que represente essa situação.

63

1 João vendeu uma máquina por R$ 650,00 com prejuízo de 12% sobre o preço de compra. Para que tivesse um lucro de 10% sobre o preço de custo, por quanto ele deveria ter vendido a máquina?

2 Um objeto foi vendido por R$ 2 000,00 com um lucro de R$ 400,00. Calcule a porcentagem desse lucro em relação ao preço de custo.

3 Um capital de R$ 15 000,00 foi aplicado a juro simples e, ao final de dois bimestres, produziu o montante de R$ 16 320,00. Qual foi a taxa mensal dessa aplicação?

4 **(Enem)** Uma pessoa aplicou certa quantia em ações. No primeiro mês, ela perdeu 30% do total do investimento e, no segundo mês, recuperou 20% do que havia perdido. Depois desses dois meses, resolveu tirar o montante de R$ 3 800,00 gerado pela aplicação.

A quantia inicial que essa pessoa aplicou em ações corresponde ao valor de:

a) R$ 4 222,22.
b) R$ 4 523,80.
c) R$ 5 000,00.
d) R$ 13 300,00.
e) R$ 17 100,00.

5 Em quantos meses um capital quintuplica na capitalização simples à taxa de 8% ao mês?

DESAFIO

Observe a tabela com a inflação (em %, ao mês) dos meses de janeiro, fevereiro e março dos anos de 2016 e 2017, calculada pelo IGP-M.

	Jan.	Fev.	Mar.
2016	1,14	1,29	0,51
2017	0,64	0,08	0,01

Para calcular a inflação acumulada nos meses de janeiro, fevereiro e março de 2016, podemos proceder assim:

$1{,}0114 \cdot 1{,}0129 \cdot 1{,}0051 \simeq 1{,}0297$

Ou seja, a inflação acumulada nesses meses foi de aproximadamente 2,97%.

Calcule a inflação acumulada nos meses de janeiro, fevereiro e março de 2017, com auxílio da calculadora.

Você sabia que o Índice Geral de Preços do Mercado (IGP-M) foi criado para corrigir operações financeiras, incluindo também contas de consumo e contratos de aluguel?

1 Você fez um empréstimo de R$ 5 000,00 a uma taxa de juro simples de 12% ao ano a ser pago em dois anos. Que valor será pago?

2 Com auxílio da calculadora, determine o juro composto obtidos em uma aplicação de R$ 10 000,00, aplicados à taxa de 8% a.a., com capitalização trimestral, durante um ano e meio.

3 **(Enem)** Considere que uma pessoa decida investir uma determinada quantia e que lhe sejam apresentadas três possibilidades de investimento, com rentabilidades líquidas garantidas pelo período de um ano, conforme descritas:
Investimento A: 3% ao mês
Investimento B: 36% ao ano
Investimento C: 18% ao semestre
As rentabilidades, para esses investimentos, incidem sobre o valor do período anterior. O quadro fornece algumas aproximações para a análise das rentabilidades:

n	3	6	9	12
$1{,}03^n$	1,093	1,194	1,305	1,426

Para escolher o investimento com a maior rentabilidade anual, essa pessoa deverá:

a) escolher qualquer um dos investimentos A, B ou C, pois as suas rentabilidades anuais são iguais a 36%.
b) escolher os investimentos A ou C, pois suas rentabilidades anuais são iguais a 39%.
c) escolher o investimento A, pois a sua rentabilidade anual é maior que as rentabilidades anuais dos investimentos B e C.
d) escolher o investimento B, pois sua rentabilidade de 36% é maior que as rentabilidades de 3% do investimento A e de 18% do investimento C.
e) escolher o investimento C, pois sua rentabilidade de 39% ao ano é maior que a rentabilidade de 36% ao ano dos investimentos A e B.

4 Um agente financeiro emprestou R$ 25 000,00 a serem pagos após quatro meses à taxa de juro de 3,5% ao mês. Qual é o juro recebido nessa operação, considerando o regime de capitalização composto?

5 **(Enem)** Arthur deseja comprar um terreno de Cléber, que lhe oferece as seguintes possibilidades de pagamento:

- Opção 1: Pagar à vista, por R$ 55 000,00.
- Opção 2: Pagar a prazo, dando uma entrada de R$ 30 000,00, e mais uma prestação de R$ 26 000,00 para dali a 6 meses.
- Opção 3: Pagar a prazo, dando uma entrada de R$ 20 000,00, mais uma prestação de R$ 20 000,00 para dali a 6 meses e outra de R$ 18 000,00 para dali a 12 meses da data da compra.
- Opção 4: Pagar a prazo dando uma entrada de R$ 15 000,00 e o restante em 1 ano da data da compra, pagando R$ 39 000,00.
- Opção 5: Pagar a prazo, dali a um ano, o valor de R$ 60 000,00.

Arthur tem o dinheiro para pagar à vista, mas avalia se não seria melhor aplicar o dinheiro do valor à vista (ou até um valor menor) em um investimento, com rentabilidade de 10% ao semestre, resgatando os valores à medida que as prestações da opção escolhida fossem vencendo.
Após avaliar a situação do ponto de vista financeiro e das condições apresentadas, Arthur concluiu que era mais vantajoso financeiramente escolher a opção:

a) 1. b) 2. c) 3. d) 4. e) 5.

DESAFIO

Observe os índices do IPCA do IBGE nos meses de janeiro, fevereiro e março de 2017.

Mês	Janeiro	Fevereiro	Março
IPCA	0,38	0,33	0,25

Com auxílio de uma calculadora, determine, a inflação acumulada nesse trimestre.

Você sabia que o Índice de Preço ao Consumidor Amplo (IPCA) é o índice de inflação oficial do país utilizado como parâmetro para a política de metas de inflação? Ele é calculado pelo IBGE, e em sua composição estão inclusos os gastos com alimentação, habitação, transportes, comunicação, vestuário, saúde e cuidados pessoais.

Sistemas de coordenadas cartesianas

1. Sistema cartesiano ortogonal

Para representar um ponto qualquer (par ordenado) em um plano, devemos utilizar dois eixos, x e y, perpendiculares entre si, que se interceptam no ponto O.

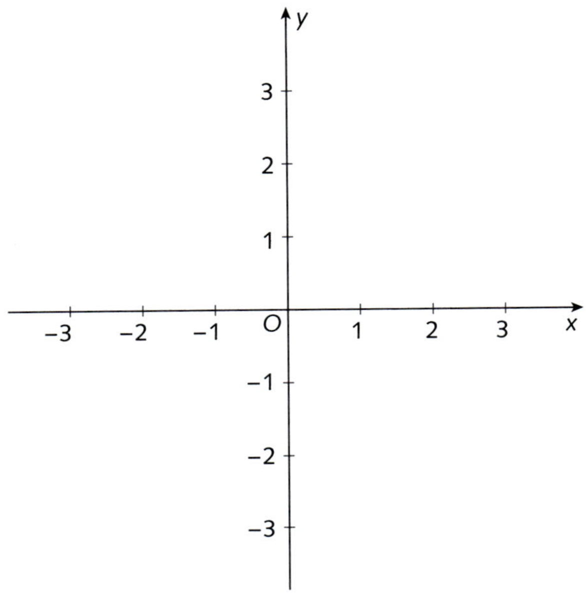

ADILSON SECCO

Temos:

- ponto O - **origem** do sistema.
- eixo x - eixo das **abscissas.**
- eixo y - eixo das **ordenadas**.

Denominamos:

- **plano cartesiano** - plano formado pelos eixos x e y.
- **coordenadas cartesianas** - pares ordenados de números (x, y).

Observações

1 O ponto O, origem do sistema de coordenadas cartesianas, é representado pelo par ordenado $(0, 0)$.

2 É importante observar a **ordem** dos elementos, pois: $(2, 3) \neq (3, 2)$

2. Localização de pontos no plano cartesiano

Vamos, por exemplo, localizar o ponto $P(2, 3)$ no plano cartesiano.

Sequência prática

1º) Localizamos o primeiro número do par ordenado no eixo das abscissas.

2º) Localizamos o segundo número do par ordenado no eixo das ordenadas.

3º) No encontro das perpendiculares aos eixos *x* e *y*, que passam por esses pontos, determinamos o ponto procurado.

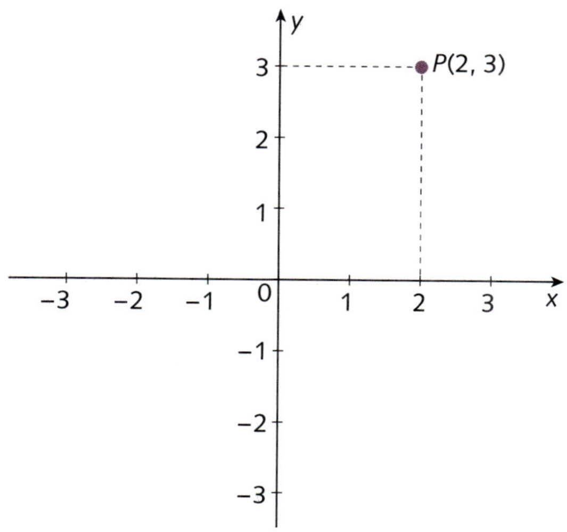

Exemplo

Observe a localização destes pontos: $A(-3, 3)$; $B(0, 5)$; $C(-6, 0)$; $D(5, 2)$; $E(-5, -3)$; $F(7, -5)$; $G(0, -4)$ e $H(3, 0)$.

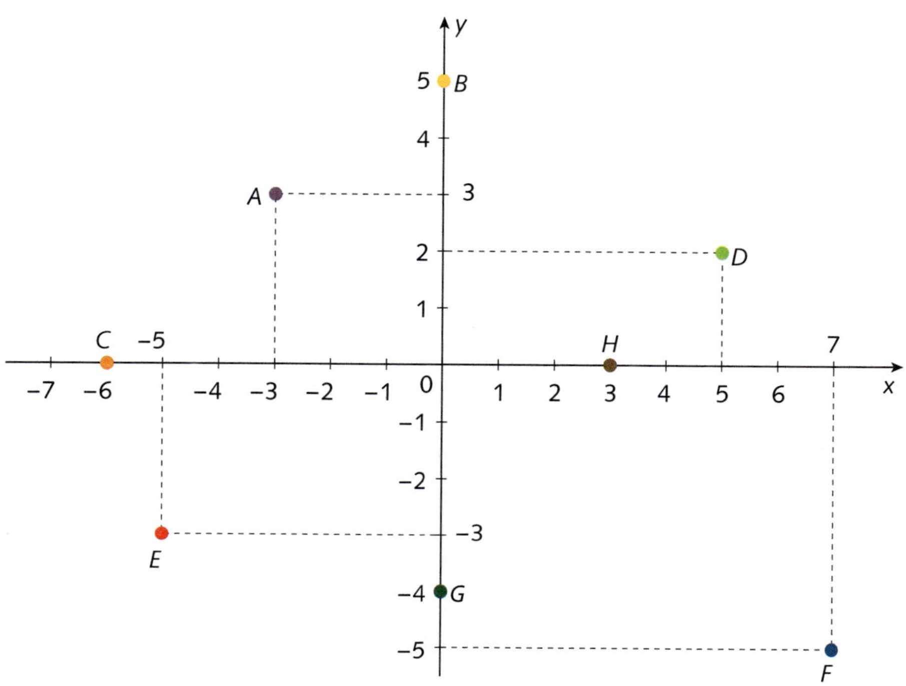

ILUSTRAÇÕES: ADILSON SECCO

Observações

1 Os pontos localizados sobre o eixo das abscissas (eixo *x*) têm ordenada nula.

Exemplos

- $C(-6, 0)$
- $H(3, 0)$

2 Os pontos localizados sobre o eixo das ordenadas (eixo *y*) têm abscissa nula.

Exemplos

- $B(0, 5)$
- $G(0, -4)$

3 As quatro regiões determinadas pelos eixos coordenados são chamadas de **quadrantes**.

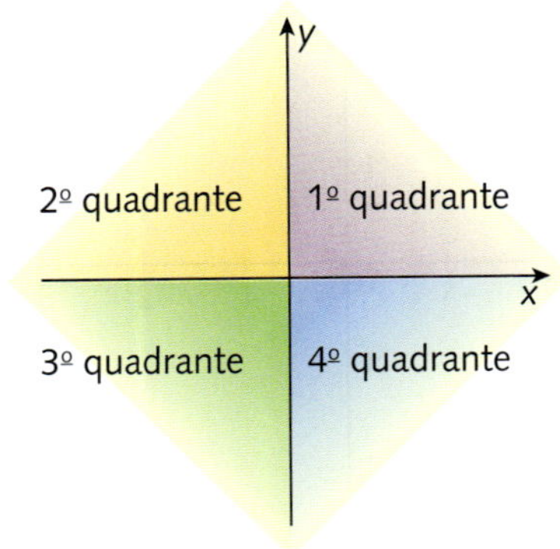

EXERCÍCIOS

1 Determine as coordenadas dos pontos localizados no plano cartesiano.

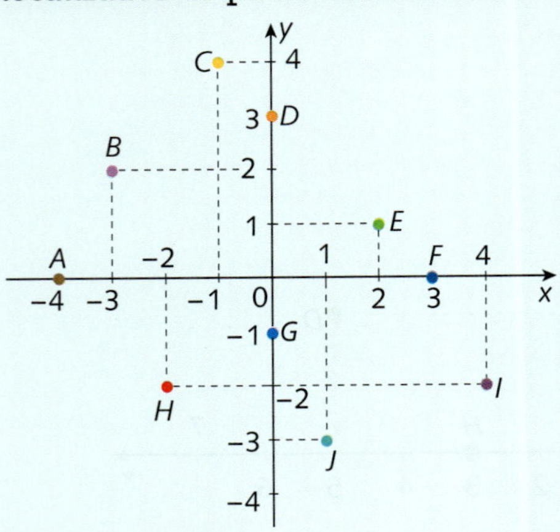

2 Localize, no plano cartesiano, os pontos abaixo.

a) $A(4, 2)$
b) $B(0, -4)$
c) $C(-3, -2)$
d) $D(2, -3)$
e) $E(-3, -4)$
f) $F(2, 3)$
g) $G(-2, 0)$
h) $H(-1, -2)$
i) $I(-4, 0)$
j) $J(0, 1)$

3 Determine o quadrante ao qual pertencem os pontos abaixo.

a) $(-5, 5)$
b) $(3, -2)$
c) $(5, 7)$
d) $(1, -2)$
e) $(-3, -2)$

4 Localize, no plano cartesiano, os pontos $A(1, 1)$ e $B(3, 4)$ e trace o segmento de reta com extremidades nesses pontos.

5 Desenhe, no plano cartesiano, o quadrilátero cujas coordenadas são: $A(-3, 3)$; $B(5, 2)$; $C(7, -3)$ e $D(4, -5)$.

6 Determine a área do triângulo cujos vértices são os pontos: $A(2, 3)$; $B(2, 5)$ e $C(7, 2)$. Como você classificaria esse triângulo quanto às medidas dos ângulos?

7 Represente, no plano cartesiano, a figura geométrica cujos vértices são: $A(4, 1)$; $B(5, 3)$; $C(6, 3)$; $D(7, 1)$; $E(6, -1)$ e $F(5, -1)$.

ILUSTRAÇÕES: ADILSON SECCO

8 Observe o retângulo *ABCD* e responda:

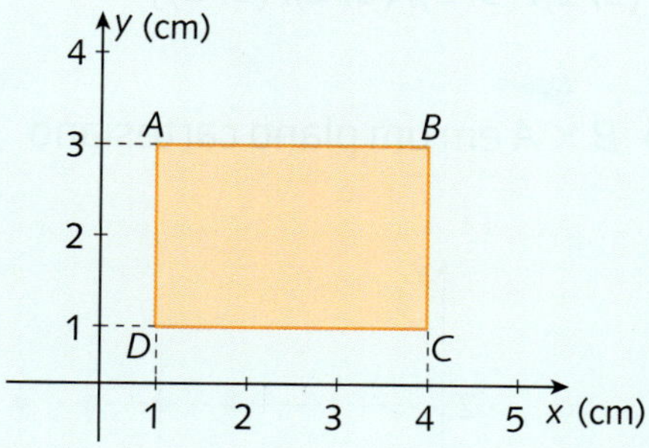

a) Quais são as coordenadas dos vértices do retângulo?

b) Qual é a área limitada pelo retângulo?

9 Um segmento de reta tem como extremidades os pontos $A(3, x)$ e $B(y, -5)$. Determine x e y, sabendo que o ponto A pertence ao eixo das abscissas, e B, ao eixo das ordenadas. Identifique o segmento em um plano cartesiano e determine a medida aproximada de seu comprimento, em centímetro.

10 Observe a figura e responda:

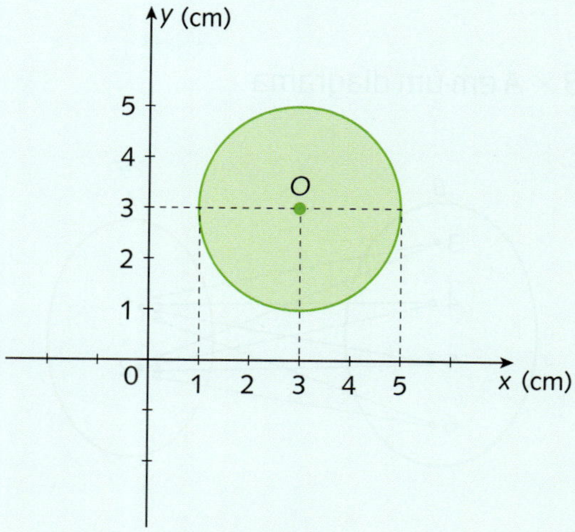

a) Quais são as coordenadas do centro do círculo?

b) Qual é a área aproximada do círculo, em centímetro quadrado? (Considere $\pi = 3{,}14$.)

3. Produto cartesiano

Considere os conjuntos $A = \{1, 2\}$ e $B = \{3, 4, 5, 6\}$.

Denominamos **produto cartesiano** $A \times B$ este conjunto:

$$A \times B = \{(1, 3), (1, 4), (1, 5), (1, 6), (2, 3), (2, 4), (2, 5), (2, 6)\}$$

Lê-se: "*A* cartesiano *B*".

Representação do produto cartesiano

▸ $A \times B$ em um diagrama

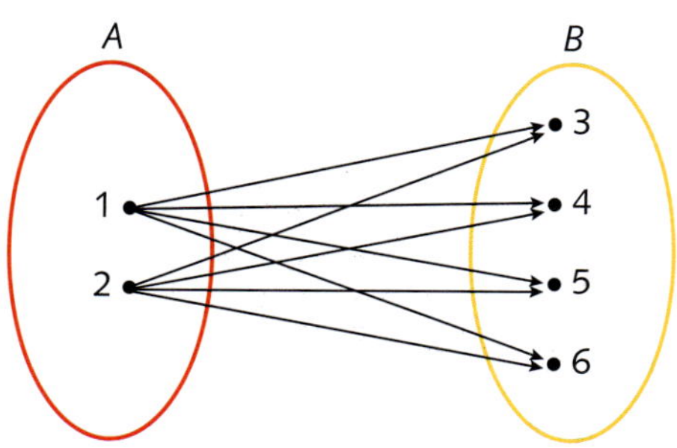

▸ $A \times B$ em um plano cartesiano

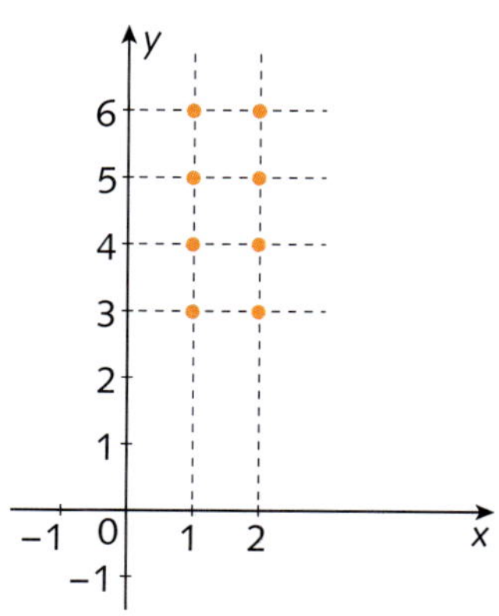

ILUSTRAÇÕES: ADILSON SECCO

Agora, verifique o produto cartesiano de B por A:

$$B \times A = \{(3, 1), (3, 2), (4, 1), (4, 2), (5, 1), (5, 2), (6, 1), (6, 2)\}$$

- $B \times A$ em um diagrama

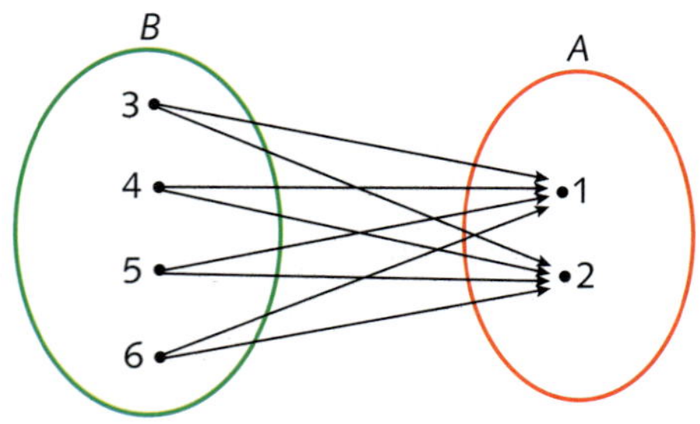

- $B \times A$ em um plano cartesiano

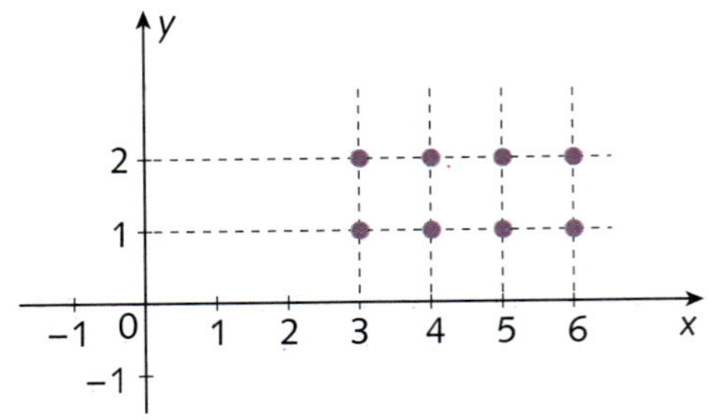

Podemos constatar que $(A \times B) \neq (B \times A)$, ou seja, a propriedade comutativa **não** é válida para o produto cartesiano.

Observação

Indicando por $n(A)$ o número de elementos do conjunto A e por $n(B)$ o número de elementos do conjunto B, podemos afirmar que:

$$n(A) \times n(B) = n(A \times B)$$

EXERCÍCIOS

11 Dados os conjuntos $A = \{3, 5\}$, $B = \{-2, 4\}$ e $C = \{0, 1, 3\}$, determine:

a) $A \times B$

b) $B \times A$

c) $B \times C$

d) $A \times A$

e) $A \times C$

f) $C \times C$

12 Dados os conjuntos $A = \{1, 5\}$ e $B = \{a, b, c\}$, determine:

a) $A \times B$

b) $A \times A$

c) $B \times A$

d) $B \times B$

13 Dado: $A \times B = \{(1, 3), (1, 4), (1, 5), (2, 3), (2, 4), (2, 5)\}$, determine A e B.

14 Observe o diagrama e escreva os conjuntos.

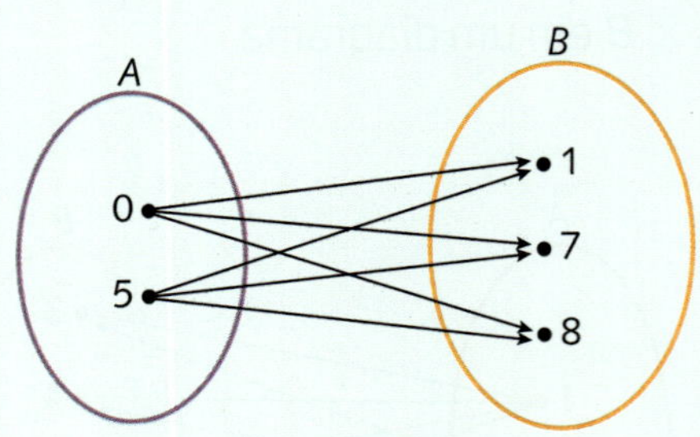

a) A

b) B

c) $A \times B$

d) $B \times A$

15 No diagrama, temos a representação $E \times F$. Determine os conjuntos E e F.

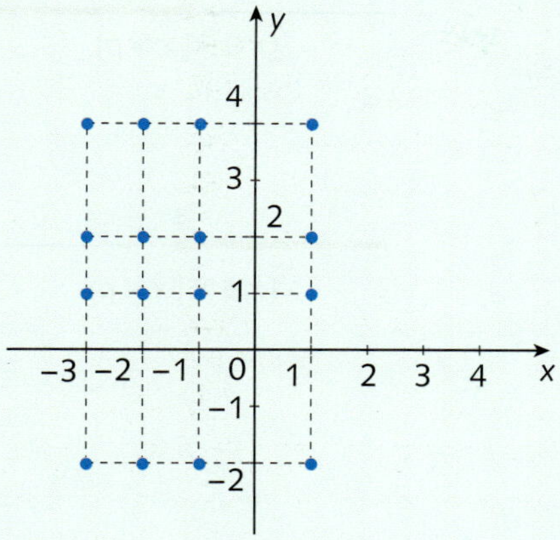

16 Um conjunto A tem k elementos, e um conjunto B tem $k + 3$ elementos. Determine k, sabendo que o produto cartesiano $A \times B$ possui 28 elementos.

GEORGE TUTUMI

4. Intervalos

> Intervalos são subconjuntos dos números reais determinados por relações de desigualdades.

Vamos utilizar os símbolos:

● → para indicar que um extremo pertence ao intervalo;

○ → para indicar que um extremo não pertence ao intervalo.

Observe as notações destes intervalos:

→ Intervalo fechado (inclui a e b)
Notação: $\{x \in \mathbb{R} \mid a \leq x \leq b\}$

→ Intervalo aberto à direita (inclui a)
Notação: $\{x \in \mathbb{R} \mid a \leq x < b\}$

→ Intervalo aberto à esquerda (inclui b)
Notação: $\{x \in \mathbb{R} \mid a < x \leq b\}$

→ Intervalo aberto (entre a e b)
Notação: $\{x \in \mathbb{R} \mid a < x < b\}$

ILUSTRAÇÕES: ADILSON SECCO

Outros importantes intervalos de $\mathbb{R}$:

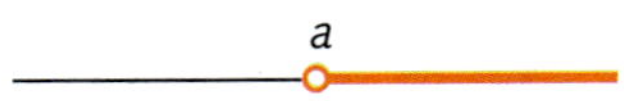

$\{x \in \mathbb{R} \mid x > a\}$

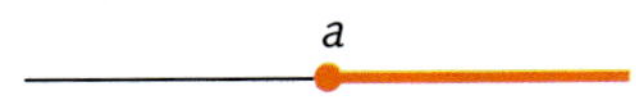

$\{x \in \mathbb{R} \mid x \geq a\}$

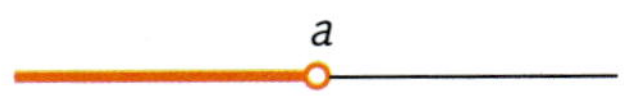

$\{x \in \mathbb{R} \mid x < a\}$

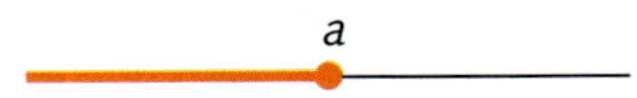

$\{x \in \mathbb{R} \mid x \leq a\}$

Exemplos

Represente, na reta real, os intervalos:

- $\{x \in \mathbb{R} \mid -2 < x < 3\}$

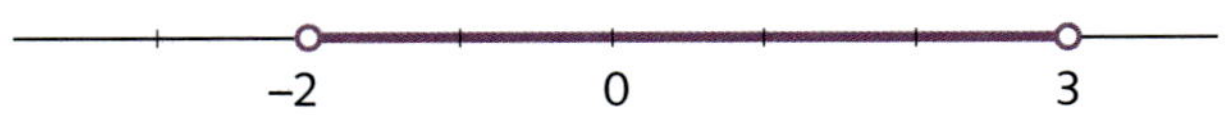

- $\{x \in \mathbb{R} \mid -3 < x \leq 2\}$

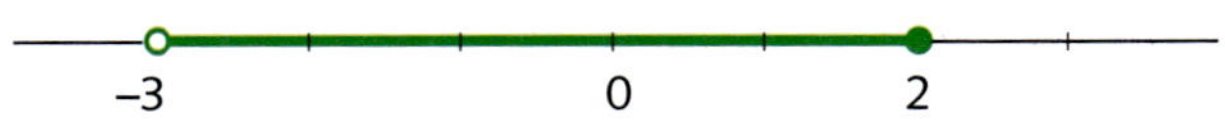

- $\{x \in \mathbb{R} \mid -2 \leq x < 4\}$

EXERCÍCIOS

17 Represente os intervalos abaixo na reta real.

a) $\{x \in \mathbb{R} \mid -4 < x < 2\}$

b) $\{x \in \mathbb{R} \mid -3 \leq x < 3\}$

c) $\{x \in \mathbb{R} \mid -3 < x \leq 4\}$

d) $\{x \in \mathbb{R} \mid x \leq 4\}$

e) $\{x \in \mathbb{R} \mid -4 < x \leq 4\}$

f) $\{x \in \mathbb{R} \mid x > 2\}$

18 Represente, por meio de conjuntos, os intervalos abaixo.

a) 

b) 

c) 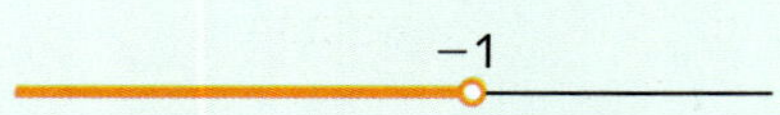

d) 

e) 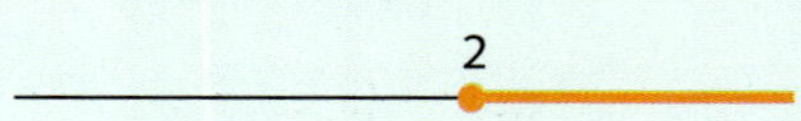

f) 

Trabalhando os conhecimentos adquiridos

Autoavaliação

A

1 Determine o quadrante ao qual pertencem os pontos:

a) $A(-7, 4)$

b) $B(-7, -6)$

c) $C(4, -7)$

d) $D(5, 3)$

2 Considere o ponto $P(3, 5)$ e responda:

a) Qual é o valor da soma de suas coordenadas?

b) Qual é a abscissa de P?

c) Qual é a ordenada de P?

d) Qual é a diferença entre as abscissas de P e a de um ponto localizado no eixo y?

e) Qual é a soma entre as ordenadas de P e a de um ponto localizado no eixo x?

3 O ponto $(5, 0)$ está localizado em que quadrante? Ou está sobre um dos eixos?

4 E o ponto $(0, 5)$, em qual quadrante se localiza? Ou está sobre um dos eixos?

5 Os pontos $A(2, 3)$ e $B(3, 2)$ são coincidentes?

6 Localize, nos eixos coordenados, os pontos $M(0, 0)$, $N(3, 4)$ e $Q(4, 3)$. Observando a localização desses pontos, qual é a figura formada pelos segmentos $\overline{MN}$, $\overline{NQ}$ e $\overline{QM}$?

7 Qual é a condição necessária e suficiente para que um ponto esteja localizado sobre um dos eixos coordenados?

8 Determine o valor de x e y que tornam as sentenças verdadeiras.

a) $(2x + y, 5x - 3y) = (3, 2)$

b) $(x + 2y, 20) = (9, x + y)$

9 Sendo $A = \{2, 3\}$, $B = \{3, 4\}$ e $C = \{3, 5\}$, calcule $(A - B) \times (B - C)$.

10 São dados $A = \{1, 2, 3\}$, $B = \{2, 4, 6\}$ e $C = \{1, 2\}$. Determine $B \times C_A^C$. (C_A^C corresponde ao conjunto complementar de C em relação a A.)

11 Um conjunto A possui $(x - 6)$ elementos, um conjunto B possui $(3x + 1)$ elementos. Se $A \times B$ tem 124 elementos, determine x.

12 Sendo $A = \{0, 1, 2\}$, $B = \{-1, 0, 1\}$ e $C = \{-2, -1, 3\}$, represente os produtos cartesianos $A \times B$, $A \times C$ e $C \times A$:

a) em um diagrama;

b) em um plano cartesiano.

13 Se $A = \{x \in \mathbb{R} \mid -2 \leqslant x \leqslant 2\}$, $B = \{x \in \mathbb{R} \mid 2 \leqslant x < 5\}$ e $C = \{x \in \mathbb{R} \mid -3 < x \leqslant 2\}$, represente na reta real $A \cap B \cap C$.

14 Sendo $A = \{x \in \mathbb{R} \mid -3 \leqslant x < 2\}$ e $B = \{x \in \mathbb{R} \mid -1 \leqslant x \leqslant 1\}$, represente na reta real $A \cap B$.

15 Sejam $A = \{x \in \mathbb{R} \mid x \geqslant 2\}$ e $B = \{x \in \mathbb{R} \mid x \geqslant 0\}$. Represente na reta real $A \cap B$.

16 Um homem tem 4 filhos e 3 filhas. De quantas maneiras diferentes ele poderá sair com seus filhos, se ele sairá com um casal de cada vez?

17 Sabendo que $\{(1, 2), (4, 2)\} \subset A^2$ e $n(A^2) = 9$, nomeie os elementos do conjunto A^2.

DESAFIO

Uma circunferência tem o ponto $(2, 3)$ como centro. Qual é a distância do centro da circunferência à origem dos eixos coordenados?

Testes, vestibulares e concursos

Potenciação e radicais

1 **(Osec-SP)** O produto
0,000015 · 0,000000002 é igual a:

a) $3 \cdot 10^{-40}$
b) $3 \cdot 10^{-14}$
c) $30 \cdot 10^{-14}$
d) $30 \cdot 10^{-13}$
e) $3 \cdot 10^{-4}$

2 **(PUC)** O valor da expressão
$A = 1{,}67 \cdot 10^{-24} + 3{,}95 \cdot 10^{-22}$ é:

a) $3{,}9667 \cdot 10^{-22}$
b) $3{,}9667 \cdot 10^{-23}$
c) $3{,}9667 \cdot 10^{-24}$
d) $3{,}9667 \cdot 10^{-42}$
e) $3{,}9667 \cdot 10^{-46}$

3 **(Vunesp)** Se $x = 10^{-3}$, então
$\dfrac{(0{,}1) \cdot (0{,}001) \cdot 10^{-1}}{10 \cdot (0{,}0001)}$ é igual a:

a) $100x$
b) $10x$
c) x
d) $\dfrac{x}{10}$
e) $\dfrac{x}{100}$

4 **(Unifor-CE)** A expressão $\sqrt{18} + \sqrt{50}$ é equivalente a:

a) $2\sqrt{17}$
b) $34\sqrt{2}$
c) $8\sqrt{2}$
d) $5\sqrt{3}$
e) $2\sqrt{2}$

5 **(Uece)** Se $p = 3 + \sqrt{2}$ e $q = 2 - \sqrt{2}$, então $p \cdot q - p$ é igual a:

a) $1 - 2\sqrt{2}$
b) $1 - \sqrt{2}$
c) $1 + \sqrt{2}$
d) $1 + 2\sqrt{2}$

6 **(UFS-SE)** Racionalizando-se o denominador de $\dfrac{3}{\sqrt{2} + \sqrt{5}}$, obtém-se:

a) $\sqrt{2} - \sqrt{5}$
b) $\sqrt{3}$
c) $\dfrac{3\sqrt{7}}{7}$
d) $\sqrt{5} - \sqrt{2}$
e) $6\sqrt{5}$

7 **(UFC-CE)** Seja $A = \dfrac{1}{\sqrt{3} + \sqrt{2}}$ e $B = \dfrac{1}{\sqrt{3} - \sqrt{2}}$, então $A + B$ é igual a:

a) $-2\sqrt{2}$
b) $3\sqrt{2}$
c) $-2\sqrt{3}$
d) $3\sqrt{3}$
e) $2\sqrt{3}$

8 **(PUC)** Efetuando-se $\dfrac{\sqrt{3} + 2\sqrt{2}}{\sqrt{3} - 2\sqrt{2}} + \dfrac{2\sqrt{2} - \sqrt{3}}{\sqrt{3} + 2\sqrt{2}}$, obtém-se:

a) $-\dfrac{22}{5}$
b) $-\dfrac{8\sqrt{6}}{5}$
c) 0
d) $-4\sqrt{6} + 11$
e) $-\dfrac{2(4\sqrt{6} + 11)}{5}$

9 **(CMF-CE)** O valor de
$\left[\dfrac{8(2^{-1} + 2^{-2} + 2^{-3}}{(\sqrt{5} - \sqrt{3}) \cdot (\sqrt{5} + \sqrt{3})}\right]^{\frac{10}{7}}$ é:

a) um número negativo.
b) um número irracional.
c) um número não real.
d) um número primo.
e) uma dízima periódica composta.

Equações do 2º grau

10 **(UFMG)** A soma e o produto das raízes da equação $px^2 + 2(q - 1)x + 6 = 0$ são, respectivamente, -3 e 3. O valor de q é:

a) -4
b) -2
c) 0
d) 2
e) 4

11 **(Fuvest-SP)** As soluções da equação
$\dfrac{x - a}{x + a} + \dfrac{x + a}{x - a} = \dfrac{2(a^4 + 1)}{a^2(x^2 - a^2)}$, onde $a \neq 0$, são:

a) $-\dfrac{a}{2}$ e $\dfrac{a}{4}$
b) $-\dfrac{a}{4}$ e $\dfrac{a}{4}$
c) $-\dfrac{1}{2a}$ e $\dfrac{1}{2a}$
d) $-\dfrac{1}{a}$ e $\dfrac{1}{2a}$
e) $-\dfrac{1}{a}$ e $\dfrac{1}{a}$

12 **(PUC)** Um romance realista foi escrito no século XIX, completando x anos em 2011. Se $x^2 - 135x + 1800 = 0$, a soma dos algarismos do ano em que ele foi escrito é igual a:

a) 15
b) 16
c) 17
d) 18
e) 19

13 **(Unifor-CE)** Seja o problema seguinte: "Qual é o número que somado com o dobro de seu inverso é igual a 3?". A equação que nos dá a solução desse problema é:

a) $2x^2 - 6x + 1 = 0$
b) $2x^2 + 6x - 1 = 0$
c) $x^2 - 2x + 3 = 0$
d) $x^2 + 3x + 2 = 0$
e) $x^2 - 3x + 2 = 0$

14 **(Vunesp)** Se aumentarmos em 3 cm o lado de um quadrado, sua área aumentará 27 cm². A partir desses dados, podemos dizer que o lado do quadrado mede, em cm:

a) 3
b) 4
c) 5
d) 6
e) 7

15 **(Uece)** Sejam x_1 e x_2 as raízes da equação $2x^2 - \sqrt{6}\,x + p - 2 = 0$. Se $(x_1 + x_2)^2 = x_1 \cdot x_2$, então p é igual a:

a) 1 b) 3 c) 5 d) 7

16 **(UFMG)** A soma das raízes da equação $3x^2 - x + 1 = 0$ é igual a:

a) -3
b) $\frac{1}{3}$
c) 3
d) $\frac{9}{2}$
e) 9

17 **(Cesgranrio-RJ)** A maior raiz da equação $-2x^2 + 3x + 5 = 0$ vale:

a) 1 b) 2 c) -1 d) 2,5

18 **(PUC)** A soma e o produto das raízes da equação $x^2 + x - 1 = 0$ são, respectivamente:

a) -1 e 0
b) 1 e -1
c) -1 e 1
d) -1 e -1

19 **(PUC)** O valor de m, de modo que a equação $5x^2 - (2m - 1)x + 2m = 0$ tenha uma das raízes igual a 3, é:

a) 10 b) 11 c) 12 d) 14

Funções e inequações do 1º grau

20 **(PUC)** Os pontos $A(1, 3)$ e $B(3, -1)$ pertencem ao gráfico da função $f(x) = ax + b$. O valor de $a + b$ é:

a) -7 b) -2 c) 3 d) 5

21 **(PUC)** Sendo $f(x) = \dfrac{1 + \frac{1}{x}}{1 - \frac{1}{x}}$, o valor de $f(2) + 1$ é igual a:

a) $\frac{2}{3}$ b) $\frac{3}{2}$ c) 2 d) 4

22 **(FGV-SP)** Quantos valores inteiros satisfazem a inequação $(2x - 7) \cdot (x - 1) < 0$?

a) zero b) 1 c) 2 d) 3 e) 4

23 **(Unifor-CE)** A solução da inequação $\dfrac{Q + 1}{Q - 1} > 0$ é:

a) $Q < -2$ ou $Q > 0$
b) $Q > 1$ ou $Q < -2$
c) $Q > 1$ ou $Q < -1$
d) $Q < -2$ ou $Q > 1$
e) $Q < 0$ ou $Q > 1$

24 **(UFMA)** A representação gráfica da função $y = -3$ é uma reta:

a) que intercepta os dois eixos.
b) paralela ao eixo das ordenadas.
c) perpendicular ao eixo das abscissas.
d) perpendicular ao eixo das ordenadas.

25 **(UEPG-PR)** A função de A em A tal que $y = ax + b$, $a \neq 0$, é representada graficamente por uma:

a) reta.
b) parábola.
c) elipse.
d) hipérbole.

26 **(UFPA)** Qual das relações de $A = \{1, 2\}$ em $B = \{3, 4, 5\}$, dadas abaixo, é uma função?

a) $\{(1, 3); (1, 4); (1, 5); (2, 3); (2, 4); (2, 5)\}$
b) $\{(1, 3); (2, 5)\}$
c) $\{(1, 3); (2, 4); (2, 5)\}$
d) $\{(1, 4); (1, 5)\}$
e) $\{(2, 3); (2, 4)\}$

27 **(UFMG)** O conjunto de todos os valores reais de x que satisfazem a desigualdade $\dfrac{-3}{x + 1} \geqslant 0$ é:

a) vazio
b) $\{x \in \mathbb{R} \mid x \leqslant -1\}$
c) $\{x \in \mathbb{R} \mid x < -1\}$
d) $\{x \in \mathbb{R} \mid x \geqslant -1\}$
e) $\{x \in \mathbb{R} \mid x > -1\}$

28 **(Unifor-CE)** A função f do 1º grau é definida por $f(x) = -3x + k$. O valor de k para que o gráfico f corte o eixo das ordenadas no ponto de ordenada 5 é:

a) 1 b) 2 c) 3 d) 4 e) 5

29 **(UFRN)** O conjunto solução da inequação $\frac{x+2}{x-2} > 2$ é o intervalo:

a) $(2; \infty)$
b) $(1; 4)$
c) $(-\infty; 6)$
d) $(2; 6)$
e) $(-6; \infty)$

Funções quadráticas

30 É dada a função $f(x) = x^2 - 11x + 6$. Um valor de x que torna verdadeira a sentença $f(x) = -12$ é:

a) 0 b) 1 c) 2 d) 3 e) 4

31 **(UCsal-BA)** A parábola da equação $y = 2x^2 - 3x + 1$ corta o eixo das abscissas nos pontos:

a) (0, 0) e (3, 0)
b) (0, 1) e (0, 2)
c) (0, 1) e $\left(0, \frac{1}{2}\right)$
d) (1, 0) e $\left(\frac{1}{2}, 0\right)$
e) (2, 0) e (1, 0)

32 **(Unifor-CE)** Um aluno, brincando de aviãozinho de papel, observou que a trajetória que seu avião fez foi semelhante à parábola $y = ax^2 + 4x + c$ cujo gráfico pode ser representado como abaixo. Então, se pode afirmar que:

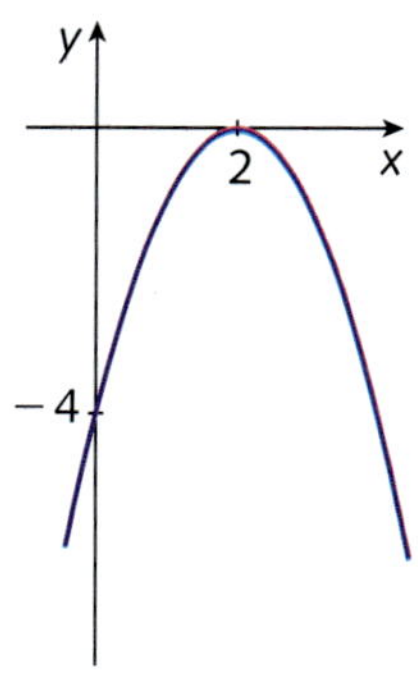

a) $c = -4a$
b) $c = 4a$
c) $c = -a$
d) $c = a$
e) $c = -2a$

33 **(UFRGS-RS)** Uma bola colocada no chão é chutada para o alto, percorrendo uma trajetória descrita por $y = -2x^2 + 12x$, em que y é a altura dada em metros. A altura máxima atingida pela bola é de:

a) 36 m
b) 18 m
c) 12 m
d) 6 m
e) 3 m

34 **(UnB-DF)** Os valores que anulam a função $y = x^2 - 5x + 6$ são:

a) pares.
b) ímpares.
c) positivos.
d) negativos.

35 **(Acafe-SC)** A função $f(x) = x^2 - 2x + 1$ tem mínimo no ponto em que x vale:

a) 0
b) 1
c) 2
d) 3
e) 4

36 **(UFC-CE)** Qual a parábola abaixo que poderia representar uma função quadrática com discriminante negativo?

a) 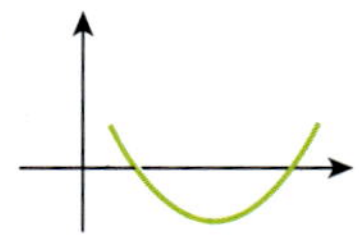

b) 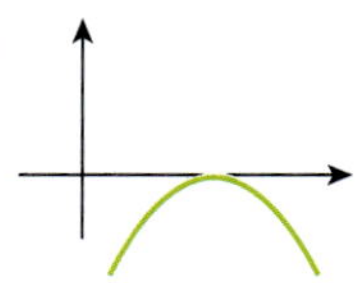

c) 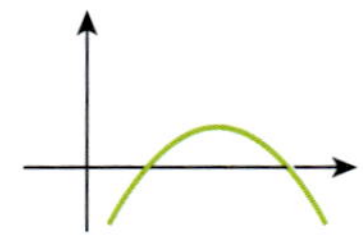

d) 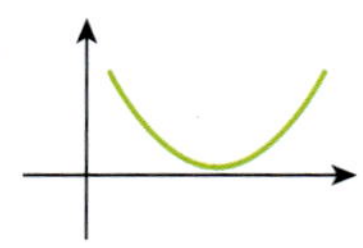

37 **(PUC)** Uma bola é largada do alto de um edifício e cai em direção ao solo. Sua altura h em relação ao solo, t segundos após o lançamento, é dada pela expressão $h = -25t^2 + 625$. Após quantos segundos do lançamento a bola atingirá o solo?

a) 2,5
b) 5
c) 7
d) 10
e) 25

38 **(PUC)** O valor máximo da função $f(x) = -x^2 + 2x + 2$ é:

a) 2
b) 3
c) 4
d) 5
e) 6

39 **(ESPM-SP)** A estrutura do lucro de uma pequena empresa pode ser estudada através da equação $y = -x^2 + 120x - 2\,000$, sendo y o lucro em reais quando a empresa vende x unidades. Com base nisso, pode-se afirmar que:

a) o lucro é máximo quando $x = 60$.
b) o lucro é máximo quando $x = 1600$.
c) o lucro é máximo quando $x = 20$ ou $x = 100$.
d) o lucro é máximo quando $x > 2\,000$.
e) o lucro é máximo quando $x < 20$ ou $x > 100$.

Estatística e Probabilidade

40 **(Vunesp)** Analise o gráfico.

POPULAÇÃO NOS CENSOS DEMOGRÁFICOS SEGUNDO AS REGIÕES GEOGRÁFICAS BRASILEIRAS – 1940/2010

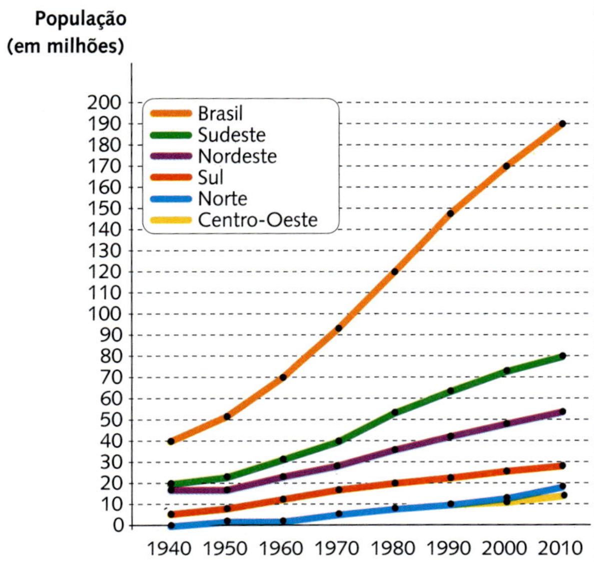

(IBGE. Adaptado.)

A partir da análise dos dados apresentados no gráfico e de seus conhecimentos, é correto afirmar que:

a) a curva populacional da região Nordeste apresenta crescimento acentuado a partir da década de 1970, superando a da região Sudeste.

b) a região Sul manteve constantes seus índices de crescimento populacional em todo o período analisado, espelhando um forte fluxo migratório para a região.

c) a curva populacional da região Sudeste, a partir da década de 1980, apresenta um crescimento mais acelerado do que a curva populacional do Brasil.

d) apesar de as regiões Nordeste e Sudeste, na década de 1940, possuírem números populacionais semelhantes, a curva da região Nordeste supera a da região Sudeste a partir da década de 1970.

e) as regiões Norte e Centro-Oeste, em todo o período analisado, apresentaram comportamentos próximos em seus números absolutos de população.

41 **(Unifor-CE)** Em um curso de inglês, as turmas são montadas por meio da distribuição das idades dos alunos. O gráfico abaixo representa a quantidade de alunos por suas idades. A porcentagem de alunos com que será formada uma turma com idade maior ou igual a 18 anos é:

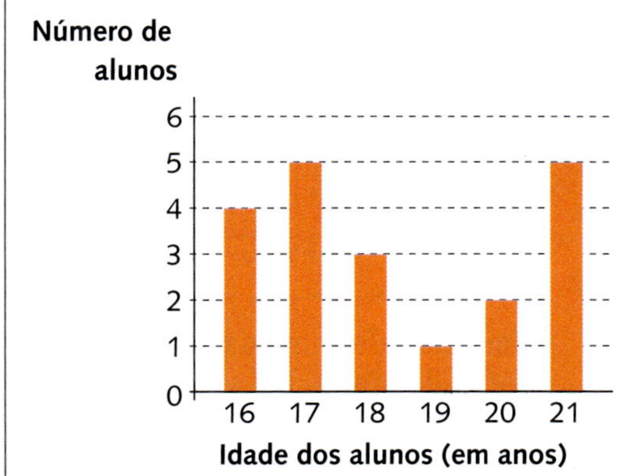

a) 11%

b) 20%

c) 45%

d) 55%

e) 65%

42 **(Univali-SC)** O gráfico mostra as vendas de televisores em uma loja:

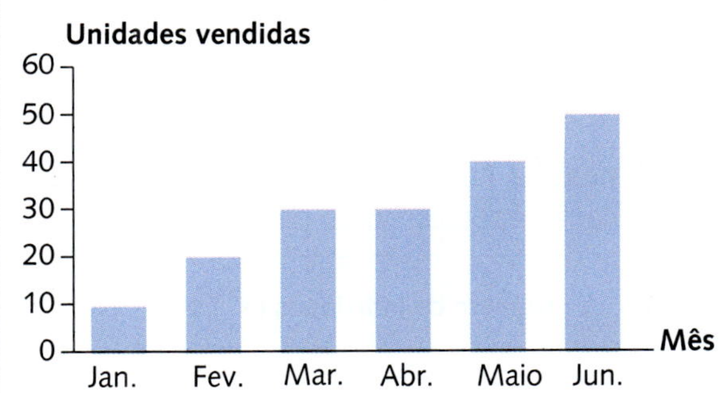

Pode-se afirmar que:

a) as vendas aumentaram mês a mês.

b) foram vendidos 100 televisores até junho.

c) as vendas do mês de maio foram inferiores à soma das vendas de janeiro e fevereiro.

d) foram vendidos 90 televisores até abril.

e) se cada televisor é vendido por R$ 240,00, em maio a loja faturou, com as vendas desse produto, R$ 7 200,00.

43 **(Fuvest-SP)** A distribuição das idades dos alunos de uma classe é dada pelo seguinte gráfico:

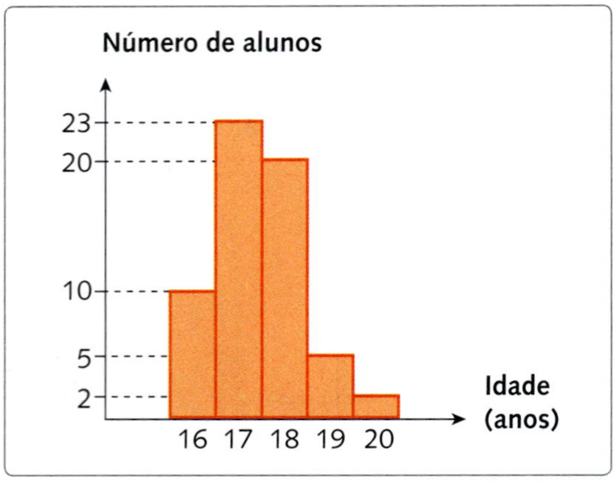

Qual das alternativas representa melhor a média de idade dos alunos?

a) 16 anos e 10 meses
b) 17 anos e 1 mês
c) 17 anos e 5 meses
d) 18 anos e 6 meses
e) 19 anos e 2 meses

44 **(Vunesp)** Suponhamos que nos vestibulares de determinado ano uma universidade tivesse tido, para os seus diversos cursos, uma média de 3,60 candidatos por vaga oferecida. Se para os vestibulares do próximo ano o número de vagas for aumentado em 20% e o número de candidatos aumentar em 10%, qual a média de candidatos por vaga que essa universidade terá no próximo ano?

a) 3,24 b) 3,30 c) 3,36 d) 3,40 e) 3,46

45 **(Enem)** O número de indivíduos de certa população é representado pelo gráfico abaixo.

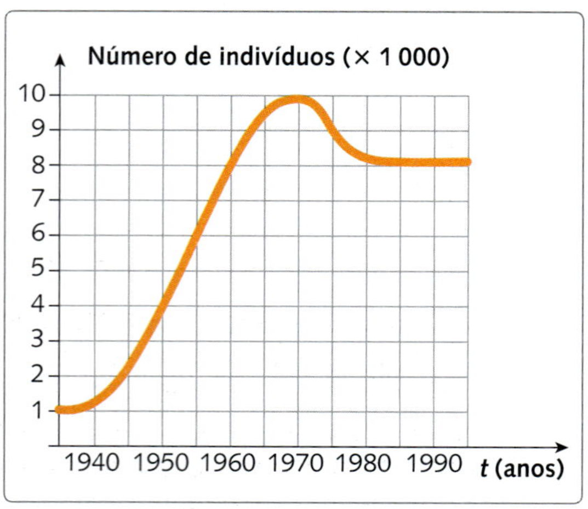

Em 1975, a população era aproximadamente igual à de:

a) 1960 b) 1963 c) 1967 d) 1970 e) 1980

46 **(Enem)** Para convencer a população local da ineficiência da Companhia Telefônica Vilatel na expansão da oferta de linhas, um político publicou no jornal local o gráfico I, a seguir representado. A Companhia Vilatel respondeu publicando dias depois o gráfico II, onde pretende justificar um grande aumento na oferta de linhas. O fato é que, no período considerado, foram instaladas, efetivamente, 200 linhas telefônicas.

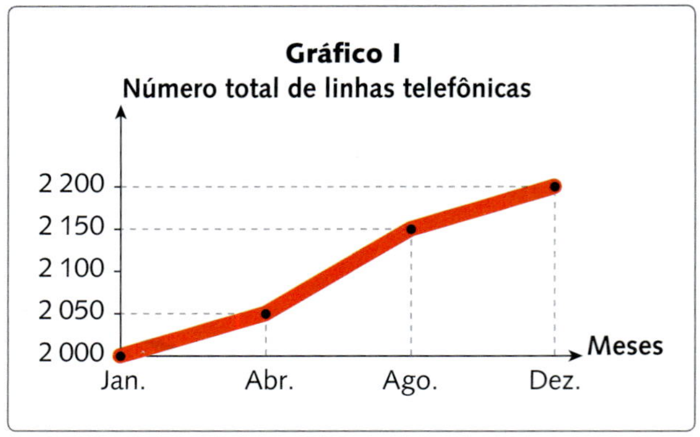

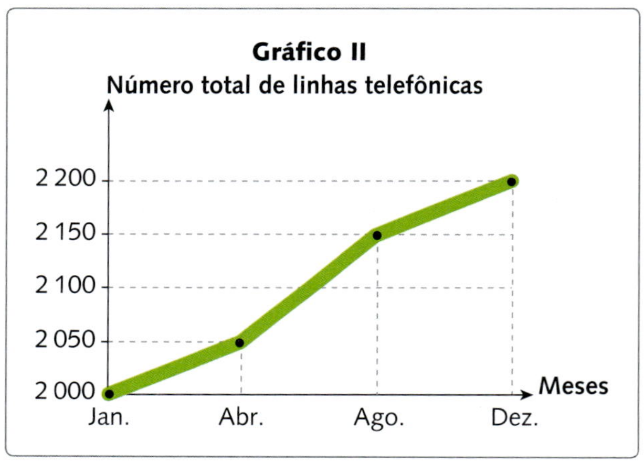

Analisando os gráficos, podemos concluir que:

a) o gráfico II representa um crescimento real maior do que o do gráfico I.

b) o gráfico I apresenta o crescimento real, sendo o II incorreto.

c) o gráfico II apresenta o crescimento real, sendo o I incorreto.

d) a aparente diferença de crescimento nos dois gráficos decorre da escolha das diferentes escalas.

e) os dois gráficos são incomparáveis, pois usam escalas diferentes.

ILUSTRAÇÕES: ADILSON SECCO

47 **(Unifor-CE)** O gráfico abaixo mostra a variação do IPC, Índice de Preços ao Consumidor, em uma capital brasileira pesquisada no período de abril a agosto de 2011.

ÍNDICE DE PREÇOS AO CONSUMIDOR

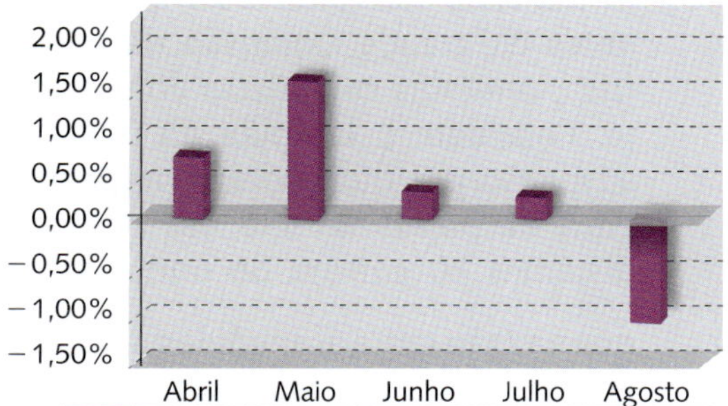

	Abril	Maio	Junho	Julho	Agosto
IPC	0,70%	1,59%	0,31%	0,25%	−1,17%

Baseado nos dados do gráfico acima, podemos afirmar que a média do IPC durante esses cinco meses foi, aproximadamente, de:

a) 0,10% c) 0,33% e) 0,50%

b) 0,22% d) 0,42%

Segmentos proporcionais e semelhança

48 **(Fuvest-SP)** No segmento $\overline{AC}$, toma-se um ponto B de forma que $\frac{AB}{AC} = 2 \cdot \frac{BC}{AB}$. Então, o valor de $\frac{BC}{AB}$ é:

a) $\frac{1}{2}$ c) $\sqrt{5} - 1$ e) $\frac{\sqrt{5} - 1}{3}$

b) $\frac{\sqrt{3} - 1}{2}$ d) $\frac{\sqrt{5} - 1}{2}$

49 **(Unicamp-SP)** Escala, em cartografia, é a relação matemática entre as dimensões reais do objeto e a sua representação no mapa. Assim, em um mapa de escala 1 : 50 000, uma cidade que tem 4,5 km de extensão entre seus extremos será representada com:

a) 9 cm b) 90 cm c) 225 mm d) 11 mm

50 A figura mostra um "esquema" no qual $\overline{CB}$ é paralelo a $\overline{ED}$, $AB = 20$ cm, $BD = 16$ cm e $CE = 20$ cm. A medida de $\overline{AC}$ é igual a:

a) 22 cm

b) 23 cm

c) 24 cm

d) 25 cm

e) 36 cm

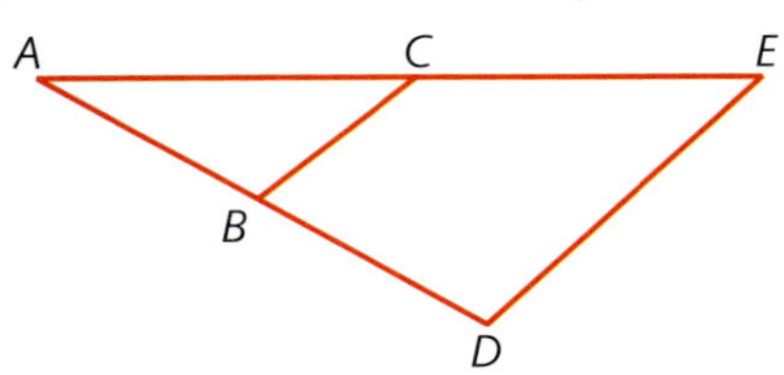

51 Na figura abaixo, sendo $r // s // t$, o valor de x é:

a) 4

b) 5

c) 6

d) 7

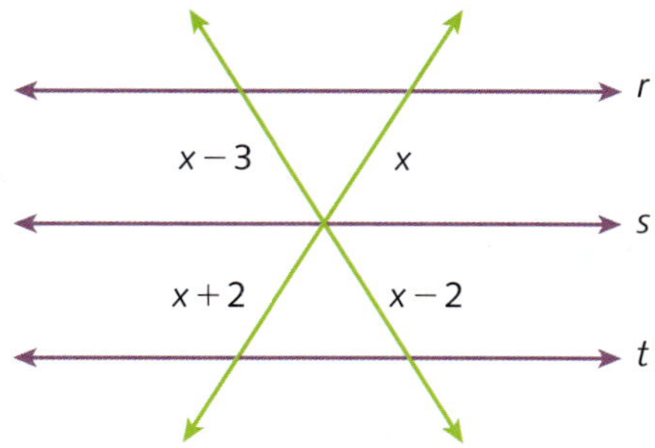

52 Na figura abaixo, as medidas assinaladas são dadas em centímetros e $\overline{AB} // \overline{DE}$. Se $\overline{BD} = 7$ cm, então x é igual a:

a) 1,2

b) 1,8

c) 2,1

d) 2,4

e) 2,8

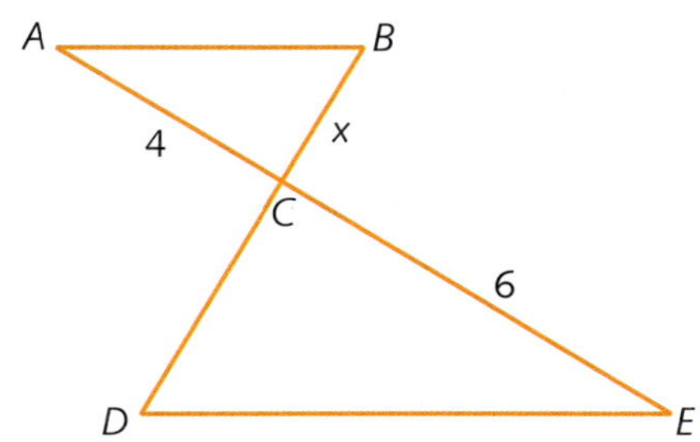

53 **(Fuvest-SP)** O mapa de uma região utiliza a escala de 1 : 200 000. A porção desse mapa, contendo uma Área de Preservação Permanente (APP), está representada na figura, na qual $\overline{AF}$ e $\overline{DF}$ são segmentos de reta, o ponto G está no segmento $\overline{AF}$, o ponto E está no segmento $\overline{DF}$, $ABEG$ é um retângulo e $BCDE$ é um trapézio. Se $AF = 15$, $AG = 12$, $AB = 6$, $CD = 3$ e $DF = 5\sqrt{5}$ indicam valores em centímetros no mapa real, então a área da APP é:

a) 100 km²

b) 108 km²

c) 210 km²

d) 240 km²

e) 444 km²

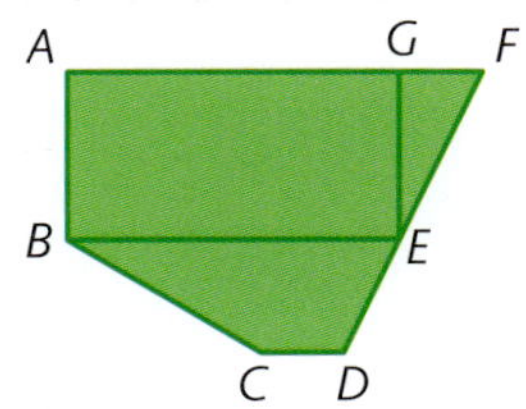

Obs.: Figura ilustrativa, sem escala.

54 A certa hora da manhã, o Sol incidindo sobre o topo de um edifício projeta uma sombra de 32 metros. No mesmo instante, a sombra de um poste com 9 metros de altura, localizado ao lado do edifício, mede 12 metros. Nesse caso, a altura do edifício mede:

a) 18 metros d) 27 metros

b) 21 metros e) 30 metros

c) 24 metros

55 Os lados de um triângulo medem, respectivamente, 7 dm, 9 dm e 14 dm. Qual é o perímetro do triângulo semelhante ao dado cuja medida do maior lado é 35 dm?

a) 45 dm b) 55 dm c) 60 dm d) 75 dm

56 **(Unifor-CE)**

> O conceito de simetria surgiu na Grécia antiga, como uma tentativa de explicar a beleza por bases racionais. Os gregos não eram dados a muita subjetividade, eles gostavam de achar que havia lógica por trás de tudo. Por isso, conceberam a ideia de proporção áurea, uma relação matemática segundo a qual a divisão da medida da maior parte pela menor parte de um segmento (dividido em duas partes) é igual à divisão do segmento inteiro pela parte maior. Considerando um segmento de reta *AB*, dividido em duas partes "*a*" e "*b*", com $a < b$, então, de acordo com a descrição acima, podemos afirmar que a proporção áurea se verifica na igualdade:
>
> Fonte: ROCHA JR. A. Martins. *Divina proporção*. 2011. p. 23-26. (Adaptado.)

a) $\frac{a}{b} = \frac{a-b}{a}$

b) $\frac{a}{b} = \frac{a+b}{a-b}$

c) $\frac{a}{b} = \frac{a+b}{a}$

d) $\frac{b}{a} = \frac{a+b}{b}$

e) $\frac{b}{a} = \frac{a+b}{a-b}$

57 **(Fuvest-SP)** O triângulo *ABC* tem altura *h* e base *b* (ver figura). Nele, está inscrito o retângulo *DEFG*, cuja base é o dobro da altura. Nessas condições, a altura do retângulo, em função de *h* e *b*, é dada pela fórmula:

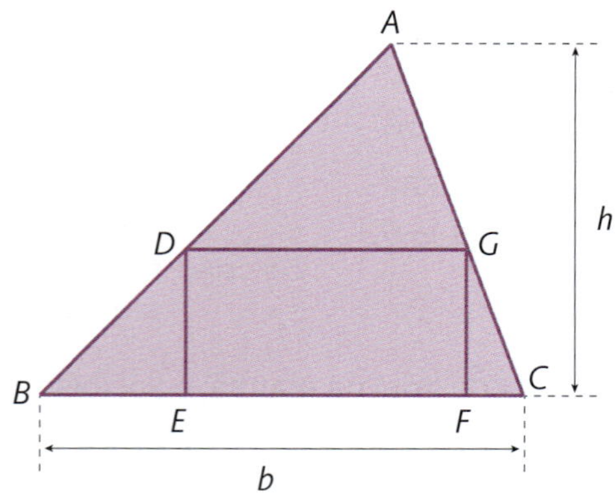

a) $\frac{bh}{h+b}$

b) $\frac{2bh}{h+b}$

c) $\frac{bh}{h+2b}$

d) $\frac{bh}{2h+b}$

e) $\frac{bh}{2(h+b)}$

Relações métricas em um triângulo retângulo e razões trigonométricas

58 **(CMF-CE)** O lampião é uma lanterna grande que pode ser portátil ou fixa. Foi largamente utilizado na zona rural, principalmente antes da grande expansão da energia elétrica, uma das conquistas do povo sertanejo. Considere o lampião da figura abaixo, suspenso por duas cordas perpendiculares entre si, presas ao teto nos pontos *A* e *B*, distantes 20 cm um do outro. Sabendo-se que a razão entre as medidas das cordas é $\frac{3}{4}$, então a soma das medidas das cordas, em metros, é:

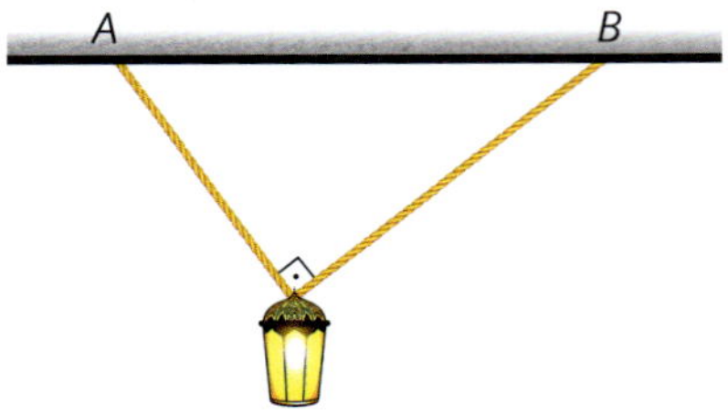

a) 0,36

b) 0,34

c) 0,32

d) 0,30

e) 0,28

59 **(CBMerj)** Para realizar um treinamento de salvamento em altura, os bombeiros amarraram uma das extremidades de uma corda no topo de uma torre vertical e prenderam a outra extremidade no solo, medindo 50 metros a distância entre as duas extremidades. Sabe-se que a referida corda estava totalmente esticada e formava um ângulo de 45 graus com o solo, que era horizontal e plano. Qual a altura da torre utilizada no treinamento? (Considere $\sqrt{2} = 1{,}41$ e $\sqrt{3} = 1{,}73$.)

a) 25,00 m b) 28,83 m c) 35,25 m d) 43,25 m e) 50,00 m

60 **(CMF-CE)** Considerando-se a figura abaixo, podemos concluir que a medida $(\overline{AB} + \overline{BD})$, em centímetros, é de:

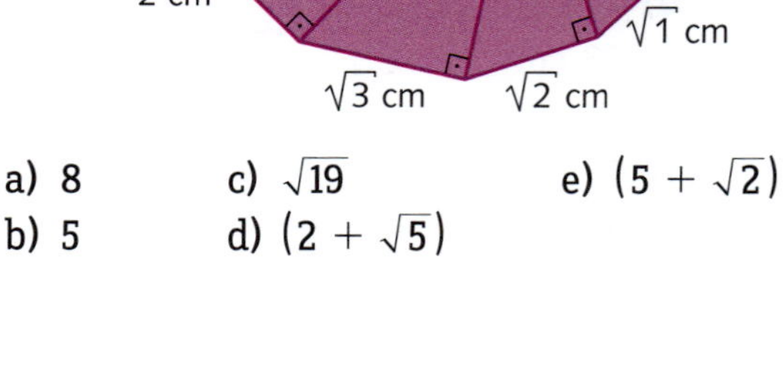

a) 8

b) 5

c) $\sqrt{19}$

d) $(2 + \sqrt{5})$

e) $(5 + \sqrt{2})$

61 **(PUC)** Num triângulo retângulo cujos catetos medem $\sqrt{3}$ e $\sqrt{4}$, a hipotenusa mede:

a) $\sqrt{5}$
b) $\sqrt{7}$
c) $2\sqrt{2}$
d) $2\sqrt{3}$
e) n.d.a

62 **(Cesgranrio-RJ)** Uma rampa plana de 36 m de comprimento faz ângulo de 30° com o plano horizontal. Uma pessoa que sobe a rampa inteira eleva-se verticalmente de:

a) $6\sqrt{3}$ m
b) 12 m
c) 13,6 m
d) $9\sqrt{3}$ m
e) 18 m

63 **(Colégio Naval-RJ)** Qual é o perímetro do quadrado em que a diagonal mede $3\sqrt{6}$ m?

a) $6\sqrt{3}$ m
b) $12\sqrt{3}$ m
c) $12\sqrt{6}$ m
d) $8\sqrt{3}$ m
e) n.d.a.

64 **(Unifor-CE)** Ao se mover, a partir da vertical, um pêndulo de 100 cm de comprimento forma um ângulo de 60° com a vertical (veja figura). Quantos centímetros sobe a extremidade inferior do pêndulo?

$\left(\text{sen } 60° = \dfrac{\sqrt{3}}{2}, \cos 60° = \dfrac{1}{2}, \text{tg } 60° = \sqrt{3}.\right)$

a) 35
b) 50
c) 60
d) 75
e) 80

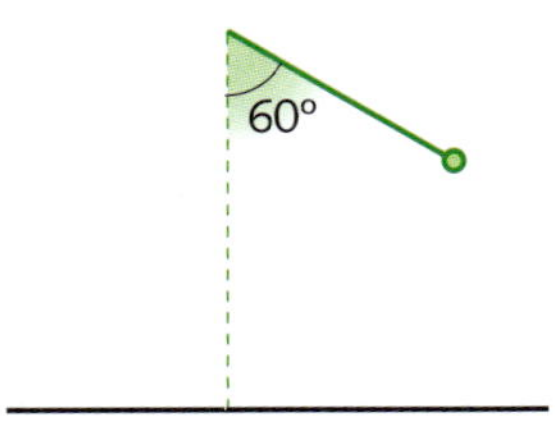

65 **(UnB-DF)** Sabendo que tg 30° $= \dfrac{\sqrt{3}}{3}$, determine a medida do segmento $\overline{AC}$ na figura abaixo. (Considere: $\sqrt{3} = 1{,}73$.)

a) 173 m
b) 346 m
c) 100 m
d) 200 m
e) n.d.a.

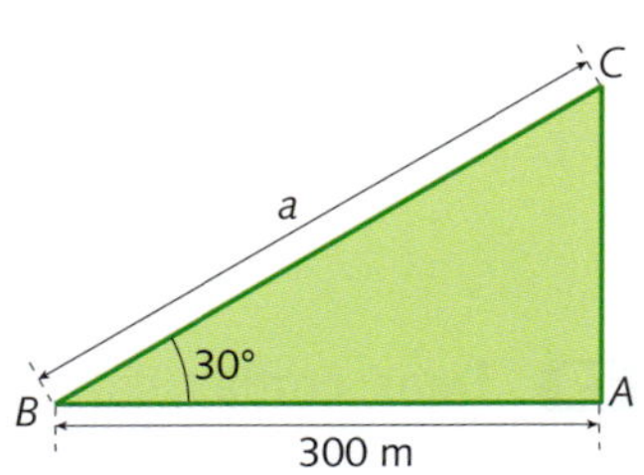

66 **(Fuvest-SP)** Se o triângulo *ABC* é retângulo em $\widehat{A}$, e se o seno do ângulo $\widehat{B}$ é 0,8, qual o valor da tangente do ângulo $\widehat{C}$?

a) 0,25
b) 0,50
c) 0,75
d) 1,00
e) 1,25

Relações em um triângulo qualquer

67 **(FGV-SP)** Em um triângulo *ABC*, os ângulos $\widehat{A}$ e $\widehat{B}$ medem, respectivamente, 60° e 45°; o lado $\overline{BC}$ mede $5\sqrt{6}$ cm. Então, a medida do lado $\overline{AC}$ é:

a) 18 cm
b) $5\sqrt{12}$ cm
c) 12 cm
d) 9 cm
e) 10 cm

68 **(Cescea-SP)** No triângulo *ABC* da figura, tem-se $b = 2$, $\widehat{B} = 45°$ e $\widehat{C} = 60°$. Então, o lado *a* mede:

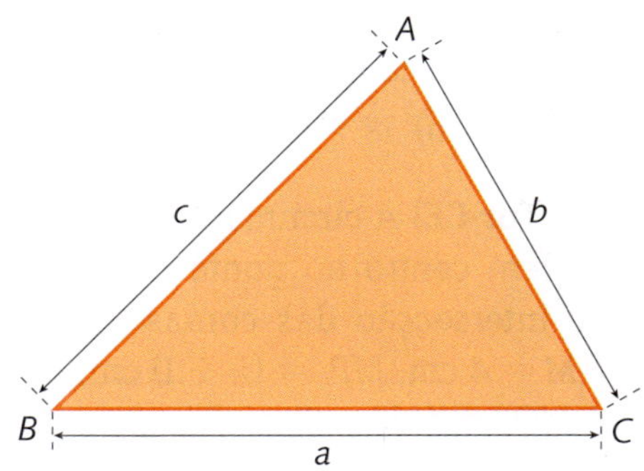

a) $\sqrt{3} - 1$
b) $2 + \sqrt{2}$
c) $1 + \sqrt{3}$
d) $1 + \dfrac{\sqrt{3}}{2}$

69 Dois lados de um triângulo medem 8 m e 12 m e formam entre si um ângulo de 120°. Calcule a medida do terceiro lado.

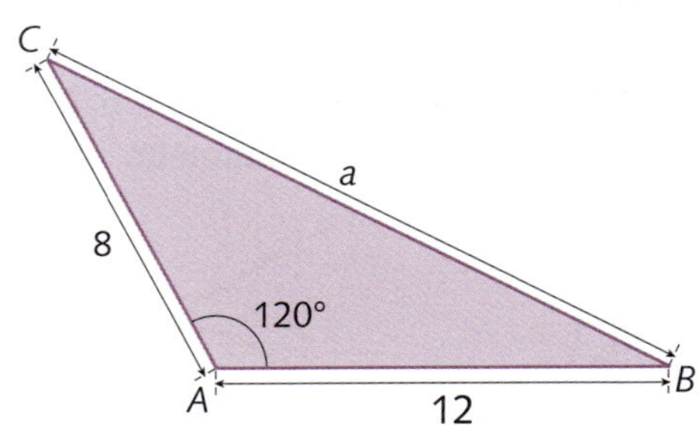

a) $\sqrt{19}$ m
b) $2\sqrt{19}$ m
c) $3\sqrt{19}$ m
d) $4\sqrt{19}$ m
e) $5\sqrt{19}$ m

70 Calcule a medida *c* do lado de um triângulo *ABC* em que $a = 3$ m, $b = 6$ m e med$(\widehat{A}) = 30°$.

a) $\sqrt{3}$ m
b) $3\sqrt{3}$ m
c) $4\sqrt{3}$ m
d) $5\sqrt{3}$ m
e) $2\sqrt{3}$ m

Circunferência, arcos e relações métricas

71 **(Unifor-CE)** Na figura abaixo, tem-se uma circunferência e duas de suas cordas concorrentes no ponto M.

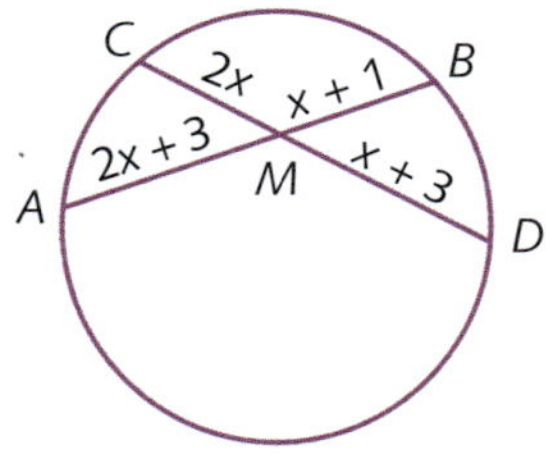

Se as medidas dos segmentos $\overline{CM}$, $\overline{MD}$, $\overline{AM}$ e $\overline{MB}$, indicados na figura, são dadas em centímetros, a corda $\overline{AB}$ mede, em centímetros:

a) 36 b) 18 c) 15 d) 14 e) 13

72 **(Unifor-CE)** A circunferência da figura abaixo tem centro no ponto O, e M é o ponto de intersecção das cordas $\overline{P_1P_2}$ e $\overline{Q_1Q_2}$. Se $P_1M = 4$ cm, $MP_2 = (k + 1)$ cm, $Q_1M = 3$ cm e $MQ_2 = (3k - 7)$ cm, então a corda $\overline{Q_1Q_2}$, em centímetros, mede:

a) 5
b) 8
c) 11
d) 14

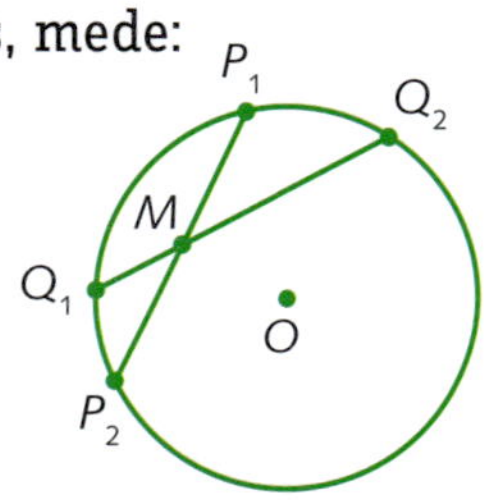

73 Na figura abaixo tem-se a reta r tangente à circunferência de centro O no ponto T. Se o raio da circunferência mede 3 cm e $AT = 4$ cm, a medida de $\overline{AQ}$, em centímetro, é:

a) 0,2
b) 0,4
c) 1
d) 1,8
e) 2

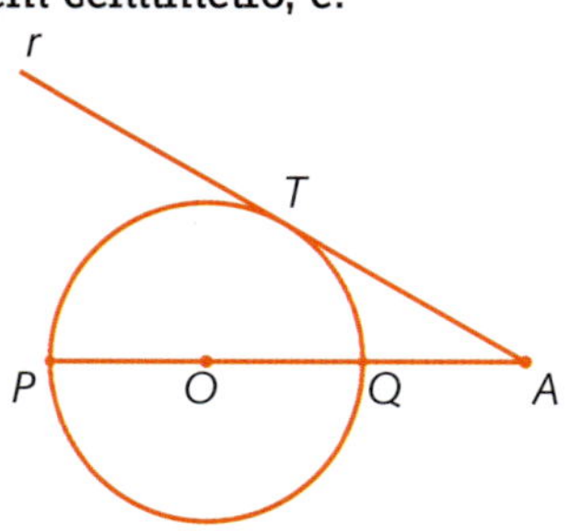

74 Se $AC = 12$ cm e $AB = 6$ cm, então, na circunferência abaixo, o raio mede:

a) 6 cm
b) 9 cm
c) 18 cm
d) 12 cm
e) 24 cm

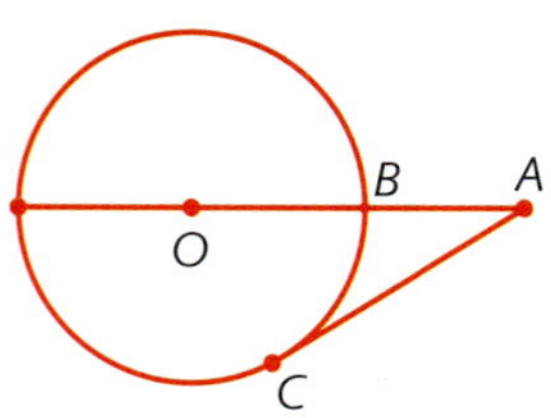

75 Se o segmento da perpendicular traçado do ponto médio de uma corda de 24 cm até a circunferência mede 9 cm, o raio da circunferência mede:

a) 12,5 cm
b) 25 cm
c) 50 cm
d) 6 cm
e) 8 cm

76 Na circunferência abaixo, de centro O e raio de medida $r = 4$, a corda $\overline{CD}$ corta o diâmetro $\overline{AB}$ no ponto P, de tal forma que P é o ponto médio do raio $\overline{OA}$ e $PC = 2 \cdot PD$. Então:

a) $CD = 6\sqrt{6}$
b) $CD = 3\sqrt{6}$
c) $CD = 8\sqrt{6}$
d) $CD = \sqrt{6}$
e) $CD = 6$

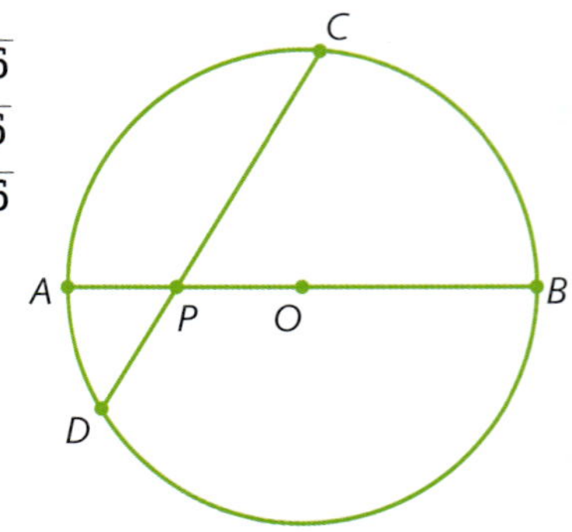

77 O valor de x na figura é:

a) 3
b) 4,8
c) 7,5
d) $3\frac{1}{3}$

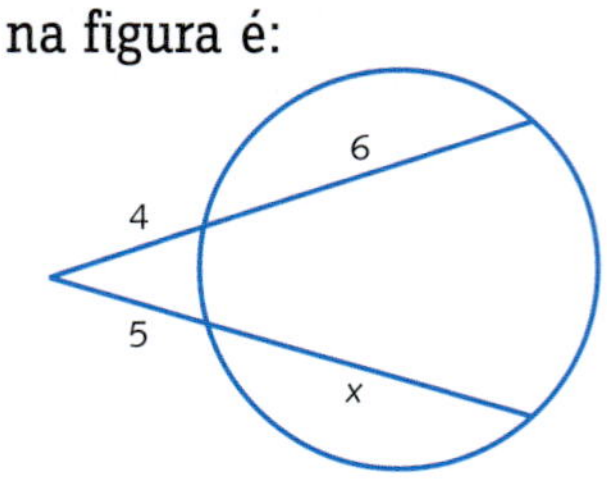

78 Em um círculo, a corda $\overline{CD}$ é perpendicular ao diâmetro $\overline{AB}$ no ponto E. Se $AE \cdot EB = 3$, a medida de $\overline{CD}$ é:

a) 3
b) $\sqrt{3}$
c) $2\sqrt{3}$
d) $3\sqrt{3}$

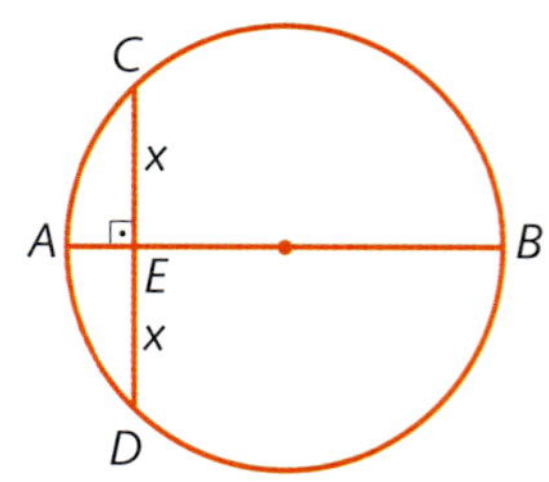

79 Duas cordas cortam-se no interior de um círculo. As medidas dos segmentos da primeira são expressas por $3x$ e $x + 1$, e as dos segmentos da segunda, por x e $4x - 1$. A medida do comprimento da maior corda, qualquer que seja a unidade, é expressa pelo número:

a) 17 b) 19 c) 21 d) 30 e) 15

ILUSTRAÇÕES: ADILSON SECCO

Polígonos regulares

80 **(FEI-SP)** Sendo a a medida do apótema de um hexágono regular, a área desse hexágono mede:

a) $2\sqrt{3}a^2$
b) $3\sqrt{2}a^2$
c) $3\sqrt{3}a^2$
d) $2\sqrt{2}a^2$
e) $\sqrt{2}a^2$

81 **(Vunesp)** A distância entre dois lados paralelos de um hexágono regular é igual a $2\sqrt{3}$ cm. A medida do lado desse hexágono, em centímetros, é:

a) $\sqrt{3}$ b) 2 c) 2,5 d) 3 e) 4

82 **(FEI-SP)** O raio do círculo circunscrito ao triângulo retângulo de catetos 4 e 8 é:

a) $2\sqrt{5}$ b) $4\sqrt{5}$ c) $6\sqrt{3}$ d) $3\sqrt{3}$ e) 6

83 **(Unama-PA)** Em uma circunferência de raio 6 cm estão inscritos um hexágono regular e um triângulo equilátero. A razão entre as medidas do lado do triângulo e do lado do hexágono é:

a) $\frac{1}{2}$ b) $\sqrt{3}$ c) $\frac{\sqrt{3}}{2}$ d) $\frac{1}{3}$ e) $\frac{\sqrt{3}}{3}$

84 **(Fesp)** Numa circunferência de raio r estão inscritos um quadrado e um hexágono regular. A razão entre as medidas dos lados do hexágono e do quadrado é:

a) $\frac{3}{2}$ b) $\frac{\sqrt{2}}{2}$ c) $\frac{\sqrt{3}}{3}$ d) $\frac{\sqrt{2}}{3}$ e) $\frac{\sqrt{3}}{2}$

85 Calcule a medida do lado do triângulo equilátero inscrito em uma circunferência de raio $4\sqrt{3}$ cm.

a) 12 cm
b) 10 cm
c) 8 cm
d) 6 cm
e) 4 cm

86 **(CMF-CE)** Na figura, os segmentos $\overline{AB}$ e $\overline{CD}$ são, respectivamente, os lados de um quadrado e de um hexágono regular inscritos na circunferência de centro no ponto O e raio igual a 1 (um). As retas "r" e "s" são paralelas. Então, a distância entre as retas "r" e "s" é:

a) $\frac{(\sqrt{3} + \sqrt{2})}{2}$
b) $\frac{(\sqrt{3} - \sqrt{2})}{2}$
c) $(\sqrt{2} + \sqrt{3})$
d) $\frac{(\sqrt{5} + 1)}{2}$
e) $\frac{(\sqrt{2} - 1)}{2}$

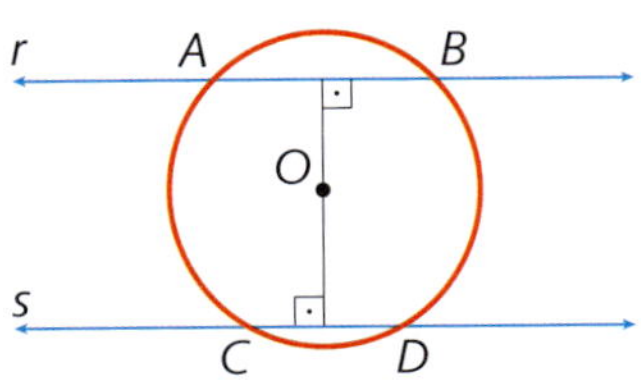

87 Determine, em centímetro, o perímetro de um hexágono regular cujo apótema mede $6\sqrt{3}$ cm.

a) 64 cm
b) 72 cm
c) 84 cm
d) 96 cm
e) 100 cm

Área de figuras planas

88 **(Unifor-CE)** Considere três circunferências com raios medindo 5 cm, 4 cm e 3 cm, respectivamente. Se elas são traçadas de forma que cada uma delas é tangente exterior às outras duas, como mostra a figura abaixo, então podemos afirmar que o valor da área do triângulo formado pelos centros dessas circunferências é:

a) $2\sqrt{5}$ cm²
b) $8\sqrt{5}$ cm²
c) $12\sqrt{5}$ cm²
d) $2\sqrt{3}$ cm²
e) $5\sqrt{3}$ cm²

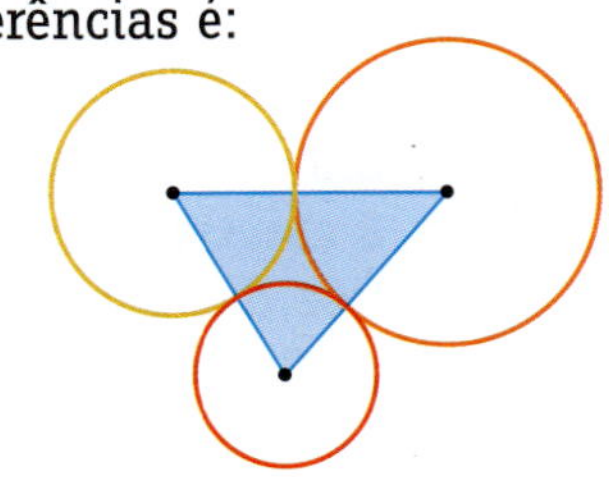

89 **(Fuvest-SP)** O triângulo ABC está inscrito numa circunferência de raio 5 cm. Sabe-se que A e B são extremidades de um diâmetro e que a corda $\overline{BC}$ mede 6 cm. Então a área do triângulo ABC, em centímetro quadrado, vale:

a) 24 b) 12 c) $\frac{5\sqrt{3}}{2}$ d) $6\sqrt{2}$ e) $2\sqrt{3}$

90 **(Fuvest-SP)** Um comício político lotou uma praça semicircular de 130 m de raio. Admitindo uma ocupação média de quatro pessoas por metro quadrado, qual a melhor estimativa do número de pessoas presentes?

a) dez mil
b) meio milhão
c) muito mais de um milhão
d) cem mil
e) um milhão

91 **(PUC)** $ABCD$ é um retângulo, no qual $AB = 20$ m e $BC = 15$ m; M é um ponto de $\overline{AB}$ tal que $MA = 4$ m. Calcular a área do paralelogramo inscrito no retângulo $ABCD$, sabendo que tem um vértice no ponto M e que os seus lados são paralelos às diagonais do retângulo $ABCD$.

a) 72 m²
b) 80 m²
c) 88 m²
d) 96 m²
e) 104 m²

ILUSTRAÇÕES: ADILSON SECCO

92 **(CMF-CE)** A figura abaixo é composta por circunferências e quadrados inscritos nestas circunferências. Sabendo-se que os raios das circunferências medem $\frac{\sqrt{2}}{2}$ centímetros, então a área total hachurada da figura, em centímetros quadrados, é de:

a) $\frac{11 - \pi}{8}$

b) $\frac{36 - \pi}{2}$

c) $\frac{9(5 - \pi)}{2}$

d) $\frac{9(\pi - 2)}{2}$

e) $\frac{9(4 - \pi)}{2}$

93 **(CMF-CE)** Na figura abaixo, $AB = 6$ cm, $AC = 8$ cm. Os segmentos $\overline{AB}$, $\overline{AC}$ e $\overline{BC}$ são diâmetros das semicircunferências C_1, C_2 e C_3, respectivamente. A soma das áreas das regiões sombreadas é:

a) 26 cm²

b) 24 cm²

c) 22 cm²

d) 20 cm²

e) 18 cm²

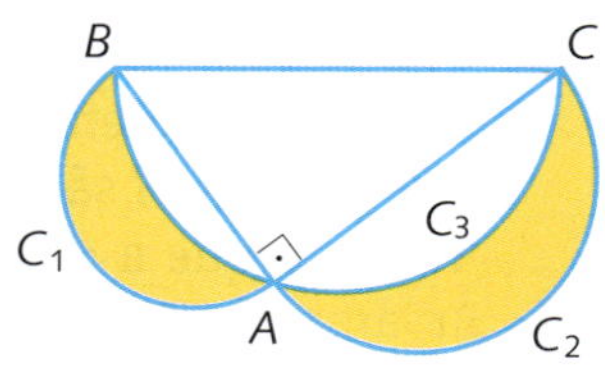

94 **(CMF-CE)** Na figura abaixo, as quatro circunferências têm o mesmo raio $r = 2$ cm. Cada uma das circunferências tangencia outras duas, bem como dois lados do quadrado. A área da região sombreada é:

a) $6(7 - \pi)$ cm²

b) $6(8 - \pi)$ cm²

c) $6(9 - \pi)$ cm²

d) $6(7 - 2\pi)$ cm²

e) $6(8 - 2\pi)$ cm²

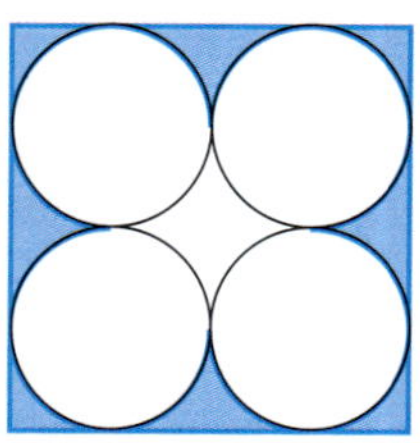

95 **(Cefet)** Considere um hexágono [regular] circunscrito numa circunferência de comprimento 2π m e um quadrado inscrito nessa mesma circunferência. O valor da área compreendida entre o hexágono e o quadrado é igual, em metro quadrado, a:

a) $2(\sqrt{3} - 1)$

b) $(\sqrt{3} - 1)$

c) $2(2 - \sqrt{3})$

d) $(2 - \sqrt{3})$

e) $(2\sqrt{3} + 1)$

ILUSTRAÇÕES: ADILSON SECCO

Matemática Comercial e Financeira

96 **(Fapec-AL)** Para que um capital dobre no sistema de juros simples, à taxa de 4% ao mês, será necessário quantos meses?

a) 25 meses

b) 50 meses

c) 15 meses

d) 20 meses

97 **(Crea-PR)** Um empréstimo de R$ 50 000,00 será pago no prazo de 5 meses, com juros simples de 2,5% a.m. (ao mês). Nesse sentido, o valor da dívida na data do seu vencimento será:

a) R$ 6 250,00

b) R$ 16 250,00

c) R$ 42 650,00

d) R$ 56 250,00

e) R$ 62 250,00

98 **(Unifor-CE)** Em dezembro de 2008, com a crise econômica mundial, uma empresa teve que demitir 75% dos seus empregados. Como, em 2009, suas vendas aumentaram bastante, os diretores decidiram reabrir as vagas, para a empresa voltar a ter o número de empregados que tinha antes da crise. Para isso, o número atual de empregados deverá ser aumentado em:

a) 300%

b) 200%

c) 100%

d) 75%

e) 25%

99 **(Cesgranrio-RJ)** Um investidor aplicou certa quantia em um fundo de ações. Nesse fundo, $\frac{1}{3}$ das aplicações eram da empresa A, $\frac{1}{2}$ eram da empresa B e as restantes, da empresa C. Em um ano, o valor das ações da empresa A aumentou 20%, o das ações da empresa B diminuiu 30% e o das ações da empresa C aumentou 17%. Em relação a quantia total aplicada, ao final desse ano, este investidor obteve:

a) lucro de 10,3%

b) lucro de 7,0%

c) prejuízo de 5,5%

d) prejuízo de 12,4%

e) prejuízo de 16,5%

100 **(Saae-MG)** Investindo R$ 30 000,00 num empreendimento que rende à taxa mensal de juros simples, obtém-se um montante de R$ 40 800,00 ao final de 1 ano de investimento. Qual é a taxa de juros mensal?

a) 36%

b) 3%

c) 12%

d) 6%

101 Dois capitais estão entre si como 2 está para 3. Para que, em período de tempo igual, seja obtido o mesmo rendimento, a taxa de aplicação do menor capital deve superar a do maior em:

a) 20% c) 40% e) 70%
b) 60% d) 50%

102 Um capital foi aplicado a juros simples, à taxa mensal de 2,5%. Após quanto tempo da aplicação esse capital triplicará o seu valor?

a) 6 anos e 2 meses
b) 6 anos e 4 meses
c) 6 anos e 8 meses
d) 7 anos e 1 mês
e) 7 anos e 3 meses

103 R$ 800,00 aplicados, por 3 meses, a juros compostos de 5% ao mês, geram um montante de:

a) R$ 920,00
b) R$ 924,21
c) R$ 840,00
d) R$ 926,10
e) R$ 932,40

104 **(Cesgranrio-RJ)** Uma loja oferece um aparelho celular por R$ 1344,00 à vista. Esse aparelho pode ser comprado a prazo, com juros de 10% ao mês, em dois pagamentos mensais iguais: um, no ato da compra, e outro, um mês após a compra.

O valor de cada um dos pagamentos mensais é, em reais, de:

a) 704,00 c) 719,00 e) 806,40
b) 705,60 d) 739,20

105 **(Cosanpa-PA)** Apliquei um capital de R$ 20 000,00 durante dois anos à taxa de juro composto de 10% ao ano. Qual será o montante acumulado no final da aplicação?

a) R$ 24 200,00
b) R$ 24 300,00
c) R$ 23 500,00
d) R$ 22 000,00
e) R$ 25 000,00

Sistema de coordenadas cartesianas

106 Se $A = \{-4, -2, 0\}$ e $B = \{0, 2\}$, então o par ordenado que não pertence ao produto $A \times B$ é:

a) $(2, -2)$ b) $(0, 0)$ c) $(-4, 2)$ d) $(-2, 2)$

107 O produto cartesiano $A \times B$ dos conjuntos $A = \{3, 4, 5\}$ e $B = \{4\}$ é:

a) $\{12, 16, 20\}$
b) $\{(3, 4), (3, 5), (4, 5)\}$
c) $\{(4, 3), (4, 4), (4, 5)\}$
d) $\{(3, 4), (4, 4), (5, 4)\}$

108 Os pares ordenados $(2x + y, x - 4)$ e $(x + 1, 2y)$ são iguais. Então, x^y é igual a:

a) 0 b) $\frac{1}{2}$ c) -2 d) 1

109 Os valores de x e y de modo que os pares ordenados $(x - 3, 2y + 1)$ e $(2x + 2, -y - 8)$ sejam iguais são:

a) $(-1, 7)$
b) $(-9, -5)$
c) $(-5, -9)$
d) n.d.a.

110 Sendo $A = \{1, 3\}$ e $B = \{2, 4\}$, o produto cartesiano $A \times B$ é dado por:

a) $\{(1, 2), (3, 4)\}$
b) $\{(1, 2), (3, 2), (1, 4), (3, 4)\}$
c) $\{(1, 3), (1, 2), (1, 4), (3, 4)\}$
d) $\{(1, 2), (1, 3), (1, 4), (2, 3), (2, 4), (3, 4)\}$

111 Uma reta tem equação $3x - y + 6 = 0$. Assinale o ponto que pertence à reta dada:

a) $(0, -6)$
b) $(-1, -2)$
c) $(-1, 3)$
d) $(1, 0)$
e) $(2, 1)$

112 A equação da reta representada abaixo é:

a) $y = 2x$
b) $y = x + 2$
c) $y = x + 4$
d) $y = x$

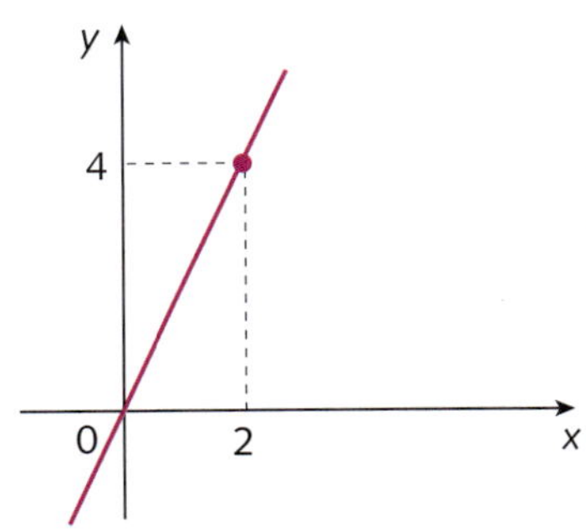

ADILSON SECCO

113 Sem construir o gráfico, determine as coordenadas (x, y) do ponto em que a reta que representa o gráfico da função $y = 15 - 3x$ corta o eixo x.

a) $(0, 5)$
b) $(15, 0)$
c) $(5, 0)$
d) $(0, 15)$

114 Sendo $f(x) = 7x + 1$, então $\frac{f(12) - f(9)}{3}$ é igual a:

a) 3 b) 5 c) 7 d) -1

115 Se $f(x) = \frac{x^4 + x^2}{x + 1}$, então $f\left(-\frac{1}{2}\right)$ é:

a) $\frac{5}{8}$ b) $\frac{5}{32}$ c) $-\frac{5}{8}$ d) $-\frac{5}{32}$

Respostas

CAPÍTULO 1

Página 16

1 a) 0
b) −25
c) −1,44
d) 32
e) 25
f) −1
g) $-\frac{8}{27}$
h) 0,00000001 ou 10^{-8}
i) $-\frac{8}{125}$
j) $\frac{25}{9}$

2 a) $\frac{1}{7}$
b) 25
c) 16
d) $\frac{9}{5}$
e) $-\frac{8}{3}$
f) $-\frac{1}{27}$
g) $\frac{4}{9}$
h) $\frac{16}{49}$

3 a) $\frac{1}{100}$
b) $-\frac{1000}{27}$
c) $\frac{625}{16}$
d) −1
e) 100
f) $\frac{81}{64}$
g) $\frac{1}{16}$
h) −0,0001

4 a) 10^{-4}
b) 5^{-7}
c) 2^{-3}
d) 7^{-5}

5 a) 9
b) 3
c) 1
d) $\frac{1}{3}$
e) $\frac{1}{9}$
f) $\frac{1}{27}$

6 a) 2^6
b) 2^{-5}
c) 2^8
d) 2^{-6}

7 a) −18
b) $-\frac{33}{2}$
c) 1
d) $-\frac{4}{401}$
e) $-\frac{80}{9}$
f) $-\frac{3}{4}$

Página 18

8 a) 3^3
b) m^{-1}
c) $(0,1)^0$
d) 5^{-6}
e) 5^{3x-1}
f) a^{2x+1}

9 a) 5^{-8}
b) 3^6
c) n^{-20}
d) $0,1^{-72}$
e) 3^{-x^2-x}
f) 5^{2n}

10 a) 5^{-9}
b) x^5
c) a^1
d) p^5
e) $\left(\frac{1}{2}\right)^3$
f) 10^5

11 a) $3^4 \cdot 7^4$
b) $2^{-4} \cdot a^3$
c) $a^{-15} \cdot b^{-10}$
d) $\frac{2^{-3}}{5^{-3}}$
e) $x^2 \cdot y^6$
f) $a^{-12x} : b^{-4x}$

12 a) 5^8
b) 5^{-9}
c) 5^{-4}
d) 5^{-6}
e) 5^{-4}

13 512 e 64

14 $\frac{1}{3^{20}}$

15 a) 10^{-6}
b) 10^6
c) 10^{-24}
d) 10^{-2}

16 16

17 a) $\left(\frac{1}{2}\right)^7$
b) 2^8
c) x^{23}
d) 5^{3x+2}

Página 21

18 a) $8,57 \cdot 10^4$
b) $9,45 \cdot 10^{11}$
c) $7,9 \cdot 10^{-4}$
d) $2 \cdot 10^{-7}$
e) $1,3 \cdot 10^7$
f) $1,08 \cdot 10^9$
g) $1,3 \cdot 10^{-10}$
h) $5 \cdot 10^{-9}$

19 a) 10^5
b) 10^{-7}
c) 10^7
d) 10^{-9}

20 10^{10} habitantes

21 $2,5 \cdot 10^{13}$ hemácias;
$4 \cdot 10^{10}$ leucócitos

22 $3,5 \cdot 10^{42}$ kg

Página 22

23 a) raiz quadrada de sete
b) raiz cúbica de treze
c) raiz quarta de dezessete
d) raiz quinta de trinta e dois
e) raiz cúbica de mil
f) raiz sexta de 42

24 a) 7
b) 343
c) $\sqrt[3]{343}$
d) 3

25 20 m/s

Página 24

26 a) sim
b) não
c) sim
d) não

27 a) 10
b) 4
c) ±5
d) −12
e) −3
f) −2
g) −1
h) 12
i) 2
j) −5

28 a) −6
b) −0,5
c) 1,1

29 a) 10 000
b) −216
c) 625

30 a) ∄
b) 1,2
c) ∄
d) −7
e) ∄
f) 13

31 alternativas **a**, **c**, **d**

32 a) 18
b) 7
c) $\frac{1}{5}$
d) 23

33 a) 4
b) 1

34 5

35 a) −2
b) −20
c) 0,8
d) 5
e) 1
f) −2

Página 27

36 a) 7
b) 11
c) $|x|$
d) 6
e) $a + b$
f) ab

37 a) $\sqrt{5^2} = 5$
b) $\sqrt[4]{3^4} = 3$
c) $\sqrt[8]{2^8} = 2$
d) $\sqrt{11^2} = 11$
e) $\sqrt[3]{7^3} = 7$
f) $\sqrt[4]{5^4} = 5$

38 a) $\sqrt{5} \cdot \sqrt{17}$
b) $\sqrt[4]{5} \cdot \sqrt[4]{7} \cdot \sqrt[4]{11}$
c) $\sqrt[5]{2} \cdot \sqrt[5]{x^4}$
d) $\sqrt[3]{10} \cdot \sqrt[3]{20}$
e) $\sqrt[3]{3} \cdot \sqrt[3]{7}$
f) $\sqrt[3]{7} \cdot \sqrt[3]{a^2} \cdot \sqrt[3]{b}$
g) $\sqrt[5]{a^3} \cdot \sqrt[5]{b^4}$
h) $\sqrt{3} \cdot \sqrt{11} \cdot \sqrt{13}$
i) $n \cdot \sqrt[6]{m^2} \cdot \sqrt[6]{n}$

39 a) $\frac{\sqrt{5}}{\sqrt{7}}$
b) $\frac{\sqrt[3]{7}}{\sqrt[3]{11}}$
c) $\frac{\sqrt[4]{10}}{\sqrt[4]{17}}$
d) $\frac{\sqrt[3]{a}}{\sqrt[3]{b}}$
e) $\frac{\sqrt[5]{2x}}{\sqrt[5]{5y^3}}$
f) $\frac{\sqrt[3]{8}}{\sqrt[3]{27}} = \frac{2}{3}$

40 a) $\sqrt{3}$
b) 7^2
c) $\sqrt[4]{7^3}$
d) $\sqrt[4]{2 \cdot a^2}$
e) $\sqrt[3]{5^2}$
f) $\sqrt[3]{ab}$

41 a) $\sqrt[4]{2^3}$
b) $\sqrt[5]{5^2}$
c) $\sqrt[4]{3}$
d) $\sqrt{2}$

42 a) $\sqrt[4]{5}$
b) $\sqrt[10]{13}$
c) $\sqrt[6]{7}$
d) $\sqrt[30]{11}$
e) $\sqrt[30]{4}$
f) $\sqrt[16]{x}$

43 a) 3
b) 3
c) 5
d) $\frac{4}{3}$

44 a) $\sqrt{\frac{5}{6}}$ c) $\sqrt[4]{\frac{5}{4}}$
b) $\sqrt[3]{\frac{5}{9}}$ d) $\sqrt[5]{\frac{4}{5}}$

45 a) $\sqrt{15}$ c) $\sqrt{70}$
b) $\sqrt[3]{77}$ d) $\sqrt[12]{50}$

46 a) $\sqrt{\frac{45}{2}}$ c) $\sqrt[6]{\frac{1}{3}}$
b) $\sqrt[3]{\frac{1}{2}}$ d) $\sqrt[8]{70}$

47 alternativas **a**, **d**, **e**

Página 30

48 a) $\sqrt[5]{5^3}$ c) 49
b) $\sqrt{11}$ d) 10^4

49 a) $\sqrt[6]{2^3 \cdot a^2}$ c) $\sqrt{\frac{3a^3}{4}}$
b) $2a^2$ d) $\sqrt[4]{\frac{(m+1)^2}{8}}$

50 a) $4\sqrt{5}$
b) $18\sqrt{2}$
c) $2\sqrt[3]{25}$
d) $4x\sqrt{x}$

51 a) $10\sqrt[3]{100}$ d) $9x\sqrt[3]{y^2}$
b) 49 e) $\frac{4x^3y^2}{\sqrt{xy}}$
c) 10

52 a) $12\sqrt{2}$ d) 4
b) $2\sqrt[3]{5}$ e) $a^2\sqrt[3]{a^2}$
c) $abc^2\sqrt[3]{ac}$ f) $x^2y^3\sqrt{xy}$

53 a) $\sqrt[3]{56}$
b) $\sqrt[3]{320}$
c) $\sqrt[2]{\frac{3}{25}}$
d) $\sqrt[2]{250}$

54 a) $x - 1$ c) $\sqrt{\frac{x-2}{x+2}}$
b) $x + y$ d) $2a\sqrt[3]{\frac{2}{ay}}$

55 a) $2b^2\sqrt{a}$ c) $a^2b\sqrt[3]{9b}$
b) $x^3y^4\sqrt{xy}$ d) $2ab\sqrt[4]{2b^2}$

56 a) $2(a^2 - b^2)$, com $a^2 - b^2 > 0$
b) $\frac{5x}{m+n}\sqrt{\frac{2x}{m+n}}$, com $x > 0$ e $m + n > 0$
c) $2y\sqrt{3xy}$, com $x > 0$ e $y > 0$

57 a) 27
b) $\frac{1}{16}$
c) $81b^{12}$
d) $(a + b)^9$

58 a) $(a + b)\sqrt{a}$, com $a + b > 0$ e $a > 0$
b) $(a + b)\sqrt{a - b}$, com $a + b > 0$ e $a - b > 0$

Página 31

59 a) $\sqrt[3]{56}$ c) $\sqrt[5]{x^{17}}$
b) $\sqrt[3]{320}$ d) $\sqrt{250}$

60 a) $\sqrt{\frac{3}{25}}$ c) $\sqrt{\frac{a+b}{a-b}}$
b) $\sqrt[4]{\frac{a^4}{2}}$ d) $\sqrt{\frac{4a^2}{25c}}$

61 a) $\sqrt[3]{125a^7b^4}$ c) $\sqrt[3]{\frac{x^4}{128}}$
b) $\sqrt{\frac{9a}{4b}}$ d) $\sqrt[4]{\frac{x}{81}}$

62 a) $\sqrt[25]{x^7}$
b) $\sqrt[12]{x^7y}$
c) $\sqrt[6]{\frac{y}{x}}$

Página 32

63 a) $\sqrt[30]{3^{15}}, \sqrt[30]{2^{10}}, \sqrt[30]{3^6}$
b) $\sqrt[m \cdot n]{5^n}, \sqrt[m \cdot n]{2^m}$
c) $\sqrt[6]{27x^3}, \sqrt[6]{16y^4}$
d) $\sqrt[12]{m^6}, \sqrt[12]{b^4}, \sqrt[12]{8n^3}$

64 a) $\sqrt[12]{7^3}, \sqrt[12]{3^2}, \sqrt[12]{2^4}$
b) $\sqrt[6]{27a^3b^3}, \sqrt[6]{4a^4b^2}$
c) $\sqrt[10]{a^{10} \cdot (x^2 + y^2)^5}, \sqrt[10]{9b^4x^2y^2}$

65 a) $\sqrt[6]{\frac{m^3}{n^9}}, \sqrt[6]{\frac{n^2}{m^4}}$
b) $\sqrt[20]{a^{12}}, \sqrt[20]{a^5}$
c) $\sqrt[6]{(a + b)^3}, \sqrt[6]{(a + b)^2}$
d) $\sqrt[10]{\frac{a^{10}b^{10}}{n^{30}}}, \sqrt[10]{\frac{a^2n^8}{b^4}}$

Página 33

66 a) $\sqrt[3]{5}$
b) $\sqrt[3]{20}$
c) $\sqrt[6]{16}$
d) $\sqrt{5}$

67 a) $\sqrt[12]{17} < \sqrt[6]{11} < \sqrt[4]{7}$
b) $\sqrt{2} < \sqrt[4]{5} < \sqrt[3]{4}$
c) $\sqrt[3]{4} < \sqrt{5} < \sqrt{7}$

68 alternativa **d**

69 a) $\sqrt{5} > \sqrt[3]{3} > \sqrt[3]{2}$
b) $\sqrt[4]{8} > \sqrt[3]{2} > \sqrt[6]{3}$
c) $\sqrt{49} > \sqrt[3]{8} > \sqrt[9]{1}$

Página 34

70 a) $3\sqrt{5}, 4\sqrt{5}, 6\sqrt{5}$
b) $3\sqrt[3]{2}, 4\sqrt[3]{2}, 5\sqrt[3]{2}$
c) $3\sqrt{10}, 5\sqrt{10}, 11\sqrt{10}$
d) Não são semelhantes $(2\sqrt[4]{3}, 3\sqrt[4]{5})$.
e) $\sqrt{a}, 7\sqrt{a}, 2b\sqrt{a}$
f) $10\sqrt{x}, 4\sqrt{x}, 2\sqrt{x}$

71 alternativas **a**, **d**

Página 36

72 a) $-2\sqrt{7}$
b) $4\sqrt[5]{2}$
c) $3\sqrt[3]{m}$
d) $\sqrt[3]{4} + 6\sqrt[3]{2} + 16$
e) $9\sqrt{2} + 5\sqrt{3}$
f) $22\sqrt{2} - 9\sqrt{3}$

73 a) $-10\sqrt[3]{2}$ d) $-7\sqrt{a + b}$
b) $-\sqrt{3}$ e) $10\sqrt{6}$
c) $\sqrt{2a}$ f) $25\sqrt{2}$

74 a) $12\sqrt{5}$ b) $16\sqrt{6}$

75 a) $a\sqrt[3]{ab}(4b + 5a)$
b) $(3x^2 + 4x - 1)\sqrt{x}$

76 94,20

Página 37

77 a) $\sqrt{90}$ d) $\sqrt[3]{79}$
b) $12\sqrt[5]{30}$ e) $6\sqrt[3]{6}$
c) 1

78 a) $\sqrt[5]{300}$
b) $\frac{3}{4}\sqrt[3]{3}$

79 a) $60a^2b^3\sqrt[3]{a^2b}$
b) $\frac{x}{y}\sqrt[5]{2}$

80 a) $\sqrt[6]{72}$
b) $x\sqrt[4]{x^3}$
c) $2\sqrt[30]{2^7 \cdot 3^{16} \cdot 5^{25}}$
d) $2\sqrt[4]{8}$
e) $\sqrt[24]{5^7}$
f) $\sqrt[12]{\frac{1}{4x^3}}$

81 $\frac{\sqrt{7}}{2}$

82 a) $7 - \sqrt{7}$
b) $2 + 2\sqrt{5}$
c) $\sqrt{10} + \sqrt{15}$
d) $2\sqrt{2}$

83 4,11

84 a) perímetro: $14\sqrt{3}$; área: 36
b) perímetro: $4(6 - \sqrt{7})$; área: $(43 - 12\sqrt{7})$

Página 38

85 a) 4 d) $\sqrt[3]{9ma^2}$
b) $\sqrt[5]{3^{3a}}$ e) $\sqrt{x - 2}$
c) $6\sqrt[3]{ab}$ f) $8\sqrt{x}$

86 a) 2 d) $10x^2$
b) 3 e) $5\sqrt{2}$
c) $3 \cdot \sqrt{\frac{10a}{b}}$ f) $\sqrt[3]{a^x}$

87 a) $\sqrt{2}$ d) $\sqrt[6]{\frac{25}{2}}$
b) 1 e) $\sqrt[30]{a}$
c) $\sqrt[4]{\frac{3}{2}}$ f) $\sqrt[8]{8x}$

Página 41

88 a) $\frac{7\sqrt{2}}{2}$ b) $3\sqrt{2}$ c) $\frac{5\sqrt{3}}{24}$ d) $\frac{\sqrt{5}}{7}$ e) $\frac{\sqrt{7}}{7}$ f) $\frac{\sqrt{10}}{15}$ g) $\frac{2\sqrt{3}}{3}$ h) $\frac{2\sqrt{6}}{3}$

89 a) $\frac{5\sqrt[3]{4}}{2}$ b) $\sqrt[12]{a^5}$ c) $\frac{\sqrt[5]{4}}{14}$ d) $\frac{\sqrt[3]{49}}{7}$ e) $\frac{\sqrt[4]{2}}{6}$ f) $3\sqrt[3]{25}$

90 alternativa **e**

91 a) $\frac{\sqrt{3}-1}{2}$ b) $\frac{5+\sqrt{7}}{6}$ c) $\sqrt{7}-2$ d) $\frac{a(7-\sqrt{21})}{4}$ e) $12-4\sqrt{6}$ f) $\frac{\sqrt{2}}{2}$ g) $\frac{\sqrt{3}}{3}$ h) $\frac{a+b+2\sqrt{ab}}{a-b}$

92 a) $2\sqrt{3}$ b) $\frac{17-2\sqrt{10}}{3}$

Página 43

93 a) $24\sqrt{3}$ b) $1024\sqrt{2}$ c) $ab\sqrt[3]{ab}$ d) $8a^2\sqrt[7]{ab^6}$ e) $\frac{x}{y}$ f) $y\sqrt[5]{y}$

94 a) $2\cdot\sqrt[4]{5}$ b) $2\cdot\sqrt[4]{12}$ c) $\sqrt[28]{7}$ d) 2

95 a) 217 b) 4

96 alternativa **c**

97 a) 6 b) 53 c) $3-2\sqrt{2}$

98 $(1)-(\sqrt{3})^2 = 1-3 = -2$

99 $a=\sqrt{3}+\sqrt{15}$

$a^2 = (\sqrt{3}+\sqrt{5})^2 = 3+5+2\sqrt{15} =$
$= 8+2\sqrt{15}$
$a=\sqrt{8+2\sqrt{15}}$

100 a) $7+2\sqrt{10}$ b) 61 c) $4-2\sqrt{3}$ d) $3+2\sqrt{2}$ e) -10 f) $14-6\sqrt{5}$

Página 46

101 a) $7^{\frac{1}{2}}$ b) $5^{\frac{1}{3}}$ c) $7^{\frac{5}{2}}$ d) $2^{\frac{4}{3}}$ e) $2^{\frac{3}{5}}$ f) $a^{\frac{3}{4}}$

102 a) $\sqrt{3}$ b) $\sqrt[3]{16}$ c) $\sqrt[5]{343}$ d) $\sqrt[5]{25}$ e) $\sqrt[10]{1024}$ f) $\sqrt[3]{36}$

103 a) 8 b) 8 c) 729 d) $\frac{1}{4}$ e) $\frac{1}{125}$ f) $\frac{1}{32}$

104 a) 243 b) 729 c) 2187 d) 6561 e) 4374 f) 1215

105 a) 10^3 b) 10^2 c) 10 d) 10^{-3} e) 10^{-2} f) 10^{-1}

106 a) $\frac{31}{2}$ b) 2^{-12} c) $\frac{3}{10}$

107 a) $5^{\frac{7}{6}}$ b) $5^{\frac{17}{12}}$ c) $5^{-\frac{3}{7}}$ d) $5^{-\frac{7}{4}}$

108 a) $10^{\frac{13}{30}}$ b) $10^{3,4}$ c) $10^{-3,2}$ d) 10^{-12}

109 a) $4^{\frac{5}{4}}$ b) $3^{\frac{11}{15}}$ c) $2^{\frac{4}{3}}\cdot 3^{\frac{19}{12}}$ d) $2^{\frac{5}{6}}\cdot 3^{-\frac{1}{4}}$

110 a) $\sqrt{5}+\sqrt{2}$ b) $\sqrt{10}+\sqrt{3}$ c) $\frac{\sqrt{6}+\sqrt{2}}{2}$ d) $\sqrt{5}-1$

Página 47 — Trabalhando os conhecimentos adquiridos 1

1 a) 1 b) $-\frac{1}{4}$ c) $-\frac{1}{8}$ d) -25 e) -8 f) 9 g) 81 h) $\frac{4}{9}$ i) $-\frac{4}{3}$

2 $-10,1$

3 a) x^{-5} b) b^{2m-1} c) 2^{12} d) 2^2 e) a^{24} f) x^{-2} g) 2^8 h) $4^m a^{2m^2}$

4 $2^n + 2^{n+1} = 2^n + 2^n\cdot 2 =$
$= 2^n\cdot(1+2) = 2^n\cdot 3$

Desafio: $1-2^{n-3}$

Página 48 — Trabalhando os conhecimentos adquiridos 2

1 a) $1,25\cdot10^4$ b) $2,48\cdot10^5$ c) $3,6\cdot10^{-4}$ d) $5\cdot10^6$ e) $6,4\cdot10^{-5}$ f) $1,25\cdot10^5$

2 a) 10^{-7} b) 0,2

3 a) $1,84\cdot10^5$ b) $3,542\cdot10^7$ c) $6,4\cdot10^{-6}$ d) $2,5\cdot10^9$ e) $4,5\cdot10^{12}$ f) $4\cdot10^{-7}$ g) $1,992\cdot10^{-3}$

4 a) 2 e 3 b) 6 e 7

5 $7,5\cdot10^6$ litros

6 a) $\frac{109}{4}$ b) $-\frac{5}{2}$

7 a) 3^{-9} b) 5^{2x} c) 3^{3m-1} d) 7^{a-1}

8 2^{10}

9 7,75 s

10 a) 0,757 b) 0,191

Desafio: $\frac{5}{36}$

Página 49 — Trabalhando os conhecimentos adquiridos 3

1 a) $-\frac{25}{3}$ b) $\frac{31}{25}$ c) $\frac{9}{4}$ d) 6

2 2^5

3 a) 2 b) 4 c) 10 d) 14

4 -1

5 10^{-3}

6 alternativa **b**

7 7

8 10^{11} neurônios; 10^{14} sinapses

10 -12

11 9765625

Desafio: 15

Página 50 — Trabalhando os conhecimentos adquiridos 4

1 a) 178 b) -93 c) $\frac{27}{2}$

2 $-\frac{41}{80}$

3 $4\cdot10^{-4}$

4 alternativa **b**

5 alternativa **e**

6 $\frac{19}{8}$

7 $3,34\cdot10^{19}$ moléculas

8 alternativa **e**

9 $5\cdot10^{-11}$ m

Desafio: 8

Página 51 — Trabalhando os conhecimentos adquiridos 5

1 $\frac{1}{2}$

2 $-\frac{5}{6}$

3 m

4 $\frac{b^4}{ac}$

5 alternativa **e**

6 $OB=\sqrt{2}$ cm, $OC=\sqrt{3}$ cm, $OD=\sqrt{4}$ cm, $OE=\sqrt{5}$ cm, $OF=\sqrt{6}$ cm, $OG=\sqrt{7}$ cm

7 alternativa **e**

Desafio: $\frac{3}{16}$

Página 52 — Trabalhando os conhecimentos adquiridos 6

1 a) $3\sqrt{6}$ b) $2\sqrt[3]{9}$ c) $2ab\sqrt[3]{a}$ d) $3\sqrt[m]{a^n}$

2 a) $\frac{\sqrt{3}}{\sqrt{7}}$ b) $\frac{\sqrt[3]{5}}{2}$ c) $\frac{2a}{b}$ d) $\frac{\sqrt[n]{y}}{\sqrt[n]{x}}$

3 a) 4 b) $\sqrt[4]{5}$ c) $\sqrt{2}$ d) 25

4 a) $\sqrt[4]{20}$ b) $\sqrt[6]{x}$ c) $\sqrt[6]{a}$ d) $\sqrt[20]{3}$

5 1,618

6 a) −5 b) −6 c) 0,2 d) $-\frac{1}{2}$

7 23

8 a) 2,82 b) 3,46 c) 7,05 d) 2,4393 e) 14,1 f) 0,815

9 a) 54 b) 12 c) 9

10 a) $\sqrt{2}$ b) $2\sqrt[8]{5}$ c) $\frac{m+n}{m}$ d) $\frac{3(x^2+y^2)}{xy^2}$

Desafio: alternativa **c**

Página 53 — Trabalhando os conhecimentos adquiridos 7

1 a) $b^2c\sqrt{2a}$ b) $3a^3b^4$ c) $\sqrt[4]{3x^2\cdot(a-b)}$ d) $(x-y)\sqrt{xy}$

2 a) $\sqrt{175}$ b) $\sqrt[3]{40a}$ c) $\sqrt[4]{405a^8}$ d) $\sqrt{\frac{a^2}{b}}$ e) $\sqrt[5]{x^8}$

3 a) $\sqrt[15]{x^4}$ b) $\sqrt[6]{\frac{a}{b}}$ c) $\sqrt[4]{\frac{2}{3}}$ d) $\sqrt[4]{8}$

4 a) $3\sqrt{2}-10\sqrt{3}$ b) $18\sqrt{3}$ c) $5xy\sqrt{xy}$

5 perímetro: 16; área: 13

6 a) $\sqrt[5]{6ab}$ b) $\sqrt[6]{200}$ c) $a\sqrt[6]{12a^3b^3}$ d) $\frac{\sqrt[6]{32}}{2}$

7 a) $11-6\sqrt{2}$ b) $7-2\sqrt{10}$ c) 5

8 a) $\frac{\sqrt{2}}{4}$ b) $3\sqrt[3]{\frac{x}{2}}$ c) $\sqrt[12]{5}$ d) $\sqrt[6]{\frac{48a^3}{b^2}}$

9 a) $9\sqrt{3}$ b) $8\sqrt[3]{2}$ c) $\frac{4}{9}xy\sqrt[3]{2y}$

10 a) $\sqrt[8]{7}$ b) $\sqrt[10]{11}$ c) $\sqrt[12]{12}$

Página 54 — Trabalhando os conhecimentos adquiridos 8

1 a) $4a\sqrt{\frac{1}{b}}$ b) $\frac{\sqrt{22}}{2}$ c) $\frac{2}{3b}\sqrt{b}$

2 a) $\sqrt{108}$ b) $\sqrt[5]{96}$ c) $\sqrt[3]{a^7b^2}$ d) $\sqrt[3]{a+b}$

3 1,1

4 a) $\sqrt[4]{7}$ b) $\sqrt[12]{5}$ c) 2 d) $2\sqrt[6]{15}$ e) a f) $\sqrt[6]{20}$

5 a) 2 b) $\sqrt[3]{2}$ c) 2

6 alternativa **b**

7 $2+\sqrt{3}$

8 a) $A \simeq 9{,}51\ cm^2$ b) $A \simeq 10{,}39\ cm^2$

9 a) a b) b c) $\sqrt{ab}-b$ d) $\sqrt{ab}+b$ e) $a+b+2\sqrt{ab}$; $a+b+2\sqrt{ab}$

Desafio: $\sqrt{101}$ m

Página 55 — Trabalhando os conhecimentos adquiridos 9

1 a) $\sqrt{3}$ b) $\sqrt{a}+\sqrt{b}$ c) $8+4\sqrt{3}$

2 $x^{\frac{7}{8}}$

3 $BD = 12\sqrt{2}$ cm; $FD = 12\sqrt{3}$ cm

4 2,3125

5 $\frac{1}{5}$

6 a) $\sqrt[5]{x^3}$ b) $\frac{\sqrt[3]{225}}{5}$ c) $2\sqrt{3}+3\sqrt{2}-\sqrt{30}$

7 a) $\frac{y-2\sqrt{y}+1}{y-1}$ b) $\frac{\sqrt{y}+1}{3}$ c) $\frac{(\sqrt{6}-\sqrt{2})x}{4}$

8 $\sqrt{5}-\sqrt{2}$

9 a) $\frac{\sqrt[3]{25}-\sqrt[3]{10}+\sqrt[3]{4}}{7}$ b) $\frac{9(4\sqrt{3}+2\sqrt{5}-\sqrt{6}+3\sqrt{10})}{14}$

11 a) $\frac{5}{3}$ b) 10 c) $8\cdot10^8$ d) 80

13 20 m

CAPÍTULO 2

Página 60

1 Exemplo de resposta: $x^2+8x-240=0$

2 alternativas **b**, **c**, **e**, **f**

3 a) $a=1, b=13, c=36$ b) $a=-3, b=6, c=0$ c) $a=3, b=0, c=-12$ d) $a=1, b=-10, c=25$ e) $a=1, b=4, c=0$ f) $a=k+1, b=-2k, c=0$

4 a) $5x^2-x=0$ b) $4x^2-9=0$ c) $\frac{1}{2}x^2-3x+2=0$ d) $0{,}2x^2+x+0{,}5=0$

5 Exemplo de resposta: $x^2-625=0$

6 a) incompleta b) incompleta c) incompleta d) completa e) incompleta f) completa

7 $\mathbb{R}-\left\{\frac{2}{3}\right\}$

8 Exemplo de resposta: $4x^2-25x+39=0$

Página 62

9 não

10 sim

11 −5 e 6

12 $p=-1$

13 $k=-8$

Página 64

14 $m=1$

15 a) $V=\{0, 5\}$ b) $V=\{0, -4\}$ c) $V=\{0, -4\}$ d) $V=\left\{0, \frac{11}{3}\right\}$ e) $V=\{0, -5\}$ f) $V=\left\{0, \frac{1}{4}\right\}$ g) $V=\left\{0, \frac{5}{6}\right\}$ h) $V=\{0, -1\}$ i) $V=\left\{0, \frac{20}{3}\right\}$ j) $V=\{0, -6\}$

16 a) $V=\{-8, 8\}$ b) $V=\{-\sqrt{2}, \sqrt{2}\}$ c) $V=\{-\sqrt{7}, \sqrt{7}\}$ d) $V=\varnothing$ e) $V=\left\{-\frac{4}{3}, \frac{4}{3}\right\}$ f) $V=\{-5, 5\}$

17 a) $V=\{0\}$ b) $V=\{0\}$ c) $V=\left\{-\frac{8}{3}, 0\right\}$ d) $V=\{0, 2\}$ e) $V=\left\{-\frac{3}{5}, \frac{3}{5}\right\}$ f) $V=\{0, 4\}$

18 $x=-2$

19 a) $V=\{-1, 1\}$ b) $V=\{-\sqrt{15}, \sqrt{15}\}$ c) $V=\left\{-\frac{5}{2}, \frac{5}{2}\right\}$

20 a) 8 b) 32 c) 12,8 d) 35,6

21 a) $V=\{-25, 25\}$ b) $V=\{0\}$ c) $V=\varnothing$

Página 69

22 a) $V = \{-2, -3\}$
b) $V = \{1, 7\}$
c) $V = \{2, 4\}$
d) $V = \{-4, 5\}$
e) $V = \left\{1, \frac{3}{2}\right\}$
f) $V = \left\{-\frac{1}{2}, \frac{2}{3}\right\}$

23 a) $V = \{4\}$
b) $V = \varnothing$
c) $V = \left\{\frac{3}{5}\right\}$
d) $V = \{\sqrt{5} - 1, \sqrt{5} + 1\}$
e) $V = \{7\}$
f) $V = \varnothing$

24 a) $V = \left\{\frac{3 - \sqrt{5}}{2}, \frac{3 + \sqrt{5}}{2}\right\}$
b) $V = \{-2, -1\}$
c) $V = \left\{-\frac{1}{2}, \frac{3}{2}\right\}$
d) $V = \{-1, 3\}$
e) $V = \{-9, 1\}$
f) $V = \left\{-\frac{5}{2}, 5\right\}$

25 a) $V = \{-2, 2\}$
b) $V = \{-2\}$
c) $V = \left\{-\frac{4}{3}\right\}$

26 a) $V = \{-2\}$
b) $V = \{-3\}$
c) $V = \left\{-\frac{11}{12}\right\}$

27 a) $V = \{0\}$ c) $V = \{-1, -2\}$
b) $V = \left\{-1, \frac{1}{2}\right\}$ d) $V = \{-1\}$

Página 73

28 a) $\Delta = 16$; sim
b) $\Delta = 196$; sim
c) $\Delta = 0$; sim
d) $\Delta = 0$; sim
e) $\Delta = -23$; não
f) $\Delta = -12$; não

29 a) $m \leq \frac{4}{3}$ c) $m > \frac{4}{3}$
b) $m = \frac{4}{3}$ d) $m < \frac{4}{3}$

30 a) $p = 14$ c) $p > 14$
b) $p < 14$

31 $n > \frac{25}{4}$

32 a) $a < \frac{49}{4}$
b) $a = \pm 6$
c) $a > \frac{9}{4}$

33 $m < 0$ e $m > 5$

34 $k > \frac{25}{24}$

35 $k = \frac{13}{8}$

Página 75

36 a) $V = \left\{0, \frac{k}{2}\right\}$
b) $V = \{-5b, 5b\}$
c) $V = \left\{0, -\frac{p}{6}\right\}$
d) $V = \left\{-\frac{2n}{m}, \frac{2n}{m}\right\}$
e) $V = \varnothing$

37 a) $V = \left\{\frac{p}{2}, \frac{p}{3}\right\}$
b) $V = \{-2a\sqrt{2}, 2a\sqrt{2}\}$
c) $V = \{-3a, 3a\}$

38 a) $V = \{-2m, 2m\}$
b) $V = \left\{0, -\frac{1}{m}\right\}$
c) $V = \{a - b, a + b\}$
d) $V = \{-6a\}$

39 $V = \left\{\frac{a}{b}, \frac{b}{a}\right\}$

40 $V = \{a + b + c\}$

Página 79

41 a) $S = 5$; $P = 6$
b) $S = 2$; $P = \frac{1}{a}$
c) $S = \frac{8}{5}$; $P = \frac{4}{5}$
d) $S = \frac{1}{10}$; $P = -\frac{1}{5}$
e) $S = 6$; $P = 9$
f) $S = 12$; $P = 32$

42 $p = \frac{1}{4}$

43 $m = 3$

44 a) $\frac{11}{28}$ c) $\frac{65}{784}$
b) 65 d) 407

45 a) 4
b) 3
c) $\frac{9}{4}$

46 a) 25 b) $\frac{13}{3}$

47 a) $\frac{8}{3}$ d) 12
b) 0 e) 22
c) 8

48 $m = 4$

Página 80

49 a) $x^2 - 14x + 48 = 0$
b) $x^2 - \frac{9}{25} = 0$
c) $x^2 + \frac{7x}{4} + \frac{3}{8} = 0$
d) $x^2 + 3x + 2 = 0$
e) $x^2 - 8x = 0$
f) $x^2 + \frac{11ax}{10} - \frac{3a^2}{5} = 0$
g) $x^2 + 21x + 110 = 0$
h) $x^2 - 0{,}5x + 0{,}06 = 0$

50 -5 e 3

51 a) $x^2 - 2a^2x + a^4 - b^4 = 0$
b) $x^2 - (b - a)x - ab = 0$
c) $x^2 - 2x - 1 = 0$
d) $x^2 - 14x + 45 = 0$

52 $x^2 - 2ax + a^2 - b = 0$

53 0,8 m e 0,6 m

54 $x^2 - \frac{10}{3}x + 1 = 0$

Página 82

55 a) $(x - 2)(x - 3) = 0$
b) $2(x - 3)\left(x - \frac{1}{2}\right) = 0$
c) $4\left(x - \frac{3}{2}\right)^2 = 0$
d) $(x - 1)(x + 7) = 0$
e) $(x - m)(x + 3m) = 0$
f) $(x + 8)(x - 8) = 0$

56 a) $2(x - 1)^2$
b) $8\left(x - \frac{1}{2}\right)\left(x - \frac{1}{4}\right)$
c) $6\left(x - \frac{1}{3}\right)\left(x + \frac{1}{2}\right)$
d) $(x - 3)(x + 8)$

57 a) $-(x - 3)(x - 2)$
b) $25\left(x - \frac{2}{5}\right)^2$

58 a) $\frac{x - 1}{x + 1}$ d) $\frac{x + 5}{x + 3}$
b) $\frac{x - 2}{x + 2}$ e) $\frac{x}{3(x - 1)}$
c) $\frac{x - 5}{2(x + 1)}$ f) $\frac{3 - x}{x - 4}$

Página 86

59 alternativas **d**, **e**, **f**, **g**

60 a) $V = \{\pm 1, \pm 2\}$
b) $V = \{0, \pm 2\}$
c) $V = \left\{\pm\sqrt{2}, \pm\frac{1}{2}\right\}$
d) $V = \{\pm 1\}$
e) $V = \{\pm\sqrt{5}\}$

61 a) $V = \{\pm 3\}$
b) $V = \{\pm 3\}$
c) $V = \{\pm\sqrt{2}, 0\}$
d) $V = \{\pm 1\}$
e) $V = \{\pm 5, \pm 1\}$
f) $V = \left\{\pm\frac{2}{3}\right\}$
g) $V = \{\pm 1\}$

62 $V = \{a - b, b - a\}$

63 a) $V = \{\pm 2, \pm 1\}$
b) $V = \{\pm\sqrt{6}\}$
c) $V = \left\{\pm\frac{1}{2}, \pm\frac{\sqrt{7}}{6}\right\}$

64 a) $x^4 - 5x^2 + 4 = 0$
b) $x^4 - 11x^2 + 18 = 0$
c) $x^4 - 25x^2 = 0$
d) $x^4 - 5x^2 = 0$

65 $-3, -2$ e 2

66 1 e -2

Página 87

67 0

68 $\frac{37}{2}$

Página 89

69 alternativas **a**, **b**, **d**

70 **a)** $V = \{27\}$ **d)** $V = \left\{\frac{9}{2}\right\}$

b) $V = \{7\}$ **e)** $V = \{-2, 4\}$

c) $V = \{-4\}$ **f)** $V = \{16\}$

71 **a)** $V = \{16\}$ **c)** $V = \{1\}$

b) $V = \{3\}$ **d)** $V = \{3\}$

72 **a)** $V = \{1\}$ **c)** $V = \{9\}$

b) $V = \{3\}$ **d)** $V = \varnothing$

73 **a)** $V = \{-2, 1\}$ **c)** $V = \{27\}$

b) $V = \{4\}$ **d)** $V = \{1\}$

74 **a)** $V = \left\{\frac{74}{5}\right\}$

b) $V = \{8\}$

75 $V = \left\{\frac{3}{25}\right\}$

Página 91

76 **a)** $V = \{(3, 5), (5, 3)\}$

b) $V = \left\{(3, 2), \left(\frac{2}{5}, -\frac{3}{5}\right)\right\}$

c) $V = \{(a + b, a - b), (a - b, a + b)\}$

d) $V = \{(24, -9)\}$

e) $V = \{(4, 1), (16, -11)\}$

f) $V = \{(3, 2)\}$

77 5 e 3

78 17 e 18 ou -17 e -18

79 **a)** $V = \{(-10, 15)\}$

b) $V = \{(5, 3), (-7, -9)\}$

c) $V = \{(4, 3), (-4, -3)\}$

d) $V = \left\{\left(\frac{1}{2}, 2\right), \left(-\frac{1}{2}, -2\right), \left(2, \frac{1}{2}\right), \left(-2, -\frac{1}{2}\right)\right\}$

e) $V = \{(1, 2), (2, 1)\}$

f) $V = \left\{\left(\frac{1}{4}, \frac{1}{4}\right), \left(-\frac{1}{4}, -\frac{1}{4}\right)\right\}$

80 **a)** $V = \{(5, 0), (3, 4)\}$

b) $V = \{(\sqrt{3} - 1, \sqrt{3} + 1), (\sqrt{3} + 1, \sqrt{3} - 1)\}$

c) $V = \left\{(1, 1), \left(\frac{1}{4}, -\frac{1}{2}\right)\right\}$

d) $V = \left\{\left(\frac{7}{2}, 14\right), \left(-\frac{7}{2}, -14\right)\right\}$

Página 94

81 60

82 12 cm e 16 cm

83 4 e 7

84 6

85 5 anos

86 2 m e 5 m

87 6

88 4 e 5

89 40 km/h

90 20

91 4 anos

92 **a)** 10 turistas

b) R$ 150,00

93 3 ou $\frac{1}{2}$

94 3 e 4

95 5

96 1, 2 e 3

97 39

98 25 integrantes

99 3 e 4

100 1 200 m²

Página 96 — Trabalhando os conhecimentos adquiridos 10

1 **a)** $V = \{-6\sqrt{3}, 6\sqrt{3}\}$

b) $V = \{(1 - \sqrt{2}, 1 + \sqrt{2})\}$

c) $V = \{(-10, 14)\}$

d) $V = \{(-5, 5)\}$

e) $V = \left\{\left(-\frac{2}{3}, 4\right)\right\}$

2 **a)** $D = \mathbb{R} - \{-1, 1, 2\}$, $V = \{-1 - \sqrt{3}, -1 + \sqrt{3}\}$

b) $D = \mathbb{R} - \{0, 1\}$, $V = \left\{\frac{1 - \sqrt{5}}{2}, \frac{1 + \sqrt{5}}{2}\right\}$

c) $D = \mathbb{R} - \{-a, a\}$, $V = \{-2a, 3a\}$

3 $V = \left\{-\frac{2}{3}, 3\right\}$

4 8 cm

5 **a)** $V = \{-12, 8\}$

b) $V = \left\{-1, \frac{1}{4}\right\}$

c) $V = \{3, 11\}$

d) $V = \left\{\frac{a + b}{a - b}, \frac{a - b}{a + b}\right\}$

6 **a)** $V = \left\{\frac{p + q}{k}, \frac{p - q}{k}\right\}$

b) $V = \left\{a + b, \frac{a + b}{2}\right\}$

7 sim

8 1,2

9 alternativa **d**

Desafio: -10

Página 97 — Trabalhando os conhecimentos adquiridos 11

1 $\frac{3}{4}$

2 18

3 $\frac{26}{3}$

4 2

5 **a)** $V = \left\{+\frac{\sqrt{3}}{2}, -\frac{\sqrt{3}}{2}, +\frac{\sqrt{2}}{2}, -\frac{\sqrt{2}}{2}\right\}$

b) $V = \left\{\pm\frac{3}{2}\right\}$

6 16 duplas

7 **a)** $x^4 - 14x^2 + 1 = 0$

b) $x^4 - 4x^2 = 0$

8 $V = \left\{-\frac{b}{c}, \frac{b}{c}\right\}$

9 -1 ou 2

10 **a)** $V = \{+1, -1, \sqrt{3}, -\sqrt{3}\}$

b) $V = \{-2, -\sqrt{3}, 2, \sqrt{3}\}$

c) $V = \left\{\sqrt{2}, -\sqrt{2}, \frac{\sqrt{3}}{3}, -\frac{\sqrt{3}}{3}\right\}$

d) $V = \left\{-\frac{1}{2}, \frac{1}{2}\right\}$

11 Como $a = 1$, quando Paula cancelou $\frac{\cancel{(a-1)}(a^2 + a + 1)}{\cancel{(a-1)}} = \frac{(a+1)\cancel{(a-1)}}{\cancel{(a-1)}}$, dividiu os termos por zero, o que é absurdo.

12 alternativa **b**

Desafio: 10

Página 98 — Trabalhando os conhecimentos adquiridos 12

1 **a)** $V = \{-1\}$ **d)** $V = \left\{\frac{16}{25}\right\}$

b) $V = \{63\}$ **e)** $V = \{7\}$

c) $V = \{4\}$ **f)** $V = \{5\}$

2 $\frac{S^2}{ab}$

3 **a)** $V = \left\{\frac{\sqrt{5}}{2}\right\}$ **b)** $V = \{7\}$

4 **a)** $V = \{4, -2\}$ **c)** $V = \{1\}$

b) $V = \left\{\frac{3}{2}\right\}$ **d)** $V = \{1\}$

5 $\frac{4}{25}$

6 **a)** $V = \{9\}$

b) $V = \{5\}$

c) $V = \{1\}$

d) $V = \{5 + \sqrt{17}, 5 - \sqrt{17}\}$

7 $x^2 - bx + ac = 0$

8 7

9 $\frac{\sqrt{5} + 1}{2}$

10 alternativa **c**

Desafio: 1722

Página 99 — Trabalhando os conhecimentos adquiridos 13

1 -3 e $\frac{5}{4}$

2 6

3 $\frac{30}{7}$

4 -33

5 -15

6 0,8 e 0,6 ou $-0,6$ e $-0,8$

7 2

8 a) $\sqrt{2}$ e $2\sqrt{2}$

b) -80 e 100

9 5 m

10 $m = 10$

11 1,4 e 3,5

12 $\frac{5}{4}$

13 4 m e 8 m

14 Após 3 segundos.

Desafio: $x2 - (m + 2)x + m + 2 = 0$

Página 100 — Trabalhando os conhecimentos adquiridos 14

1 38 025

2 11 e 13 ou -11 e -13

3 Curitiba: 600; Cuiabá: 200

4 27 horas e 54 horas

5 3 ou $\frac{1}{3}$

6 10 anos

7 15 e 16 ou -15 e -16

8 a) 1 e -3

b) 2 e 13

c) 3 e 12

d) 2 e -18

9 $k = 9$

10 2 e 5

Desafio: 24 km/h

Página 101 — Trabalhando os conhecimentos adquiridos 15

1 $\frac{3}{5}$

2 2 e 5

3 4

4 49

5 alternativa **d**

6 12 pessoas

8 4 e 8

9 7 soluções

10 $k = 15$

11 3

12 46

13 $\frac{1}{12}$

14 5, 6 e 7 ou -7, -6 e -5

15 $k = \frac{5}{2}$

16 9 e 25

17 0,25

Desafio: $2 \cdot (a + b)$ é um quadrado perfeito.

CAPÍTULO 3

Página 108

1 $A = \ell^2$

2 $VR = 1500 + 0{,}03 \cdot V$

3 $y = 1{,}08x$

4 $A \times B = \{(3, 0), (3, 8), (3, 9), (4, 0), (4, 8), (4, 9), (5, 0), (5, 8), (5, 9)\}$

5 $R^{-1} = \{(4, 3), (6, 4), (8, 7)\}$

6 $R = \{(2, 1), (3, 3), (4, 5)\}$

8 alternativas **b**, **e**

9 alternativas **a**, **d**

Página 110

10 a) $D(f) = A$; $CD(f) = B$; $Im(f) = \{-5, 0, 2\}$

b) $D(f) = A$; $CD(f) = B$; $Im(f) = \{-3, -1\}$

11 a) sim; $Im(f) = \{5, 6, 7\}$

b) não

12 $Im(f) = \{3, 5, 7\}$

13 a) $Im(f) = \{-2, -1, 0\}$

b) $Im(f) = \{0, 2, 4\}$

c) $Im(f) = \{-2, 1, 4\}$

d) $Im(f) = \{0, 1, 2\}$

14 a) -8

b) 2

c) -3

d) $\frac{23}{4}$

15 a) 72

b) 0

c) 56

d) $\frac{63}{4}$

16 a) $\frac{2}{5}$

b) 1

c) $-\frac{8}{5}$

d) 3

17 a) $\frac{3}{4}$

b) Não podemos determinar essa imagem, já que o zero não pertence ao domínio da função ($\mathbb{R}^*$).

18 a) -2

b) $-\frac{2}{3}$

19 a) 8

b) -3

c) 11

d) $-\frac{8}{3}$

20 a) 1 ou 6

b) 2 ou 5

c) 3 ou 4

d) $4 + \sqrt{10}$ ou $4 - \sqrt{10}$

21 7

22 a) $a = 4$; $b = 5$

b) $a = 13$; $b = 18$

23 a) $y = 4(4 - x)$

b) $D(f) = \{x \in \mathbb{R} \mid 0 < x < 4\}$

Página 116

24 a) $y = 2x + 120$

c) 190 m

b) 180 m

d) 45 m

25 a) $V = 60 \cdot t$

b) 600 ℓ

c) 15 minutos

26 alternativas **a**, **b**, **c**, **e**, **f**

27 a) $a = -7$; $b = 0$

b) $a = \frac{4}{3}$; $b = -\frac{1}{3}$

c) $a = -2$; $b = 6$

d) $a = -\frac{1}{8}$; $b = 0$

e) $a = -8$; $b = -3$

f) $a = 7$; $b = -2$

g) $a = -\frac{1}{2}$; $b = 0$

h) $a = 5$; $b = 4$

28 a) 1º grau

b) linear

c) linear

d) 1º grau

e) 1º grau

f) 1º grau

29 a) (2, 1)

b) (0, 0)

c) $\left(\frac{4}{11}, \frac{49}{11}\right)$

Página 119

31 a) $x = 2$

b) $x = -7$

c) $x = \frac{1}{4}$

d) $x = 7$

e) $x = -16$

f) $x = 3$

g) $x = 3$

h) $x = 5$

32 a) $x = 5$; crescente

b) $x = 3$; crescente

c) $x = \frac{1}{4}$; decrescente

d) $x = 3$; crescente

33 a) Para $x = 3$, a função é nula.
Para $x > 3$, a função é positiva.
Para $x < 3$, a função é negativa.
b) Para $x = 8$, a função é nula.
Para $x > 8$, a função é positiva.
Para $x < 8$, a função é negativa.
c) Para $x = 11$, a função é nula.
Para $x > 11$, a função é negativa.
Para $x < 11$, a função é positiva.
d) Para $x = -2$, a função é nula.
Para $x > -2$, a função é negativa.
Para $x < -2$, a função é positiva.

34 a) $f(x) = 0$ para $x = 2$; $f(x) > 0$ para $x > 2$; $f(x) < 0$ para $x < 2$
b) $f(x) = 0$ para $x = -2$; $f(x) > 0$ para $x < -2$; $f(x) < 0$ para $x > -2$

Página 125 — Trabalhando os conhecimentos adquiridos 16

1 $R^{-1} = \{(1, 1), (4, 2), (9, 3)\}$
2 a) 104 °F b) 20 °C
3 $D(f) = \left\{0, \frac{2}{3}, 4, -6, -2\right\}$
4 3
5 2
6 a) $A(x) = \frac{10x}{2}$ ou $A(x) = 5x$
7 $\frac{\sqrt{\pi}}{2}$
8 15
Desafio: a^2b

Página 126 — Trabalhando os conhecimentos adquiridos 17

1 a) (0, −1) c) (0, 0)
b) (0, 2) d) $\left(0, -\frac{3}{2}\right)$
3 alternativa **c**
4 a) −2 c) −7
b) 8 d) 3
5 a) 20 km b) 10 km
6 $x = 20$ cm e $y = 10$ cm
7 alternativa **d**
Desafio: alternativa **e**

Página 127 — Trabalhando os conhecimentos adquiridos 18

3 alternativa **a**
4 (2, −3)
5 $V = 10h$
6 $x = \frac{y+5}{2}$
7 R$ 16 384,00
Desafio: $y + \frac{3x}{5} \leq 3$

CAPÍTULO 4

Página 132

1 a) $a = 1$; $b = 0$; $c = -25$
b) $a = -3$; $b = -6$; $c = 9$
c) $a = 1$; $b = 0$; $c = -18$
d) $a = -5$; $b = 13$; $c = 0$
e) $a = 1$; $b = -10$; $c = 25$
2 a) 44 b) −6 c) 2 d) 16
3 $x = 2$ ou $x = 3$
4 $y = x^2 + 8x + 15$, em que $x > 0$

Página 134

6 alternativas **b**, **c**, **d** e **i**
7 $m < 7$
8 b) 100 metros d) 600 metros
c) 300 metros

Página 138

9 a) −1 e 1 f) 1 e $\frac{2}{3}$
b) 0 e −2 g) 0
c) $-\frac{1}{3}$ h) Não tem zeros.
d) −2 e 2 i) Não tem zeros.
e) Não tem zeros.
10 a) (0, 0) e (4, 0) c) (3, 0) e (5, 0)
b) (−2, 0) e (2, 0)

11 a) $a > 0$, $\Delta > 0$ c) $a > 0$, $\Delta = 0$
b) $a < 0$, $\Delta < 0$

Página 140

12 $a = 1$; $b = -6$
13 $k = 16$
14 a) $x_V = 2$; $y_V = -1$
b) $x_V = 3$; $y_V = 0$
c) $x_V = 1$; $y_V = 1$
d) $x_V = -1$; $y_V = 2$
e) $x_V = \frac{1}{2}$; $y_V = -\frac{9}{4}$
f) $x_V = \frac{2}{3}$; $y_V = -\frac{4}{3}$
15 $a = 3$; $b = -2$

Página 143

17 $f(x) = -\frac{x^2}{14} + 2x$
19 a) 20 m b) 5 m

Página 145

20 a) mínimo: −64 f) máximo: $-\frac{3}{4}$
b) máximo: 0 g) mínimo: −1
c) máximo: $\frac{25}{16}$ h) mínimo: $-\frac{25}{8}$
d) máximo: $\frac{9}{4}$ j) máximo: $\frac{1}{3}$
e) mínimo: $-\frac{25}{4}$
21 $k = 15$
22 $p = 2$
23 a) $\frac{5}{4}$ b) $\frac{11}{2}$
24 $-\frac{25}{8}$
25 a) $x = 6$ b) 72 cm²
26 A figura de maior área é um quadrado de 25 cm de lado.

Página 147

27 a) $x = \frac{1}{4} \Rightarrow y = 0$
$x \neq \frac{1}{4} \Rightarrow y < 0$
b) $x = -2$ ou $x = 1 \Rightarrow y = 0$
$-2 < x < 1 \Rightarrow y > 0$
$x < -2$ ou $x > 1 \Rightarrow y < 0$
c) $x = -\frac{1}{4}$ ou $x = 1 \Rightarrow y = 0$
$-\frac{1}{4} < x < 1 \Rightarrow y > 0$
$x < -\frac{1}{4}$ ou $x > 1 \Rightarrow y < 0$
d) $x = -4$ ou $x = 4 \Rightarrow y = 0$
$-4 < x < 4 \Rightarrow y < 0$
$x < -4$ ou $x > 4 \Rightarrow y > 0$
e) $x = 3 \Rightarrow y = 0$
$x \neq 3 \Rightarrow y > 0$
f) $x = -3$ ou $x = -2 \Rightarrow y = 0$
$-3 < x < -2 \Rightarrow y < 0$
$x < -3$ ou $x > -2 \Rightarrow y > 0$
g) $y > 0$
h) $y > 0$
i) $y < 0$
28 a) $x = -2$ ou $x = 10$
b) $-2 < x < 10$
c) $x < -2$ ou $x > 10$
29 a) $x = -8$ ou $x = 8$
b) $-8 < x < 8$
c) $x < -8$ ou $x > 8$
30 Não existem valores reais.
31 a) para todos os valores reais
b) $x < 0$ ou $x > 2$
c) $x = 7$
32 $x > 6$
33 $x > 5$
34 $x > \frac{3}{2}$

Página 150

35 a) $S = \{x \in \mathbb{R} \mid x < -5 \text{ ou } x > 1\}$
b) $S = \{x \in \mathbb{R} \mid -1 < x < 2\}$
c) $S = \varnothing$
d) $S = \{x \in \mathbb{R} \mid x \leq -2 \text{ ou } x \geq 2\}$
e) $S = \varnothing$
f) $S = \varnothing$
g) $S = \{x \in \mathbb{R} \mid x < -4 \text{ ou } x > 4\}$
h) $S = \{x \in \mathbb{R} \mid x \neq -2\}$
i) $S = \mathbb{R}$
36 $\{x \in \mathbb{R} \mid x < -3 \text{ ou } x > 1\}$
37 a) $S = \varnothing$
b) $S = \left\{x \in \mathbb{R} \mid x \leq \frac{1}{3} \text{ ou } x \geq \frac{1}{2}\right\}$
c) $S = \{2\}$

d) $S = \left\{x \in \mathbb{R} \mid -\frac{1}{2} < x < 3\right\}$

e) $S = \mathbb{R}$

f) $S = \{x \in \mathbb{R} \mid x \leq 0 \text{ ou } x \geq 3\}$

g) $S = \{x \in \mathbb{R} \mid 0 \leq x \leq 2\}$

h) $S = \{x \in \mathbb{R} \mid 2 \leq x \leq 3\}$

i) $S = \left\{x \in \mathbb{R} \mid x < \frac{1}{2} \text{ ou } x > 3\right\}$

38 $x \in \mathbb{R}$

Página 151 — Trabalhando os conhecimentos adquiridos 19

1 2 e $-\frac{1}{3}$

2 $\left(\frac{5}{4}, -\frac{1}{8}\right)$

3 máximo: $\frac{1}{3}$

4 30 cm

5 $x = -2$ ou $x = 3 \Rightarrow y = 0$
$-2 < x < 3 \Rightarrow y < 0$
$x < -2$ ou $x > 3 \Rightarrow y > 0$

6 **a)** $S = \{2\}$
b) $S = \{x \in \mathbb{R} \mid -2 \leq x \leq 2\}$
c) $S = \mathbb{R}$

7 250 m, 500 m, 250 m

Desafio: **a)** 50 m **b)** 1 250 m

Página 152 — Trabalhando os conhecimentos adquiridos 20

1 $a = 1, c = 10$

2 $\left(-\frac{1}{2}, 0\right); \left(\frac{1}{3}, 0\right)$

3 $x = 1$

4 $p < \frac{3}{2}$

5 $k = \pm 2$

6 $a = -1; b = 7; c = -6$

7 eneágono

8 7, 8, 9

9 18 e 19

10 4 m

11 $(0, -4)$

Desafio: alternativa **a**

Página 153 — Trabalhando os conhecimentos adquiridos 21

1 $m = 8$

2 $m = 4$

3 $k < -5$

4 $-\frac{73}{12}$

5 alternativa **d**

6 $V = 4x^3 - 220x^2 + 3000x$

7 $(2, 4)$

Desafio: 24 unidades de área

CAPÍTULO 5

Página 161

1 300 parafusos

Página 167

6 **a)** gráfico de segmentos
b) 84 milhões de toneladas
c) 46,6%

Página 172

8 **a)** média aritmética: 99; mediana: 94; moda: 88
c) 12 dias

9 **a)** mediana: 12; moda: 10

10 salário médio: R$ 1 108,00; moda: R$ 800,00

11 **a)** Ayrton Senna
b) Sim, Ayrton Senna obteve 40,59% do total de vitórias dos brasileiros.

Página 174

12 50%

13 $\frac{2}{3}$

14 $\frac{3}{100}$ ou 3%

15 **a)** $\frac{6}{36}$ ou $\frac{1}{6}$ **c)** 0%
b) $\frac{3}{36}$ ou $\frac{1}{12}$ **d)** 100%

Página 175 — Trabalhando os conhecimentos adquiridos 22

1 média: 2,20; mediana: 2,20; duas modas: 2,16 e 2,30

2 **a)** média aritmética: 49,5; mediana: 49,5; moda: 48
b) 6 alunos

3 alternativa **a**

Página 176 — Trabalhando os conhecimentos adquiridos 23

1 **a)** 16,3 litros por habitante/dia; isso significa que o consumo de água em 2012 aumentou em relação a 2008.
b) O consumo de água foi reduzido em, aproximadamente, 0,72% em relação ao ano anterior.

2 alternativa **c**

Desafio: **b)** $\frac{1}{4}$ ou 25%

Página 177 — Trabalhando os conhecimentos adquiridos 24

1 alternativa **b**

2 **a)** 1 tonelada **b)** 100%

3 **a)** O percentual positivo indica que o PIB de 2013 foi maior que o de 2012 e o percentual negativo indica que o PIB de 2013 foi menor que o de 2012.
b) Itália e Espanha

Desafio: **a)** 18 anos
b) 18,5 anos
c) Sim, no item **b** ambas são 18,5.

Página 178 — Trabalhando os conhecimentos adquiridos 25

1 alternativa **d**

2 21 anos

4 alternativa **e**

Desafio: Lucas: 26; Felipe: 26

Página 179 — Trabalhando os conhecimentos adquiridos 26

1 alternativa **b**

Desafio: **a)** 0,2 ou 20%
b) 0,5 ou 50%
c) 1/3 ou aproximadamente 33%

CAPÍTULO 6

Página 184

1 **a)** $\frac{4}{5}$ **c)** $\frac{2}{3}$
b) $-\frac{2}{3}$ **d)** 5

2 alternativas **c**, **d**

Página 187

3 $x = 8$ cm

4 $\frac{3}{4}$

5 $x = 28$ cm; $y = 12$ cm

6 $AB = 15$ cm; $CD = 25$ cm

7 **a)** comensuráveis
b) incomensuráveis
c) comensuráveis
d) incomensuráveis

8 40 mm × 60 mm; 10 mm × 15 mm

Página 192

9 **a)** $x = 9$ **c)** $x = 12$
b) $x = 15$ **d)** $x = 15$

10 **a)** $x = 4$ **b)** $x = 10$

11 **a)** $x = \frac{18}{5}; y = \frac{10}{3}; z = 12$
b) $x = 6; y = 4; z = 6$

12 **a)** $x = 2; y = 6$ **b)** $x = 2; y = 1$

13 **a)** $x = 3$ **b)** $x = 2$

14 **a)** $x = 12; y = 15$
b) $x = 8; y = 4$

15 $a = 20$ m; $b = 35$ m; $c = 45$ m

Página 195

17 $AQ = 7{,}5$
18 $y = 15$
19 $x = \frac{10}{3}$
20 $AB = 20$
21 42

Página 197

22 $x = 12$
23 $x = 10$
24 $x = 24$
25 a) $x = 18$; $y = 27$ b) $x = 5$; $y = 8$

Página 199

26 a) $x = 15$ c) $x = 12$
b) $x = 24$ d) $x = 10$
27 80 cm

Página 205

28 a) Sim, pois os ângulos correspondentes têm a mesma medida (90°), e a razão de semelhança é $\frac{5}{2}$.
b) Não, pois os ângulos correspondentes têm medidas diferentes.
29 a) $x = 10$; $y = 20$
b) $x = 12$; $y = 27$
31 a) $x = 54$; $y = 85$
b) $x = 120°$; $y = 18$
32 30 cm, 24 cm, 54 cm e 21 cm
33 36 cm, 57 cm e 30 cm
34 160 cm^2

Página 208

35 a) $x = 40$; $y = 40$
b) $x = 10$; $y = 30$
c) $x = 12$; $y = 15$
d) $x = 60$; $y = 28$
36 a) $x = 7{,}2$; $y = 12{,}8$
b) $x = 10$; $y = 20$
37 4 m e 5,5 m
38 12 m
39 16 cm, 24 cm e 32 cm

Página 210

40 a) $x = 4$; $y = 12$
b) $x = 36$; $y = 27$
c) $x = 6$; $y = 24$
41 $x = 10$; $y = 16{,}8$
42 $BC = \frac{192}{13}$ m; $DC = \frac{125}{13}$ m
43 $x = 16$ cm; $y = 24$ cm

Página 215

44 $\triangle ABC \sim \triangle MON$ (L.A.L.)
$\triangle XYZ \sim \triangle TSR$ (L.L.L.)
$\triangle DEF \sim \triangle IGH$ (A.A.)
46 a) L.A.L.
b) L.A.L. ou L.L.L.
c) A.A.
47 15 m
48 Resposta possível:
$\triangle DBE \sim \triangle ABC$ (A.A.)

Página 216 — Trabalhando os conhecimentos adquiridos 27

1 $GH = 32$ cm
2 $EF = 12$ cm; $GH = 18$ cm
3 8 e 20
4 $NA = 80$ cm; $NB = 120$ cm
5 $x = 6$

Página 217 — Trabalhando os conhecimentos adquiridos 28

1 $x = 6$
2 $CM = 6{,}5$
3 $x = 72$
6 48 m
7 5 m
Desafio: Aplicando o Teorema de Tales; $x = 56$ m

Página 218 — Trabalhando os conhecimentos adquiridos 29

1 alternativa **b**
2 $r_1 = \frac{AC}{EG} = \frac{2}{4} = \frac{1}{2}$; $r_2 = \frac{AB}{EF} = \frac{3}{5}$
Concluímos que $r_1 \neq r_2$, ou seja, os retângulos não são semelhantes.
3 alternativa **b**
4 $\frac{9}{4}$ m e $\frac{15}{4}$ m
5 a) $x = 6$; $y = 8$ b) $x = 1{,}5$; $y = 4{,}5$
Desafio: $AH = 18$ cm

Página 219 — Trabalhando os conhecimentos adquiridos 30

1 a) $\frac{OA}{AB} = \frac{OA'}{A'B'}$ b) $\frac{OB}{BC} = \frac{OA'}{A'B'}$
2 15 cm e 12 cm
3 8 m
4 20 cm e 16 cm
5 $\frac{9}{10}$
6 $CQ = 84$ cm
7 32 m
8 $OE = 16$ m; $O'E = 12$ m
Desafio: 12 cm, 15 cm e 18 cm

Página 220 — Trabalhando os conhecimentos adquiridos 31

1 a) 1,5 b) 125%
2 a) $x = 6$ cm; $y = 7{,}2$ cm
b) $x = 21$; $y = 24$
3 a) $x = 2{,}5$; $y = 2$ b) $x = 3{,}2$
4 24 m
Desafio: $EF = 4$ m; $EG = \frac{40}{3}$ m

Página 221 — Trabalhando os conhecimentos adquiridos 32

1 a) $x = 24$; $y = 40$
b) $x = \frac{16}{3}$; $y = \frac{34}{3}$
2 4 m
3 a) $x = 50°$; $y = 80°$; $z = 50°$
b) $x = 55°$; $y = 55°$; $z = 80°$
4 alternativa **e**

Página 222 — Trabalhando os conhecimentos adquiridos 33

1 a) 1,5 b) $\frac{10}{3}$
2 7,8 m
3 12 cm
4 Não, pois as medidas dos ângulos correspondentes são diferentes.
5 18 m
6 30 cm
Desafio: 16

Página 223 — Trabalhando os conhecimentos adquiridos 34

1 25 cm
2 9 m e 15 m
3 60 cm
4 med($\overline{IH'}$) = 0,8 km;
med($\overline{HH'}$) = 0,6 km
5 5,1 m
6 medida da base: 7,5 m; medida da altura: 1,5 m
Desafio: 7,5 m

CAPÍTULO 7

Página 228

2 a) $\overline{AB}$; $\overline{AC}$ c) $\overline{DB}$; $\overline{DC}$
b) $\overline{BD}$
3 6
4 12

Página 236

5 a) 18 c) 12 e) 12
b) $5\sqrt{3}$ d) 12 f) $4\sqrt{7}$
6 a) 21 c) $3\sqrt{11}$ e) $9\sqrt{2}$
b) $\sqrt{2}$ d) 40 f) 5
7 a) $m = 10\sqrt{2}$; $n = 10\sqrt{2}$
b) $m = 9$; $n = 7$
c) $m = 3{,}6$; $n = 6{,}4$
8 a) $h = 8$ c) $h = 24$
b) $h = 48$
9 24 m e 32 m
10 3,2 m

11 $6\sqrt{5}$ cm
12 38 cm
13 24 cm e 32 cm
14 4
15 $\sqrt{2}$
16 3,6 cm
17 $\text{med}(\widehat{A}) = 60°$; $\text{med}(\widehat{B}) = 30°$; $c = 4$ m

Página 240

18 $17\sqrt{2}$ cm
19 $20\sqrt{2}$ cm
20 $5\sqrt{2}$ cm
21 $324\sqrt{3}$ cm²
22 $4\sqrt{3}$ cm
23 $2\sqrt{3}$ cm
25 $EG = 3$ m; $EC = \sqrt{10}$ m

Página 245

26 **a)** $\text{sen}\,\widehat{C} = \frac{12}{13}$; $\cos\widehat{B} = \frac{12}{13}$; $\text{tg}\,\widehat{B} = \frac{5}{12}$
b) $\text{sen}\,\widehat{B} = \frac{\sqrt{6}}{3}$; $\cos\widehat{B} = \frac{\sqrt{3}}{3}$; $\text{tg}\,\widehat{C} = \frac{\sqrt{2}}{2}$
c) $\text{sen}\,\widehat{B} = \frac{\sqrt{2}}{2}$; $\cos\widehat{C} = \frac{\sqrt{2}}{2}$; $\text{tg}\,\widehat{B} = 1$

27 **a)** $\text{sen}\,\widehat{X} = \frac{2\sqrt{5}}{5}$; $\cos\widehat{Z} = \frac{2\sqrt{5}}{5}$; $\text{tg}\,\widehat{X} = 2$
b) $\text{sen}\,\widehat{O} = \frac{4}{5}$; $\cos\widehat{P} = \frac{4}{5}$; $\text{tg}\,\widehat{P} = \frac{3}{4}$
c) $\text{sen}\,\widehat{R} = 0{,}8$; $\cos\widehat{T} = 0{,}8$; $\text{tg}\,\widehat{T} = \frac{3}{4}$

Página 248

28 **a)** $x = 20$; $y = 20\sqrt{2}$
b) $x = 50\sqrt{3}$; $y = 50$
c) $x = 4$; $y = 2\sqrt{3}$
29 $m = 120$; $n = 40$; $h = 40\sqrt{3}$; $x = 160$
30 $\ell = 6$ $h = \frac{5\sqrt{3}}{2}$
31 $h = 300(1 + \sqrt{3})$ m

Página 251

32 **a)** 0,292 **d)** 0,682
b) 0,999 **e)** 0,788
c) 0,488 **f)** 1,192

33 **a)** 7° **d)** 56° **g)** 39°
b) 70° **e)** 10° **h)** 60°
c) 35° **f)** 81°

34 **a)** 0,974370064
b) 0,104528463
c) 28,63625328

Página 254

35 64,18 m
36 50 m
37 $5\sqrt{3}$ m
38 4 km

Página 255 - Trabalhando os conhecimentos adquiridos 35

12

Página 256 — Trabalhando os conhecimentos adquiridos 36

1 **a)** $x = 15$; $y = 17$
b) $x = 21$; $y = 16{,}8$
c) $x = 35$; $y = 40$
2 **a)** $y = 12$ **b)** $y = 10$
3 30 dm
4 alternativa **b**

Página 257 — Trabalhando os conhecimentos adquiridos 37

1 $\sqrt{7}$ cm
2 25 cm
3 72 cm
4 $12\sqrt{3}$ cm
5 6 cm
6 $x \simeq 0{,}66$ m
7 10 cm e 10 cm
8 12,6 cm
Desafio: 12 cúbitos

Página 258 — Trabalhando os conhecimentos adquiridos 38

1 $a = 10$; $h = 4{,}8$; $m = 6{,}4$; $n = 3{,}6$
2 7,2
3 $a = 41$; $b = 4\sqrt{41}$; $c = 5\sqrt{41}$; $h = 20$
4 $2\sqrt{2}$ m
5 $AB = 12$; $AC = 5$
6 Não, pois a diagonal do armário mede, aproximadamente, 2,53 m que é maior que o pé direito da sala.
7 $\sqrt{17}$
Desafio: $b = \frac{a(\sqrt{7} - 1)}{2}$

Página 259 — Trabalhando os conhecimentos adquiridos 39

1 alternativa **c**
2 $10\sqrt{2}$ cm
3 40 cm
4 medida da hipotenusa: 15; perímetro: 36
5 20 cm
6 **a)** 3,74 m **b)** 3,48 m
7 5 cm
Desafio: 40 m

Página 260 — Trabalhando os conhecimentos adquiridos 40

1 **a)** 25 **b)** 6
2 $\frac{150\sqrt{34}}{17}$ cm; $\frac{90\sqrt{34}}{17}$ cm
3 $\sqrt{3}$
4 9
5 21 cm
6 62,45

Página 261 — Trabalhando os conhecimentos adquiridos 41

1 **a)** $\frac{40}{41}$ **d)** $\frac{40}{9}$
b) $\frac{40}{41}$ **e)** $\frac{9}{41}$
c) $\frac{9}{41}$ **f)** $\frac{9}{40}$
2 **a)** $\frac{12}{37}$ **c)** $\frac{35}{12}$ **e)** $\frac{12}{37}$
b) $\frac{35}{37}$ **d)** $\frac{12}{35}$ **f)** 12 cm
3 $h = \sqrt{3}$
4 $x = 250\sqrt{3}$ m; $y = 250$ m
Desafio: 32 passos e 18 passos

Página 262 — Trabalhando os conhecimentos adquiridos 42

1 $a = 36$
2 173 m
3 alternativas **a**, **b**, **c**, **e**, **g**, **i**
4 $\frac{\sqrt{3}}{2}$
5 500 m
6 105 m

Página 263 — Trabalhando os conhecimentos adquiridos 43

1 **a)** $\frac{3}{5}$ **c)** $\frac{3}{4}$ **e)** $\frac{3}{4}$
b) $\frac{4}{5}$ **d)** 1 **f)** $\frac{16}{15}$
2 2 km
3 **a)** $\text{sen}\,x = \frac{1}{2}$; $\cos x = \frac{\sqrt{3}}{2}$; $\text{tg}\,x = \frac{\sqrt{3}}{3}$
b) $\text{sen}\,x = 0{,}6$; $\cos x = 0{,}8$; $\text{tg}\,x = 0{,}75$
4 0,75
5 Não, pois o triângulo amarelo não é retângulo. Seus lados medem 13 cm, $\sqrt{58}$ cm e 15 cm; e $(13)^2 + (\sqrt{58})^2 \neq (15)^2$.

Página 264 — Trabalhando os conhecimentos adquiridos 44

1 **a)** $x = 100\sqrt{3}$; $y = 100$
b) $x = 10$; $y = 10\sqrt{3}$
2 alternativa **b**
3 8,72%
4 **a)** 8,33% **b)** 6,02 m
Desafio: alternativa **e**

Página 265 — Trabalhando os conhecimentos adquiridos 45

1 2 000 m
2 $\frac{20\sqrt{3}}{3}$

3 37,3 m

4 a) 0,940 c) 0,985 e) 65°
b) 0,375 d) 85° f) 20°

5 $x \simeq 16{,}8$

6 alternativa **d**

7 $6\sqrt{3}$ milhas

CAPÍTULO 8

Página 270

1 a) acutângulo c) retângulo
b) obtusângulo

2 a) $7 < x < \sqrt{74}$ b) 28

Página 272

3 a) $x = 2{,}75$
b) $x = \frac{185}{21}$

4 0,5 cm

5 $\frac{19}{7}$ cm

6 $\frac{29}{12}$ cm

7 16 m

8 4 m

Página 274

9 a) $x = 3\sqrt{22}$ b) $x = 2$

10 $x = 1{,}6$; $y = 2$

11 a) $x = \sqrt{6}$ b) $x = 11{,}5$

Página 277

12 a) $x \simeq 36{,}7$ b) $x \simeq 43{,}6$

13 $h \simeq 14{,}64$ m; $a \simeq 20{,}70$ m;
$b \simeq 29{,}28$ m

14 a) $\simeq 28{,}18$ m
b) $\simeq 30{,}05$ m
c) $\simeq 21{,}59$ m

15 $5\sqrt{2}$ cm

16 51°

Página 281

17 a) $x \simeq 10{,}6$ c) $x \simeq 161{,}5$
b) $x \simeq 54{,}08$ d) $x \simeq 17{,}35$

18 a) −0,99 c) −0,57
b) −0,34 d) −0,72

19 2,5

20 $BD = 4\sqrt{7}$ cm; $AC = 4\sqrt{19}$ cm

21 $\simeq 3{,}46$ m

Página 282 — Trabalhando os conhecimentos adquiridos 46

1 a) retângulo
b) acutângulo
c) obtusângulo

2 $\sqrt{3}$

3 7 m

4 $\frac{2}{3}$

5 $4\sqrt{2}$ cm

6 $\frac{9}{16}$

7 $h \simeq 6{,}48$ km; $a \simeq 10{,}08$ km;
$b \simeq 10{,}52$ km

Página 283 — Trabalhando os conhecimentos adquiridos 47

1 a) acutângulo d) obtusângulo
b) obtusângulo e) acutângulo
c) retângulo f) retângulo

2 7 m

3 $\frac{\sqrt{6}}{2}$ cm

4 269,62 m

5 1 cm

6 90°

7 med$(\overline{AB}) = 3{,}50$ m

8 35°

Desafio: $3(2 + \sqrt{3})$ cm

Página 284 — Trabalhando os conhecimentos adquiridos 48

1 $2\sqrt{6}$

2 538,52 m

3 $\sqrt{31}$ cm

4 17,73 m

5 2 cm

6 $5\sqrt{17}$ cm

7 24 cm

8 4 907,28 m

Página 285 — Trabalhando os conhecimentos adquiridos 49

1 alternativa **a**

2 alternativa **e**

3 alternativa **d**

4 alternativa **b**

Desafio: alternativa **b**

CAPÍTULO 9

Página 291

1 94,2 cm

2 8 cm

3 25 cm

4 8 voltas

5 200 voltas

6 226 080 km

Página 293

7 a) $\frac{20\pi}{9}$ cm c) 40 cm
b) 90°

8 a) $\frac{2}{3}\pi$ cm c) $\frac{3}{8}\pi$ cm
b) π cm

9 a) 12 cm b) 18 cm

10 a) 9° b) 90°

11 $\ell_1 = \pi$ cm ou $\ell_1 = 3{,}14$ cm; $\ell_2 = 2\pi$ cm
ou $\ell_2 = 6{,}28$ cm

Página 295

12 a) $\frac{7}{9}\pi$ rad f) $\frac{2}{3}\pi$ rad
b) $\frac{4}{9}\pi$ rad g) $\frac{5}{6}\pi$ rad
c) $\frac{\pi}{4}$ rad h) $\frac{5}{9}\pi$ rad
d) $\frac{\pi}{6}$ rad i) $\frac{8}{9}\pi$ rad
e) $\frac{\pi}{2}$ rad

13 a) 20° d) 9° g) 45°
b) 180° e) 24° h) 450°
c) 2° f) 120° i) 10°

Página 296

14 a) $x = 4$ c) $x = 12$ ou $x = 2$
b) $x = 5$ d) $x = 2$

15 a) $x = 10$ c) $x = 4$
b) $x = 5$ d) $x = 8$

Página 298

16 a) $x = -2$ c) $x = 4$
b) $x = 4$ d) $x = 3$

17 9 m

Página 300

18 a) $x = 4$ c) $x = 3$
b) $x = 3$ d) $x = 3{,}5$

19 $PA = 6$ m

20 $r(\sqrt{5} - 1)$

Página 302

21 a) $x = 2\sqrt{7}$ c) $x = 0{,}6$
b) $x = 6$ d) $x = 5\sqrt{3}$

22 9 m e 25 m

Página 303

23 375 cm²

24 $r = 2a$

25 $\frac{24d^2}{25}$

Página 304

26 Pot $(P) = \sqrt{3}$; $x = \frac{\sqrt{6}}{2}$

27 $x = \frac{16}{5}$; $y = 4$

Página 307 — Trabalhando os conhecimentos adquiridos 50

1 6 cm

2 1 256 cm
3 800 voltas
4 $\ell_1 = 3,14$ cm; $\ell_2 = 9,42$ cm
5 75 cm
6 1,413 m
7 $\frac{\pi}{3}$ rad
8 $\frac{355}{113}$
9 $\simeq 40$ voltas

Desafio: 8π cm

Página 308 — Trabalhando os conhecimentos adquiridos 51

1 **a)** $\frac{\pi}{5}$ rad **c)** $\frac{5}{12}\pi$ rad
b) $\frac{4}{3}\pi$ rad
2 **a)** 135° **b)** 15° **c)** 225°
3 **a)** $\frac{5\pi}{3}$ cm **b)** $\frac{16\pi}{9}$ cm **c)** 8π cm
4 12 cm
5 $\frac{2}{\pi}$ cm
6 5π cm
7 $\frac{6\pi}{5}$ cm
8 50 voltas
9 16 cm
10 4 m
11 $\simeq 11$ vezes
12 alternativa **e**

Desafio: $C = 40\,000$ km

Página 309 — Trabalhando os conhecimentos adquiridos 52

1 5,338 m
2 3,14 m
3 90°
4 10,55 m
5 605 voltas
6 5 m
7 120°
8 20 cm
9 3,16049 e 3,14159
10 $(180 + 30\pi)$ m

Desafio: 11 682 km

Página 310 — Trabalhando os conhecimentos adquiridos 53

1 **a)** $20(5 + \pi)$ cm
b) $O_1 = 120°$; $O_2 = 120°$; $O_3 = 60°$; $O_4 = 60°$
c) $\text{sen } 60° = \frac{h}{O_1O_4} \Rightarrow$
$\Rightarrow h = 20 \cdot \text{sen } 60° \Rightarrow$
$\Rightarrow h = 20 \cdot \cos 30°$
d) $(1\,519 + 100\pi)$ cm²
e) $160(5 + \pi)$ cm²
2 Todos os caminhos medem 4π cm.

3 **a)** 10 **b)** $\frac{4}{3}$ **c)** 15 **d)** 32
4 **a)** 12 **b)** $\frac{9}{2}$ **c)** 9 **d)** -1

Desafio: 40π cm

Página 311 — Trabalhando os conhecimentos adquiridos 54

1 0,16 m
2 16 cm e 9 cm
3 $2\sqrt{3}$
4 4 m e 12 m
5 $\frac{8}{3}$ m
6 10 cm, 2 cm e 18 cm
7 4 cm e 6 cm
8 $AB = 17$; $CD = 19$
9 $\frac{2r^2}{R - r}$
10 1 km
11 alternativa **a**

Desafio: $\frac{1}{4}$

CAPÍTULO 10

Página 317

1 alternativas **b**, **d**
2 alternativas **a**, **b**
3 **a)** $x = 52°$
b) $x = 2\sqrt{127}$
4 **a)** $x = 30°$; $y = 80°$
b) $x = 70°$; $y = 110°$
5 60
6 24

Página 322

7 alternativas **a**, **b**, **d**
9 $a_c = 36°$; $a_i = 144°$; $a_e = 36°$
10 **a)** $a_c = 120°$; $a_i = 60°$; $a_e = 120°$
b) $a_c = 90°$; $a_i = 90°$; $a_e = 90°$
c) $a_c = 60°$; $a_i = 120°$; $a_e = 60°$
11 **a)** decágono
b) eneágono
c) hexágono
d) quadrado
e) triângulo equilátero
12 15 lados
13 $a_e = 45°$; octógono
14 36°

Página 324

16 56 cm
17 4 cm
18 3,125 cm

Página 328

19 $\ell = 10\sqrt{2}$ cm; $a = 5\sqrt{2}$ cm
20 $5\sqrt{2}$ cm
21 **a)** $6\sqrt{2}$ cm **b)** 6 cm
22 $3\sqrt{2}$ cm
23 **a)** 22,56 cm **b)** 32 cm²
24 $\ell = 8\sqrt{3}$ cm; $a = 4$ cm
25 $r = \frac{20\sqrt{3}}{3}$ cm; $a = \frac{10\sqrt{3}}{3}$ cm
26 $12\sqrt{3}$ cm
27 90 cm
28 $\ell = 12$ cm; $a = 6\sqrt{3}$ cm
29 60 cm
30 $r = 8$ cm; $a = 4\sqrt{3}$ cm
31 **a)** $10\sqrt{3}$ cm **c)** 120°
b) 5 cm **d)** 15 cm
32 9 cm
33 12 cm
34 $6\sqrt{2}$ cm
35 $\frac{\sqrt{2}}{2}$
36 **a)** 48 m **b)** 12 m
37 $\pi = 3,7$ cm

Página 329

38 12 cm
39 16 cm
40 8 cm
41 72 cm

Página 331 - Trabalhando os conhecimentos adquiridos 55

1 $\alpha = 30°$; $\beta = 120°$; $\gamma = 90°$
2 **a)** $5\sqrt{2}$ cm **b)** 10 cm **c)** $\frac{\sqrt{2}}{2}$

Desafio: decágono

Página 332 — Trabalhando os conhecimentos adquiridos 56

1 63 cm
2 $3(1 + 2\sqrt{3})$ cm
3 alternativa **d**
4 3 cm
5 0,36 dm
6 6 cm
7 $8\pi\sqrt{2}$ m; 32π m²
8 $4\sqrt{6}$ m
10 $36(1 + \sqrt{3})$ cm

Desafio: 60°

Página 333 — Trabalhando os conhecimentos adquiridos 57

1 $a_c = 15°$; $a_e = 15°$
2 4,5 cm
3 $\frac{\sqrt{2}}{2}$
4 $\frac{\sqrt{3}}{2}$
5 $\ell \simeq 3,3$ cm; $a \simeq 7,78$ cm

6 quadrado e dodecágono

7 54 diagonais

8 9 cm²

9 $a_c = \dfrac{360°}{n}$; $a_i = \dfrac{180°(n-2)}{n}$

10 alternativa **a**

11 $1\,350\sqrt{3}$ cm²

Desafio: $\ell\sqrt{3}$

CAPÍTULO 11

Página 339

1 **a)** 16 ◣
b) 32 ◣

2 **a)** 600 hm²
b) 80 m²
c) 5 000 cm²
d) 250 000 m²
e) 8 000 000 mm²
f) 150 000 cm²
g) 540 mm²
h) 0,00123 m²

3 alternativas **b**, **c**, **e**

Página 342

4 300 cm²

5 40 mm

6 393,75 cm²

7 0,12 m²

8 5 m e 6 m

9 1 000 ladrilhos

10 5 cm e 9 cm

11 484 cm²

12 40 m

13 100 cm²

14 225 m²

15 **a)** 128 cm²
b) 71,75 cm²

16 $\dfrac{1}{9}$

17 600 lajotas

18 12 m

19 300 cm²

20 **a)** 1 075 mm²
b) 1 140 mm²

21 750 mm²

22 70 m²

23 180 cm²

Página 348

24 150 cm²

25 49 cm²

26 $\dfrac{3\sqrt{3}}{4}$ m²

27 28 m²

28 12 m²

29 $4\sqrt{26}$ cm²

30 $\dfrac{13\sqrt{3}}{4}$ cm²

31 $25\sqrt{3}$ cm²

32 $\dfrac{40}{3}$ m²

33 $\dfrac{2p^2}{(2+\sqrt{2})^2}$

34 437,5 cm²

35 3 cm

36 24 cm²

Página 349

37 **a)** 16 cm²
b) 500 cm²

38 11 cm²

39 **a)** 525 cm²
b) 50 cm²

40 46 m²

Página 350

41 630 cm²

42 **a)** 25 cm²
b) 70 cm²
c) 32 cm²

43 96 m²

44 40 cm

45 **a)** 600 cm²
b) 17,5 cm²

46 100 cm²

Página 353

47 32 m²

48 $36\sqrt{3}$ cm²

49 **a)** $600\sqrt{3}$ cm²
b) 110 cm²

50 $\simeq$ 747,36 cm²

51 $\dfrac{3\sqrt{3}r^2}{4}$

Página 355

52 81π m²

53 $156{,}25\pi$ cm²

54 81π cm²

55 6 m

56 39π cm²

57 64π cm²

58 **a)** $\dfrac{50\pi}{3}$ cm²
b) 3π m²
c) $31{,}25\pi$ cm²

59 $19{,}2\pi$ cm²

60 **a)** 21π cm²
b) $\dfrac{25(\pi-2)}{4}$ cm²

61 9,42 cm²

62 $\simeq$ 36,3 cm²

63 círculo

Página 357 — Trabalhando os conhecimentos adquiridos 58

1 72 cm²

2 144 cm²

3 5 m

4 60%

5 $r^2\left(\alpha + \dfrac{\text{sen } 2\alpha}{2}\right)$

Desafio: alternativa **b**

Página 358 — Trabalhando os conhecimentos adquiridos 59

1 alternativa **d**

2 alternativa **c**

3 π m²

4 18π m²

5 $\dfrac{9\sqrt{2}}{2}$ cm

Desafio: 4 cm²

Página 359 — Trabalhando os conhecimentos adquiridos 60

1 50

2 $\dfrac{100}{11}$%

3 25 m

4 50 cerâmicas

5 1 728 cm²

6 alternativa **b**

7 $\dfrac{24}{25}S$

8 alternativa **d**

9 2π cm² e 2π cm²

10 πa^2

Desafio: $a^2\left(1 - \dfrac{\pi}{4}\right)$

Página 360 — Trabalhando os conhecimentos adquiridos 61

1 $28\sqrt{3}$ cm²

2 100 cm²

3 3 cm²

4 48 m²

5 1,6 dm²

6 8,5 m²

7 96%

8 30 cm²

9 $2\sqrt[4]{3}$

10 $\dfrac{1}{4}$

Desafio: 1 m²

Página 361 — Trabalhando os conhecimentos adquiridos 62

1 **a)** $9(4-\pi)$ cm²
b) $9\left(1 - \dfrac{\pi}{4}\right)$ cm²
c) $(4-\pi)$ cm²
d) $16(\sqrt{3}+\pi)$ cm²
e) $\ell^2\left(\dfrac{2\sqrt{3}-\pi}{8}\right)$ cm²
f) $8(\pi-2)$
g) $\dfrac{25}{2}\pi$ cm²
h) $\dfrac{(\pi-\sqrt{3})}{2}$ cm²
i) 40π cm²
j) 49π cm²
k) $\dfrac{3\pi}{4}$ cm²
l) $25\left(\dfrac{\pi}{3} - \dfrac{\sqrt{3}}{4}\right)$ cm²

2 $\left(\sqrt{3} - \dfrac{\pi}{2}\right)$ cm²

3 $27\sqrt{3}$ cm²

4 $24\sqrt{3}$ m²

5 alternativa **e**

6 576 cm²

Desafio: $\dfrac{bc}{2}$ unidades de área

CAPÍTULO 12

Página 366

1 R$ 717,50

2 R$ 320,00

3 R$ 425,00

4 R$ 1 800,00

5 R$ 1 050,00

Página 369

6 1% a.m.

7 R$ 1 280,00 e R$ 21 280,00

8 100 meses

9 2,5% ao trimestre

10 R$ 3 200,00

11 R$ 1 200,00

12 250 meses

13 0,2%

Página 371

14 $\simeq$ R$ 10 241,93

15 R$ 8 800,00

16 R$ 909,03

17 **a)** R$ 3 200,00
b) $\simeq$ R$ 3 238,61

18 $\simeq$ R$ 102 805,81

Página 374

19 **a)** R$ 1 359 000,00
b) R$ 459 000,00

20 **a)** $\simeq$ R$ 0,29
b) $\simeq$ R$ 0,65

Página 378 — Trabalhando os conhecimentos adquiridos 63

1 R$ 812,50

2 25%

3 2,2%

4 alternativa **c**

5 50 meses

Desafio: 0,73%

Página 379 — Trabalhando os conhecimentos adquiridos 64

1 R$ 6 200,00

2 R$ 1 261,62

3 alternativa **c**

4 R$ 3 688,07

5 alternativa **d**

Desafio: 0,96%

APÊNDICE

Página 381

1 $A(-4, 0)$; $B(-3, 2)$; $C(-1, 4)$; $D(0, 3)$; $E(2, 1)$; $F(3, 0)$; $G(0, -1)$; $H(-2, -2)$, $I(4, -2)$, $J(1, -3)$

3 **a)** 2º quadrante
b) 4º quadrante
c) 1º quadrante
d) 4º quadrante
e) 3º quadrante

6 5 unidades de área; obtusângulo

8 **a)** $A(1, 3)$; $B(4, 3)$; $C(4, 1)$ e $D(1, 1)$
b) 6 cm^2

9 5,8 cm

10 **a)** (3, 3)
b) 12,56 cm^2

Página 383

11 **a)** $\{(3, -2), (3, 4), (5, -2), (5, 4)\}$
b) $\{(-2, 3), (-2, 5), (4, 3), (4, 5)\}$
c) $\{(-2, 0), (-2, 1), (-2, 3), (4, 0), (4, 1), (4, 3)\}$
d) $\{(3, 3), (3, 5), (5, 3), (5, 5)\}$
e) $\{(3, 0), (3, 1), (3, 3), (5, 0), (5, 1), (5, 3)\}$
f) $\{(0, 0), (0, 1), (0, 3), (1, 0), (1, 1), (1, 3), (3, 0), (3, 1), (3, 3)\}$

12 **a)** $\{(1, a), (1, b), (1, c), (5, a), (5, b), (5, c)\}$
b) $\{(1, 1), (1, 5), (5, 1), (5, 5)\}$
c) $\{(a, 1), (a, 5), (b, 1), (b, 5), (c, 1), (c, 5)\}$
d) $\{(a, a), (a, b), (a, c), (b, a), (b, b), (b, c), (c, a), (c, b), (c, c)\}$

13 $A = \{1, 2\}$, $B = \{3, 4, 5\}$

14 **a)** $\{0, 5\}$
b) $\{1, 7, 8\}$
c) $\{(0,1), (0,7), (0,8), (5,1), (5,7), (5,8)\}$
d) $\{(1, 0), (1, 5), (7, 0), (7, 5), (8, 0), (8, 5)\}$

15 $E = \{-3, -2, -1, 1\}$, $F = \{-2, 1, 2, 4\}$

16 4

Página 385

18 **a)** $\{x \in \mathbb{R} \mid -2 < x < 1\}$
b) $\{x \in \mathbb{R} \mid -3 \leq x \leq 4\}$
c) $\{x \in \mathbb{R} \mid x < -1\}$
d) $\{x \in \mathbb{R} \mid 0 \leq x < 2\}$
e) $\{x \in \mathbb{R} \mid x \geq 2\}$
f) $\{x \in \mathbb{R} \mid 4 < x \leq 7\}$

Página 386 — Trabalhando os conhecimentos adquiridos

1 **a)** 2º quadrante
b) 3º quadrante
c) 4º quadrante
d) 1º quadrante

2 **a)** 8 **c)** 5 **e)** 5
b) 3 **d)** 3

3 eixo das abscissas

4 eixo das ordenadas

5 não

6 triângulo isósceles

7 Sobre o eixo das abscissas, ter ordenada nula. Sobre o eixo das ordenadas, ter abscissa nula.

8 **a)** $x = 1$; $y = 1$
b) $x = 31$; $y = -11$

9 $\{(2, 4)\}$

10 $\{(2, 3), (4, 3), (6, 3)\}$

11 10

16 12 maneiras

17 $A^2 = \{(1, 1), (1, 2), (1, 4), (2, 1), (2, 2), (2, 4), (4, 1), (4, 2), (4, 4)\}$

Desafio: $\sqrt{13}$

TESTES, VESTIBULARES E CONCURSOS

1 alternativa **b**
2 alternativa **a**
3 alternativa **b**
4 alternativa **c**
5 alternativa **a**
6 alternativa **d**
7 alternativa **e**
8 alternativa **b**
9 alternativa **d**
10 alternativa **e**
11 alternativa **e**
12 alternativa **e**
13 alternativa **e**
14 alternativa **a**
15 alternativa **c**
16 alternativa **b**
17 alternativa **d**
18 alternativa **d**
19 alternativa **c**
20 alternativa **c**
21 alternativa **d**
22 alternativa **c**
23 alternativa **c**
24 alternativa **d**
25 alternativa **a**
26 alternativa **b**
27 alternativa **c**
28 alternativa **e**
29 alternativa **d**
30 alternativa **c**
31 alternativa **d**
32 alternativa **b**
33 alternativa **b**
34 alternativa **c**
35 alternativa **b**
36 alternativa **d**
37 alternativa **b**
38 alternativa **b**
39 alternativa **a**
40 alternativa **e**
41 alternativa **d**
42 alternativa **d**
43 alternativa **c**
44 alternativa **b**
45 alternativa **b**
46 alternativa **d**
47 alternativa **c**
48 alternativa **b**
49 alternativa **a**
50 alternativa **d**
51 alternativa **c**
52 alternativa **e**
53 alternativa **e**
54 alternativa **c**
55 alternativa **d**
56 alternativa **d**
57 alternativa **d**
58 alternativa **e**
59 alternativa **c**
60 alternativa **a**
61 alternativa **b**
62 alternativa **e**
63 alternativa **b**
64 alternativa **b**
65 alternativa **a**
66 alternativa **c**
67 alternativa **e**
68 alternativa **c**
69 alternativa **d**
70 alternativa **b**
71 alternativa **e**
72 alternativa **c**
73 alternativa **e**
74 alternativa **b**
75 alternativa **a**
76 alternativa **b**
77 alternativa **a**
78 alternativa **c**
79 alternativa **b**
80 alternativa **a**
81 alternativa **b**
82 alternativa **a**
83 alternativa **b**
84 alternativa **b**
85 alternativa **a**
86 alternativa **a**
87 alternativa **b**
88 alternativa **c**
89 alternativa **a**
90 alternativa **d**
91 alternativa **d**
92 alternativa **e**
93 alternativa **b**
94 alternativa **e**
95 alternativa **a**
96 alternativa **a**
97 alternativa **d**
98 alternativa **a**
99 alternativa **c**
100 alternativa **b**
101 alternativa **d**
102 alternativa **c**
103 alternativa **d**
104 alternativa **a**
105 alternativa **a**
106 alternativa **a**
107 alternativa **d**
108 alternativa **b**
109 alternativa **d**
110 alternativa **b**
111 alternativa **c**
112 alternativa **a**
113 alternativa **c**
114 alternativa **c**
115 alternativa **a**

Sugestões de leitura

O diabo dos números

Hans Magnus Enzensberger
São Paulo: Companhia das Letras, 1997
272 páginas

Robert é um menino que detesta tudo que se relaciona à Matemática e acha que aquela montanha de cálculos não serve para nada. Mas um dia ele começa a sonhar com um certo Teplotaxl, um diabo que brinca e faz mil malabarismos com a Matemática. A cada sonho, Teplotaxl cria brincadeiras tão interessantes que os números passam a ficar claros e diabolicamente divertidos para Robert.

REPRODUÇÃO

As mil e uma equações

Ernesto Rosa
São Paulo: Ática, 2009
69 páginas

As mil e uma equações narra as aventuras de três amigos, Ahmed, Kamal e Najla, que enfrentam ladrões e assassinos pelos desertos da Arábia, onde quase viram comida de abutres. No caminho de volta à cidade, eles conhecem o famoso matemático Omar Ibn Sinan, que propõe divertidas recreações matemáticas. O livro apresenta questões práticas e desafiadoras, levando os personagens a desenvolver uma fórmula – a famosa fórmula de Bhaskara – e a resolver equações de 2º grau. Um suplemento de atividades ajuda a fixar os conteúdos estudados.

REPRODUÇÃO

Jogando com a Matemática

Oscar Guelli
São Paulo: Ática, 1999
56 páginas

O livro apresenta jogos e desafios matemáticos que abordam o sistema de numeração decimal, os divisores de um número, as regras de divisibilidade e problemas de aritmética, entre outros conteúdos.

REPRODUÇÃO

Medindo comprimentos

Nílson José Machado
São Paulo: Scipione, 2000
48 páginas

O livro trata das diferentes maneiras de medir, apresentando um panorama histórico sobre a necessidade de estabelecer padrões, surgida há milênios. O autor, especialista na área, aborda desde as medidas baseadas no corpo humano até as criadas como padrões universais. De fácil leitura, a obra enriquece os conhecimentos matemáticos e esclarece muitas curiosidades sobre o assunto.

REPRODUÇÃO

Bibliografia

ALMANAQUE Abril 2013: Brasil. São Paulo: Abril, 2013.

Asger Aaboe. *Episódios da história antiga da Matemática*. Rio de Janeiro: Sociedade Brasileira de Matemática, 1984.

Bernard H. Gundlach. *Números e numerais*. São Paulo: Atual, 2005. (Tópicos de História da Matemática para uso em sala.)

BRASIL. Ministério da Educação. *Parâmetros curriculares nacionais*: Matemática. Brasília: MEC; SEF, 1998.

Brian Bolt. *Actividades matemáticas*. Lisboa: Gradiva, 1991.

Carl Benjamim Boyer. *História da Matemática*. Trad. Elza F. Gomide. São Paulo: Edgard Blücher; Edusp, 2012.

Constance Kamii. *Reinventando a Aritmética*: implicações da teoria de Piaget. Campinas: Papirus, 1995.

Delia Lerner Zunino. *A Matemática na escola*: aqui e agora. Porto Alegre: Artes Médicas, 2003.

DICIONÁRIO enciclopédico Tudo. São Paulo: Nova Cultural, 1979.

Dione Lucchesi de Carvalho. *Metodologia do ensino da Matemática*. São Paulo: Cortez, 2009.

Elon Lages Lima. *Meu professor de Matemática e outras histórias*. Rio de Janeiro: Sociedade Brasileira de Matemática, 2004.

Ernesto Rosa Neto. *Didática da Matemática*. São Paulo: Ática, 2010.

Georges Ifrah. *História universal dos algarismos*. Trad. Alberto Muñoz e Ana Beatriz Katinsky. Rio de Janeiro: Nova Fronteira, 1997.

________________. *Os números*: a história de uma grande invenção. Rio de Janeiro: Globo, 1998.

George Polya. *A arte de resolver problemas*. Trad. Heitor Lisboa de Araújo. Rio de Janeiro: Interciência, 2006.

Howard Eves. *Introdução à História da Matemática*. Campinas: Ed. da Unicamp, 2004.

Luiz Márcio Imenes. *A numeração indo-arábica*. São Paulo: Scipione, 1990. (Vivendo a Matemática.)

Luiz Roberto Dante. *Didática da resolução de problemas de Matemática*. São Paulo: Ática, 2002.

Luzia Faraco Ramos. *O que fazer primeiro?* São Paulo: Ática, 2001. (A descoberta da Matemática.)

Malba Tahan. *As maravilhas da Matemática*. Rio de Janeiro: Bloch, 1987.

________________. *Matemática divertida e curiosa*. Rio de Janeiro: Record, 2012.

________________. *O homem que calculava*. Rio de Janeiro: Record, 2001.

Maria Cristina S. Maranhão. *Matemática*. São Paulo: Cortez, 1994. (Magistério.)

Marilia Centurión. *Conteúdo e metodologia da Matemática*: números e operações. São Paulo: Scipione, 1998.

Martin Gardner. *Matemática, magia e mistério*. Trad. Jorge Lima. Lisboa: Gradiva, 1991.

Milton Zaro. *Matemática experimental*. São Paulo: Ática, 1996.

Oscar Guelli. *Contando a história da Matemática*. São Paulo: Ática, 1999.

Paul Karlson. *A magia dos números*. Porto Alegre: Globo, 1961.

Pierre Berloquin. *100 jogos geométricos*. Lisboa: Gradiva, 2005.

REVISTA do professor de Matemática. São Paulo: Sociedade Brasileira de Matemática.

Rômulo C. Lins; Joaquim Gimenez. *Perspectivas em aritmética e álgebra para o século XXI*. Campinas: Papirus, 1997.

Lista de siglas

Acafe-SC: Associação Catarinense das Fundações Educacionais
CBMerj: Corpo de Bombeiros Militar do Estado do Rio de Janeiro
Cefet-MG: Centro Federal de Educação Tecnológica de Minas Gerais
Cescea-SP: Centro de Seleção de Candidatos às Escolas de Economia e Administração
Cesgranrio-RJ: Centro de Seleção de Candidatos ao Ensino Superior do Grande Rio
CMF-CE: Colégio Militar de Fortaleza
Cosanpa-PA: Companhia de Saneamento do Pará
Crea-PR: Conselho Regional de Engenharia e Agronomia do Paraná
Enem: Exame Nacional do Ensino Médio
ESPM-SP: Escola Superior de Propaganda e Marketing
Fapec-AL: Fundação Alagoana de Pesquisa, Educação e Cultura
FEI-SP: Fundação Educacional Inaciana Padre Saboia de Medeiros
Fesp: Faculdade de Engenharia de São Paulo
FGV-SP: Fundação Getúlio Vargas
Fuvest-SP: Fundação Universitária para o Vestibular
Osec-SP: Organização Santamarense de Educação e Cultura
PUC: Pontifícia Universidade Católica
Saae-MG: Sindicato dos Auxiliares de Administração Escolar de Minas Gerais
UCsal-BA: Universidade Católica de Salvador
Uece: Universidade Estadual do Ceará
UEPG-PR: Universidade Estadual de Ponta Grossa
UFC-CE: Universidade Federal do Ceará
UFMA: Universidade Federal do Maranhão
UFMG: Universidade Federal de Minas Gerais
UFPA: Universidade Federal do Pará
UFRGS-RS: Universidade Federal do Rio Grande do Sul
UFRN: Universidade Federal do Rio Grande do Norte
UFS-SE: Universidade Federal de Sergipe
Unama-PA: Universidade da Amazônia
UnB-DF: Universidade de Brasília
Unifor-CE: Universidade de Fortaleza
Univali-SC: Universidade do Vale do Itajaí
Vunesp: Fundação para o Vestibular da Unesp